LA GRANDE FLORE

EN COULEURS

DE

GASTON BONNIER

Raoul Palese et David Aeschimann

LA GRANDE FLORE EN COULEURS DE GASTON BONNIER

France, Suisse, Belgique et pays voisins

Index réalisés
aux Conservatoire et Jardin botaniques
de la Ville de Genève

Ouvrage publié
avec le concours du Centre National des Lettres

Index

Éditions Belin
Paris

ÉDITIONS BELIN
8, rue Férou 75006 Paris
France

Tome 1 : ISBN 2-7011-1361-X
Tome 2 : ISBN 2-7011-1362-8
Tome 3 : ISBN 2-7011-1363-6
Tome 4 : ISBN 2-7011-1364-4
Index : ISBN 2-7011-1365-2

La Grande Flore en Couleurs de Gaston Bonnier
est la réédition de la
Flore Complète Illustrée en Couleurs de France, Suisse et Belgique
de Gaston Bonnier et Robert Douin,
Illustration par Julie Poinsot (Paris 1911-1935).
Iconographie restaurée, nomenclature mise à jour (tomes 1 et 2).
Texte en fac-similé (tomes 3 et 4).
Index (1 volume par Raoul Palese et David Aeschimann).

SOMMAIRE

Avertissement	VI
Notice explicative	VII
Hinweise zur Benutzung	IX
Explanatory notes	XI
Abréviations des noms d'auteurs	XIII
Index numérique	1
Index alphabétique des noms latins	95
Index alphabétique des noms français	145
Index alphabétique des noms allemands	175

AVERTISSEMENT

Cet Index servira de guide à ceux qui recherchent l'illustration d'une espèce dans l'iconographie de Bonnier.

En effet, quelle que soit la Flore "majeure" que l'on utilise (Bonnier, Coste, Fournier, Guinochet et Vilmorin, ou *Flora Europaea* de Tutin et al.) les trois tables alphabétiques fournissent le numéro de la planche et celui du dessin.

Mais ce volume donne plus encore qu'il ne promet. En effet, soit un nom botanique relevé dans n'importe laquelle des Flores recensées ici. On veut connaître les noms adoptés dans les autres de ces Flores. On recherche ce nom dans la table alphabétique : on y trouve un numéro ; en allant à ce numéro dans l'index numérique, on dispose aussitôt du nom adopté aujourd'hui, de toutes les correspondances latines et des noms français et allemands.

Il faut savoir gré à Raoul Palese et David Aeschimann d'avoir assumé la responsabilité d'un tel travail qui facilitera, nous l'espérons, le travail des Botanistes ! Nous leur exprimons notre gratitude.

L'ÉDITEUR, Octobre 1990.

NOTICE EXPLICATIVE

LES FLORES DE BASE

Compte tenu de leur utilisation généralisée, cinq Flores ont été considérées comme ouvrages de base, à savoir :

— G. BONNIER & G. de LAYENS (1986), *Flore complète portative de la France, de la Suisse et de la Belgique.* Réimpression de l'édition de 1908. Belin, Paris, 425 pp.
— H. COSTE (1900-1906), *Flore descriptive et illustrée de la France, de la Corse et des contrées limitrophes.* Klincksieck, Paris, 3 vol. + suppl.
— P. FOURNIER (1977), *Les quatre Flores de France.* Réimpression de l'édition 1934-1940. Lechevalier, Paris, 2 vol.
— M. GUINOCHET & R. de VILMORIN (1973-1983), *Flore de France.* C.N.R.S., Paris, 5 vol.
— T. G. TUTIN & al. (1964-1980), *Flora Europaea.* Cambridge University Press, 5 vol.

NOMENCLATURE ET TAXONOMIE

Les noms adoptés sont ceux retenus par W. GREUTER, H. M. BURDET & G. LONG (1984-...) : *Med-Checklist* (Cons. bot. Genève & OPTIMA-Secr. Berlin) ; cela pour les familles déjà publiées à l'heure actuelle (volumes 1, 3 et une grande partie du 4). Il s'agit de toutes les familles de Dicotylédones dont les initiales sont comprises entre A et Rh, exceptées les *Asteraceae.* Pour le reste des familles, nous nous sommes basés sur le *Flora Europaea* (TUTIN & al.).

Compte tenu de l'échelle adoptée pour la réalisation des illustrations et du manque de détails dans certains cas, il était illusoire de descendre au-delà du rang sous-spécifique (**subsp.**). De ce fait, les noms des quelques dessins représentant des *variétés* ou des *races* ont volontairement été omis dans les index. Dans ce cas, l'illustration est conservée, mais, en bas de page, le numéro passe sous la rubrique des "taxons non retenus" (**T.n.r.**). En revanche, certains hybrides importants ont été retenus (**x**).

Pour certains groupes critiques, comme chez les *Rubus,* les *Hieracium* ou certains *Festuca* par exemple, les dessins proposés n'étant pas assez précis pour permettre une identification correcte, nous nous sommes limités à la notion d'"espèce au sens large" (**s.l. :** il s'agit d'un groupe de sous-espèces réunies sous le même binôme) ou d'"agrégat" (**aggr. :** il s'agit d'un groupe de petites espèces réunies sous le même binôme).

Les binômes spécifiques sont suivis d'un nom d'auteur, abrégé selon les propositions de R. D. MEIKLE & al. (1980) : *Draft index of author abbreviations compiled at The Herbarium Royal Botanic Gardens, Kew.* H.M.S.O., 257 pp. (voir ci-après, page XIII).

LES PLANCHES

Comme indiqué dans la préface, l'aspect original de chacune des planches a été conservé, y compris la numérotation. Les modifications nécessaires à leur adaptation figurent pour l'essentiel au bas des planches.

Les noms de familles (en haut) et de genres (en bas au centre) ont parfois été modifiés, en fonction des changements imposés par les connaissances actuelles. De même que pour les espèces, les noms de familles et de genres sont soumis aux règles du *Code International de la Nomenclature Botanique* (GREUTER & al. (1988), *Boissiera* 42). Dans certains cas, nous avons mis entre parenthèses des appellations alternatives de familles, fréquemment utilisées dans la littérature botanique (*Gramineae, Cruciferae,* etc).

Les genres sont donnés selon l'ordre numérique des espèces illustrées sur la planche. Lorsque deux genres n'appartiennent pas à la même famille, ils sont séparés par un tiret ("—").

Certains binômes doivent également être changés (nouvelle appellation, changement d'orthographe, etc.). Dans ce cas, le nouveau nom est proposé en bas de page, sous la rubrique des "noms adoptés" (**N.a.**), accompagné du numéro de dessin. En revanche, les binômes qui ne sont sujets à aucune modification doivent être considérés comme corrects.

Certaines illustrations, représentant des variétés, ou bien des taxons n'ayant plus de véritable valeur systématique, sont tout de même conservées. Leur numéro figure alors au bas des planches, sous la rubrique des "taxons non retenus" (**T.n.r.**).

LES NOUVEAUX INDEX

L'INDEX NUMÉRIQUE

Pour chaque numéro de dessin, cet index nous donne :
— le numéro de la planche ;
— le nom adopté (selon GREUTER, BURDET & LONG (1984-...) ou TUTIN & al. (1964-1980)), en caractères gras ;
— la liste des noms correspondants qu'on trouve dans les "Flores de base" :

BONNIER & de LAYENS (1986) : (B),
COSTE (1900-1906) : (C),
FOURNIER (1977) : (F),
GUINOCHET & VILMORIN (1973-1983) : (G),
TUTIN & al. (1964-1980) : (T),

ces noms sont en caractères italiques et suivis, entre parenthèses, des lettres indiquant les ouvrages de base qui les proposent ;
— la liste des noms vernaculaires les plus couramment usités, en caractères romains maigres (français) ou en caractères bâton (allemand).

Il est bien entendu que les noms donnés en italiques ne sont pas nécessairement des synonymes au sens strict du terme ; il s'agit plus exactement de correspondances avec les ouvrages de base.

Par exemple, le dessin 3106 2 représente le subsp. **bulbosum** de l'**Arrhenatherum elatius** qui, chez GUINOCHET & VILMORIN n'est considéré qu'au rang variétal. Dans ce cas, l'index numérique donne pour le numéro 3106 2, la correspondance "*Arrhenatherum elatius* (C, F, **G**)". Toutefois, non seulement le dessin 3106 2, mais aussi le 3106 illustrent l'*Arrhenatherum elatius* au sens de ces auteurs.

Les noms français sont ceux utilisés dans *Les Noms des Fleurs* (G. BONNIER. Réimpression de 1986. Belin, Paris, 336 pp.) et dans la *Flore complète portative de la France, de la Suisse et de la Belgique* (G. BONNIER & G. de LAYENS. Réimpression de 1986. Belin, Paris, 425 pp.). Du fait de la modification de certains binômes latins, de nouveaux noms sont parfois proposés. Quant aux noms allemands, ce sont ceux donnés dans l'*Atlas de poche de la Flore suisse* (E. THOMMEN & al. (1983). Ed. 5. Birkhäuser, Basel, 334 pp.) et dans le *Flora der Schweiz* (H. HESS & E. LANDOLT (1976-1980). Ed. 2. Birkhäuser, Basel, 3 vol.).

L'INDEX ALPHABÉTIQUE DES NOMS LATINS

Cet index donne tous les noms latins, qu'ils soient adoptés ou "synonymes", ainsi que les noms de familles.

Cet index est capital pour l'utilisation de l'ouvrage. Il permet tout d'abord de retrouver un dessin à partir d'un nom latin, quelle que soit la "Flore de base" utilisée. D'autre part, une fois le dessin trouvé, on connaît automatiquement le nom adopté de la plante. Enfin, l'index des noms latins permet de retourner à l'index numérique, qui donnera les correspondances et les noms vernaculaires.

LES INDEX ALPHABÉTIQUES DES NOMS FRANÇAIS ET ALLEMANDS

Pour ceux qui ont l'habitude de travailler avec les noms vernaculaires (voir plus haut *Les Noms des Fleurs*), ces index permettent de trouver l'illustration de la plante, tout en ayant la possibilité de retourner à l'index numérique pour connaître les noms latins.

R. P. ET D. A.

HINWEISE ZUR BENUTZUNG

Grundlegende Florenwerke

Im Hinblick auf ihre weite Verbreitung wurden folgende fünf grundlegende Floren-Werke berücksichtigt:
— G. Bonnier & G. de Layens (1986). *Flore complète portative de la France, de la Suisse et de la Belgique.* Neuauflage der Ausgabe von 1908. Belin, Paris, 425 S.
— H. Coste (1900-1906). *Flore descriptive et illustrée de la France, de la Corse et des contrées limitrophes.* Klincksieck, Paris, 3 Bände + Ergänzungen.
— P. Fournier (1977). *Les quatre Flores de France.* Neuauflage der Ausgabe von 1934-1940. Lechevalier, Paris, 2 Bände.
— M. Guinochet & R. de Vilmorin (1973-1983). *Flore de France.* C.N.R.S., Paris, 5 Bände.
— T.G. Tutin & al. (1964-1980). *Flora Europaea.* Cambridge University Press, 5 Bände.

Nomenklatur und Taxonomie

Die bearbeiteten wissenschaftlichen Namen entsprechen W. Greuter, H.M. Burdet & G. Long (1984-...): *Med-Checklist* (Cons.bot.Genève & OPTIMA-Secr. Berlin) und betreffen die Gattungen, die bis zum jetzigen Zeitpunkt veröffentlicht wurden. (Bd. 1, 3 und ein großer Teil von Bd. 4). Es sind alle Familien der Dicotyledones mit den Anfangsbuchstaben A bis Rh, mit Ausnahme der *Asteraceae.* Für den Rest der Familien haben wir uns auf die *Flora Europaea* gestützt. (Tutin & al.).

Im Hinblick auf die übernommenen Originalabbildungen und das Fehlen von bestimmungsnotwendigen Details in gewissen Fällen wäre es illusorisch, bei der Bestimmung tiefer als zu den Unterarten (**subsp**.) zurückzugehen. Deshalb wurden bei einigen Zeichnungen, die Varietäten oder Rassen darstellen, die Bezeichnungen in den Indices weggelassen. In diesem Fall ist die Abbildung erhalten geblieben, aber die Nummer steht unter der Rubrik '**T.n.r.**: taxons non retenus' (nicht behaltene Taxa). Andererseits wurden einige wichtige Hybriden erhalten (**x**).

Auch bei einigen kritischen Gruppen wie z. B. *Rubus, Hieracium* oder *Festuca,* waren die Zeichnungen nicht präzise genug, um eine korrekte Bestimmung zu erlauben. Daher sind wir hier darauf angewiesen, den Art-Begriff in einem erweiterten Sinn zu benutzen (**s.l.:** Es handelt sich um eine Gruppe von Unterarten unter dem selben Binom) oder von einem 'Agrégat' zu sprechen (**aggr.:** Hierbei handelt es sich um eine Gruppe von kleineren Arten unter dem selben Binom).

Dem jeweiligen Binomen folgt der Autorenname, der gemäß dem Vorschlag von R. D. Meikle & al., (1980): *Draft index of author abbreviations compiled at The Herbarium Royal Botanic Gardens, Kew.* H. M. S. O., 257 S., abgekürzt ist. (S. XIII ff).

Die Bild-Tafeln

Wie im Vorwort dargelegt, wurde das Original-Lay-out der Tafeln beibehalten und ebenso die durchgehende Abbildungs-Nummerierung. Notwendige Änderungen sind jeweils am Fuß der Tafel erläutert.

Die Namen der Familien (oben) und der Gattungen (unten in der Mitte) wurden, soweit Änderungen entsprechend dem aktuellen Wissensstand notwendig wurden, vervollständigt. Wie bei den Arten ensprechen die Namen der Familien und Gattungen den Regeln im *Internationaler Code der Botanischen Nomenklatur* (Greuter & al. (1989), *Englera 11*). In einigen Fällen haben wir alternative Familien-Namen, die häufig in der botanischen Literatur gebraucht werden, in Klammern gesetzt. (*Gramineae, Cruciferae,* usw.).

Die Gattungen stehen innerhalb der Tafel in der numerischen Reihenfolge der abgebildeten Arten. Immer wenn zwei Gattungen nicht der selben Familie angehören, sind sie durch einen Strich ('—') getrennt.

Weiterhin mußten einige Binome geändert werden (neuer Name, Änderung der Schreibweise, usw.). In diesem Fall wurde der Name am Fuß der Tafel unter der Rubrik '**N.a.:** noms adoptés' (angenommene Namen) angegeben zusammen mit der Nummer der Zeichnung. Die Binome, die nicht geändert wurden, können als nach dem gegenwärtigen Bearbeitungsstand gültig angesehen werden.

Einige Abbildungen, die Varietäten oder Taxa, die in der Systematik nicht mehr gültig sind, zeigen, wurden dennoch erhalten. Ihre Nummer befindet sich in diesem Fall am Fuß der Tafel unter der Rubrik '**T.n.r.**: taxons non retenus' (nicht behaltene Taxa).

INDICES

NUMERISCHER INDEX

In diesem Index sind jeder Zeichnungsnummer folgende Detailangaben zugeordnet:
— die Nummer der Tafel;
— der angenommene wissenschaftliche Name (gemäß GREUTER, BURDET & LONG (1984-...) oder TUTIN & al., (1964–1980)) in Fettdruck. Die entsprechenden Namen können in den erwähnten grundlegenden Florenwerken gefunden werden, wobei folgende Buchstaben zur Kennzeichnung dienen :

B = BONNIER & DE LAYENS (1986);
C = COSTE (1900–1906);
F = FOURNIER (1977);
G = GUINOCHET & DE VILMORIN (1973–1983);
T = TUTIN & al. (1964–1980). Diese Namen sind in Kursivschrift gesetzt.

— die gebräuchlichsten französischen Vernacular Namen (in Antiqua-Schrift)
— die gebräuchlichsten deutschen Vernacular-Namen (in Grotesk-Schrift).

Es versteht sich von selbst, daß die in Kursivschrift gesetzten Namen nicht notwendigerweise Synonyme im wissenschaftlichen Sinn sind. Sie werden vielmehr in genauer Übereinstimmung mit den erwähnten grundlegenden Floren-Werken benutzt.

Als Beispiel gilt die Zeichnung 3106 2, die die Subspezies **bulbosum** der Art **Arrhenatherum elatius** darstellt, die bei GUINOCHET & DE VILMORIN nur als Varietät erwähnt ist. In diesem Fall gibt der numerische Index für die Nummer 3106 2 entsprechend '*Arrhenatherum elatius* (C, F, **G**)' an und gleichwohl nicht nur die Zeichnungsnummer 3106 2, sondern auch die Zeichnungsnummer 3106, die *Arrhenatherum elatius* im Sinne der Autoren zeigt.

Die französischen Vernacular-Namen entsprechen *Les Noms des Fleurs* (G. BONNIER, Neuauflage von 1986, Belin, Paris, 336 Seiten) und *La Flore Complète Portative de la France, de la Suisse et de la Belgique* (G. BONNIER & G. DE LAYENS, Neuauflage von 1986, Belin, Paris, 425 Seiten). Bei einigen geänderten wissenschaftlichen Binomen sind neue Vernacular-Namen vorgeschlagen worden.

Was die deutschen Vernacular-Namen angeht, so sind diese dem Werk '*Taschenatlas der Schweizer Flora*' (E. THOMMEN & al. (1983). 5. Aufl. Birkhäuser, Basel, 334 Seiten), und dem Werk '*Flora der Schweiz*' (H. HESS & E. LANDOLT (1976–1980). 2. Aufl. Birkhäuser, Basel, Bd. 3) entnommen.

ALPHABETISCHER INDEX DER WISSENSCHAFTLICHEN NAMEN

Dieser Index enthält alle im Original verwendeten wissenschaftlichen Namen, die in der Bearbeitung verwendeten wissenschaftlichen Namen sowie die verwendeten Synonyme und die verwendeten Familien-Namen.

Dieser Index ist entscheidend für die Benutzung des Werkes. Er erlaubt zuallererst das Wiederfinden einer Zeichnung auf der Grundlage eines wissenschaftlichen Namens, der in einem der erwähnten grundlegenden Floren-Werke benutzt wurde. Umgekehrt kennt man ausgehend von der Zeichnung selbst den angenommenen wissenschaftlichen Namen. Letztendlich erlaubt dieser Index der wissenschaftlichen Namen über den numerischen Index das Auffinden der zugehörigen Vernacular-Namen in deutscher und französischer Sprache.

ALPHABETISCHER INDEX DER VERNACULAR-NAMEN

Für diejenigen, die gewöhnlich mit Vernacular-Namen arbeiten, erlaubt dieser Index über die Abbildungsnummer das Auffinden der Tafel mit der Abbildung der Pflanze und gibt andererseits die Möglichkeit, über den numerischen Index die wissenschaftlichen Namen kennenzulernen.

R. P. UND D. A.

EXPLANATORY NOTES

The Floras used as source material

The following five Floras, all in general use, have been taken as source material :
— G. Bonnier & G. de Layens (1986), *Flore complète portative de la France, de la Suisse et de la Belgique.* Reprint of the 1908 edition. Belin, Paris, 425 pp.
— H. Coste (1900-1906), *Flore descriptive et illustrée de la France, de la Corse et des contrées limitrophes.* Klincksieck, Paris, 3 vol. + suppl.
— P. Fournier (1977), *Les quatre Flores de France.* Reprint of the 1934-1940 edition. Lechevalier, Paris, 2 vol.
— M. Guinochet & R. de Vilmorin (1973-1983), *Flore de France.* C.N.R.S., Paris, 5 vol.
— T. G. Tutin & al. (1964-1980), *Flora Europaea.* Cambridge University Press, 5 vol.

Nomenclature and taxonomy

The names chosen are those given by W. Greuter, H. M. Burdet & G. Long (1984-...) : *Med-Checklist* (Cons. bot. Genève & Optima-Secr. Berlin) ; this is for the families already published to this date (volumes 1, 3 and a large part of 4). These are all the Dicotyledon families with initial letters between A and Rh, with the exception of the *Asteraceae.* For the other families, we have taken the *Flora Europaea* (Tutin & al.) as our basis.

Given the scale of the illustrations, and the lack of detail in certain cases, it was unreal to attempt to go further down than the level of subspecies (**subsp**.). For this reason, the names of the few drawings representing varieties or races have deliberately been omitted from the indexes. In these cases, the illustration is kept, but the number appears at the bottom of the page under the heading "taxons not taken into consideration" (**T.n.r**.). On the other hand, certain important hybrids have been kept.

For certain critical groups such as the *Rubus,* the *Hieracium* or certain *Festuca* for example, the existing drawings were not always accurate enough to enable correct identification. In this case, we have limited ourselves to a notion of "species in the broad sense" (**s.l. :** a group of subspecies brought together under the same binomial) or "agregate" (**aggr :** a group of minor species brought together under the same binomial).

The specific binomials are followed by an author's name, abbreviated according to the suggestions of R. D. Meikle & al. (1980) : *Draft index of author abbreviations compiled at the Herbarium Royal Botanic Gardens,* Kew. H.M.S.O., 257 pp. A list of these abbreviations may be found on p.XIII.

The plates

As indicated in the preface, the original plates and their numerotation have been kept as they were wherever possible. Any modification that may have been necessary is indicated at the bottom of the page.

The names of the families (at the top) and the genus (bottom centre) have occasionally been changed, according to those changes made necessary by present day knowledge. The names of species, families and genus conform to the rules of the *International Code of Botanical Nomenclature* (Greuter & al. (1988), *Regnum Vegetabile 118*). In certain cases, we have placed in parentheses alternative family names, frequently used in botanical literature (*Gramineae, Cruciferae,* etc.).

Genus are given in the numerical order of the species illustrated on the plate. When two genus do not belong to the same family, they are separated by a dash ("—").

Certain binomials have also had to be changed (because of new appelations, spelling changes, etc.). In these cases, the new name figures at the bottom of the page, under the heading "adopted names" (**N.a.**), together with the number of the drawing. On the other hand, binomials with no modification must be considered as correct.

Some illustrations, portraying varieties, or taxons no longer having any real systematic value, have nevertheless been kept. Their numbers figure at the bottom of the plates, under the heading "taxons not taken into consideration" (**T.n.r.**).

THE NEW INDEXES

THE NUMERICAL INDEX

For the number of each drawing, this index gives :
— the number of the plate ;
— the name chosen (according to GREUTER, BURDET & LONG (1984-...) or TUTIN & al. (1964-1980)), in bold type ;
— the list of corresponding names found in the "source Floras" :

BONNIER & de LAYENS (1986) : (B),
COSTE (1900-1906) : (C),
FOURNIER (1977) : (F),
GUINOCHET & de VILMORIN (1973-1983) : (G),
TUTIN & al. (1964-1980) : (T),

these names are in italics and are followed, in parentheses, by letters indicating the source works concerned ;
— the list of vernacular names most commonly used, in Roman light typeface (French) or in sans-serif (German).

It must be understood that the names given in italics are not necessarily synonyms in the strict sense of the word ; they give the corresponding names found in the different source Flora.

For example, drawing 3106 2 shows the subsp. **bulbosum** of the **Arrhenatherum elatius** which, in GUINOCHET & de VILMORIN is considered only at the level of a variety. In this case, the numerical index for number 3106 2 gives the correspondence "*Arrhenatherum elatius* (C, F, **G**)". However, not only drawing 3106 2, but also number 3106 illustrate the *Arrhenatherum elatius* in the sense attributed by these authors.

The vernacular French names are those used in *Les Noms des Fleurs* (G. BONNIER. 1986 reprint. Belin, Paris, 336 pp.) and in the *Flore complète portative de la France, de la Suisse et de la Belgique* (G. BONNIER & G. de LAYENS. 1986 reprint. Belin, Paris, 425 pp.). Since certain Latin binomials have been modified, new names are sometimes suggested. As for the German names, they are those given in the *Atlas de poche de la Flore suisse* (E. THOMMEN & al. (1983). Ed. 5. Birkhäuser, Basel, 334 pp.) and in the *Flora der Schweiz* (H. HESS & E. LANDOLT (1976-1980). Ed. 2. Birkhäuser, Basel, 3 vol.).

THE ALPHABETICAL INDEX OF LATIN NAMES

This index gives all the Latin names, whether they be adopted or "synonyms", as well as the names of families.

This index is of vital importance for users of the book. Firstly, from the Latin name, one can locate the corresponding drawing, whatever the "source Flora". Furthermore, once the drawing has been found, the adopted name of the plant is automatically known. Finally, the Latin index enables one to return to the numerical index, which gives any corresponding and vernacular names.

THE ALPHABETICAL INDEX OF VERNACULAR NAMES

For those who are used to working with vernacular names (see above *Les Noms des Fleurs*), this index enables one to find the corresponding plant illustration and, if necessary, to return to the numerical index to find out the Latin name.

R. P. AND D. A.

ABRÉVIATIONS DES NOMS D'AUTEURS

ABRÉV.	NOM
All.	Allioni, Carlo
Andrz.	Andrzejowski, Antoni
Ard.	Arduino, Pietro
Arrond.	Arrondeau, Étienne T.
Arv.-Touv.	Arvet-Touvet, Jean M. C.
Asch.	Ascherson, Paul
Asso	Asso y del Rio, Ignacio J. de
Babc.	Babcock, Ernest B.
Bab.	Babington, Charles C.
L. Bailey	Bailey, Liberty H.
Ball	Ball, John
P. Ball	Ball, P. W.
Bartal.	Bartalini, Biagio
W. P. G. Barton	Barton, William P. G.
Bast.	Bastard, Thom.
Battand.	Battandier, Jules A.
Baumg.	Baumgarten, Johann
Beauv.	Beauvisage, Georges E. C.
Bech.	Becherer, Alfred
G. Beck	Beck, Günther R.
Bég.	Béguinot, Augusto
Benth.	Bentham, George
Bercht.	Berchtold, Friedrich von
Bernh.	Bernhardi, Johann J.
Bertol.	Bertoloni, Antonio
E. Bickn.	Bicknell, Eugene P.
Biv.	Bivona-Bernardi, Antonio de
Bod.	Bodard, Pierre H. H.
Boenn.	Boenninghausen, Clemens M. F. von
Boiss.	Boissier, Pierre E.
O. Bolós	Bolós, Oriol de
Borkh.	Borckhausen, Moritz B.
Bornm.	Bornmüller, Joseph F. N.
Bory	Bory de Saint-Vincent, Jean B. G. M.
A. Braun	Braun, Alexander C. H.
Bréb.	Brébisson, Louis A. de
Breistr.	Breistroffer, Maurice A. F.
Briq.	Briquet, John I.
Brot.	Brotero, Felix d'Avellar
R. Br.	Brown, R.
Buckn.	Bucknall, Cedric
Burm.	Burman, Johannes
Burm. f.	Burman, Nicolaas L.
Cambess.	Cambessèdes, Jacques
Carmign.	Carmignani, Vincenzo
Carv. Vasc.	Carvalho e Vasconcellos, Joao de

ABRÉV.	NOM
Cass.	Cassini, Alexandre H. G.
Cav.	Cavanilles, Antonio J.
Cavill.	Cavillier, François G.
Čelak.	Čelakovský, Ladislav J.
Cham.	Chamisso, Ludolf K. A. von
Chaz.	Chazelles de Prizy, L. M.
Châtel.	Châtelain, Jean J.
Chevall.	Chevallier, François F.
Chiov.	Chiovenda, Emilio
C. Chr.	Christensen, Carl F. A.
Clairv.	Clairville, Joseph P. de
C. Cook	Cook, Christopher D. K.
Costa	Costa y Cuxart, Antonio C.
H. Coste	Coste, Hippolyte J.
Coste	Coste, Jean F.
Cout.	Coutinho, António X. P.
Cov.	Coville, Frederick V.
Cronq.	Cronquist, Arthur G.
Cuf.	Cufodontis, Georg
DC.	de Candolle, Augustin P.
A. DC.	de Candolle, Alphonse L. P. P.
Degl.	Degland, Jean V. Y.
De Laramb.	De Larambergue
Del.	Delile, Alire F.
Desf.	Desfontaines, René L.
Desr.	Desrousseaux, Louis A. J.
Desv.	Desvaux, Auguste N.
Dietr.	Dietrich, Friedrich G.
G. Don	Don, George
Donad.	Donadille, P.
Dufr.	Dufresne, Pierre
Dum.-Cours.	Dumont de Courset, George L. M.
Dumort.	Dumortier, Barthélemy C. J.
T. Durand	Durand, Théophile A.
Durieu	Durieu de Maisonneuve, Michel C.
Ehrend.	Ehrendorfer, Friedrich
Ehrh.	Ehrhart, Friedrich
Endl.	Endlicher, Stephan F. L.
Engl.	Engler, Heinrich G. A.
Fed.	Fedorov, Andrey A.
Fern.	Fernald, Merritt L.
Ros. Fernandes	Fernandes, Rosette M. S. B.
Fingerh.	Fingerhuth, Carl A.
Flod.	Floderus, Björn G. O.
Fourn.	Fournier, Eugène P.
P. Fourn.	Fournier, Paul V.
Fourr.	Fourreau, Jules P.
A. Fröhl.	Fröhlich, Anton

H. P. Fuchs	Fuchs, Hans P.
Gaertner	Gaertner, Joseph
P. Gaertner	Gaertner, Philipp G.
Gand.	Gandoger, Michel
Gasp.	Gasparrini, Guglielmo
Germ.	Germain de Saint-Pierre, Jacques N. E.
Girard	Girard, Frédéric de
C. Gmelin	Gmelin, Carl Ch.
J. Gmelin	Gmelin, Johann F.
S. Gmelin	Gmelin, Samuel G.
Gooden.	Goodenough, Samuel
Grab.	Grabowski, Heinrich E.
A. Gray	Gray, Asa
Gray	Gray, Samuel F.
Gren.	Grenier, Jean C. M.
Griseb.	Grisebach, August H. R.
Guin.	Guinochet, Marcel
Guss.	Gussone, Giovanni
Hacq.	Hacquet, Balthasar A.
H. M. Hall	Hall, Harvey M.
F. Hartmann	Hartmann, Franz X. von
Hausm.	Hausman, Franz von
Haw.	Haworth, Adrian H.
Hayek	Hayek, August von
Hegetschw.	Hegetschweiler, Jacob
Heldr.	Heldreich, Theodor von
Herrm.	Herrmann, Johann
H. Hess	Hess, Hans
Heynh.	Heynhold, Gustav
Heyw.	Heywood, Vernon H.
Hiit.	Hiitonen, Henrik I. A.
A. W. Hill	Hill, Arthur W.
Hill	Hill, John
A. Hitchc.	Hitchcock, Albert S.
Hitchc.	Hitchcock, Edward
Hochst.	Hochstetter, Christian F.
Hoffm.	Hoffmann, George F.
Hoffsgg.	Hoffmannsegg, Johann C. von
Holmb.	Holmberg, Eduardo L.
Honck.	Honckeny, Gerhard A.
Hook.	Hooker, William J.
Hornem.	Hornemann, Jens W.
Hornsch.	Hornschuch, Christian F.
Houtt.	Houttuyn, Martin
C. E. Hubb.	Hubbard, Charles E.
Hubb.	Hubbard, Frederic T.
Huet	Huet du Pavillon, Alfred
P. Hunt	Hunt, Peter F.
Hyl.	Hylander, Nils
Jacq.	Jacquin, Nicolaus
Jah.	Jahandiez, Emile
Jeanb.	Jeanbernat, Ernest J. M.
L. Johnson	Johnson, Lawrence A. S.
I. M. Johnston	Johnston, Ivan M.
B. Jones	Jones, B. M. Glyn
Adr. Juss.	Jussieu, Adrien H. L. de
A. Kerner	Kerner von Marilaun, Anton J.
Kindb.	Kindberg, Nils C.
Kirschl.	Kirschleger, Frédéric R.
Kit.	Kitaibel, Paul
Koch	Koch, Wilhelm D.
K. Koch	Koch, Karl H. E. L.
W. Koch	Koch, Walo
Kozo-Polj.	Kozo-Poljansky, Boris M.
E. H. Krause	Krause, Ernst H. L.
Lagasca	Lagasca y Segura, Mariano
Lagr.-Fossat	Lagrèze-Fossat, Adrian R. A.
Laich.	Laicharding, Johann N. von
Lam.	Lamarck, Jean B. A. P. de
O. Lang	Lang, Otto F.
Lapeyr.	Lapeyrouse, Philippe P. de
Laterr.	Laterrade, Jean F.
Latour.	Latourrette, Marc A. L. C. de F. de
Ledeb.	Ledebour, Carl F. von
J. Lehm.	Lehmann, Johann F.
Lehm.	Lehmann, Johann G. C.
Lej.	Lejeune, Alexandre L. S.
Less.	Lessing, Christian F.
Lester-Garl.	Lester-Garland, Lester V.
Leyb.	Leybold, Friedrich
A. Léveillé	Léveillé, Augustin A. H.
L'Hér.	L'Héritier, Charles L.
Liebl.	Lieblein, Franz C.
Light.	Lightfoot, John
Lindb. f.	Lindberg, Harald
L.	Linnaeus, Carl von
Litard.	Litardière, René V. de
Litv.	Litvinov, Dmitrij I.
Lodd.	Loddiges, Conrad
Lois.	Loiseleur-Deslongchamps, Jean L. A.
J. W. Loudon	Loudon, Jane W.
A. Löve	Löve, Askell
D. Löve	Löve, Doris B. M.
K. Malý	Malý, Karl
M. Bieb.	Marshall von Bieberstein, Friedrich A.
C. Martius	Martius, Carl F. P. von
Maxim.	Maximowicz, Carl J.
E. Mayer	Mayer, Ernest
Meld.	Melderis, Alexander
Mert.	Mertens, Franz C.
Merxm.	Merxmüller, Hermann
C. Meyer	Meyer, Carl A. A. von
Miégev.	Miégeville, Abbé
Mikan f.	Mikan, Johann C.
Mitterp.	Mitterpacher von Mitterburg, Ludwig
Moric.	Moricand, Stefano
Mot.	Motelay, Léonce
Muhlenb.	Muhlenberg, Gotthiff H. E.
Murb.	Murbeck, Svante S.
Naeg.	Naegeli, Carl W. von
Necker	Necker, Noel M. J. de
Nees	Nees von Esenbeck, Christian G. D.
Neyg.	Neygenfind, Friedrich W.
Nordh.	Nordhagen, Rolf
Nutt.	Nuttall, Thomas

Pallas	Pallas, Peter S. von
Pampan.	Pampanini, Renato
Pant.	Pantocsek, Joseph
Parl.	Parlatore, Filippo
Pau	Pau y Espanol, Carlos
Perp.	Perpenti, Helena
E. Perrier	Perrier, E.
Perrier	Perrier de la Bâthie, Pierre E.
Pers.	Persoon, Christiaan H.
K. Persson	Persson, K. M.
Petunn.	Petunnikov, Alexej N.
Pign.	Pignatti, Sandro
Podl.	Podlech, Dietrich
Pourret	Pourret de Figeac, Pierre A.
Pouz.	Pouzolz, P. C. M. de
C. Presl	Presl, Carel B.
J. S. Presl	Presl, Jan S.
Raf.	Rafinesque-Schmaltz, Constantine S.
Ramond	Ramond de Carbonnière, Louis F. E.
Räusch.	Räuschel, Ernst A.
Rech. f.	Rechinger, Karl H.
Reichb.	Reichenbach, Heinrich G. L.
Reichb. f.	Reichenbach, Heinrich G.
Req.	Requien, Esprit
Retz.	Retzius, Anders J.
A. Reynier	Reynier, Alfred
A. Rich.	Richard, Achille
Rich.	Richard, Louis C. M.
I. Richardson	Richardson, I. B. K.
K. Richter	Richter, Karl
M. Roemer	Roemer, Max J.
Rothm.	Rothmaler, Werner H. P.
Rottb.	Rottboel, Christen F.
Runem.	Runemark, Hans
Rupr.	Ruprecht, Franz J.
St. Amans	Saint-Amans, Jean F. B. de
Salisb.	Salisbury, Richard A.
Samp.	Sampaio, Gonçalo A. da S. F.
Sarnth.	Sarnthein, Ludwig von
C. Schimper	Schimper, Carl F.
Scherb.	Scherbius, Johannes
Schk.	Schkuhr, Christian
Schldl.	Schlechtendal, Diederig F. L. von
E. Schmid	Schmid, Emil
F. W. Schmidt	Schmidt, Franz Wilibald
C. Schneider	Schneider, Camillo K.
H. Scholz	Scholz, Hildemar
Schönb.-Tem.	Temesy, E. Schönbeck
Schrank	Schrank, Franz P. von
Schreber	Schreber, Johann C. D. von
Schultes	Schultes, Josef A.
Schultes f.	Schultes, Julius H.
Schultz-Bip.	Schultz, Carl H. "Bipontinus"
F. Schultz	Schultz, Friedrich W.
O. Schulz	Schulz, Otto E.
Schum.	Schumacher, Heinrich C. F.
O. Schwarz	Schwarz, Otto
Scop.	Scopoli, Giovanni A.
Sebast.	Sebastiani, Francesco A.
Ser.	Seringe, Nicolas C.
Sibth.	Sibthorp, John
Simonkai	Simonkai, Lájos von
G. E. Smith	Smith, Gerard E.
Smith	Smith, James E.
Smoljan.	Smoljaninova, L. A.
Sobol.	Sobolewski, Gregorius F.
Sol.	Solander, Daniel C.
Song.	Songeon, André
Soyer-Will.	Soyer-Willemet, Hubert F.
Sternb.	Sternberg, Caspar M. von
Steudel	Steudel, Ernst G. von
Summerh.	Summerhayes, Victor S.
Sw.	Swartz, Olof P.
Targ.-Tozz.	Targioni-Tozzetti, Ottaviano
Ten.	Tenore, Michele
Thell.	Thellung, Albert
Thuill.	Thuillier, Jean L.
Thunb.	Thunberg, Carl P.
Timb.-Lagr.	Timbal-Lagrave, Pierre M. E.
Tod.	Todaro, Agostino
Towns.	Townsend, Joseph
Tratt.	Trattinnick, Leopold
Trautv.	Trautvetter, Ernst R. von
Trev.	Trevisan de Saint-Léon, Vittore B. A.
Trin.	Trinius, Carl B. von
Ucria	Ucria, Bernardino da
Urv.	Urville, Jules S. C. D. d'
Vacc.	Vaccaneo, Roberto
B. Valdés	Valdés Castrillón, Benito
Vand.	Vandelli, Domingos
Vent.	Ventenat, Étienne P.
Vest	Vest, Lorenz C. von
Vign.	Vignolo-Lutati, Ferdinando
Vis.	Visiani, Roberto de
Viv.	Viviani, Domenico
Vollm.	Vollmann, Franz
Wahlenb.	Wahlenberg, Georg
Waldst.	Waldstein, Franz de P. A. von
Wallr.	Wallroth, Carl F. W.
Walp.	Walpers, Gerhard W.
Weath.	Weatherby, Charles A.
D. Webb	Webb, David A.
Webb	Webb, Philip B.
G. Weber	Weber, Georg H.
Weigel	Weigel, Christian E. von
Wettst.	Wettstein von Wettersheim, Richard von
Willd.	Willdenow, Carl L. von
Willk.	Willkomm, Heinrich M.
Wilm.	Wilmott, Alfred J.
With.	Witherinng, William
Wohlf.	Wohlfahrt, Rudolf
J. Woods	Woods, Joseph
Wulfen	Wulfen, Franz X. von
Zanted.	Zantedeschi, Giovanni

INDEX NUMÉRIQUE

Dessin	*Pl.*	*Taxon*
1	1	**Clematis recta** L.
		Clématite droite
		Aufrechte Waldrebe
2	1	**Clematis flammula** L.
		Clématite flammette
		Brennende Waldrebe
2 2	1	**Clematis flammula** L.
		Clématite flammette
		— maritime
3	1	**Clematis vitalba** L.
		Clématite blanche
		— des haies
		— vigne-blanche
		Herbe-aux-gueux
		Gewöhnliche Waldrebe
		Niele
3 2	1	**Clematis vitalba** L.
		Clématite blanche
		— des haies
		— vigne-blanche
		Herbe-aux-gueux
		Gewöhnliche Waldrebe
		Niele
4	1	**Clematis alpina** (L.) Miller
		Atragene alpina (B)
		Atragène des Alpes
		Clématite des Alpes
		Alpen-Waldrebe
		Alpenrebe
5	2	**Thalictrum alpinum** L.
		Pigamon des Alpes
		Alpen-Wiesenraute
6	2	**Thalictrum minus** L.
		— *minus*
		subsp. *eu-minus* (F)
		Pigamon des coteaux
		— mineur
		Kleine Wiesenraute
		Hügel-Wiesenraute
6 b	2	**Thalictrum foetidum** L.
		Pigamon fétide
		Stinkende Wiesenraute
6 c	2	**Thalictrum minus**
		subsp. **majus** (Crantz) Rouy & Fouc.
		— *majus* (B, C)
		Pigamon majeur
		Grosse Wiesenraute
6 d	2	**Thalictrum minus**
		subsp. **olympicum** (Boiss. & Heldr.) Strid
		— *minus*
		subsp. *saxatile* (F, T)
		Pigamon des rochers
		— du Mont Olympe
		Felsen-Wiesenraute
7	3	**Thalictrum flavum** L.
		Pigamon jaune
		Rhubarbe des pauvres
		Gelbe Wiesenraute
8	3	**Thalictrum simplex** L. s.l.
		— *angustifolium* (B)
		— *bauhini* (C, F)
		— *gallicum* (C, F)
		— *simplex* (C)
		— *simplex*
		subsp. *alpicolum* (F)
		Pigamon à folioles linéaires
		— simple
		Schmalblättrige Wiesenraute
8 b,c	3	**Thalictrum simplex** L. s.l.
		— *angustifolium* (B)
		— *bauhini* (C, F)
		— *gallicum* (C, F)
		— *simplex* (C)
		— *simplex*
		subsp. *alpicolum* (F)
		Pigamon à folioles linéaires
		Pigamon simple
		Schmalblättrige Wiesenraute
8 d	3	**Thalictrum lucidum** L.
		— *medium* (B)
		Pigamon brillant
		Glänzende Wiesenraute
8 e	3	**Thalictrum morisonii**
		subsp. **mediterraneum** (Jordan) P. Ball
		— *exaltatum*
		subsp. *mediterraneum* (F)
		— *flavum* (G)
		— *mediterraneum* (C)
		Pigamon méditerranéen
8 f	4	**Thalictrum morisonii** C. Gmelin
		— *exaltatum* (B)
		— *exaltatum*
		subsp. *eu-exaltatum* (F)
		Pigamon de Morison
		— élevé
		Hohe Wiesenraute
9	4	**Thalictrum aquilegiifolium** L.
		— *aquilegifolium* (B, C, F, T, G)
		Pigamon à feuilles d'ancolie
		Akeleiblättrige Wiesenraute
10	4	**Thalictrum macrocarpum** Gren.
		Pigamon à grands fruits
11	4	**Thalictrum tuberosum** L.
		Pigamon tubéreux
12	5	**Anemone baldensis** L.
		Anémone du Mont Baldo
		Monte Baldo-Anemone
		Monte Baldo-Windröschen
13	5	**Anemone sylvestris** L.
		— *silvestris* (B, C, F)
		Anémone sylvestre
		Wald-Anemone
		Wald-Windröschen
14	5	**Anemone nemorosa** L.
		Anémone des bois
		— Sylvie
		Sylvie
		Busch-Anemone
		Busch-Windröschen
15	5	**Anemone apennina** L.
		Anémone des Apennins
16	5	**Anemone ranunculoides** L.
		Anémone fausse-renoncule
		Gelbe Anemone
		Gelbes Windröschen
		Hahnenfussähnliche Anemone
		Hahnenfussähnliches Windröschen
17	5	**Anemone narcissifolia** L.
		— *narcissiflora* (B, C, F, T, G)
		Anémone à fleurs de narcisse
		— à feuilles de narcisse
		Narzissenblütige Anemone
		Narzissenblütiges Windröschen
18	5	**Anemone coronaria** L.
		Anémone couronnée
18 2-4	5	**Anemone coronaria** L.
		Anémone couronnée
19 1	6	**Anemone hortensis** L.
		Anémone des jardins
19 2	6	**Anemone pavonina** Lam.
		— *hortensis* (B, C, F)
		Anémone des jardins
		— œil-de-paon
19 3	6	**Anemone pavonina** Lam.
		— *hortensis* (B, C, F, G)
		Anémone des jardins
		— œil-de-paon
20	6	**Anemone palmata** L.
		Anémone palmée
21	6	**Pulsatilla vernalis** (L.) Miller
		Anemone vernalis (B, C)
		Anémone du printemps
		Pulsatille du printemps
		Frühlings-Anemone
		Pelz-Anemone
22	6	**Pulsatilla vulgaris** Miller
		Anemone pulsatilla (B, C)
		Anémone pulsatille
		Pulsatille vulgaire
		Gewöhnliche Küchenschelle
22 b	6	**Pulsatilla halleri** (All.) Willd.
		Anemone halleri (B, C)
		Anémone de Haller
		Pulsatille de Haller
		Hallers Küchenschelle
22 c	6	**Pulsatilla montana** (Hoppe) Reichb.
		Anemone pulsatilla (C)
		Pulsatille des montagnes
		Berg-Küchenschelle
22 d	6	**Pulsatilla pratensis** (L.) Miller
		Pulsatille des prés
23	7	**Pulsatilla alpina** (L.) Delarbre
		Anemone alpina (B, C)
		Anémone des Alpes
		Pulsatille des Alpes
		Alpen-Anemone
23 b	7	**Pulsatilla alpina** (L.) Delarbre
		Anemone alpina (C)
		Anémone des Alpes
		Pulsatille des Alpes
		Alpen-Anemone
23 c	7	**Pulsatilla alpina**
		subsp. **apiifolia** (Scop.) Nyman
		Anemone alpina (C)
		Pulsatilla alpina (G)
		— *sulphurea* (F)
		Pulsatille à feuilles de céleri
		— soufrée
		Schwefel-Anemone
24	7	**Hepatica nobilis** Schreber
		Anemone hepatica (C)
		Hepatica triloba (B, F)
		Hépatique à trois lobes
		— noble
		Leberblümchen
25	7	**Adonis aestivalis** L.
		Adonis d'été
		Sommer-Adonis
		Sommer-Blutströpfchen
25 2	7	**Adonis aestivalis** L.
		Adonis d'été
		Sommer-Adonis
		Sommer-Blutströpfchen
26	7	**Adonis annua** L.
		— *autumnalis* (B, C, F)
		Adonis annuelle
		— d'automne
		Goutte-de-sang
		Einjähriger Adonis
		Einjähriges Blutströpfchen
		Herbst-Adonis
		Herbst-Blutströpfchen
27	7	**Adonis flammea** Jacq.
		— *flammeus* (F)
		Adonis flamme
		Feuerroter Adonis
		Feuerrotes Blutströpfchen
28	8	**Adonis vernalis** L.
		Adonis du printemps
		Frühlings-Adonis
29	8	**Adonis pyrenaica** DC.
		— *pyrenaicus* (F)
		Adonis des Pyrénées
30	8	**Myosurus minimus** L.
		Myosure minime

Dessin	Pl.	Taxon
30	8	Queue-de-souris Ratoncule Mäuseschwanz
31	8	**Ranunculus falcatus** L. *Ceratocephalus falcatus* (B, C, F, T, G) Cératocéphale en faux Renoncule en faux
32	8	**Ranunculus hederaceus** L. Renoncule lierre Efeublättriger Hahnenfuss
33	8	**Ranunculus omiophyllus** Ten. — *lenormandi* (B, C, F) Renoncule à feuilles semblables — de Lenormand
33 b	8	**Ranunculus ololeucos** Lloyd — *lenormandi* (C, F) — *tripartitus* (T) Renoncule à pétales entièrement blancs
34	8	**Ranunculus fluitans** Lam. Renoncule flottante Flutender Hahnenfuss Flutender Wasserhahnenfuss
35 1-3	9	**Ranunculus peltatus** Schrank — *aquatilis* (B, F, C) Grenouillette Renoncule aquatique — peltée Grosser Wasserhahnenfuss Wasser-Hahnenfuss
35 b	9	**Ranunculus peltatus** subsp. **baudotii** (Godron) C. Cook — *baudoti* (F) — *baudotii* (B, C, T, G) — *confusus* (C, F) Renoncule de Baudot Baudots Hahnenfuss Baudots Wasserhahnenfuss
35 c	9	**Ranunculus trichophyllus** Chaix Renoncule à lanières raides — lâche Haarblättriger Wasserhahnenfuss Schlaffblättriger Hahnenfuss
35 c1	9	**Ranunculus trichophyllus** Chaix Renoncule de Drouet — lâche Haarblättriger Wasserhahnenfuss Schlaffblättriger Hahnenfuss
35 c2	9	**Ranunculus aquatilis** L. — *trichophyllus* (C, F) Grenouillette Renoncule à feuilles radiées — aquatique — rayonnante Grosser Wasserhahnenfuss Wasser-Hahnenfuss
35 c3	9	**Ranunculus trichophyllus** Chaix Renoncule lâche Haarblättriger Wasserhahnenfuss Schlaffblättriger Hahnenfuss
36	9	**Ranunculus tripartitus** DC. Renoncule tripartite
37	9	**Ranunculus ololeucos** Lloyd — *hololeucos* (B, C, F) Renoncule à pétales entièrement blancs
38	9	**Ranunculus circinatus** Sibth. — *divaricatus* (B, C) Renoncule divariquée Starrer Wasserhahnenfuss Steifblättriger Hahnenfuss
39	9	**Ranunculus aconitifolius** L. — *aconitifolius* subsp. *eu-aconitifolius* (F) Renoncule à feuilles d'aconit Heisenhutblättriger Hahnenfuss
39 b	9	**Ranunculus platanifolius** L. — *aconitifolius* (C) — *aconitifolius* subsp. *platanifolius* (F) Renoncule à feuilles de platane Platanenblättriger Hahnenfuss
40	10	**Ranunculus glacialis** L. Renoncule des glaciers Gletscher-Hahnenfuss
41	10	**Ranunculus seguieri** Villars Renoncule de Séguier Seguiers Hahnenfuss
42	10	**Ranunculus alpestris** L. Renoncule alpestre Alpen-Hahnenfuss
43	10	**Callianthemum coriandrifolium** Reichb. — *coriandrifolium* subsp. *berardi* (F) *Ranunculus rutaefolius* (B, C) Callianthème à feuilles de coriandre Renoncule à feuilles de rue Korianderblättrige Schmuckblume
44	10	**Ranunculus parnassiifolius** L. — *parnassifolius* (B, C, F, T, G) Renoncule à feuilles de parnassie Herzblättriger Hahnenfuss
45	10	**Ranunculus pyrenaeus** L. Renoncule des Pyrénées Pyrenäen-Hahnenfuss
45 2	10	**Ranunculus kuepferi** Greuter & Burdet — *pyrenaeus* (B, C, F, G) — *pyrenaeus* subsp. *plantagineus* (T) Renoncule de Küpfer Küpfers Hahnenfuss
45 b	10	**Ranunculus amplexicaulis** L. Renoncule amplexicaule
45 c	10	**Ranunculus angustifolius** DC. — *pyrenaeus* (C, F, T, G) Renoncule à feuilles étroites
46	11	**Ranunculus thora** L. Renoncule thora — vénéneuse Schildblättriger Hahnenfuss Thora-Hahnenfuss
46 2	11	**Ranunculus hybridus** Biria Renoncule hybride Bastard-Hahnenfuss Hahnenkamm
47	11	**Ranunculus nodiflorus** L. — *nodiflorus* subsp. *eu-nodiflorus* (F) Renoncule nodiflore
48	11	**Ranunculus lateriflorus** DC. — *nodiflorus* subsp. *lateriflorus* (F) Renoncule à fleurs latérales
49	11	**Ranunculus ophioglossifolius** Villars Renoncule à feuilles d'ophioglosse Natterzungen-Hahnenfuss
50	11	**Ranunculus flammula** L. Petite douve Renoncule flammette Brennender Hahnenfuss Kleiner Sumpf-Hahnenfuss
51	11	**Ranunculus lingua** L. Grande douve Renoncule langue Grosser Sumpf-Hahnenfuss Zungenblättriger Hahnenfuss
52	11	**Ranunculus gramineus** L. Renoncule à feuilles de graminée — graminée Grasblättriger Hahnenfuss
53	11	**Ranunculus sardous** Crantz — *philonotis* (B) Renoncule des marais — sarde Sardinischer Hahnenfuss
53 b	11	**Ranunculus trilobus** Desf. — *sardous* (C) — *sardous* subsp. *trilobus* (F) Renoncule à feuilles à trois lobes — trilobée
54	11	**Ranunculus macrophyllus** Desf. Renoncule à grandes feuilles
55	12	**Ranunculus parviflorus** L. Renoncule à petites fleurs Kleinblütiger Hahnenfuss
56	12	**Ranunculus arvensis** L. Bassinet-des-champs Renoncule des champs Acker-Hahnenfuss
57	12	**Ranunculus muricatus** L. Renoncule à petites pointes Stachelfrüchtiger Hahnenfuss
58	12	**Ranunculus sceleratus** L. Renoncule scélérate Gift-Hahnenfuss
59	12	**Ranunculus paludosus** Poiret — *chaerophyllos* (B, C) — *flabellatus* (F, G) Renoncule cerfeuil — des marais — en éventail Kerbel-Hahnenfuss
59 2	12	**Ranunculus paludosus** Poiret Renoncule des marais
59 b	12	**Ranunculus garganicus** Ten. — *canuti* (B) Renoncule de Canut — du Gargano
60	13	**Ranunculus monspeliacus** L. Renoncule de Montpellier
61	13	**Ranunculus bulbosus** L. Pied-de-coq Renoncule bulbeuse Knolliger Hahnenfuss
61 b	13	**Ranunculus bulbosus** subsp. **aleae** (Willk.) Rouy & Fouc. — *aleae* (B) — *bulbosus* (C) Renoncule d'Alea
62	13	**Ranunculus repens** L. Pied-de-poule Renoncule rampante Kriechender Hahnenfuss
63	13	**Ranunculus tuberosus** Lapeyr. — *breyninus* (F) — *nemorosus* (B, C, T, G) Renoncule des bois — tubéreuse Wald-Hahnenfuss
64	14	**Ranunculus polyanthemophyllus** W. Koch & H. Hess — *nemorosus* subsp. *polyanthemophyllus* (T) Renoncule polyanthémophylle Polyanthemusblättriger Hahnenfuss
65	14	**Ranunculus velutinus** Ten. Renoncule veloutée
66	14	**Ranunculus montanus** Willd. — *geraniifolius* (F) Renoncule des montagnes Berg-Hahnenfuss
66 b	14	**Ranunculus aduncus** Gren. & Godron

Dessin	Pl.	Taxon
66	14	*Ranunculus montanus* (C, G)
		— *villarsii* (B)
		Renoncule crochue
		Haken-Hahnenfuss
66 c	14	**Ranunculus gouanii** Willd.
		— *aduncus*
		subsp. *gouani* (F)
		— *gouani* (C)
		— *montanus* (G)
		Renoncule de Gouan
67	14	**Ranunculus auricomus** L.
		Renoncule tête-d'or
		Gold-Hahnenfuss
		Goldschopf-Hahnenfuss
67 2	14	**Ranunculus cassubicus** L.
		Renoncule de Poméranie
		Kassubischer Hahnenfuss
68	15	**Ranunculus acris** L.
		— *acer*
		subsp. *eu-acer* (F)
		Bouton-d'or
		Renoncule âcre
		Scharfer Hahnenfuss
68 3	15	**Ranunculus acris** L.
		Bouton-d'or
		Renoncule âcre
		Scharfer Hahnenfuss
69	15	**Ranunculus lanuginosus** L.
		Renoncule laineuse
		Wolliger Hahnenfuss
70	15	**Ranunculus ficaria** L.
		Ficaria ranunculoides (B, C)
		— *verna* (F)
		Ficaire du printemps
		— fausse-renoncule
		Renoncule ficaire
		Feigenwurz-Hahnenfuss
		Scharbockskraut
70 b	15	**Ranunculus ficaria**
		subsp. **ficariiformis**
		(F. Schultz) Rouy & Fouc.
		Ficaria grandiflora (C)
		— *verna* (F)
		Ficaire à feuilles de caltha
		Renoncule à port de ficaire
71	15	**Caltha palustris** L.
		Populage des marais
		Sumpf-Dotterblume
72	16	**Trollius europaeus** L.
		Trolle d'Europe
		Europäische Trollblume
73	16	**Eranthis hyemalis** (L.) Salisb.
		— *hiemalis* (C, F)
		Eranthe d'hiver
		Winterling
74	16	**Helleborus niger** L.
		Ellébore noir
		Hellébore noir
		Rose-de-Noël
		Christrose
		Schneerose
75	16	**Helleborus foetidus** L.
		Ellébore fétide
		Hellébore fétide
		Pied-de-Griffon
		Stinkende Nieswurz
76	16	**Helleborus viridis** L. s.l.
		Ellébore vert
		Hellébore vert
		Grüne Nieswurz
77	16	**Isopyrum thalictroides** L.
		— *thalictroïdes* (F)
		Isopyre faux-pigamon
		Wiesenrautenähnliches Muschelblümchen
78	17	**Garidella nigellastrum** L.
		Garidelle nigelle
79	17	**Nigella damascena** L.
		Nigelle de Damas
		Damaszener Schwarzkümmel
80	17	**Nigella sativa** L.
		Nigelle cultivée
81	17	**Nigella arvensis** L.
		Nigelle des champs
		Acker-Schwarzkümmel
81 b	17	**Nigella gallica** Jordan
		— *hispanica* (B)
		Nigelle de France
		— d'Espagne
82	18	**Aquilegia vulgaris** L.
		Ancolie vulgaire
		Gants-de-Notre-Dame
		Gewöhnliche Akelei
82 b	18	**Aquilegia atrata** Koch
		— *atroviolacea* (F)
		Ancolie noirâtre
		Schwärzliche Akelei
82 c	18	**Aquilegia viscosa**
		subsp. **hirsutissima**
		(Timb.-Lagr.) Breistr.
		— *hirsutissima* (F, T, G)
		— *kitaibelli* (C)
		Ancolie très poilue
83	18	**Aquilegia alpina** L.
		Ancolie des Alpes
		Alpen-Akelei
83 b	18	**Aquilegia pyrenaica** DC.
		Ancolie des Pyrénées
84	19	**Consolida regalis** Gray
		Delphinium consolida (B, C, F, G)
		Consoude royale
		Dauphinelle consoude
		Pied-d'alouette consoude
		Feld-Rittersporn
84 b	19	**Consolida pubescens** (DC.) Soó
		Delphinium pubescens (C, F, G)
		Consoude pubescente
		Dauphinelle pubescente
		Pied-d'alouette pubescent
85	19	**Consolida ajacis** (L.) Schur
		— *ambigua* (T)
		Delphinium ajacis (B, C, F, G)
		Consoude d'Ajax
		Dauphinelle d'Ajax
		Pied-d'alouette d'Ajax
		Ajax-Rittersporn
		Garten-Rittersporn
86 3	19	**Delphinium verdunense** Balbis
		— *halteratum*
		subsp. *verdunense* (F)
		— *peregrinum* (B, C, G)
		Dauphinelle de Verdun
		Pied-d'alouette de Verdun
87	19	**Delphinium fissum** Waldst. & Kit.
		— *fissum*
		subsp. *velutinum* (F)
		Dauphinelle fendue
		Pied-d'alouette fendu
88	20	**Delphinium elatum** L. s.l.
		— *elatum*
		subsp. *alpinum* (F)
		Dauphinelle élevée
		Pied-d'alouette élevé
		Hoher Rittersporn
89	20	**Delphinium pictum**
		subsp. **requienii** (DC.)
		Blanché & Molero
		— *pictum* (G)
		— *requieni* (F)
		— *requienii* (B, C, T)
		Dauphinelle de Requien
		Pied-d'alouette de Requien
90	20	**Delphinium staphisagria** L.
		— *staphysagria* (B)
		Dauphinelle staphisaigre
		Pied-d'alouette staphisaigre
91	20	**Aconitum anthora** L.
		Aconit anthora
		Blassgelber Eisenhut
		Giftiger Eisenhut
92	20	**Aconitum lycoctonum**
		subsp. **vulparia**
		(Reichb.) Nyman
		— *lycoctonum* (B, C)
		— *vulparia* (F, T, G)
		Aconit tue-loup
		Fuchs-Eisenhut
		Gelber Eisenhut
92 b	20	**Aconitum lycoctonum**
		subsp. **neapolitanum**
		(Ten.) Nyman
		— *lamarckii* (T)
		— *lycoctonum* (C)
		— *ranunculifolium* (F)
		Aconit de Naples
93	21	**Aconitum napellus**
		subsp. **vulgare** Rouy & Fouc.
		— *compactum* (T)
		— *napellus* (B, C, F, G)
		Aconit napel
		— vulgaire
		Casque-de-Jupiter
		Char-de-Vénus
		Blauer Eisenhut
		Dichtblättriger Eisenhut
		Echter Eisenhut
93 b	21	**Aconitum napellus**
		subsp. **lusitanicum** Rouy
		— *napellus* (C, T)
		— *pyramidale* (F)
		Aconit du Portugal
		Pyramiden-Eisenhut
94	21	**Aconitum variegatum** L.
		— *variegatum*
		subsp. *rostratum* (F)
		Aconit panaché
		Bunter Eisenhut
		Geschekter Eisenhut
95	21	**Aconitum paniculatum** Lam.
		Aconit paniculé
		Rispiger Eisenhut
96	22	**Actaea spicata** L.
		Actée en épi
		Herbe-de-Saint-Christophe
		Ähriges Christophskraut
97	22	**Paeonia mascula** (L.) Miller
		— *corallina* (B, C, F)
		Pivoine coralline
		— mâle
98	22	**Paeonia officinalis** L. s.l.
		Pivoine officinale
		Echte Pfingstrose
99	22	**Paeonia officinalis** L. s.l.
		— *peregrina* (B, C)
		Pivoine officinale
		— voyageuse
		Echte Pfingstrose
100	23	**Berberis vulgaris** L.
		Berbéris commun
		Epine-vinette
		Berberitze
		Sauerdorn
101	23	**Epimedium alpinum** L.
		Epimédium des Alpes
		Alpen-Sockenblume
102	23	**Nymphaea alba** L.
		Nénuphar blanc
		Nymphéa blanc
		Weisse Seerose
102 b	23	**Nymphaea candida** C. Presl
		— *alba* (F)
		Nénuphar d'un blanc pur
		Nymphéa d'un blanc pur
		Kleine Seerose
103	23	**Nuphar lutea** (L.) Smith
		— *luteum* (B, C, F)
		Nénuphar jaune
		Gelbe Seerose
		Grosse Teichrose
103 b	23	**Nuphar pumila** (Timm) DC.
		— *juranum* (C)
		— *pumilum* (B, C, F)

Dessin	Pl.	Taxon
103	23	Nénuphar nain
		Kleine Teichrose
104	24	**Papaver somniferum** L.
		— *officinalis* (B)
		— *hortensis* (B)
		Pavot somnifère
		Garten-Mohn
		Schlaf-Mohn
104 b	24	**Papaver setigerum** DC.
		— *somniferum* (C)
		— *somniferum*
		subsp. *setigerum* (T, G)
		Pavot porte-soie
105	24	**Papaver rhoeas** L.
		— *rhaeas* (B)
		Coquelicot
		Pavot coquelicot
		Feuer-Mohn
		Klatsch-Mohn
106	24	**Papaver dubium** L.
		Pavot douteux
		Hügel-Mohn
		Saat-Mohn
		Zweifelhafter Mohn
106 2-4	24	**Papaver dubium** L.
		— *obtusifolium* (C, F)
		Pavot douteux
		Hügel-Mohn
		Saat-Mohn
		Zweifelhafter Mohn
106 b	24	**Papaver pinnatifidum** Moris
		Pavot pinnatifide
107	24	**Papaver argemone** L.
		Pavot argémone
		Sand-Mohn
108	25	**Papaver hybridum** L.
		— *hispidum* (C)
		Pavot hybride
		Bastard-Mohn
		Krummborstiger Mohn
109 1	25	**Papaver occidentale** (Markgraf) H. Hess & Landolt
		— *alpinum* (B, C)
		— *alpinum*
		subsp. *burseri* (F)
		— *alpinum*
		subsp. *tatricum* (T)
		— *rhaeticum* (G)
		Pavot des Alpes
		— occidental
		Westlicher Alpen-Mohn
109 2	25	**Papaver rhaeticum** Leresche
		— *alpinum* (B, C)
		— *pyrenaïcum*
		subsp. *rhaeticum* (F)
		Pavot des Alpes
		— orangé
		— rhétique
		Gelber Alpen-Mohn
110	25	**Meconopsis cambrica** (L.) Vign.
		Méconopsis du Pays-de-Galles
		Kambrischer Scheinmohn
		Viguier
		Welschmohn
111	25	**Roemeria hybrida** (L.) DC.
		— *violacea* (C)
		Reumérie hybride
112	25	**Glaucium flavum** Crantz
		— *luteum* (B)
		Glaucienne jaune
		Glaucière jaune
		Gelber Hornmohn
112 b	25	**Glaucium corniculatum** (L.) Rudolph
		Glaucienne corniculée
		Glaucière en cornet
		Roter Hornmohn
		Rudolph
113	26	**Chelidonium majus** L.
		Chélidoine grande
		— majeure
		Eclaire
		Grande chélidoine
		— éclaire
		Herbe-aux-verrues
		Schöllkraut
113 2	26	**Chelidonium majus** L.
		Chélidoine grande
		— majeure
		Eclaire
		Grande chélidoine
		— éclaire
		Herbe-aux-verrues
		Schöllkraut
114	26	**Hypecoum pendulum** L.
		Hypécoom pendant
115	26	**Hypecoum procumbens** L.
		Hypécoom couché
115 b	26	**Hypecoum imberbe** Smith
		— *aequilobum* (C)
		— *grandiflorum* (B)
		— *procumbens*
		subsp. *grandiflorum* (F)
		Hypécoom à grandes fleurs
		— imberbe
116	27	**Pseudofumaria lutea** (L.) Borkh.
		Corydalis lutea (C, T, G)
		Corydallis lutea (B, F)
		Corydale jaune
		Fausse-fumeterre jaune
		Gelber Lerchensporn
117	27	**Ceratocapnos claviculatus** (L.) Lidén
		Corydalis claviculata (C, T, G)
		Corydallis claviculata (B, F)
		Cératocapnos à vrilles
		Corydale à vrilles
118 a	27	**Corydalis cava** Schweigger & Koerte
		— *bulbosa* (T, G)
		Corydallis bulbosa (B)
		— *cava* (B, F)
		Corydale à bulbe creux
		— bulbeuse
		— creuse
		Hohlknolliger Lerchensporn
118 b	27	**Corydalis solida** (L.) Sw.
		Corydallis bulbosa (B)
		— *solida* (B, F)
		Corydale à bulbe plein
		— bulbeuse
		— solide
		Festknolliger Lerchensporn
118 c	27	**Corydalis intermedia** (L.) Mérat
		— *fabacea* (C)
		Corydallis bulbosa (B)
		— *fabacea* (B)
		— *intermedia* (F)
		Corydale bulbeuse
		— fève
		— intermédiaire
		Mittlerer Lerchensporn
119	27	**Sarcocapnos enneaphyllus** (L.) DC.
		Corydalis enneaphylla (C)
		Sarcocapnos enneaphylla (B, F, T, G)
		Sarcocapnos à neuf folioles
120	27	**Platycapnos spicatus** (L.) Bernh.
		Fumaria spicata (B, C, F)
		Platycapnos spicata (T, G)
		Fumeterre en épi
		Platycapnos en épi
121 a	28	**Fumaria parviflora** Lam.
		Fumeterre à petites fleurs
		Kleinblütiger Erdrauch
121 b	28	**Fumaria vaillantii** Lois.
		— *vaillanti* (F)
		Fumeterre de Vaillant
		Vaillants Erdrauch
122	28	**Fumaria densiflora** DC.
		— *micrantha* (C, F, G)
		Fumeterre à fleurs serrées
		Dichtblütiger Erdrauch
123	28	**Fumaria officinalis** L.
		Fumeterre officinale
		Echter Erdrauch
		Gebräuchlicher Erdrauch
124 a	28	**Fumaria capreolata** L.
		Fumeterre grimpante
		Klimmender Erdrauch
		Rankender Erdrauch
124 b1	28	**Fumaria bastardii** Boreau
		— *capreolata* (B)
		— *loiseleurii* (B)
		— *muralis* (C, F)
		Fumeterre de Bastard
		— de Loiseleur
124 b2	28	**Fumaria muralis** Koch
		— *capreolata* (B)
		— *loiseleurii* (B)
		Fumeterre de Loiseleur
		— des murailles
124 c	28	**Fumaria agraria** Lagasca
		— *capreolata* (B)
		Fumeterre des champs
125	29	**Raphanus sativus** L.
		— *raphanistrum*
		subsp. *sativus* (F)
		Radis
		— cultivé
		Garten-Rettich
		Rettich
126 a	29	**Raphanus raphanistrum** L.
		— *raphanistrum*
		subsp. *eu-raphanistrum* (F)
		Radis ravenelle
		Ravenelle
		Acker-Rettich
		Hederich
126 b	29	**Raphanus raphanistrum**
		subsp. **landra** (DC.) Bonnier & Layens
		— *landra* (B)
		— *raphanistrum* (B, C)
		Radis landra
127	29	**Sinapis alba** L.
		Moutarde blanche
		Weisser Senf
128	29	**Sinapis arvensis** L.
		Moutarde des champs
		Sené
		Sénevé
		Acker-Senf
129	30	**Sinapis pubescens** L.
		Moutarde pubescente
130	30	**Coincya cheiranthos** (Villars) Greuter & Burdet
		Brassica cheiranthus (C)
		— *monensis*
		subsp. *cheiranthus* (F)
		Rhynchosinapis cheiranthos (T, G)
		Sinapis cheiranthus (B)
		Chou giroflée
		Coincya giroflée
		Moutarde giroflée
		Echter Lacksenf
130 2	30	**Coincya cheiranthos**
		subsp. **montana** (DC.) Greuter & Burdet
		Brassica cheiranthus (C)
		— *monensis*
		subsp. *cheiranthus* (F)
		Rhynchosinapis cheiranthos (T, G)
		Coincya des montagnes
		Berg-Lacksenf
131	30	**Eruca sativa** Miller
		— *vesicaria*
		subsp. *sativa* (F, T, G)
		Roquette cultivée
		Saat-Ruke

Dessin	Pl.	Taxon
132	30	**Brassica oleracea** L.
		Chou potager
		Gemüse-Kohl
132 b	31	**Brassica montana** Pourret
		— *oleracea* subsp. *pourreti* (F)
		— *oleracea* subsp. *pourretii* (G)
		— *oleracea* subsp. *robertiana* (F, T, G)
		— *pourretii* (C)
		— *robertiana* (B, C)
		Chou de Robert
		— des montagnes
133 a	31	**Brassica napus** L.
		— *sativa* (B)
		Chou navet
		Chou-rave
		Colza
		Navet
		Bodenkohlrabi
		Lewat
		Raps
134	31	**Brassica nigra** (L.) Koch
		Sinapis nigra (C)
		Chou noir
		Moutarde noire
		Schwarzer Senf
135	31	**Coincya richeri** (Villars) Greuter & Burdet
		Brassica richeri (C, F)
		— *richerii* (B)
		Rhynchosinapis richeri (T, G)
		Chou de Richerius
		Coincya de Richerius
		Richers Lacksenf
136	31	**Brassica fruticulosa** Cirillo
		Chou fruticuleux
137	32	**Hirschfeldia incana** (L.) Lagr.-Fossat
		Brassica adpressa (F)
		Hirschfeldia adpressa (B)
		Sinapis incana (C)
		Hirschfeldie appliquée
		— grisâtre
		Graukohl
138	32	**Diplotaxis erucoides** (L.) DC.
		— *erucoïdes* (F)
		Diplotaxis fausse-roquette
		Rukenähnlicher Doppelsame
139	32	**Diplotaxis tenuifolia** (L.) DC.
		Diplotaxis à feuilles ténues
		Schmalblättriger Doppelsame
140	32	**Diplotaxis muralis** (L.) DC.
		Diplotaxis des murailles
		Mauer-Doppelsame
141	32	**Diplotaxis viminea** (L.) DC.
		Diplotaxis des vignes
		— effilé
		Rutenästiger Doppelsame
142	32	**Brassica repanda** (Willd.) DC.
		Diplotaxis humilis (C)
		— *humilis* subsp. *repanda* (F)
		Erucastrum repandum (B)
		Chou étalé
		Erucastre étalé
		Aufwärtsgekrümmter Kohl
142 b	32	**Brassica repanda** subsp. **saxatilis** (DC.) Heyw.
		Diplotaxis humilis (C)
		— *humilis* subsp. *saxatilis* (F)
		Erucastrum saxatile (B)
		Chou des rochers
		Erucastre des rochers
		Felsen-Kohl
142 c	32	**Brassica repanda** subsp. **saxatilis** (DC.) Heyw.
		Diplotaxis humilis (C)
		Erucastrum humile (B)
		Chou des rochers
		Erucastre humble
		Felsen-Kohl
143	33	**Erucastrum nasturtiifolium** (Poiret) O. Schulz
		— *obtusangulum* (B, C)
		Erucastre à angles obtus
		Fausse-roquette à feuilles de cresson
		Brunnenkrässeblättrige Rampe
144	33	**Erucastrum gallicum** (Willd.) O. Schulz
		— *pollichii* (B, C)
		Erucastre de Pollich
		Fausse-roquette de France
		Französische Rampe
145	33	**Moricandia arvensis** (L.) DC.
		Moricandie des champs
146	33	**Hesperis matronalis** L.
		Julienne des dames
		Echte Nachtviole
146 b	33	**Hesperis laciniata** All.
		Julienne laciniée
147	33	**Malcolmia africana** (L.) R. Br.
		Malcomia africana (F)
		Malcolmie d'Afrique
148	33	**Malcolmia ramosissima** (Desf.) Thell.
		— *parviflora* (B, C)
		Malcomia ramosissima (F)
		Malcolmie à petites fleurs
		— très ramifiée
149	34	**Malcolmia littorea** (L.) R. Br.
		Malcomia littorea (F)
		Malcolmie du littoral
150	34	**Malcolmia maritima** (L.) R. Br.
		Malcomia maritima (F)
		Malcolmie maritime
151	34	**Matthiola incana** (L.) R. Br.
		Matthiole blanchâtre
		Violier grisâtre
152	34	**Matthiola sinuata** (L.) R. Br.
		Matthiole sinuée
		Violier sinué
153	34	**Matthiola tricuspidata** (L.) R. Br.
		Matthiole à trois pointes
		Violier à trois pointes
154	34	**Matthiola fruticulosa** (L.) Maire
		— *tristis* (B, C, F)
		Matthiole fruticuleuse
		— triste
		Violier fruticuleux
154 b	34	**Matthiola valesiaca** Boiss.
		— *fruticulosa* subsp. *valesiaca* (T, G)
		— *tristis* subsp. *vallesiana* (F)
		Matthiole du Valais
		Violier du Valais
		Walliser Levkoje
155	35	**Erysimum cheiri** (L.) Crantz
		Cheiranthus cheiri (B, C, F, T, G)
		Giroflée
		— violier
		Violier
		Goldlack
156	35	**Conringia orientalis** (L.) Dumort.
		Erysimum orientale (B, C)
		Conringie d'Orient
		Vélar d'Orient
		Östlicher Ackerkohl
157	35	**Erysimum cheiranthoides** L.
		— *cheiranthoïdes* (F)
		Erysimum fausse-giroflée
		Vélar fausse-giroflée
		Acker-Schöterich
		Goldlackartiger Schöterich
158 a	35	**Erysimum virgatum** Roth
		— *hieracifolium* (B, C, T, G)
		— *hieracifolium* subsp. *virgatum* (G)
		— *hieraciifolium s.l.* (F)
		— *strictum* (B)
		Erysimum en baguette
		Vélar à feuilles d'épervière
		— effilé
		— en baguette
		Rutenförmiger Schöterich
158 b	35	**Erysimum odoratum** Ehrh.
		— *cheiriflorum* (B)
		— *hieracifolium* (B, C, G)
		— *pannonicum* (F)
		Erysimum odorant
		Vélar à feuilles d'épervière
		— à fleurs de giroflée
		— odorant
		Wohlriechender Schöterich
159 a	35	**Erysimum grandiflorum** Desf.
		— *bocconi* (G)
		— *cheiranthus* (B)
		— *helveticum* subsp. *bocconei* (F)
		— *longifolium* (C)
		— *sylvestre* (G)
		Erysimum à grandes fleurs
		Vélar à grandes fleurs
		— violier
159 b	35	**Erysimum ochroleucum** (Schleicher) DC.
		— *cheiranthus* (B)
		— *decumbens* (T, G)
		— *dubium* (F)
		— *sylvestre* (G)
		Erysimum jaune-pâle
		Vélar jaune-pâle
		— violier
159 c	35	**Erysimum jugicola** Jordan
		— *cheiranthus* (B)
		— *helveticum* subsp. *pumilum* (F)
		— *pumilum* (C, G)
		— *sylvestre* (G)
		Erysimum des sources
		Vélar des sources
		— violier
		Zwerg-Schöterich
160 a	36	**Barbarea vulgaris** R. Br.
		Barbaraea vulgaris (F)
		Barbarée vulgaire
		Herbe-de-Sainte-Barbe
		Gewöhnliche Winterkresse
160 b	36	**Barbarea vulgaris** subsp. **arcuata** (Opiz) Hayek
		Barbaraea vulgaris (F)
		Barbarea vulgaris (B, C, T)
		Barbarée arquée
		— vulgaire
160 c	36	**Barbarea stricta** Andrz.
		Barbaraea stricta (F)
		Barbarea vulgaris (B, C)
		Barbarée raide
		— vulgaire
		Steife Winterkresse
160 d	36	**Barbarea verna** (Miller) Asch.
		Barbaraea verna (F)
		Barbarea praecox (C)
		— *vulgaris* (B)
		Barbarée du printemps
		— vulgaire
		Frühe Winterkresse
		Frühlings-Winterkresse
160 e	36	**Barbarea sicula** C. Presl
		Barbaraea sicula (F)
		Barbarea vulgaris (B)
		Barbarée de Sicile
		— vulgaire
160 f	36	**Barbarea intermedia** Boreau
		Barbaraea intermedia (F)

Dessin	Pl.	Taxon
160 f	36	*Barbarea vulgaris* (B) Barbarée intermédiaire — vulgaire Mittlere Winterkresse
160 g	36	**Barbarea vulgaris** R. Br. *Barbaraea intermedia* (F) *Barbarea intermedia* (C) Barbarée vulgaire Herbe-de-Ste-Barbe Gewöhnliche Winterkresse
161	36	**Alliaria petiolata** (M. Bieb.) Cavara & Grande — *officinalis* (B, F) *Sisymbrium alliaria* (C) Alliaire officinale — pétiolée Knoblauchhederich
162	37	**Sisymbrium supinum** L. *Braya supina* (B) Braya couchée Sisymbre couché Niederliegende Rauke Zwergrauke
163	37	**Murbeckiella pinnatifida** (Lam.) Rothm. *Braya pinnatifida* (B) *Sisymbrium pinnatifidum* (C, F) Braya pinnatifide Murbeckielle pinnatifide Fiederrauke Fiederspaltige Rauke
164	37	**Descurainia sophia** (L.) Prantl *Sisymbrium sophia* (B, C, F) Descurainie sagesse Sagesse-des-chirurgiens Sisymbre sagesse Sophienkraut
165	37	**Sisymbrium altissimum** L. — *pannonicum* (B) — *sinapistrum* (C) Sisymbre de Hongrie — élevé Hohe Rauke Ungarische Rauke
166	37	**Sisymbrium officinale** (L.) Scop. Herbe-aux-chantres Sisymbre officinal Vélar Weg-Rauke
167	37	**Sisymbrium polyceratium** L. — *polyceratum* (B, F) Sisymbre à cornes
168	37	**Sisymbrium runcinatum** DC. — *hirsutum* (B) Sisymbre à feuilles runcinées — hérissé
169	38	**Sisymbrium austriacum** Jacq. — *pyrenaicum* subsp. *austriacum* (F) Sisymbre d'Autriche Österreichische Rauke
169 2	38	**Sisymbrium austriacum** subsp. **villarsii** (Jordan) Rouy & Fouc. — *pyrenaicum* subsp. *eu-pyrenaicum* (F) Sisymbre de Villars
169 4	38	**Sisymbrium austriacum** subsp. **chrysanthum** (Jordan) Rouy & Fouc. Sisymbre chrysanthème
170	38	**Sisymbrium irio** L. Sisymbre irio Vélaret Schlaffe Rauke
171	38	**Sisymbrium orientale** L. — *columnae* (B, C) — *costei* (C) Sisymbre de Columna — d'Orient Östliche Rauke
172	39	**Sisymbrium strictissimum** L. Sisymbre raide Steife Rauke
173	39	**Hugueninia tanacetifolia** (L.) Reichb. s.l. *Sisymbrium tanacetifolium* (C, F) Hugueninie à feuilles de tanaisie Farnrauke
174	39	**Nasturtium officinale** R. Br. Cresson de fontaine — officinal Echte Brunnenkresse
175	39	**Rorippa sylvestris** (L.) Besser *Nasturtium silvestre* (B, C) *Roripa silvestris* (F) Cresson des forêts — sauvage Wilde Sumpfkresse
175 3	39	**Rorippa sylvestris** (L.) Besser Cresson des forêts Wilde Sumpfkresse
176	39	**Sisymbrella aspera** (L.) Spach *Nasturtium asperum* (B, C) *Roripa aspera* (F) Cresson rude Sisymbrelle rude
177	40	**Turritis glabra** L. *Arabis glabra* (T, G) — *perfoliata* (C) Tourette glabre Kahles Turmkraut
178	40	**Arabidopsis thaliana** (L.) Heynh. *Arabis thaliana* (B) *Sisymbrium thalianum* (C) Arabette de Thalius Arabidopsis de Thalius Thals Schotenkresse
179	40	**Arabis soyeri** subsp. **subcoriacea** (Gren.) Breistr. — *bellidifolia* (B, C, F) — *soyeri* subsp. *jacquinii* (T) Arabette à feuilles de pâquerette — de Jacquin — subcoriace Bach-Gänsekresse Jacquins Gänsekresse
180	40	**Arabis collina** Ten. — *muralis* (B, C, F, T, G) Arabette des collines — des murailles Mauer-Gänsekresse
181	40	**Arabis scabra** All. — *stricta* (B, C, T) Arabette raide — scabre Rauhe Gänsekresse
182	40	**Arabis bellidifolia** subsp. **stellulata** (Bertol.) Greuter & Burdet — *pumila* (B, C, F, T, G) Arabette étoilée — naine Zwerg-Gänsekresse
183	40	**Arabis ciliata** Clairv. — *alpestris* (B) — *arcuata* (C) — *corymbiflora* (F, T, G) Arabette ciliée Bewimperte Gänsekresse
183 b	40	**Arabis serpillifolia** Villars — *serpyllifolia* (C, F) Arabette à feuilles de serpolet Quendelblättrige Gänsekresse
184	40	**Arabis hirsuta** (L.) Scop. — *hirsuta* subsp. *eu-hirsuta* (F) Arabette hérissée Rauhhaarige Gänsekresse
184 b	40	**Arabis sagittata** (Bertol.) DC. — *hirsuta* subsp. *sagittata* (F, G) Arabette sagittée Pfeilblättrige Gänsekresse
184 c	40	**Arabis allionii** DC. — *hirsuta* subsp. *allionii* (F) — *hirsuta* subsp. *glabra* (G) Arabette d'Allioni Allionis Gänsekresse
185	41	**Fourraea alpina** (L.) Greuter & Burdet *Arabis brassicaeformis* (B, C) — *pauciflora* (F, T, G) Arabette faux-chou Fourréa des Alpes Armblütige Gänsekresse
186	41	**Arabis turrita** L. Arabette tourette Turm-Gänsekresse
187	41	**Arabis alpina** L. Arabette des Alpes Alpen-Gänsekresse
188	41	**Arabis auriculata** Lam. — *recta* (T, G) Arabette à oreilles — auriculée Aufrechte Gänsekresse Öhrchen-Gänsekresse
189	42	**Arabis nova** Villars — *saxatilis* (B, C, F) Arabette des rochers — nouvelle Felsen-Gänsekresse
190	42	**Cardaminopsis cebennensis** (DC.) Burdet *Arabis cebennensis* (B, C, F, T, G) Arabette des Cévennes Cardaminopsis des Cévennes
190 b	42	**Cardaminopsis pedemontana** (Boiss.) Burdet *Arabis cebennensis* (C) — *cebennensis* subsp. *pedemontana* (F) — *pedemontana* (T, G) Arabette du Piémont Cardaminopsis du Piémont
191	42	**Cardaminopsis arenosa** (L.) Hayek *Arabis arenosa* (B, C, F) Arabette des sables Cardaminopsis des sables Sand-Gänsekresse Sand-Schaumkresse
192	42	**Cardaminopsis halleri** (L.) Hayek *Arabis halleri* (B) Arabette de Haller Cardaminopsis de Haller Hallers Gänsekresse Hallers Schaumkresse
193	42	**Arabis caerulea** (All.) Haenke — *coerulea* (F) Arabette bleuâtre — bleue Bläuliche Gänsekresse
194	42	**Arabis verna** (L.) R. Br. Arabette du printemps
195	43	**Cardamine hirsuta** L. Cardamine à tiges nombreuses — hérissée Behaartes Schaumkraut Vielstengliges Schaumkraut
195 b	43	**Cardamine flexuosa** With. — *silvatica* (B, C) Cardamine des bois — flexueuse Wald-Schaumkraut

Dessin	Pl.	Taxon
196	43	**Cardamine parviflora** L.
		Cardamine à petites fleurs
		Kleinblütiges Schaumkraut
		Teich-Schaumkraut
197	43	**Cardamine bellidifolia**
		subsp. **alpina** (Willd.) B. Jones
		— *alpina* (B, C, F)
		Cardamine des Alpes
		Alpen-Schaumkraut
198	43	**Cardamine resedifolia** L.
		Cardamine à feuilles de réséda
		Resedablättriges Schaumkraut
199	43	**Cardamine impatiens** L.
		Cardamine impatiente
		Spring-Schaumkraut
200	43	**Cardamine raphanifolia** Pourret
		— *latifolia* (B, C, F)
		Cardamine à feuilles de radis
		— à larges feuilles
201	44	**Cardamine amara** L.
		Cardamine amère
		Bitteres Schaumkraut
202	44	**Cardamine pratensis** L.
		— *pratensis*
		subsp. *eu-pratensis* (F)
		Cardamine des prés
		Cresson des prés
		Cressonnette
		Wiesen-Schaumkraut
202 2	44	**Cardamine pratensis**
		subsp. **matthioli** (Moretti) Nyman
		— *matthiolii* (T)
		— *pratensis*
		subsp. *hayneana* (F)
		Cardamine de Matthiole
		Matthiolis Schaumkraut
202 3	44	**Cardamine pratensis**
		subsp. **dentata** (Schultes) Čelak.
		— *palustris* (T)
		— *pratensis*
		subsp. *palustris* (G)
		Cardamine dentée
		Sumpf-Schaumkraut
203	44	**Cardamine plumieri** Villars
		— *thalictroides* (B)
		Cardamine de Plumier
		— faux-pigamon
		Plumiers Schaumkraut
204	44	**Cardamine asarifolia** L.
		Cardamine à feuilles d'asaret
		Haselwurzblättriges Schaumkraut
205	44	**Cardamine trifolia** L.
		Cardamine à trois folioles
		Dreiblättriges Schaumkraut
206	44	**Cardamine bulbifera** (L.) Crantz
		Dentaria bulbifera (B, C, F)
		Dentaire à bulbilles
		Knöllchentragendes Schaumkraut
		Zwiebeltragendes Schaumkraut
		Knöllchentragende Zahnwurz
		Zwiebeltragende Zahnwurz
207	45	**Cardamine heptaphylla** (Villars) O. Schulz
		Dentaria pinnata (B, C, F)
		Dentaire à sept folioles
		— pennée
		Fiederblättrige Zahnwurz
208	45	**Cardamine kitaibelli** Bech.
		Dentaria polyphylla (B)
		Dentaire à nombreuses folioles
		— de Kitaibel
		Kitaibels Zahnwurz
209	45	**Cardamine pentaphyllos** (L.) Crantz
		Dentaria digitata (B, C, F)
		Dentaire à cinq folioles
		— digitée
		Fingerblättrige Zahnwurz
210	45	**Lunaria rediviva** L.
		Lunaire vivace
		Ausdauernde Mondviole
		Wilde Mondviole
211	46	**Lunaria annua** L.
		— *biennis* (B, C)
		Lunaire annuelle
		— bisannuelle
		Monnaie-du-pape
		Garten-Mondviole
		Zweijährige Mondviole
212	46	**Fibigia clypeata** (L.) Medikus
		Farsetia clypeata (B, C, F)
		Farsétie en bouclier
		Fibigie en bouclier
		Echte Schildkresse
213	46	**Alyssoides utriculata** (L.) Moench
		— *utriculatum* (F)
		Vesicaria utriculata (B, C)
		Faux-alysson renflé
		Vésicaire renflée
		Schlauch-Blasenschötchen
214	46	**Alyssum alyssoides** (L.) L.
		— *calycinum* (B, C, F)
		Alysson à calice persistant
		— calicinal
		— faux-alysson
		Gewöhnliches Steinkraut
		Kelch-Steinkraut
		Gewöhnliche Steinkresse
		Kelch-Steinkresse
215	46	**Alyssum simplex** Rudolphi
		— *campestre* (B, C, F)
		— *minus* (T, G)
		Alysson champêtre
		— simple
		Acker-Steinkraut
		Acker-Steinkresse
216	46	**Alyssum montanum** L.
		— *montanum*
		subsp. *collicolum* (F)
		Alysson des montagnes
		Berg-Steinkraut
		Berg-Steinkresse
217	46	**Alyssum alpestre** L.
		Alysson alpestre
		Alpen-Steinkraut
		Alpen-Steinkresse
217 b	46	**Alyssum serpyllifolium** Desf.
		— *alpestre* (C)
		— *alpestre*
		subsp. *serpyllifolium* (F)
		Alysson à feuilles de serpolet
218	47	**Alyssum spinosum** L.
		Ptilotrichum spinosum (T, G)
		Alysson épineux
219	47	**Alyssum macrocarpum** DC.
		Ptilotrichum macrocarpum (T, G)
		Alysson à gros fruits
220	47	**Alyssum pyrenaicum** Lapeyr.
		Ptilotrichum pyrenaicum (T, G)
		Alysson des Pyrénées
221	47	**Lobularia maritima** (L.) Desv.
		Alyssum maritimum (B, C, F)
		Alysson maritime
		Lobulaire maritime
222	47	**Alyssum lapeyrousianum** Jordan
		— *perusianum* (B)
		Ptilotrichum lapeyrousianum (T, G)
		Alysson de Lapeyrouse
222 b	47	**Alyssum ligusticum** Breistr.
		— *halimifolium* (B, C, F)
		Ptilotrichum halimifolium (T, G)
		Alysson à feuilles d'halimus
		Alysson de Ligurie
223	47	**Aurinia petraea** (Ard.) Schur
		Alyssum edentulum (C)
		— *gemonense* (B)
		— *gemonense*
		subsp. *petraeum* (F)
		— *petraeum* (T, G)
		Alysson des pierres
		— de Gemona
		Aurinie des pierres
224	47	**Berteroa incana** (L.) DC.
		Farsetia incana (C)
		Bertéroa blanchâtre
		Echte Graukresse
225	48	**Clypeola jonthlaspi** L.
		— *ionthlaspi*
		subsp. *macrocarpa* (F)
		Clypéole jonthlaspi
		Gewöhnliches Schildkraut
225 b	48	**Clypeola jonthlaspi** L.
		— *ionthlaspi*
		subsp. *gaudini* (F)
		— *microcarpa* (C)
		Clypéole jonthlaspi
		Gewöhnliches Schildkraut
226	48	**Peltaria alliacea** Jacq.
		Peltaire alliacée
227 a-g	48	**Erophila verna** aggr.
		Draba verna (B, C)
		Erophila verna s.l. (F, T, G)
		Drave du printemps
		Erophile du printemps
		Frühlings-Hungerblümchen
		Frühlings-Lenzblümchen
228	48	**Draba muralis** L.
		Drave des murailles
		Mauer-Felsenblümchen
		Mauer-Hungerblümchen
229	48	**Draba incana** L.
		Drave blanchâtre
		Graues Felsenblümchen
		Graues Hungerblümchen
230	48	**Draba tomentosa** Clairv.
		Drave tomenteuse
		Filziges Felsenblümchen
		Filziges Hungerblümchen
230 b	48	**Draba dubia** Suter
		— *frigida* (B)
		Drave des régions froides
		— douteuse
		Gletscher-Felsenblümchen
		Zweifelhaftes Felsenblümchen
		Gletscher-Hungerblümchen
		Zweifelhaftes Hungerblümchen
230 c	48	**Draba fladnizensis** Wulfen
		— *wahlenbergii* (C)
		Drave de Fladniz
		Fladnizer Felsenblümchen
		Fladnizer Hungerblümchen
230 d	48	**Draba siliquosa** M. Bieb.
		— *carinthiaca* (C, F, T, G)
		Drave siliqueuse
		Kärnter Felsenblümchen
		Kärnter Hungerblümchen
231	48	**Draba nemorosa** L.
		Drave des bois
		— jaunâtre
		Hain-Felsenblümchen
		Hellgelbes Felsenblümchen
		Hain-Hungerblümchen
		Hellgelbes Hungerblümchen
232	48	**Draba aizoides** L.
		— *aizoïdes* (F)
		Drave faux-aïzoon
		Immergrünes Felsenblümchen
		Immergrünes Hungerblümchen
232 b	48	**Draba hoppeana** Reichb.
		— *zahlbruckneri* (F)
		Drave de Hoppe
		Hoppes Felsenblümchen
		Hoppes Hungerblümchen

Dessin	Pl.	Taxon
232 c	48	**Draba aspera** Bertol.
		— *bertolonii* (F)
		Drave rude
233	48	**Petrocallis pyrenaica** (L.) R. Br.
		Draba pyrenaica (C)
		Pétrocallis des Pyrénées
		Pyrenäen-Steinschmückel
234	49	**Rorippa palustris** (L.) Besser
		Nasturtium palustre (C)
		Roripa islandica (F)
		— *nasturtioides* (B)
		Rorippa islandica (T, G)
		Cresson des marais
		Roripe faux-cresson
		Echte Sumpfkresse
235	49	**Rorippa pyrenaica** (L.) Reichb.
		Nasturtium pyrenaicum (C)
		Roripa pyrenaica (B, F)
		Cresson des Pyrénées
		Roripe des Pyrénées
		Pyrenäen-Sumpfkresse
236	49	**Rorippa amphibia** (L.) Besser
		Nasturtium amphibium (C)
		Roripa amphibia (B, F)
		Cresson amphibie
		Roripe amphibie
		Teichkresse
		Wasserkresse
237	49	**Armoracia rusticana** P. Gaertner & al.
		— *lapathifolia* (F)
		Cochlearia armoracia (C)
		Armoracie rustique
		Raifort
		Meerrettich
238	49	**Cochlearia glastifolia** L.
		Cranson à feuilles de pastel
239	50	**Cochlearia officinalis** L.
		— *officinalis* subsp. *eu-officinalis* (F)
		Cranson officinal
		Echtes Löffelkraut
239 2	50	**Cochlearia pyrenaica** DC.
		— *officinalis* subsp. *pyrenaica* (F)
		Cranson des Pyrénées
		Pyrenäen-Löffelkraut
239 b	50	**Cochlearia anglica** L.
		Cranson d'Angleterre
240	50	**Cochlearia danica** L.
		Cranson du Danemark
241	50	**Kernera saxatilis** (L.) Reichb.
		Kernéra des rochers
		Felsen-Kugelschötchen
242	50	**Myagrum perfoliatum** L.
		Myagre perfolié
		Hohldotter
243	51	**Camelina sativa** (L.) Crantz
		Chamaelina sativa subsp. *eu-sativa* (F)
		Caméline cultivée
		Saat-Leindotter
243 b	51	**Camelina microcarpa** subsp. **sylvestris** (Wallr.) Hiit.
		— *microcarpa* (T, G)
		— *silvestris* (C)
		Chamaelina sativa subsp. *microcarpa* (F)
		Caméline à petits fruits
		Kleinfrüchtiger Leindotter
243 c	51	**Camelina alyssum** (Miller) Thell.
		— *foetida* (C)
		Chamaelina sativa subsp. *alyssum* (F)
		Caméline alysson
243 c2	51	**Camelina alyssum** (Miller) Thell.
		— *foetida* (C)
		Caméline alysson
244	51	**Neslia apiculata** Fischer & al.
		Neslia paniculata (B, C, G)
		— *paniculata* subsp. *thracica* (T)
		Vogelia paniculata (F)
		Neslie apiculée
		Spitzfrüchtiges Ackernüsschen
245	51	**Calepina irregularis** (Asso) Thell.
		— *corvini* (B, C)
		Calépine de Corvin
		— irrégulière
		Calepine
246	51	**Subularia aquatica** L.
		Subulaire aquatique
		Wasser-Pfriemenkresse
247	51	**Bunias erucago** L.
		Bunias fausse-roquette
		Acker-Zackenschötchen
247 2	51	**Bunias erucago** L.
		Bunias fausse-roquette
		Acker-Zackenschötchen
248	52	**Isatis tinctoria** L.
		Pastel
		— des teinturiers
		Faberwaid
		Waid
249	52	**Isatis allionii** P. Ball
		— *alpina* (B, C, F)
		Pastel d'Allioni
		— des Alpes
250	52	**Biscutella laevigata** L.
		— *levigata* subsp. *eu-levigata* (F)
		Lunetière lisse
		Glattes Brillenschötchen
250 b	52	**Biscutella coronopifolia** L.
		— *levigata* subsp. *coronopifolia* (F)
		Lunetière à feuilles de coronope
		Krähenfussblättriges Brillenschötchen
250 c	52	**Biscutella laevigata** L.
		— *levigata* subsp. *longifolia* (F)
		— *longifolia* (C)
		Lunetière lisse
		Glattes Brillenschötchen
250 d	52	**Biscutella arvernensis** Jordan
		Lunetière d'Auvergne
251	53	**Biscutella cichorriifolia** Lois.
		Lunetière à feuilles de chicorée
		Wegwartenblättriges Brillenschötchen
252	53	**Biscutella auriculata** L.
		Lunetière à oreillettes
		— auriculée
253	53	**Iberis sempervirens** L.
		— *garrexiana* (B)
		Corbeille d'argent
		Ibéris toujours vert
		Immergrüner Bauernsenf
253 b	53	**Iberis saxatilis** L.
		— *sempervirens* (B)
		Ibéris des rochers
		Felsen-Bauernsenf
254	53	**Iberis amara** L.
		Ibéris amer
		Bitterer Bauernsenf
255	54	**Iberis pinnata** L.
		Ibéris penné
		Fiederblättriger Bauernsenf
256	54	**Iberis carnosa** Willd.
		— *spathulata* (B, C, F, T, G)
		Ibéris charnu
		— spathulé
257	54	**Iberis ciliata** All.
		Ibéris cilié
257 b	54	**Iberis bernardiana** Godron & Gren.
		Ibéris de Bernard
258	54	**Iberis aurosica** Chaix
		Ibéris du Mont Aurouse
259	54	**Iberis stricta** subsp. **leptophylla** (Jordan) Franco & Pinto da Silva
		— *linifolia* (B, C, F)
		Ibéris à feuilles de lin
		— à feuilles minces
260	54	**Iberis umbellata** L.
		Ibéris en ombelle
		Doldiger Bauernsenf
261 a	55	**Iberis linifolia** subsp. **prostii** (Godron) Moreno
		— *intermedia* subsp. *prosti* (F)
		— *intermedia* subsp. *prostii* (T, G)
		— *prostii* (B, C)
		— *soyerii* (B)
		Ibéris de Prost
		— de Soyer
261 b	55	**Iberis linifolia** subsp. **violletii** (Godron) B. Valdés
		— *intermedia* subsp. *violleti* (F)
		— *soyerii* (B)
		— *violetti* (B, C)
		— *violleti* (T)
		Ibéris de Soyer
		— de Viollet
261 c	55	**Iberis linifolia** L.
		— *intermedia* (B, C, T, G)
		— *intermedia* subsp. *eu-intermedia* (F)
		— *soyerii* (B)
		Ibéris à feuilles de lin
		— de Soyer
		— intermédiaire
		Mittlerer Bauernsenf
262	55	**Teesdalia nudicaulis** (L.) R. Br.
		Teesdalea nudicaulis (F)
		Teesdalie à tige nue
		Nacktstenglige Tisdälie
262 b	55	**Teesdalia coronopifolia** (Bergeret) Thell.
		Teesdalea coronopifolia (F)
		Teesdalia lepidium (B, C)
		Teesdalie à feuilles de coronope
		— passerage
263	55	**Aethionema saxatile** (L.) R. Br.
		— *saxatile* subsp. *eu-saxatile* (F)
		Aethionéma des rochers
		Felsen-Steinäschel
		Gewöhnliches Steinäschel
263 b	55	**Aethionema saxatile** subsp. **ovalifolium** (DC.) Nyman
		— *monospermum* (B)
		— *ovalifolium* (C)
		— *saxatile* (T, G)
		Aethionéma à feuilles ovales
264	55	**Aethionema saxatile** subsp. **oreophilum** I.A. Andersson & al.
		— *pyrenaicum* (C)
		— *saxatile* (T, G)
		— *saxatile* subsp. *monospermum* (F)
		Aethionéma des montagnes
265	55	**Thlaspi arvense** L.
		Tabouret des champs
		Acker-Täschelkraut
266	55	**Thlaspi alliaceum** L.
		Tabouret à odeur d'ail
		Lauch-Täschelkraut
267	56	**Thlaspi perfoliatum** L.
		Tabouret perfolié
		Durchwachsenes Täschelkraut

Dessin	*Pl.*	*Taxon*
267	56	Stengelumfassendes Täschelkraut
267 b	56	**Thlaspi brachypetalum** Jordan — *alpestre* (F, T) — *alpestre* subsp. *brachypetalum* (G) — *virgatum* (B) Tabouret à pétales courts — raide Voralpen-Täschelkraut
268	56	**Thlaspi montanum** L. Tabouret des montagnes Berg-Täschelkraut
268 b	56	**Thlaspi sylvium** Gaudin — *alpinum* (B, C) — *alpinum* subsp. *silvium* (F) — *alpinum* subsp. *sylvium* (T, G) Tabouret des Alpes — des Alpes pennines Penninisches Täschelkraut
268 c	56	**Thlaspi caerulescens** J.S. Presl & C. Presl — *alpestre* (B, T, G) — *silvestre* (C, F) Tabouret alpestre — bleuâtre Voralpen-Täschelkraut
269	56	**Capsella bursa-pastoris** (L.) Medikus Bourse-à-pasteur Capselle bourse-à-pasteur Gewöhnliches Hirtentäschchen
269 b	56	**Capsella rubella** Reuter — *bursa-pastoris* (G) Capselle rougeâtre Rötliches Hirtentäschchen
270	56	**Thlaspi cepaeifolium** subsp. **rotundifolium** (L.) Greuter & Burdet *Hutchinsia rotundifolia* (B) *Thlaspi rotundifolium* (C, F, T, G) Hutchinsie à feuilles rondes Tabouret à feuilles rondes Rundblättriges Täschelkraut
271	56	**Pritzelago alpina** (L.) Kuntze *Hutchinsia alpina* (B, C, F, T, G) Cresson des chamois Hutchinsie des Alpes Pritzélage des Alpes Alpen-Gemskresse
272	56	**Hornungia petraea** (L.) Reichb. *Hutchinsia petraea* (B, C, F) Hornungie des pierres Hutchinsie des pierres Felsen-Gemskresse Steinkresse
272 b	56	**Hymenolobus procumbens** (L.) Nutt. *Hutchinsia procumbens* (B, C, F) Hutchinsie couchée Hyménolobe couché
273	57	**Lepidium sativum** L. Cresson alénois Passerage cultivée Garten-Kresse
274	57	**Lepidium campestre** (L.) R. Br. Bourse-de-Judas Passerage des champs Feld-Kresse
274 b1,2	57	**Lepidium heterophyllum** Benth. Passerage à feuilles dissemblables
274 c	57	**Lepidium villarsii** Gren. & Godron — *pratense* (B, C, F) Passerage de Villars — des prés
274 d	57	**Lepidium hirtum** (L.) Smith Passerage hérissée
275	57	**Cardaria draba** (L.) Desv. *Lepidium draba* (B, C, F) Cardarie drave Passerage drave Pfeil-Kresse
276	58	**Lepidium latifolium** L. Passerage à larges feuilles Breitblättrige Kresse
277	58	**Lepidium graminifolium** L. Passerage à feuilles de graminée Grasblättrige Kresse
278	58	**Lepidium ruderale** L. Passerage des décombres Schutt-Kresse
279	58	**Lepidium virginicum** L. Passerage de Virginie Virginische Kresse
280	58	**Coronopus squamatus** (Forsskal) Asch. — *procumbens* (F) *Senebiera coronopus* (B, C) Coronope écailleux Senebière corne-de-cerf Niederliegender Krähenfuss
281	58	**Coronopus didymus** (L.) Smith *Senebiera didyma* (B) — *pinnatifida* (C) Coronope didyme Senebière didyme Zweiknotiger Krähenfuss
282	59	**Cakile maritima** Scop. Cakilier maritime
282 2	59	**Cakile maritima** Scop. Cakilier maritime
283	59	**Rapistrum rugosum** (L.) All. — *rugosum* subsp. *eu-rugosum* (F) Rapistre rugueux Runzliger Rapsdotter
283 b	59	**Rapistrum rugosum** subsp. **linnaeanum** Rouy & Fouc. — *linneanum* (C) Rapistre de Linné
284	59	**Rapistrum perenne** (L.) All. — *diffusum* (C) Rapistre vivace Ausdauernder Rapsdotter
285	59	**Crambe maritima** L. Crambe maritime
286	60	**Capparis spinosa** L. Câprier épineux Dorniger Kapernstrauch
287	60	**Cistus albidus** L. Ciste blanchâtre — cotonneux
288	60	**Cistus crispus** L. Ciste crépu
289	60	**Cistus ladanifer** L. — *ladaniferus* (B, C, F) Ciste à gomme
290	60	**Cistus laurifolius** L. Ciste à feuilles de laurier
291	61	**Cistus psilosepalus** Sweet — *hirsutus* (B, C, F) Ciste à sépales glabres — hérissé
292	61	**Cistus monspeliensis** L. Ciste de Montpellier
293	61	**Cistus populifolius** L. Ciste à feuilles de peuplier
294	61	**Cistus salviifolius** L. — *salviaefolius* (B, C, F) — *salvifolius* (T, G) Ciste à feuilles de sauge Salbeiblättrige Zistrose
295	61	**Halimium umbellatum** (L.) Spach *Helianthemum umbellatum* (B, C, F) Halimium en ombelle Hélianthème en ombelle
296	61	**Halimium halimifolium** (L.) Willk. *Helianthemum halimifolium* (C, F) Halimium à feuilles d'halimus Hélianthème à feuilles d'halimus
297	62	**Halimium lasianthum** subsp. **alyssoides** Greuter — *alyssoides* (T, G) *Helianthemum alyssoides* (B, C) — *alyssoïdes* (F) Halimium faux-alysson Hélianthème faux-alysson
298	62	**Helianthemum ledifolium** (L.) Miller — *niloticum* (B) Hélianthème à feuilles de ledum — du Nil
299	62	**Helianthemum salicifolium** (L.) Miller Hélianthème à feuilles de saule Weidenblättriges Sonnenröschen
299 b	62	**Helianthemum intermedium** Pers. — *salicifolium* (C, F, T, G) Hélianthème intermédiaire
300	62	**Helianthemum nummularium** subsp. **obscurum** (Čelak.) Holub — *ovatum* subsp. *eu-ovatum* (F) — *vulgare* (B, C) Hélianthème sombre — vulgaire Gewöhnliches Sonnenröschen
300 2	62	**Helianthemum nummularium** subsp. **pyrenaicum** (Janchen) Hegi — *nummularium* subsp. *pyrenaïcum* (F) — *vulgare* (B, C) Hélianthème des Pyrénées — vulgaire Gewöhnliches Sonnenröschen
300 3	62	**Helianthemum nummularium** subsp. **grandiflorum** (Scop.) Schinz & Thell. — *ovatum* subsp. *grandiflorum* (F) — *vulgare* (B, C) Hélianthème à grandes fleurs — vulgaire Gewöhnliches Sonnenröschen
301	63	**Helianthemum syriacum** (Jacq.) Dum.-Cours. — *lavandulaefolium* (B, C, F) — *lavandulifolium* (T, G) Hélianthème à feuilles de lavande — de Syrie
302	63	**Helianthemum apenninum** (L.) Miller — *polifolium* (B, C) Hélianthème à feuilles de polium — des Apennins Apenninen-Sonnenröschen
302 b	62	**Helianthemum pilosum** (L.) Pers. — *apenninum* subsp. *pilosum* (F, G) Hélianthème poilu
303	63	**Helianthemum hirtum** (L.) Miller Hélianthème hérissé

Dessin	*Pl.*	*Taxon*
304	63	**Helianthemum oelandicum** subsp. **italicum** (L.) Font Quer & Rothm. — *italicum* (C) — *italicum* subsp. *eu-italicum* (F) — *oelandicum* (B) Hélianthème d'Italie — d'Oeland Italienisches Sonnenröschen
304 b	63	**Helianthemum oelandicum** subsp. **canum** (L.) Bonnier — *canum* (B, F, T, G) — *montanum* (C) Hélianthème blanchâtre Graufilziges Sonnenröschen
304 c	63	**Helianthemum marifolium** (L.) Miller Hélianthème à feuilles de marum
305	63	**Helianthemum lunulatum** (All.) DC. Hélianthème à lunules
306	63	**Tuberaria guttata** (L.) Fourr. *Helianthemum guttatum* (B, C, F) Hélianthème à gouttes Tubéraire à gouttes Geflecktes Sandröschen
307	63	**Tuberaria lignosa** (Sweet) Samp. *Helianthemum tuberaria* (B, C, F) Hélianthème tubéraire Tubéraire ligneuse
308	64	**Fumana procumbens** (Dunal) Gren. & Godron — *vulgaris* (B) Fumana couché — vulgaire Niederliegendes Heideröschen
308 b	64	**Fumana ericoides** (Cav.) Gand. — *coridifolia* (F) — *spachii* (B, C) Fumana de Spach — fausse-bruyère Aufrechtes Heideröschen Erika-ähnliches Heideröschen
309	64	**Fumana laevipes** (L.) Spach — *levipes* (F, G) Fumana à pédoncules grêles — à pédoncules lisses
309 b	64	**Fumana thymifolia** (L.) Webb — *viscida* (B, C) Fumana à feuilles de thym — visqueux
310	64	**Viola pinnata** L. Violette pennée Fiederblättriges Veilchen
311	64	**Viola palustris** L. Violette des marais Sumpf-Veilchen
312	64	**Viola hirta** L. Violette hérissée Rauhhaariges Veilchen
312 b	64	**Viola pyrenaica** DC. — *hirta* (C) Violette des Pyrénées Pyrenäen-Veilchen
312 c	64	**Viola thomasiana** Song. & Perrier — *ambigua* subsp. *thomasiana* (F) — *hirta* (C) Violette de Thomas Thomas Veilchen
313	65	**Viola odorata** L. Violette odorante Wohlriechendes Veilchen
313 b	65	**Viola suavis** M. Bieb. — *sepincola* (C) *Viola sepincola s.l.* (F) Violette suave Duftendes Veilchen
313 c	65	**Viola alba** Besser Violette blanche Weisses Veilchen
313 d	65	**Viola collina** Besser — *hirta* (C) Violette des collines — des coteaux Hügel-Veilchen
314	65	**Viola arborescens** L. Violette arborescente
315	65	**Viola canina** L. Violette des chiens Heide-Veilchen Hunds-Veilchen
315 b	65	**Viola canina** subsp. **montana** (L.) Hartman — *stricta* (C) Violette des montagnes — raide Berg-Veilchen
315 c	65	**Viola lactea** Smith — *canina* subsp. *lactea* (F) Violette lactée
315 d	65	**Viola jordanii** Hanry — *jordani* (C, F) Violette de Jordan
315 e	66	**Viola persicifolia** Schreber — *stagnina* (C) Violette à feuilles de pêcher Moor-Veilchen
315 f	66	**Viola canina** subsp. **schultzii** (Billot) Kirschl. — *canina* subsp. *schultzi* (F) Violette de Schultz
315 g	66	**Viola pumila** Chaix Violette naine Niedriges Veilchen
315 h	66	**Viola elatior** Fries Violette élevée Hohes Veilchen
316	66	**Viola reichenbachiana** Boreau — *silvestris* (B, C, F) Violette de Reichenbach — des bois Wald-Veilchen
316 b	66	**Viola rupestris** F.W. Schmidt — *arenaria* (B, C) Violette des rocailles — des sables Sand-Veilchen
317	66	**Viola mirabilis** L. Violette étonnante — singulière Wunder-Veilchen
318	66	**Viola biflora** L. Violette à deux fleurs Gelbes Bergveilchen Zweiblütiges Veilchen
319	66	**Viola cornuta** L. Violette cornue Horn-Stiefmütterchen
320	67	**Viola calcarata** L. s.l. Violette éperonnée Langsporniges Stiefmütterchen
321	67	**Viola cenisia** L. Violette du Mont Cenis Mont-Cenis-Stiefmütterchen
322	67	**Viola nummulariifolia** Villars — *nummulariaefolia* (F) — *nummularifolia* (B, C) Violette à feuilles de nummulaire
323	67	**Viola tricolor** L. *Viola tricolor* subsp. *eu-tricolor* (F) Violette tricolore Pensée sauvage Echtes Stiefmütterchen
323 2	67	**Viola tricolor** subsp. **subalpina** Gaudin Violette subalpine Voralpen-Stiefmütterchen
323 b	67	**Viola hispida** Lam. — *rothomagensis* (C) Violette rude
323 c	67	**Viola lutea** Hudson — *lutea* subsp. *elegans* (F) — *sudetica* (C) Violette jaune Gelbes Stiefmütterchen
323 c2	67	**Viola calaminaria** (DC.) Lej. Violette de la calamine
324	67	**Reseda lutea** L. Réséda jaune Gelbe Reseda
324 2	67	**Reseda lutea** L. Réséda jaune Gelbe Reseda
325	68	**Reseda phyteuma** L. Réséda raiponce Rapunzel-Reseda
325 b	68	**Reseda phyteuma** L. Réséda raiponce Rapunzel-Reseda
326	68	**Reseda jacquinii** Reichb. — *jacquini* (B, C, F) Réséda de Jacquin
327	68	**Reseda alba** L. — *suffruticulosa* (B) Réséda blanc — sous-arbrisseau
328	68	**Reseda glauca** L. Réséda glauque
329	68	**Reseda luteola** L. Herbe-à-jaunir Réséda des teinturiers — jaunâtre Färber-Reseda
330	68	**Sesamoides clusii** (Sprengel) Greuter & Burdet *Asterocarpus sesamoides* (B) — *sesamoïdes* subsp. *eu-sesamoides* (F) *Astrocarpus sesamoides* (C) *Sesamoides pygmaea* (T, G) Astérocarpe faux-sésame Faux-sésame de Clusius
331	69	**Sesamoides canescens** (L.) Kuntze *Asterocarpus clusii* (B) — *sesamoïdes* subsp. *purpurascens* (F) *Astrocarpus purpurascens* (C) *Sesamoides pygmaea* (G) Astérocarpe de Clusius Faux-sésame blanchâtre
332	69	**Drosera rotundifolia** L. Rossolis à feuilles rondes Rundblättriger Sonnentau
333	69	**Drosera longifolia** L. — *anglica* (T, G) Rossolis à feuilles longues — d'Angleterre Englischer Sonnentau Langblättriger Sonnentau
334	69	**Drosera intermedia** Hayne Rossolis intermédiaire Mittlerer Sonnentau
335	69	**Aldrovanda vesiculosa** L. *Aldrovandia vesiculosa* (B, C, F) Aldrovande à vessies

Dessin	Pl.	Taxon
335	69	Aldrovande Wasserfalle
336	69	**Parnassia palustris** L. Parnassie des marais Sumpf-Herzblatt Sumpf-Parnassie
337	69	**Polygala chamaebuxus** L. Faux-buis Polygala petit-buis Buchsblättrige Kreuzblume
338	69	**Polygala rupestris** Pourret Polygala des rochers
339	69	**Polygala exilis** DC. Polygala grêle Zwerg-Kreuzblume
340	69	**Polygala calcarea** F. Schultz Polygala des sols calcaires Kalk-Kreuzblume
341	69	**Polygala amarella** Crantz — *amara* (B, C) — *amara* subsp. *amarella* (F, G) Polygala amère Bittere Kreuzblume Sumpf-Kreuzblume
341 c	69	**Polygala alpina** (DC.) Steudel Polygala des Alpes Alpen-Kreuzblume
342	70	**Polygala monspeliaca** L. Polygala de Montpellier
343	70	**Polygala vulgaris** L. — *vulgaris s.l.* (F) Polygala commune — vulgaire Gewöhnliche Kreuzblume
343 2	70	**Polygala comosa** Schk. — *comosa* subsp. *eu-comosa* (F) — *comosa* subsp. *pedemontana* (F, G) Polygala à toupet Schopfige Kreuzblume
343 3	70	**Polygala alpestris** Reichb. Polygala alpestre Berg-Kreuzblume
343 b	70	**Polygala comosa** subsp. **provincialis** (Rouy & Fouc.) P. Fourn. — *comosa* (T) Polygala de Provence
343 c	70	**Polygala serpyllifolia** Hose — *depressa* (B) — *serpyllacea* (C) Polygala à feuilles de serpolet — étalée Quendelblättrige Kreuzblume
343 d	70	**Polygala nicaeensis** Koch s.l. — *rosea* (B) Polygala de Nice — rose
344	70	**Frankenia pulverulenta** L. Frankénie pulvérulente
345	70	**Frankenia laevis** L. — *hirsuta* (C) — *hirsuta* subsp. *levis* (F) Frankénie lisse
346	70	**Frankenia hirsuta** L. — *hirsuta* subsp. *intermedia* (F) — *intermedia* (B) Frankénie hérissée — intermédiaire
347	71	**Cucubalus baccifer** L. — *bacciferus* (B) Cucubale à baies Beerentragender Taubenkropf
348	71	**Silene vulgaris** (Moench) Garcke — *inflata* (B, C) — *inflata* subsp. *vulgaris* (F) Cornillet Silène enflée — vulgaire Taquet Gewöhnliches Leimkraut
348 2	71	**Silene vulgaris** subsp. **angustifolia** Hayek Silène à feuilles étroites
348 b	71	**Silene vulgaris** subsp. **prostrata** (Gaudin) Schinz & Thell. — *alpina* (B, C) — *inflata* subsp. *alpina* (F) Silène couchée — des Alpes Alpen-Leimkraut
348 c	71	**Silene uniflora** Roth — *inflata* subsp. *maritima* (F) — *maritima* (B, C) — *vulgaris* subsp. *maritima* (T, G) Silène à une fleur — maritime
348 d	71	**Silene uniflora** subsp. **thorei** (Dufour) Jalas — *inflata* subsp. *thorei* (F) — *thorei* (B, C) — *vulgaris* subsp. *thorei* (T, G) Silène de Thore
349	71	**Silene conica** L. Silène conique Kegelfrüchtiges Leimkraut
349 b	71	**Silene conoidea** L. — *conoïdea* (F) Silène conoïde
350	72	**Silene gallica** L. Silène de France Französisches Leimkraut
350 2	72	**Silene gallica** L. Silène de France Französisches Leimkraut
351	72	**Silene sedoides** Poiret Silène faux-orpin — faux-sédum
352	72	**Silene ciliata** Pourret Silène ciliée
352 b	72	**Silene borderei** Jordan — *borderi* (C, T) Silène de Bordère
353	72	**Silene niceensis** All. — *nicaeensis* (B, C, F, T, G) Silène de Nice
354	72	**Silene nocturna** L. — *brachypetala* (B) Silène à pétales courts — nocturne
355	72	**Silene sericea** All. Silène soyeuse
356	73	**Silene neglecta** Ten. — *nocturna* subsp. *neglecta* (T, G) — *reflexa* (C) Silène négligée — réfléchie
357	73	**Silene nutans** L. Silène penchée Nickendes Leimkraut
358	73	**Silene nemoralis** Waldst. & Kit. — *crassicaulis* (T) — *italica* subsp. *nemoralis* (T, G) Silène des bois
359	73	**Silene italica** (L.) Pers. Silène d'Italie Italienisches Leimkraut
360	73	**Silene paradoxa** L. Silène paradoxale
361	74	**Silene viridiflora** L. Silène à fleurs vertes
362	74	**Silene nutans** L. — *brachypoda* (C, T, G) Silène penchée Nickendes Leimkraut
363	74	**Silene cordifolia** All. Silène à feuilles en cœur
364	74	**Silene noctiflora** L. *Melandryum noctiflorum* (F) Silène de nuit Ackernelke
365	74	**Silene vallesia** L. Silène du Valais Walliser Leimkraut
366	75	**Silene armeria** L. Silène arméria Nelken-Leimkraut
367	75	**Silene pusilla** Waldst. & Kit. *Heliosperma quadrifidum* (F) *Silene quadrifida* (B, C) Silène à quatre dents — miniature Strahlensame
368	75	**Silene rupestris** L. Silène des rochers Felsen-Leimkraut
369	75	**Silene acaulis** (L.) Jacq. s.l. Silène acaule Stengelloses Leimkraut Kalk-Polsternelke
369 2,3	75	**Silene acaulis** (L.) Jacq. s.l. Silène acaule Stengelloses Leimkraut Kalk-Polsternelke
370	75	**Silene muscipula** L. Silène attrape-mouches
371	75	**Silene cretica** L. Silène de Crète
372	75	**Silene otites** (L.) Wibel Silène otitès Öhrchen-Leimkraut
373	76	**Silene inaperta** L. Silène fermée
374	76	**Silene portensis** L. Silène des ports
375	76	**Silene saxifraga** L. Silène saxifrage Steinbrech-Leimkraut
376	76	**Silene campanula** Pers. Silène campanule
377	76	**Silene flos-cuculi** (L.) Greuter & Burdet *Lychnis flos-cuculi* (B, C, T, G) — *flos cuculi* (F) Lychnis fleur-de-coucou Oeillet des prés Silène fleur-de-coucou Kuckucksnelke
378	76	**Silene flos-jovis** (L.) Greuter & Burdet *Lychnis flos-jovis* (B, C, F, T, G) Lychnis fleur-de-Jupiter Oeillet-de-Dieu Silène fleur-de-Jupiter Jupitersnelke
379	76	**Silene coelirosa** (L.) Godron *Lychnis coeli-rosa* (C) *Silene coeli-rosa* (F, T, G) Lychnis rose-du-ciel Silène rose-du-ciel
380	77	**Silene laeta** (Aiton) Godron *Lychnis corsica* (B) — *laeta* (C) Lychnis de Corse Silène gai
381	77	**Silene suecica** (Lodd.) Greuter & Burdet *Lychnis alpina* (B, C, T, G) *Viscaria alpina* (F)

Dessin	*Pl.*	*Taxon*
381	77	Lychnis des Alpes
		Silène de Suède
		Rote Alpennelke
		Alpen-Pechnelke
382	77	**Silene viscaria** (L.) Jessen
		Lychnis viscaria (B, C, T, G)
		Viscaria viscosa (F)
		Lychnis viscaire
		Silène viscaire
		Gewöhnliche Pechnelke
383	77	**Silene coronaria** (L.) Clairv.
		Lychnis coronaria
		(B, C, F, T, G)
		Coquelourde
		Lychnis coronaire
		Silène coronaire
		Kranznelke
		Kranzrade
384	77	**Agrostemma githago** L.
		Lychnis githago (B, C)
		Lychnis nielle
		Nielle des blés
		— des champs
		Kornrade
385	77	**Petrocoptis pyrenaica** (Bergeret)
		Walp.
		Lychnis pyrenaica (B, C)
		Lychnis des Pyrénées
		Pétrocoptis des Pyrénées
386 a	78	**Silene latifolia**
		subsp. **alba** (Miller)
		Greuter & Burdet
		Lychnis dioica (B)
		— *vespertina* (B, C)
		Melandryum album (F)
		Silene alba (T, G)
		Compagnon-blanc
		Lychnis dioïque
		— du soir
		Silène blanc
		Weisse Waldnelke
386 b	78	**Silene dioica** (L.) Clairv.
		Lychnis dioica (B)
		— *diurna* (B, C)
		Melandryum silvestre (F)
		Compagnon-rouge
		Lychnis dioïque
		— du jour
		Silène dioïque
		Rote Waldnelke
386 c	78	**Silene latifolia** Poiret
		Lychnis dioica (B)
		— *macrocarpa* (B, C)
		Melandryum divaricatum (F)
		Silene alba
		subsp. *divaricata* (T, G)
		Compagnon-blanc
		Lychnis à gros fruits
		— dioïque
		Silène à feuilles larges
387	78	**Saponaria lutea** L.
		Saponaire jaune
		Gelbes Seifenkraut
388	78	**Saponaria bellidifolia** Smith
		Saponaire à feuilles de
		pâquerette
389	79	**Saponaria caespitosa** DC.
		Saponaire gazonnante
390	79	**Saponaria officinalis** L.
		Saponaire officinale
		Echtes Seifenkraut
		Gebräuchliches Seifenkraut
391	79	**Saponaria ocymoides** L.
		— *ocimoïdes* (F)
		Saponaire faux-basilic
		Rotes Seifenkraut
392	79	**Saponaria orientalis** L.
		Saponaire d'Orient
393	79	**Vaccaria hispanica** (Miller)
		Rauschert
		Gypsophila vaccaria (B)
		Saponaria vaccaria (C)
		Vaccaria pyramidata (T, G)
		— *segetalis* (F)
		Gypsophile des vaches
		Vaccaire d'Espagne
		Gewöhnliches Kuhkraut
		Kuhnelke
394	79	**Gypsophila muralis** L.
		Gypsophile des murailles
		Acker-Gipskraut
		Mauer-Gipskraut
394 b	80	**Gypsophila repens** L.
		Gypsophile rampante
		Kriechendes Gipskraut
395	80	**Petrorhagia saxifraga** (L.) Link
		Dianthus saxifragus (C)
		Tunica saxifraga (B, F)
		Pétrorhagie saxifrage
		Tunique saxifrage
		Gewöhnliche Felsennelke
		Steinbrech-Felsennelke
396 a	80	**Dianthus monspessulanus** L.
		— *fimbriatus* (B)
		— *hyssopifolius*
		subsp. *monspessulanus*
		(F)
		Oeillet à lanières
		— de Montpellier
		Ysop-Nelke
396 b	80	**Dianthus superbus** L.
		— *fimbriatus* (B)
		Oeillet à lanières
		— superbe
		Pracht-Nelke
397	80	**Dianthus gallicus** Pers.
		Oeillet de France
398	80	**Dianthus barbatus** L.
		— *barbatus s.l.* (F)
		Oeillet barbu
		Bart-Nelke
		Busch-Nelke
399	80	**Petrorhagia prolifera** (L.)
		P. Ball & Heyw.
		Dianthus prolifer (C)
		— *proliferus* (B)
		Tunica prolifera (F)
		Oeillet prolifère
		Pétrorhagie prolifère
		Sprossende Felsennelke
400	80	**Dianthus armeria** L.
		Oeillet arméria
		Rauhe Nelke
401	81	**Dianthus balbisii** Ser.
		— *balbisi* (F)
		— *ferrugineus* (T, G)
		— *liburnicus* (B)
		Oeillet de Balbis
		— de Croatie
402	81	**Dianthus carthusianorum** L.
		Oeillet des Chartreux
		Karthäuser-Nelke
402 b	81	**Dianthus carthusianorum**
		subsp. **vaginatus**
		(Chaix) Hegi
		— *carthusianorum* (T)
		— *vaginatus* (C, F)
		Oeillet engainant
		— gainé
		Karthäuser-Nelke
403 a	81	**Dianthus caryophyllus** L.
		— *caryophyllus*
		subsp. *coronarius* (F)
		— *sylvestris* (G)
		Oeillet des fleuristes
		— girofle
		Garten-Nelke
403 b	81	**Dianthus sylvestris**
		subsp. **longicaulis** (Ten.)
		Greuter & Burdet
		— *caryophyllus* (B)
		— *caryophyllus*
		subsp. *virgineus* (F)
		— *sylvestris* (G)
		— *sylvestris*
		subsp. *siculus* (T)
		Dianthus virgineus (B, C)
		Oeillet à longue tige
		— girofle
		— virginal
403 c	81	**Dianthus sylvestris** Wulfen
		— *caryophyllus* (B)
		— *caryophyllus*
		subsp. *silvestris* (F)
		— *silvestris* (B, C)
		Oeillet des rochers
		— girofle
		— sauvage
		Stein-Nelke
403 d	81	**Dianthus sylvestris**
		subsp. **siculus** (C. Presl)
		Tutin
		— *caryophyllus* (B)
		— *caryophyllus*
		subsp. *siculus* (F)
		— *siculus* (C)
		— *sylvestris* (G)
		Oeillet de Sicile
		— girofle
404	82	**Dianthus pyrenaicus** Pourret s.l.
		— *attenuatus* (B, C)
		— *catalaunicus* (F)
		— *pyrenaicus* (F, G)
		Oeillet atténué
		— des Pyrénées
405	82	**Dianthus deltoides** L.
		Oeillet à delta
		Heide-Nelke
406	82	**Dianthus pungens** L.
		— *serratus* (C, F)
		Oeillet piquant
407	82	**Dianthus seguieri** Villars
		Oeillet de Séguier
		Seguiers Nelke
407 b	82	**Dianthus seguieri** Villars
		— *silvaticus* (B, C, F)
		— *sylvaticus* (G)
		Oeillet des bois
		— de Séguier
		Seguiers Nelke
408	82	**Dianthus gratianopolitanus**
		Villars
		— *caesius* (B, C)
		Oeillet bleuâtre
		— de Grenoble
		Grenobler Nelke
408 b	82	**Dianthus furcatus** Balbis
		Oeillet fourchu
409	82	**Dianthus subacaulis** Villars s.l.
		Oeillet à tige courte
410	82	**Dianthus scaber** Chaix
		— *hirsutus* (C, F)
		Oeillet rude
410 b	82	**Dianthus graniticus** Jordan
		— *hirtus*
		subsp. *graniticus* (F)
		Oeillet des terrains granitiques
410 c	82	**Dianthus furcatus**
		subsp. **geminiflorus**
		(Lois.) Tutin
		— *furcatus* (G)
		— *geminiflorus* (C, F)
		— *requieni* (F)
		— *requienii* (B, C)
		Oeillet à deux fleurs
		— de Requien
411	82	**Dianthus pavonius** Tausch
		— *neglectus* (B, C, F)
		Oeillet négligé
		— œil-de-paon
		Übersehene Nelke
412	82	**Dianthus glacialis** Haenke
		Oeillet des glaciers
		Gletscher-Nelke
413	83	**Velezia rigida** L.
		Vélézie raide
414	83	**Sagina procumbens** L.
		Sagine couchée

Dessin	*Pl.*	*Taxon*
414	83	Niederliegendes Mastkraut
415	83	**Sagina apetala** Ard.
		— *apetala*
		subsp. *lamyi* (F)
		— *apetala*
		subsp. *reuteri* (F)
		— *lamyi* (G)
		Sagine sans pétales
		Kronblattloses Mastkraut
415 2	83	**Sagina apetala** Ard.
		— *apetala*
		subsp. *ciliata* (F)
		— *ciliata* (C, G)
		Sagine sans pétales
		Kronblattloses Mastkraut
415 b	83	**Sagina maritima** G. Don
		Sagine maritime
416	83	**Sagina subulata** (Sw.) C. Presl
		Sagine subulée
		Pfriemen-Mastkraut
417	83	**Sagina saginoides**
		subsp. **pyrenaica** (Rouy) Font Quer
		— *fasciculata* (C)
		— *procumbens*
		subsp. *muscosa* (T)
		— *pyrenaica* (F)
		Sagine des Pyrénées
418	83	**Sagina saginoides** (L.) Karsten
		— *linnaei* (B, C, F)
		Sagine de Linné
		— fausse-sagine
		Alpen-Mastkraut
419	83	**Sagina glabra** (Willd.) Fenzl
		— *repens* (C)
		Sagine glabre
		Kahles Mastkraut
		Südalpines Mastkraut
420	83	**Sagina nodosa** (L.) Fenzl
		Sagine noueuse
		Knotiges Mastkraut
421	83	**Bufonia paniculata** Dubois
		Buffonia macrosperma (B, C)
		— *paniculata* (F)
		Bufonie à grosses graines
		— paniculée
		Rispige Büffonie
422	83	**Bufonia tenuifolia** L.
		Buffonia tenuifolia (B, C, F)
		Bufonie à feuilles étroites
423	83	**Bufonia perennis** Pourret
		Buffonia perennis (B, C, F)
		Bufonie vivace
424 a	84	**Minuartia laricifolia** (L.) Schinz & Thell.
		Alsine laricifolia (C)
		Arenaria laricifolia (B)
		— *striata* (B)
		Minuartie à feuilles de mélèze
		Sabline à feuilles de mélèze
		— striée
		Lärchenblättrige Miere
		Nadelblättrige Miere
424 b	84	**Minuartia capillacea** (All.) Graebner
		Alsine liniflora (C)
		Arenaria bauhinorum (B)
		— *laricifolia* (B)
		Minuartia liniflora (F)
		Minuartie à feuilles capillaires
		Sabline à feuilles de mélèze
		— des frères Bauhin
		Feinblättrige Miere
		Haarblättrige Miere
425	84	**Arenaria serpyllifolia** L.
		Minuartia olonensis (F, T)
		Sabline à feuilles de serpolet
426	84	**Minuartia rubra** (Scop.) Mc Neill
		Alsine fasciculata (C)
		Arenaria jacquini (B)
		Minuartia fasciculata (F)

Dessin	*Pl.*	*Taxon*
		Minuartie rouge
		Sabline de Jacquin
		Büschel-Miere
426 b	84	**Minuartia cymifera** (Rouy & Fouc.) Graebner
		Alsine fasciculata (C)
		Minuartia funkii (T)
		— *rubra* (G)
		Minuartie à fleurs en cymes
426 c	84	**Minuartia funkii** (Jordan) Graebner
		Alsine fasciculata (C)
		Minuartia funki (F)
		Minuartie de Funk
427	84	**Minuartia mutabilis** (Lapeyr.) Bech.
		Alsine rostrata (C)
		Arenaria mucronata (B)
		Minuartia lanuginosa (F)
		— *rostrata* (F)
		Minuartie changeante
		Sabline mucronée
		Geschnäbelte Miere
428	84	**Minuartia setacea** (Thuill.) Hayek
		Alsine setacea (C)
		Arenaria setacea (B)
		Minuartie sétacée
		Sabline sétacée
		Borsten-Miere
429	84	**Moehringia muscosa** L.
		Arenaria muscosa (B)
		Moehringie mousse
		Sabline mousse
		Moos-Nabelmiere
429 b	84	**Moehringia sedifolia** Willd.
		Arenaria dasyphylla (B, C, F)
		Moehringie à feuilles d'orpin
		Sabline à feuilles épaisses
430	84	**Moehringia ciliata** (Scop.) Dalla Torre
		Arenaria polygonoides (B)
		Moehringia polygonoides (C)
		Moehringie ciliée
		Sabline fausse-renouée
		Bewimperte Nabelmiere
431	85	**Minuartia recurva** (All.) Schinz & Thell.
		Alsine recurva (C)
		Arenaria recurva (B)
		Minuartie recourbée
		Sabline recourbée
		Krummblättrige Miere
431 2	85	**Minuartia recurva**
		subsp. **condensata** (C. Presl.) Greuter & Burdet
		Alsine recurva (C)
		Minuartia condensata (F)
		— *recurva*
		subsp. *juressi* (T, G)
		Minuartie condensée
432	85	**Arenaria grandiflora** L.
		Sabline à grandes fleurs
		Grossblütiges Sandkraut
432 2	85	**Arenaria grandiflora** L.
		— *triflora* (B)
		Sabline à grandes fleurs
		— à trois fleurs
		Grossblütiges Sandkraut
433	85	**Arenaria modesta** Dufour
		Sabline modeste
434	85	**Minuartia stricta** (Sw.) Hiern
		Alsine stricta (C)
		Arenaria stricta (B)
		Minuartie raide
		Sabline raide
		Steife Miere
435	85	**Minuartia biflora** (L.) Schinz & Thell.
		Arenaria diantha (B)
		Sabline à fleurs par deux
		Minuartie à deux fleurs

Dessin	*Pl.*	*Taxon*
		Zweiblütige Miere
436	85	**Minuartia verna** (L.) Hiern
		Alsine verna (C)
		Arenaria verna (B)
		Minuartie du printemps
		Sabline du printemps
		Frühlings-Miere
437	85	**Minuartia hybrida** (Villars) Schischkin
		Alsine tenuifolia (C)
		Arenaria tenuifolia (B)
		Minuartia tenuifolia (F)
		Minuartie hybride
		Sabline à feuilles étroites
		Bastard-Miere
		Zarte Miere
437 2	85	**Minuartia mediterranea** (Link) K. Malý
		Alsine tenuifolia (C)
		Minuartia tenuifolia (F)
		Minuartie de la Méditerranée
438	85	**Arenaria aggregata** (L.) Lois.
		— *capitata* (C)
		Sabline agrégée
439	85	**Minuartia villarii** (Balbis) Wilczek & Chenevard
		Alsine villarsii (C)
		Arenaria villarsii (B)
		Minuartia villarsi (F)
		— *villarsii* (G)
		Minuartie de Villars
		Sabline de Villars
		Villars' Miere
440	85	**Minuartia cerastiifolia** (DC.) Graebner
		Alsine cerastiifolia (C)
		Arenaria cerastiifolia (B)
		Minuartie à feuilles de céraiste
		Sabline à feuilles de céraiste
441	85	**Arenaria montana** L.
		Sabline des montagnes
442	86	**Arenaria cinerea** DC.
		Sabline cendrée
443	86	**Arenaria hispida** L.
		Sabline hérissée
443 b	86	**Arenaria ligericina** Lecoq & Lamotte
		— *lesurina* (C, F)
		— *ligerica* (B)
		Sabline de la Loire
		— de la Lozère
443 c	86	**Arenaria controversa** Boiss.
		Sabline controversée
444	86	**Minuartia rupestris** (Scop.) Schinz & Thell. s.l.
		Alsine lanceolata (C)
		Arenaria lanceolata (B)
		Minuartia lanceolata (T, G)
		— *rupestris* (F, T, G)
		Minuartie des rochers
		Sabline lancéolée
		Felsen-Miere
445	86	**Arenaria ciliata** L.
		Sabline ciliée
		Bewimpertes Sandkraut
445 b	86	**Arenaria gothica** Fries
		— *ciliata* (C)
		Sabline de Gothie
		— gothique
		Vielstengliges Sandkraut
446	86	**Arenaria serpyllifolia** L.
		Sabline à feuilles de serpolet
		Quendelblättriges Sandkraut
446 b	86	**Arenaria marschlinsii** Koch
		— *serpyllifolia* (F)
		Sabline de Marschlins
		— de Salis-Marschlins
		Salis-Marschlins' Sandkraut
446 c	86	**Arenaria serpyllifolia** L.
		Sabline à feuilles de serpolet
		Quendelblättriges Sandkraut

Dessin	Pl.	Taxon
447	86	**Moehringia trinervia** (L.) Clairv.
		Arenaria trinervia (B, C)
		Moehringie à trois nervures
		Sabline à trois nervures
		Dreinervige Nabelmiere
448	86	**Arenaria tetraquetra** L.
		Sabline à quatre rangs
449	86	**Arenaria biflora** L.
		Sabline à deux fleurs
		— biflore
		Zweiblütiges Sandkraut
450	86	**Arenaria purpurascens** DC.
		Sabline pourprée
451	86	**Minuartia cherlerioides** subsp. **rionii** (Gremli) Friedrich
		Minuartie de Rion
		Bewimperte Polster-Miere
452	87	**Minuartia sedoides** (L.) Hiern
		Alsine cherleri (C)
		Cherleria sedoides (B)
		Cherlérie faux-sédum
		Minuartie faux-orpin
		Zwerg-Miere
453	87	**Honckenya peploides** (L.) Ehrh.
		Honckeneja peploides (B)
		Honckénéja faux-pourpier
		Honckénya faux-pourpier
454	87	**Arenaria provincialis** Chater & Halliday
		Gouffeia arenarioides (B, C)
		— *arenarioïdes* (F)
		Goufféia fausse-sabline
		Sabline de Provence
455	87	**Stellaria media** (L.) Villars
		Mouron-des-oiseaux
		Stellaire intermédiaire
		Hühnerdarm
		Mittlere Sternmiere
		Vogelmiere
455 2	87	**Stellaria pallida** (Dumort.) Piré
		— *media* (C, F)
		Stellaire pâle
		Bleiche Sternmiere
455 3	87	**Stellaria neglecta** Weihe
		— *media* (C, F)
		Stellaire négligée
		Übersehene Sternmiere
455 b	87	**Stellaria cupaniana** (Jordan & Fourr.) Bég.
		— *media* (C)
		— *media* subsp. *cupaniana* (T, G)
		Stellaire de Cupani
456	87	**Stellaria nemorum** L.
		Stellaire des bois
		Wald-Sternmiere
457	87	**Stellaria palustris** Retz.
		— *glauca* (B)
		Stellaire des marais
		— glauque
		Sumpf-Sternmiere
458	88	**Stellaria alsine** Grimm
		— *uliginosa* (B, C, F)
		Stellaire alsine
		— des marais
		Moor-Sternmiere
458 b	88	**Stellaria longifolia** Willd.
		— *friesiana* (B)
		Stellaire à longues feuilles
		— de Fries
		Langblättrige Sternmiere
459	88	**Stellaria holostea** L.
		Langue-d'oiseau
		Stellaire holostée
		Grossblumige Sternmiere
460	88	**Stellaria graminea** L.
		Stellaire graminée
		Grasblättrige Sternmiere
461	88	**Cerastium cerastoides** (L.) Britton
		Cerastium trigynum (C, F)
		Stellaria cerastioides (B)
		Céraiste faux-céraiste
		Stellaire faux-céraiste
		Dreigriffliges Hornkraut
462	88	**Cerastium dubium** (Bast.) Guépin
		— *anomalum* (C, F)
		Stellaria viscida (B)
		Céraiste douteux
		Stellaire visqueuse
		Klebriges Hornkraut
		Zweifelhaftes Hornkraut
463	88	**Holosteum umbellatum** L.
		Holostée en ombelle
		Dolden-Spurre
464	89	**Cerastium alpinum** L.
		Céraiste des Alpes
		Alpen-Hornkraut
464 b	89	**Cerastium latifolium** L.
		Céraiste à larges feuilles
		Breitblättriges Hornkraut
464 b2	89	**Cerastium pedunculatum** Gaudin
		— *latifolium* (C)
		Céraiste à longs pédoncules
		Langstieliges Hornkraut
464 c	89	**Cerastium pyrenaicum** Gay
		Céraiste des Pyrénées
464 d	89	**Cerastium uniflorum** Clairv.
		— *latifolium* (C)
		Céraiste à fleurs solitaires
		— uniflore
		Einblütiges Hornkraut
465	89	**Cerastium tomentosum** L.
		Céraiste tomenteux
		Filziges Hornkraut
466	89	**Cerastium fontanum** subsp. **vulgare** (Hartman) Greuter & Burdet
		— *caespitosum* (F)
		— *fontanum* (G)
		— *fontanum* subsp. *triviale* (T)
		— *triviale* (C)
		— *vulgatum* (B)
		Céraiste vulgaire
		Gewöhnliches Hornkraut
467	89	**Cerastium arvense** L.
		Céraiste des champs
		Acker-Hornkraut
468	89	**Cerastium siculum** Guss.
		Céraiste de Sicile
468 b	89	**Cerastium ramosissimum** Boiss.
		— *durieui* (F)
		— *gracile* (T)
		— *riaei* (B, C)
		Céraiste de Durieu de Maisonneuve
		— très ramifié
469	89	**Cerastium glomeratum** Thuill.
		Céraiste aggloméré
		Knäuelblütiges Hornkraut
470	90	**Cerastium brachypetalum** Pers. s.l.
		Céraiste à pétales courts
		Kleinblütiges Hornkraut
471 a	90	**Cerastium semidecandrum** L.
		— *varians* (B)
		Céraiste à cinq étamines
		— variable
		Sand-Hornkraut
471 b	90	**Cerastium pumilum** Curtis
		— *pumilum* subsp. *obscurum* (F)
		— *varians* (B)
		Céraiste nain
		— variable
		Niedriges Hornkraut
471 b2	90	**Cerastium diffusum** Pers.
		— *pumilum* (C)
		— *tetrandrum* (F, G)
		Céraiste diffus
472	90	**Moenchia erecta** P. Gaertner & al.
		Cerastium erectum (C)
		Moenchie dressée
		Aufrechte Weissmiere
		Vierzählige Weissmiere
473	90	**Stellaria aquatica** (L.) Scop.
		Cerastium aquaticum (C)
		Malachium aquaticum (B, F)
		Myosoton aquaticum (T, G)
		Malaquie aquatique
		Stellaire aquatique
		Wasser-Sternmiere
		Wassermiere
474	90	**Spergula arvensis** L.
		Fourrage-de-disette
		Spargote des champs
		Spergule des champs
		Acker-Spark
		Spörgel
475	90	**Spergula pentandra** L.
		Spargote à cinq étamines
		Spergule à cinq étamines
		Fünfmänniger Spark
		Fünfstaubblättriger Spark
475 b	90	**Spergula morisonii** Boreau
		— *vernalis* (F)
		Spargote de Morison
		Spergule de Morison
476	91	**Spergularia segetalis** (L.) G. Don f.
		Delia segetalis (F)
		Spergulaire des moissons
		Getreidemiere
		Saat-Schuppenmiere
477	91	**Spergularia rubra** (L.) J.S. Presl & C. Presl
		— *campestris* (F)
		Spergulaire rouge
		Rote Schuppenmiere
477 b1	91	**Spergularia salina** J.S. Presl & C. Presl
		— *dillenii* (C)
		— *marina* (T)
		— *media* (B)
		Spergulaire intermédiaire
		— saline
477 b2	91	**Spergularia salina** J. S. Presl & C. Presl
		— *dillenii* (C)
		— *media* (B)
		Spergulaire intermédiaire
		— saline
477 c	91	**Spergularia nicaeensis** Burnat
		Spergulaire de Nice
478	91	**Spergularia azorica** (Kindb.) Lebel
		Spergulaire des îles Açores
479	91	**Spergularia diandra** (Guss.) Boiss.
		— *salsuginea* (C)
		Spergulaire à deux étamines
479 b	91	**Spergularia purpurea** (Pers.) G. Don f.
		— *campestris* (F)
		— *longipes* (C)
		Spergulaire pourpre
480	91	**Elatine alsinastrum** L.
		Elatine fausse-alsine
		Quirliger Tännel
481	91	**Elatine triandra** Schk.
		Elatine à trois étamines
		Dreimänniger Tännel
		Dreistaubblättriger Tännel
482	91	**Elatine hydropiper** L.
		— *hydropiper* subsp. *gyrosperma* (F)
		Elatine poivre-d'eau
		Wasserpfeffer-Tännel
482 2	91	**Elatine macropoda** Guss.
		— *campylosperma* (B)

Dessin	Pl.	Taxon
482 2	91	*Elatine hydropiper* (C)
		— *hydropiper* subsp. *campylosperma* (F)
		— *paludosa* (B)
		Elatine à graines courbées
		— à longs pédoncules
		— des marais
483 a	91	**Elatine hexandra** (Lapierre) DC.
		— *paludosa* (B)
		Elatine à six étamines
		— des marais
		Sechsmänniger Tännel
		Sechsstaubblättriger Tännel
483 b	91	**Elatine major** A. Braun
		— *hexandra* (C)
		— *hydropiper* (T)
		— *paludosa* (B)
		Elatine des marais
		— grande
483 c	91	**Elatine macropoda** Guss.
		— *major* subsp. *macropoda* (F)
		— *paludosa* (B)
		Elatine à longs pédoncules
		— des marais
483 d	91	**Elatine brochonii** Clavaud
		— *brochoni* (C)
		— *hexandra* subsp. *brochoni* (F)
		Elatine de Brochon
484	92	**Linum campanulatum** L.
		— *glandulosum* (B)
		Lin à glandes
		— en cloche
485	92	**Linum nodiflorum** L.
		Lin à fleurs sessiles
486	92	**Linum trigynum** L.
		— *gallicum* (B, C, F)
		Lin à trois carpelles
		— de France
		Französischer Lein
486 b	92	**Linum strictum** L.
		Lin raide
486 b2	92	**Linum corymbulosum** Reichb.
		— *strictum* (C)
		— *strictum* subsp. *corymbulosum* (T)
		Lin à petits corymbes
487	92	**Linum maritimum** L.
		Lin maritime
488	92	**Linum viscosum** L.
		Lin visqueux
489 a	92	**Linum tenuifolium** L.
		— *biforme* (B)
		Lin à deux formes
		— à feuilles menues
		— à feuilles ténues
		Feinblättriger Lein
489 b	92	**Linum suffruticosum** subsp. **salsoloides** (Lam.) Rouy
		— *biforme* (B)
		— *salsoloides* (C)
		— *salsoloïdes* (F)
		— *suffruticosum* (B)
		Lin à deux formes
		— fausse-salsola
		— sous-arbrisseau
490	93	**Linum narbonense** L.
		Lin de Narbonne
		Südfranzösischer Lein
491 a	93	**Linum alpinum** s.l.
		— *alpinum* (B, C)
		— *alpinum* subsp. *eu-alpinum* (F)
		— *alpinum* subsp. *montanum* (F)
		— *perenne* subsp. *alpinum* (T, G)
		— *perenne* subsp. *montanum* (T, G)
		Lin des Alpes
		Alpen-Lein
491 b	93	**Linum leonii** F. Schultz
		— *alpinum* (B)
		— *alpinum* subsp. *anglicum* (F)
		Lin de Léo
		— des Alpes
491 c	93	**Linum austriacum** subsp. **collinum** Nyman
		— *alpinum* (B, C)
		— *austriacum* (B)
		Lin des Alpes
		— des collines
492	93	**Linum usitatissimum** L.
		Lin usuel
		Flachs
		Saat-Lein
492 b	93	**Linum bienne** Miller
		— *angustifolium* (C, F)
		Lin à feuilles étroites
		— bisannuel
		Schmalblättriger Lein
493	93	**Linum catharticum** L.
		Lin purgatif
		Purgier-Lein
494	93	**Radiola linoides** Roth
		— *linoïdes* (F)
		Radiole faux-lin
		Zwergflachs
495	94	**Tilia platyphyllos** Scop.
		— *platyphylla* (B, C)
		Tilleul à grandes feuilles
		— à larges feuilles
		Sommer-Linde
496	94	**Tilia cordata** Miller
		— *parvifolia* (C)
		— *silvestris* (B)
		Tilleul à feuilles en cœur
		— à petites feuilles
		— sauvage
		— silvestre
		Winter-Linde
496 b	94	**Tilia** × **vulgaris** Hayne
		— *intermedia* (C)
		— *vulgaris* (F)
		Tilleul intermédiaire
		— vulgaire
497	94	**Malope malacoides** L.
		— *malacoïdes* (F)
		Malope fausse-mauve
498	94	**Malva alcea** L.
		Mauve alcée
		Sigmarskraut
		Sigmarswurz
		Spitzblättrige Malve
498 2	94	**Malva alcea** L.
		Mauve alcée
		Sigmarskraut
		Sigmarswurz
		Spitzblättrige Malve
498 b	94	**Malva moschata** L.
		Mauve musquée
		Bisam-Malve
		Moschus-Malve
498 c	94	**Malva tournefortiana** L.
		Mauve de Tournefort
499	94	**Malva cretica** Cav.
		Mauve de Crète
500	95	**Malva sylvestris** L.
		— *silvestris* (B, C, F)
		Grande mauve
		Mauve sauvage
		— silvestre
		Wilde Malve
500 b	95	**Malva sylvestris** L.
		— *silvestris* subsp. *ambigua* (F)
		Grande mauve
		Mauve sauvage
		— silvestre
		Wilde Malve
501	95	**Malva nicaeensis** All.
		Mauve de Nice
502	95	**Malva neglecta** Wallr.
		— *rotundifolia* (B, C, F)
		Mauve à feuilles rondes
		— commune
		— négligée
		Petite mauve
		Käslikraut
		Kleine Malve
		Übersehene Malve
503	95	**Malva parviflora** L.
		Mauve à petites fleurs
503 b	95	**Malva parviflora** L.
		— *microcarpa* (B, F)
		Mauve à petites fleurs
		— à petits fruits
504	96	**Lavatera trimestris** L.
		Lavatéra d'un trimestre
505	96	**Lavatera arborea** L.
		Lavatéra arborescente
506	96	**Lavatera cretica** L.
		Lavatéra de Crète
507	96	**Lavatera olbia** L.
		Lavatéra d'Hyères
508	97	**Lavatera maritima** Gouan
		Lavatéra maritime
509	97	**Lavatera punctata** All.
		Lavatéra ponctuée
510	97	**Althaea officinalis** L.
		Guimauve officinale
		Gebräuchlicher Eibisch
511	97	**Alcea biennis** Winterl
		— *pallida* (T, G)
		Althaea pallida (C, F)
		Alcéa bisannuelle
512	97	**Althaea cannabina** L.
		Guimauve faux-chanvre
512 b	97	**Althaea cannabina** L.
		— *narbonensis* (B, F, T)
		Guimauve de Narbonne
		— faux-chanvre
513	98	**Althaea hirsuta** L.
		Guimauve hérissée
		Borsten-Eibisch
		Rauhhaariger Eibisch
514	98	**Hibiscus palustris** L.
		— *moscheutos* subsp. *roseus* (F)
		— *roseus* (B, C)
		Ketmie des marais
		— rose
515	98	**Abutilon theophrastii** Medikus
		— *avicennae* (B, C, F)
		— *theophrasti* (T, G)
		— d'Avicenne
		— de Théophraste
		Theophrasts Schönmalve
516	98	**Geranium robertianum** L.
		— *robertianum* subsp. *eu-robertianum* (F)
		Géranium herbe-à-Robert
		Ruprechtskraut
		Gewöhnlicher Storchschnabel
		Ruprechts Storchschnabel
516 b	98	**Geranium robertianum** subsp. **purpureum** (Villars) Nyman
		— *purpureum* (B, C, T)
		Géranium pourpré
		Purpur-Stochschnabel
517	98	**Geranium lucidum** L.
		Géranium luisant
		Glänzender Stochschnabel
518	99	**Geranium rotundifolium** L.
		Géranium à feuilles rondes
		Rundblättriger Stochschnabel
519	99	**Geranium divaricatum** Ehrh.
		Géranium divariqué
		Spreizender Stochschnabel
520	99	**Geranium dissectum** L.
		Géranium découpé

Dessin	Pl.	Taxon
520	99	Géranium disséqué Schlitzblättriger Storchschnabel
521	99	**Geranium columbinum** L. Géranium colombin Tauben-Storchschnabel
522	99	**Geranium molle** L. Géranium mou Weicher Storchschnabel
523	99	**Geranium pusillum** Burm. f. Géranium à tiges grêles — fluet Kleiner Storchschnabel
524	100	**Geranium phaeum** L. Géranium livide Brauner Storchschnabel
525	100	**Geranium macrorrhizum** L. — *macrorhizum* (B) Géranium à long rhizome Grosswurzliger Storchschnabel
526	100	**Geranium pratense** L. Géranium des prés Wiesen-Storchschnabel
527	100	**Geranium sylvaticum** L. — *silvaticum* (C, F) Géranium des bois Wald-Storchschnabel
527 2	100	**Geranium sylvaticum** L. — *silvaticum* subsp. *lemanianum* (F) Géranium des bois Wald-Storchschnabel
528	101	**Geranium rivulare** Villars — *aconitifolium* (B) — *sylvaticum* subsp. *rivulare* (T, G) Géranium à feuilles d'aconit — blanc — des ruisseaux Blassblütiger Storchschnabel
529	101	**Geranium palustre** L. Géranium des marais Sumpf-Storchschnabel
529 b	101	**Geranium endressii** Gay — *endressi* (B, C, F) Géranium d'Endresse
530	101	**Geranium bohemicum** L. Géranium de Bohême Böhmischer Storchschnabel
531	101	**Geranium nodosum** L. Géranium noueux Knotiger Storchschnabel
532	102	**Geranium pyrenaicum** Burm. f. — *pyrenaïcum* (F) Géranium des Pyrénées Pyrenäen-Storchschnabel
533	102	**Geranium tuberosum** L. Géranium tubéreux
534	102	**Geranium argenteum** L. Géranium argenté Silber-Storchschnabel
534 b	102	**Geranium cinereum** Cav. Géranium cendré
535	102	**Geranium sanguineum** L. Géranium rouge-sang — sanguin Blutroter Storchschnabel
536	102	**Erodium malacoides** (L.) L'Hér. — *malachoïdes* (F) Cicutaire fausse-mauve Erodium fausse-mauve
537	102	**Erodium chium** (L.) Willd. Cicutaire de Chio Erodium de Chio
537 b	103	**Erodium chium** (L.) Willd. — *chium* subsp. *littoreum* (T) — *litoreum* (F) — *littoreum* (B) Cicutaire de Chio Erodium de Chio — du littoral
538	102	**Erodium maritimum** L'Hér. Cicutaire maritime Erodium maritime
539	103	**Erodium manescavii** Cosson — *manescavi* (B, C, F, T, G) Cicutaire de Manescot Erodium de Manescot
540	103	**Erodium foetidum** (L.) L'Hér. — *petraeum* (B, C, T) — *petraeum* subsp. *eu-petraeum* (F) Cicutaire fétide Erodium des pierres — fétide
540 b	103	**Erodium glandulosum** (Cav.) Willd. — *macradenum* (C, F) — *petraeum* subsp. *glandulosum* (T) Cicutaire glanduleuse Erodium glanduleux
540 c	103	**Erodium crispum** Lapeyr. — *petraeum* (C) — *petraeum* subsp. *crispum* (F, T) Cicutaire crépue Erodium crépu
541	103	**Erodium ciconium** (L.) L'Hér. Cicutaire bec-de-cigogne Erodium bec-de-cigogne Langfrüchtiger Reiherschnabel Langschnäbliger Reiherschnabel
542	103	**Erodium laciniatum** (Cav.) Willd. — *triangulare* (F) Cicutaire laciniée Erodium lacinié
543	104	**Erodium moschatum** (L.) L'Hér. Cicutaire musquée Erodium musqué Moschus-Reiherschnabel
544	104	**Erodium botrys** (Cav.) Bertol. Cicutaire botrys Erodium botrys
545	104	**Erodium cicutarium** (L.) L'Hér. — *cicutarium* subsp. *eu-cicutarium* (F) Cicutaire à feuilles de ciguë Erodium à feuilles de ciguë Gewöhnlicher Reiherschnabel Schierlingblättriger Reiherschnabel
545 b	104	**Erodium acaule** (L.) Bech. & Thell. — *cicutarium* subsp. *romanum* (F) — *romanum* (B, C) Cicutaire acaule Erodium acaule — de Rome
546	104	**Hypericum hirsutum** L. Millepertuis hérissé — velu Behaartes Johanniskraut
547	104	**Hypericum tomentosum** L. Millepertuis tomenteux
548	104	**Hypericum maculatum** Crantz s.l. — *maculatum* subsp. *eu-maculatum* (F) — *maculatum* subsp. *obtusiusculum* (F) — *quadrangulum* (B, C) Millepertuis à quatre angles — maculé Geflecktes Johanniskraut
548 b	105	**Hypericum quadrangulum** L. — *acutum* (F) — *tetrapterum* (B, C, T, G) Millepertuis à quatre ailes — quadrangulé Scharfkantiges Johanniskraut Vierflügeliges Johanniskraut
548 b2	105	**Hypericum × desetangsii** Lamotte — *desetangsi* (F) — *desetangsii* (C) Millepertuis de Des Etangs Des Etangs' Johanniskraut
549	105	**Hypericum perforatum** L. Herbe-à-mille-trous Millepertuis perforé Gewöhnliches Johanniskraut
549 b	105	**Hypericum perforatum** subsp. **veronense** (Schrank) A. Fröhl. — *perforatum* (F, T) Millepertuis de Vérone Veroneser Johanniskraut
550	105	**Hypericum humifusum** L. Millepertuis couché Niederliegendes Johanniskraut
550 b	105	**Hypericum humifusum** L. Millepertuis couché Niederliegendes Johanniskraut
551	105	**Hypericum nummularium** L. Millepertuis nummulaire Münz-Johanniskraut Rundblättriges Johanniskraut
552	105	**Hypericum coris** L. Millepertuis coris — verticillé Nadelblättriges Johanniskraut Quirlblättriges Johanniskraut
553	105	**Hypericum hyssopifolium** Chaix Millepertuis à feuilles d'hysope
554	106	**Hypericum linariifolium** Vahl — *linarifolium* (C, F, T, G) — *linearifolium* (B) Millepertuis à feuilles linéaires
555	106	**Hypericum australe** Ten. Millepertuis austral
556	106	**Hypericum richeri** Villars Millepertuis de Richer Richers Johanniskraut
556 b	106	**Hypericum richeri** subsp. **burseri** (DC.) Nyman — *burseri* (B, C, G) Millepertuis de Burser
557	106	**Hypericum montanum** L. Millepertuis des montagnes Berg-Johanniskraut
558	106	**Hypericum perfoliatum** L. — *ciliatum* (B) Millepertuis cilié — perfolié
559	106	**Hypericum pulchrum** L. Millepertuis élégant Schönes Johanniskraut
560	107	**Hypericum hircinum** L. *Androsaemum foetidum* (B) — *hircinum* (C) Androsème fétide Millepertuis à odeur de bouc Bocks-Johanniskraut
561	107	**Hypericum androsaemum** L. *Androsaemum officinale* (B, C) Androsème officinal Millepertuis androsème Blut-Johanniskraut Mannsblut
562	107	**Hypericum elodes** L. *Elodes palustris* (B) *Helodes palustris* (C) *Hypericum helodes* (F) Elodès des marais Millepertuis élodès

Dessin	*Pl.*	*Taxon*
563	108	**Acer campestre** L.
		— *campestre s.l.* (F)
		Bois-de-poule
		Erable champêtre
		Feld-Ahorn
		Massholder
564	108	**Acer platanoides** L.
		— *platanoïdes* (F)
		Erable plane
		— platane
		Plane
		Spitz-Ahorn
565	108	**Acer pseudoplatanus** L.
		— *pseudo-platanus* (B)
		Erable faux-platane
		— sycomore
		Sycomore
		Berg-Ahorn
		Wald-Ahorn
		Weiss-Ahorn
566	108	**Acer opalus** Miller
		— *opalus*
		subsp. *italum* (F)
		— *opulifolium* (B, C, G)
		Erable à feuilles d'obier
		Schneeballblättriger Ahorn
567	108	**Acer monspessulanum** L.
		— *monspessulanum*
		subsp.
		eu-monspessulanum (F)
		Erable de Montpellier
		Französischer Ahorn
568	109	**Vitis vinifera** L.
		— *vinifera*
		subsp. *sativa* (F)
		Vigne d'Europe
		— vinifère
		Rebe
569	109	**Aesculus hippocastanum** L.
		Faux-châtaignier
		Marronnier
		— faux-châtaignier
		Rosskastanie
570	109	**Melia azedarach** L.
		Mélia azédarach
		Pater-noster
571	109	**Impatiens noli-tangere** L.
		Impatiente n'y-touchez-pas
		Rühr-mich-nicht-an
		Wald-Springkraut
572	110	**Oxalis acetosella** L.
		Oxalis petite-oseille
		Pain-de-coucou
		Surelle
		Gewöhnlicher Sauerklee
		Kuckucksklee
573	110	**Oxalis corniculata** L.
		Oxalis corniculée
		Gehörnter Sauerklee
		Hornfrüchtiger Sauerklee
573 b	110	**Oxalis fontana** Bunge
		— *europaea* (T)
		— *europeae* (G)
		— *stricta* (B, C, F)
		Oxalis des fontaines
		— droite
		— raide
		Aufrechter Sauerklee
		Europäischer Sauerklee
574	110	**Oxalis pes-caprae** L.
		— *cernua* (C, F)
		Oxalis penchée
		— pied-de-chèvre
575	110	**Tribulus terrestris** L.
		Tribule terrestre
		Bürzeldorn
576	111	**Citrus aurantium** L.
		— *aurantium*
		subsp. *bigaradia* (F)
		— *vulgaris* (B)
		Bigaradier
		Citronnier vulgaire
577	111	**Citrus sinensis** (L.) Osbeck
		— *aurantium* (B)
		— *aurantium*
		subsp. *sinensis* (F)
		Citronnier oranger
		Oranger
578	111	**Citrus limon** (L.) Burm. f.
		— *limonun* (B)
		— *medica*
		subsp. *limonum* (F)
		Citronnier limonier
		Limonier
579	111	**Citrus medica** L.
		— *medica*
		subsp. *eu-medica* (F)
		Cédratier
		Citronnier de Médie
580	111	**Ruta montana** (L.) L.
		Rue des montagnes
581	111	**Ruta angustifolia** Pers.
		— *chalepensis*
		subsp. *angustifolia* (F)
		Rue à feuilles étroites
581 b	111	**Ruta chalepensis** L.
		— *bracteosa* (B, C)
		— *chalepensis*
		subsp. *bracteosa* (F)
		Rue à grandes bractées
		— d'Alep
582	112	**Ruta graveolens** L.
		— *graveolens s.l.* (F, G)
		Rue des jardins
		— fétide
		Raute
		Weinraute
583	112	**Dictamnus albus** L.
		— *alba* (F)
		Dictamne blanc
		Fraxinelle
		Diptam
584	112	**Coriaria myrtifolia** L.
		Corroyère à feuilles de myrte
585	112	**Evonymus europaeus** L.
		Euonymus europaeus (T)
		Evonymus vulgaris (C, F)
		Bois-carré
		Bonnet-de-prêtre
		Fusain d'Europe
		Pfaffenhütchen
		Europäischer Spindelstrauch
		Gewöhnlicher Spindelstrauch
585 b	112	**Evonymus latifolius** Miller
		Euonymus latifolius (T)
		Evonymus latifolia (F)
		Fusain à larges feuilles
		Breitblättriger Spindelstrauch
586	113	**Staphylea pinnata** L.
		Staphylier penné
		Fiederblättrige Pimpernuss
587	113	**Ilex aquifolium** L.
		Houx
		— à aiguillons
		— à feuilles épineuses
		Stechpalme
588	113	**Ziziphus ziziphus** (L.) Meikle
		Zizyphus jujuba (T)
		— *vulgaris* (B, C, G)
		Jujubier commun
589	113	**Paliurus spina-christi** Miller
		— *aculeatus* (G)
		— *australis* (B, C)
		— *spina christi* (F)
		Paliure austral
		— épine-du-Christ
		Christusdorn
590	113	**Frangula alnus** Miller
		Rhamnus frangula (B, C, F)
		Bourdaine
		Nerprun bourdaine
		Faulbaum
		Pulverholz
591	114	**Rhamnus alpinus** L.
		Rhamnus alpina (B, C, F, G)
		Nerprun des Alpes
		Alpen-Kreuzdorn
592	114	**Rhamnus pumilus** Turra
		— *pumila* (B, C, F, G)
		Nerprun nain
		Zwerg-Kreuzdorn
593	114	**Rhamnus alaternus** L.
		Nerprun alaterne
		Immergrüner Kreuzdorn
594	114	**Rhamnus lycioides**
		subsp. **oleoides** (L.)
		Jah. & Maire
		— *oleoides* (B)
		— *oleoïdes* (F)
		Nerprun faux-olivier
595	114	**Rhamnus catharticus** L.
		— *cathartica* (B, C, F, G)
		Nerprun purgatif
		Gewöhnlicher Kreuzdorn
		Purgier-Kreuzdorn
596	115	**Rhamnus saxatilis** Jacq.
		— *infectoria* (B, C)
		— *saxatilis*
		subsp. *infectoria* (F)
		Nerprun des rochers
		— fétide
		Felsen-Kreuzdorn
596 b	115	**Rhamnus saxatilis** Jacq.
		— *saxatilis*
		subsp. *eu-saxatilis* (F)
		Nerprun des rochers
		Felsen-Kreuzdorn
597	115	**Pistacia lentiscus** L.
		Pistachier lentisque
598	115	**Pistacia terebinthus** L.
		Pistachier térébinthe
		Terebinthe
		Terpentin-Pistazie
599	115	**Pistacia vera** L.
		Pistachier vrai
600	115	**Cneorum tricoccon** L.
		— *tricoccum* (B, C, F, G)
		Camélée à trois coques
601	116	**Cotinus coggygria** Scop.
		— *coccygia* (F)
		Rhus cotinus (B, C)
		Arbre-à-perruque
		Fustet coggygria
		Sumac fustet
		Perückenstrauch
602	116	**Rhus coriaria** L.
		Sumac des corroyeurs
603	116	**Anagyris foetida** L.
		Anagyre fétide
604	117	**Ulex europaeus** L.
		Ajonc d'Europe
		Landier
		Europäischer Stechginster
604 b	117	**Ulex gallii** Planchon
		— × *galli* (F)
		Ajonc de Le Gall
605	117	**Ulex parviflorus** Pourret
		Ajonc à petites fleurs
606	117	**Ulex minor** Roth
		— *nanus* (B, C, F)
		Ajonc mineur
		— nain
		Zwerg-Stechginster
607	117	**Erinacea anthyllis** Link
		— *pungens* (B, C, F)
		Erinacée anthyllide
		— piquante
608	117	**Calicotome spinosa** (L.) Link
		Calycotome spinosa (B, C, F)
		Calicotome épineux
609	117	**Spartium junceum** L.
		Genêt d'Espagne
		Spartium à tiges de jonc
		Binsenginster
		Spanischer Ginster
610	118	**Cytisus scoparius** (L.) Link

Dessin	Pl.	Taxon
610	118	*Sarothamnus scoparius*
		(B, C, F)
		Cytise à balais
		Genêt à balais
		Sarothamne à balais
		Besenginster
611	118	**Cytisus arboreus**
		subsp. **catalaunicus**
		(Webb) Maire
		— *malacinatus*
		subsp. *catalaunicus*
		(T, G)
		Sarothamnus arboreus (B)
		— *catalaunicus* (C)
		— *catalonicus* (F)
		Cytise catalaunique
		Sarothamne arborescent
612	118	**Cytisus balansae**
		subsp. **europaeus**
		(López & Javis)
		Munoz Garmendia
		— *purgans* (F, T, G)
		Genista purgans (C)
		Sarothamnus purgans (B)
		Cytise d'Europe
		Sarothamne purgatif
613	118	**Echinospartium horridum**
		(Vahl) Rothm.
		Cytisanthus horridus (F)
		Echinospartum horridum (T, G)
		Genista horrida (B, C)
		Echinospartium très épineux
		Genêt très épineux
614	118	**Genista aspalathoïdes** aggr.
		— *aspalathoïdes* (B)
		— *aspalathoïdes* (F)
		— *lobelii* (C, T, G)
		— *salzmannii* (T, G)
		Genêt faux-aspalath
615	118	**Genista germanica** L.
		Genêt d'Allemagne
		Deutscher Ginster
616	118	**Genista hispanica** L.
		Genêt d'Espagne
617	119	**Genista anglica** L.
		Genêt d'Angleterre
		Englischer Ginster
618	119	**Genista scorpius** (L.) DC.
		Genêt scorpion
		Skorpion-Ginster
619	119	**Genista monspessulana** (L.)
		L. Johnson
		Cytisus monspessulanus (F)
		Genista candicans (B, C)
		Teline monspessulana (T, G)
		Genêt blanchâtre
		— de Montpellier
620	119	**Genista linifolia** L.
		Cytisus linifolius (F)
		Teline linifolia (T, G)
		Genêt à feuilles de lin
621	119	**Genista radiata** (L.) Scop.
		Cytisanthus radiatus (F)
		Genêt radié
		— rayonnant
		Kugelginster
		Ruten-Ginster
622	119	**Genista sagittalis** L.
		Chamaespartium sagittale (T)
		— *sagittalis* (G)
		Genistella sagittalis (F)
		Genêt à tiges ailées
		— ailé
		— sagitté
		Flügelginster
622 b	119	**Genista sagittalis**
		subsp. **delphinensis**
		(Verlot) Greuter
		Chamaespartium sagittale (T)
		— *sagittalis*
		subsp. *delphinensis* (G)
		Genista delphinensis (C)
		Genistella sagittalis
		subsp. *delphinensis* (F)
		Genêt du Dauphiné
623	120	**Genista tinctoria** L.
		Genêt des teinturiers
		Färber-Ginster
624	120	**Genista cinerea** (Villars) DC.
		Genêt cendré
		Aschgrauer Ginster
625	120	**Genista pilosa** L.
		Genêt poilu
		— velu
		Behaarter Ginster
625 b	120	**Genista pulchella** Vis.
		— *villarsi* (F)
		— *villarsii* (C)
		Genêt de Villars
		— gracieux
626	120	**Laburnum anagyroides** Medikus
		Cytisus laburnum (B, C)
		Laburnum anagyroïdes (F)
		Aubours
		Cytise aubours
		Faux-ébénier
		Laburnum faux-anagyris
		Gewöhnlicher Goldregen
626 b	120	**Laburnum alpinum** (Miller)
		Bercht. & J. Presl
		Cytisus alpinus (B, C)
		Aubours
		Cytise des Alpes
		Laburnum des Alpes
		Alpen-Goldregen
627	120	**Cytisus nigricans** L.
		Lembotropis nigricans (T)
		Cytise noircissant
		Schwarzwerdender Geissklee
628	121	**Cytisophyllum sessilifolium**
		O. Lang
		Cytisus sessifolius (F)
		— *sessilifolius* (B, C, T, G)
		Cytise à feuilles sessiles
		Cytisophylle à feuilles sessiles
		Blattstielloser Geissklee
629	121	**Cytisus villosus** Pourret
		— *triflorus* (B, C, F)
		Cytise à trois fleurs
		— velu
630	121	**Cytisus ardoinoi** Fourn.
		— *ardoini* (B, C, T, G)
		— *ardoïnoi* (F)
		Cytise d'Ardoino
631	121	**Cytisus emeriflorus** Reichb.
		— *glabrescens* (B)
		Cytise à fleurs de coronille
		émérus
		— peu velu
		Kronwickenblütiger Geissklee
		Strauchwicken-Geissklee
632	121	**Cytisus decumbens** (Durande)
		Spach
		Genista prostrata (C)
		Cytise rampant
		Niederliegender Geissklee
633	121	**Chamaecytisus hirsutus** (L.)
		Link
		Cytisus hirsutus (B, C)
		— *hirsutus*
		subsp. *eu-hirsutus* (F)
		Cytise hérissé
		Petit-cytise hérissé
		Behaarter Geissklee
		Behaarter Zwergginster
633 b	121	**Chamaecytisus glaber** Rothm.
		Cytisus elongatus (B, C)
		— *ratisbonensis*
		subsp. *elongatus* (F)
		Cytise allongé
		Petit-cytise glabre
634	122	**Chamaecytisus supinus** (L.)
		Link
		Cytisus capitatus (B, C)
		Cytisus supinus
		subsp. *capitatus* (F)
		Cytise en tête
		Petit-cytise couché
		Niedriger Geissklee
		Niedriger Zwergginster
634 b	122	**Chamaecytisus supinus** (L.)
		Link
		Cytisus supinus (B, C)
		— *supinus*
		subsp. *capitatus* (F)
		Cytise couché
		Petit-cytise couché
		Niedriger Geissklee
		Niedriger Zwergginster
635	122	**Argyrolobium zanonii** (Turra)
		P. Ball
		— *linnaeanum* (B, F)
		Cytisus argenteus (C)
		Argyrolobe de Linné
		— de Zanon
		Silberginster
		Zanonis Silberhülse
636	122	**Adenocarpus telonensis** (Lois.)
		DC.
		— *grandiflorus* (B, C)
		Adénocarpe à grandes fleurs
		— de Toulon
637	122	**Adenocarpus complicatus**
		subsp. **commutatus**
		(Guss.) Cout.
		— *complicatus* (C, F)
		— *telonensis* (B)
		Adénocarpe changé
		— de Toulon
637 b	122	**Adenocarpus complicatus** (L.)
		Gren. & Godron
		Adénocarpe à feuilles pliées
		Drüsenginster
638	123	**Lupinus albus** L.
		Lupin blanc
		Weisse Lupine
		Weisse Wolfsbohne
639	123	**Lupinus luteus** L.
		Lupin jaune
640	123	**Lupinus micranthus** Guss.
		— *hirsutus* (B, C, F)
		Lupin à petites fleurs
		— hérissé
640 b	123	**Lupinus albus** L.
		— *termis* (B, F)
		Lupin blanc
		— termis
		Weisse Lupine
		Weisse Wolfsbohne
641	123	**Lupinus angustifolius** L.
		— *angustifolius*
		subsp. *eu-angustifolius*
		(F)
		Lupin à feuilles étroites
		Schmalblättrige Lupine
		Schmalblättrige Wolfsbohne
642	124	**Ononis rotundifolia** L.
		Bugrane à feuilles rondes
		Ononis à feuilles rondes
		Rundblättrige Hauhechel
643	124	**Ononis fruticosa** L.
		Bugrane buissonnante
		— ligneuse
		Ononis buissonnant
		— ligneux
		Strauchige Hauhechel
644	124	**Ononis cristata** Miller
		— *cenisia* (B, C, F)
		Bugrane à crête
		Ononis à crête
		— du Mont Cenis
		Mont-Cenis-Hauhechel
645 a1	124	**Ononis repens** L.
		— *procurrens* (B)
		— *spinosa*

Dessin	*Pl.*	*Taxon*
645 a1	124	*Ononis spinosa* subsp. *procurrens* (F, G) Bugrane rampante Ononis étendu — rampant Kriechende Hauhechel
645 a2	124	**Ononis repens** L. — *procurrens* (B) — *spinosa* subsp. *maritima* (F) — *spinosa* subsp. *procurrens* (G) Bugrane rampante Ononis étendu — rampant Kriechende Hauhechel
645 a3	124	**Ononis repens** L. — *procurrens* (B) — *spinosa* subsp. *caduca* (F) — *spinosa* subsp. *procurrens* (G) Bugrane rampante Ononis étendu — rampant Kriechende Hauhechel
645 b	124	**Ononis repens** subsp. **spinosa** Greuter — *campestris* (B, C) — *repens* (B) — *spinosa* (T, G) — *spinosa* subsp. *legitima* (F) Bugrane épineuse Ononis champêtre — épineux — rampant Dornige Hauhechel
645 c	124	**Ononis repens** subsp. **antiquorum** (L.) Greuter — *antiquorum* (B) — *campestris* (C) — *repens* (B) — *spinosa* subsp. *antiquorum* (F, T, G) Bugrane des anciens Ononis des anciens — rampant
646	125	**Ononis mitissima** L. Bugrane sans épines Ononis sans épines
647	125	**Ononis alopecuroides** L. — *alopecuroïdes* (F) Bugrane queue-de-renard Ononis queue-de-renard
648	125	**Ononis reclinata** L. Bugrane renversée Ononis renversé
649	125	**Ononis aragonensis** Asso Bugrane d'Aragon Ononis d'Aragon
650	125	**Ononis pubescens** L. Bugrane pubescente Ononis pubescent
651	125	**Ononis pusilla** L. — *columnae* (B, C) Bugrane naine Ononis de Columna — nain Kleine Hauhechel Zierliche Hauhechel
651 b	125	**Ononis minutissima** L. Bugrane chétive Ononis chétif — nain
652	125	**Ononis striata** Gouan Bugrane striée Onoris strié
653	126	**Ononis variegata** L. Bugrane panachée Ononis panaché
654	126	**Ononis natrix** L. — *natrix* subsp. *inaequalifolia* (F, G) Bugrane jaune — natrix Coquesigrue Ononis jaune — natrix Gelbe Hauhechel
654 b	126	**Ononis natrix** subsp. **ramosissima** (Desf.) Battand. — *ramosissima* (B, C, F) Bugrane très rameuse Ononis très rameux
655	126	**Ononis viscosa** L. — *viscosa* subsp. *eu-viscosa* (F) Bugrane visqueuse Ononis visqueux
655 b	126	**Ononis viscosa** subsp. **breviflora** (DC.) Nyman — *breviflora* (B, C) Bugrane à fleurs courtes Ononis à fleurs courtes
656	126	**Anthyllis cytisoides** L. — *cytisoïdes* (F) Anthyllide faux-cytise
657	126	**Anthyllis barba-jovis** L. Anthyllide barbe-de-Jupiter
658	126	**Anthyllis montana** L. Anthyllide des montagnes Berg-Wundklee
659	127	**Anthyllis vulneraria** L. s.l. Anthyllide vulnéraire Vulnéraire Echter Wundklee Gewöhnlicher Wundklee
659 2-5	127	**Anthyllis vulneraria** L. s.l. Anthyllide vulnéraire Vulnéraire Echter Wundklee Gewöhnlicher Wundklee
660	127	**Tripodion tetraphyllum** (L.) Fourr. *Anthyllis tetraphylla* (B, C, F, T, G) Anthyllide à quatre folioles Tripodion à quatre folioles
661	127	**Hymenocarpos circinnatus** (L.) Savi *Hymenocarpus circinatus* (B, C, F) Hyménocarpe bouclé
662	127	**Medicago radiata** L. Luzerne rayonnante
663	128	**Medicago arborea** L. Luzerne arborescente
664	128	**Medicago falcata** L. — *sativa* subsp. *falcata* (F, T, G) Luzerne en faucille — en faux Gelbe Luzerne Sichelklee
664 4	128	**Medicago glomerata** Balbis — *sativa* subsp. *glomerata* (F, T, G) Luzerne agglomérée
665	128	**Medicago lupulina** L. Luzerne lupuline Minette Hopfenklee
665 b	128	**Medicago secundiflora** Durieu Luzerne à fleurs unilatérales
666	128	**Medicago scutellata** (L.) Miller Luzerne à écussons
667	128	**Medicago orbicularis** (L.) Bartal. Luzerne orbiculaire Scheiben-Schneckenklee
668	128	**Medicago sativa** L. — *sativa* subsp. *eu-sativa* (F) Luzerne cultivée Luzerne
669	129	**Medicago doliata** Carmign. — *aculeata* (T) — *turbinata* (B, C, F) Luzerne en tonneau — en toupie
670	129	**Medicago soleirolii** Duby — *soleiroli* (F) Luzerne de Soleirol
671	129	**Medicago italica** (Miller) Fiori s.l. — *obscura* (F) — *tornata* (C, T, G) Luzerne d'Italie
672	129	**Medicago rugosa** Desr. Luzerne rugueuse
673	129	**Medicago suffruticosa** DC. Luzerne sous-ligneuse
673 b	129	**Medicago suffruticosa** subsp. **leiocarpa** (Benth.) Urban — *leiocarpa* (C) Luzerne à fruits lisses
674	129	**Medicago murex** subsp. **sphaerocarpos** (Bertol.) Lesins & I. Lesins — *murex* (F, T, G) — *sphaerocarpa* (B, C) Luzerne à fruits arrondis
675	129	**Medicago tuberculata** (Retz.) Willd. — *turbinata* (T, G) Luzerne à fruits tuberculeux
676	129	**Medicago doliata** Carmign. — *muricata* (B) — *turbinata* (C) Luzerne à fruits épineux — en tonneau
677	129	**Medicago marina** L. Luzerne marine
678	129	**Medicago polymorpha** L. — *hispida* (F) — *polycarpa* (C) — *reticulata* (B, C) Luzerne polymorphe — réticulée
679	129	**Medicago rigidula** (L.) All. — *gerardi* (B, C) Luzerne de Gérard — dressée Samt-Schneckenklee
680	130	**Medicago minima** (L.) L. Luzerne naine Kleiner Schneckenklee Zwerg-Schneckenklee
681	130	**Medicago coronata** (L.) Bartal. Luzerne en couronne
682	130	**Medicago laciniata** (L.) Miller Luzerne laciniée
683	130	**Medicago littoralis** Lois. — *litoralis* (F) Luzerne des rivages — du littoral
683 b	130	**Medicago littoralis** Lois. — *striata* (B) Luzerne des rivages — du littoral — striée
683 c	130	**Medicago littoralis** Lois. — *braunii* (B) Luzerne de Braun — des rivages — du littoral

Dessin	Pl.	Taxon
684	130	**Medicago polymorpha** L. — *hispida* (B, F) — *polycarpa* (B, C) Luzerne hérissée — polymorphe Stachliger Schneckenklee Wollklette
684 b	130	**Medicago polymorpha** L. — *hispida* (F) — *lappacea* (B, C) Luzerne fausse-bardane — polymorphe
685	130	**Medicago truncatula** Gaertner — *tribuloides* (C) — *tribuloïdes* (F) Luzerne faux-tribule — tronquée
686	130	**Medicago praecox** DC. Luzerne précoce
687	130	**Medicago tenoreana** DC. Luzerne de Tenore
688	130	**Medicago disciformis** DC. Luzerne en disque
689	131	**Medicago arabica** (L.) Hudson — *maculata* (B, C) Luzerne d'Arabie — tachée Arabischer Schneckenklee
690	131	**Medicago intertexta** (L.) Miller — *echinus* (B) Luzerne entremêlée — hérisson
690 b	131	**Medicago ciliaris** (L.) All. — *intertexta* (G) Luzerne ciliée
691	131	**Trigonella foenum-graecum** L. — *fenum graecum* subsp. *eu-fenum graecum* (F) Trigonelle fenugrec Griechisch-Heu Griechischer Bockshornklee
691 b	131	**Trigonella gladiata** M. Bieb. — *fenum graecum* subsp. *gladiata* (F) Trigonelle en glaive
692	131	**Trigonella monspeliaca** L. Trigonelle de Montpellier Französischer Bockshornklee
693	131	**Trigonella polyceratia** L. — *polycerata* (B, C, F) Trigonelle à nombreuses cornes
694	131	**Trifolium ornithopodioides** L. — *ornithopodioïdes* (F) *Trigonella ornithopioides* (B) — *ornithopodioides* (C) Trèfle faux-pied-d'oiseau Trigonelle faux-ornithope
695	132	**Trigonella esculenta** Willd. — *corniculata* (B, C, F, T, G) Trigonelle comestible — cornue
696	132	**Medicago hybrida** (Pourret) Trautv. — *pourretii* (C) *Trigonella hybrida* (B) Luzerne hybride Trigonelle hybride
697	132	**Melilotus messanensis** (L.) All. — *siculus* (F) Mélilot de Messine
698	132	**Melilotus sulcata** Desf. — *sulcatus* subsp. *aschersoni* (F) — *sulcatus* subsp. *eu-sulcatus* (F) Mélilot sillonné Gefurchter Honigklee
698 b	132	**Melilotus infesta** Guss. — *sulcatus* subsp. *infestus* (F) Mélilot infestant
699	132	**Melilotus italica** (L.) Lam. — *italicus* (F) Mélilot d'Italie
700	132	**Melilotus altissima** Thuill. — *altissimus* (F) — *macrorhiza* (B) Mélilot à grosse racine — élevé Hoher Honigklee
701	133	**Melilotus elegans** Ser. Mélilot élégant
702	133	**Melilotus neapolitana** Ten. — *neapolitanus* (F) Mélilot de Naples Neapolitanischer Honigklee
703	133	**Melilotus indica** (L.) All. — *indicus* (F) — *parviflora* (B, C) Mélilot à petites fleurs — d'Inde Indischer Honigklee Kleinblütiger Honigklee
704	133	**Melilotus officinalis** (L.) Lam. — *arvensis* (C) Mélilot officinal Echter Honigklee Gebräuchlicher Honigklee
705	133	**Melilotus alba** Medikus — *albus* (F) Mélilot blanc Weisser Honigklee
706	134	**Trigonella caerulea** (L.) Ser. *Melilotus caerulea* (B) *Trigonella caerulea* subsp. *eu-caerulea* (F) Mélilot bleu Trigonelle bleue Blauer Bockshornklee Schabziegerkraut
707	134	**Trifolium badium** Schreber Trèfle bai — brun Braun-Klee
707 b	134	**Trifolium spadiceum** L. Trèfle brunâtre — marron Moor-Klee
708	134	**Trifolium aureum** Pollich — *agrarium* (F) Trèfle doré Golg-Klee
709	134	**Trifolium patens** Schreber Trèfle étalé Abstehender Klee Südlicher Gold-Klee
710	134	**Trifolium campestre** Schreber Trèfle champêtre — couché Feld-Klee Gelber Acker-Klee
711 a	134	**Trifolium filiforme** L. — *filiforme* subsp. *micranthum* (F) — *micranthum* (B, C, T, G) Trèfle à petites fleurs — filiforme Faden-Klee Kleinblütiger Klee
711 b	134	**Trifolium dubium** Sibth. — *filiforme* (B) — *filiforme* subsp. *dubium* (F) — *minus* (B, C) Trèfle douteux — petit Gelber Wiesen-Klee Kleiner Klee Zweifelhafter Klee
712	134	**Trifolium spumosum** L. Trèfle écumeux
713	134	**Trifolium vesiculosum** Savi Trèfle vésiculeux
714	135	**Trifolium fragiferum** L. — *fragiferum s.l.* (T) Trèfle porte-fraise Erdbeer-Klee
715	135	**Trifolium resupinatum** L. Trèfle renversé Persischer Klee Umgewendeter Klee
715 b	135	**Trifolium clusii** Godron & Gren. — *resupinatum* (C, F, T, G) Trèfle de Clusius
716	135	**Trifolium tomentosum** L. Trèfle cotonneux
717	135	**Trifolium alpinum** L. Trèfle des Alpes Alpen-Klee
718	135	**Trifolium thalii** Villars — *caespitosum* (B) Trèfle de Thalius — gazonnant Thals Klee
719	135	**Trifolium glomeratum** L. Trèfle aggloméré Knäuel-Klee
720	135	**Trifolium strictum** L. — *laevigatum* (C) Trèfle raide
721	135	**Trifolium cernuum** Brot. — *cernuum s.l.* (F) — *perreymondii* (B) Trèfle de Perreymond — penché
722	135	**Trifolium repens** L. — *repens s.l.* (T) Trèfle blanc — rampant Kriechender Klee Weisser Klee
723	135	**Trifolium isthmocarpum** Brot. Trèfle à fruit étranglé
724	136	**Trifolium michelianum** Savi Trèfle de Micheli
724 b	136	**Trifolium angulatum** Waldst. & Kit. Trèfle anguleux
725	136	**Trifolium hybridum** subsp. **elegans** (Savi) Asch. & Graebner — *elegans* (B, C, F) Trèfle élégant Zierlicher Klee
725 b	136	**Trifolium hybridum** L. — *fistulosum* (C) Trèfle hybride Bastard-Klee Schweden-Klee
726	136	**Trifolium nigrescens** Viv. Trèfle noircissant Schwarzwerdender Klee
727	136	**Trifolium pallescens** Schreber Trèfle pâlissant Bleicher Klee
728	136	**Trifolium uniflorum** L. — *savianum* (B, C) — *uniflorum* subsp. *savianum* (F) Trèfle à une fleur — de Savi
729	136	**Trifolium scabrum** L. Trèfle scabre Rauher Klee
730	136	**Trifolium saxatile** All. — *thymiflorum* (B) Trèfle à fleurs de thym — des rochers Stein-Klee
731	136	**Trifolium suffocatum** L. Trèfle étouffé
732	136	**Trifolium bocconei** Savi — *bocconi* (B, C) Trèfle de Boccone

Dessin	Pl.	Taxon
733	137	**Trifolium striatum** L.
		Trèfle strié
		Gestreifter Klee
734	137	**Trifolium stellatum** L.
		Trèfle étoilé
735	137	**Trifolium incarnatum** L.
		Trèfle incarnat
		Inkarnat-Klee
736	137	**Trifolium retusum** L.
		— *parviflorum* (B, C, F)
		Trèfle à petites fleurs
		— tronqué
737	137	**Trifolium arvense** L.
		Pied-de-lièvre
		Trèfle des champs
		Acker-Klee
		Hasen-Klee
		Mäuse-Klee
737 2	137	**Trifolium arvense** subsp. **gracile** (Thuill.) Teles
		— *arvense* (C, F, G)
		— *gracile* (T)
		Trèfle grêle
737 b	137	**Trifolium phleoides** Willd.
		— *phleoïdes* (F)
		Trèfle fausse-phléole
738	137	**Trifolium cherleri** L.
		Trèfle de Cherler
739	137	**Trifolium ligusticum** Lois.
		Trèfle de Ligurie
740	138	**Trifolium lappaceum** L.
		Trèfle fausse-bardane
741	138	**Trifolium angustifolium** L.
		Trèfle à feuilles étroites
		Schmalblättriger Klee
742	138	**Trifolium purpureum** Lois.
		Trèfle pourpre
743	138	**Trifolium rubens** L.
		Trèfle rougeâtre
		Purpur-Klee
744	138	**Trifolium alpestre** L.
		Trèfle alpestre
		Hügel-Klee
745	138	**Trifolium pratense** L.
		— *pratense* subsp. *eu-pratense* (F)
		Trèfle des prés
		Rot-Klee
		Roter Wiesen-Klee
		Wiesen-Klee
745 2	138	**Trifolium pannonicum** Jacq.
		Trèfle de Hongrie
745 3	138	**Trifolium pratense** L.
		— *pratense* subsp. *nivale* (F)
		Trèfle des prés
		Schnee-Klee
745 4	138	**Trifolium pratense** L.
		Trèfle des prés
746	139	**Trifolium medium** L.
		Trèfle intermédiaire
		Mittlerer Klee
747	139	**Trifolium ochroleucon** Hudson
		— *ochroleucum* (B, C, F)
		Trèfle jaunâtre
		Gelblicher Klee
748	139	**Trifolium leucanthum** M. Bieb.
		Trèfle à fleurs blanches
749	139	**Trifolium squamosum** L.
		— *maritimum* (B, C)
		— *maritimum* subsp. *xatarti* (F)
		Trèfle écailleux
		— maritime
749 b	139	**Trifolium squarrosum** L.
		— *panormitanum* (B)
		Trèfle de Palerme
		— raboteux
750	139	**Trifolium hirtum** All.
		Trèfle hérissé
750 b	139	**Trifolium diffusum** Ehrh.
		Trèfle diffus
751	139	**Trifolium sylvaticum** Gérard
		— *lagopus* (B, C, F)
		— *smyrnaeum* (T)
		— *smyrneum* (G)
		Trèfle des forêts
		— pied-de-lièvre
752	139	**Trifolium montanum** L.
		Trèfle des montagnes
		Berg-Klee
753	140	**Trifolium subterraneum** L.
		Trèfle souterrain
		Bodenfrüchtiger Klee
754	140	**Dorycnopsis gerardii** (L.) Boiss.
		Anthyllis gerardi (T)
		— *gerardii* (G)
		Dorycnopsis gerardi (B, C, F)
		Dorycnopsis de Gérard
755 a	140	**Dorycnium herbaceum** Villars
		— *herbaceum* subsp. *intermedium* (F)
		— *pentaphyllum* (B)
		— *pentaphyllum* subsp. *herbaceum* (T, G)
		Dorycnium herbacé
		Krautiger Backenklee
755 b	140	**Dorycnium pentaphyllum** Scop.
		— *suffruticosum* (B, C, F)
		Dorycnium à cinq folioles
		— sous-arbrisseau
755 b2	140	**Dorycnium herbaceum** subsp. **gracile** (Jordan) Nyman
		— *jordani* (C)
		— *pentaphyllum* subsp. *gracile* (T, G)
		Dorycnium grêle
756	140	**Dorycnium rectum** (L.) Ser.
		Bonjeania recta (B, C, F)
		Benjeanie droite
		Dorycnium droit
757	140	**Dorycnium hirsutum** (L.) Ser.
		Bonjeania hirsuta (B, C, F)
		Benjeanie hérissée
		Dorycnium hérissé
		Behaarter Backenklee
758	140	**Lotus maritimus** L.
		Tetragonolobus maritimus (T, G)
		— *siliquosus* (B, C, F)
		Lotier maritime
		Tétragonolobe siliqueux
		Spargelerbse
759	141	**Lotus tetragonolobus** L.
		Tetragonolobus purpureus (B, C, F, T, G)
		Lotier tétragonolobe
		Tétragonolobe pourpre
760	141	**Lotus creticus** L.
		Lotier de Crète
761	141	**Lotus cytisoides** L.
		— *allionii* (B)
		— *creticus* subsp. *cytisoides* (G)
		— *cytisoïdes s.l.* (F)
		Lotier d'Allioni
		— faux-cytise
762	141	**Lotus ornithopodioides** L.
		— *ornithopodioïdes* (F)
		— *ornithopoides* (B)
		Lotier faux-ornithope
		— faux-pied-d'oiseau
763	141	**Lotus parviflorus** Desf.
		Lotier à petites fleurs
764	141	**Lotus angustissimus** L.
		Lotier très étroit
764 b	141	**Lotus subbiflorus** Lagasca
		— *hispidus* (B, C, F)
		Lotier hérissé
		— subbiflore
765	141	**Lotus conimbricensis** Brot.
		Lotier de Coïmbre
766	142	**Lotus corniculatus** L.
		— *corniculatus* subsp. *eu-corniculatus* (F)
		Lotier commun
		— corniculé
		Hornklee
		Gehörnter Schotenklee
		Wiesen-Schotenklee
766 3	142	**Lotus alpinus** (DC.) Ramond
		— *corniculatus* (C)
		— *corniculatus* subsp. *eu-corniculatus* (F)
		Lotier des Alpes
		Alpen-Schotenklee
766 b	142	**Lotus glaber** Miller
		— *corniculatus* subsp. *tenuifolius* (F)
		— *tenuis* (B, C, T, G)
		Lotier à feuilles ténues
		— glabre
		Schmalblättriger Schotenklee
766 c	142	**Lotus preslii** Ten.
		— *corniculatus* subsp. *pressli* (F)
		— *decumbens* (C)
		Lotier de Presl
767	142	**Lotus pedunculatus** Cav.
		— *uliginosus* (B, C, F, T, G)
		Lotier des marais
		— pédonculé
		Sumpf-Schotenklee
767 2	142	**Lotus pedunculatus** Cav.
		— *uliginosus* (T)
		Lotier pédonculé
		Sumpf-Schotenklee
768	142	**Lotus edulis** L.
		Lotier comestible
769	142	**Astragalus tragacantha** L.
		— *massiliensis* (F, T, G)
		Astragale adragant
770	142	**Astragalus sempervirens** Lam.
		— *aristatus* (B, C)
		Astragale aristé
		— toujours vert
		Dorniger Tragant
		Immergrüner Tragant
771	143	**Astragalus monspessulanus** L.
		Astragale de Montpellier
		Französischer Tragant
772	143	**Astragalus incanus** L.
		Astragale blanchâtre
773	143	**Astragalus depressus** L.
		Astragale nain
		Niederliegender Tragant
773'	143	**Astragalus exscapus** L.
		Astragale à tige courte
		Stengelloser Tragant
774	143	**Astragalus epiglottis** L.
		Astragale épiglotte
775	143	**Astragalus hamosus** L.
		Astragale hameçon
776	143	**Astragalus glycyphyllos** L.
		— *glyciphyllus* (F)
		Astragale à feuilles de réglisse
		Réglisse sauvage
		Bärenschote
		Süsser Tragant
777	144	**Astragalus alopecurus** Pallas
		— *alopecuroides* (B, C)
		— *alopecuroïdes* (F)
		— *centralpinus* (G)
		Astragale queue-de-renard
		— vulpin
		Fuchsschwanz-Tragant
777 b	144	**Astragalus alopecuroides** L.
		— *narbonensis* (B, C, F, G)
		Astragale de Narbonne
		— fausse-queue-de-renard
		— faux-vulpin

Dessin	Pl.	Taxon
778	144	**Astragalus cicer** L.
		Astragale pois-chiche
		Kichererbsen-Tragant
779	144	**Astragalus boeticus** L.
		— *baeticus* (C, F)
		Astragale d'Andalousie
780	144	**Astragalus sesameus** L.
		Astragale faux-sésame
781	144	**Astragalus stella** Gouan
		Astragale étoile
782	144	**Astragalus echinatus** Murray
		— *pentaglottis* (B, C, F)
		Astragale à cinq gousses
		— hérissé de piquants
783	145	**Astragalus glaux** L.
		Astragale glaux
784	145	**Astragalus baionensis** Lois.
		— *bayonensis* (C, F)
		Astragale de Bayonne
785	145	**Astragalus austriacus** Jacq.
		Astragale d'Autriche
786	145	**Astragalus vesicarius** L.
		Astragale vésiculeux
		Blasen-Tragant
787	145	**Astragalus leontinus** Wulfen
		Astragale de Lenzbourg
		— de Lienz
		Tiroler Tragant
788	145	**Astragalus onobrychis** L.
		Astragale esparcette
		— sainfoin
		Esparsetten-Tragant
788 b	145	**Astragalus danicus** Retz.
		— *hypoglottis* (B, C)
		Astragale du Danemark
		— hypoglotte
		Dänischer Tragant
788 c	145	**Astragalus purpureus** Lam.
		Astragale pourpré
789	145	**Oxytropis fetida** (Villars) DC.
		Astragalus foetidus (F)
		Oxytropis foetida (B, C, G)
		Oxytropis fétide
		Drüsiger Spitzkiel
790	145	**Oxytropis campestris** (L.) DC.
		Astragalus campestris (F)
		Oxytropis des Alpes
		— des champs
		Alpen-Spitzkiel
		Feld-Spitzkiel
791	146	**Oxytropis halleri** Bunge
		Astragalus sericeus (F)
		Oxytropis de Haller
		— soyeux
		Hallers Spitzkiel
792	146	**Oxytropis helvetica** Scheele
		Astragalus triflorus (F)
		Oxytropis gaudini (B, C)
		— *gaudinii* (T, G)
		Oxytropis à trois fleurs
		— de Gaudin
		— de Suisse
		Gaudins Spitzkiel
		Schweizerischer Spitzkiel
792 b	146	**Oxytropis neglecta** Ten.
		Astragalus pyrenaïcus (F)
		Oxytropis pyrenaicus (B, C, T, G)
		Oxytropis des Pyrénées
		— négligé
		Pyrenäen-Spitzkiel
		Südalpiner Spitzkiel
793	146	**Oxytropis jacquinii** Bunge
		Astragalus montanus (F)
		Oxytropis montana (B, C)
		Oxytropis de Jacquin
		— des montagnes
		Jacquins Spitzkiel
793 b	146	**Oxytropis lapponica** (Wahlenb.) Gay
		Astragalus lapponicus (F)
		Oxytropis de Laponie
794	146	**Oxytropis pilosa** (L.) DC.
		Astragalus pilosus (F)
		Oxytropis poilu
		Zottiger Spitzkiel
795	146	**Astragalus penduliflorus** Lam.
		Phaca alpina (B, C)
		Astragale à fleurs pendantes
		Phaca des Alpes
		Alpenlinse
		Nickender Tragant
796	146	**Astragalus frigidus** (L.) A. Gray
		Phaca frigida (B, C)
		Astragale des frimas
		— des régions froides
		Phaca des frimas
		Gletscherlinse
		Gletscher-Spitzkiel
797	146	**Astragalus alpinus** L.
		Phaca astragalina (B, C)
		Astragale des Alpes
		Phaca faux-astragale
		Alpen-Tragant
798	147	**Astragalus australis** (L.) Lam.
		Phaca australis (B, C)
		Astragale austral
		Phaca austral
		Südlicher Tragant
798 b	147	**Astragalus australis** subsp. **gerardii** (Villars) P. Fourn.
		— *australis* (T)
		— *australis* subsp. *gerardi* (F)
		Phaca australis (C)
		— *gerardi* (B)
		Astragale de Gérard
		Phaca de Gérard
799	147	**Astragalus pelecinus** (L.) Barneby
		Biserrula pelecinus (B, C, F, T, G)
		Astragale pélecine
		Biserrula pélecine
800	147	**Colutea arborescens** L.
		Baguenaudier arborescent
		Baumartiger Blasenstrauch
		Gewöhnlicher Blasenstrauch
801	147	**Robinia pseudoacacia** L.
		— *pseudacacia* (B, F, T, G)
		— *pseudo-acacia* (C)
		Robinier faux-acacia
		Falsche Akazie
		Robinie
802	147	**Galega officinalis** L.
		Galéga officinal
		Rue-de-chèvre
		Echte Geissraute
803	148	**Glycyrrhiza glabra** L.
		Réglisse glabre
		Kahles Süssholz
804	148	**Bituminaria bituminosa** (L.) Stirton
		Psoralea bituminosa (B, C, F, T, G)
		Bituminaria bitumineuse
		Herbe-au-bitume
		Psoralée bitumineuse
804 b	148	**Bituminaria bituminosa** (L.) Stirton
		Psoralea bituminosa (C, F, G)
		— *plumosa* (B)
		Bituminaria bitumineuse
		Herbe-au-bitume
		Psoralée plumeuse
805	148	**Phaseolus vulgaris** L.
		Haricot commun
		Garten-Bohne
806	148	**Vicia narbonensis** L.
		Vesce de Narbonne
		Maus-Wicke
806 2	148	**Vicia serratifolia** Jacq.
		— *narbonensis* (C, F, T, G)
		Vesce à folioles dentées en scie
		Gezähnte Wicke
807	149	**Vicia faba** L.
		Vesce fève
		Fève
		Ackerbohne
		Saubohne
808	149	**Vicia sepium** L.
		Vesce des haies
		Zaun-Wicke
809	149	**Vicia pannonica** Crantz
		— *purpurascens* (C)
		Vesce de Hongrie
		Ungarische Wicke
810	149	**Vicia lutea** L.
		Vesce jaune
		Gelbe Wicke
810 b	149	**Vicia hybrida** L.
		Vesce hybride
		Bastard-Wicke
810 c	149	**Vicia lutea** L.
		— *lutea* subsp. *vestita* (F, T, G)
		— *vestita* (C)
		Vesce duveteuse
		— jaune
811	150	**Vicia melanops** Smith
		Vesce noirâtre
812	150	**Vicia lathyroides** L.
		— *lathyroïdes* (F)
		Vesce fausse-gesse
		Platterbsen-Wicke
812 2	150	**Vicia lathyroides** L.
		— *lathyroïdes* (F)
		Vesce fausse-gesse
812 3	150	**Vicia sativa** subsp. **nigra** (L.) Ehrh.
		— *cuneata* (B)
		— *heterophylla* (C)
		Vesce à folioles en coin
		— noire
813	150	**Vicia sativa** subsp. **amphicarpa** (L.) Battand.
		— *amphicarpa* (B, C)
		Vesce à fruits de deux sortes
		— à fruits entourants
814	150	**Vicia bithynica** (L.) L.
		Vesce de Bithynie
		Bithynische Wicke
815	150	**Vicia pyrenaica** Pourret
		— *pyrenaïca* (F)
		Vesce des Pyrénées
816	150	**Vicia sativa** L.
		— *sativa* subsp. *notata* (F)
		Poisette
		Vesce cultivée
		Futter-Wicke
816 2	150	**Vicia sativa** subsp. **nigra** (L.) Ehrh.
		— *sativa* (C)
		— *sativa* subsp. *cordata* (F, T, G)
		Vesce à folioles en cœur
		— noire
816 b	150	**Vicia sativa** subsp. **nigra** (L.) Ehrh.
		— *angustifolia* (B, C)
		— *sativa* subsp. *angustifolia* (F)
		Vesce à folioles étroites
		— noire
		Schmalblättrige Wicke
817	151	**Vicia peregrina** L.
		Vesce voyageuse
		Fremde Wicke
818	151	**Vicia dumetorum** L.
		Vesce des buissons
		Hecken-Wicke
819	151	**Vicia pisiformis** L.
		Vesce à feuilles de pois
		Erbsen-Wicke

Dessin	*Pl.*	*Taxon*
820	151	**Vicia argentea** Lapeyr. Vesce argentée
821	151	**Vicia onobrychioides** L. — *onobrychioïdes* (F) — *onobrychoides* (B) Vesce fausse-esparcette — faux-sainfoin Esparsetten-Wicke
822	152	**Vicia cassubica** L. Vesce de Poméranie Kassuben-Wicke
822 b	152	**Vicia orobus** DC. Vesce orobe Rankenlose Wicke
823	152	**Vicia sylvatica** L. — *silvatica* (B, C, F) Vesce des forêts Wald-Wicke
824	152	**Vicia cracca** L. — *cracca* subsp. *imbricata* (F) Vesce cracca Vogel-Wicke
824 b	153	**Vicia tenuifolia** Roth — *cracca* subsp. *tenuifolia* (F) Vesce à folioles étroites Dünnblättrige Wicke
824 c	153	**Vicia cracca** subsp. **gerardii** (Jacq.) Gaudin — *cracca* subsp. *galloprovincialis* (F) — *gerardi* (B, C) — *incana* (T, G) Vesce de Gérard Gerards Wicke Graue Wicke
825 a	153	**Vicia villosa** Roth — *unguiculata* (B) — *villosa* subsp. *eu-villosa* (F) Vesce onguiculée — velue Zottige Wicke
825 b	153	**Vicia villosa** subsp. **pseudocracca** (Bertol.) Rouy — *pseudocracca* (B, C) — *unguiculata* (B) — *villosa* subsp. *pseudo-cracca* (F) Vesce faux-cracca — onguiculée
825 c	153	**Vicia benghalensis** L. — *atropurpurea* (B, C, F) — *unguiculata* (B) Vesce du Bengale — onguiculée — pourpre-noirâtre
825 d	153	**Vicia monantha** Retz. — *calcarata* (F) Vesce à une fleur
826	153	**Vicia articulata** Hornem. — *monanthos* (B, C) Vesce à fleurs isolées — articulée
827	154	**Vicia villosa** subsp. **pseudocracca** (Bertol.) Rouy — *elegantissima* (C, F) Vesce élégante — faux-cracca
828	154	**Vicia hirsuta** Gray Vesce hérissée Rauhhaarige Wicke
829	154	**Vicia disperma** DC. Vesce à deux graines
830	154	**Vicia ervilia** (L.) Willd. Vesce ervilia Linsen-Wicke
831	154	**Vicia tetrasperma** (L.) Schreber — *tetrasperma* subsp. *eu-tetrasperma* (F) Vesce à quatre graines Viersamige Wicke
831 b	154	**Vicia laxiflora** Brot. — *gracilis* (B, C) — *tenuissima* (T, G) — *tetrasperma* subsp. *gracilis* (F) Vesce à fleurs lâches — grêle
831 c	154	**Vicia pubescens** (DC.) Link — *tetrasperma* subsp. *pubescens* (F) Vesce pubescente
832	155	**Lens culinaris** Medikus *Vicia lens* (B, C) Lentille comestible Vesce lentille Linse
832 b	155	**Lens nigricans** (M. Bieb.) Godron *Vicia nigricans* (B, C) Lentille noircissante Vesce noircissante
833	155	**Cicer arietinum** L. Cicer tête-de-bélier Pois-chiche Kichererbse
834 a	155	**Pisum sativum** L. — *commune* (B) Pois commun — cultivé Garten-Erbse
834 b	155	**Pisum sativum** L. — *arvense* (B, C) — *commune* (B) — *sativum* subsp. *arvense* (F, G) Pois commun — des champs Garten-Erbse
834 c	155	**Pisum sativum** subsp. **elatius** (M. Bieb.) Asch. & Graebner — *commune* (B) — *elatius* (B, C) Pois commun — élevé Wilde Erbse
835	155	**Lathyrus japonicus** subsp. **maritimus** (L.) P. Ball — *maritimus* (C, F, G) *Pisum maritimum* (B) Gesse maritime Pois maritime
836	156	**Lathyrus aphaca** L. Gesse aphaca — sans feuilles Pois-de-serpent Ranken-Platterbse
837	156	**Lathyrus ochrus** (L.) DC. Gesse ochre
838	156	**Lathyrus clymenum** L. Gesse clymène
839	156	**Lathyrus clymenum** L. — *articulatus* (C, F, T, G) Gesse articulée — clymène
840	156	**Lathyrus cirrhosus** Ser. — *cirrosus* (C) — *silvestris* subsp. *cirrosus* (F) Gesse à vrilles
841	156	**Lathyrus palustris** L. Gesse des marais Sumpf-Platterbse
842	156	**Lathyrus annuus** L. Gesse annuelle
843	157	**Lathyrus cicera** L. Gesse chiche Jarrosse Kicher-Platterbse
843 b	157	**Lathyrus sativus** L. Gesse cultivée Saat-Platterbse
844	157	**Lathyrus hirsutus** L. Gesse hérissée — velue Behaartfrüchtige Platterbse Rauhhaarige Platterbse
845	157	**Lathyrus pratensis** L. Gesse des prés Wiesen-Platterbse
846	157	**Lathyrus sylvestris** L. — *silvestris* (B, C) — *silvestris* subsp. *eu-silvestris* (F) Gesse des forêts — sauvage Wald-Platterbse Wilde Platterbse
847	158	**Lathyrus heterophyllus** L. — *silvestris* subsp. *heterophyllus* (F) Gesse à feuilles différentes Verschiedenblättrige Platterbse
848	158	**Lathyrus latifolius** L. — *silvestris* subsp. *latifolius* (F) Gesse à larges feuilles Breitblättrige Platterbse
849	158	**Lathyrus tingitanus** L. Gesse du Maroc
850	158	**Lathyrus tuberosus** L. Gesse tubéreuse Gland-de-terre Knollige Platterbse
851	159	**Lathyrus angulatus** L. Gesse anguleuse Kantige Platterbse
852	159	**Lathyrus setifolius** L. Gesse à fines feuilles Borstenblättrige Platterbse Grasblättrige Platterbse
853	159	**Lathyrus sphaericus** Retz. Gesse à graines sphériques Kugelsamige Platterbse
854	159	**Lathyrus nissolia** L. Gesse nissole — sans vrilles Gras-Platterbse
855	159	**Lathyrus saxatilis** (Vent.) Vis. — *ciliatus* (B, C) Gesse ciliée — des rochers
856	159	**Lathyrus inconspicuus** L. Gesse à petites fleurs
857	159	**Lathyrus vernus** (L.) Bernh. Gesse du printemps Frühlings-Platterbse
858	160	**Lathyrus linifolius** (Reichard) Bässler — *macrorhizus* (B) — *macrorrhizus* (C) — *montanus* (F, T, G) Gesse à feuilles de lin — à tiges renflées Berg-Platterbse
859	160	**Lathyrus ochraceus** Kittel s.l. — *laevigatus* (G) — *laevigatus s.l.* (T) — *luteus* (C) — *luteus* subsp. *occidentalis* (F) — *montanus* (B) Gesse des montagnes — fausse-ochre Gelbe Platterbse
860	160	**Lathyrus niger** (L.) Bernh.

Dessin	Pl.	Taxon
860	160	Gesse noire
		Dunkle Platterbse
		Schwarze Platterbse
861	160	**Lathyrus filiformis** (Lam.) Gay
		— *canescens* (B, C)
		Gesse blanchâtre
		— filiforme
		Fadenförmige Platterbse
861 b	160	**Lathyrus pannonicus**
		subsp. **asphodeloides**
		(Gouan) Bässler
		— *albus* (C)
		— *asphodeloides* (B)
		— *pannonicus* (F, G)
		Gesse faux-asphodèle
862	160	**Scorpiurus vermiculatus** L.
		— *vermiculata* (B)
		Scorpiure chenille
863	161	**Scorpiurus muricatus** L.
		— *muricatus*
		subsp. *subvillosus* (G)
		— *subvillosa* (B)
		— *subvillosus* (C, F)
		Scorpiure muriqué
		— poilu
863 b	161	**Scorpiurus muricatus** L.
		— *muricatus*
		subsp. *sulcatus* (G)
		— *sulcata* (B)
		— *sulcatus* (C, F)
		Scorpiure muriqué
		— sillonné
864	161	**Coronilla scorpioides** (L.) Koch
		— *scorpioïdes* (F)
		Scorpioides matthioli (B)
		Coronille faux-scorpion
		Queue-de-scorpion
		Scorpioïde de Matthiole
		Skorpions Kronwicke
		Skorpionskraut
865	161	**Securigera varia** (L.) Lassen
		Coronilla varia (B, C, F, T, G)
		Coronille bigarrée
		Sécurigéra bigarrée
		Bunte Kronwicke
866	161	**Coronilla coronata** L.
		— *montana* (B)
		Coronille des montagnes
		— en couronne
		Berg-Kronwicke
867	161	**Coronilla vaginalis** Lam.
		Coronille à gaine
		— engainante
		Scheiden-Kronwicke
868	161	**Coronilla minima** L.
		Coronille minime
		Petite coronille
		Kleine Kronwicke
869	162	**Hippocrepis emerus** (L.) Lassen
		Coronilla emerus
		(B, C, F, T, G)
		Coronille émérus
		Hippocrépis émérus
		Strauchige Kronwicke
		Strauchwicke
870	162	**Coronilla valentina**
		subsp. **glauca** (L.)
		Battand.
		— *glauca* (B, C, F)
		Coronille glauque
871	162	**Coronilla juncea** L.
		Coronille à branches de jonc
872	162	**Coronilla valentina** L.
		Coronille de Valence
873	162	**Ornithopus pinnatus** (Miller)
		Druce
		— *ebracteatus* (B, C)
		Ornithope penné
		— sans bractées
874	162	**Ornithopus sativus** Brot.
		— *roseus* (C)
		Ornithope cultivé
875	162	**Ornithopus perpusillus** L.
		Ornithope délicat
		Pied-d'oiseau
		Kleiner Vogelfuss
		Krallenklee
876	162	**Ornithopus compressus** L.
		Ornithope comprimé
877	163	**Hippocrepis unisiliquosa**
		subsp. **biflora**
		(Sprengel) 0. Bolós
		& Vigo
		— *unisiliquosa* (B, C, F, T, G)
		Hippocrépis à fruits isolés
		— biflore
878	163	**Hippocrepis comosa** L.
		Fer-à-cheval
		Hippocrépis à toupet
		Hufeisenklee
878 b	163	**Hippocrepis glauca** Ten.
		— *comosa*
		subsp. *glauca* (F, G)
		Hippocrépis glauque
879	163	**Hippocrepis ciliata** Willd.
		— *multisiliquosa* (C, G)
		— *multisiliquosa*
		subsp. *ciliata* (F)
		Hippocrépis cilié
880	163	**Securigera securidaca** (L.)
		Degen & Doerfler
		— *coronilla* (B, C)
		Sécurigéra coronille
		— sécuridaca
881	163	**Hedysarum spinosissimum**
		subsp. **capitatum**
		(Rouy) Asch.
		& Graebner
		— *capitatum* (B)
		— *spinosissimum* (C, T)
		Hédysarum en tête
		Sainfoin en tête
881 2	163	**Hedysarum spinosissimum** L.
		Hédysarum très épineux
		Sainfoin très épineux
882	164	**Hedysarum humile** L.
		Hédysarum humble
		Sainfoin humble
883	164	**Hedysarum hedysaroides** (L.)
		Schinz & Thell.
		— *obscurum* (B, C, F)
		Hédysarum des Alpes
		— faux-hédysarum
		— obscur
		Sainfoin des Alpes
		Süssklee
884	164	**Hedysarum coronarium** L.
		Hédysarum à bouquets
		Sainfoin à bouquets
885	164	**Onobrychis aequidentata**
		(Smith) Urv.
		— *cretica* (B)
		Esparcette à dents égales
		Sainfoin à dents égales
		— de Crète
886	164	**Onobrychis caput-galli** Lam.
		Esparcette tête-de-coq
		Sainfoin tête-de-coq
886 b	164	**Onobrychis crista-galli** (L.)
		Lam.
		Esparcette crête-de-coq
		Sainfoin crête-de-coq
887	164	**Onobrychis saxatilis** (L.) Lam.
		Esparcette des rochers
		Sainfoin des rochers
		Felsen-Esparsette
888	165	**Onobrychis viciifolia** Scop.
		— *sativa* (B, C)
		— *viciifolia*
		subsp. *sativa* (F)
		Esparcette à feuilles de vesce
		— cultivée
		Sainfoin à feuilles de vesce
		— cultivé
		Futter-Esparsette
		Saat-Esparsette
888 2	165	**Onobrychis montana** DC.
		— *sativa* (C)
		— *viciifolia*
		subsp. *montana* (F, G)
		Esparcette des montagnes
		Sainfoin des montagnes
		Berg-Esparsette
888 b	165	**Onobrychis supina** (Villars) DC.
		Esparcette couchée
		Sainfoin couché
889	165	**Cercis siliquastrum** L.
		Arbre-de-Judée
		Gainier siliquastre
		Judasbaum
890	165	**Ceratonia siliqua** L.
		Caroubier à grands fruits
891	166	**Gleditsia triacanthos** L.
		Gleditschia triacanthos (B, F)
		Fèvier à trois pointes
		Falscher Christusdorn
		Gleditschie
892	166	**Prunus dulcis** (Miller) D. Webb
		Amygdalus communis (B, C)
		Prunus amygdalus (F)
		Amandier
		Mandelbaum
893	166	**Prunus persica** (L.) Batsch
		Persica vulgaris (B, C)
		Pêcher
		Pfirsichbaum
894	167	**Prunus avium** L.
		Cerasus avium (B, C)
		Bigarreautier
		Cerisier
		— des oiseaux
		Merisier
		Prunier des oiseaux
		Süsskirsche
894 b	167	**Prunus cerasus** L.
		Cerasus acida (B)
		— *vulgaris* (C)
		Cerisier acide
		Griottier
		Prunier cerisier
		Sauerkirsche
		Weichselkirsche
895	167	**Prunus mahaleb** L.
		Cerasus mahaleb (B, C)
		Bois-de-Sainte-Lucie
		Cerisier mahaleb
		Faux-merisier
		Prunier mahaleb
		Felsenkirsche
		Steinweichsel
896	167	**Prunus lusitanica** L.
		Cerasus lusitanica (C)
		Cerisier du Portugal
		Laurier-cerise du Portugal
		Prunier du Portugal
897	167	**Prunus padus** L.
		Cerasus padus (B, C)
		Bois-puant
		Cerisier à grappes
		— putiet
		Merisier à grappes
		Traubenkirsche
898	167	**Prunus armeniaca** L.
		Armeniaca vulgaris (B, C)
		Abricotier
		Aprikosenbaum
899	168	**Prunus domestica** L.
		— *domestica*
		subsp. *œconomica* (F)
		Prunier
		— domestique
		Zwetschgenbaum
899 b	168	**Prunus brigantina** Villars
		— *brigantiaca* (B, C, F)
		Marmottier
		Prunier de Briançon

Dessin	Pl.	Taxon
899 c	168	**Prunus domestica** subsp. **insititia** (L.) C. Schneider — *insititia* (B, C, G) Prunier à greffer — sauvage Pflaumenbaum
900	168	**Prunus spinosa** L. Epine noire Prunellier Prunier épineux Schlehdorn Schwarzdorn
900 b	168	**Prunus fruticans** Weihe — *spinosa* (F) Prunier arborescent
901	169	**Spiraea hypericifolia** subsp. **obovata** (Waldst. & Kit.) Dostál — *hypericifolia* (B, C) — *obovata* (F, G) Spirée à feuilles de millepertuis — obovée
902	169	**Spiraea salicifolia** L. Spirée à feuilles de saule Weidenblättriger Spierstrauch
903	169	**Spiraea tomentosa** L. Spirée tomenteuse
904	169	**Filipendula vulgaris** Moench — *hexapetala* (F) *Spiraea filipendula* (B, C) Filipendule vulgaire Spirée filipendule Knollige Rüsterstaude Knollige Spierstaude Sechskronblättrige Rüsterstaude Sechskronblättrige Spierstaude
905	169	**Filipendula ulmaria** Maxim. *Spiraea ulmaria* (B, C) Filipendule ulmaire Reine-des-prés Spirée ulmaire Moor-Rüsterstaude Moor-Spierstaude Ulmenblättrige Rüsterstaude Ulmenblättrige Spierstaude Wiesen-Rüsterstaude Wiesen-Spierstaude
906	170	**Aruncus dioicus** (Walter) Fern. — *silvester* (F) *Spiraea aruncus* (B, C) Aronce dioïque — sauvage Barbe-de-bouc Reine-des-bois Spirée aronce Wald-Geissbart
907	170	**Dryas octopetala** L. Chênette Dryade à huit pétales Achtkronblättrige Silberwurz
908	170	**Geum urbanum** L. Benoîte commune — urbaine Benediktenkraut Gewöhnliche Nelkenwurz
909	170	**Geum rivale** L. Benoîte des ruisseaux Bach-Nelkenwurz
910	171	**Geum sylvaticum** Pourret — *silvaticum* (B, C, F, G) Benoîte des forêts
910 b	171	**Geum pyrenaicum** Miller — *pyrenaïcum* (F) Benoîte des Pyrénées
911	171	**Geum montanum** L. Benoîte des montagnes Berg-Nelkenwurz Berg-Petersbart
912	171	**Geum reptans** L. Benoîte rampante Kriechende Nelkenwurz Kriechender Petersbart
913	171	**Geum heterocarpum** Boiss. Benoîte à fruits de deux sortes
914	171	**Sibbaldia procumbens** L. Sibbaldie couchée Gelbling Niederliegende Sibbaldie
915	172	**Potentilla rupestris** L. Potentille des rochers Felsen-Fingerkraut
916	172	**Potentilla sterilis** (L.) Garcke — *fragariastrum* (B, C, F) Potentille faux-fraisier — stérile Erdbeer-Fingerkraut
916 b	172	**Potentilla micrantha** Ramond Potentille à petites fleurs .Kleinblütiges Fingerkraut
917	172	**Potentilla grammopetala** Moretti Potentille à pétales étroits Schmalkronblättriges Fingerkraut
918	172	**Potentilla nivalis** Lapeyr. — *lanata* (F) Potentille des neiges
919	172	**Potentilla valderia** L. Potentille de Valdieri
920	172	**Potentilla caulescens** L. Potentille ascendante — caulescente Stengel-Fingerkraut Vielstengliges Fingerkraut
921	172	**Potentilla montana** Brot. — *splendens* (B, C) Potentille brillante — des montagnes
922	172	**Potentilla alba** L. Potentille blanche Weisses Fingerkraut
923	173	**Potentilla nitida** L. Potentille luisante Glänzendes Fingerkraut
924	173	**Potentilla alchimilloides** Lapeyr. — *alchemilloides* (C) — *alchimilloides* (F) Potentille fausse-alchémille
925	173	**Potentilla saxifraga** Ardoino Potentille saxifrage
926	173	**Potentilla multifida** L. Potentille multifide Schlitzblättriges Fingerkraut Vielteiliges Fingerkraut
927	173	**Potentilla fruticosa** L. Potentille ligneuse Strauch-Fingerkraut
928	173	**Potentilla anserina** L. Potentille ansérine Gänse-Fingerkraut
929	173	**Potentilla supina** L. Potentille couchée — étalée Niederliegendes Fingerkraut
930	173	**Potentilla pensylvanica** L. Potentille de Pensylvanie Pennsylvanisches Fingerkraut
931	174	**Potentilla erecta** (L.) Räusch. — *tormentilla* (B, C, F) Potentille dressée — tormentille Tormentille commune Aufrechtes Fingerkraut Blutwurz Gewöhnlicher Tormentill
931 b	174	**Potentilla anglica** Laich. — *procumbens* (B, C, F) Potentille couchée — d'Angleterre Tormentille couchée — d'Angleterre Englisches Fingerkraut Kriechender Tormentill
932	174	**Potentilla reptans** L. Potentille rampante Quintefeuille Kriechendes Fingerkraut
933	174	**Potentilla argentea** L. Potentille argentée Silber-Fingerkraut
933 b	174	**Potentilla collina** Wibel Potentille des collines
934	174	**Potentilla inclinata** Villars — *canescens* (F) Potentille inclinée Graues Fingerkraut
935	174	**Potentilla recta** L. — *hirta* subsp. *recta* (G) Potentille droite Hohes Fingerkraut
936	175	**Potentilla hirta** L. Potentille hérissée Behaartes Fingerkraut
937	175	**Potentilla intermedia** L. Potentille intermédiaire Mittleres Fingerkraut
937 b	175	**Potentilla delphinensis** Gren. & Godron Potentille du Dauphiné Dauphiné-Fingerkraut
938	175	**Potentilla aurea** L. Potentille dorée Gold-Fingerkraut
939	175	**Potentilla pyrenaica** Ramond — *pyrenaïca* (F) Potentille des Pyrénées
940	175	**Potentilla tabernaemontani** Asch. — *verna* (B, C, F, G) Potentille de Tabernaemontanus — printanière Frühlings-Fingerkraut
940 b	175	**Potentilla heptaphylla** L. — *opaca* (B, C) Potentille à sept folioles — opaque — rougeâtre Rötliches Fingerkraut Siebenblättriges Fingerkraut
940 c	175	**Potentilla crantzii** (Crantz) Fritsch — *alpestris* (B) — *crantzi* (F) — *salisburgensis* (C) Potentille alpestre — de Crantz Crantz' Fingerkraut
941	176	**Potentilla grandiflora** L. Potentille à grandes fleurs Grossblütiges Fingerkraut
942	176	**Potentilla cinerea** Chaix — *acaulis s.l.* (G) — *cinerea s.l.* (F) — *subacaulis* (B) Potentille cendrée — presque sans tige Aschgraues Fingerkraut
942 b	176	**Potentilla cinerea** Chaix — *acaulis s.l.* (G) — *cinerea s.l.* (F) Potentille cendrée
943	176	**Potentilla nivea** L. Potentille blanc-de-neige Schneeweisses Fingerkraut
944	176	**Potentilla frigida** Villars Potentille des régions froides Gletscher-Fingerkraut Kaltes Fingerkraut
944 b	176	**Potentilla brauniana** Hoppe — *dubia* (F) — *minima* (B, C) Potentille de Braune — douteuse — minime

Dessin	Pl.	Taxon
944 b	176	Zweifelhaftes Fingerkraut
		Zwerg-Fingerkraut
945	176	**Potentilla palustris** (L.) Scop.
		Comarum palustre (B, C, F)
		Comaret des marais
		Potentille des marais
		Sumpf-Blutauge
		Sumpf-Fingerkraut
946	176	**Fragaria vesca** L.
		Fraisier comestible
		— des bois
		Wald-Erdbeere
946 b	177	**Fragaria moschata** Duchesne
		— *elatior* (B, C)
		Fraisier élevé
		— musqué
		Moschus-Erdbeere
		Zimt-Erdbeere
946 c	177	**Fragaria viridis** Duchesne
		— *collina* (B, C)
		Fraisier des collines
		— vert
		Grüne Erdbeere
		Hügel-Erdbeere
947	177	**Rubus idaeus** L.
		Framboisier
		Ronce du Mont Ida
		— framboisier
		Himbeere
948 1	177	**Rubus candicans** aggr.
		— *arduennensis* (C, T)
		— *candicans* (T, G)
		— *fruticosus* (B)
		— *thyrsoideus* (C)
		— *thyrsoïdeus* (F)
		Ronce arbrisseau
		— blanchâtre
		— frutescente
		Weissliche Brombeere
948 2	178	**Rubus macrophyllus** aggr.
		— *fruticosus* (B)
		— *macrophyllus* (C, F, T, G)
		— *piletostachys* (T)
		— *schlechtendalii* (C, T)
		Ronce à grandes feuilles
		— arbrisseau
		— frutescente
		Grossblättrige Brombeere
948 3	178	**Rubus affinis** aggr.
		— *affinis* (C, T, G)
		— *fissum* (C, T)
		— *fruticosus* (B)
		Ronce affine
		— arbrisseau
		— frutescente
948 4	178	**Rubus nessensis** Hall
		— *fruticosus* (B)
		— *suberectus* (C)
		Ronce arbrisseau
		— d'Ecosse
		— frutescente
		Schiefaufrechte Brombeere
		Schottische Brombeere
948 5	178	**Rubus bifrons** aggr.
		— *bifrons* (C, T, G)
		— *cuspidifer* (C, T)
		— *fruticosus* (B)
		— *gilloti* (C)
		— *gillotii* (T)
		Ronce à deux faces
		— arbrisseau
		— frutescente
		Zweifarbige Brombeere
948 6	178	**Rubus lejeunei** Weihe & Nees
		— *fruticosus* (B)
		— *histrix* (G)
		Ronce arbrisseau
		— de Lejeune
		— frutescente
948 7	178	**Rubus vestitus** Weihe & Nees
		— *fruticosus* (B)
		Ronce arbrisseau
		Ronce frutescente
		— revêtue
		Samtige Brombeere
948 8	179	**Rubus radula** aggr.
		— *fruticosus* (B)
		— *radula* (C, F, T, G)
		— *uncinatus* (C, T)
		Ronce arbrisseau
		— frutescente
		— râpe
		Raspel-Brombeere
948 11	179	**Rubus glandulosus** Bellardi
		— *bellardii* (C)
		— *fruticosus* (B)
		— *hirtus* (G)
		Ronce arbrisseau
		— frutescente
		— glanduleuse
		Bellardis Brombeere
948 b	180	**Rubus caesius** L.
		— *cæsius* (F)
		Ronce bleuâtre
		Blaue Brombeere
949	180	**Rubus saxatilis** L.
		Ronce des rochers
		Steinbeere
950	180	**Rosa canina** aggr.
		— *canina* (B, C, F, T, G)
		Eglantier
		Rosier des chiens
		Hunds-Rose
950 2,3	180	**Rosa canina** aggr.
		Eglantier
		Rosier des chiens
		Hunds-Rose
950 4	180	**Rosa canina** aggr.
		— *squarrosa* (T)
		Eglantier
		Rosier des chiens
		Hunds-Rose
950 5	180	**Rosa canina** aggr.
		— *pouzini* (C, F)
		— *pouzinii* (T, G)
		Eglantier
		Rosier de Pouzin
		— des chiens
		Hunds-Rose
950 6	180	**Rosa canina** aggr.
		— *canina* (C, F)
		— *canina*
		subsp. *dumetorum* (G)
		— *corymbifera* (T)
		Eglantier
		Rosier des buissons
		— des chiens
		Hunds-Rose
951	181	**Rosa rubiginosa** L.
		Rosier rubigineux
		Eglantier-Rose
		Wein-Rose
952	181	**Rosa arvensis** Hudson
		— *repens* (B)
		Rosier des champs
		— rampant
		Feld-Rose
		Weisse Wildrose
953	181	**Rosa sempervirens** L.
		Rosier toujours vert
954	181	**Rosa stylosa** Desv.
		Rosier à longs styles
		— à styles soudés
		Säulengriffige Rose
		Verwachsengriffige Rose
955	181	**Rosa gallica** L.
		Rosier de France
		— de Provins
		Essig-Rose
		Französische Rose
956	181	**Rosa pimpinellifolia** L.
		— *spinosissima* (B)
		Rosier à feuilles de pimprenelle
		— à nombreuses épines
		Reichstachlige Rose
957	182	**Rosa pendulina** L.
		— *alpina* (B, C)
		Rosier à fruits pendants
		— des Alpes
		Alpen-Hagrose
		Hängende Rose
958	182	**Rosa glauca** Pourret
		— *rubrifolia* (B, C, F)
		Rosier à feuilles rouges
		— glauque
		Bereifte Rose
		Rotblättrige Rose
958 2	182	**Rosa montana** Chaix
		Rosier des montagnes
		Berg-Rose
		Südalpine Rose
959	182	**Rosa majalis** Herrm.
		— *cinnamomea* (C, F)
		— *cinnamonea* (B)
		Rosier cannelle
		— de mai
		Zimt-Rose
960	182	**Rosa tomentosa** Smith
		Rosier tomenteux
		Filzige Rose
961	182	**Rosa villosa** L.
		Rosier velu
		Apfel-Rose
961 b	182	**Rosa villosa** L.
		Rosier velu
		Apfel-Rose
962	183	**Agrimonia eupatoria** L.
		Aigremoine d'Europe
		— eupatoire
		Gewöhnlicher Odermennig
962 2	183	**Agrimonia procera** Wallr.
		— *odorata* (B, C, F)
		Aigremoine élevée
		— odorante
		Wohlriechender Odermennig
963	183	**Sanguisorba minor** Scop. s.l.
		Poterium sanguisorba (B)
		— *dictyocarpum* (C)
		— *magnolii* (B, C)
		— *muricatum* (B, C)
		Petite pimprenelle
		— sanguisorbe
		Pimprenelle sanguisorbe
		Kleiner Wiesenknopf
964	183	**Sanguisorba officinalis** L.
		Pimprenelle officinale
		Sanguisorbe officinale
		Echter Wiesenknopf
		Grosser Wiesenknopf
965	184	**Aphanes arvensis** L.
		Alchemilla arvensis (C, G)
		Alchimilla arvensis (B, F)
		Alchémille des champs
		Aphanès des champs
		Acker-Frauenmantel
966	184	**Alchemilla pentaphyllea** L.
		Alchimilla pentaphyllea (B, F)
		Alchémille à cinq folioles
		— des combes à neige
		Fünfblättriger Frauenmantel
		Schneetälchen-Frauenmantel
967	184	**Alchemilla saxatilis** Buser
		— *alpina s.l.* (G)
		Alchimilla alpina (B)
		— *alpina*
		subsp. *saxatilis* (F)
		Alchémille des Alpes
		— des rochers
		Alpen-Frauenmantel
		Silbermantel
967 b	184	**Alchemilla subsericea** Reuter
		— *alpina s.l.* (G)
		Alchimilla alpina
		subsp. *subsericea* (F)
		Alchémille peu soyeuse
		Alpen-Frauenmantel

Dessin	*Pl.*	*Taxon*
967 b	184	Silbermantel
967 c	184	**Alchemilla conjuncta** Bab.
		Alchimilla hoppeana
		subsp. *conjuncta* (F)
		Alchémille à folioles soudées
		Kalk-Silbermantel
968	184	**Alchemilla xanthochlora** Rothm.
		— *vulgaris* (C)
		Alchimilla vulgaris (B)
		— *vulgaris*
		subsp. *pratensis* (F)
		Alchémille jaune-vert
		— vulgaire
		Gelbgrüner Frauenmantel
968 2	184	**Alchemilla glaucescens** Wallr.
		— *hybrida* (G)
		— *pubescens* (C)
		Alchimilla hybrida
		subsp. *lapeyrousei* (F)
		Alchémille verdâtre
		Bastard-Frauenmantel
968 3	184	**Alchemilla glabra** Neyg.
		— *vulgaris* (C)
		Alchimilla vulgaris
		subsp. *alpestris* (F)
		Alchémille glabre
		Kahler Frauenmantel
968 b	184	**Alchemilla filicaulis** Buser
		— *monticola* (G)
		— *vulgaris* (C)
		Alchimilla vulgaris
		subsp. *pratensis* (F)
		Alchémille à tige filiforme
		Fadenförmiger Frauenmantel
968 c	184	**Alchemilla pyrenaica** Dufour
		— *fissa* (G)
		— *glaberrima* (C)
		Alchimilla glaberrima (F)
		— *pyrenaica* (B)
		Alchémille des Pyrénées
		Pyrenäen-Frauenmantel
969	184	**Alchemilla splendens** Favrat
		Alchimilla splendens (F)
		Alchémille brillante
		Glänzender Frauenmantel
970	185	**Mespilus germanica** L.
		Néflier
		— d'Allemagne
		Mispel
971	185	**Crataegus laevigata** (Poiret) DC.
		— *oxyacantha* (B, F)
		— *oxyacanthoides* (C)
		Aubépine épineuse
		— lisse
		Epine blanche
		Spitzdorniger Weissdorn
		Zweigriffliger Weissdorn
971 b	185	**Crataegus monogyna** Jacq.
		Aubépine à un seul carpelle
		Epine blanche
		Eingriffliger Weissdorn
972	185	**Crataegus azarolus** L.
		Aubépine azerolier
		— d'Espagne
972 b	185	**Crataegus × ruscinonensis** Gren. & Blanc
		— *azarolus* (F, G)
		— *ruscinonensis* (C)
		Aubépine du Roussillon
973	185	**Pyracantha coccinea** M. Roemer
		Cotoneaster pyracantha (B, C)
		Buisson-ardent
		Cotonéaster buisson-ardent
		Cotonnier buisson-ardent
		Feuerdorn
974	185	**Cotoneaster integerrimus** Medikus
		— *integerrima* (F)
		— *vulgaris* (B, C)
		Cotonéaster commun
		Cotonnier à feuilles entières
		— commun
		Gewöhnliche Steinmispel
974 b	185	**Cotoneaster nebrodensis** (Guss.) K. Koch
		— *tomentosa* (B, C, F)
		Cotonéaster cotonneux
		Cotonnier des Monts Nébrodes
		— tomenteux
		Filzige Steinmispel
975	186	**Cydonia oblonga** Miller
		— *vulgaris* (B, C)
		Cognassier
		— commun
		— vulgaire
		Quitte
976	186	**Pyrus communis** L. s.l.
		Pirus communis (B, C)
		— *communis*
		subsp. *achras* (F)
		— *communis*
		subsp. *piraster* (F)
		— *communis*
		subsp. *sativa* (F)
		— *nivalis* (F)
		— *salvifolia* (B, C)
		Pyrus communis (T, G)
		— *nivalis* (T, G)
		— *pyraster* (T, G)
		— *salvifolia* (T, G)
		Poirier
		— commun
		Birnbaum
977	186	**Pyrus amygdaliformis** Villars
		Pirus amygdaliformis (B, C, F)
		Poirier faux-amandier
978	186	**Malus domestica** Borkh.
		— *communis* (B, C)
		— *sylvestris*
		subsp. *mitis* (G)
		Pirus malus (F)
		Pommier
		— commun
		Apfelbaum
978 b	186	**Malus sylvestris** Miller
		— *acerba* (B, C)
		Pirus malus
		subsp. *silvestris* (F)
		Pommier acerbe
		— sauvage
979	186	**Sorbus chamaemespilus** (L.) Crantz
		Aria chamaemespilus (B)
		Alisier nain
		— petit-néflier
		Sorbier petit-néflier
		Zwerg-Eberesche
		Zwergmispel
980	187	**Sorbus torminalis** (L.) Crantz
		Aria torminalis (B)
		Alisier torminal
		Sorbier antidysentérique
		— torminal
		Elsbeerbaum
981	187	**Sorbus aria** (L.) Crantz
		Aria nivea (B)
		Alisier blanc-de-neige
		Allier
		Alouchier
		Sorbier alisier
		Mehlbeerbaum
981 b	187	**Sorbus mougeotii** Soyer-Will. & Godron
		Aria scandica (B)
		Sorbus mougeoti (F)
		— *scandica* (C)
		Alisier de Scandinavie
		Sorbier de Mougeot
		Mougeots Mehlbeerbaum
982	187	**Sorbus latifolia** (Lam.) Pers.
		Aria latifolia (B)
		Alisier à larges feuilles
		— de Fontainebleau
		Sorbier à larges feuilles
983	187	**Sorbus aucuparia** L.
		Sorbier des oiseleurs
		Vogelbeerbaum
983 b	188	**Sorbus hybrida** L.
		Sorbier hybride
984	188	**Sorbus domestica** L.
		Cormier
		Sorbier domestique
		Angepflanzte Eberesche
		Sperberbaum
		Spierling
985	188	**Amelanchier ovalis** Medikus
		— *rotundifolia* (F)
		— *vulgaris* (B, C)
		Amélanchier à feuilles ovales
		— commun
		Néflier des rochers
		Ovalblättrige Felsenmispel
986	188	**Punica granatum** L.
		Grenadier
		Punica grenadier
		Granatapfelbaum
987	188	**Epilobium angustifolium** L.
		— *spicatum* (B, C)
		Epilobe à feuilles étroites
		— en épi
		Schmalblättriges Weidenröshen
		Wald-Weidenröschen
988	188	**Epilobium dodonaei** Villars
		— *rosmarinifolium* (B, C)
		Epilobe à feuilles de romarin
		— de Dodoens
		— romarin
		Dodonaeus' Weidenröschen
		Rosmarin-Weidenröschen
988 b	188	**Epilobium fleischeri** Hochst.
		Epilobe de Fleischer
		Fleischers Weidenröschen
		Kies-Weidenröschen
989	189	**Epilobium palustre** L.
		Epilobe des marais
		Sumpf-Weidenröschen
990	189	**Epilobium hirsutum** L.
		Epilobe hérissé
		Behaartes Weidenröschen
		Zottiges Weidenröschen
991	189	**Epilobium parviflorum** Schreber
		Epilobe à petites fleurs
		Bach-Weidenröschen
		Kleinblütiges Weidenröschen
992	189	**Epilobium montanum** L.
		Epilobe des montagnes
		Berg-Weidenröschen
992 2	189	**Epilobium collinum** C. Gmelin
		Epilobe des collines
		Hügel-Weidenröschen
992 b	189	**Epilobium lanceolatum** Sebast. & Mauri
		Epilobe lancéolé
		Lanzettblättriges Weidenröschen
992 c	189	**Epilobium duriaei** Godron
		— *durieui* (F)
		Epilobe de Durieu
		Durieus Weidenröschen
993	190	**Epilobium roseum** Schreber
		Epilobe rosé
		Rosablühendes Weidenröschen
		Rosenrotes Weidenröschen
993 2	190	**Epilobium roseum** Schreber
		Epilobe rosé
		Rosablühendes Weidenröschen
		Rosenrotes Weidenröschen
993 b	190	**Epilobium alpestre** (Jacq.) Krocker
		— *trigonum* (B, C, F)

Dessin	Pl.	Taxon
993 b	190	Epilobe alpestre
		— à trois angles
		Quirlblättriges Weidenröschen
		Voralpen-Weidenröschen
994	190	**Epilobium tetragonum** L.
		— *tetragonum*
		subsp. *adnatum* (F)
		Epilobe à quatre angles
		— tétragone
		Vierkantiges Weidenröschen
994 2	190	**Epilobium tetragonum**
		subsp. **lamyi**
		(F. Schultz) Nyman
		— *tetragonum* (C)
		Epilobe de Lamy
		Lamys Weidenröschen
994 b	190	**Epilobium obscurum** Schreber
		Epilobe à feuilles obscures
		— foncé
		Dunkelgrünes Weidenröschen
994 c	190	**Epilobium tetragonum**
		subsp. **tournefortii**
		(Michalet) A. Léveillé
		— *tetragonum*
		subsp. *tourneforti* (F)
		— *tournefortii* (C)
		Epilobe de Tournefort
994 d	190	**Epilobium obscurum** Schreber
		— *virgatum* (B)
		Epilobe à feuilles obscures
		— foncé
		Dunkelgrünes Weidenröschen
995	191	**Epilobium alsinifolium** Villars
		— *alsinaefolium* (B)
		— *alsinefolium* (C)
		Epilobe à feuilles d'alsine
		Mierenblättriges
		Weidenröschen
996	191	**Epilobium anagallidifolium**
		Lam.
		— *alpinum* (B, C)
		— *alpinum*
		subsp. *anagallidifolium*
		(F)
		Epilobe à feuilles de mouron
		Alpen-Weidenröschen
996 2	191	**Epilobium nutans**
		F.W. Schmidt
		— *alpinum* (C)
		— *alpinum*
		subsp. *nutans* (F)
		Epilobe penché
		Nickendes Weidenröschen
997	191	**Oenothera biennis** L.
		— *biennis*
		subsp. *eu-biennis* (F)
		Onagre bisannuelle
		Gewöhnliche Nachtkerze
		Zweijährige Nachtkerze
997 b	191	**Oenothera parviflora** L.
		— *muricata* (B, C)
		— *muricata s.l.* (F)
		Onagre à petites fleurs
		— épineuse
		Kleinblütige Nachtkerze
997 c	191	**Oenothera biennis** L.
		— *biennis*
		subsp. *suaveolens* (F)
		— *suaveolens* (C, T, G)
		Onagre bisannuelle
		— odorante
998	191	**Oenothera longiflora** L.
		Onagre à longues fleurs
999	191	**Oenothera striata** Link
		— *stricta* (C, F, T, G)
		Onagre raide
		— striée
1000	191	**Oenothera rosea** Aiton
		Onagre rosée
1001	192	**Ludwigia palustris** (L.) Elliott
		Isnardia palustris (B, C)
		Isnardie des marais
		Ludwigie des marais
		Heusenkraut
		Sumpf-Ludwigie
1002	192	**Circaea lutetiana** L.
		Circée de Paris
		Herbe-aux-sorcières
		Gewöhnliches Hexenkraut
		Pariser Hexenkraut
1003	192	**Circaea alpina** L.
		Circée des Alpes
		Alpen-Hexenkraut
1003 b	192	**Circaea** × **intermedia** Ehrh.
		— *intermedia* (B, C, F)
		Circée intermédiaire
		Mittleres Hexenkraut
1004	192	**Ludwigia grandiflora** (Michaux)
		Greuter & Burdet
		Jussiaea grandiflora (B, G)
		— *repens* (C)
		Jussieua repens
		subsp. *grandiflora* (F)
		Ludwigia uruguayensis (T)
		Jussie à grandes fleurs
		Ludwigie à grandes fleurs
1005	192	**Myriophyllum verticillatum** L.
		Myriophylle verticillé
		Quirlblättriges Tausendblatt
1005 b	192	**Myriophyllum alterniflorum**
		DC.
		Myriophylle à fleurs alternes
		Armblütiges Tausendblatt
		Wechselständigblütiges
		Tausendblatt
1005 c	193	**Myriophyllum spicatum** L.
		Myriophylle en épi
		Ähriges Tausendblatt
1006	193	**Trapa natans** L.
		Châtaigne-d'eau
		Mâcre nageante
		Wassernuss
1007	193	**Hippuris vulgaris** L.
		Hippuris commun
		Pesse vulgaire
		Seetanne
		Tannenwedel
1008 a	193	**Callitriche stagnalis** Scop.
		— *aquatica* (B)
		Callitriche aquatique
		— des eaux stagnantes
		— des étangs
		Gewöhnlicher Wasserstern
		Teich-Wasserstern
1008 b	193	**Callitriche palustris** L.
		— *aquatica* (B)
		— *verna* (F)
		— *vernalis* (B, C)
		Callitriche aquatique
		— des marais
		— du printemps
		Frühlings-Wasserstern
		Sumpf-Wasserstern
1008 c	193	**Callitriche hamulata** Koch
		— *aquatica* (B)
		Callitriche aquatique
		— en crochet
		Gebogener Wasserstern
		Hakiger Wasserstern
1009	193	**Ceratophyllum submersum** L.
		Cératophylle submergé
		Cornifle submergé
		Glattes Hornblatt
		Untergetauchtes Hornblatt
1010	193	**Ceratophyllum demersum** L.
		Cératophylle immergé
		Cornifle immergé
		Gewöhnliches Hornblatt
		Rauhes Hornblatt
1011	193	**Lythrum salicaria** L.
		Lythrum salicaire
		Blut-Weiderich
		Gewöhnlicher Weiderich
1012	194	**Lythrum junceum** Banks & Sol.
		Lythrum graefferi (B, C)
		— *meonanthum* (F)
		Lythrum de Graeffer
		— faux-jonc
1013	194	**Lythrum hyssopifolium** L.
		— *hyssopifolia* (B, C, F, T, G)
		Lythrum à feuilles d'hysope
		Ysopblättriger Weiderich
1013 2	194	**Lythrum tribracteatum** Sprengel
		— *bibracteatum* (C, F)
		Lythrum à trois bractées
1013 b	194	**Lythrum thymifolium** L.
		— *thymifolia* (B, C, F, T, G)
		Lythrum à feuilles de thym
1013 b2	194	**Lythrum thesioides** M. Bieb.
		— *geminiflorum* (C)
		— *thesioïdes*
		subsp. *geminiflorum* (F)
		Lythrum à fleurs géminées
		— faux-thésium
1014	194	**Lythrum portula** (L.) D. Webb
		Peplis portula (B, C, F)
		Lythrum pourpier
		Péplis pourpier
		Portulak-Sumpfquendel
		Portulak-Weiderich
1015	194	**Lythrum borysthenicum**
		(Schrank) Litv.
		Peplis erecta (B, C)
		— *nummulariaefolia*
		subsp. *erecta* (F)
		Lythrum du Borysthène
		Péplis dressé
		Münzblättriger Sumpfquendel
		Münzblättriger Weiderich
		Pfennigkrautblättriger
		Sumpfquendel
		Pfennigkrautblättriger
		Weiderich
1015 2	194	**Lythrum borysthenicum**
		(Schrank) Litv.
		Peplis boraei (C)
		— *nummulariaefolia*
		subsp. *borysthenica* (F)
		Lythrum du Borysthène
1016	194	**Philadelphus coronarius** L.
		Philadelphe en couronne
		Seringa
		Blasser Pfeifenstrauch
		Falscher Jasmin
		Zimmetrösli
1017	194	**Tamarix africana** Poiret
		Tamaris d'Afrique
1018	194	**Tamarix canariensis** Willd.
		— *gallica* (B, C, F)
		Tamaris de France
		— des Canaries
1018 b	194	**Tamarix gallica** L.
		— *anglica* (B, C, F)
		Tamaris d'Angleterre
		— de France
1019	195	**Myricaria germanica** (L.) Desv.
		Myricaire d'Allemagne
		Deutsche Tamariske
1020	195	**Myrtus communis** L.
		Myrte commun
		Braut-Myrte
		Gewöhnliche Myrte
1021	195	**Cucumis sativus** L.
		Concombre
		— cultivé
		Cornichon
		Gurke
1022	195	**Bryonia dioica** Jacq.
		— *cretica*
		subsp. *dioica* (T)
		— *dioïca* (F)
		Bryone dioïque
		Zweihäusige Zaunrübe
1023	195	**Bryonia alba** L.
		Bryone blanche
		Weisse Zaunrübe

Dessin	Pl.	Taxon
1024	195	**Ecballium elaterium** (L.) A. Rich.
		Ecbalie élatère
1025	196	**Portulaca oleracea** L.
		Pourpier potager
		Kohl-Portulak
1026	196	**Montia minor** C. Gmelin
		— *fontana* (B)
		— *fontana* subsp. *chondrosperma* (T, G)
		Montie des fontaines
		Petite montie
		Frühlings-Quellkraut
		Kleines Quellkraut
1026 b	196	**Montia fontana** L.
		— *rivularis* (C, F)
		Montie des fontaines
		— des ruisseaux
		Bach-Quellkraut
		Brunnen-Quellkraut
1027	196	**Claytonia perfoliata** Willd.
		Montia perfoliata (T, G)
		Claytonie perfoliée
1028	196	**Polycarpon tetraphyllum** (L.) L.
		Polycarpon à feuilles par quatre
		Vierblättriges Nagelkraut
1028 b	196	**Polycarpon polycarpoides** subsp. **catalaunicum** O. Bolós & Vigo
		— *peploides* (B, C, F)
		— *polycarpoides* (T, G)
		Polycarpon catalaunique
		— faux-péplis
1029	196	**Loeflingia hispanica** L.
		Léflingie d'Espagne
1030	196	**Telephium imperati** L.
		Téléphium d'Imperato
		Imperatos Telephie
1031	196	**Chaetonychia cymosa** (L.) Sweet
		Paronychia cymosa (B, C, F, T, G)
		Chaetonyque en cyme
		Paronyque en cyme
1032	196	**Paronychia echinulata** Chater
		— *echinata* (B, C, F)
		Paronyque à pointes
		— échinulée
1033	196	**Paronychia kapela** (Hacq.) A. Kerner
		— *capitata* (B, C)
		Paronyque du Kapela
		— en tête
1034	196	**Paronychia polygonifolia** (Villars) DC.
		Paronyque à feuilles de renouée
		Knöterichblättriges Nagelheil
		Knöterichblättrige Paronychie
		Polygonblättriges Nagelheil
		Polygonblättrige Paronychie
1035	196	**Paronychia argentea** Lam.
		Paronyque argentée
1036	196	**Paronychia capitata** (L.) Lam.
		— *nivea* (B, C)
		Paronyque blanc-de-neige
		— capitée
1037	197	**Illecebrum verticillatum** L.
		Illécèbre verticillé
		Quirliges Knorpelblume
1038 a	197	**Herniaria glabra** L.
		— *vulgaris* (B)
		Herniaire glabre
		— vulgaire
		Kahles Bruchkraut
1038 b	197	**Herniaria hirsuta** L.
		— *vulgaris* (B)
		Herniaire hérissée
		— vulgaire
		Behaartes Bruchkraut
1038 c	197	**Herniaria cinerea** DC.
		— *hirsuta* (G)
		Herniaria vulgaris (B)
		Herniaire cendrée
		— vulgaire
1039	197	**Herniaria incana** Lam.
		Herniaire blanchâtre
		Graues Bruchkraut
1039 b	197	**Herniaria latifolia** Lapeyr.
		Herniaire à larges feuilles
1039 c	197	**Herniaria alpina** Chaix
		Herniaire des Alpes
		Alpen-Bruchkraut
1040	197	**Corrigiola litoralis** L.
		— *littoralis* (B, C)
		Corrigiole des grèves
		Ufer-Hirschsprung
1040 b	197	**Corrigiola telephiifolia** Pourret
		Corrigiole à feuilles de téléphium
1041	197	**Scleranthus annuus** L.
		Gnavelle annuelle
		Scléranthe annuel
		Einjähriger Knäuel
1041 b	197	**Scleranthus polycarpos** L.
		— *annuus* subsp. *polycarpos* (T)
		— *annuus* subsp. *polycarpus* (G)
		— *polycarpus* (B, F)
		— *verticillatus* (C)
		Gnavelle à fruits nombreux
		Scléranthe à fruits nombreux
1042	197	**Scleranthus perennis** L.
		Gnavelle vivace
		Scléranthe vivace
		Ausdauernder Knäuel
1043	198	**Crassula tillaea** Lester-Garl.
		— *muscosa* (F)
		Tillaea muscosa (B, C)
		Crassule tillée
		Tillée mousse
1044	198	**Crassula vaillantii** (Willd.) Roth
		Bulliarda vaillantii (B)
		Crassula vaillanti (F)
		Tillaea vaillantii (C)
		Bulliarde de Vaillant
		Crassule de Vaillant
1045	198	**Rhodiola rosea** L.
		Sedum rhodiola (B, C)
		— *rosea* (G)
		— *roseum* (F)
		Rhodiole rose
		Sédum rhodiole
		Rosenwurz
		Rosenwurz-Mauerpfeffer
1046	198	**Sedum telephium** L.
		— *purpurascens* (C)
		— *telephium* subsp. *purpureum* (F)
		Orpin téléphium
		Reprise
		Sédum reprise
		— téléphium
		Purpurrotes Fettkraut
		Purpurroter Mauerpfeffer
1046 b	198	**Sedum telephium** subsp. **maximum** (L.) Schinz & Thell.
		— *maximum* (B, C, F)
		Grand orpin
		— sédum
		Orpin grand
		Sédum grand
		Grosses Fettkraut
		Grosser Mauerpfeffer
1046 c	198	**Sedum telephium** subsp. **fabaria** (Koch) Schinz & Thell.
		— *fabaria* (B, C)
		Orpin fabaria
		Sédum fabaria
		Saubohnen-Fettkraut
		Saubohnen-Mauerpfeffer
1047	198	**Sedum anacampseros** L.
		Orpin anacampséros
		Sédum anacampséros
		Rundblättriges Fettkraut
		Rundblättriger Mauerpfeffer
		Wund-Fettkraut
		Wund-Mauerpfeffer
1048	198	**Sedum cepaea** L.
		Orpin pourpier
		Sédum pourpier
		Rispiges Fettkraut
		Rispiger Mauerpfeffer
1049	198	**Sedum stellatum** L.
		Orpin étoilé
		Sédum étoilé
1050	198	**Sedum hispanicum** L.
		Orpin d'Espagne
		Sédum d'Espagne
		Spanischer Mauerpfeffer
1051	199	**Sedum annuum** L.
		Orpin annuel
		Sédum annuel
		Einjähriger Mauerpfeffer
1051 b	199	**Sedum litoreum** Guss.
		— *littoreum* (B, C)
		Orpin du littoral
		Sédum du littoral
1052	199	**Sedum villosum** L.
		Orpin velu
		Sédum velu
		Behaarter Mauerpfeffer
		Moor-Mauerpfeffer
1052 2	199	**Sedum villosum** L.
		Orpin velu
		Sédum velu
1053	199	**Sedum atratum** L.
		Orpin noirâtre
		Sédum noirâtre
		Dunkler Mauerpfeffer
1054	199	**Sedum rubens** L.
		Orpin rougeâtre
		Sédum rougeâtre
		Rötlicher Mauerpfeffer
1054 b	199	**Sedum caespitosum** (Cav.) DC.
		— *rubrum* (F)
		Orpin gazonnant
		Sédum gazonnant
1054 c	199	**Sedum andegavense** (DC.) Desv.
		Orpin d'Angers
		Sédum d'Angers
1055	199	**Sedum alpestre** Villars
		Orpin alpestre
		Sédum alpestre
		Alpen-Mauerpfeffer
1056	199	**Sedum acre** L.
		Orpin âcre
		Poivre-de-muraille
		Sédum âcre
		Scharfer Mauerpfeffer
1056 b	199	**Sedum sexangulare** L.
		— *boloniense* (B)
		— *mite* (F)
		Orpin à six angles
		Sédum à six angles
		— de Bologne
		Falscher Mauerpfeffer
		Milder Mauerpfeffer
1057	199	**Sedum amplexicaule** DC.
		— *tenuifolium* (T, G)
		Orpin à feuilles embrassantes
		Sédum à feuilles embrassantes
1058	199	**Sedum sediforme** (Jacq.) Pau
		— *altissimum* (B, C)
		— *nicaeense* (F)
		Orpin à port d'orpin
		Sédum à port de sédum
		— élevé
		Nizzaer Mauerpfeffer
1059	199	**Sedum anopetalum** DC.
		— *ochroleucum* (T, G)
		Orpin à pétales droits

Dessin	Pl.	Taxon
1059	199	Sédum à pétales droits
		Blassgelber Mauerpfeffer
1059 b	199	**Sedum anopetalum** DC.
		Orpin à pétales droits
		Sédum à pétales droits
		Blassgelber Mauerpfeffer
1060	199	**Sedum rupestre** L.
		— *reflexum* (B, C, T, G)
		— *rupestre*
		subsp. *reflexum* (F)
		Orpin des rochers
		— réfléchi
		Sédum des rochers
		— réfléchi
		Felsen-Mauerpfeffer
1060 b	199	**Sedum forsterianum** Smith
		— *elegans* (B, C)
		— *forsteranum* (T, G)
		Orpin de Forster
		Sédum de Forster
		— élégant
		Forsters Mauerpfeffer
1060 c	199	**Sedum rupestre** L.
		— *albescens* (B)
		— *reflexum* (C, T)
		— *rupestre*
		subsp. *albescens* (F)
		Orpin des rochers
		Sédum blanchâtre
		— des rochers
1060 d	200	**Sedum montanum** Perrier & Song.
		— *ochroleucum* (G)
		— *ochroleucum*
		subsp. *montanum* (T)
		— *rupestre*
		subsp. *montanum* (F)
		Orpin des montagnes
		Sédum des montagnes
		Berg-Mauerpfeffer
1061	199	**Sedum alsinefolium** All.
		Orpin à feuilles d'alsinée
		Sédum à feuilles d'alsinée
1062	200	**Sedum monregalense** Balbis
		— *cruciatum* (B, C)
		Orpin de Montereale
		Sédum de Montereale
		— en croix
1063	200	**Sedum dasyphyllum** L.
		Orpin à feuilles épaisses
		Sédum à feuilles épaisses
		Dickblättriger Mauerpfeffer
1063 b	200	**Sedum brevifolium** DC.
		Orpin à feuilles courtes
		Sédum à feuilles courtes
1064	200	**Sedum album** L.
		Orpin blanc
		Sédum blanc
		Weisser Mauerpfeffer
1064 2	200	**Sedum album**
		subsp. **micranthum** (DC.) Syme
		— *album* (C, F)
		— *micranthum* (T)
		Orpin à petites fleurs
		Sédum à petites fleurs
		Kleinblütiger Mauerpfeffer
1065	200	**Sedum hirsutum** All.
		Orpin hérissé
		Sédum hérissé
		Rauhhaariger Mauerpfeffer
1066	200	**Sedum anglicum** Hudson s.l.
		— *anglicum* (B, C, F, T, G)
		— *anglicum*
		subsp. *pyrenaicum* (T)
		Orpin d'Angleterre
		Sédum d'Angleterre
1067	200	**Jovibarba allionii** (Jordan & Fourr.) D. Webb
		Sempervivum allionii (F, G)
		— *hirtum* (B, C)
		Joubarbe d'Allioni
		Joubarbe hérissée
		Allionis Hauswurz
1068	200	**Sempervivum grandiflorum** Haw.
		— *gaudini* (F)
		Joubarbe à grandes fleurs
		— de Gaudin
		Gaudins Hauswurz
		Grossblütige Hauswurz
1069	200	**Sempervivum tectorum** L.
		— *tectorum*
		subsp. *eu-tectorum* (F)
		Joubarbe des toits
		Gewöhnliche Hauswurz
1069 b	200	**Sempervivum montanum** L.
		Joubarbe des montagnes
		Berg-Hauswurz
1069 c	200	**Sempervivum tectorum**
		subsp. **arvernense** (Lecoq & Lamotte) Rouy & Camus
		— *arvernense* (C, F)
		— *tectorum* (T)
		Joubarbe d'Auvergne
1069 c2	200	**Sempervivum tectorum**
		subsp. **alpinum** (Griseb. & Schenk) Wettst.
		— *tectorum* (T)
		Joubarbe des Alpes
		Alpen-Hauswurz
1070	200	**Sempervivum arachnoideum** L.
		Joubarbe aranéeuse
		— à toile d'araignée
		Spinnweb-Hauswurz
1070 b	200	**Sempervivum × fauconnettii** Reuter
		— *arachnoideum* (C)
		— × *fauconneti* (F)
		Joubarbe de Fauconnet
		Fauconnets Hauswurz
1071	201	**Umbilicus rupestris** (Salisb.) Dandy
		— *pendulinus* (B, C, F)
		Ombilic à fleurs pendantes
		— des rochers
		Felsen-Nabelkraut
		Venusnabel
1072	201	**Mucizonia sedoides** (DC.) D. Webb
		Sedum candollei (F)
		Umbilicus sedoides (B, C)
		Mucizonie faux-orpin
		— faux-sédum
		Ombilic faux-sédum
1073	201	**Opuntia vulgaris** Miller
		Cactus opuntia (B)
		Cactus raquette
		Cierge oponce
		Figuier d'Inde
		Oponce vulgaire
		Flachblättriger Feigenkaktus
		Opuntie
1074	201	**Mesembryanthemum nodiflorum** L.
		Ficoïde à fleurs nodales
1074 b	201	**Mesembryanthemum crystallinum** L.
		Ficoïde à cristaux
		— glaciale
1075	201	**Ribes uva-crispa** L.
		— *uva crispa* (F)
		Groseillier épineux
		— raisin-crépu
		Stachelbeere
1076	201	**Ribes nigrum** L.
		Cassis
		Groseillier noir
		Schwarze Johannisbeere
1077	201	**Ribes rubrum** L.
		— *rubrum*
		subsp. *vulgare* (F)
		Groseillier à grappes
		Groseillier rouge
		Raisin-de-mars
		Rote Johannisbeere
1078	201	**Ribes alpinum** L.
		Groseillier des Alpes
		Alpen-Johannisbeere
1079	201	**Ribes petraeum** Wulfen
		Groseillier des rochers
		Felsen-Johannisbeere
1080	202	**Saxifraga oppositifolia** L.
		— *oppositifolia*
		subsp. *eu-oppositifolia* (F)
		Saxifrage à feuilles opposées
		Gegenblättriger Steinbrech
1080 b	202	**Saxifraga rudolphiana** Hornsch.
		— *oppositifolia* (C)
		— *oppositifolia*
		subsp. *rudolphiana* (F)
		Saxifrage de Rudolphi
		Rudolphis Steinbrech
1081	202	**Saxifraga biflora** All.
		— *biflora*
		subsp. *eu-biflora* (F)
		Saxifrage à deux fleurs
		Zweiblütiger Steinbrech
1081 b	202	**Saxifraga biflora** All.
		— *biflora*
		subsp. *macropetala* (F)
		— *macropetala* (B)
		Saxifrage à deux fleurs
		— à grands pétales
		Grossblütiger Steinbrech
		Zweiblütiger Steinbrech
1082	202	**Saxifraga retusa** Gouan
		— *retusa*
		subsp. *wulfeniana* (F)
		Saxifrage écrasée
		— tronquée
		Gestutzter Steinbrech
1083	202	**Saxifraga media** Gouan
		Saxifrage intermédiaire
1084	202	**Saxifraga mutata** L.
		Saxifrage changée
		— safranée
		Safrangelber Steinbrech
		Veränderter Steinbrech
1085	202	**Saxifraga florulenta** Moretti
		Saxifrage à fleurs nombreuses
1086	202	**Saxifraga cotyledon** L.
		Saxifrage cotylédon
		Dickblatt-Steinbrech
		Strauss-Steinbrech
1087	202	**Saxifraga paniculata** Miller
		— *aizoon* (B, C, F)
		Saxifrage aïzoon
		— paniculée
		Immergrüner Steinbrech
		Trauben-Steinbrech
1088	202	**Saxifraga longifolia** Lapeyr.
		Saxifrage à longues feuilles
1089	203	**Saxifraga callosa** Smith
		— *lingulata* (B, C, F)
		Saxifrage à feuilles en languette
		— à feuilles épaisses
1089 b	203	**Saxifraga callosa** Smith
		— *lantoscana* (B)
		— *lingulata* (C, F)
		Saxifrage de Saint-Martin-Lantosque
		— à feuilles épaisses
1089 c	203	**Saxifraga cochlearis** Reichb.
		— *lingulata*
		subsp. *cochlearis* (F)
		Saxifrage à feuilles en cuiller
1090	203	**Saxifraga seguieri** Sprengel
		Saxifrage de Séguier
		Seguiers Steinbrech
1091	203	**Saxifraga aphylla** Sternb.
		Saxifrage à pédoncules nus
		Blattloser Steinbrech

Dessin	*Pl.*	*Taxon*
1091	203	Schmalkronblättriger Steinbrech
1092	203	**Saxifraga aretioides** Lapeyr. — *aretioïdes* (F) Saxifrage arétie — fausse-arétie
1093	203	**Saxifraga diapensioides** Bellardi — *diapensoides* (B, C) — *diapensoïdes* (F) Saxifrage diapensie — fausse-diapensie Diapensienartiger Steinbrech
1093 b	203	**Saxifraga valdensis** DC. Saxifrage vaudoise Waldenser Steinbrech
1093 c	203	**Saxifraga caesia** L. Saxifrage bleuâtre Bläulicher Steinbrech
1094	203	**Saxifraga stellaris** subsp. **alpigena** Schönb.-Tem. — *stellaris* (B, C, F) Saxifrage des Alpes — en étoile Stern-Steinbrech
1094 b	203	**Saxifraga clusii** Gouan Saxifrage de Clusius
1095	203	**Saxifraga × geum** L. — *geum* subsp. *hirsuta* (F) — *hirsuta* (C) Saxifrage benoîte
1095 2	203	**Saxifraga hirsuta** L. — *geum* subsp. *eu-geum* (F) Saxifrage hérissée — velue Behaarter Steinbrech
1096	204	**Saxifraga cuneifolia** L. Saxifrage à feuilles en coin Keilblättriger Steinbrech
1096 b	204	**Saxifraga umbrosa** L. Désespoir du peintre Mignonette Saxifrage des endroits ombreux Schatten-Steinbrech
1097	204	**Saxifraga granulata** L. — *granulata* subsp. *eu-granulata* (F) Saxifrage granulée Knölchentragender Steinbrech
1097 2	204	**Saxifraga granulata** L. — *granulata* subsp. *eu-granulata* (F) Saxifrage granulée
1098	204	**Saxifraga bulbifera** L. Saxifrage bulbifère Zwiebeltragender Steinbrech
1099	204	**Saxifraga cernua** L. Saxifrage penchée Arktischer Knöllchen-Steinbrech Nickender Steinbrech
1100	204	**Saxifraga tridactylites** L. Saxifrage à trois doigts Dreifingriger Steinbrech
1100 b	204	**Saxifraga adscendens** L. — *ascendens* (F) — *controversa* (C) — *petraea* (B) Saxifrage ascendante — controversée Aufsteigender Steinbrech
1101	204	**Saxifraga rotundifolia** L. Saxifrage à feuilles rondes Rundblättriger Steinbrech
1102	204	**Saxifraga aspera** L. — *aspera* subsp. *elongata* (F) Saxifrage rude Rauher Steinbrech
1102 b	204	**Saxifraga bryoides** L. *Saxifraga aspera* subsp. *bryoides* (F) Saxifrage faux-bryum Moosartiger Steinbrech
1103	205	**Saxifraga aizoides** L. — *aizoïdes* (F) Saxifrage faux-aïzoon Bewimperter Steinbrech Mauerpfeffer-Steinbrech
1104	205	**Saxifraga hirculus** L. Saxifrage bouc — dorée — œil-de-bouc Bock-Steinbrech Goldblumiger Steinbrech
1105	205	**Saxifraga hieracifolia** Waldst. & Kit. — *hieraciifolia* (F) Saxifrage à feuilles d'épervière
1106	205	**Saxifraga moschata** Wulfen — *sedoides* (B) — *sedoïdes* (F) — *tenuifolia* (C) Saxifrage faux-sédum — musquée
1107	205	**Saxifraga androsacea** L. Saxifrage androsace — fausse-androsace Mannsschild-Steinbrech
1108	205	**Saxifraga muscoides** All. — *planifolia* (B, C) Saxifrage à feuilles planes — fausse-mousse Flachblättriger Steinbrech
1109	205	**Saxifraga geranioides** L. — *geranioides* subsp. *eu-geranioides* (F) Saxifrage faux-géranium
1109 b	205	**Saxifraga pedemontana** subsp. **prostii** (Sternb.) D. Webb. — *pedatifida* (B, C) — *prosti* (F) — *prostii* (G) Saxifrage à divisions étroites — de Prost
1109 b2	205	**Saxifraga pedemontana** All. — *pedemontana* subsp. *eu-pedemontana* (F) Saxifrage du Piémont Piemonteser Steinbrech
1110	205	**Saxifraga aquatica** Lapeyr. — *ascendens* (B) Saxifrage aquatique — redressée
1111	206	**Saxifraga praetermissa** D. Webb — *ajugaefolia* (B, C) — *ajugifolia* (F) Saxifrage à feuilles de bugle — négligée
1112 a	206	**Saxifraga hypnoides** L. — *caespitosa* (B) — *hypnoïdes* subsp. *boreali-atlantica* (F) Saxifrage cespiteuse — faux-hypne Moos-Steinbrech
1112 b	206	**Saxifraga rosacea** subsp. **sponhemica** (C. Gmelin) D. Webb — *caespitosa* (B) — *groenlandica* (F) — *sponhemica* (B, C) Saxifrage cespiteuse — de Sponhem
1112 c	206	**Saxifraga rosacea** Moench — *caespitosa* (B) — *decipiens* (B) — *groenlandica* (F) *Saxifraga sponhemica* (C) Saxifrage cespiteuse — rose — trompeuse Rosen-Steinbrech
1113	206	**Saxifraga moschata** Wulfen — *moschata* subsp. *eu-moschata* (F) — *muscoides* (B, C) Saxifrage fausse-mousse — musquée Moschus-Steinbrech
1114	206	**Saxifraga pubescens** subsp. **iratiana** (F. Schultz) Engl. & Irmscher — *groenlandica* (B) — *iratiana* (C, G) Saxifrage d'Irat — du Groenland
1114 b	206	**Saxifraga pentadactylis** Lapeyr. Saxifrage à cinq doigts
1114 b2	206	**Saxifraga pubescens** Pourret — *obscura* (B, C) Saxifrage obscure — pubescente
1115	206	**Saxifraga nervosa** Lapeyr. — *intricata* (F) Saxifrage à nervures saillantes
1115 b	206	**Saxifraga exarata** Villars Saxifrage sillonnée Gefurchter Steinbrech
1115 c	206	**Saxifraga nervosa** Lapeyr. — *exarata* (C) — *intricata* (B, F) Saxifrage à nervures saillantes — embrouillée
1115 d	206	**Saxifraga pubescens** Pourret — *mixta* (C) — *pubescens* subsp. *pourretiana* (F) Saxifrage pubescente
1115 e	206	**Saxifraga cebennensis** Rouy & Camus Saxifrage des Cévennes
1115 f	206	**Saxifraga lamottei** Luizet — *moschata* subsp. *lamottei* (F) Saxifrage de Lamotte
1115 g	206	**Saxifraga hariotii** Luizet & Soulié — *moschata* subsp. *harioti* (F) Saxifrage de Hariot
1116	206	**Chrysosplenium oppositifolium** L. Dorine à feuilles opposées Gegenblättriges Milzkraut
1117	206	**Chrysosplenium alternifolium** L. Dorine à feuilles alternes Wechselblättriges Milzkraut
1118	207	**Daucus muricatus** (L.) L. Daucus épineux
1119-1121	207-209	**Daucus carota** L. s.l. — *bocconi* (C) — *carota* (B, C) — *dentatus* (B) — *gingidium* (B, C) — *gummifer* (B, C) — *maritimus* (B, C) — *mauritanicus* (C) — *maximus* (B, C) — *siculus* (B) Carotte Daucus carotte Mohrrübe Möhre Gelbe Rübe
1122	209	**Orlaya kochii** Heyw. *Caucalis platycarpos* (B)

Dessin	Pl.	Taxon
1122	209	*Orlaya platycarpos* (C, F)
		Caucalis à fruits plats
		Orlaya de Koch
		Flachfrüchtige Strahlendolde
1123	209	**Orlaya grandiflora** (L.) Hoffm.
		Caucalis grandiflora (B)
		Caucalis à grandes fleurs
		Orlaya à grandes fleurs
		Breitsame
		Grossblütige Strahlendolde
1124	209	**Pseudorlaya pumila** (L.) Grande
		Caucalis maritima (B)
		Orlaya maritima (C)
		Caucalis maritime
		Faux-orlaya nain
1125	209	**Turgenia latifolia** (L.) Hoffm.
		Caucalis latifolia (B)
		Caucalis à larges feuilles
		Turgénie à larges feuilles
		Breitblättrige Klettendolde
1126	210	**Caucalis platycarpos** L.
		— *daucoides* (B, C)
		— *daucoïdes* (F)
		Caucalis à fruits plats
		— faux-daucus
		Möhren-Haftdolde
1126 b	210	**Torilis leptophylla** (L.) Reichb. f.
		Caucalis leptophylla (B, C)
		Caucalis à feuilles en lanières
		Torilis à feuilles étroites
1127	210	**Torilis nodosa** (L.) Gaertner
		Torilis noueux
		Knäuelige Borstendolde
		Knäuelkerbel
1128	210	**Torilis japonica** (Houtt.) DC.
		— *anthriscus* (B, C, F)
		Torilis anthrisque
		— du Japon
		Gewöhnliche Borstendolde
		Japanische Borstendolde
1129	210	**Torilis arvensis** (Hudson) Link
		— *arvensis* subsp. *divaricata* (F)
		— *helvetica* (C)
		— *infesta* (B)
		Torilis des champs
		— infestant
		Acker-Borstendolde
1129 b	210	**Torilis arvensis** subsp. **purpurea** (Ten.) Hayek
		— *arvensis* subsp. *heterophylla* (G)
		— *heterophylla* (B, C)
		— *purpurea* (F)
		Torilis à feuilles variées
		— pourpre
1130	210	**Bifora testiculata** (L.) Roth
		— *dicocca* (B)
		Bifora à deux coques
		— testiculée
		Grubiger Hohlsame
1130 b	210	**Bifora radians** M. Bieb.
		Bifora rayonnante
		Strahlen-Hohlsame
1131	211	**Coriandrum sativum** L.
		Coriandre cultivé
		Garten-Koriander
1132	211	**Thapsia villosa** L.
		Thapsia velue
1133	211	**Laserpitium siler** L.
		Laser siler
		Sermontain
		Berg-Laserkraut
		Rosskümmelartiges Laserkraut
1134	212	**Laserpitium latifolium** L.
		Laser à larges feuilles
		Breitblättriges Laserkraut
1135	212	**Laserpitium nestleri** Soyer-Will.
		Laser de Nestler
1136	213	**Laserpitium halleri** Crantz
		Laserpitium panax (B, C)
		Laser de Haller
		— panax
		Hallers Laserkraut
1137	213	**Laserpitium gallicum** L.
		Laser de France
		Französisches Laserkraut
1138	213	**Laserpitium krapfii** subsp. **gaudinii** (Moretti) Thell.
		— *marginatum* (B)
		Laser de Gaudin
		— marginé
		Gaudins Laserkraut
1139	214	**Laserpitium prutenicum** L.
		— *pruthenicum* (B, F)
		Laser de Prusse
		Preussisches Laserkraut
1140	214	**Laser trilobum** (L.) Borkh.
		Siler trilobum (B, C, F)
		Laser à trois lobes
		Siler à trois lobes
1141	214	**Levisticum officinale** Koch
		Ache de montagne
		Lévistique officinale
		Livèche
		Liebstöckel
		Stockkraut
1142	214	**Selinum pyrenaeum** (L.) Gouan
		Angelica pyrenaea (B)
		Angélique des Pyrénées
		Sélin des Pyrénées
		Pyrenäen-Brustwurz
1143	215	**Angelica sylvestris** L.
		— *silvestris* (B, C, F)
		Angélique sauvage
		Wald-Brustwurz
		Wilde Brustwurz
1144	215	**Angelica heterocarpa** Lloyd
		Angélique à fruits de deux sortes
1145	215	**Angelica razulii** Gouan
		— *razulsi* (F)
		Angélique de Razouls
1146	216	**Selinum carvifolia** (L.) L.
		Sélin à feuilles de carvi
		Kümmelblättrige Silge
1147	216	**Ridolfia segetum** Moris
		Anethum segetum (B)
		Aneth des moissons
		Ridolfia des moissons
1148	216	**Anethum graveolens** L.
		Aneth odorant
		Fenouil bâtard
		Echter Dill
1149	216	**Foeniculum vulgare** Miller
		Anethum foeniculum (B)
		Faeniculum vulgare subsp. *capillaceum* (F)
		Foeniculum officinale (C)
		Aneth fenouil
		Fenouil
		— commun
		Gewöhnlicher Fenchel
1149 b	216	**Foeniculum vulgare** subsp. **piperitum** (Ucria) Cout.
		Faeniculum vulgare subsp. *piperitum* (F)
		Foeniculum piperitum (C)
		Fenouil poivré
1150	217	**Peucedanum officinale** L.
		Peucédan officinal
		Echter Haarstrang
		Gebräuchlicher Haarstrang
1151	217	**Peucedanum gallicum** Latour.
		— *parisiense* (B)
		Peucédan de France
		— de Paris
1152	217	**Peucedanum lancifolium** Lange
		Peucédan à feuilles découpées
1153	217	**Peucedanum palustre** (L.) Moench
		Peucédan des marais
		Sumpf-Haarstrang
1154	217	**Peucedanum schottii** DC.
		— *schotti* (F)
		Peucédan de Schott
		Schotts Haarstrang
1155	218	**Peucedanum alsaticum** L.
		Peucédan d'Alsace
		Elsässer Haarstrang
1156	218	**Peucedanum venetum** (Sprengel) Koch
		— *alsaticum* subsp. *venetum* (F)
		Peucédan de Vénétie
		Giftiger Haarstrang
		Venezianischer Haarstrang
1157	218	**Peucedanum verticillare** (L.) DC.
		Peucédan verticillé
		Quirldoldiger Haarstrang
		Riesen-Haarstrang
1158	219	**Peucedanum oreoselinum** (L.) Moench
		Peucédan des montagnes
		— oréosélin
		Berg-Haarstrang
1159	219	**Peucedanum cervaria** (L.) Lapeyr.
		Herbe-aux-cerfs
		Peucédan cervaire
		— herbe-aux-cerfs
		Hirschwurz
1160	219	**Peucedanum austriacum** Koch
		Peucédan d'Autriche
		Österreichischer Haarstrang
1161	220	**Peucedanum ostruthium** (L.) Koch
		Imperatoria ostruthium (G)
		— *ostrutium* (B)
		Impératoire
		— ostrutium
		Peucédan ostruthium
		Meisterwurz
1162	220	**Peucedanum carvifolia** Villars
		Palimbia chabraei (B)
		Peucedanum carvifolium (C)
		— *chabraei* (F)
		Palimbie de Chabrey
		Peucédan à feuilles de carvi
		Kümmel-Haarstrang
1163	220	**Ferula communis** L.
		— *communis* subsp. *nodiflora* (F)
		— *nodiflora* (B)
		Férule à fleurs nodales
		— commune
1163 b	221	**Ferula communis** subsp. **glauca** (L.) Rouy & Camus
		— *glauca* (B, C)
		Férule glauque
1164	221	**Ferulago campestris** (Besser) Grecescu
		Ferula ferulago (B, C)
		Ferulago galbanifera (F)
		Férula férulago
		Férulago des champs
		Feld-Birkwurz
		Knotenblütige Birkwurz
1165	221	**Opopanax chironium** (L.) Koch
		Opoponax chironium (B)
		Opopanax de Chiron
		Opoponax de Chiron
1166	222	**Pastinaca sativa** L.
		— *sativa* subsp. *eu-sativa* (F)
		— *silvestris* (C)
		Panais cultivé
		Gewöhnlicher Pastinak

Dessin	Pl.	Taxon
1167	222	**Heracleum sphondylium** subsp. **sibiricum** (L.) Simonkai
		— *flavescens* (B)
		— *lecokii* (C, G)
		Berce de Sibérie
		— jaunâtre
1168	222	**Heracleum sphondylium** L.
		— *sphondylium* subsp. *australe* (F)
		— *spondylium* (B)
		Berce des prés
		— sphondyle
		Patte-d'ours
		Wiesen-Bärenklau
1168 b	222	**Heracleum sphondylium** subsp. **montanum** (Gaudin) Briq.
		— *montanum* (C, G)
		— *panaces* (B)
		Berce des montagnes
		— panacée
		Berg-Bärenklau
1168 c	223	**Heracleum sphondylium** subsp. **pyrenaicum** (Lam.) Bonnier & Layens
		— *pyrenaicum* (B, C, G)
		— *sphondylium* subsp. *pyrenaïcum* (F)
		Berce des Pyrénées
1168 d	223	**Heracleum sphondylium** subsp. **alpinum** (L.) Bonnier & Layens
		— *alpinum* (B, C, G)
		Berce des Alpes
		Jura-Bärenklau
1169	223	**Heracleum minimum** Lam.
		Wendtia minima (B)
		Berce minime
		Wendtia minime
1170	223	**Tordylium maximum** L.
		Tordyle élevé
		Grosser Zirmet
1171	223	**Tordylium apulum** L.
		Tordyle d'Apulie
1172	223	**Ligusticum mutellinoides** (Crantz) Villars
		Gaya simplex (B, C)
		Ligusticum mutellinoïdes (F)
		Gaya simple
		Ligustique fausse-mutelline
		Zwerg-Mutterwurz
1173	224	**Crithmum maritimum** L.
		Crithmum maritime
1174	224	**Endressia pyrenaica** (DC.) Gay
		— *pyrenaïca* (F)
		Endressie des Pyrénées
1175	224	**Meum athamanticum** Jacq.
		Fenouil des Alpes
		Méum faux-athamanthe
		Athamas-Bärenwurz
1176	224	**Ligusticum mutellina** (L.) Crantz
		— *mutellina* subsp. *eu-mutellina* (F)
		Meum mutellina (B, C)
		Ligustique mutelline
		Méum mutelline
		Alpen-Liebstock
		Alpen-Mutterwurz
		Muttern
1177	224	**Silaum silaus** (L.) Schinz & Thell.
		Silaus flavescens (F)
		— *pratensis* (B, C)
		Fenouil des chevaux
		Silaüm silaüs
		Silaüs des prés
		Rosskümmel
1178	225	**Seseli peucedanoides** (M. Bieb.) Kozo-Polj.
		Gasparrinia peucedanoïdes (F)
		Silaus virescens (B, C)
		Séséli faux-peucédan
		Silaüs verdâtre
1179	225	**Ligusticum ferulaceum** All.
		Ligustique fausse-férule
		Asantblättriger Liebstock
		Asantblättriger Mutterwurz
		Steckenkraut-Liebstock
		Steckenkraut-Mutterwurz
1180	225	**Ligusticum lucidum** Miller
		— *pyrenaeum* (B, C)
		Ligustique brillante
		— des Pyrénées
1181	225	**Athamanta cretensis** L.
		Athamanthe de Crète
		Behaarte Augenwurz
1182	225	**Trochiscanthes nodiflora** (Villars) Koch
		— *nodiflorus* (B, C, G)
		Trochischanthes nodiflorus (F)
		Trochiscanthe à fleurs nodales
		— nodiflore
		Knotenblütige Rädchenblüte
1183	226	**Cnidium silaifolium** (Jacq.) Simonkai
		— *apioides* (B, C)
		— *silaïfolium* (F)
		Cnide à feuilles de Silaüs
		— fausse-ache
		Silgenblättrige Brenndolde
1184	226	**Dethawia tenuifolia** (DC.) Godron
		Dethawie à feuilles fines
1185	226	**Xatardia scabra** (Lapeyr.) Meissner
		Xatartia scabra (B, C, F)
		Xatardie scabre
1186	226	**Seseli elatum** L.
		Séséli élevé
1187	227	**Seseli tortuosum** L.
		Séséli tortueux
1188	227	**Seseli montanum** L.
		Séséli des montagnes
		Berg-Sesel
		Echter Bergfenchel
1188 b	227	**Seseli annuum** L.
		— *annuum* subsp. *coloratum* (F)
		— *coloratum* (B)
		Séséli annuel
		— coloré
		Einjähriger Bergfenchel
		Hügel-Sesel
1188 c	227	**Seseli annuum** subsp. **carvifolium** (Villars) P. Fourn.
		— *carvifolium* (B, C)
		Séséli à feuilles de carvi
		Kümmelblättriger Bergfenchel
		Kümmelblättriger Sesel
1188 d	227	**Seseli montanum** L.
		— *glaucum* (C)
		Séséli des montagnes
1188 e	227	**Seseli nanum** Dufour
		Séséli nain
1189	228	**Seseli libanotis** (L.) Koch
		Libanotis montana (B)
		Seseli libanotis subsp. *eu-libanotis* (F)
		Libanotis des montagnes
		Séséli libanotis
		Hirschheil
		Hirschheil-Bergfenchel
1189 b	228	**Seseli libanotis** (L.) Koch
		Libanotis athamantoides (B, C)
		Seseli libanotis subsp. *liocarpum* (F)
		Libanotis faux-athamanthe
		Séséli libanotis
1189 c	228	**Seseli libanotis** (L.) Koch
		Libanotis candollei (B)
		Seseli bayonnense (C)
		— *libanotis* subsp. *liocarpum* (F)
		Libanotis de De Candolle
		Séséli libanotis
1190	228	**Kundmannia sicula** (L.) DC.
		Brignolia pastinacaefolia (B, C)
		Brignolia à feuilles de panais
		Kundmannia de Sicile
1191	229	**Aethusa cynapium** L.
		Ethuse ciguë
		— petite-ciguë
		Faux-persil
		Petite ciguë
		Hundspetersilie
1192	229	**Oenanthe pimpinelloides** L.
		— *pimpinelloïdes* (F)
		Oenanthe faux-boucage
1193	229	**Oenanthe crocata** L.
		Oenanthe safranée
		Safran-Rebendolde
1194	229	**Oenanthe lachenalii** C. Gmelin
		— *lachenali* (F)
		Oenanthe de Lachenal
		Lachenals Rebendolde
1194 b	229	**Oenanthe silaifolia** M. Bieb.
		— *media* (C)
		— *silaïfolia* subsp. *media* (F)
		Oenanthe à feuilles de Silaüs
1195	230	**Oenanthe peucedanifolia** Pollich
		— *filipenduloides* (C)
		Oenanthe à feuilles de peucédan
		Haarstrang-Rebendolde
		Schmalblättrige Rebendolde
1196	230	**Oenanthe aquatica** (L.) Poiret
		— *phellandrium* (B, C, F)
		Oenanthe aquatique
		— phellandre
		Rossfenchel
		Wasser-Rebendolde
		Wasserfenchel
1197	230	**Oenanthe fistulosa** L.
		Oenanthe fistuleuse
		Röhrige Rebendolde
1198	230	**Oenanthe globulosa** L.
		Oenanthe globuleuse
1199	231	**Bupleurum rotundifolium** L.
		Buplevrum rotundifolium (B)
		Buplèvre à feuilles rondes
		Perce-feuille
		Rundblättriges Hasenohr
1199 b	231	**Bupleurum lancifolium** Hornem.
		— *protractum* (C)
		Buplevrum protractum (B)
		Buplèvre à feuilles lancéolées
		— à ombelles réduites
1200	231	**Bupleurum stellatum** L.
		Buplevrum stellatum (B)
		Buplèvre étoilé
		Stern-Hasenohr
1201	231	**Bupleurum longifolium** L.
		Buplevrum longifolium (B)
		Buplèvre à longues feuilles
		Langblättriges Hasenohr
1202	231	**Bupleurum angulosum** L.
		Buplevrum angulosum (B)
		Buplèvre anguleux
1203	232	**Bupleurum ranunculoides** L.
		— *ranunculoïdes* (F)
		Buplevrum ranunculoides (B)
		Buplèvre fausse-renoncule
		Hahnenfuss-Hasenohr
1204	232	**Bupleurum petraeum** L.
		Buplevrum petraeum (B)
		Buplèvre des pierres
		— des rochers
		Felsen-Hasenohr
1205	232	**Bupleurum tenuissimum** L.
		Buplevrum tenuissimum (B)
		Buplèvre fluet

Dessin	Pl.	Taxon
1205	232	Buplèvre très menu
		Zartes Hasenohr
1205 b	232	**Bupleurum semicompositum** L.
		Buplevrum glaucum (B)
		Buplèvre glauque
		— semi-composé
1206	232	**Bupleurum baldense** Turra
		— *aristatum* (C)
		— *baldense*
		subsp. *opacum* (F)
		Buplevrum aristatum (B)
		Buplèvre aristé
		— du Mont Baldo
		Monte Baldo-Hasenohr
1207	232	**Bupleurum praealtum** L.
		— *junceum* (C, F)
		Buplevrum junceum (B)
		Buplèvre à branches de jonc
		— très élevé
		Binsen-Hasenohr
		Simsen-Hasenohr
1207 b	232	**Bupleurum gerardi** All.
		— *affine* (C)
		Buplevrum affine (B)
		— *gerardi* (B)
		Buplèvre de Gérard
		Gerards Hasenohr
1208	233	**Bupleurum falcatum** L.
		— *falcatum*
		subsp. *eu-falcatum* (F)
		Buplevrum falcatum (B)
		Buplèvre en faux
		Sichelblättriges Hasenohr
1208 b	233	**Bupleurum falcatum** L.
		— *falcatum*
		subsp. *exaltatum* (F)
		Buplevrum gramineum (B)
		Buplèvre en faux
		Sichelblättriges Hasenohr
1209	233	**Bupleurum fruticescens** L.
		Buplevrum fruticescens (B)
		Buplèvre sous-ligneux
1210	233	**Bupleurum rigidum** L.
		Buplevrum rigidum (B)
		Buplèvre raide
1211	234	**Bupleurum fruticosum** L.
		Buplevrum fruticosum (B)
		Buplèvre ligneux
1212	234	**Sium latifolium** L.
		Berle à larges feuilles
		Breitblättriger Merk
1213	234	**Berula erecta** (Hudson) Cov.
		Sium angustifolium (B, C)
		— *erectum* (F)
		Berle à feuilles étroites
		— dressée
		Aufrechter Wassersellerie
1214	235	**Pimpinella saxifraga** L.
		— *saxifraga*
		subsp. *eu-saxifraga* (F)
		Boucage saxifrage
		Kleine Bibernelle
1214 b	235	**Pimpinella major** (L.) Hudson
		— *magna* (B, C)
		Grand boucage
		Grosse Bibernelle
1214 b2	235	**Pimpinella saxifraga** L.
		— *dissecta* (B)
		— *magna* (C)
		— *saxifraga*
		subsp. *eu-saxifraga* (F)
		Boucage disséqué
		— saxifrage
1215	235	**Pimpinella peregrina** L.
		Boucage voyageur
1216	236	**Pimpinella tragium** Villars
		Boucage tragium
1217	236	**Carum verticillatum** (L.) Koch
		Carum verticillé
		Quirlblättriger Kümmel
		Stern-Kümmel
1218	236	**Carum carvi** L.
		Carum carvi
		Cumin des prés
		Echter Kümmel
		Wiesen-Kümmel
1219	236	**Bunium bulbocastanum** L.
		Carum bulbocastanum (B)
		Bunium noix-de-terre
		Carum noix-de-terre
		Erdkastanie
		Knollenkümmel
1219 b	236	**Bunium pachypodum** P. Ball
		— *incrassatum* (B, C)
		Bunium épaissi
1221	237	**Aegopodium podagraria** L.
		Egopode des goutteux
		— podagraire
		Herbe-aux-goutteux
		Baumtropfen
		Gicht-Geissfuss
1222	237	**Ammi majus** L.
		Ammi élevé
		Grosse Knorpelmöhre
1223	237	**Ammi visnaga** (L.) Lam.
		Ammi visnage
1224	237	**Sison amomum** L.
		Sison amome
		— aromatique
		Gewürzdolde
1225	238	**Petroselinum segetum** (L.) Koch
		Sison segetum (B)
		Persil des moissons
		Sison des moissons
1226	238	**Falcaria vulgaris** Bernh.
		— *rivini* (B, C)
		— *sioïdes* (F)
		Falcaire commune
		— de Rivin
		Gewöhnliche Sicheldolde
1227	238	**Ptychotis saxifraga** (L.) Loret &
		Barrandon
		— *heterophylla* (C)
		— *saxifraga*
		subsp. *heterophylla* (F)
		Ptychotis à feuilles variées
		— saxifrage
		Steinbrech-Faltenohr
1228	238	**Thorella verticillatinundata**
		(Thore) Briq.
		Helosciadium intermedium (B)
		Ptychotis thorei (C)
		Thorella bulbosa (F)
		Hélosciadie intermédiaire
		Thorelle à verticilles inondés
1229	238	**Apium nodiflorum** (L.) Lagasca
		— *nodiflorum*
		subsp. *eu-nodiflorum*
		(F)
		Helosciadium nodiflorum
		(B, C, G)
		Ache nodiflore
		Hélosciadie à fleurs nodales
		— nodiflore
		Knotenblütiger Eppich
		Knotenblütiger Sellerie
1229 b	238	**Apium repens** (Jacq.) Lagasca
		— *nodiflorum*
		subsp. *repens* (F)
		Helosciadium repens (B, C, G)
		Ache rampante
		Hélosciadie rampante
		Kriechender Eppich
		Kriechender Sellerie
1229 c	238	**Apium inundatum** (L.)
		Reichb. f.
		Helosciadium inundatum
		(B, C, G)
		Ache inondée
		Hélosciadie inondée
		Überschwemmter Eppich
		Überschwemmter Sellerie
1230	239	**Trinia glauca** (L.) Dumort.
		— *vulgaris* (B, C)
		Trinie glauque
		— vulgaire
		Blaugrüner Faserschirm
1231	239	**Petroselinum crispum** (Miller)
		A. W. Hill
		— *hortense* (F)
		— *sativum* (B, C)
		Persil cultivé
		Garten-Petersilie
1232	239	**Apium graveolens** L.
		Ache odorante
		Céleri
		— odorant
		Sellerie
1233	240	**Cicuta virosa** L.
		Cicutaire vénéneuse
		Ciguë aquatique
		Giftiger Wasserschierling
1234	240	**Scandix pecten-veneris** L.
		— *pecten-veneris*
		subsp. *eu-pecten-veneris*
		(F)
		Peigne-de-Vénus
		Scandix peigne-de-Vénus
		Venuskamm
1234 b	240	**Scandix pecten-veneris**
		subsp. **macrorhyncha**
		(C. Meyer) Rouy & Camus
		— *hispanica* (B, C)
		— *pecten-veneris*
		subsp. *macrorrhyncha*
		(F)
		Scandix à gros bec
		— d'Espagne
1235	240	**Scandix australis** L.
		— *australis s.l.* (F)
		Scandix austral
		— du Midi
1236	240	**Anthriscus caucalis** M. Bieb.
		— *vulgaris* (B, C, F)
		Anthrisque caucalis
		— vulgaire
		Persil sauvage
		Gewöhnlicher Kerbel
		Kerbel-Borstendolde
1237	240	**Anthriscus cerefolium** (L.)
		Hoffm.
		Cerefolium sativum (B)
		Cerfeuil cultivé
		Garten-Kerbel
1238	241	**Chaerophyllum bulbosum** L.
		Chérophylle bulbeux
		Kerbelrübe
		Knolliger Kerbel
1238 2	241	**Conopodium pyrenaeum** (Lois.)
		Miégev.
		— *denudatum* (C)
		— *majus*
		subsp. *richteri* (F)
		Conopode des Pyrénées
1239	241	**Anthriscus sylvestris** (L.)
		Hoffm.
		— *silvestris* (C)
		— *silvestris*
		subsp. *eu-silvestris* (F)
		Chaerophyllum silvestre (B)
		Cerfeuil des prés
		— sauvage
		Chérophylle silvestre
		— sauvage
		Wiesen-Kerbel
1240	241	**Conopodium majus** (Gouan)
		Loret
		— *denudatum* (B, C)
		Conopode dénudé
		— élevé
1241	242	**Chaerophyllum temulentum** L.
		— *temulum* (B, C, F)
		Chérophylle enivrant
		— penché
		Hecken-Kälberkropf
		Taumel-Kerbel

Dessin *Pl.* *Taxon*

1242 242 **Chaerophyllum aureum** L.
Chérophylle doré
Goldfrüchtiger Kälberkropf
Goldfrüchtiger Kerbel
1243 242 **Chaerophyllum hirsutum** L.
— *cicutaria* (C)
— *hirsutum*
subsp. *cicutaria* (F)
Chérophylle hérissé
Berg-Kerbel
Gebirgs-Kälberkropf
Schierlings-Kerbel
1243 b 242 **Chaerophyllum villarsii** Koch
— *hirsutum*
subsp. *villarsi* (F)
Chérophylle de Villars
Villars' Kälberkropf
Villars' Kerbel
1243 c 242 **Chaerophyllum elegans** Gaudin
— *hirsutum*
subsp. *elegans* (F)
Chérophylle élégant
Zierlicher Kälberkropf
Zierlicher Kerbel
1244 243 **Myrrhoides nodosa** (L.) Cannon
Physocaulos nodosus (C, F)
Faux-myrrhis noueux
1245 243 **Myrrhis odorata** (L.) Scop.
Cerfeuil musqué
Myrrhis odorant
Wohlriechende Süssdolde
1246 243 **Pleurospermum austriacum** (L.) Hoffm.
Pleurosperme d'Autriche
Österreichischer Rippensame
1247 244 **Molopospermum peloponnesiacum** (L.) Koch
— *cicutarium* (B)
Molospermum cicutarium (C)
Molopospermе du Péloponnèse
— fausse-ciguë
Striemensame
1248 244 **Physospermum cornubiense** (L.) DC.
— *aquilegifolium* (B, C)
— *aquilegiifolium*
subsp. *cornubiense* (F)
Physosperme à feuilles d'ancolie
— de Cornouailles
1249 244 **Echinophora spinosa** L.
Echinophore épineuse
1250 245 **Smyrnium olusatrum** L.
Smyrnium maceron
Gespenst Gelbdolde
1251 245 **Smyrnium perfoliatum** L.
— *perfoliatum*
subsp. *eu-perfoliatum* (F)
Smyrnium perfolié
1252 245 **Conium maculatum** L.
Ciguë tachée
Grande ciguë
Fleckenschierling
Gefleckter Schierling
1253 246 **Cachrys trifida** Miller
— *laevigata* (B, C)
Amarinthe lisse
— trifide
1254 246 **Hydrocotyle vulgaris** L.
Ecuelle-d'eau
Hydrocotyle vulgaire
Gewöhnlicher Wassernabel
1255 246 **Astrantia major** L.
Astrantie grande
Grande astrance
Radiaire
Grosse Sterndolde
1255 b 246 **Astrantia minor** L.
Astrantie petite
Petite astrance
Kleine Sterndolde
1256 247 **Eryngium viviparum** Gay
Panicaut vivipare
1257 247 **Eryngium alpinum** L.
Chardon bleu
Panicaut des Alpes
Alpen-Mannstreu
Alpendistel
1258 247 **Eryngium maritimum** L.
Panicaut maritime
1259 247 **Eryngium bourgatii** Gouan
— *bourgati* (B, C, F, G)
Panicaut de Bourgat
1260 248 **Eryngium campestre** L.
Panicaut champêtre
Feld-Mannstreu
1261 248 **Eryngium spinalba** Villars
— *spina-alba* (B, C, F, G)
Panicaut épine-blanche
1262 248 **Sanicula europaea** L.
Sanicle d'Europe
Europäische Sanikel
Heilkraut
1263 249 **Hedera helix** L.
Lierre grimpant
Efeu
1264 249 **Cornus mas** L.
Cornouiller mâle
Gelber Hornstrauch
Kornelkirsche
Tierlibaum
1265 249 **Cornus sanguinea** L.
Cornouiller sanguin
Sanguine
Roter Hartriegel
Roter Hornstrauch
1266 250 **Viscum album** L.
Gui
— blanc
Weisse Mistel
1266 b 250 **Viscum album** L.
— *album*
subsp. *austriacum* (T)
— *laxum* (C)
Gui
— d'Autriche
1267 250 **Arceuthobium oxycedri** (DC.) M. Bieb.
Arceutobe de l'oxycèdre
1268 250 **Adoxa moschatellina** L.
Adoxa moschatelline
Herbe musquée
Muscatelline
1269 250 **Sambucus ebulus** L.
Petit sureau
Sureau yèble
Attich
Zwerg-Holunder
1270 250 **Sambucus nigra** L.
Grand sureau
Sureau noir
Schwarzer Holunder
1271 251 **Sambucus racemosa** L.
Sureau à grappes
— rameux
Roter Holunder
Trauben-Holunder
1272 251 **Viburnum tinus** L.
Viorne tin
1273 251 **Viburnum lantana** L.
Mancienne
Viorne lantane
Wolliger Schneeball
1274 251 **Viburnum opulus** L.
Boule-de-neige
Viorne obier
Gewöhnlicher Schneeball
1275 252 **Lonicera periclymenum** L.
Chèvrefeuille des bois
— périclymène
Lonicéra des bois
— périclymène
Wald-Geissblatt
Windendes Geissblatt
1276 252 **Lonicera etrusca** Santi
Chèvrefeuille d'Etrurie
— de Toscane
Lonicéra d'Etrurie
— de Toscane
Etruskisches Geissblatt
Toskanisches Geissblatt
1277 252 **Lonicera caprifolium** L.
Chèvrefeuille des jardins
Lonicéra chèvrefeuille
— des jardins
Echtes Geissblatt
Garten-Geissblatt
Jelängerjelieber
1277 b 252 **Lonicera implexa** Aiton
Chèvrefeuille entrelacé
Lonicéra entrelacé
1278 252 **Lonicera caerulea** L.
— *coerulea* (C, G)
Chèvrefeuille bleu
Lonicéra bleu
Blaues Geissblatt
Blaue Heckenkirsche
1279 252 **Lonicera pyrenaica** L.
— *pyrenaica* (F)
Chèvrefeuille des Pyrénées
Lonicéra des Pyrénées
1280 253 **Lonicera alpigena** L.
Chèvrefeuille des Alpes
Lonicéra des Alpes
Alpen-Geissblatt
Alpen-Heckenkirsche
1281 253 **Lonicera nigra** L.
Chèvrefeuille noir
Lonicéra noir
Schwarzes Geissblatt
Schwarze Heckenkirsche
1282 253 **Lonicera xylosteum** L.
Camérisier
Chèvrefeuille des haies
Lonicéra camérisier
— des haies
— xylostée
Rotes Geissblatt
Rote Heckenkirsche
1283 253 **Linnaea borealis** L.
Linnée boréale
Linnes Blume
Moosglöckchen
1284 a 254 **Rubia peregrina** L.
Garance voyageuse
Fremde Färberröte
Wilder Krapp
1284 b 254 **Rubia tinctorum** L.
Garance des teinturiers
Echte Färberröte
Färber-Krapp
1285 254 **Cruciata laevipes** Opiz
Galium cruciata (B, C, F, G)
Croisette commune
Gaillet croisette
Gewöhnliches Kreuzlabkraut
Kreuz-Labkraut
1286 254 **Cruciata glabra** (L.) Ehrend.
Galium vernum (B, C, F, G)
Croisette glabre
Gaillet du printemps
Frühlings Kreuzlabkraut
Frühlings Labkraut
1287 254 **Cruciata pedemontana** (Bellardi) Ehrend.
Galium pedemontanum (B, C, F, G)
Croisette du Piémont
Gaillet du Piémont
Piemonteser Kreuzlabkraut
Piemonteser Labkraut
1288 255 **Galium rotundifolium** L.
— *rotundifolium*
subsp. *eu-rotundifolium* (F)
Gaillet à feuilles rondes

Dessin	Pl.	Taxon
1288	255	Rundblättriges Labkraut
1288 b	255	**Galium scabrum** L.
		— *ellipticum* (B, C)
		— *rotundifolium*
		subsp. *ovalifolium* (F)
		Gaillet à feuilles elliptiques
		— rude
1289	255	**Galium boreale** L.
		Gaillet boréal
		Nordisches Labkraut
1290	255	**Galium arenarium** Lois.
		Gaillet des sables
1291	255	**Galium verum** L.
		— *verum*
		subsp. *eu-verum* (F)
		Caille-lait jaune
		Gaillet vrai
		Echtes Labkraut
		Gelbes Labkraut
1292	255	**Galium maritimum** L.
		Gaillet maritime
1293 1	256	**Galium × centroniae** Cariot
		— *rubrum* (B)
		Gaillet de Centron
		— rouge
1293 2	256	**Galium rubidum** Jordan
		— *rubrum* (B, C)
		Gaillet rouge
		— rougeâtre
1294	256	**Asperula purpurea** (L.) Ehrend.
		Galium purpureum (B, C, F, G)
		Aspérule pourpre
		Gaillet pourpre
		Purpur-Labkraut
		Purpur-Meister
1295	256	**Galium saxatile** L.
		— *hercynicum* (F)
		Gaillet des rochers
		Felsen-Labkraut
		Herzynisches Labkraut
1296	256	**Galium obliquum** Villars
		— *rubrum* (C)
		— *rubrum*
		subsp. *obliquum* (F)
		Gaillet oblique
		Schiefes Labkraut
1297	256	**Galium sylvaticum** L.
		— *silvaticum* (B, C)
		— *silvaticum*
		subsp. *eu-silvaticum* (F)
		Gaillet des forêts
		Wald-Labkraut
1297 b	257	**Galium aristatum** L.
		— *laevigatum* (B)
		— *silvaticum*
		subsp. *aristatum* (F)
		Gaillet aristé
		— lisse
		Begranntes Labkraut
1298 a	257	**Galium mollugo** L.
		— *elatum* (B)
		— *mollugo*
		subsp. *elatum* (F, G)
		Caille-lait blanc
		Gaillet commun
		— élevé
		— mollugine
		Wiesen-Labkraut
1298 b	257	**Galium album** Miller
		— *erectum* (B, C)
		— *mollugo* (B)
		— *mollugo*
		subsp. *erectum* (F, G)
		Caille-lait blanc
		Gaillet blanc
		— dressé
		— mollugine
		Gewöhnliches Labkraut
		Weisses Labkraut
1298 c	257	**Galium neglectum** Gren.
		— *mollugo* (B)

Dessin	Pl.	Taxon
		Galium mollugo
		subsp. *neglectum* (F)
		Caille-lait blanc
		Gaillet mollugine
		— négligé
1299 a	257	**Galium corrudifolium** Villars
		— *corrudaefolium* (C)
		— *lucidum* (B)
		— *mollugo*
		subsp. *corrudaefolium* (F)
		— *mollugo*
		subsp. *corrudifolium* (G)
		Gaillet à feuilles d'asperge sauvage
		— luisant
		Spargelblättriges Labkraut
1299 b	257	**Galium cinereum** All.
		— *lucidum* (B)
		— *mollugo*
		subsp. *cinereum* (F, G)
		Gaillet cendré
		— luisant
		Graues Labkraut
1300	258	**Galium timeroyi** Jordan
		— *asperum*
		subsp. *jordani* (F)
		— *jordani* (B, C)
		— *pumilum s.l.* (G)
		Gaillet de Jordan
		— de Timeroy
1301	258	**Galium pumilum** Murray
		— *asperum*
		subsp. *umbellatum* (F)
		— *pumilum s.l.* (G)
		— *silvestre* (B, C)
		Gaillet nain
		— sauvage
		— silvestre
		Niedriges Labkraut
		Rauhes Labkraut
1301 b	258	**Galium papillosum** Lapeyr.
		— *pumilum s.l.* (G)
		— *silvestre* (B)
		Gaillet papilleux
		— sauvage
		— silvestre
1301 c	258	**Galium marchandii** Roemer & Schultes
		— *lapeyrousianum* (B)
		— *pumilum s.l.* (G)
		— *silvestre* (B)
		Gaillet de Lapeyrouse
		— de Marchand
		— sauvage
		— silvestre
1301 d2	258	**Galium pumilum** Murray
		— *montanum* (B)
		— *pumilum s.l.* (G)
		— *silvestre* (B)
		Gaillet des montagnes
		— nain
		— sauvage
		— silvestre
1301 e	258	**Galium anisophyllon** Villars
		— *anisophyllum* (B, C)
		— *asperum*
		subsp. *anisophyllum* (F)
		— *pumilum s.l.* (G)
		— *silvestre* (B)
		Gaillet à feuilles inégales
		— sauvage
		— silvestre
		Ungleichblättriges Labkraut
1302	258	**Galium megalospermum** All.
		— *helveticum* (B, C, F)
		Gaillet à grosses graines
		— de Suisse
		Schweizerisches Labkraut
1303	258	**Galium saxosum** (Chaix) Breistr.
		— *megalospermum* (B, C)

Dessin	Pl.	Taxon
		Galium villarsi (F)
		Gaillet à gros fruits
		— des pierres
		Felsen-Labkraut
1303 b	258	**Galium cometerhizon** Lapeyr.
		— *cometerrhizon* (B, C, F, G)
		Gaillet à racines chevelues
1304	259	**Galium pyrenaicum** Gouan
		— *pumilum*
		subsp. *pyrenaïcum* (F)
		Gaillet des Pyrénées
1304 b	259	**Galium cespitosum** Lam.
		— *caespitosum* (B, C)
		— *pumilum*
		subsp. *caespitosum* (F)
		— *pyrenaicum* (G)
		Gaillet cespiteux
		— gazonnant
1305	259	**Galium pusillum** L.
		— *pumilum*
		subsp. *pusillum* (F)
		Gaillet nain
		— très petit
		Kleines Labkraut
1305 b2	259	**Galium tenue** Villars
		— *pumilum*
		subsp. *tenue* (F)
		Gaillet ténu
		Schmales Labkraut
1306	259	**Galium aparine** L.
		— *aparine*
		subsp. *eu-aparine* (F)
		Gaillet gratteron
		Klebkraut
		Kletten-Labkraut
1306 b	259	**Galium spurium** L.
		— *aparine*
		subsp. *spurium* (F)
		Gaillet bâtard
		Falsches Labkraut
1307	259	**Galium tricornutum** Dandy
		— *tricorne* (B, C, F)
		Gaillet à trois cornes
		Dreihörniges Labkraut
1308	259	**Galium verrucosum** Hudson
		— *saccharatum* (B, C, F)
		Gaillet sucré
		— verruqueux
		Warziges Labkraut
1309	259	**Galium palustre** L.
		— *palustre*
		subsp. *eu-palustre* (F)
		Gaillet des marais
		Sumpf-Labkraut
1309 b	260	**Galium elongatum** C. Presl
		— *palustre* (G)
		— *palustre*
		subsp. *elongatum* (F)
		Gaillet allongé
		Verlängertes Labkraut
1309 c	260	**Galium debile** Desv.
		— *constrictum* (C)
		— *palustre*
		subsp. *constrictum* (F)
		Gaillet débile
1310	260	**Galium uliginosum** L.
		Gaillet aquatique
		— fangeux
		Moor-Labkraut
1311	260	**Galium setaceum** Lam.
		Gaillet sétacé
1312	260	**Galium parisiense** L.
		— *anglicum* (B)
		— *parisiense*
		subsp. *anglicum* (F)
		Gaillet d'Angleterre
		— de Paris
		Pariser Labkraut
1312 2	260	**Galium decipiens** Jordan
		— *parisiense* (C)
		Gaillet décevant
1312 b	260	**Galium divaricatum** Lam.

Dessin	*Pl.*	*Taxon*
1312b	260	*Galium parisiense* (G)
		— *parisiense*
		subsp. *divaricatum* (F)
		Gaillet divariqué
1313	260	**Galium murale** (L.) All.
		Gaillet des murs
1314	260	**Galium verticillatum** Danthoine
		Gaillet verticillé
1314 b	260	**Galium minutulum** Jordan
		Gaillet minuscule
		— très minime
1315	261	**Valantia muralis** L.
		Vaillantia muralis (B, C, F)
		Vaillantie des murailles
1316	261	**Valantia hispida** L.
		Vaillantia hispida (B, C, F)
		Vaillantie hérissée
1317	261	**Galium odoratum** (L.) Scop.
		Asperula odorata (B, C, F, G)
		Aspérule odorante
		Gaillet odorant
		Echter Waldmeister
		Wohlriechendes Labkraut
1318	261	**Asperula taurina** L.
		— *taurina*
		subsp. *eu-taurina* (F)
		Aspérule de Turin
		Turiner Meister
		Turiner Waldmeister
1319	261	**Asperula laevigata** L.
		— *levigata* (F)
		Aspérule lisse
1320	261	**Galium glaucum** L.
		Asperula galioides (B, C, G)
		— *glauca* (F)
		Aspérule faux-gaillet
		Gaillet glauque
		Blaugrünes Labkraut
1321	261	**Asperula hirta** Ramond
		Aspérule hérissée
1322	262	**Asperula cynanchica** L.
		Aspérule à l'esquinancie
		Hügel-Meister
		Hügel-Waldmeister
1322 b	262	**Asperula aristata**
		subsp. **scabra**
		(J.S. Presl & C. Presl) Nyman
		— *aristata*
		subsp. *longiflora* (F)
		— *cynanchica*
		subsp. *aristata* (G)
		— *longiflora* (B, C)
		Aspérule à longues fleurs
		— rude
		Grannen-Meister
		Grannen-Waldmeister
1322 b2	262	**Asperula jordanii** Perrier & Song.
		— *aristata*
		subsp. *jordani* (F)
		— *cynanchica*
		subsp. *aristata* (G)
		— *longiflora* (C)
		Aspérule de Jordan
1323	262	**Asperula tinctoria** L.
		Aspérule des teinturiers
		Färber-Meister
		Färber-Waldmeister
1324	262	**Asperula hexaphylla** All.
		Aspérule à feuilles par six
1325	262	**Asperula arvensis** L.
		Aspérule des champs
		Acker-Meister
		Acker-Waldmeister
1326	262	**Sherardia arvensis** L.
		Rubéole des champs
		Shérardie des champs
		Ackerröte
1327	263	**Crucianella maritima** L.
		Crucianelle maritime
1328	263	**Crucianella latifolia** L.
		Crucianelle à larges feuilles
1328 2	263	**Crucianella latifolia** L.
		Crucianelle à larges feuilles
1329	263	**Crucianella angustifolia** L.
		Crucianelle à feuilles étroites
		Schmalblättrige Kreuzähre
		Schmalblättriges Kreuzblatt
1330	263	**Centranthus calcitrapae** (L.) Dufr.
		— *calcitrapa* (B, C, F, G)
		Centranthe chausse-trape
		Fussangel-Spornblume
1331	263	**Centranthus ruber** (L.) DC.
		Centranthe rouge
		Valériane rouge
		Rote Spornblume
1331 b	263	**Centranthus angustifolius** (Miller) DC.
		Centranthe à feuilles étroites
		Schmalblättrige Spornblume
1331 b2	263	**Centranthus lecoqii** Jordan
		— *angustifolius* (C, F)
		Centranthe de Lecoq
1332	264	**Valeriana officinalis** L.
		— *officinalis*
		subsp. *eu-officinalis* (F)
		Valériane officinale
		Echter Baldrian
		Gebräuchlicher Baldrian
1332 b	264	**Valeriana hispidula** Boiss.
		— *officinalis*
		subsp. *hispidula* (F)
		Valériane un peu hérissée
1332 c	264	**Valeriana officinalis**
		subsp. **sambucifolia**
		(Mikan f.) Čelak.
		— *excelsa* (B, C)
		— *officinalis*
		subsp. *excelsa* (F)
		— *sambucifolia* (G)
		Valériane à feuilles de sureau
		Holunderblättriger Baldrian
1333	264	**Valeriana phu** L.
		Valériane phu
1334	264	**Valeriana pyrenaica** L.
		— *pyrenaïca* (F)
		Valériane des Pyrénées
1335	265	**Valeriana tuberosa** L.
		Valériane tubéreuse
		Knolliger Baldrian
1336	265	**Valeriana globulariifolia** DC.
		— *globulariaefolia* (B, C, F)
		Valériane à feuilles de globulaire
1337	265	**Valeriana dioica** L.
		— *dioïca* (F)
		Valériane dioïque
		Sumpf-Baldrian
		Zweihäusiger Baldrian
1338	265	**Valeriana supina** Ardoino
		Valériane couchée
		Zwerg-Baldrian
1339	265	**Valeriana montana** L.
		Valériane des montagnes
		Berg-Baldrian
1339 b	265	**Valeriana tripteris** L.
		Valériane à feuilles divisées en trois
		— triséquée
		Dreiblatt-Baldrian
		Dreischnittiger Baldrian
1340	265	**Valeriana celtica** L.
		Valériane celte
		— nard-celtique
		Echter Speik
		Keltischer Baldrian
1341	265	**Valeriana saliunca** All.
		Valériane à feuilles de saule
		— saliunca
		Felsschutt-Baldrian
		Weidenblättriger Baldrian
1342	265	**Valeriana saxatilis** L.
		Valériane des rochers
		Felsen-Baldrian
1343	266	**Valerianella echinata** (L.) DC.
		Valérianelle à piquants
1344	266	**Valerianella coronata** (L.) DC.
		— *coronata*
		subsp. *eu-coronata* (F)
		Valérianelle à couronne
		— couronnée
		Krönchen-Ackersalat
		Krönchen-Nüsslisalat
1344 b	266	**Valerianella discoidea** (L.) Lois.
		— *coronata*
		subsp. *discoïdea* (F)
		Valérianelle à disque
1345	266	**Valerianella vesicaria** (L.) Moench
		Valérianelle à vessie
1346	266	**Valerianella locusta** (L.) Laterr.
		— *olitoria* (B, C, F, G)
		Doucette
		Mâche
		Rampon
		Valérianelle potagère
		Echter Nüsslisalat
1347	266	**Valerianella pumila** (L.) DC.
		— *membranacea* (F, G)
		Valérianelle naine
1348	266	**Valerianella rimosa** Bast.
		— *auricula* (B, C)
		Valérianelle à oreilles
		— sillonnée
		Gefurchter Ackersalat
		Gefurchter Nüsslisalat
1349	266	**Valerianella carinata** Lois.
		Valérianelle carénée
		— en carène
		Gekielter Ackersalat
		Gekielter Nüsslisalat
1350	267	**Valerianella dentata** (L.) Pollich
		— *morisoni*
		subsp. *dentata* (F)
		— *morisonii* (B, C)
		Valérianelle de Morison
		— dentée
		Gezähnter Ackersalat
		Gezähnter Nüsslisalat
1351	267	**Valerianella microcarpa** Lois.
		— *morisoni*
		subsp. *microcarpa* (F)
		Valérianelle à petits fruits
		Kleinfrüchtiger Ackersalat
		Kleinfrüchtiger Nüsslisalat
1351 2	267	**Valerianella puberula** (Guss.) DC.
		Valérianelle à petits poils
		— pubérulente
1352	267	**Valerianella muricata** (M. Bieb.) J.W. Loudon
		— *truncata* (B, C, F, G)
		Valérianelle muriquée
		— tronquée
1353	267	**Valerianella eriocarpa** Desv.
		Valérianelle à fruits velus
		Haarfrüchtiger Ackersalat
		Haarfrüchtiger Nüsslisalat
		Wollköpfiger Ackersalat
		Wollköpfiger Nüsslisalat
1354	267	**Fedia cornucopiae** (L.) Gaertner
		Fédia corne-d'abondance
1355	268	**Dipsacus fullonum** L.
		— *fullonum*
		subsp. *silvestris* (F)
		— *silvestris* (B, C)
		Cardère sauvage
		— silvestre
		Wilde Karde
1355 2	268	**Dipsacus laciniatus** L.
		— *fullonum*
		subsp. *laciniatus* (F)
		Cardère découpée
		— laciniée

Dessin	Pl.	Taxon
1355 2	268	Schlitzblättrige Karde
1356	268	**Dipsacus sativus** (L.) Honck.
		— *fullonum* (B, C)
		— *fullonum* subsp. *sativus* (F)
		Cardère à foulons
		— cultivée
1357	268	**Dipsacus pilosus** L.
		Cardère poilue
		Behaarte Karde
1358	269	**Cephalaria syriaca** (L.) Roemer & Schultes
		Céphalaire de Syrie
1359	269	**Cephalaria transsylvanica** (L.) Roemer & Schultes
		— *transsilvanica* (F)
		— *transylvanica* (B, C, T, G)
		Céphalaire de Transylvanie
1360	269	**Cephalaria alpina** (L.) Roemer & Schultes
		Céphalaire des Alpes
		Alpen-Kopfblume
		Alpen-Schuppenkopf
1361	270	**Knautia integrifolia** (L.) Bertol.
		— *hybrida* (B, C)
		Knautie à feuilles entières
		— hybride
1361 2	270	**Knautia integrifolia** (L.) Bertol.
		Knautie à feuilles entières
1362	270	**Knautia arvensis** (L.) Coulter
		Knautie des champs
		Acker-Witwenblume
1362 3	271	**Knautia timeroyi** Jordan
		— *purpurea* subsp. *timeroyi* (F)
		Knautie de Timeroy
1362 b	270	**Knautia drymeia** subsp. **centrifrons** (Borbás) Ehrend.
		— *drymeia* (B, G)
		Knautie de Hongrie
		— des chênaies
		Ungarische Witwenblume
1362 c	271	**Knautia dipsacifolia** Kreutzer
		— *silvatica* (B, C, F)
		Knautie à feuilles de cardère
		— des forêts
		Wald-Witwenblume
1362 d	271	**Knautia arvernensis** (Briq.) Szabó
		— *drymeia* (G)
		— *godeti* (F)
		— *longifolia* (B, C)
		Knautie à longues feuilles
		— d'Auvergne
1362 e	271	**Knautia purpurea** (Villars) Borbás
		— *collina* (C)
		Knautie pourpre
		Purpur-Witwenblume
1363	271	**Succisa pratensis** Moench
		Scabiosa succisa (B, C)
		Succisa praemorsa (F)
		Bâton-du-diable
		Scabieuse succise
		Succise des prés
		Teufelsabbiss
		Wiesen-Abbisskraut
1364	272	**Succisella inflexa** (Kluk) G. Beck
		Scabiosa australis (C)
		Succisa inflexa (F)
		Succiselle infléchie
		Sumpfabbiss
		Sumpf-Abbisskraut
1365	272	**Lomelosia graminifolia** (L.) Greuter & Burdet
		Scabiosa graminifolia (B, C, F, T, G)
		Lomélosie à feuilles de graminée
		Scabieuse à feuilles de graminée
		Grasblättriges Krätzkraut
		Grasblättrige Skabiose
1366	272	**Cephalaria leucantha** (L.) Roemer & Schultes
		Scabiosa leucantha (B)
		Céphalaire à fleurs blanches
		Scabieuse à fleurs blanches
1367	272	**Lomelosia stellata** (L.) Raf.
		Scabiosa monspeliensis (T)
		— *stellata* (B, C, G)
		— *stellata* subsp. *monspeliensis* (F)
		Lomélosie étoilée
		Scabieuse étoilée
1368	273	**Lomelosia argentea** (L.) Greuter & Burdet
		Scabiosa argentea (T, G)
		— *ucranica* (C, F)
		— *ukranica* (B)
		Lomélosie argentée
		Scabieuse d'Ukraine
1369	273	**Scabiosa columbaria** L.
		— *columbaria* subsp. *eu-columbaria* (F)
		Scabieuse colombaire
		Gewöhnliches Krätzkraut
		Gewöhnliche Skabiose
		Tauben-Krätzkraut
		Tauben-Skabiose
1369 2	273	**Scabiosa pyrenaica** All.
		— *columbaria* subsp. *pyrenaïca* (F)
		— *columbaria* subsp. *vestita* (G)
		Scabieuse des Pyrénées
1369 b	273	**Scabiosa lucida** Villars
		— *columbaria* subsp. *lucida* (F, G)
		Scabieuse luisante
		Glänzendes Krätzkraut
		Glänzende Skabiose
1369 c	273	**Scabiosa triandra** L.
		— *columbaria* subsp. *gramuntia* (F, G)
		— *gramuntia* (B, C)
		Scabieuse à trois étamines
		— gramontienne
		Südliches Krätzkraut
		Südliche Skabiose
1369 d	273	**Scabiosa canescens** Waldst. & Kit.
		— *suaveolens* (C)
		Scabieuse blanchâtre
		— odorante
		Graues Krätzkraut
		Graue Skabiose
1370	273	**Sixalix atropurpurea** subsp. **maritima** (L.) Greuter & Burdet
		Scabiosa atropurpurea (T, G)
		— *maritima* (B, C, F)
		Scabieuse maritime
		Sixalix maritime
1371	274	**Eupatorium cannabinum** L.
		Eupatoire chanvrine
		Gewöhnlicher Wasserdost
1372	274	**Adenostyles leucophylla** (Willd.) Reichb.
		Adénostyle à feuilles blanches
		Filziger Alpendost
1373	274	**Adenostyles alliariae** (Gouan) A. Kerner
		— *albifrons* (B, C)
		Adénostyle à feuilles d'alliaire
		— à tête blanche
		Grauer Alpendost
1374	274	**Adenostyles alpina** Bluff & Fingerh.
		— *glabra* (F)
		Adénostyle des Alpes
		Grüner Alpendost
		Kahler Alpendost
1375	275	**Homogyne alpina** (L.) Cass.
		Homogyne des Alpes
		Gewöhnlicher Alpenlattich
1376	275	**Petasites fragrans** (Villars) C. Presl
		Héliotrope d'hiver
		Pétasite odorant
		Wohlriechende Pestwurz
1377	275	**Petasites albus** (L.) Gaertner
		Pétasite blanc
		Weisse Pestwurz
1377 b	275	**Petasites paradoxus** (Retz.) Baumg.
		— *niveus* (B, C, F)
		Pétasite à feuilles d'un blanc de neige
		— blanc-de-neige
		— paradoxal
		Alpen-Pestwurz
		Schneeweisse Pestwurz
1378	275	**Petasites hybridus** (L.) P. Gaertner, Meyer & Scherb.
		— *officinalis* (C, F)
		— *vulgaris* (B)
		Grand taconnet
		Pétasite hybride
		— vulgaire
		Gewöhnliche Pestwurz
1379	276	**Tussilago farfara** L.
		Pas-d'âne
		Tussilage farfara
		— pas-d'âne
		Huflattich
1380	276	**Solidago virgaurea** L.
		— *virga aurea* subsp. *vulgaris* (F)
		— *virga-aurea* (B, C)
		Solidage verge-d'or
		Echte Goldrute
		Gewöhnliche Goldrute
1380 2	276	**Solidago virgaurea** subsp. **minuta** (L.) Arcang.
		— *virga aurea* subsp. *minuta* (F)
		— *virga-aurea* (C)
		Solidage menu
		Alpen-Goldrute
1380 3	276	**Solidago macrorrhiza** Lange
		— *virga aurea* subsp. *macrorrhiza* (F)
		— *virga-aurea* (C)
		Solidage à gros rhizome
1381	276	**Solidago gigantea** Aiton
		— *glabra* (B, C)
		— *serotina* (F)
		Solidage géant
		— glabre
		— tardif
		Späte Goldrute
1381 b	276	**Solidago canadensis** L.
		— *glabra* (C)
		Solidage du Canada
		Kanadische Goldrute
1382	276	**Aster linosyris** (L.) Bernh.
		Linosyris vulgaris (B, C)
		Aster linosyris
		Linosyris vulgaire
		Gold-Aster
1383	277	**Phagnalon sordidum** (L.) Reichb.
		— *tricephalum* (G)
		Phagnalon sordide
1384	277	**Phagnalon saxatile** (L.) Cass.
		Phagnalon des rochers
1384 b	277	**Phagnalon rupestre** (L.) DC.
		— *geminiflorum* (F)
		Phagnalon rupestre
1385	277	**Conyza canadensis** (L.) Cronq.
		Erigeron canadense (F)
		— *canadensis* (B, C, G)

Dessin	Pl.	Taxon
1385	277	Conyza du Canada
		Erigéron du Canada
		Vergerette du Canada
		Kanadisches Berufkraut
1386	277	**Conyza bonariensis** (L.) Cronq.
		— *ambigua* (C)
		Erigeron bonariensis (G)
		— *crispum* (F)
		— *crispus* (B)
		Conyza de Buenos Aires
		Erigéron crépu
		Vergerette crépue
1386 b	277	**Conyza floribunda** Kunth
		— *naudini* (C)
		Erigeron bonariensis (G)
		— *naudini* (F)
		Conyza à nombreuses fleurs
1387	277	**Erigeron acer** L.
		— *acre*
		subsp. *eu-acre* (F)
		— *acris* (B, C)
		Erigéron âcre
		Vergerette âcre
		Scharfes Berufkraut
1387 2	277	**Erigeron acer**
		subsp. **angulosus**
		(Gaudin) Vacc.
		— *acre*
		subsp. *angulosum* (F)
		— *acris* (C)
		Erigéron anguleux
		Vergerette anguleuse
		Kantiges Berufkraut
1388	278	**Erigeron alpinus** L.
		— *alpinum* (F)
		Erigéron des Alpes
		Vergerette des Alpes
		Alpen-Berufkraut
1388 2	277	**Erigeron glabratus** Bluff &
		Fingerh.
		— *alpinus*
		subsp. *glabratus* (G)
		— *polymorphum* (F)
		Erigéron glabre
		Vergerette glabre
		Kahles Berufkraut
		Vielgestaltiges Berufkraut
1388 3	278	**Erigeron neglectus** A. Kerner
		— *neglectum* (F)
		Erigéron négligé
		Vergerette négligée
		Übersehenes Berufkraut
1388 b	278	**Erigeron uniflorus** L.
		— *uniflorum* (F)
		Erigéron à un seul capitule
		Vergerette à un seul capitule
		Einköpfiges Berufkraut
1388 b2	278	**Erigeron frigidus** DC.
		— *uniflorum*
		subsp. *frigidum* (F)
		— *uniflorus* (C)
		Erigéron des régions froides
		Vergerette des régions froides
1388 c	278	**Erigeron atticus** Villars
		— *atticum* (F)
		— *villarsii* (B, C)
		Erigéron d'Attique
		— de Villars
		Vergerette d'Attique
		Attisches Berufkraut
		Reichdrüsiges Berufkraut
1388 c2	278	**Erigeron gaudinii** Bruegger
		— *atticus*
		subsp. *gaudinii* (G)
		— *gaudini* (F)
		— *villarsii* (C)
		Erigéron de Gaudin
		Vergerette de Gaudin
		Gaudins Berufkraut
1389	278	**Erigeron annuus** (L.) Pers. s.l.
		— *annuum* (F)
		Stenactis annua (B, C)
		Erigéron annuel
		Sténactis annuelle
		Vergerette annuelle
		Einjähriges Berufkraut
		Feinstrahliges Berufkraut
1390	278	**Aster novi-belgii** L.
		— *brumalis* (C)
		— *novi belgii*
		subsp. *eu-novi belgii* (F)
		Aster de la Nouvelle-Belgique
		Neubelgische Aster
1390 b	279	**Aster novi-belgii** L.
		— *brumalis* (C)
		— *novi belgii*
		subsp. *levigatus* (F)
		Aster de la Nouvelle-Belgique
1391	279	**Aster pyrenaeus** DC.
		Aster des Pyrénées
1392	279	**Aster sedifolius** L.
		— *acris* (B, C)
		— *sedifolius*
		subsp. *acer* (F)
		Aster à feuilles d'orpin
		— à feuilles de sédum
		— âcre
1392 b	279	**Aster sedifolius**
		subsp. **trinervis** (Pers.)
		Thell.
		— *trinervis* (B, C)
		Aster à trois nervures
1393	279	**Aster alpinus** L.
		Aster des Alpes
		Alpen-Aster
1394	279	**Aster amellus** L.
		Aster amelle
		Berg-Aster
1395	279	**Aster tripolium** L.
		Aster tripolium
1396	279	**Aster × salignus** Willd.
		— *salignus* (C, F, G)
		Aster à feuilles de saule
		Weidenblättrige Aster
1397	280	**Aster bellidiastrum** (L.) Scop.
		Bellidiastrum michelii (B, C)
		Aster bellidiastrum
		Bellidiastrum de Micheli
		Fausse-pâquerette
		Alpenmasslieb
1398	280	**Bellis annua** L.
		Pâquerette annuelle
1399	280	**Bellis perennis** L.
		Pâquerette vivace
		Ausdauerndes
		Gänseblümchen
		Massliebchen
1399 b	280	**Bellis sylvestris** Cirillo
		— *silvestris* (B, C, F)
		Pâquerette sauvage
1400	280	**Doronicum pardalianches** L.
		— *cordatum* (C)
		Doronic pardalianche
		Kriechende Gemswurz
1401	280	**Doronicum austriacum** Jacq.
		Doronic d'Autriche
		Österreichische Gemswurz
1402	281	**Doronicum plantagineum** L.
		— *plantagineum*
		subsp. *eu-plantagineum*
		(F)
		Doronic plantain
1403	281	**Doronicum grandiflorum** Lam.
		Aronicum scorpioides (C)
		Doronic à grandes fleurs
		Grossköpfige Gemswurz
1404	281	**Doronicum clusii** (All.) Tausch
		Aronicum clusii (C)
		Doronicum hirsutum (B)
		Doronic de Clusius
		— hérissé
		Clusius' Gemswurz
1405	281	**Arnica montana** L.
		Arnica des montagnes
		Berg-Arnika
		Wohlverleih
1406	282	**Senecio vulgaris** L.
		Herbe-aux-coitrons
		Séneçon vulgaire
		Gewöhnliches Kreuzkraut
1406 b	282	**Senecio viscosus** L.
		Séneçon visqueux
		Klebriges Kreuzkraut
1407	282	**Senecio sylvaticus** L.
		— *silvaticus* (B, C, F)
		Séneçon des bois
		Wald-Kreuzkraut
1407 b	282	**Senecio lividus** L.
		Séneçon livide
1408	282	**Senecio rupestris** Waldst. & Kit.
		Séneçon des rochers
		Felsen-Kreuzkraut
1409	282	**Senecio abrotanifolius** L.
		Séneçon à feuilles d'abrotanus
		— à feuilles d'aurone
		Eberreisblättriges Kreuzkraut
1410	282	**Senecio adonifolius** Lois.
		Séneçon à feuilles d'adonis
		Adonisblättriges Kreuzkraut
1411	283	**Senecio gallicus** Chaix
		Séneçon de France
		Französisches Kreuzkraut
1412	283	**Senecio leucanthemifolius**
		Poiret
		— *leucanthemifolius*
		subsp. *eu-*
		leucanthemifolius (F)
		Séneçon à feuilles de
		leucanthème
1412 b	283	**Senecio crassifolius** Willd.
		— *leucanthemifolius*
		subsp. *crassifolius*
		(F, G)
		Séneçon à feuilles épaisses
1413	283	**Senecio jacobaea** L.
		— *jacobaea*
		subsp. *eu-jacobaea* (F)
		— *jacobea* (G)
		Fleur-de-Saint-Jacques
		Séneçon jacobée
		Jakobs-Kreuzkraut
		Jakobskraut
1413 b	283	**Senecio erucifolius** L.
		— *erucaefolius* (B, F)
		Séneçon à feuilles de roquette
		Rukenblättriges Kreuzkraut
1413 c	283	**Senecio aquaticus** Hill
		— *jacobaea*
		subsp. *aquaticus* (F)
		Séneçon aquatique
		Wasser-Kreuzkraut
1413 d	283	**Senecio aquaticus**
		subsp. **barbareifolius**
		(Wimmer & Grab.)
		Walters
		— *erraticus* (C, G)
		— *jacobaea*
		subsp. *erraticus* (F)
		Séneçon à feuilles de barbarée
		Spreizendes Kreuzkraut
		Wander-Kreuzkraut
1414	284	**Senecio halleri** Dandy
		— *uniflorus* (B, C, F)
		Séneçon à un capitule
		— de Haller
		Einköpfiges Kreuzkraut
		Hallers Kreuzkraut
1415	284	**Senecio bicolor**
		subsp. **cineraria** (DC.)
		Chater
		— *cineraria* (B, C, F)
		Séneçon cendré
		— cinéraire
1416	284	**Senecio leucophyllus** DC.
		Séneçon à feuilles blanches
1416 b	284	**Senecio incanus** L.

Dessin	*Pl.*	*Taxon*
1416 b	284	Séneçon blanchâtre Graues Kreuzkraut
1416 c	284	**Senecio incanus** subsp. **carniolicus** (Willd.) Braun-Blanquet — *carniolicus* (B) Séneçon de Carniole Krainer Kreuzkraut
1417	284	**Senecio cordatus** Koch — *alpinus* subsp. *eu-alpinus* (F) Séneçon à feuilles en cœur Alpen-Kreuzkraut
1418	284	**Senecio cacaliaster** Lam. Séneçon cacaliaster — faux-cacalia Dost-Kreuzkraut
1419 a	285	**Senecio nemorensis** subsp. **fuchsii** (C. Gmelin) Čelak. — *fuchsii* (C) — *sarracenicus* (B) Séneçon de Fuchs — des Sarrasins Fuchs' Kreuzkraut
1419 b	285	**Senecio nemorensis** L. — *jacquinianus* (C) — *nemorensis* subsp. *jacquinianus* (F) — *sarracenicus* (B) Séneçon des Sarrasins — des taillis Busch-Kreuzkraut Hain-Kreuzkraut
1419 c	285	**Senecio fluviatilis** Wallr. — *sarracenicus* (B) Séneçon des cours d'eau — des Sarrasins
1420	285	**Senecio doria** L. Séneçon doria Fettblättriges Kreuzkraut
1421	285	**Senecio paludosus** L. Séneçon des marais Sumpf-Kreuzkraut
1422	286	**Senecio pyrenaicus** L. — *tourneforti* (F) — *tournefortii* (B, C) Séneçon de Tournefort — des Pyrénées
1423	286	**Senecio doronicum** L. — *doronicum* subsp. *eu-doronicum* (F) Séneçon doronic Gemswurz-Kreuzkraut
1423 2	286	**Senecio doronicum** subsp. **ruthenensis** (Mazuc & Timb.-Lagr.) Nyman — *doronicum* subsp. *rutenensis* (F) — *ruthenensis* (C) Séneçon de Rodez
1423 b	286	**Senecio doronicum** subsp. **gerardii** (Godron & Gren.) Nyman — *doronicum* subsp. *gerardi* (F) — *gerardi* (B, C) Séneçon de Gérard
1424	286	**Senecio congestus** (R. Br.) DC. — *palustris* (B, C, F) Séneçon aggloméré — des marécages Moor-Kreuzkraut
1425	286	**Senecio balbisianus** DC. Séneçon de Balbis
1426	287	**Senecio integrifolius** subsp. **capitatus** (Wahlenb.) Cuf. — *aurantiacus* (B, C) *Senecio capitatus* subsp. *eu-capitatus* (F) Séneçon orangé Kopfiges Kreuzkraut Orangerotes Kreuzkraut
1427	287	**Senecio helenitis** (L.) Schinz & Thell. — *lanceolatus* (C) — *spathulaefolius* (B, F) Séneçon à feuilles en spatule — hélénitis Spatelblättriges Kreuzkraut
1427 b	287	**Senecio helenitis** subsp. **macrochaetus** (Willk.) Brunerye — *brachychaetus* (C, F) Séneçon à grande aigrette
1427 c	287	**Senecio integrifolius** (L.) Clairv. — *campestris* (B, C) — *capitatus* subsp. *campestris* (F) Séneçon à feuilles entières — champêtre Ganzblättriges Kreuzkraut Ganzrandiges Kreuzkraut
1427 d	287	**Senecio lapeyrousii** Rothm. — *capitatus* subsp. *pyrenaïcus* (F) — *pyrenaicus* (C) Séneçon de Lapeyrouse
1428	288	**Ligularia sibirica** (L.) Cass. Ligulaire de Sibérie
1429	288	**Artemisia glacialis** L. Armoise des glaciers Genépi Gletscher-Edelraute
1430	288	**Artemisia umbelliformis** Lam. — *laxa* (F) — *mutellina* (B, C) Armoise lâche — mutelline Genépi blanc — jaune Echte Edelraute
1431	288	**Artemisia absinthium** L. Absinthe Armoise absinthe Absinth Wermut
1432	288	**Artemisia arborescens** L. Armoise arborescente
1433	288	**Artemisia alba** Turra — *alba* subsp. *camphorata* (F) — *camphorata* (B, C) Armoise blanche — camphrée Kampfer-Wermut Weisser Beifuss
1433 2	289	**Artemisia alba** Turra — *alba* subsp. *saxatilis* (F) — *incanescens* (C) Armoise blanche Kampfer-Wermut Weisser Beifuss
1434	289	**Artemisia atrata** Lam. Armoise noirâtre Schwarzer Beifuss
1435	289	**Artemisia eriantha** Ten. — *genipi* subsp. *eriantha* (F) — *villarsii* (B) Armoise à fleurs laineuses — de Villars Felsen-Edelraute
1436	289	**Artemisia chamaemelifolia** Villars Armoise à feuilles de camomille Kamillen-Beifuss Kamillen-Wermut
1437	289	**Artemisia vallesiaca** All. *Artemisia maritima* subsp. *vallesiaca* (G) — *maritima* subsp. *vallesiana* (F) — *valesiaca* (B) Armoise du Valais Walliser Beifuss Walliser Wermut
1438	289	**Artemisia pontica** L. Armoise du Pont — du Pont-Euxin — pontique Petite absinthe Pontischer Beifuss Pontischer Wermut
1439	290	**Artemisia campestris** subsp. **borealis** (Pallas) H. M. Hall & Clements — *borealis* subsp. *nana* (F) — *nana* (B, C) Armoise naine — septentrionale Nordischer Beifuss
1441	290	**Artemisia genipi** Weber — *spicata* (B, C) Armoise en épi — genépi Genépi noir Schwarze Edelraute
1442	290	**Artemisia vulgaris** L. Armoise vulgaire Herbe-à-cent-goûts Gewöhnlicher Beifuss
1442 b	290	**Artemisia verlotiorum** Lamotte — *selegensis* (C) — *verlotorum* (F) Armoise des frères Verlot Ostasiatischer Beifuss Verlotscher Beifuss
1443	291	**Artemisia dracunculus** L. Armoise estragon Estragon Estragon
1444	291	**Artemisia campestris** L. — *campestris* subsp. *eu-campestris* (F) Armoise champêtre Feld-Beifuss
1444 3	291	**Artemisia campestris** subsp. **maritima** Arcang. — *campestris* (C) — *campestris* subsp. *lloydi* (F) Armoise de Lloyd
1444 4	291	**Artemisia campestris** subsp. **glutinosa** (Besser) Battand. — *glutinosa* (C) Armoise glutineuse
1445	291	**Artemisia herba-alba** Asso — *aragonensis* (F) — *arragonensis* (B) Armoise d'Aragon — herbe-blanche
1446	292	**Artemisia maritima** L. — *maritima* subsp. *eu-maritima* (F) Armoise maritime
1446 b	292	**Artemisia caerulescens** subsp. **gallica** (Willd.) K. Persson — *gallica* (C) — *maritima* subsp. *caerulescens* (G) — *maritima* subsp. *gallica* (F) Armoise de France
1447	292	**Lonas annua** (L.) Vines & Druce — *inodora* (F)

Dessin	Pl.	Taxon
1447	292	Lonas annuelle — inodore
1448	292	**Balsamita major** Desf. *Chrysanthemum balsamita* (F, G) *Tanacetum balsamita* (B, C) Grande balsamite Herbe-au-coq Menthe-de-Notre-Dame Tanaisie balsamite Balsamkraut Marienbalsam
1449	292	**Tanacetum annuum** L. *Chrysanthemum annuum* (F, G) Tanaisie annuelle
1450	292	**Tanacetum vulgare** L. *Chrysanthemum tanacetum* (F) — *vulgare* (G) Barbotine Tanaisie vulgaire Rainfarn
1451	293	**Plagius flosculosus** (L.) Alavi & Heyw. *Chrysanthemum flosculosum* (F, G) *Plagius ageratifolius* (B, C) Plagie à feuilles d'agératum — flosculeuse
1452	293	**Tanacetum parthenium** (L.) Schultz-Bip. *Chrysanthemum parthenium* (F, G) *Leucanthemum parthenium* (B, C) Grande-camomille Leucanthème parthénium Tanaisie parthénium Falsche Kamille Mutterkraut
1453	293	**Tanacetum corymbosum** (L.) Schultz-Bip. *Chrysanthemum corymbosum* (F, G) *Leucanthemum corymbosum* (B, C) Leucanthème en corymbe Tanaisie en corymbe Dolden-Margerite Dolden-Wucherblume Straussblütige Margerite Straussblütige Wucherblume
1454	293	**Leucanthemum monspeliense** (L.) H. Coste *Chrysanthemum monspeliense* (F, G) *Leucanthemum palmatum* (B, C) Leucanthème de Montpellier — palmé
1455	293	**Leucanthemum vulgare** Lam. *Chrysanthemum leucanthemum* (G) — *leucanthemum* subsp. *eu-leucanthemum* (F) Grande marguerite Leucanthème vulgaire Marguerite Gewöhnliche Margerite Gewöhnliche Wucherblume Wiesen-Margerite Wiesen-Wucherblume
1455 b	294	**Leucanthemum pallens** (Gay) DC. *Chrysanthemum leucanthemum* subsp. *pallens* (F, G) Leucanthème pâle
1455 c	294	**Leucanthemum maximum** (Ramond) DC. *Chrysanthemum leucanthemum* subsp. *maximum* (F, G) Leucanthème élevé
1455 d	294	**Leucanthemum adustum** (Koch) Gremli *Chrysanthemum leucanthemum* subsp. *adustum* (G) — *leucanthemum* subsp. *montanum* (F) Leucanthème brûlé Berg-Margerite Berg-Wucherblume
1455 e	294	**Leucanthemum atratum** (Jacq.) DC. *Chrysanthemum atratum* (G) — *leucanthemum* subsp. *atratum* (F) Leucanthème noirâtre Hallers Margerite Hallers Wucherblume Schwarzrandige Margerite Schwarzrandige Wucherblume
1455 f	294	**Leucanthemum atratum** subsp. **coronopifolium** (Villars) Horvatić *Chrysanthemum coronopifolium* (F) *Leucanthemum coronopifolium* (C) Leucanthème à feuilles de coronope Krähenfussblättrige Margerite Krähenfussblättrige Wucherblume
1455 g	294	**Leucanthemum subglaucum** De Laramb. *Chrysanthemum leucanthemum* subsp. *subglaucum* (G) Leucanthème glaucescent
1455 h	294	**Leucanthemum discoideum** (All.) Coste *Chrysanthemum discoideum* (G) — *discoïdeum* (F) *Leucanthemum virgatum* (C) Leucanthème à fleurs toutes en tube
1456	294	**Leucanthemopsis alpina** (L.) Heyw. *Chrysanthemum alpinum* (G) — *alpinum* subsp. *eu-alpinum* (F) *Leucanthemum alpinum* (B, C) Leucanthémopsis des Alpes Leucanthème des Alpes Alpen-Margerite Alpen-Wucherblume
1456 b	294	**Leucanthemopsis alpina** (L.) Heyw. *Chrysanthemum alpinum* (G) — *pulverulentum* (F) *Leucanthemum pulverulentum* (C) Leucanthémopsis des Alpes Leucanthème pulvérulent
1457	294	**Leucanthemum graminifolium** (L.) Lam. *Chrysanthemum graminifolium* (G) — *leucanthemum* subsp. *montanum* (F) Leucanthème à feuilles de graminée
1458	295	**Chrysanthemum coronarium** L. Chrysanthème couronné
1459	295	**Coleostephus myconis** (L.) Reichb. f. *Chrysanthemum myconis* (B, C, F, G) Chrysanthème myconis Coléostéphus myconis Rindsauge-Margerite Rindsauge-Wucherblume
1460	295	**Chrysanthemum segetum** L. Chrysanthème des moissons Saat-Margerite Saat-Wucherblume
1461	295	**Chamomilla recutita** (L.) Rauschert *Matricaria chamomilla* (B, C, F, G) Camomille vraie Matricaire camomille Echte Kamille
1462	295	**Matricaria perforata** Mérat — *inodora* (B, C, F) — *maritima* subsp. *inodora* (G) Matricaire inodore — perforée Geruchlose Kamille Geruchlose Strandkamille
1462 2	295	**Matricaria maritima** L. — *inodora* subsp. *maritima* (F) Matricaire maritime
1463	295	**Anthemis maritima** L. Anthémis maritime
1463 b	296	**Anthemis secundiramea** Biv. Anthémis à rameaux tournés d'un même côté
1464	296	**Anthemis cotula** L. Anthémis cotule Camomille-des-chiens Stinkende Hundskamille
1465	296	**Anthemis arvensis** L. Anthémis des champs Fausse-camomille Oeil-de-vache Acker-Hundskamille
1465 b	296	**Anthemis arvensis** subsp. **incrassata** (Lois.) Nyman — *arvensis* (G) — *arvensis* subsp. *nicaeensis* (F) — *incrassata* (C) Anthémis épaissi
1466	296	**Anthemis cretica** L. — *montana* (B, C, F) Anthémis de Crète — des montagnes
1466 2	296	**Anthemis cretica** subsp. **saxatilis** (DC.) Ros. Fernandes — *montana* (C) — *montana* subsp. *saxatilis* (F) Anthémis des rochers
1466 3	296	**Anthemis carpatica** Willd. — *montana* (C) — *montana* subsp. *carpathica* (F) Anthémis des Carpates
1467	296	**Chamaemelum nobile** (L.) All. *Anthemis nobilis* (B, C, F, G) Anthémis noble Camomille noble — romaine Edelkamille Römische Kamille
1468	296	**Chamaemelum fuscatum** (Brot.) Carv. Vasc. *Anthemis fuscata* (C) — *praecox* (F, G) Anthémis brunâtre Camomille brunâtre
1469	297	**Chamaemelum mixtum** (L.) All. *Anthemis mixta* (B, C, F, G) Anthémis mixte Camomille mixte
1470	297	**Anthemis tinctoria** L. *Cota tinctoria* (B, C) Anthémis des teinturiers Cota des teinturiers Färber-Hundskamille Färberkamille
1471	297	**Anthemis altissima** L.

Dessin	Pl.	Taxon
1471	297	*Cota altissima* (B, C)
		Anthémis géant
		Cota élevé
		Riesen-Hundskamille
1472	297	**Anthemis triumfetti** (L.) DC.
		— *tinctoria* subsp. *triumfetti* (G)
		— *triumfettii* (F)
		Cota triumfetti (B, C)
		Anthémis de Trionfetti
		Cota de Trionfetti
		Triumfettis Hundskamille
1473	297	**Anacyclus clavatus** (Desf.) Pers.
		— *tomentosus* (F)
		Anacycle en massue
1474	297	**Anacyclus radiatus** Lois.
		Anacycle radié
1475	297	**Anacyclus valentinus** L.
		Anacycle de Valence
1476	298	**Otanthus maritimus** (L.) Hoffsgg. & Link
		Diotis candidissima (B)
		— *maritima* (C, F)
		Diotis blanc
		Otanthus maritime
1477	298	**Santolina chamaecyparissus** L.
		— *chamaecyparissus* subsp. *eu-chamaecyparissus* (F)
		Santoline petit-cyprès
		Zypressen-Heiligenkraut
1477 2	298	**Santolina chamaecyparissus** subsp. **squarrosa** (DC.) Nyman
		Santoline écailleuse
1477 b	298	**Santolina rosmarinifolia** L.
		— *chamaecyparissus* subsp. *viridis* (F)
		— *viridis* (C)
		Santoline à feuilles de romarin
1477 c	298	**Santolina chamaecyparissus** subsp. **tomentosa** (Pers.) Arcang.
		— *chamaecyparissus* subsp. *pecten* (F)
		— *pectinata* (B, C)
		Santoline pectinée
		— tomenteuse
1478	298	**Helianthus tuberosus** L.
		Hélianthe tubéreux
		Topinambour
		Erdbirne
		Knollen-Sonnenblume
		Topinambur
1479	298	**Helianthus annuus** L.
		Grand-Soleil
		Hélianthe annuel
		Tournesol
		Einjährige Sonnenblume
		Gewöhnliche Sonnenblume
1480	299	**Achillea ageratum** L.
		Achillée agératum
1481	299	**Achillea tomentosa** L.
		Achillée tomenteuse
		Filzige Schafgarbe
		Gelbe Schafgarbe
1482	299	**Achillea odorata** L.
		Achillée odorante
1483	299	**Achillea millefolium** L.
		— *millefolium s.l.* (G)
		— *millefolium* subsp. *eu-millefolium* (F)
		Achillée millefeuille
		Saigne-nez
		Gewöhnliche Schafgarbe
1483 3	299	**Achillea setacea** Waldst. & Kit.
		— *millefolium s.l.* (G)
		— *millefolium* subsp. *setacea* (F)
		Achillée sétacée
		Borstenblättrige Schafgarbe
1484	299	**Achillea distans** subsp. **tanacetifolia** Janchen
		— *millefolium s.l.* (G)
		— *millefolium* subsp. *tanacetifolia* (F)
		— *tanacetifolia* (B, C)
		Achillée à feuilles de tanaisie
		Rainfarnblättrige Schafgarbe
1484 2	299	**Achillea distans** Willd.
		— *dentifera* (C)
		— *millefolium s.l.* (G)
		— *millefolium* subsp. *tanacetifolia* (F)
		Achillée distante
		Rainfarnblättrige Schafgarbe
1485	300	**Achillea nobilis** L.
		— *nobilis* subsp. *eu-nobilis* (F)
		Achillée noble
		Edle Schafgarbe
1485 b	300	**Achillea ligustica** All.
		— *nobilis* subsp. *ligustica* (F)
		Achillée de Ligurie
1486	300	**Achillea chamaemelifolia** Pourret
		Achillée à feuilles de camomille
1488	300	**Achillea macrophylla** L.
		Achillée à grandes feuilles
		Grossblättrige Schafgarbe
1489	300	**Achillea nana** L.
		Achillée naine
		Zwerg-Schafgarbe
1490	300	**Achillea erba-rotta** subsp. **moschata** (Wulfen) I. Richardson
		— *moschata* (B, C, F)
		Achillée musquée
		Ivapflanze
		Moschus-Schafgarbe
1491	300	**Achillea clavennae** L.
		Achillée de Clavenna
		Bittere Schafgarbe
		Clavennas Schafgarbe
1492	300	**Achillea atrata** L.
		— *atrata* subsp. *halleri* (F)
		Achillée noirâtre
		Schwarze Schafgarbe
1493	301	**Achillea ptarmica** L.
		— *ptarmica* subsp. *eu-ptarmica* (F)
		Achillée ptarmique
		— sternutatoire
		Herbe-à-éternuer
		Sumpf-Schafgarbe
		Wilder Bertram
1493 b	301	**Achillea pyrenaica** Godron
		— *ptarmica* subsp. *pyrenaica* (G)
		— *ptarmica* subsp. *pyrenaïca* (F)
		Achillée des Pyrénées
1494	301	**Achillea erba-rotta** All.
		— *herba rotta* (F)
		— *herba-rota* (B, C)
		Achillée erba-rotta
		Westalpen-Schafgarbe
1495	301	**Bidens tripartita** L.
		— *tripartitus* (C)
		Bident triparti
		Chanvre-d'eau
		Breitblatt-Zweizahn
		Dreiteiliger Zweizahn
1495 2	301	**Bidens tripartita** L.
		— *bullata* (F)
		— *bullatus* (C)
		— *hirta* (B)
		Bident hérissé
		— triparti
1495 b	301	**Bidens radiata** Thuill.
		Bidens radiatus (C)
		Bident radié
		— rayonnant
		Strahlender Zweizahn
1496	302	**Bidens cernua** L.
		— *cernuus* (C)
		Bident penché
		Nickender Zweizahn
1497	302	**Bidens bipinnata** L.
		Kerneria bipinnata (B, C)
		Bident bipenné
		Kernérie bipennée
		Fiederblättriger Zweizahn
1498	302	**Buphthalmum salicifolium** L.
		Buphtalmum salicifolium (G)
		Buphthalmum salicifolium subsp. *eu-salicifolium* (F)
		Buphthalmum à feuilles de saule
		Gewöhnliches Ochsenauge
		Gewöhnliches Rindsauge
		Weidenblättriges Ochsenauge
		Weidenblättriges Rindsauge
1498 2	302	**Buphthalmum salicifolium** L.
		— *grandiflorum* (B, C)
		— *salicifolium* subsp. *grandiflorum* (F)
		Buphthalmum à feuilles de saule
		— à grandes fleurs
		Grossblütiges Ochsenauge
		Grossblütiges Rindsauge
1499	302	**Rudbeckia laciniata** L.
		Rudbeckie découpée
		— laciniée
		Schlitzblättrige Rudbeckie
		Schlitzblättriger Sonnenhut
1500	302	**Pallenis spinosa** (L.) Cass.
		Asteriscus spinosus (B, C)
		Astérolide épineux
		Pallénis épineux
		Stachliges Sternauge
1501	303	**Asteriscus aquaticus** (L.) Less.
		Odontospermum aquaticum (F)
		Astérolide aquatique
1502	303	**Asteriscus maritimus** (L.) Less.
		Odontospermum maritimum (F)
		Astérolide maritime
1503	303	**Inula helenium** L.
		Grande aunée
		Inule aunée
		— hélénie
		Echter Alant
1504	303	**Inula conyza** DC.
		Inule conyze
		Gewöhnliche Dürrwurz
1505	303	**Inula bifrons** (L.) L.
		Inule à deux faces
		— changeante
		Südlicher Alant
		Südliche Dürrwurz
1506	303	**Dittrichia graveolens** (L.) Greuter
		Inula graveolens (B, C, F, G)
		Dittrichia fétide
		Inule fétide
		Starkriechender Alant
1507	304	**Pulicaria sicula** (L.) Moris
		Inula sicula (B)
		Inule de Sicile
		Pulicaire de Sicile
1508	304	**Jasonia glutinosa** (L.) DC.
		Inula saxatilis (B)
		Inule des rochers
		Jasonia glutineuse
1509	304	**Pulicaria vulgaris** Gaertner
		Inula pulicaria (B)
		Inule pulicaire
		Pulicaire vulgaire
		Gewöhnliches Flohkraut
		Kleines Flohkraut

Dessin	Pl.	Taxon
1510	304	**Pulicaria odora** (L.) Reichb. *Inula odora* (B) Inule odorante Pulicaire odorante
1511	304	**Jasonia tuberosa** (L.) DC. *Inula tuberosa* (B) Inule tubéreuse Jasonia tubéreuse
1512	304	**Pulicaria dysenterica** (L.) Bernh. *Inula dysenterica* (B) Herbe-de-Saint-Roch Inule dysentérique Pulicaire dysentérique Grosses Flohkraut Ruhrkraut
1513	305	**Dittrichia viscosa** (L.) Greuter *Inula viscosa* (B, C, F, G) Dittrichia visqueuse Inule visqueuse
1514	305	**Inula britannica** L. Inule d'Angleterre — des prairies humides Wiesen-Alant
1515	305	**Inula helenioides** DC. — *helenioïdes* (F) Inule fausse-aunée
1516	305	**Inula montana** L. Inule des montagnes Berg-Alant
1517	305	**Inula crithmoides** L. — *crithmoïdes* (F) Inule faux-crithmum
1518	305	**Inula hirta** L. Inule hérissée Rauher Alant
1519	306	**Inula helvetica** G. Weber — *vaillanti* (F) — *vaillantii* (B, C) Inule de Suisse — de Vaillant Schweizerischer Alant
1520	306	**Inula spiraeifolia** L. — *spiraeïfolia* (F) — *squarrosa* (G) Inule à feuilles de spirée Sparriger Alant
1521	306	**Inula salicina** L. Inule à feuilles de saule Weiden-Alant
1522	306	**Helichrysum foetidum** (L.) Cass. Immortelle fétide
1523	306	**Helichrysum arenarium** (L.) Moench Immortelle des sables
1524	306	**Helichrysum italicum** (Roth) Don — *angustifolium* (B, C) — *italicum* subsp. *angustifolium* (F) Immortelle à feuilles étroites — d'Italie Italienische Immortelle Italienisches Sonnengold
1524 b	306	**Helichrysum italicum** subsp. **serotinum** (Boiss.) P. Fourn. — *serotinum* (C) Immortelle tardive
1524 c	307	**Helichrysum italicum** subsp. **microphyllum** (Willd.) Nyman — *microphyllum* (C) Immortelle à petites feuilles
1525	307	**Helichrysum stœchas** (L.) Moench — *staechas* (C, F) Immortelle stœchas Gewöhnliche Immortelle Gewöhnliches Sonnengold
1525 b	307	**Helichrysum decumbens** Cambess. Immortelle retombante
1526	307	**Omalotheca sylvatica** (L.) Schultz-Bip. & F. Schultz *Gnaphalium silvaticum* (B, C, F) — *sylvaticum* (G) Gnaphale des bois Omalothèque des bois Wald-Ruhrkraut
1526 b	307	**Omalotheca norvegica** (Gunnerus) Schultz-Bip. & F. Schultz *Gnaphalium norvegicum* (B, C, F, G) Gnaphale de Norvège Omalothèque de Norvège Norwegisches Ruhrkraut
1527	307	**Leontopodium alpinum** Cass. *Gnaphalium leontopodium* (B) Edelweiss Etoile-des-Alpes Gnaphale pied-de-lion Edelweiss
1528	307	**Filaginella uliginosa** (L.) Opiz *Gnaphalium uliginosum* (B, C, F, G) Filaginelle des marais Gnaphale des marais — fangeux Sumpf-Ruhrkraut
1529	307	**Logfia gallica** (L.) Cosson & Germ. *Filago gallica* (F, G) *Gnaphalium gallicum* (B) Cotonnière de France Gnaphale de France Logfia de France Französisches Fadenkraut
1529 2	307	**Logfia gallica** (L.) Cosson & Germ. *Filago gallica* (F) *Logfia tenuifolia* (C) Logfia de France — à feuilles étroites
1530	307	**Logfia neglecta** (Soyer-Will.) Holub *Filago neglecta* (C, F, G) *Gnaphalium neglectum* (B) Cotonnière négligée Gnaphale négligé Logfia négligée
1531	307	**Gnaphalium undulatum** L. Gnaphale ondulé
1532	308	**Antennaria dioica** (L.) Gaertner — *dioïca* (F) *Gnaphalium dioicum* (B) Antennaire dioïque Gnaphale dioïque Pied-de-chat dioïque Gewöhnliches Katzenpfötchen Zweihäusiges Katzenpfötchen
1533	308	**Antennaria carpatica** (Wahlenb.) Bluff & Fingerh. — *carpathica* (C, F, G) *Gnaphalium carpaticum* (B) Antennaire des Carpates Gnaphale des Carpates Pied-de-chat des Carpates Karpaten-Katzenpfötchen
1534	308	**Anaphalis margaritacea** (L.) Benth. Anaphalis perlé
1535	308	**Omalotheca supina** (L.) DC. *Gnaphalium supinum* (B, C, F, G) Gnaphale couché Omalothèque couchée Niedriges Ruhrkraut Zwerg-Ruhrkraut
1536	308	**Gnaphalium luteo-album** L. *Gnaphalium luteoalbum* (F) Gnaphale blanc-jaunâtre — jaunâtre Gelblichweisses Ruhrkraut
1537	308	**Filago lutescens** Jordan — *apiculata* (C) — *germanica* (F, G) *Gnaphalium germanicum* (B) Cotonnière jaunâtre Gnaphale d'Allemagne Gelbfilziges Fadenkraut
1537 2	308	**Filago vulgaris** Lam. — *canescens* (C) — *germanica* (F, G) Cotonnière blanchâtre — vulgaire Deutsches Fadenkraut Gewöhnliches Fadenkraut
1537 3	308	**Filago eriocephala** Guss. — *apiculata* (C) — *germanica* (F, G) *Gnaphalium eriocephalum* (B) Cotonnière à tête laineuse Gnaphale à tête laineuse
1538	308	**Filago pyramidata** L. — *germanica* subsp. *pyramidata* (G) — *spathulata* (C, F) *Gnaphalium spathulatum* (B) Cotonnière spatulée Gnaphale en spatule Pyramiden-Fadenkraut Spatelblättriges Fadenkraut
1539	308	**Logfia arvensis** (L.) Holub *Filago arvensis* (C, F, G) *Gnaphalium arvense* (B) Cotonnière des champs Gnaphale des champs Logfia des champs Acker-Fadenkraut
1540	308	**Logfia minima** (Smith) Dumort. *Filago minima* (C, F, G) *Gnaphalium minimum* (B) Cotonnière naine Gnaphale nain Logfia naine Kleines Fadenkraut
1541	309	**Bombycilaena erecta** (L.) Smoljan. *Micropus erectus* (B, C, F, G) Bombyciléna dressée Micrope dressé Aufrechte Falzblume
1541 b	309	**Bombycilaena discolor** (Pers.) Lainz *Micropus bombycinus* (F, G) Bombyciléna diversement colorée Micrope ver-à-soie
1542	309	**Evax pygmaea** (L.) Brot. Evax nain
1543	309	**Evax carpetana** Lange — *cavanillesi* (B, F) — *cavanillesii* (G) Evax de Carpétanie — de Cavanilles
1544	309	**Carpesium cernuum** L. Carpésium penché Nickende Kragenblume
1545	309	**Calendula arvensis** L. Souci des champs Acker-Ringelblume
1545 b	309	**Calendula tripterocarpa** Rupr. — *arvensis* (C) — *arvensis* subsp. *macroptera* (F, G) Souci à fruits à trois ailes
1546	309	**Echinops sphaerocephalus** L. Echinops à tête ronde Kugeldistel
1547	309	**Echinops ritro** L.

Dessin	Pl.	Taxon
		Echinops ritro
1548	310	**Galactites tomentosa** Moench Galactitès cotonneux — tomenteux
1549	310	**Tyrimnus leucographus** (L.) Cass. Tyrimne à taches blanches
1550	310	**Silybum marianum** (L.) Gaertner Chardon Marie Silybe de Marie Mariendistel
1551	310	**Onopordum acaulon** L. *Onopordon acaule* (B, C, F) Onoporde à tige courte
1552	311	**Onopordum acanthium** L. *Onopordon acanthium* (B, C) — *acanthium* subsp. *eu-acanthium* (F) Onoporde acanthe Stachel-Eselsdistel
1552 b	311	**Onopordum illyricum** L. *Onopordon illyricum* (B, C) — *illyricum* subsp. *eu-illyricum* (F) Onoporde d'Illyrie
1552 c	311	**Onopordum acanthium** subsp. **gautieri** (Rouy) Franco *Onopordon gautieri* (C) — *illyricum* subsp. *gautieri* (F) Onoporde de Gautier
1553	312	**Onopordum tauricum** Willd. *Onopordon tauricum* (C, F) — *virens* (B) Onoporde de Crimée — de Tauride — vert
1554	312	**Cynara scolymus** L. *Cinara scolymus* (C) *Cynara cardunculus* subsp. *scolymus* (F) Artichaut — scolyme Artischocke
1554 b	313	**Cynara cardunculus** L. *Cinara cardunculus* (C) *Cynara cardunculus* subsp. *eu-cardunculus* (F) Artichaut cardon Cardon Gemüse-Artischocke Kardone Spanische Artischocke
1555	313	**Notobasis syriaca** (L.) Cass. *Cirsium syriacum* (F, G) Notobasis de Syrie
1556	313	**Picnomon acarna** (L.) Cass. *Cirsium acarna* (F, G) Picnomon acarna
1557	313	**Cirsium vulgare** (Savi) Ten. — *lanceolatum* (B, C, F) Chardon lancéolé Cirse lancéolé — vulgaire Gewöhnliche Kratzdistel Lanzettblättrige Kratzdistel
1557 b	313	**Cirsium vulgare** (Savi) Ten. — *crinitum* (B, C) — *lanceolatum* subsp. *crinitum* (F) — *vulgare* subsp. *crinitum* (G) Cirse chevelu — vulgaire
1558	314	**Cirsium echinatum** (Desf.) DC. Cirse en hérisson
1559	314	**Cirsium ferox** (L.) DC. Cirse féroce
1560	314	**Cirsium eriophorum** (L.) Scop. *Cirsium eriophorum* subsp. *eu-eriophorum* (F) Chardon laineux Chardon-des-ânes Cirse laineux Wollköpfige Kratzdistel
1560 b	315	**Cirsium odontolepis** DC. — *eriophorum* subsp. *odontolepis* (F, G) Cirse à bractées dentées
1560 c	315	**Cirsium richteranum** Gillot — *eriophorum* subsp. *odontolepis* (G) — *eriophorum* subsp. *richterianum* (F) — *turbinatum* (C) Cirse de Richter
1561	315	**Cirsium palustre** (L.) Scop. Chardon des marais Cirse des marais Sumpf-Kratzdistel
1562	315	**Cirsium spinosissimum** (L.) Scop. Cirse très épineux Alpen-Kratzdistel Stachlige Kratzdistel
1563	316	**Cirsium glabrum** DC. Cirse glabre
1564	316	**Cirsium italicum** (Savi) DC. Cirse d'Italie
1565	316	**Cirsium monspessulanum** (L.) Hill Cirse de Montpellier Französische Kratzdistel Montpellier-Kratzdistel
1566	316	**Cirsium arvense** (L.) Scop. Chardon des champs Cirse des champs Ackerdistel Acker-Kratzdistel
1566 3	316	**Cirsium arvense** (L.) Scop. Chardon des champs Cirse des champs Ackerdistel Acker-Kratzdistel
1567	317	**Cirsium tuberosum** (L.) All. — *bulbosum* (B) — *tuberosum* subsp. *bulbosum* (F) Cirse bulbeux — tubéreux Knollige Kratzdistel
1567 b	317	**Cirsium dissectum** (L.) Hill — *anglicum* (B, C) — *tuberosum* subsp. *anglicum* (F, G) Chardon d'Angleterre Cirse d'Angleterre — découpé
1567 c	317	**Cirsium filipendulum** Lange — *tuberosum* subsp. *filipendulum* (F, G) Cirse filipendule
1568	317	**Cirsium helenioides** (L.) Hill — *heterophyllum* (B, C, F) Cirse à feuilles variées — fausse-hélénie Alant-Kratzdistel Verschiedenblättrige Kratzdistel
1569	318	**Cirsium erisithales** (Jacq.) Scop. Cirse érisithalès — glutineux Klebrige Kratzdistel
1569 b	318	**Cirsium rivulare** (Jacq.) All. Cirse des ruisseaux Bach-Kratzdistel
1570	319	**Cirsium oleraceum** (L.) Scop. Chardon potager Cirse des endroits cultivés — faux-épinard — maraîcher Kohldistel Wiesen-Kratzdistel
1571	319	**Cirsium carniolicum** subsp. **rufescens** (DC.) P. Fourn. — *carniolicum* (C) — *rufescens* (B) Cirse roussâtre
1572	319	**Cirsium montanum** (Willd.) Sprengel Cirse des montagnes Berg-Kratzdistel
1573	319	**Cirsium acaule** Scop. Chardon acaule Cirse à tige courte Stengellose Kratzdistel
1574	320	**Carduus argemone** subsp. **obtusisquamus** Franco — *defloratus* (B, C, F) — *defloratus s.l.* (G) Chardon à écailles obtuses — décapité
1574 b	320	**Carduus carlinifolius** Lam. — *carlinaefolius* (B, F) — *defloratus s.l.* (G) Chardon à feuilles de carline
1574 c	320	**Carduus medius** Gouan — *arctioides* (C) — *defloratus s.l.* (G) — *medius* subsp. *eu-medius* (F) Chardon intermédiaire
1575	320	**Carduus aurosicus** Villars Chardon du Mont Aurouse
1576	320	**Carduus carlinoides** Gouan — *carlinoïdes* (F) Chardon fausse-carline
1577	321	**Carduus tenuiflorus** Curtis Chardon à petites fleurs Schmalköpfige Distel
1577 b	321	**Carduus pycnocephalus** L. Chardon à capitules serrés Knäuelköpfige Distel
1578	321	**Carduus crispus** L. Chardon crépu Krause Distel
1579	321	**Carduus litigiosus** Nocca & Balbis — *sanctae-balmae* (B, C) Chardon de la Sainte-Baume
1579 b	321	**Carduus acicularis** Bertol. Chardon à aiguilles
1580	322	**Carduus personata** (L.) Jacq. — *personatus* (C) Chardon bardane Kletten-Distel
1581	322	**Carduus nutans** L. Chardon penché Nickende Distel
1582	322	**Carduus nigrescens** Villars — *hamulosus* (B, C) — *nigrescens* subsp. *spiniger* (F, G) Chardon à hameçons — noircissant Schwärzliche Distel
1582 b	322	**Carduus nigrescens** Villars — *nigrescens* subsp. *eu-nigrescens* (F) Chardon noircissant Schwärzliche Distel
1582 b2	322	**Carduus vivariensis** Jordan — *nigrescens* subsp. *vivariensis* (F, G) Chardon du Vivarais
1583	323	**Carduncellus mitissimus** (L.) DC. Cardoncelle molle

Dessin	Pl.	Taxon
1583	323	Cardoncelle sans épines
1584	323	**Carduncellus monspelliensium** All. — *monspeliensium* (B, C, F, G) Cardoncelle de Montpellier
1585	323	**Leuzea centauroides** (L.) Holub *Rhaponticum cinaroides* (C) — *cynaroides* (B) *Serratula centauroides* (G) — *centauroïdes* (F) Leuzée fausse-centaurée Rhapontique faux-artichaut
1586	323	**Leuzea rhapontica** subsp. **heleniifolia** (Gren. & Godron) Holub *Rhaponticum heleniifolium* (B) — *scariosum* (C) — *scariosum* subsp. *heleniifolium* (G) — *scariosum* subsp. *lyratum* (F) Leuzée à feuilles d'aunée Rhapontique à feuilles d'aunée Alpen-Bergscharte Riesen-Flockenblume
1587	323	**Leuzea rhapontica** (L.) Holub *Rhaponticum scariosum* (B, C, G) — *scariosum* subsp. *eu-scariosum* (F) Leuzée rhapontique Rhapontique scarieuse Alpen-Bergscharte Riesen-Flockenblume
1588	324	**Centaurea collina** L. Centaurée des collines Hügel-Flockenblume
1589	324	**Centaurea melitensis** L. Centaurée de Malte
1590	324	**Centaurea solstitialis** L. Centaurée du solstice Sonnenwend-Flockenblume
1591	324	**Centaurea diffusa** Lam. Centaurée diffuse Ausgebreitete Flockenblume Sparrige Flockenblume
1592	324	**Centaurea aspera** L. Centaurée rude Rauhe Flockenblume
1593	325	**Centaurea calcitrapa** L. Centaurée chausse-trape Chardon étoilé Fussangel-Flockenblume
1594	325	**Centaurea maculosa** Lam. — *maculosa* subsp. *rhenana* (F) — *paniculata* subsp. *maculosa* (G) Centaurée maculée — tachée Gefleckte Flockenblume
1594 b	325	**Centaurea corymbosa** Pourret — *paniculata* subsp. *caerulescens* (G) Centaurée en corymbe
1595	325	**Centaurea leucophaea** subsp. **pseudocoerulescens** (Briq.) Dostál — *cineraria* (C) — *cinerea* (B) — *paniculata* subsp. *controversa* (G) — *pseudo-cineraria* (F) Centaurée cendrée
1596	326	**Centaurea paniculata** L. — *paniculata* subsp. *eu-paniculata* (F) Centaurée en panicule Rispige Flockenblume
1596 2	326	**Centaurea paniculata** subsp. **rigidula** (Jordan) Dostál — *paniculata* (C, G) Centaurée assez raide
1596 3	326	**Centaurea spinabadia** subsp. **shuttleworthii** (Rouy) Dostál — *paniculata* subsp. *caerulescens* (G) Centaurée de Shuttleworth
1596 b	326	**Centaurea paniculata** subsp. **polycephala** (Jordan) Nyman — *paniculata* (C, G) Centaurée à nombreux capitules
1597	326	**Centaurea spinabadia** Timb.-Lagr. — *caerulescens* (B, C) — *paniculata* subsp. *caerulescens* (F, G) Centaurée à épines brunâtres
1597 b	326	**Centaurea spinabadia** subsp. **hanryi** (Jordan) Dostál — *hanryi* (C) — *paniculata* subsp. *caerulescens* (G) — *paniculata* subsp. *hanryi* (F) Centaurée d'Hanry
1597 c	326	**Centaurea leucophaea** Jordan — *paniculata* subsp. *leucophaea* (F, G) Centaurée blanc-brunâtre
1598	327	**Cheirolophus sempervirens** (L.) Pomel *Centaurea sempervirens* (B, C, F) Centaurée toujours verte Cheirolophus toujours vert
1599	327	**Cheirolophus intybaceus** (Lam.) Dostál *Centaurea intybacea* (B, C, F) *Cheirolophus intybacea* (G) Centaurée fausse-chicorée Cheirolophus fausse-chicorée
1600	327	**Centaurea jacea** L. — *jacea* subsp. *eu-jacea* (F) Centaurée jacée Tête-de-moineau Gewöhnliche Flockenblume Wiesen-Flockenblume
1600 b	327	**Centaurea jacea** L. — *amara* (B, C) — *jacea* subsp. *amara* (F) — *jacea* subsp. *angustifolia* (G) Centaurée amère — jacée Gewöhnliche Flockenblume Schmalblättrige Flockenblume Wiesen-Flockenblume
1600 b2	327	**Centaurea alba** L. s.l. — *alba* (B) Centaurée blanche Weisse Flockenblume
1600 c	327	**Centaurea nigra** L. — *nigra* subsp. *eu-nigra* (F) Centaurée noire
1600 d	327	**Centaurea debeauxii** subsp. **thuillieri** Dostál — *pratensis* (C, G) — *pratensis* subsp. *eu-pratensis* (F) Centaurée de Thuillier — des prés
1600 d2	328	**Centaurea decipiens** Thuill. — *pratensis* (C, G) Centaurée trompeuse
1600 e	328	**Centaurea microptilon** Gren. & Godron — *pratensis* (C, G) — *pratensis* subsp. *microptilon* (F) Centaurée sans aigrette
1600 f	328	**Centaurea debeauxii** Gren. & Godron — *nigra* (C, G) — *nigra* subsp. *debeauxi* (F) Centaurée de Debeaux
1601	328	**Centaurea rhaetica** Moritzi Centaurée de Rhétie Rätische Flockenblume
1602	328	**Centaurea procumbens** Balbis Centaurée couchée
1602 b	328	**Centaurea procumbens** subsp. **jordaniana** (Gren. & Godron) Rouy — *jordaniana* (C) Centaurée de Jordan
1603	329	**Centaurea pectinata** L. Centaurée en peigne
1604	329	**Centaurea uniflora** Turra — *uniflora* subsp. *eu-uniflora* (F) Centaurée à un capitule Einköpfige Flockenblume
1604 b	329	**Centaurea uniflora** subsp. **nervosa** (Willd.) Bonnier & Layens — *nervosa* (B, C) Centaurée à nervures prononcées — nervée Federige Flockenblume
1604 c	329	**Centaurea uniflora** subsp. **ferdinandi** (Gren.) Bonnier & Layens — *nervosa* (C) — *uniflora* subsp. *nervosa* (G) Centaurée de Ferdinand
1604 d	329	**Centaurea phrygia** subsp. **pseudophrygia** (C. Meyer) Gugler — *pseudo-phrygia* (B) Centaurée à perruque — fausse-centaurée-phrygienne Perückenähnliche Flockenblume
1605	330	**Centaurea scabiosa** L. — *scabiosa* subsp. *eu-scabiosa* (F) Centaurée scabieuse Skabiosen-Flockenblume
1605 b	330	**Centaurea alpestris** Hegetschw. — *kotschyana* (B) — *scabiosa* (C) — *scabiosa* subsp. *alpestris* (F, G) Centaurée alpestre Alpen-Flockenblume
1606	330	**Centaurea pullata** L. Centaurée bordée de noir
1607	330	**Centaurea montana** L. — *montana* subsp. *eu-montana* (F) Centaurée des montagnes Berg-Flockenblume
1607 2	330	**Centaurea triumfetti** subsp. **lugdunensis** (Jordan) Dostál — *lugdunensis* (C) — *montana* subsp. *lugdunensis* (F) Centaurée de Lyon

Dessin	Pl.	Taxon
1607 c	331	**Centaurea triumfetti** subsp. **semidecurrens** (Jordan) Dostál Centaurée à feuilles demi-décurrentes
1607 d	331	**Centaurea triumfetti** All. — *axillaris* (B) — *montana* subsp. *angustifolia* (F) Centaurée axillaire — de Trionfetti
1608	331	**Centaurea triumfetti** All. — *montana* subsp. *variegata* (F) — *triumfetti* subsp. *seusana* (G) — *variegata* (B, C) Centaurée de Trionfetti — variée Trionfettis Flockenblume
1609	331	**Centaurea cyanus** L. Bleuet Centaurée bleuet Kornblume
1610	331	**Mantisalca salmantica** (L.) Briq. & Cavill. *Microlonchus salmanticus* (B, C, F) Mantisalca de Salamanque Microlonque de Salamanque
1611	331	**Carthamus lanatus** L. *Centrophyllum lanatum* (C) *Kentrophyllum lanatum* (B) Carthame laineux Centrophylle laineuse Faux-safran Wolliger Saflor
1612	332	**Carduncellus caeruleus** (L.) C. Presl *Carthamus caeruleus* (F, G) *Centrophyllum caeruleum* (C) *Kentrophyllum caeruleum* (B) Cardoncelle bleue Centrophylle bleue
1613	332	**Cnicus benedictus** L. Chardon béni Cnicaut béni Benediktenkraut
1614	332	**Crupina vulgaris** Cass. Crupina vulgaire Gewöhnlicher Schlupfsame
1615	332	**Serratula tinctoria** L. — *tinctoria* subsp. *eu-tinctoria* (F) Serratule des teinturiers Färber-Scharte
1615 2	332	**Serratula tinctoria** subsp. **macrocephala** (Bertol.) Rouy — *tinctoria* (C) Serratule à gros capitules Grossköpfige Scharte Vulpius Scharte
1616	333	**Serratula lycopifolia** (Villars) A. Kerner — *heterophylla* (B, C) Serratule à feuilles de lycope — à feuilles variées
1616 b	333	**Serratula nudicaulis** (L.) DC. Serratule à tige nue Nacktstenglige Scharte
1617	333	**Jurinea humilis** (Desf.) DC. — *bocconi* (B) — *humilis* subsp. *gouani* (F) Jurinée de Boccone — humble — peu élevée
1618	333	**Leuzea conifera** (L.) DC. Leuzée à cônes — conifère Zapfenkopf
1619	333	**Berardia subacaulis** Villars *Berarda subacaulis* (F) Bérardie à tige courte — laineuse Berardia
1620	333	**Saussurea discolor** (Willd.) DC. Saussurée à deux couleurs — diversement colorée Weissfilzige Alpenscharte Zweifarbige Alpenscharte
1621	333	**Saussurea alpina** (L.) DC. — *alpina* subsp. *eu-alpina* (F) Saussurée des Alpes Gewöhnliche Alpenscharte
1621 2	333	**Saussurea alpina** subsp. **macrophylla** (Sauter) Nyman — *alpina* (C) Saussurée à grandes feuilles
1621 b	334	**Saussurea alpina** subsp. **depressa** (Gren.) Nyman — *depressa* (B, C, G) Saussurée de petite taille Niedere Alpenscharte
1622	334	**Staehelina dubia** L. Stéhéline douteuse Zweifelhafte Strauchscharte
1623	334	**Ptilostemon casabonae** (L.) Greuter *Chamaepeuce casabonae* (B, C) *Cirsium casabonae* (F, G) Chamépeuce de Casabona Ptilostémon de Casabona
1624	334	**Carlina lanata** L. Carline laineuse
1625	334	**Carlina corymbosa** L. Carline en corymbe
1626	334	**Carlina vulgaris** L. — *vulgaris* subsp. *eu-vulgaris* (F) Carline vulgaire Gewöhnliche Eberwurz Golddistel
1626 b	335	**Carlina vulgaris** subsp. **longifolia** Nyman — *longifolia* (B) — *nebrodensis* (C) — *vulgaris* subsp. *stricta* (F) Carline à feuilles allongées Aufrechte Eberwurz
1627	335	**Carlina acaulis** L. Carline à tiges courtes — sans tige Stengellose Eberwurz Silberdistel
1627 2	335	**Carlina acaulis** subsp. **simplex** (Waldst. & Kit.) Nyman — *acaulis* (C, F, G) Carline à tige développée — simple Einfache Eberwurz
1628	335	**Carlina acanthifolia** All. — *acanthifolia* subsp. *eu-acanthifolia* (F) Carline à feuilles d'acanthe Akanthusblättrige Eberwurz
1629	336	**Atractylis cancellata** L. Atractyle en treillis
1630	336	**Atractylis humilis** L. Atractyle humble — peu élevée
1631 a	336	**Arctium minus** Bernh. *Lappa communis* (B) — *minor* (C) Bardane à petites têtes — commune Bardane mineure Kleine Klette
1631 b	336	**Arctium lappa** L. *Lappa communis* (B) — *officinalis* (C) Bardane commune Grosse Klette
1631 c	336	**Arctium tomentosum** Miller *Lappa communis* (B) — *tomentosa* (C) Bardane commune — tomenteuse Filzige Klette
1631 d	336	**Arctium nemorosum** Lej. *Lappa communis* (B) — *nemorosa* (C) Bardane commune — des bois Gewöhnliche Klette Hain-Klette
1632	337	**Xeranthemum cylindraceum** Sibth. & Smith — *foetidum* (F) Xéranthème cylindrique Stinkende Strohblume
1633	337	**Xeranthemum annuum** L. Xéranthème annuel Einjährige Strohblume
1633 b	337	**Xeranthemum inapertum** (L.) Miller Xéranthème fermé Felsenheide-Strohblume Geschlossene Strohblume
1634	337	**Catananche caerulea** L. Catananche bleue Cupidone Blaue Rasselblume
1635	338	**Cichorium intybus** L. Chicorée intybe — sauvage Gewöhnliche Wegwarte Zichorie
1635 b	338	**Cichorium endivia** subsp. **divaricatum** (Schousboe) Sell — *divaricatum* (B) — *endivia* subsp. *pumilum* (F) — *intybus* (C) — *pumilum* (G) Chicorée à rameaux divariqués
1636	338	**Tolpis barbata** (L.) Gaertner Trépane barbue Bärtige Christusauge
1637	338	**Tolpis virgata** Bertol. Trépane effilée
1638 1-3	339	**Hedypnois cretica** (L.) Dum.-Cours. — *polymorpha* (B , C) — *rhagadioloïdes* (F) Hédipnoïs de Crète — polymorphe
1639	339	**Hyoseris scabra** L. Hyoséris scabre
1640	339	**Hyoseris radiata** L. Hyoséris rayonnante
1641	339	**Rhagadiolus stellatus** (L.) Gaertner Rhagadiole étoilé Sternlattich
1641 2	339	**Rhagadiolus stellatus** (L.) Gaertner Rhagadiole étoilé
1642	340	**Arnoseris minima** (L.) Schweigger & Koerte Arnoséris minime Lämmerlattich
1643	340	**Aposeris foetida** (L.) Less. Aposéris fétide Stinkender Hainlattich
1644	340	**Lapsana communis** L. *Lampsana communis* (F, G)

Dessin	Pl.	Taxon
1644	340	Lampsane commune
		Lapsane commune
		Poule-grasse
		Gewöhnlicher Rainkohl
1645	340	**Hypochoeris maculata** L.
		Porcelle tachée
		Geflecktes Ferkelkraut
1645 b	340	**Hypochoeris uniflora** Villars
		Porcelle à un seul capitule
		Einköpfiges Ferkelkraut
1646	341	**Hypochoeris radicata** L.
		Porcelle enracinée
		Gewöhnliches Ferkelkraut
		Wiesen-Ferkelkraut
1647	341	**Hypochoeris glabra** L.
		Porcelle des sables
		— glabre
		Kahles Ferkelkraut
		Sand-Ferkelkraut
1648	341	**Hypochoeris achyrophorus** L.
		— *aetnensis* (F)
		Seriola aetnensis (B, C)
		Porcelle achyrophorus
		Sériole de l'Etna
1649	341	**Leontodon taraxacoides** subsp. **longirostris** Finch & Sell
		— *taraxacoides* (G)
		Thrincia hispida (B, C)
		— *nudicaulis* subsp. *hispida* (F)
		Léontodon à long bec
		Liondent à long bec
		Thrincie hispide
1649 b	341	**Leontodon tuberosus** L.
		Thrincia nudicaulis subsp. *tuberosa* (F)
		— *tuberosa* (C)
		Léontodon tubéreux
		Liondent tubéreux
		Thrincie tubéreuse
		Knolliger Löwenzahn
1650	342	**Leontodon taraxacoides** (Villars) Mérat
		Thrincia hirta (B, C)
		— *nudicaulis* subsp. *taraxacoïdes* (F)
		Léontodon faux-pissenlit
		Liondent faux-pissenlit
		Thrincie hérissée
		Hundslattich
1651	342	**Leontodon montanus** Lam.
		Apargia taraxaci (B)
		Leontodon taraxaci (C)
		Apargie faux-pissenlit
		Léontodon des montagnes
		Liondent des montagnes
		Alpen-Löwenzahn
		Berg-Löwenzahn
1652	342	**Leontodon autumnalis** L.
		Léontodon d'automne
		Liondent d'automne
		Herbst-Löwenzahn
1653	342	**Leontodon crispus** Villars
		Léontodon crépu
		Liondent crépu
		Krausblättriger Löwenzahn
1654	342	**Leontodon hirtus** L.
		— *villarsii* (B, C)
		Léontodon de Villars
		— hérissé
		Liondent de Villars
		— hérissé
1655	342	**Leontodon pyrenaicus** Gouan s.l.
		— *pyrenaicus* (B, C, G)
		— *pyrenaïcus* (F)
		Léontodon des Pyrénées
		Liondent des Pyrénées
		Pyrenäer Löwenzahn
		Schweizerischer Löwenzahn
1656	342	**Leontodon hispidus** L.
		Leontodon proteiformis (B)
		Léontodon changeant
		— hispide
		Liondent changeant
		— hispide
		Gewöhnlicher Löwenzahn
		Steifhaariger Löwenzahn
1656 b	343	**Leontodon hispidus** subsp. **alpinus** (Jacq.) Finch & Sell
		— *alpinus* (B)
		— *hispidus* (F)
		Léontodon des Alpes
		Liondent des Alpes
1656 c	343	**Leontodon hispidus** subsp. **danubialis** (Jacq.) Simonkai
		— *hastilis* (B)
		— *hispidus* (C, F)
		Léontodon à feuilles hastées
		— du Danube
		Liondent à feuilles hastées
		— du Danube
1656 d	343	**Leontodon incanus** (L.) Schrank
		Léontodon blanchâtre
		Liondent blanchâtre
		Grauer Löwenzahn
1657	343	**Picris sprengerana** (L.) Poiret
		— *sprengeria* (B)
		— *sprengeriana* (C, F)
		Picride de Sprenger
1658	343	**Picris pauciflora** Willd.
		Picride à fleurs peu nombreuses
1659	343	**Picris hieracioides** L.
		— *hieracioïdes* subsp. *eu-hieracioïdes* (F)
		Picride fausse-épervière
		Habichtskrautartiges Bitterkraut
1659 b	344	**Picris hieracioides** subsp. **villarsii** (Jordan) Nyman
		— *hieracioïdes* subsp. *pyrenaïca* (F)
		— *pyrenaica* (C)
		Picride de Villars
		— des Pyrénées
1659 c	344	**Picris hieracioides** subsp. **spinulosa** (Guss.) Arcang.
		— *hieracioides* (C)
		— *hieracioïdes* subsp. *spinulosa* (F)
		— *spinulosa* (B)
		Picride spinuleuse
1660	344	**Picris echioides** L.
		Helminthia echioides (B, C)
		Picris echioïdes (F)
		Helminthine fausse-vipérine
		Picride fausse-vipérine
		Natterkopfartiges Bitterkraut
		Wurmlattich
		Wurmsalat
1661	344	**Urospermum dalechampii** (L.) F.W. Schmidt
		— *dalechampsi* (F)
		Urosperme de Daléchamp
1662	344	**Urospermum picroides** (L.) F.W. Schmidt
		— *picroïdes* (F)
		Urosperme fausse-picride
1663	345	**Scorzonera hirsuta** L.
		Scorzonère hérissée
		Rauhhaarige Schwarzwurzel
1664	345	**Scorzonera purpurea** L.
		Scorzonère pourprée
1665	345	**Scorzonera austriaca** Willd.
		Scorzonère d'Autriche
		Österreichische Schwarzwurzel
1665 b	345	**Scorzonera austriaca** subsp. **bupleurifolia** (Pouz.) Bonnier
		— *crispa* (C)
		Scorzonère à feuilles de buplèvre
1666	345	**Scorzonera brevicaulis** Vahl
		— *coronopifolia* (F, G)
		Scorzonère à tige courte
1667	345	**Scorzonera hispanica** L.
		Scorzonère d'Espagne
		Garten-Schwarzwurzel
		Spanische Schwarzwurzel
1667 b	345	**Scorzonera crispatula** (Boiss.) Boiss.
		— *hispanica* (C)
		Scorzonère crépue
1668	346	**Scorzonera humilis** L.
		Scorzonère humble
		— peu élevée
		Kleine Schwarzwurzel
		Niedrige Schwarzwurzel
1668 b	346	**Scorzonera parviflora** Jacq.
		Scorzonère à petites fleurs
1669	346	**Scorzonera aristata** DC.
		Scorzonère à arêtes
1670	346	**Scorzonera laciniata** L.
		Podospermum laciniatum (B, C, F)
		Podosperme en lanières
		Scorzonère en lanières
		Schlitzblättrige Schwarzwurzel
		Schlitzblättriges Stielsamenkraut
1671	346	**Tragopogon pratensis** L.
		— *pratensis* subsp. *eu-pratensis* (F)
		Salsifis des prés
		Wiesen-Bockskraut
1671 b	347	**Tragopogon pratensis** subsp. **orientalis** (L.) Čelak.
		— *orientalis* (B)
		— *pratensis* (C)
		Salsifis d'Orient
		Östlicher Bockskraut
1672	347	**Tragopogon dubius** Scop.
		— *dubius* subsp. *major* (F, G)
		— *major* (B)
		Salsifis douteux
		— majeur
		Grosser Bocksbart
1672 b	347	**Tragopogon dubius** Scop.
		— *dubius* subsp. *eu-dubius* (F)
		Salsifis douteux
1673	347	**Tragopogon porrifolius** L.
		— *porrifolius* subsp. *sativus* (F)
		Salsifis à feuilles de poireau
		— cultivé
		Haferwurzel
		Weisswurz
1673 b	347	**Tragopogon crocifolius** L.
		Salsifis à feuilles de crocus
		— à feuilles de safran
		Krokusblättriger Bocksbart
		Safranblättriger Bocksbart
1673 c	347	**Tragopogon crocifolius** L.
		— *angustifolius* (F, G)
		Salsifis à feuilles de crocus
		— à feuilles de safran
1673 d	347	**Tragopogon porrifolius** subsp. **australis** (Jordan) Nyman
		— *australis* (C)
		Salsifis austral
1674	348	**Tragopogon hybridus** L.
		Geropogon glaber (C)
		— *glabrum* (B)

Dessin *Pl.* *Taxon*

1674 348 *Tragopogon geropogon* (F)
Géropogon glabre
Salsifis hybride
1675 348 **Chondrilla juncea** L.
Chondrille à tige de jonc
Binsen-Knorpellattich
Binsen-Knorpelsalat
Ruten-Knorpellattich
Ruten-Knorpelsalat
1676 348 **Calycocorsus stipitatus** (Jacq.) Rauschert
Willemetia apargioides (B, C)
— *stipitata* (F)
Calycocorsus stipité
Willemétie fausse-apargie
Gestielter Kronlattich
1677 348 **Chondrilla chondrilloides** (Ard.) Karsten
— *prenanthoides* (C)
— *prenanthoïdes* (F)
Willemetia prenanthoides (B)
Chondrille fausse-chondrille
Willemétie faux-prénanthès
Alpen-Knorpellattich
Alpen-Knorpelsalat
1678 a 348 **Taraxacum officinale** aggr.
— *dens-leonis* (B)
— *officinale* (C, G)
— *officinale*
subsp. *vulgare* (F)
Dent-de-lion
Pissenlit
— dent-de-lion
— officinal
Echter Löwenzahn
Gewöhnliches Pfaffenröhrlein
Kuhblume
1678 b 349 **Taraxacum simile** aggr.
— *dens-leonis* (B)
— *laevigatum* (G)
— *levigatum*
subsp. *eu-levigatum* (F)
— *officinale* (C)
Dent-de-lion
Pissenlit
— dent-de-lion
— semblable
Glattes Pfaffenröhrlein
1678 c 349 **Taraxacum erythrospermum** aggr.
— *dens-leonis* (B)
— *laevigatum* (G)
— *levigatum*
subsp. *eu-levigatum* (F)
— *officinale* (C)
Dent-de-lion
Pissenlit
— à fruits rouges
— dent-de-lion
1678 d 349 **Taraxacum bithynicum** aggr.
— *bithynicum* (G)
— *dens-leonis* (B)
— *gymnanthum* (C, F)
Dent-de-lion
Pissenlit
— de Bithynie
— dent-de-lion
1678 e 349 **Taraxacum obovatum** aggr.
— *dens-leonis* (B)
— *obovatum* (B, C, G)
— *officinale*
subsp. *leucospermum* (F)
— *officinale*
subsp. *obovatum* (F)
Dent-de-lion
Pissenlit
— dent-de-lion
— obové
1678 f 349 **Taraxacum palustre** aggr.
— *dens-leonis* (B)
Taraxacum officinale
subsp. *palustre* (F)
— *palustre* (B, C, G)
Dent-de-lion
Pissenlit
— dent-de-lion
— des marais
Sumpf-Pfaffenröhrlein
1678 g 349 **Taraxacum apenninum** aggr.
— *alpinum* (G)
— *dens-leonis* (B)
— *officinale*
subsp. *alpinum* (F)
— *officinale*
subsp. *pyrenaïcum* (F)
Dent-de-lion
Pissenlit
— dent-de-lion
— des Apennins
1678 h 349 **Taraxacum cucullatum** aggr.
— *cucullatum* (G)
— *dens-leonis* (B)
— *officinale*
subsp. *cucullatum* (F)
Dent-de-lion
Pissenlit
— à capuchon
— dent-de-lion
Kapuzen-Pfaffenröhrlein
1679 349 **Lactuca viminea** (L.) J. Presl & C. Presl
— *eu-viminea* (F)
Laitue des vignes
— effilée
Ruten-Lattich
1679 b 350 **Lactuca viminea**
subsp. **chondrilliflora** (Boreau) Bonnier
— *viminea* (C, F)
Laitue à fleurs de chondrille
1679 c 350 **Lactuca viminea**
subsp. **ramosissima** (All.) Bonnier
— *ramosissima* (C)
— *viminea* (F)
Laitue très rameuse
1680 350 **Lactuca saligna** L.
Laitue à feuilles de saule
Weidenblättriger Lattich
1681 350 **Lactuca serriola** L.
— *scariola* (B, C, F)
Laitue scariole
— serriole
Kompass-Lattich
Wilder Lattich
1681 b 351 **Lactuca virosa** L.
Laitue vireuse
Gift-Lattich
1681 c 351 **Lactuca sativa** L.
Laitue cultivée
Gartensalat
Kopfsalat
Lattich
1682 351 **Lactuca quercina** L.
— *chaixi* (C)
— *chaixii* (B)
— *quercina*
subsp. *chaixi* (F)
Laitue à feuilles de chêne
— de Chaix
1683 351 **Lactuca perennis** L.
Laitue vivace
Ausdauernder Lattich
Blauer Lattich
1683 b 351 **Lactuca tenerrima** Pourret
Laitue délicate
Zarter Lattich
1684 352 **Mycelis muralis** (L.) Dumort.
Lactuca muralis (C, G)
Phoenopus muralis (B)
Mycélis des murs
Phénope des murs
Mauerlattich
1685 352 **Prenanthes purpurea** L.
Prénanthès pourpré
Purpur-Hasenlattich
1685 2 352 **Prenanthes purpurea** L.
Prénanthès pourpré
Purpur-Hasenlattich
1686 352 **Sonchus arvensis** L.
— *arvensis*
subsp. *eu-arvensis* (F)
Laiteron des champs
Acker-Gänsedistel
1687 353 **Sonchus palustris** L.
Laiteron des marais
Sumpf-Gänsedistel
1688 353 **Sonchus tenerrimus** L.
Laiteron délicat
Zarte Gänsedistel
1689 353 **Sonchus oleraceus** L.
Lait-d'âne
Laiteron maraîcher
Gewöhnliche Gänsedistel
Kohl-Gänsedistel
1690 353 **Sonchus asper** (L.) Hill
Laiteron âpre
— rude
Rauhe Gänsedistel
1690 b 353 **Sonchus asper**
subsp. **glaucescens** (Jordan) Ball
— *glaucescens* (C, F)
Laiteron glaucescent
1691 354 **Sonchus maritimus** L.
— *arvensis*
subsp. *maritimus* (F)
Laiteron maritime
1692 354 **Cicerbita alpina** (L.) Wallr.
Mulgedium alpinum (B)
Sonchus alpinus (C)
Cicerbite des Alpes
Mulgédie des Alpes
Alpen-Milchlattich
1693 355 **Cicerbita plumieri** (L.) Kirschl.
Mulgedium plumieri (B)
Sonchus plumieri (C)
Cicerbite de Plumier
Mulgédie de Plumier
Plumiers Milchlattich
1694 355 **Reichardia picroides** (L.) Roth
Picridium vulgare (B, C)
Reichardia picroïdes (F)
Picridie vulgaire
Reichardia fausse-picride
1695 355 **Crepis zacintha** (L.) Babc.
Zacintha verrucosa (B, C, F)
Crépide zacinthe
Zacinthe verruqueuse
1696 356 **Crepis sancta** (L.) Babc.
Lagoseris sancta
subsp. *neumausensis* (F)
Pterotheca nemausensis (B)
— *sancta* (C)
Crépide sainte
Ptérothèque de Nîmes
Flügellattich
Nîmes-Pippau
1697 356 **Crepis suffreniana** (DC.) Lloyd
Barkhausia suffreniana (B)
Barkhausie de Suffren
Crépide de Suffren
1698 356 **Crepis setosa** Haller f.
Barkhausia setosa (B)
Barkhausie à soies
Crépide à soies
Borsten-Pippau
1699 356 **Crepis vesicaria**
subsp. **haenseleri** (DC.) Sell
Barkhausia taraxacifolia (B)
Crepis taraxacifolia (C)
— *vesicaria*
subsp. *taraxacifolia* (F)

Dessin	*Pl.*	*Taxon*
1699	356	Barkhausie à feuilles de pissenlit
		Crépide de Haenseler
		Löwenzahnblättriger Pippau
1699 b	356	**Crepis vesicaria** subsp. **haenseleri** (DC.) Sell
		— *taraxacifolia* (C)
		— *vesicaria* subsp. *taraxacifolia* (F)
		Crépide de Haenseler
1700	357	**Crepis leontodontoides** All.
		Barkhausia leontodontoides (B)
		Crepis leontodontoïdes (F)
		Barkhausie faux-léontodon
		— faux-liondent
		Crépide faux-léontodon
		— faux-liondent
1701	357	**Crepis bursifolia** L.
		Barkhausia erucaefolia (B)
		Crepis bursaefolia (F)
		Barkhausie à feuilles de roquette
		Crépide à feuilles de bourse-à-pasteur
1702	357	**Crepis albida** Villars
		Barkhausia albida (B)
		Barkhausie blanchâtre
		Crépide blanchâtre
		Weisslicher Pippau
1703	357	**Crepis foetida** L.
		Barkhausia foetida (B)
		Barkhausie fétide
		Crépide fétide
		Stinkender Pippau
1704	357	**Aetheorhiza bulbosa** (L.) Cass.
		Crepis bulbosa (B, C, F, G)
		Aethéorhiza bulbeuse
		Crépide bulbeuse
1705	357	**Crepis alpestris** (Jacq.) Tausch
		Crépide alpestre
		Alpen-Pippau
1706	358	**Crepis praemorsa** (L.) Tausch
		Crépide rongée
		Abgebissener Pippau
		Trauben-Pippau
1706 b	357	**Crepis praemorsa** subsp. **corymbosa** (Gaudin) Sell
		Crépide en corymbe
		Froelichs Pippau
1707	358	**Crepis jacquinii** Tausch s.l.
		Crépide de Jacquin
		Jacquins Pippau
1708	358	**Crepis aurea** (L.) Cass.
		Crépide dorée
		Gold-Pippau
1709	358	**Crepis pygmaea** L.
		Crépide naine
		Zwerg-Pippau
1710	358	**Crepis rhaetica** Hegetschw.
		— *jubata* (B, C)
		— *raetica* (F)
		Crépide chevelue
		— de Rhétie
		Rätischer Pippau
1711	358	**Crepis terglouensis** (Hacq.) A. Kerner
		— *hyoseridifolia* (B)
		Crépide à feuilles de hyoséris
		— du Triglav
		Triglav-Pippau
1712	358	**Crepis pulchra** L.
		Crépide élégante
		Schöner Pippau
1713	358	**Crepis biennis** L.
		Chicorée jaune
		Crépide bisannuelle
		Wiesen-Pippau
		Zweijähriger Pippau
1714	359	**Crepis tectorum** L.
		Crépide des toits
		Dach-Pippau
1715	359	**Crepis lampsanoides** (Gouan) Tausch
		— *lapsanoïdes* (F)
		Crépide fausse-lampsane
1716	359	**Crepis pyrenaica** (L.) Greuter
		— *blattarioides* (B, C)
		— *blattarioïdes* (F)
		Crépide des Pyrénées
		— fausse-blattaire
		Pyrenäer Pippau
		Schabenkraut-Pippau
1717	359	**Crepis mollis** (Jacq.) Asch.
		— *succisaefolia* (B)
		— *succisifolia* (C)
		Crépide à feuilles de succise
		— tendre
		Weicher Pippau
1718	360	**Crepis capillaris** (L.) Wallr.
		— *virens* (B, C, F)
		Crépide capillaire
		— verdâtre
		— verdoyante
		Dünnästiger Pippau
		Kleinköpfiger Pippau
1719	360	**Crepis capillaris** (L.) Wallr.
		— *virens* (C, F)
		Crépide capillaire
		Dünnästiger Pippau
		Kleinköpfiger Pippau
1720	360	**Crepis conyzifolia** (Gouan) A. Kerner
		— *conizaefolia* (F)
		— *grandiflora* (B, C, G)
		Crépide à feuilles de conyze
		— à grandes fleurs
		Dürrwurzblättriger Pippau
		Grossköpfiger Pippau
1721	360	**Crepis nicaeensis** Balbis
		Crépide de Nice
		Nizzaer Pippau
1722	361	**Crepis bocconi** Sell
		— *montana* (C)
		— *pontana* (F)
		Soyeria montana (B)
		Crépide de Boccone
		Soyérie des montagnes
		Berg-Pippau
1723	361	**Crepis paludosa** (L.) Moench
		Soyeria paludosa (B)
		Crépide des marais
		Soyérie des marais
		Sumpf-Pippau
1724	361	**Hieracium pilosella** L. s.l.
		— *pilosella* (B, C, F, G)
		Epervière piloselle
		Gewöhnliches Habichtskraut
		Langhaariges Habichtskraut
1724 2	361	**Hieracium peleteranum** Mérat s.l.
		— *peleteranum* (G)
		— *peleterianum* (C)
		— *peletierianum* (F)
		Epervière de Le Peletier
		Lepeletiers Habichtskraut
1724 b	361	**Hieracium × hypeuryum** Peter
		— *hoppeanum* (F)
		— *hypeurum* (G)
		Epervière hypeuryum
		Hoppes Habichtskraut
1725	361	**Hieracium aurantiacum** L. s.l.
		— *aurantiacum* (B, C, F, G)
		Epervière orangée
		Orangerotes Habichtskraut
1726	362	**Hieracium lactucella** Wallr. s.l.
		— *auricula* (B, C, F)
		— *lactucella* (G)
		Epervière auricule
		— petite-laitue
		Öhrchen-Habichtskraut
1726 b	362	**Hieracium caespitosum** Dumort. s.l.
		— *caespitosum* (G)
		Hieracium collinum (C)
		— *pratense* (B, F)
		Epervière des prés
		— gazonnante
		Rasiges Habichtskraut
		Wiesen-Habichtskraut
1727	362	**Hieracium breviscapum** DC.
		— *candollei* (F)
		— *pumilum* (B, C)
		Epervière à tige courte
		— naine
1728	362	**Hieracium cymosum** L.
		Epervière en cyme
		Doldenartiges Habichtskraut
		Trugdoldiges Habichtskraut
1728 2	362	**Hieracium × laggeri** (Reichb. f.) Fries
		— *laggeri* (C)
		Epervière de Lagger
1728 3	362	**Hieracium cymosum** subsp. **sabinum** (Sebast. & Mauri) Naeg. & Peter
		— *cymosum* (C)
		Epervière de Sabine
1728 b	362	**Hieracium glaciale** A. Reynier
		Epervière des glaciers
		Gletscher-Habichtskraut
		Schmalblättriges Habichtskraut
1728 c	362	**Hieracium praealtum** Gochnat
		— *piloselloides* (G)
		— *piloselloïdes* (F)
		Epervière élancée
		Florentiner Habichtskraut
1728 c2	363	**Hieracium piloselloides** Villars
		— *florentinum* (C)
		— *piloselloïdes* subsp. *florentinum* (F)
		Epervière fausse-piloselle
		Florentiner Habichtskraut
1728 c3	363	**Hieracium praealtum** subsp. **bauhinii** (Besser) Petunn.
		— *bauhinii* (G)
		Epervière de Bauhin
		Bauhins Habichtskraut
1728 d	363	**Hieracium × anchusoides** (Arv.-Touv.) Arv.-Touv.
		— *anchusoides* (C)
		Epervière fausse-buglosse
1729	363	**Hieracium humile** aggr.
		— *humile* (C, F, G)
		— *jacquini* (B)
		Epervière de Jacquin
		— humble
		— peu élevée
		Niedriges Habichtskraut
1730	363	**Hieracium alpinum** aggr.
		— *alpinum* (C, F, G)
		— *halleri* (B)
		Epervière de Haller
		— des Alpes
		Alpen-Habichtskraut
1731	364	**Hieracium amplexicaule** aggr.
		— *amplexicaule* (B, C, F, G)
		Epervière à feuilles embrassantes
		Stengelumfassendes Habichtskraut
1731 b	363	**Hieracium pseudocerinthe** aggr.
		— *pseudo-cerinthe* (B, C)
		— × *pseudocerinthe* (F)
		Epervière faux-cérinthe
1731 c	364	**Hieracium amplexicaule** aggr.
		— *pulmonarioides* (C)
		Epervière à feuilles embrassantes
		— fausse-pulmonaire
1732	364	**Hieracium rupestre** aggr.
		— *rupestre* (B, C)
		— × *barbulare* (F)
		— × *leïophaeum* (F)

Dessin	Pl.	Taxon
1732	364	*Hieracium rupestre* × *oreïcephalum* (F) — × *rupestre* (F) Epervière des rochers
1733	364	**Hieracium lanatum** aggr. — *lanatum* (B, C, F, G) Epervière laineuse Wolliges Habichtskraut
1733 b	364	**Hieracium lanatum** aggr. — *andryaloides* (C) — *lanatum* (F) Epervière fausse-andryale — laineuse Wolliges Habichtskraut
1733 c	364	**Hieracium lanatum** aggr. — *liottardi* (B) Eperviére de Liottard — laineuse Wolliges Habichtskraut
1734	364	**Hieracium intybaceum** All. — *albidum* (B) Eperviére à feuilles de chicorée — blanchâtre Weissliches Habichtskraut
1735	365	**Hieracium picroides** aggr. — *ochroleucum* (C) — *picroides* (B, C) — × *picroïdes* (F) Eperviére fausse-picride Bitterkraut-Habichtskraut
1736	365	**Hieracium prenanthoides** aggr. — *prenanthoides* (B, C, G) — *prenanthoïdes* (F) Eperviére faux-prénanthès Hasenlattichartiges Habichtskraut
1736 b	365	**Hieracium prenanthoides** aggr. — *elatum* (B) — *lanceolatum* (C) — *prenanthoïdes* subsp. *lanceolatum* (F) Eperviére à feuilles lancéolées — faux-prénanthès Hasenlattichartiges Habichtskraut
1737	365	**Hieracium cydonifolium** aggr. — *cydoniaefolium* (B) — *cydoniifolium* (C) — × *cydoniifolium* (F) Eperviére à feuilles de cognassier Jura-Habichtskraut
1738	365	**Hieracium nobile** aggr. — *pyrenaicum* (C) Eperviére noble
1738 b	366	**Hieracium valdepilosum** aggr. — *valdepilosum* (C) — *villosum* (G) — × *valdepilosum* (F) Eperviére très poilue
1739	366	**Hieracium lycopsifolium** aggr. — *lycopifolium* (C) — × *favrati* (F) — × *lycopifolium* (F) — × *pseudocorymbosum* (F) Eperviére à feuilles de lycope
1740	366	**Hieracium umbellatum** L. Eperviére en ombelle Doldiges Habichtskraut
1740 b	366	**Hieracium eriophorum** St. Amans Eperviére à poils blancs
1741	366	**Hieracium sabaudum** aggr. — *boreale* (C) — *sabaudum* (B, F, G) — × *platyphyllum* (F) Eperviére de Savoie Savoyer Habichtskraut
1741 b	367	**Hieracium laevigatum** aggr. — *levigatum* (F, G) — *rigidum* (C) Eperviére lisse Eperviére rigide Glattes Habichtskraut
1742	367	**Tolpis staticifolia** (All.) Schultz-Bip. *Hieracium staticaefolium* (B) — *staticifolium* (C, F) Eperviére à feuilles de statice Tolpis à feuilles de statice Grasnelkenblättriges Habichtskraut
1743	367	**Hieracium glaucum** aggr. — *glaucum* (B, C, F, G) Eperviére glauque Blaugrünes Habichtskraut
1744	367	**Hieracium glaucopsis** aggr. — *glaucopsis* (C) — × *glaucopsis* (F) Eperviére d'aspect glauque
1745	367	**Hieracium mixtum** aggr. — *mixtum* (B, C) Eperviére intermédiaire — mixte
1745 b	367	**Hieracium phlomoides** aggr. — *phlomoides* (C, G) Eperviére faux-phlomis
1746	368	**Hieracium piliferum** aggr. — *alpinum* (B) — *glandiferum* (B) — *glanduliferum* (C) — *piliferum* (F, G) Eperviére des Alpes — glandulifère — pilifère Drüsiges Habichtskraut Grauzottiges Habichtskraut
1746 b	368	**Hieracium piliferum** aggr. — *alpinum* (B) — *piliferum* (B, C, F, G) Eperviére des Alpes — pilifère Drüsiges Habichtskraut Grauzottiges Habichtskraut
1747	368	**Hieracium villosum** aggr. — *villosum* (B, C, F, G) Eperviére velue Zottiges Habichtskraut
1747 b	368	**Hieracium scorzonerifolium** aggr. — *scorzonerifolium* (C) — × *scorzonerifolium* (F) Eperviére à feuilles de scorzonère Schwarzwurzelblättriges Habichtskraut
1747 c	368	**Hieracium dentatum** aggr. — *dentatum* (C) — × *dentatum* (F) Eperviére dentée Gezähntes Habichtskraut
1748	368	**Hieracium cordifolium** aggr. — *cerinthoides* (C) — *cordifolium* (G) Eperviére à feuilles en cœur
1748 b	368	**Hieracium compositum** aggr. — *compositum* (C) Eperviére à inflorescence composée
1749	369	**Hieracium lawsonii** aggr. — *lawsoni* (F) — *lawsonii* (G) — *saxatile* (B, C) Eperviére de Lawson — des rochers Lawsons Habichtskraut
1750	369	**Hieracium schmidtii** aggr. — *lasiophyllum* (C) — *pallidum* (F, G) — *rupicolum* (C) — *schmidtii* (C) Eperviére de Schmidt — rupicole Blasses Habichtskraut
1751	368	**Hieracium alatum** aggr. — *alatum* (C) — *anglicum* (C) — *olivaceum* (C) — *vogesiacum* (C, G) — × *mougeoti* (F) Eperviére ailée — des Vosges Mougeots Habichtskraut
1752	369	**Hieracium cerinthoides** aggr. — *cerinthoides* (B, C, G) — *cerinthoïdes* (F) Eperviére à forme de cérinthe — à forme de mélinet
1753	369	**Hieracium murorum** aggr. — *murorum* (B, C, F, G) Eperviére des murs Mauer-Habichtskraut Wald-Habichtskraut
1753 c	369	**Hieracium glaucinum** aggr. — *cinerascens* (C) — *praecox* (C, G) — × *praecox* (F) Eperviére cendrée Bläuliches Habichtskraut Frühes Habichtskraut
1753 d	370	**Hieracium glaucinum** aggr. Eperviére cendrée
1753 e	370	**Hieracium caesium** aggr. — *caesium* (C, F, G) Eperviére bleuâtre Bläulichgraues Habichtskraut
1753 f	370	**Hieracium atratum** aggr. — *atratum* (C) — × *atratum* (F) Eperviére noirâtre
1753 g	370	**Hieracium epimedium** aggr. — *epimedium* (C) — × *epimedium* (F) Eperviére épimédium
1753 h	370	**Hieracium bifidum** aggr. — *bifidum* (C, F, G) Eperviére bifide Gabeliges Habichtskraut
1753 i	370	**Hieracium stelligerum** aggr. — *stelligerum* (C, F, G) — × *substellatum* (F) Eperviére étoilée
1753 j	370	**Hieracium maculatum** aggr. — *divisum* (C) Eperviére divisée — maculée
1753 k	370	**Hieracium vulgatum** aggr. — *lachenali* (F) — *lachenalii* (G) — *silvaticum* (B) — *vulgatum* (C) Eperviére commune — des forêts Lachenals Habichtskraut
1754	371	**Andryala integrifolia** L. — *sinuata* (B) Andryale à feuilles entières — sinueuse Ganzblättrige Andryala
1755	371	**Andryala ragusina** L. — *lyrata* (C, F) Andryale de Raguse
1756	371	**Scolymus maculatus** L. Scolyme taché
1757	371	**Scolymus grandiflorus** Desf. — *hispanicus* subsp. *grandiflorus* (F) Scolyme à grandes fleurs
1758	372	**Scolymus hispanicus** L. — *hispanicus* subsp. *eu-hispanicus* (F) Scolyme d'Espagne Spanische Goldwurz
1759	372	**Xanthium spinosum** L. Lampourde épineuse Dornige Spitzklette

Dessin	Pl.	Taxon
1760	372	**Xanthium strumarium** L. Lampourde glouteron — ordinaire Gewöhnliche Spitzklette Kropf-Spitzklette
1761	372	**Xanthium strumarium** L. — *macrocarpum* (B, C) — *orientale* (F, G) Lampourde à grands fruits — glouteron — ordinaire Gewöhnliche Spitzklette Kropf-Spitzklette Östliche Spitzklette
1761 b	373	**Xanthium strumarium** subsp. **italicum** (Moretti) D. Löve — *echinatum* (F) — *italicum* (B, C, G) Lampourde d'Italie Italienische Spitzklette
1762	373	**Ambrosia artemisiifolia** L. — *artemisiaefolia* (B, C, F) Ambroisie à feuilles d'armoise Ambrosie
1763	373	**Lobelia urens** L. Lobélie brûlante
1764	373	**Lobelia dortmanna** L. Lobélie de Dortmann
1765	373	**Solenopsis laurentia** (L.) C. Presl *Laurentia gasparrini* (T) — *micheli* (C) — *michelii* (B, F) Laurentie de Micheli Solénopsis laurentie
1766	374	**Jasione montana** L. Jasione des montagnes Berg-Jasione
1766 2	374	**Jasione crispa** subsp. **maritima** (Duby) Tutin — *montana* (C, F, G) Jasione maritime
1767	374	**Jasione laevis** Lam. — *perennis* (B, C, F, G) Jasione lisse — vivace Ausdauernde Jasione
1767 b	374	**Jasione crispa** (Pourret) Samp. — *humilis* (B, C, F, G) Jasione humble — ondulée
1768	374	**Phyteuma globulariifolium** subsp. **pedemontanum** (R. Schulz) Bech. — *globulariifolium* (G) — *pauciflorum* (B, C) — *pauciflorum* subsp. *pedemontanum* (F) Raiponce à fleurs peu nombreuses — du Piémont Armblütige Rapunzel Piemontesische Rapunzel
1769	374	**Phyteuma charmelii** Villars Raiponce de Charmeil Charmeils Rapunzel
1770	374	**Phyteuma cordatum** Balbis — *balbisi* (F) — *balbisii* (C) Raiponce de Balbis — en cœur
1771	374	**Phyteuma hemisphaericum** L. Raiponce hémisphérique Halbkugelige Rapunzel
1771 b	374	**Phyteuma humile** Gaudin Raiponce humble — naine Niedrige Rapunzel
1772	375	**Phyteuma orbiculare** L. *Phyteuma orbiculare* subsp. *eu-orbiculare* (F) Raiponce orbiculaire Rundköpfige Rapunzel
1772 2	375	**Phyteuma orbiculare** L. Raiponce orbiculaire
1773	375	**Phyteuma scorzonerifolium** Villars — *michelii* (C, G) — *michelii* subsp. *scorzoneraefolium* (F) — *scorzoneraefolium* (B) Raiponce à feuilles de scorzonère Schwarzwurzelblättrige Rapunzel
1774	375	**Phyteuma ovatum** Honck. — *halleri* (B, C, F) Raiponce de Haller — ovoïde Hallers Rapunzel
1775	376	**Phyteuma spicatum** L. s.l. — *spicatum* (B, C, F, G) Raiponce en épi Ährige Rapunzel
1775 b	376	**Phyteuma betonicifolium** Villars — *betonicaefolium* (B, C) — *michelii* subsp. *betonicaefolium* (F) Raiponce à feuilles de bétoine Betonikablättrige Rapunzel
1775 c	376	**Phyteuma nigrum** F.W. Schmidt — *spicatum* (C) Raiponce noire Schwarze Rapunzel
1776	376	**Legousia speculum-veneris** (L.) Chaix *Specularia speculum* (B, C, F) Legousie miroir-de-Vénus Miroir-de-Vénus Spéculaire miroir Gewöhnlicher Venusspiegel Venus-Frauenspiegel
1776 b	376	**Legousia pentagonia** (L.) Druce *Specularia pentagonia* (B, C, F) Legousie pentagonale Spéculaire pentagonale
1777	377	**Legousia falcata** (Ten.) Janchen *Specularia falcata* (B, C, F) Legousie en faux Spéculaire en faux
1777 b	377	**Legousia castellana** (Lange) Samp. *Specularia castellana* (B, C, F) Legousie de Castille Spéculaire de Castille
1778	377	**Legousia hybrida** (L.) Delarbre *Specularia hybrida* (B, C, F) Legousie hybride Spéculairehybride Bastard-Frauenspiegel Kleiner Venusspiegel
1779	377	**Adenophora liliifolia** (L.) A. DC. Adénophore à feuilles de lis Lilienblättrige Drüsenglocke
1780	377	**Trachelium caeruleum** L. — *coeruleum* (F, G) Trachélium bleu
1781	378	**Campanula medium** L. Campanule carillon Grossblumige Glockenblume
1782	378	**Campanula barbata** L. Campanule barbue Bärtige Glockenblume
1783	378	**Campanula speciosa** Pourret Campanule à belles fleurs
1784	378	**Campanula alpestris** All. — *allionii* (B, C) Campanule d'Allioni — des Alpes Alpen-Glockenblume
1785	379	**Campanula petraea** L. Campanule des pierres
1786	379	**Campanula thyrsoides** L. — *thyrsoidea* (B) — *thyrsoïdea* (F) Campanule en thyrse Strauss-Glockenblume
1787	379	**Campanula spicata** L. Campanule en épi Ährige Glockenblume
1788	379	**Campanula cervicaria** L. Campanule cervicaire Borsten-Glockenblume
1789	379	**Campanula glomerata** L. — *glomerata* subsp. *eu-glomerata* (F) Campanule agglomérée Büschel-Glockenblume Knäuelblütige Glockenblume
1790	380	**Campanula rapunculus** L. Campanule raiponce Rapunzel-Glockenblume
1791	380	**Campanula pyramidalis** L. Campanule pyramidale
1792	380	**Campanula bononiensis** L. Campanule de Bologne Bologneser Glockenblume
1793	380	**Campanula latifolia** L. Campanule à larges feuilles Breitblättrige Glockenblume
1794	381	**Campanula rapunculoides** L. — *rapunculoïdes* (F) Campanule fausse-raiponce Acker-Glockenblume Ausläufertreibende Glockenblume
1795	381	**Campanula trachelium** L. Campanule gantelée Nessel-Glockenblume
1796	381	**Campanula scheuchzeri** Villars — *scheuchzerii* (B) Campanule de Scheuchzer Scheuchzers Glockenblume
1797	381	**Campanula cochleariifolia** Lam. — *cochlearifolia* (T, G) — *pusilla* (B, C) Campanule à feuilles de cranson — fluette Kleine Glockenblume Löffelkrautblättrige Glockenblume Niedliche Glockenblume
1797 b	381	**Campanula excisa** Murith Campanule incisée Ausgeschnittene Glockenblume
1797 c	381	**Campanula jaubertiana** Timb.-Lagr. Campanule de Jaubert
1797 d	381	**Campanula ficarioides** Timb.-Lagr. — *cochleariifolia* (F) Campanule fausse-ficaire
1797 e	381	**Campanula cochleariifolia** Lam. Campanule à feuilles de cranson
1798	382	**Campanula rotundifolia** L. — *rotundifolia* subsp. *eu-rotundifolia* (F) Campanule à feuilles rondes Clochette Rundblättrige Glockenblume
1798 b	382	**Campanula macrorhiza** A. DC. — *macrorhiza aggr.* (G) — *macrorrhiza* (C) — *rotundifolia* (F) Campanule à racine épaisse
1798 c	382	**Campanula lanceolata** Lapeyr. — *linifolia* (B, C)

Dessin	Pl.	Taxon
1798 c	382	*Campanula recta* (T, G)
		— *schleicheri* (F)
		Campanule à feuilles de lin
		— à feuilles lancéolées
1798 d	382	**Campanula rhomboidalis** L.
		— *rhomboïdalis* (F)
		Campanule à feuilles rhomboïdales
		— rhomboïdale
		Rautenblättrige Glockenblume
1798 e	382	**Campanula precatoria** Timb.-Lagr.
		— *lanceolata* (B, C, F)
		Campanule des prières
		— lancéolée
1798 f	382	**Campanula hispanica** subsp. **catalanica** Podl.
		— *macrorhiza aggr.* (G)
		— *rotundifolia* (F)
		— *ruscinonensis* (T)
		Campanule de Catalogne
		— du Roussillon
1799	383	**Campanula erinus** L.
		Campanule érinus
1800	383	**Campanula cenisia** L.
		Campanule du Mont Cenis
		Mont Cenis-Glockenblume
1801	383	**Campanula raineri** Perp.
		Campanule de Rainer
		Insubrische Glockenblume
		Rainers Glockenblume
1802	383	**Campanula patula** L.
		Campanule étalée
		Lockerrispige Glockenblume
		Wiesen-Glockenblume
1803	383	**Campanula persicifolia** L.
		— *persicaefolia* (B, F)
		Campanule à feuilles de pêcher
		Pfirsichblättrige Glockenblume
1803 2	383	**Campanula persicifolia** subsp. **subpyrenaica** (Timb.-Lagr.) Fed.
		Campanule des sous-Pyrénées
1804	384	**Wahlenbergia hederacea** (L.) Reichb.
		Campanille à feuilles de lierre
		Wahlenbergie à feuilles de lierre
		Efeublättrige Moorglocke
1805	384	**Vaccinium vitis-idaea** L.
		Airelle rouge
		— vigne-du-Mont-Ida
		Preiselbeere
1806	384	**Vaccinium uliginosum** L.
		Airelle des marais
		Moorbeere
		Rauschbeere
1807	384	**Vaccinium myrtillus** L.
		Airelle myrtille
		Myrtille
		Heidelbeere
1808	384	**Vaccinium oxycoccos** L.
		Oxycoccos quadripetala (F)
		— *vulgaris* (B)
		Oxycoccus palustris (C)
		Canneberge
		Vierkronblättrige Moosbeere
1809	385	**Arbutus unedo** L.
		Arbousier unédo
1810	385	**Arctostaphylos alpinus** (L.) Sprengel
		Arbutus alpina (B, C)
		Arctostaphylos alpina (F)
		Arbousier des Alpes
		Raisin-d'ours des Alpes
		Alpen-Bärentraube
1811	385	**Arctostaphylos uva-ursi** (L.) Sprengel
		Arbutus uva-ursi (B, C)
		Arbousier raisin-d'ours
		Raisin-d'ours commun
		Immergrüne Bärentraube
1812	385	**Andromeda polifolia** L.
		Andromède à feuilles de polium
		Polei-Andromeda
		Rosmarinheide
		Schmalblättrige Andromeda
1813	386	**Calluna vulgaris** (L.) Hull
		Callune vulgaire
		Fausse-bruyère
		Basenheide
		Heidekraut
1814	386	**Erica tetralix** L.
		Bruyère à quatre angles
		Glockenheide
		Moor-Erika
1815	386	**Erica ciliaris** L.
		Bruyère ciliée
1816	386	**Erica arborea** L.
		Bruyère arborescente
		Baum-Erika
		Baumheide
1816 b	386	**Erica lusitanica** Rudolphi
		Bruyère du Portugal
1817	387	**Erica scoparia** L.
		Bruyère à balai
1818	387	**Erica cinerea** L.
		Bruyère cendrée
1819	387	**Erica herbacea** L.
		— *carnea* (B, C, F)
		Bruyère à couleur de chair
		— carnée
		— herbacée
		Rote Erika
		Schneeheide
1819 b	387	**Erica herbacea** subsp. **occidentalis** (Benth.) Lainz
		— *erigena* (T, G)
		— *mediterranea* (B, C, F)
		Bruyère de l'Occident
		— de la Méditerranée
1820	387	**Erica vagans** L.
		Bruyère vagabonde
		Wander-Erika
		Wanderheide
1821	388	**Erica multiflora** L.
		Bruyère à fleurs nombreuses
1822	388	**Phyllodoce caerulea** (L.) Bab.
		— *caerula* (G)
		Phyllodoce bleue
1823	388	**Dabœcia cantabrica** (Hudson) K. Koch
		— *polifolia* (B, C)
		Daboécie à feuilles de polium
		— cantabrique
1824	388	**Loiseleuria procumbens** (L.) Desv.
		Azalea procumbens (C)
		Azalée des Alpes
		Loiseleurie couchée
		Alpenazalee
1825	388	**Rhododendron ferrugineum** L.
		Rhododendron ferrugineux
		Rostblättrige Alpenrose
		Rostrote Alpenrose
1826	388	**Rhododendron hirsutum** L.
		Rhododendron hérissé
		Behaarte Alpenrose
1827	389	**Chimaphila umbellata** (L.) W.P.G. Barton
		Pirola umbellata (C)
		Pyrola umbellata (B)
		Chimaphile en ombelle
		Pirole en ombelle
		Dolden-Winterlieb
1828	389	**Moneses uniflora** (L.) A. Gray
		Pirola uniflora (C, F)
		Pyrola uniflora (B)
		Monésès à une fleur
		Pirole à une fleur
		Einblütiges Wintergrün
		Moosauge
1829	389	**Orthilia secunda** (L.) House
		Pirola secunda (C, F)
		Pyrola secunda (B)
		Orthilie unilatérale
		Pirole unilatérale
		Einseitswendiges Wintergrün
1830	389	**Pyrola rotundifolia** L.
		Pirola rotundifolia (C, F)
		Pirole à feuilles rondes
		Rundblättriges Wintergrün
1831	389	**Pyrola minor** L.
		Pirola minor (C, F)
		Petite pirole
		Pirole mineure
		Kleines Wintergrün
1831 b	389	**Pyrola media** Sw.
		Pirola media (C, F)
		Pirole intermédiaire
		Mittleres Wintergrün
1832	389	**Pyrola chlorantha** Sw.
		Pirola chlorantha (C, F)
		Pirole verdâtre
		Grünblütiges Wintergrün
		Waldglöcklein
1833	389	**Monotropa hypopitys** L.
		Monotrope sucepin
		Sucepin
		Behaarte Fichtenspargel
1834	390	**Pinguicula lusitanica** L.
		Grassette du Portugal
1835	390	**Pinguicula alpina** L.
		— *alpina* subsp. *eu-alpina* (F)
		Grassette blanche des Alpes
		— des Alpes
		Alpen-Fettblatt
		Weisses Alpen-Fettblatt
1836	390	**Pinguicula vulgaris** L.
		Grassette vulgaire
		Gewöhnliches Fettblatt
1836 b	390	**Pinguicula leptoceras** Reichb.
		Grassette à éperon court
		— bleue des Alpes
		Blaues Alpen-Fettblatt
		Dünnsporniges Fettblatt
1836 c	390	**Pinguicula grandiflora** Lam.
		Grassette à grandes fleurs
		Grossblütiges Fettblatt
1836 c2	390	**Pinguicula grandiflora** Lam.
		— *reuteri* (C)
		Grassette à grandes fleurs
		Grossblütiges Fettblatt
1836 d	390	**Pinguicula longifolia** DC.
		Grassette à feuilles longues
1837	390	**Utricularia vulgaris** L.
		Utriculaire vulgaire
		Gewöhnlicher Wasserschlauch
1837 b	390	**Utricularia australis** R. Br.
		— *major* (F)
		— *neglecta* (B, C, G)
		Utriculaire australe
		— négligée
		Südlicher Wasserschlauch
		Übersehener Wasserschlauch
1838	390	**Utricularia intermedia** Hayne
		Utriculaire intermédiaire
		Mittlerer Wasserschlauch
1839	390	**Utricularia minor** L.
		Petite utriculaire
		Utriculaire mineure
		Kleiner Wasserschlauch
1839 b	390	**Utricularia bremii** Heer
		— *minor* (C, G)
		Utriculaire de Bremi
		Bremis Wasserschlauch
1840	391	**Hottonia palustris** L.
		Hottonie des marais
		Millefeuille aquatique
		Sumpf-Wasserfeder
1841	391	**Primula veris** L.
		— *officinalis* (B, C)
		— *officinalis* subsp. *eu-officinalis* (F)
		Coucou

Dessin	Pl.	Taxon
1841	391	Primevère officinale
		— du printemps
		Frühlings Primel
		Frühlings Schlüsselblume
1841 b	391	**Primula veris** subsp. **columnae** (Ten.) Lüdi
		— *officinalis* subsp. *columnae* (F)
		Primevère de Colonna
		Graufilzige Primel
		Graufilzige Schlüsselblume
1842	391	**Primula elatior** (L.) L.
		— *elatior* subsp. *eu-elatior* (F)
		Primevère élevée
		Gewöhnliche Primel
		Gewöhnliche Schlüsselblume
		Wald-Primel
		Wald-Schlüsselblume
1843	391	**Primula acaulis** (L.) L.
		— *grandiflora* (B)
		— *vulgaris* (C, T, G)
		Primevère à grandes fleurs
		— sans tige
		— vulgaire
		Stengellose Primel
		Stengellose Schlüsselblume
1844	391	**Primula auricula** L.
		— *auricula* subsp. *bauhini* (F)
		Oreille-d'ours
		Primevère auricule
		Aurikel
		Fluhblümchen
		Gelbe Felsenprimel
1845	392	**Primula farinosa** L.
		Primevère farineuse
		Mehl-Primel
		Mehl-Schlüsselblume
1845 b	392	**Primula halleri** J. Gmelin
		— *longiflora* (B, C, F)
		Primevère à longues fleurs
		— de Haller
		Hallers Primel
		Hallers Schlüsselblume
1846	392	**Primula marginata** Curtis
		Primevère marginée
1847	392	**Primula hirsuta** All.
		— *viscosa* (B, C)
		Primevère hérissée
		— visqueuse
		Behaarte Primel
		Behaarte Schlüsselblume
		Rote Felsenprimel
1847 b	392	**Primula latifolia** Lapeyr.
		— *viscosa* (F)
		Primevère à larges feuilles
1847 c	392	**Primula daonensis** (Leyb.) Leyb.
		— *oenensis* (B)
		Primevère d'Insbruck
		— du Val Daone
		Inntaler Primel
		Inntaler Schlüsselblume
		Val Daone-Primel
		Val Daone-Schlüsselblume
1847 d	392	**Primula latifolia** subsp. **graveolens** (Hegetschw.) Rouy
		— *graveolens* (B, C)
		— *latifolia* (T)
		— *viscosa* (F)
		Primevère fétide
		Breitblättrige Primel
		Breitblättrige Schlüsselblume
1847 e	392	**Primula pedemontana** Gaudin
		Primevère du Piémont
		Piemonteser Primel
		Piemonteser Schlüsselblume
1848	392	**Primula glutinosa** Jacq.
		Primevère glutineuse
		Klebrige Primel
		Klebrige Schlüsselblume
1849	392	**Primula allionii** Lois.
		— *allionei* (F)
		Primevère d'Allioni
1850	392	**Primula integrifolia** L.
		Primevère à feuilles entières
		Ganzblättrige Primel
		Ganzblättrige Schlüsselblume
1851	392	**Vitaliana primuliflora** Bertol.
		Douglasia vitaliana (G)
		Gregoria vitaliana (B, C, F)
		Grégoria de Vital
		Vitaliana à fleurs de primevère
		Goldprimel
1852	393	**Androsace vandellii** (Turra) Chiov.
		— *imbricata* (B, C)
		Androsace de Vandelli
		— imbriquée
		Vandellis Mannsschild
1853	393	**Androsace pyrenaica** Lam.
		— *pyrenaïca* (F)
		Androsace des Pyrénées
1854	393	**Androsace alpina** (L.) Lam.
		Androsace des Alpes
		Alpen-Mannsschild
1855	393	**Androsace brevis** (Hegetschw.) Cesati
		— *charpentieri* (B)
		Androsace courte
		— de Charpentier
		Charpentiers Mannsschild
1856	393	**Androsace pubescens** DC.
		Androsace pubescente
		Weichhaariger Mannsschild
1856 2	393	**Androsace cylindrica** subsp. **hirtella** (Dufour) Greuter & Burdet
		— *hirsuta* (G)
		— *hirtella* (T)
		— *pubescens* (C, F)
		Androsace un peu hérissée
1856 b	393	**Androsace cylindrica** DC.
		Androsace cylindrique
1856 c	393	**Androsace ciliata** DC.
		Androsace ciliée
1857	393	**Androsace helvetica** (L.) All.
		Androsace de Suisse
		Schweizerischer Mannsschild
1858	393	**Androsace carnea** L.
		Androsace couleur de chair
		Fleischroter Mannsschild
		Roter Mannsschild
1858 b	393	**Androsace obtusifolia** All.
		Androsace à feuilles obtuses
		Stumpfblättriger Mannsschild
1858 c	393	**Androsace laggeri** Huet
		— *carnea* (F)
		— *carnea* subsp. *laggeri* (T)
		Androsace de Lagger
1859	393	**Androsace villosa** L.
		Androsace velue
		Zottiger Mannsschild
1859 b	393	**Androsace chamaejasme** Wulfen
		Androsace petit-jasmin
		Bewimperter Mannsschild
		Zwerg-Mannsschild
1860	393	**Androsace lactea** L.
		Androsace couleur de lait
		Milchweisser Mannsschild
1861	393	**Androsace maxima** L.
		Androsace à grands calices
		— des champs
		Acker-Mannsschild
		Grosskelchiger Mannsschild
1862	394	**Androsace septentrionalis** L.
		Androsace septentrionale
		Nordischer Mannsschild
1862 b	394	**Androsace chaixii** Gren. & Godron
		— *chaixi* (F)
		— *lactiflora* (C)
		Androsace de Chaix
1863	394	**Androsace elongata** L.
		Androsace allongée
1864	394	**Cyclamen purpurascens** Miller
		— *europaeum* (B, C, F, G)
		Cyclamen d'Europe
		— pourpré
		Europäisches Alpenveilchen
		Europäische Zyklame
		Gewöhnliches Alpenveilchen
		Gewöhnliche Zyklame
1864 b	394	**Cyclamen repandum** Smith
		Cyclamen étalé
1865	394	**Cyclamen hederifolium** Sol.
		— *neapolitanum* (B, C, F, G)
		Cyclamen à feuilles de lierre
		— de Naples
		Neapolitanisches Alpenveilchen
		Neapolitanische Zyklame
1866	395	**Cortusa matthioli** L.
		— *matthiolii* (G)
		Cortusa de Matthiole
		Matthioliprimel
		Matthiolis Heilglöckchen
1867	395	**Soldanella alpina** L.
		Soldanelle des Alpes
		Alpen-Soldanelle
		Alpenglöckchen
		Grosse Soldanelle
1867 b	395	**Soldanella villosa** Darracq
		— *montana* (C)
		— *montana* subsp. *villosa* (F, G)
		Soldanelle velue
1867 c	395	**Soldanella pusilla** Baumg.
		Petite soldanelle
		Soldanelle fluette
		Kleine Soldanelle
1868	395	**Glaux maritima** L.
		Glaux maritime
1869	395	**Asterolinon linum-stellatum** (L.) Duby
		— *stellatum* (G)
		Asterolinum stellatum (B, C, F)
		Astéroline en étoile
		— lin-étoilé
1870	395	**Lysimachia ephemerum** L.
		Lysimaque éphémère
1871	396	**Lysimachia vulgaris** L.
		Lysimaque vulgaire
		Gewöhnlicher Gilbweiderich
1872	396	**Lysimachia punctata** L.
		Lysimaque ponctuée
		Punktierte Gilbweiderich
1873	396	**Lysimachia thyrsiflora** L.
		Lysimaque à fleurs en thyrse
		Strauss-Gilbweiderich
1874	397	**Lysimachia nummularia** L.
		Herbe-aux-écus
		Lysimaque nummulaire
		Pfennigkraut
1875	397	**Lysimachia nemorum** L.
		Lysimaque des bois
		Hain-Friedlos
		Wald-Gilbweiderich
		Wald-Lysimachie
1876	397	**Trientalis europaea** L.
		Trientalis d'Europe
		Europäischer Siebenstern
1877	397	**Coris monspeliensis** L.
		Coris de Montpellier
1878	397	**Anagallis minima** (L.) E. H. Krause
		Centunculus minimus (B, C, F, G)
		Centenille minime
		Mouron nain

Dessin	*Pl.*	*Taxon*
1878	397	Kleiner Gauchheil
		Kleinling
1879	397	**Anagallis crassifolia** Thore
		Mouron à feuilles épaisses
1880 a	397	**Anagallis arvensis** L.
		— *arvensis*
		subsp. *phoenicea* (F)
		Mouron des champs
		— rouge
		Acker-Gauchheil
1880 b	397	**Anagallis foemina** Miller
		— *arvensis* (B, C, G)
		— *arvensis*
		subsp. *coerulea* (F)
		Mouron bleu
		— des champs
		— femelle
		Blauer Gauchheil
1881	397	**Anagallis arvensis**
		subsp. **parviflora**
		(Hoffsgg. & Link) Arcang.
		— *arvensis* (T)
		— *arvensis*
		subsp. *micrantha* (F)
		— *parviflora* (C)
		Mouron à petites fleurs
1882	397	**Anagallis tenella** (L.) L.
		Mouron délicat
		Zarter Gauchheil
1883	398	**Samolus valerandi** L.
		— *valerandii* (G)
		Samole de Valerand
		Bunge
		Gewöhnlicher Samolus
1884	398	**Diospyros lotus** L.
		Plaqueminier lotier
		Italienische Dattelpflaume
		Lotuspflaume
1885	398	**Styrax officinalis** L.
		— *officinale* (B, C)
		Aliboufier officinal
1886	398	**Fraxinus excelsior** L.
		Frêne commun
		— élevé
		Gewöhnliche Esche
1887	399	**Fraxinus angustifolia**
		subsp. **oxycarpa**
		(Willd.) Franco &
		Rocha Afonso
		— *excelsior* (C)
		— *oxyphylla* (B)
		— *oxyphylla*
		subsp. *oxycarpa* (F)
		Frêne à feuilles aiguës
		— à fruits aigus
		Schmalblättrige Esche
1888	399	**Fraxinus ornus** L.
		Frêne fleuri
		— orne
		Blumen-Esche
		Manna-Esche
1889	399	**Syringa vulgaris** L.
		Lilas vulgaire
		Gewöhnlicher Flieder
1890	400	**Olea europaea** L.
		— *europaea*
		subsp. *sativa* (F)
		Olivier d'Europe
		Ölbaum
		Olivenbaum
1891	400	**Phillyrea angustifolia** L.
		Phyllirea angustifolia (B)
		Philaria à feuilles étroites
1891 b	400	**Phillyrea latifolia** L.
		— *angustifolia*
		subsp. *media* (G)
		— *latifolia*
		subsp. *media* (F)
		— *media* (C)
		Phyllirea media (B)
		Philaria à larges feuilles
		— intermédiaire
		Mittlere Steinlinde
1892	400	**Phillyrea latifolia** L.
		— *angustifolia*
		subsp. *latifolia* (G)
		— *latifolia*
		subsp. *eu-latifolia* (F)
		Philaria à larges feuilles
1893	400	**Ligustrum vulgare** L.
		Troène vulgaire
		Gewöhnlicher Liguster
		Gewöhnliche Rainweide
1894	401	**Jasminum fruticans** L.
		Jasmin arbrisseau
		Strauchiger Jasmin
1895	401	**Jasminum officinale** L.
		Jasmin officinal
		Echter Jasmin
1896	401	**Vinca minor** L.
		Pervenche mineure
		Petite pervenche
		Kleines Immergrün
		Singrün
1896 b	401	**Vinca major** L.
		Grande pervenche
		Pervenche majeure
		Grosses Immergrün
1896 c	401	**Vinca difformis** Pourret
		— *media* (B, C)
		Pervenche difforme
		— intermédiaire
1897	401	**Nerium oleander** L.
		Laurier-rose
		Nérion laurier-rose
1898	402	**Cynanchum acutum** L.
		Cynanque aigu
1898 2	402	**Cynanchum acutum** L.
		Cynanque aigu
1899	402	**Vincetoxicum hirundinaria**
		Medikus
		— *officinale* (B, C, F)
		Dompte-venin officinal
		Schwalbenwurz
1900	403	**Vincetoxicum nigrum** (L.)
		Moench
		Dompte-venin noir
1901	403	**Asclepias syriaca** L.
		— *cornuti* (B, C, F)
		Asclépiade de Cornuti
		— de Syrie
		Herbe-à-la-ouate
		Syrische Seidenpflanze
1902	403	**Asclepias fruticosa** L.
		Gomphocarpus fruticosus
		(B, C, F, T, G)
		Asclépiade fruticuleuse
		Gomphocarpe fruticuleux
1903	404	**Centaurium maritimum** (L.)
		Fritsch
		Erythraea maritima (B, C)
		Erythrée maritime
		Petite-centaurée maritime
1904	404	**Centaurium favargeri** Zeltner
		— *vulgare*
		subsp. *linariaefolium*
		(F)
		Erythraea tenuifolia (B, C)
		Erythrée à feuilles étroites
		Petite-centaurée de Favarger
1904 b	405	**Centaurium littorale** (Turner)
		Gilmour
		— *vulgare* (G)
		— *vulgare*
		subsp. *compressum* (F)
		Erythraea linarifolia (B)
		— *littoralis* (C)
		Erythrée à feuilles de lin
		Petite-centaurée du littoral
1904 c	404	**Centaurium chloodes** (Brot.)
		Samp.
		— *vulgare*
		subsp. *chloodes* (F)
		Erythraea chloodes (C)
		Petite-centaurée vert-jaunâtre
1905	404	**Centaurium spicatum** (L.)
		Fritsch
		Erythraea spicata (B, C)
		Erythrée en épi
		Petite-centaurée en épi
1906	404	**Centaurium pulchellum** (Sw.)
		Druce
		— *pulchellum*
		subsp. *ramosissimum*
		(F)
		Erythraea pulchella (B, C)
		Erythrée élégante
		Petite-centaurée élégante
		Kleines Tausendguldenkraut
1907	404	**Centaurium erythraea** Rafn
		— *umbellatum*
		subsp. *eu-umbellatum*
		(F)
		Erythraea centaurium (B, C)
		Erythrée petite-centaurée
		Herbe-à-la-fièvre
		Petite-centaurée rouge
		Gewöhnliches
		Tausendguldenkraut
1907 b	404	**Centaurium scilloides** (L. f.)
		Samp.
		— *scilloïdes* (F)
		Erythraea diffusa (B, C)
		Erythrée diffuse
		Petite-centaurée fausse-scille
1907 c	404	**Centaurium tenuiflorum**
		subsp. **acutiflorum**
		(Schott) Zeltner
		— *pulchellum*
		subsp. *tenuiflorum* (F)
		Erythraea latifolia (B, C)
		Erythrée à larges feuilles
		Petite-centaurée à fleurs
		pointues
1907 d	405	**Centaurium erythraea**
		subsp. **majus** (Hoffsgg.
		& Link) Lainz
		— *majus* (G)
		— *umbellatum*
		subsp. *grandiflorum* (F)
		Erythraea grandiflora (C)
		Erythrée à grandes fleurs
		Petite-centaurée élevée
1907 e	405	**Centaurium capitatum** (Willd.)
		Borbás
		— *erythraea* (T)
		— *umbellatum*
		subsp. *capitatum* (F)
		Erythraea capitata (C)
		Erythrée en tête
		Petite-centaurée en tête
1908	405	**Cicendia filiformis** (L.)
		Delarbre
		Cicendie filiforme
		Fadenförmiges Zindelkraut
1909	405	**Exaculum pusillum** (Lam.)
		Caruel
		Cicendia pusilla (B, C)
		Microcala pusilla (F)
		Cicendie naine
		Exaculum nain
		Kleines Zindelkraut
1910	405	**Blackstonia imperfoliata** (L. f.)
		Samp.
		— *perfoliata*
		subsp. *imperfoliata* (T)
		Chlora imperfoliata (B, C, F)
		Blackstonie non perfoliée
		Chlora non perfoliée
1911	405	**Blackstonia perfoliata** (L.)
		Hudson
		Chlora perfoliata (B, C, F)
		Blackstonie perfoliée
		Chlora perfoliée
		Durchwachsener Bitterling
		Gewöhnlicher Bitterling

Dessin	Pl.	Taxon
1911 b	405	**Blackstonia acuminata** (Koch & Ziz) Domin
		— *perfoliata* subsp. *serotina* (T)
		Chlora serotina (B, C, F)
		Blackstonie acuminée
		Chlora tardive
		Spätblühender Bitterling
1912	406	**Gentiana lutea** L.
		Gentiane jaune
		Grande gentiane
		Gelber Enzian
1913	406	**Gentiana punctata** L.
		Gentiane ponctuée
		Punktierter Enzian
1913 2	407	**Gentiana burseri** subsp. **villarsii** (Griseb.) Rouy
		— *burseri* subsp. *villarsi* (F)
		— *villarsii* (G)
		Gentiane de Villars
1913 b	406	**Gentiana burseri** Lapeyr.
		— *burseri* subsp. *eu-burseri* (F)
		Gentiane de Burser
1913 c	407	**Gentiana pannonica** Scop.
		Gentiane de Hongrie
		Ostalpen-Enzian
		Ungarischer Enzian
1914	407	**Gentiana purpurea** L.
		Gentiane pourprée
		Purpur-Enzian
1915	407	**Gentiana cruciata** L.
		Gentiane croisette
		Kreuz-Enzian
1916	407	**Gentiana pneumonanthe** L.
		Gentiane des marais
		— pneumonanthe
		Lungen-Enzian
1917	408	**Gentiana asclepiadea** L.
		Gentiane à feuilles d'asclépiade
		Schwalbenwurz-Enzian
1918	408	**Gentiana acaulis** L.
		— *kochiana* (C, F, G)
		Gentiane acaule
		— à tige courte
		— de Koch
		Kochs Enzian
1918 b	408	**Gentiana angustifolia** Villars
		Gentiane à feuilles étroites
		Schmalblättriger Enzian
1918 c	408	**Gentiana clusii** Perrier & Song.
		— *clusii* subsp. *eu-clusii* (F)
		Gentiane de Clusius
		Clusius' Enzian
1918 d	408	**Gentiana alpina** Villars
		Gentiane des Alpes
		Alpen-Enzian
1919	408	**Gentiana utriculosa** L.
		Gentiane à calice renflé
		Aufgeblasener Enzian
1920	408	**Gentiana nivalis** L.
		Gentiane des neiges
		Schnee-Enzian
1921	408	**Gentiana pyrenaica** L.
		— *pyrenaïca* (F)
		Gentiane des Pyrénées
1922	408	**Gentiana verna** L.
		— *verna* subsp. *eu-verna* (F)
		Gentiane printanière
		Frühlings-Enzian
1922 2	408	**Gentiana verna** subsp. **brachyphylla** (Villars) P. Fourn.
		— *brachyphylla* (T, G)
		— *verna* (C)
		Gentiane à feuilles courtes
		Kurzblättriger Enzian
1922 3	408	**Gentiana verna** L.
		Gentiane printanière
		Frühlings-Enzian
1922 b	408	**Gentiana verna** subsp. **delphinensis** (Beauverd) Kunz
		— *pumila* (C)
		— *pumila* subsp. *delphinensis* (F, T)
		Gentiane du Dauphiné
1923	408	**Gentiana bavarica** L.
		— *bavarica* subsp. *eu-bavarica* (F)
		Gentiane de Bavière
		Bayrischer Enzian
1923 b	408	**Gentiana rostanii** Verlot
		— *bavarica* (C)
		— *bavarica* subsp. *rostani* (F)
		Gentiane de Rostan
		Rostans Enzian
1924	409	**Gentiana tenella** Rottb.
		Gentianella tenella (T)
		Gentiane délicate
		Zarter Enzian
1925	409	**Gentiana campestris** L.
		— *campestris* subsp. *eu-campestris* (F)
		Gentianella campestris (T)
		Gentiane champêtre
		Feld-Enzian
1925 b	409	**Gentiana campestris** subsp. **baltica** (Murb.) Vollm.
		Gentianella campestris subsp. *baltica* (T)
		Gentiane balte
1926	409	**Gentiana ciliata** L.
		Gentianella ciliata (T)
		Gentiane ciliée
		Gefranster Enzian
1927	409	**Gentiana amarella** L.
		— *amarella* subsp. *eu-amarella* (F, G)
		Gentianella amarella (T)
		Gentiane amère
		Bitterer Enzian
1928	409	**Gentiana germanica** Willd.
		— *germanica* subsp. *eu-germanica* (F, G)
		Gentianella germanica (T)
		Gentiane d'Allemagne
		Deutscher Enzian
1928 b	409	**Gentiana germanica** Willd.
		— *germanica* subsp. *solstitialis* (F, G)
		— *solstitialis* (T)
		Gentiane d'Allemagne
		Deutscher Enzian
1928 c	409	**Gentiana obtusifolia** Willd.
		Gentiane à feuilles obtuses
		Reichästiger Enzian
1928 c2	409	**Gentiana amarella** L.
		Gentiane amère
		Bitterer Enzian
1928 d	409	**Gentiana germanica** Willd.
		Gentiane d'Allemagne
		Deutscher Enzian
1929	409	**Swertia perennis** L.
		Swertie vivace
		Ausdauernder Moorenzian
1930	409	**Lomatogonium carinthiacum** (Wulfen) Reichb.
		Lomatogonium de Carinthie
		Kärtner Saumnarbe
1931	410	**Menyanthes trifoliata** L.
		Ményanthe à trois folioles
		— trifolié
		Trèfle-d'eau
		Bitterklee
		Fieberklee
1932	410	**Nymphoides peltata** (S. Gmelin) Kuntze
		Limnanthemum nymphoides (B)
		— *peltatum* (C)
		Limnanthème faux-nénuphar
		Nymphoïdes
		Petit-nénuphar
		Radblättriger Teichenzian
1933	410	**Polemonium caeruleum** L.
		— *coeruleum* (G)
		Polémoine bleue
		Blaues Sperrkraut
		Himmelsleiter
1934	411	**Convolvulus althaeoides** L.
		— *althaeoïdes* (F)
		Liseron fausse-guimauve
1934 b	411	**Convolvulus elegantissimus** Miller
		— *althaeoides* subsp. *tenuissimus* (T)
		— *althaeoïdes* subsp. *tenuissimus* (F)
		— *argyraeus* (B)
		— *tenuissimus* (C, G)
		Liseron argenté
		— très élégant
1935	411	**Convolvulus betonicifolius** Miller
		— *hirsutus* (C, F, G)
		— *tomentosus* (B)
		Liseron à feuilles de bétoine
		— cotonneux
1936	411	**Convolvulus arvensis** L.
		Liseron des champs
		Acker-Winde
1937	411	**Calystegia sepium** (L.) R. Br.
		Convolvulus sepium (B, C, F)
		Calystégie des haies
		Liseron des haies
		Manchette-de-la-Vierge
		Grosse Winde
		Zaun-Winde
1938	412	**Calystegia soldanella** (L.) Roemer & Schultes
		Convolvulus soldanella (B, C, F)
		Calystégie soldanelle
		Liseron soldanelle
1939	412	**Convolvulus lineatus** L.
		Liseron rayé
1940	412	**Convolvulus lanuginosus** Desr.
		Liseron laineux
1940 2	412	**Convolvulus lanuginosus** Desr.
		Liseron laineux
1941	412	**Convolvulus cantabrica** L.
		— *cantabricus* (F)
		Liseron de Biscaye
		Kantabrische Winde
1942	412	**Convolvulus siculus** L.
		Liseron de Sicile
1943	413	**Convolvulus tricolor** L.
		Liseron tricolore
1944	413	**Cressa cretica** L.
		Cressa de Crète
1945	413	**Cuscuta monogyna** Vahl
		Cuscute à un style
		Rache à un style
1946	413	**Cuscuta suaveolens** Ser.
		— *corymbosa* (C)
		Cuscute odorante
		Rache odorante
1947	413	**Cuscuta scandens** Brot. s.l.
		— *australis* (F, G)
		— *australis s.l.* (T)
		— *breviflora* (C)
		Cuscute grimpante
		Rache grimpante
1948	413	**Cuscuta epilinum** Weihe
		— *densiflora* (B)
		Cuscute à fleurs serrées
		— du lin

Dessin	Pl.	Taxon
1948	413	Rache à fleurs serrées — du lin Flachs-Seide Lein-Seide
1949	413	**Cuscuta europaea** L. — *major* (B) Cuscute d'Europe — majeure Rache d'Europe — majeure Europäische Seide Nessel-Seide
1950	414	**Cuscuta epithymum** (L.) L. — *epithymum* subsp. *eu-epithymum* (F) Cuscute du thym Rache du thym Quendel-Seide Thymian-Seide
1950 2	414	**Cuscuta epithymum** (L.) L. — *epithymum* subsp. *trifolii* (F) — *trifolii* (C, G) Cuscute du thym Rache du thym Quendel-Seide Thymian-Seide
1950 b	414	**Cuscuta epithymum** (L.) L. — *alba* (B, C, F) Cuscute blanche — du thym Rache blanche — du thym
1951	414	**Phacelia tanacetifolia** Benth. Phacélie à feuilles de tanaisie Rainfarnblättrige Büschelblume
1952	414	**Ramonda myconi** (L.) Reichb. *Ramondia pyrenaica* (B, C) Ramonda de Myconos — des Pyrénées
1953	414	**Cerinthe major** L. — *aspera* (B) Grand mélinet Mélinet majeur — rude
1953 b	414	**Cerinthe glabra** Miller — *alpina* (B, C) Mélinet des Alpes — glabre Alpen-Wachsblume Kahle Wachsblume
1953 c	414	**Cerinthe major** subsp. **gymnandra** (Gasp.) Rouy — *major* (F) Mélinet à étamines dénudées
1954	415	**Cerinthe minor** L. Mélinet à petites fleurs Petit mélinet Kleine Wachsblume
1954 2	415	**Cerinthe minor** L. Petit mélinet Kleine Wachsblume
1955	415	**Borago officinalis** L. *Borrago officinalis* (B, C, F) Bourrache officinale Echter Boretsch
1956	415	**Symphytum officinale** L. Consoude officinale Beinwell Echte Wallwurz
1957	416	**Symphytum tuberosum** L. — *tuberosum* subsp. *eu-tuberosum* (F) Consoude tubéreuse Knotige Wallwurz
1957 b	416	**Symphytum floribundum** Buckn. — *mediterraneum* (C) *Symphytum tuberosum* subsp. *mediterraneum* (F) Consoude à fleurs nombreuses — de la Méditerranée
1958	416	**Symphytum bulbosum** C. Schimper — *tuberosum* subsp. *bulbosum* (F) Consoude bulbeuse Kleinblütige Wallwurz Knollige Wallwurz
1959	416	**Symphytum orientale** L. — *tauricum* (C) Consoude d'Orient
1960	416	**Anchusa hybrida** Ten. — *undulata* (B, C) — *undulata* subsp. *hybrida* (F, T, G) Buglosse hybride — ondulée Welligblättrige Ochsenzunge
1961	416	**Anchusa italica** Retz. — *azurea* (F, T) Buglosse d'Italie Langue-de-bœuf Italienische Ochsenzunge
1962	417	**Pentaglottis sempervirens** (L.) L. Bailey *Anchusa sempervirens* (B, C, F) Buglosse toujours verte Pentaglottis toujours vert
1963	417	**Anchusa officinalis** L. Buglosse officinale Echte Ochsenzunge Gebräuchliche Ochsenzunge
1964	417	**Cynoglottis barrelieri** (All.) Vural & Kit Tan *Anchusa barrelieri* (C, F, T) Buglosse de Barrelier Cynoglottis de Barrelier
1965	417	**Anchusa arvensis** (L.) M. Bieb. *Lycopsis arvensis* (B, G) — *arvensis* subsp. *occidentalis* (F) Buglosse des champs Face-de-loup Lycopsis des champs Acker-Krummhals Wolfsauge
1966	418	**Nonea echioides** (L.) Roemer & Schultes — *ventricosa* (T, G) *Nonnea alba* (B, C, F) Nonnée blanche — fausse-vipérine
1967	418	**Alkanna lutea** A. DC. Orcanette jaune
1968	418	**Alkanna tinctoria** Tausch Orcanette tinctoriale
1969	418	**Onosma fastigiata** (Braun-Blanquet) Lacaita — *echioides* (B, C) — *echioïdes* subsp. *fastigiatum* (F) — *fastigiatum* (G) Onosma fastigié — fausse-vipérine
1969 2	419	**Onosma arenaria** Waldst. & Kit. — *arenarium* (B, G) — *arenarium* subsp. *pyramidatum* (F) — *echioides* (C) Onosma des sables Sand-Lotwurz
1970	419	**Onosma pseudoarenaria** Schur s.l. — *helvetica* (T) — *helveticum* (B) — *pseudoarenarium* subsp. *delphinense* (F) *Onosma stellatum* (C) — *tauricum* subsp. *delphinense* (G) — *tauricum* subsp. *helveticum* (F, G) Onosma de Suisse Schweizerische Lotwurz
1971	419	**Lithospermum officinale** L. Grémil officinal Echter Steinsame Gebräuchlicher Steinsame
1972	419	**Lithospermum arvense** L. *Buglossoides arvensis* (T) Grémil des champs Acker-Steinsame
1972 3	419	**Lithospermum permixtum** Jordan *Buglossoides arvensis* subsp. *permixta* (T) *Lithospermum arvense* (C, F, G) Grémil confondu
1973	419	**Neatostema apulum** (L.) I. M. Johnston *Lithospermum apulum* (B, C, F, G) Grémil de la Pouille Néatostème de la Pouille
1974	420	**Lithodora oleifolia** (Lapeyr.) Griseb. *Lithospermum oleaefolium* (B, C, F) — *oleifolium* (G) Grémil à feuilles d'olivier
1975	420	**Lithodora fruticosa** (L.) Griseb. *Lithospermum fruticosum* (B, C, F, G) Grémil ligneux
1976	420	**Lithodora prostrata** (Lois.) Griseb. — *diffusa* (T) *Lithospermum diffusum* (F, G) — *prostratum* (B, C) Grémil couché
1977	420	**Lithospermum gastonii** Benth. *Buglossoides gastonii* (T) *Lithospermum gastoni* (B) — *gastonis* (C, F, G) Grémil de Gaston
1978	420	**Lithospermum purpurocaeruleum** L. *Buglossoides purpurocaerulea* (T) *Lithospermum purpureo-caeruleum* (B, C, F) — *purpureo-coeruleum* (G) Grémil pourpre-bleu — rouge-bleu Blauer Steinsame
1979	420	**Echium plantagineum** L. — *lycopsis* (G) Vipérine faux-plantain
1980	421	**Echium creticum** L. — *australe* subsp. *eu-australe* (F) Vipérine de Crète
1980 b	421	**Echium creticum** L. — *australe* subsp. *macranthum* (F) Vipérine de Crète
1981	421	**Echium parviflorum** Moench — *calycinum* (B, C) Vipérine à long calice — à petites fleurs
1981 b	421	**Echium arenarium** Guss. Vipérine des sables
1982	421	**Echium sabulicola** Pomel — *maritimum* (B, C, F) — *sabulicolum* (G) Vipérine maritime
1983	422	**Echium italicum** L.

Dessin	*Pl.*	*Taxon*
1983	422	*Echium italicum*
		subsp. *eu-italicum* (F)
		Vipérine d'Italie
		Italienischer Natterkopf
1983 b	422	**Echium asperrimum** Lam.
		— *italicum* (C)
		— *italicum*
		subsp. *pyrenaïcum* (F)
		Vipérine très rude
1984	422	**Echium vulgare** L.
		— *vulgare*
		subsp. *eu-vulgare* (F)
		Vipérine vulgaire
		Gewöhnlicher Natterkopf
1984 2	422	**Echium vulgare** L.
		Vipérine vulgaire
		Gewöhnlicher Natterkopf
1984 3	422	**Echium vulgare**
		subsp. **pustulatum** (Smith) E. Schmid & Gams
		— *pustulatum* (B, C, T)
		Vipérine à pustules
1985	423	**Pulmonaria officinalis** L.
		— *officinalis*
		subsp. *maculosa* (F)
		Pulmonaire officinale
		Geflecktes Lungenkraut
		Gewöhnliches Lungenkraut
1985 b	423	**Pulmonaria affinis** Jordan
		— *affinis*
		subsp. *eu-affinis* (F)
		Pulmonaire affine
1986	423	**Pulmonaria saccharata** Miller
		— *angustifolia*
		subsp. *tuberosa* (F)
		— *vulgaris* (C)
		Pulmonaire sucrée
		Rauhes Lungenkraut
1986 b	423	**Pulmonaria angustifolia** L.
		— *angustifolia*
		subsp. *azurea* (F)
		— *azurea* (C)
		Pulmonaire à feuilles étroites
		Azurblaues Lungenkraut
		Schmalblättriges Lungenkraut
1986 c	423	**Pulmonaria longifolia** (Bast.) Boreau s.l.
		— *angustifolia*
		subsp. *longifolia* (F)
		— *longifolia* (C, T, G)
		Pulmonaire à longues feuilles
1987	423	**Pulmonaria montana** Lej.
		— *montana*
		subsp. *mollis* (F)
		Pulmonaire des montagnes
		Berg-Lungenkraut
		Weiches Lungenkraut
1988	424	**Myosotis scorpioides** L.
		— *palustris* (B, C)
		— *scorpioïdes*
		subsp. *palustris* (F)
		Myosotis des marais
		— faux-scorpion
		Sumpf-Vergissmeinnicht
1988 b	424	**Myosotis laxa**
		subsp. **caespitosa** (Schultz) Nordh.
		— *caespitosa* (C)
		— *laxa* (G)
		— *lingulata* (B)
		— *scorpioïdes*
		subsp. *caespitosa* (F)
		Myosotis à feuilles en languette
		— gazonnant
		Rasenbildendes Vergissmeinnicht
1989	424	**Myosotis pusilla** Lois.
		Myosotis nain
1989 b	424	**Myosotis sicula** Guss.
		Myosotis de Sicile
1990	424	**Myosotis sylvatica** Hoffm.
		Myosotis silvatica (B, C)
		— *silvatica*
		subsp. *eu-silvatica* (F)
		Myosotis des bois
		— des forêts
		Wald-Vergissmeinnicht
1990 b	424	**Myosotis alpestris** F.W. Schmidt
		— *silvatica*
		subsp. *alpestris* (F)
		Myosotis alpestre
		Alpen-Vergissmeinnicht
1990 c	424	**Myosotis pyrenaica** Pourret
		— *alpestris* (G)
		— *alpina* (T)
		— *silvatica*
		subsp. *pyrenaïca* (F)
		Myosotis des Pyrénées
1991	425	**Myosotis arvensis** Hill
		— *intermedia* (B, C)
		Myosotis des champs
		— intermédiaire
		Acker-Vergissmeinnicht
1992	425	**Myosotis speluncicola** (Boiss.) Rouy
		— *tenella* (B)
		Myosotis des grottes
		— délicat
1993	425	**Myosotis stricta** Roemer & Schultes
		— *micrantha* (F)
		Myosotis raide
		Aufrechtes Vergissmeinnicht
		Kleinblütiges Vergissmeinnicht
1994	425	**Myosotis discolor** Pers.
		— *versicolor* (B, C, F)
		Myosotis versicolore
		Farbwechselndes Vergissmeinnicht
		Verschiedenfarbiges Vergissmeinnicht
1995	425	**Myosotis ramosissima** Rochel
		— *collina* (F)
		— *hispida* (B, C)
		Myosotis hérissé
		— rameux
		Hügel-Vergissmeinnicht
		Verzweigtes Vergissmeinnicht
1996	425	**Myosotis ruscinonensis** Rouy
		Myosotis du Roussillon
1997	425	**Eritrichium nanum** (L.) Gaudin
		Eritriche nain
		Himmelsherold
1998	426	**Lappula squarrosa** (Retz.) Dumort.
		Echinospermum lappula (B, C)
		Lappula echinata (F, G)
		Echinosperme bardanette
		Fausse-bardane raboteuse
		Acker-Igelsame
		Kletten-Vergissmeinnicht
		Stechender Igelsame
1999	426	**Lappula deflexa** (Wahlenb.) Garcke
		Echinospermum deflexum (B, C)
		Echinosperme réfléchi
		Fausse-bardane réfléchie
		Wald-Igelsame
		Zurückgebogener Igelsame
2000	426	**Amsinckia calycina** (Moris) Chater
		— *angustifolia* (C, F)
		Amsinckie à calice persistant
		— à feuilles étroites
2001	426	**Cynoglossum germanicum** Jacq.
		— *montanum* (B, C)
		Cynoglosse d'Allemagne
		— des montagnes
		Deutsche Hundszunge
2002	427	**Cynoglossum creticum** Miller
		— *pictum* (B, C)
		Cynoglosse de Crète
		— rayé
		Kretische Hundszunge
2003	427	**Cynoglossum dioscoridis** Villars
		Cynoglosse de Dioscoride
2004	427	**Cynoglossum officinale** L.
		Cynoglosse officinal
		Langue-de-chien
		Echte Hundszunge
		Gebräuchliche Hundszunge
2005	427	**Cynoglossum cheirifolium** L.
		Cynoglosse à feuilles de giroflée
2006	428	**Omphalodes verna** Moench
		Omphalodès du printemps
		Petite bourrache
		Falsches Vergissmeinnicht
		Frühlings-Nabelnuss
		Garten-Gedenkemein
		Grosses Vergissmeinnicht
2007	428	**Omphalodes littoralis** Lehm.
		Omphalodès du littoral
2008	428	**Omphalodes linifolia** (L.) Moench
		Omphalodès à feuilles de lin
2009	428	**Asperugo procumbens** L.
		Rapette couchée
		Niederliegendes Scharfkraut
2010	428	**Heliotropium curassavicum** L.
		Héliotrope de Curaçao
2011	428	**Heliotropium europaeum** L.
		Héliotrope d'Europe
		Europäische Sonnenwende
		Skorpionskraut
2012	429	**Heliotropium supinum** L.
		Héliotrope couché
2013	429	**Lycium afrum** L.
		Lyciet d'Afrique
2014	429	**Lycium barbarum** L.
		— *halimifolium* (F, G)
		— *vulgare* (C)
		Lyciet commun
		— de Barbarie
		Gewöhnlicher Bocksdorn
2015	429	**Lycium chinense** Miller
		— *chinense*
		subsp. *rhombifolium* (F)
		— *sinense* (B, C, G)
		Lyciet de Chine
		Chinesischer Bocksdorn
2016	429	**Lycium europaeum** L.
		Lyciet d'Europe
2017	430	**Solanum tuberosum** L.
		Morelle tubéreuse
		Pomme-de-terre
		Kartoffel
2018	430	**Solanum dulcamara** L.
		Morelle douce-amère
		Vigne-de-Judée
		Bittersüss
2019	431	**Solanum nigrum** L.
		— *nigrum*
		subsp. *eu-nigrum* (F)
		Morelle noire
		Tue-chien
		Schwarzer Nachtschatten
2019 b	431	**Solanum luteum**
		subsp. **alatum** (Moench) Dostál
		— *luteum* (G)
		— *miniatum* (C)
		— *nigrum*
		subsp. *alatum* (F)
		Morelle ailée
		— rouge
		Geflügelter Nachtschatten
2019 c	431	**Solanum luteum** Miller
		— *nigrum*
		subsp. *luteum* (F)
		— *villosum* (B, C)
		Morelle jaune
		— velue

Dessin	Pl.	Taxon
2019 c	431	Gelber Nachtschatten
2020	431	**Physalis alkekengi** L.
		Coqueret alkékenge
		Gewöhnliche Judenkirsche
		Laternenpflanze
2021	432	**Atropa bella-donna** L.
		— *belladona* (B, C, G)
		— *belladonna* (F)
		Atropa belladone
		Belladone
		Herbe empoisonnée
		Gewöhnliche Tollkirsche
2022	432	**Datura stramonium** L.
		— *stramonium* subsp. *eu-stramonium* (F)
		Datura stramoine
		Pomme épineuse
		Stechapfel
2022 2	432	**Datura stramonium** L.
		— *stramonium* subsp. *tatula* (F)
		— *tatula* (B)
		Datura stramoine
		— tatula
		Pomme épineuse
		Stechapfel
2023	432	**Datura innoxia** Miller
		— *metel* (C, F, G)
		Datura inoffensif
2024	433	**Hyoscyamus niger** L.
		Jusquiame noire
		Potelée
		Schwarzes Bilsenkraut
2025	433	**Hyoscyamus albus** L.
		Jusquiame blanche
2026	433	**Nicotiana glauca** Graham
		Nicotiane glauque
2027	433	**Nicotiana rustica** L.
		Nicotiane rustique
		Bauern-Tabak
2028	434	**Nicotiana tabacum** L.
		Grand tabac
		Nicotiane tabac
		Echter Tabak
		Virginischer Tabak
2029	434	**Verbascum pulverulentum** Villars
		— *floccosum* (B, F)
		Molène floconneuse
		— pulvérulente
		Flockige Königskerze
		Flockiges Wollkraut
2030	435	**Verbascum lychnitis** L.
		Molène lychnite
		Lampen-Königskerze
		Lampen-Wollkraut
2031	435	**Verbascum thapsus** L.
		Bouillon-blanc
		Molène bouillon-blanc
		— thapsus
		Kleinblütige Königskerze
		Kleinblütiges Wollkraut
2031 2	435	**Verbascum thapsus** subsp. **crassifolium** (Lam.) Murb.
		— *montanum* (B)
		— *thapsus* (C, F)
		Molène à feuilles épaisses
		— des montagnes
		Berg-Königskerze
		Berg-Wollkraut
		Dickblättrige Königskerze
		Dickblättriges Wollkraut
2032	435	**Verbascum phlomoides** L.
		— *phlomoïdes* (F)
		Molène faux-phlomis
		Filzige Königskerze
		Filziges Wollkraut
		Windblumenähnliche Königskerze
		Windblumenähnliches Wollkraut
2032 2	436	**Verbascum phlomoides** L.
		— *thapsus* (C)
		Molène faux-phlomis
		Filzige Königskerze
		Filziges Wollkraut
		Windblumenähnliche Königskerze
		Windblumenähnliches Wollkraut
2032 b	436	**Verbascum densiflorum** Bertol.
		— *australe* (B)
		— *phlomoides* (C)
		— *phlomoïdes* (F)
		Bonhomme
		Molène faux-bouillon-blanc
		— faux-thapsus
		Dichtblütige Königskerze
		Dichtblütiges Wollkraut
2033	436	**Verbascum sinuatum** L.
		Molène sinuée
		Wellblättrige Königskerze
		Wellblättriges Wollkraut
2034	437	**Verbascum blattaria** L.
		Herbe-aux-mites
		Molène blattaire
		Echtes Schabenkraut
		Schaben-Königskerze
		Schaben-Wollkraut
2034 b	437	**Verbascum virgatum** Stokes
		— *blattarioides* (B)
		— *blattarioïdes* (F)
		Molène effilée
		— fausse-blattaire
		Falsches Schabenkraut
		Ruten-Königskerze
		Ruten-Wollkraut
2035	437	**Verbascum nigrum** L.
		Molène noire
		Schwarze Königskerze
		Schwarzes Wollkraut
2036	438	**Verbascum chaixii** Villars
		— *chaixi* (F)
		Molène de Chaix
		Chaix' Königskerze
		Chaix' Wollkraut
2037	438	**Verbascum boerhavii** L.
		— *boerhaavii* (B)
		— *boerhavi* (C)
		— *maïale* (F)
		Molène de Boerhaave
2038	438	**Scrophularia vernalis** L.
		Scrofularia vernalis (B, C, F)
		Scrofulaire du printemps
		Frühlings-Braunwurz
2039	439	**Scrophularia pyrenaica** Benth.
		Scrofularia pyrenaica (B, C)
		— *pyrenaïca* (F)
		Scrofulaire des Pyrénées
2040	439	**Scrophularia scorodonia** L.
		Scrofularia scorodonia (B, C, F)
		Scrofulaire scorodoine
2041	439	**Scrophularia alpestris** Benth.
		Scrofularia alpestris (B, C)
		— *scopolii* subsp. *alpestris* (F)
		Scrophularia scopolii (G)
		Scrofulaire alpestre
2042	440	**Scrophularia canina** L.
		Scrofularia canina (B, C)
		— *canina* subsp. *eu-canina* (F)
		Scrofulaire des chiens
		Hunds-Braunwurz
2042 b	440	**Scrophularia canina** subsp. **hoppii** (Koch) P. Fourn.
		Scrofularia canina subsp. *hoppei* (F)
		— *hoppei* (C)
2042 b	440	*Scrofularia juratensis* (B)
		Scrophularia hoppii (G)
		Scrofulaire de Hoppe
		— du Jura
		Jurassische Braunwurz
2042 c	440	**Scrophularia lucida** L.
		Scrofularia lucida (B, C)
		— *lucida* subsp. *provincialis* (F)
		Scrofulaire luisante
2042 d	440	**Scrophularia ramosissima** Lois.
		Scrofularia canina subsp. *ramosissima* (F)
		— *ramosissima* (C)
		Scrofulaire très rameuse
2043	441	**Scrophularia peregrina** L.
		Scrofularia peregrina (B, C, F)
		Scrofulaire voyageuse
2044	441	**Scrophularia nodosa** L.
		Scrofularia nodosa (B, C, F)
		Scrofulaire noueuse
		Knotige Braunwurz
2045	441	**Scrophularia auriculata** L.
		Scrofularia aquatica (B, C, F)
		Scrophularia balbisii (G)
		Scrofulaire aquatique
		— à oreillettes
		Wasser-Braunwurz
2045 b	441	**Scrophularia umbrosa** Dumort.
		Scrofularia alata (C, F)
		— *ehrharti* (B)
		Scrophularia umbrosa s.l. (G)
		Scrofulaire ailée
		— d'Ehrhart
		— des endroits ombreux
		Geflügelte Braunwurz
2046	442	**Asarina procumbens** Miller
		Antirrhinum asarina (B, C, F, G)
		Asarine couchée
		Muflier asaret
		Haselwurz-Löwenmaul
2047	442	**Misopates orontium** (L.) Raf.
		Antirrhinum orontium (B, C, F, G)
		Misopatès orontium
		Muflier des champs
		— orontium
		— rubicond
		Feld-Löwenmaul
2048	442	**Antirrhinum majus** L.
		— *majus* subsp. *eu-majus* (F)
		Grand muflier
		Gueule-de-loup
		Muflier des jardins
		— majeur
		Grosses Löwenmaul
2048 b	443	**Antirrhinum latifolium** Miller
		— *majus* subsp. *latifolium* (F)
		Muflier à larges feuilles
		Breitblättriges Löwenmaul
2048 c	443	**Antirrhinum siculum** Miller
		— *majus* subsp. *siculum* (F)
		— *ruscinonense* (B)
		Muflier de Sicile
2048 d	443	**Antirrhinum majus** subsp. **tortuosum** (Bosc) Rouy
		— *tortuosum* (C, G)
		Muflier tortueux
2049	443	**Antirrhinum sempervirens** Lapeyr.
		Muflier toujours vert
2050	443	**Anarrhinum bellidifolium** (L.) Willd.
		Anarrhinum à feuilles de pâquerette
		Gänseblümchenblättriger Lochschlund

Dessin	Pl.	Taxon
2051	443	**Cymbalaria muralis** P. Gaertner, Meyer & Scherb. *Linaria cymbalaria* (B, C, F, G) Cymbalaire des murs Linaire cymbalaire Ruine-de-Rome Mauer-Leinkraut Zimbelkraut
2052	444	**Kickxia spuria** (L.) Dumort. s.l. *Linaria spuria* (B, C, F, G) Kickxia bâtarde Linaire bâtarde Eiblättriges Leinkraut Unechtes Leinkraut
2053	444	**Kickxia elatine** (L.) Dumort. *Linaria elatine* (B, C, G) — *elatine* subsp. *eu-elatine* (F) Kickxia élatine Linaire élatine Velvote Pfeilblättriges Leinkraut
2053 b	444	**Kickxia elatine** subsp. **crinita** (Mabille) Greuter *Linaria elatine* subsp. *sieberi* (F) — *sieberi* (C, G) Kickxia chevelue Linaire de Sieber
2054	444	**Kickxia commutata** (Reichb.) Fritsch *Linaria commutata* (C, F, G) — *graeca* (B) Kickxia changée Linaire grecque
2055	444	**Linaria reflexa** (L.) Desf. Linaire à fruits renversés
2056	445	**Kickxia cirrhosa** (L.) Fritsch *Linaria cirrhosa* (B) — *cirrosa* (C, F, G) Kickxia à vrilles Linaire à vrilles
2057	445	**Linaria spartea** (L.) Willd. Linaire effilée
2058	445	**Linaria triphylla** (L.) Miller Linaire à feuilles par trois
2059	445	**Linaria vulgaris** Miller — *vulgaris* subsp. *monspessulana* (F) Linaire vulgaire Gewöhnliches Leinkraut
2059 b	445	**Linaria angustissima** (Lois.) Borbás — *italica* (C, G) — *vulgaris* subsp. *italica* (F) Linaire à feuilles étroites — d'Italie Italienisches Leinkraut Schmalblättriges Leinkraut
2060	446	**Linaria thymifolia** (Vahl) DC. Linaire à feuilles de thym
2061	446	**Linaria alpina** (L.) Miller Linaire des Alpes Alpen-Leinkraut
2061 b	446	**Linaria alpina** (L.) Miller — *alpina* subsp. *petraea* (G) — *petraea* (C) Linaire des Alpes Alpen-Leinkraut Stein-Leinkraut
2062	446	**Linaria repens** (L.) Miller — *striata* (B, C, F) Linaire rampante — striée Gestreiftes Leinkraut
2063	446	**Linaria pelisseriana** (L.) Miller — *pelliceriana* (B, C, F, G) Linaire de Pellicier Pelliciers Leinkraut
2064	446	**Linaria chalepensis** (L.) Miller Linaire de Chalep
2065	446	**Linaria arenaria** DC. Linaire des sables
2066	447	**Chaenorhinum origanifolium** (L.) Fourr. *Chaenorrhinum origanifolium* (F, G) *Linaria origanifolia* (B, C) Chaenorhinum à feuilles d'origan Linaire à feuilles d'origan
2066 2	447	**Chaenorhinum villosum** (L.) Lange *Chaenorrhinum origanifolium* (F) — *origanifolium* subsp. *villosum* (G) Chaenorhinum velu Linaire velue
2067	447	**Chaenorhinum rubrifolium** (DC.) Fourr. *Chaenorrhinum rubrifolium* (F, G) *Linaria rubrifolia* (B, C) Chaenorhinum à feuilles rougeâtres Linaire à feuilles rougeâtres
2068	447	**Chaenorhinum minus** (L.) Lange *Chaenorrhinum minus* (F, G) *Linaria minor* (B, C) Chaenorhinum mineur Linaire mineure Petit chaenorhinum Petite linaire Kleines Leinkraut
2069	447	**Linaria supina** (L.) Chaz. — *supina* subsp. *eu-supina* (F) Linaire couchée Niederliegendes Leinkraut
2069 2	447	**Linaria supina** (L.) Chaz. — *supina* subsp. *eu-supina* (F) Linaire couchée Niederliegendes Leinkraut
2070	448	**Linaria arvensis** (L.) Desf. — *arvensis* subsp. *eu-arvensis* (F) Linaire des champs Acker-Leinkraut
2070 b	448	**Linaria simplex** (Willd.) DC. — *arvensis* subsp. *simplex* (F) Linaire simple Einfaches Leinkraut
2070 c	448	**Linaria micrantha** (Cav.) Hoffsgg. & Link — *arvensis* subsp. *micrantha* (F) Linaire à petites fleurs
2071	448	**Gratiola officinalis** L. Gratiole officinale Herbe-au-pauvre-homme Echtes Gnadenkraut
2072	448	**Lindernia procumbens** (Krocker) Philcox — *pyxidaria* (B, C, F) Lindernie couchée — pyxidaire Gewöhnliches Büchsenkraut
2072 b	448	**Lindernia dubia** (L.) Pennell *Ilysanthes gratioloides* (G) — *gratioloïdes* (F) *Lindernia gratioloides* (B, C) Lindernie douteuse — fausse-gratiole
2073	448	**Mimulus moschatus** Lindley Mimule musqué Bisam-Gaukerblume Moschus-Gaukerblume
2074	448	**Mimulus guttatus** DC. — *luteus* (C) Mimule tacheté Gefleckte Gaukerblume
2075	449	**Veronica spicata** L. Véronique en épi Ährige Ehrenpreis
2076	449	**Veronica longifolia** L. — *spuria* (C) Véronique à longues feuilles Langblättriger Ehrenpreis
2077	449	**Veronica austriaca** subsp. **teucrium** (L.) D. Webb — *teucrium* (B, C, G) — *teucrium* subsp. *eu-teucrium* (F) Véronique germandrée Gamanderartiger Ehrenpreis Grosser Ehrenpreis
2077 b	449	**Veronica prostrata** L. — *teucrium* subsp. *prostrata* (F) Véronique couchée Niederliegender Ehrenpreis
2077 c	449	**Veronica austriaca** subsp. **dentata** (F.W. Schmidt) Watzl — *teucrium* subsp. *dentata* (F) Véronique dentée Österreichischer Ehrenpreis
2078	449	**Veronica officinalis** L. Thé d'Europe Véronique officinale Echter Ehrenpreis Gebräuchlicher Ehrenpreis
2079	449	**Veronica allionii** Villars — *allionei* (F) Véronique d'Allioni Allionis Ehrenpreis
2080	450	**Veronica chamaedrys** L. Fausse-germandrée Véronique petit-chêne Gamander-Ehrenpreis
2081	450	**Veronica urticifolia** Jacq. — *latifolia* (F) — *urticaefolia* (B, C) Véronique à feuilles d'ortie Breitblättriger Ehrenpreis
2082	450	**Veronica montana** L. Véronique des montagnes Berg-Ehrenpreis
2083	450	**Veronica aphylla** L. Véronique aphylle — à tige nue Blattloser Ehrenpreis
2084	450	**Veronica scutellata** L. Véronique à écussons Schildfrüchtiger Ehrenpreis
2085	450	**Veronica beccabunga** L. Cresson-de-cheval Salade-de-chouette Véronique beccabonga Bachbungen Ehrenpreis
2086	451	**Veronica anagallis-aquatica** L. — *anagallis* (B, C) — *anagallis* subsp. *eu-anagallis* (F) Mouron-d'eau Véronique mouron — mouron-d'eau Wasser-Ehrenpreis
2086 b	451	**Veronica anagalloides** Guss. — *anagalloïdes* (F) Véronique faux-mouron Gauchheil-Ehrenpreis
2087	451	**Veronica bellidioides** L. — *bellidioïdes* subsp. *eu-bellidioïdes* (F)

Dessin	Pl.	Taxon
2087	451	Véronique fausse-pâquerette Rosetten-Ehrenpreis
2087 b	451	**Veronica bellidioides** subsp. **lilacina** (Towns.) Nyman — *bellidioïdes* subsp. *lilacina* (F) — *lilacina* (C) Véronique lilacée
2088	451	**Veronica nummularia** Gouan — *nummulariaefolia* (F) Véronique nummulaire
2089	451	**Veronica fruticulosa** L. — *fruticulosa* subsp. *eu-fruticulosa* (F) Véronique ligneuse Halbstrauchiger Ehrenpreis
2089 b	451	**Veronica fruticans** Jacq. — *fruticulosa* subsp. *fruticans* (F) — *saxatilis* (C) Véronique buissonnante — des rochers Felsen-Ehrenpreis
2090	452	**Veronica serpyllifolia** L. — *serpyllifolia* subsp. *eu-serpyllifolia* (F) Véronique à feuilles de serpolet Quendelblättriger Ehrenpreis
2091	452	**Veronica ponae** Gouan — *gouani* (F) Véronique de Pona
2092	452	**Veronica alpina** L. Véronique des Alpes Alpen-Ehrenpreis
2093	452	**Veronica verna** L. — *verna* subsp. *eu-verna* (F) Véronique du printemps Frühlings-Ehrenpreis
2094	452	**Veronica arvensis** L. Véronique des champs Feld-Ehrenpreis
2095	452	**Veronica peregrina** L. Véronique voyageuse Amerikanischer Ehrenpreis Fremder Ehrenpreis
2096	452	**Veronica triphyllos** L. Véronique à trois feuilles — à trois lobes Dreiteiliger Ehrenpreis
2097	452	**Veronica acinifolia** L. Véronique à feuilles de calament acinos — à feuilles de thym Kalaminthenblättriger Ehrenpreis Steinquendelblättriger Ehrenpreis
2098	452	**Veronica praecox** All. Véronique précoce Frühblühender Ehrenpreis
2099	453	**Veronica hederifolia** L. — *hederaefolia* (B, C, F, G) Véronique à feuilles de lierre Efeublättriger Ehrenpreis
2100	453	**Veronica cymbalaria** Bod. Véronique cymbalaire
2101	453	**Veronica persica** Poiret Véronique de Perse Persischer Ehrenpreis
2102	453	**Veronica agrestis** L. Véronique agreste Acker-Ehrenpreis
2102 b	453	**Veronica polita** Fries — *didyma* (B) Véronique didyme — luisante Glänzender Ehrenpreis
2102 c	453	**Veronica opaca** Fries Véronique opaque Véronique terne Dunkler Ehrenpreis Glanzloser Ehrenpreis
2103	453	**Sibthorpia europaea** L. Sibthorpie d'Europe
2104	453	**Limosella aquatica** L. Limoselle aquatique Wasser-Schlammkraut
2105	454	**Erinus alpinus** L. Erine des Alpes Leberbalsam
2106	454	**Digitalis lutea** L. Digitale jaune Gelber Fingerhut
2107	454	**Digitalis grandiflora** Miller — *ambigua* (C, F) Digitale ambiguë — à grandes fleurs Blassgelber Fingerhut Grossblütiger Fingerhut
2108	454	**Digitalis purpurea** L. Digitale pourpre Roter Fingerhut
2109	455	**Euphrasia rostkoviana** Hayne — *officinalis* (B, C) — *rostkoviana* subsp. *eu-rostkoviana* (F) Casse-lunettes Euphraise de Rostkov — officinale Herbe-à-l'ophtalmie Gewöhnlicher Augentrost Rostkovs Augentrost
2109 b	455	**Euphrasia rostkoviana** subsp. **montana** (Jordan) Wettst. — *officinalis* (C) Euphraise des montagnes Berg-Augentrost
2109 c	455	**Euphrasia alpina** Lam. Euphraise des Alpes Alpen-Augentrost
2109 d	455	**Euphrasia salisburgensis** Funcke Euphraise de Salzbourg Salzburger Augentrost
2109 e	455	**Euphrasia tetraquetra** (Bréb.) Arrond. — *nemorosa* subsp. *occidentalis* (F) Euphraise à quatre angles
2109 f	455	**Euphrasia stricta** J. Lehm. Euphraise des bruyères — raide Aufrechter Augentrost Heide-Augentrost
2109 g	455	**Euphrasia pectinata** Ten. — *stricta* subsp. *pectinata* (F) Euphraise pectinée Kamm-Augentrost
2109 h	455	**Euphrasia hirtella** Reuter Euphraise hérissée Zottiger Augentrost
2109 i	455	**Euphrasia nemorosa** (Pers.) Wallr. — *nemorosa* subsp. *eu-nemorosa* (F) Euphraise des bois Busch-Augentrost Hain-Augentrost
2109 j	455	**Euphrasia minima** DC. — *minima* subsp. *eu-minima* (F) Euphraise naine Kleiner Augentrost Zwerg-Augentrost
2109 k	455	**Euphrasia micrantha** Reichb. — *gracilis* (C, F) Euphraise à petites fleurs — grêle Kleinblütiger Augentrost
2109 l	455	**Euphrasia picta** subsp. **kerneri** (Wettst.) Yeo — *kerneri* (F) — *picta* (G) Euphraise de Kerner Kerners Augentrost
2109 m	455	**Euphrasia picta** Wimmer Euphraise tachée Gescheckter Augentrost
2109 n	455	**Euphrasia picta** Wimmer — *versicolor* (F) Euphraise tachée Bunter-Augentrost Gescheckter Augentrost
2110	456	**Odontites lutea** (L.) Clairv. — *lutea* subsp. *eu-lutea* (F) Odontitès jaune Gelber Zahntrost
2110 3	456	**Odontites lanceolata** (Gaudin) Reichb. — *lutea* subsp. *lanceolata* (F) Odontitès lancéolé Lanzettlicher Zahntrost
2111	456	**Odontites verna** (Bellardi) Dumort. — *rubra* (B) — *rubra* subsp. *verna* (F) Odontitès du printemps — rouge Früher Zahntrost Roter Zahntrost
2111 2	456	**Odontites verna** subsp. **serotina** (Dumort.) Corbière — *rubra* subsp. *serotina* (F) — *serotina* (C, G) Odontitès tardif Spätblühender Zahntrost
2112	457	**Odontites jaubertiana** (Boreau) Walp. — *jaubertiana* subsp. *eu-jaubertiana* (F) Odontitès de Jaubert
2113	457	**Odontites viscosa** (L.) Clairv. Odontitès visqueux Drüsiger Zahntrost Klebriger Zahntrost
2114	457	**Bartsia alpina** L. *Bartschia alpina* (F) Bartsie des Alpes Alpen-Bartschie
2115	457	**Bartsia spicata** Ramond *Bartschia spicata* (F) Bartsie en épi
2116	457	**Bellardia trixago** (L.) All. *Bartsia trixago* (C) *Trixago apula* (B) Bellardie trixago Trixago de la Pouille
2117	458	**Parentucellia viscosa** (L.) Caruel *Bartsia viscosa* (C) *Eufragia viscosa* (B) Eufragie visqueuse Parentucelle visqueuse
2118	458	**Parentucellia latifolia** (L.) Caruel *Bartsia latifolia* (C) *Eufragia latifolia* (B) Eufragie à larges feuilles Parentucelle à larges feuilles
2119 a	458	**Rhinanthus angustifolius** subsp. **grandiflorus** (Wallr.) D. Webb — *crista-galli* (B) — *major* (C) — *major*

Dessin	Pl.	Taxon
2119 a	458	*Rhinanthus major* subsp. *eu-major* (F) Cocriste Rhinanthe à grandes fleurs — crête-de-coq Kahler Klappertopf
2119 b	458	**Rhinanthus minor** L. — *crista-galli* (B) — *minor* subsp. *eu-minor* (F) Cocriste Petit rhinanthe Rhinanthe crête-de-coq Kleiner Klappertopf
2119 c	458	**Rhinanthus angustifolius** C. Gmelin — *angustifolius* subsp. *eu-angustifolius* (F) — *crista-galli* (B) — *lanceolatus* (C) Cocriste Rhinanthe à feuilles étroites — crête-de-coq Schmalblättriger Klappertopf
2120	459	**Pedicularis palustris** L. — *palustris s.l.* (G) Pédiculaire des marais Sumpf-Läusekraut
2121	459	**Pedicularis sylvatica** L. — *silvatica* (B, C, F) Pédiculaire des bois Waldmoor-Läusekraut
2122	459	**Pedicularis gyroflexa** Villars — *fasciculata* (B) Pédiculaire arquée — fasciculée Bogenblütiges Läusekraut Gedrehtes Läusekraut
2122 b	459	**Pedicularis cenisia** Gaudin Pédiculaire du Mont Cenis Mont Cenis-Läusekraut
2123	459	**Pedicularis pyrenaica** Gay — *pyrenaica* (F) Pédiculaire des Pyrénées
2123 b	459	**Pedicularis mixta** Gren. Pédiculaire mixte
2124	459	**Pedicularis kerneri** Dalla Torre — *raetica* (F) — *rhaetica* (G) — *rostrata* (B, C) Pédiculaire à long bec — de Kerner Kerners Läusekraut
2124 2	459	**Pedicularis kerneri** Dalla Torre — *raetica* (F) — *rhaetica* (G) Pédiculaire de Kerner Kerners Läusekraut
2125	459	**Pedicularis rostratocapitata** Crantz — *jacquini* (B) Pédiculaire de Jacquin Jacquins Läusekraut Kopfiges Läusekraut
2126	459	**Pedicularis tuberosa** L. Pédiculaire tubéreuse Knolliges Läusekraut
2127	460	**Pedicularis ascendens** Gaudin — *adscendens* (G) — *barrelieri* (B, C, F) Pédiculaire ascendante — de Barrelier Aufsteigendes Läusekraut
2128	460	**Pedicularis rostratospicata** Crantz — *incarnata* (B, C, G) Pédiculaire incarnate Fleischrotes Läusekraut Hellrotes Läusekraut
2129	460	**Pedicularis asplenifolia** Willd. Pédiculaire à feuilles d'asplénium Farnblättriges Läusekraut
2130	460	**Pedicularis recutita** L. Pédiculaire tronquée Gestutztes Läusekraut Trübrotes Läusekraut
2131	460	**Pedicularis verticillata** L. Pédiculaire verticillée Quirlblättriges Läusekraut
2132	460	**Pedicularis rosea** Wulfen Pédiculaire rose Rosafarbenes Läusekraut
2132 2	461	**Pedicularis rosea** subsp. **allionii** (Reichb. f.) E. Mayer — *rosea* (C) Pédiculaire d'Allioni
2133	461	**Pedicularis comosa** L. Pédiculaire à toupet — chevelue Schopfiges Läusekraut
2134	461	**Pedicularis foliosa** L. Pédiculaire feuillée Blattreiches Läusekraut
2134 b	461	**Pedicularis œderi** Vahl Pédiculaire d'Oeder Buntes Läusekraut Oeders Läusekraut
2135	461	**Melampyrum pratense** L. — *pratense s.l.* (F) Mélampyre des prés Heide-Wachtelweizen Wiesen-Wachtelweizen
2136	461	**Melampyrum sylvaticum** L. — *silvaticum* (B, C) — *silvaticum s.l.* (F) Mélampyre des forêts Wald-Wachtelweizen
2137	462	**Melampyrum cristatum** L. — *cristatum s.l.* (F) Mélampyre à crêtes Kamm-Wachtelweizen
2138	462	**Melampyrum arvense** L. — *arvense s.l.* (F) Mélampyre des champs Queue-de-renard Acker-Wachtelweizen
2139	462	**Melampyrum velebiticum** aggr. — *catalaunicum* (T) — *nemorosum* (B, C, G) — *nemorosum s.l.* (F) — *vaudense* (T) — *velebiticum* (T) Mélampyre des Monts Vélébit Velebit-Wachtelweizen
2140	462	**Tozzia alpina** L. Tozzie des Alpes Tozzie
2141	463	**Orobanche lavandulacea** Reichb. *Phelipaea lavandulacea* (B, C) *Phelypaea lavandulacea* (F) Orobanche fausse-lavande Phélipée fausse-lavande
2142	463	**Orobanche laevis** L. — *arenaria* (T, G) *Phelipaea arenaria* (B, C) *Phelypaea arenaria* (F) Orobanche des sables — lisse Phélipée des sables Sand-Sommerwurz
2143	463	**Orobanche purpurea** Jacq. *Phelipaea caerulea* (B, C) *Phelypaea purpurea* (F) Orobanche pourpre Phélipée blanche Purpur-Sommerwurz Violette Sommerwurz
2143 b	463	**Orobanche ramosa** subsp. **mutelii** (F. Schultz) Cout. *Phelipaea caesia* (B) Orobanche de Mutel Phélipée bleuâtre
2144	463	**Orobanche ramosa** L. *Phelipaea ramosa* (B, C) *Phelypaea ramosa* (F) Orobanche rameuse Phélipée rameuse Ästige Sommerwurz Hanfwürger
2144 b	463	**Orobanche ramosa** subsp. **mutelii** (F. Schultz) Cout. — *ramosa* (G) *Phelipaea muteli* (C) *Phelypaea muteli* (F) Orobanche de Mutel Phélipée de Mutel
2144 c	463	**Orobanche ramosa** subsp. **mutelii** (F. Schultz) Cout. *Phelipaea olbiensis* (B) Orobanche de Mutel Phélipée d'Hyères
2145	464	**Orobanche rapum-genistae** Thuill. — *rapum* (B, C) — *rapum-genistae* subsp. *eu-rapum* (F) Orobanche du genêt — rave Ginster Sommerwurz Ginsterwürger
2146	464	**Orobanche sanguinea** C. Presl — *crinita* (B) Orobanche chevelue — sanguine
2147	464	**Orobanche cernua** Loefl. Orobanche penchée Nickende Sommerwurz
2148	464	**Orobanche hederae** Duby Orobanche du lierre Efeu-Sommerwurz
2149	464	**Orobanche lutea** Baumg. — *rubens* (B, C) Orobanche jaune — rouge Gelbe Sommerwurz
2150	464	**Orobanche alsatica** Kirschl. — *cervariae* (B, C) Orobanche d'Alsace — de l'herbe-aux-cerfs Elsässische Sommerwurz
2151	465	**Orobanche gracilis** Smith — *cruenta* (B, C) Orobanche grêle — sanglante Schlanke Sommerwurz
2152	465	**Orobanche lucorum** Koch Orobanche de l'épine-vinette — des bois Berberitzen-Sommerwurz Hain-Sommerwurz
2153	465	**Orobanche minor** Smith Orobanche du trèfle — mineure Petite orobanche
2154	465	**Orobanche variegata** Wallr. Orobanche panachée
2155	465	**Orobanche crenata** Forsskal — *speciosa* (B, C) Orobanche crénelée — spécieuse
2156	465	**Orobanche alba** Willd. — *epithymum* (B, C, F) Orobanche blanche — du thym Quendel-Sommerwurz Weisse Sommerwurz

Dessin	Pl.	Taxon
2157	466	**Orobanche caryophyllacea** Smith — *galii* (B) Orobanche à odeur d'œillet — du gaillet Gewöhnliche Sommerwurz Labkraut-Sommerwurz
2158	466	**Orobanche reticulata** Wallr. — *platystigma* subsp. *reticulata* (F) — *scabiosae* (B) Orobanche de la scabieuse — réticulée Distel-Sommerwurz Netz-Sommerwurz
2159	466	**Orobanche laserpitii-sileris** Jordan Orobanche du laser siler — du sermontain Laserkraut-Sommerwurz
2160	466	**Orobanche major** L. — *elatior* (T, G) Grande orobanche Orobanche majeure Grosse Sommerwurz
2160 b	466	**Orobanche major** L. — *elatior* (T) Grande orobanche Orobanche majeure
2161	466	**Orobanche salviae** Koch Orobanche de la sauge Salbei-Sommerwurz
2162	467	**Orobanche flava** F. Schultz Orobanche jaune — jaune clair Hellgelbe Sommerwurz
2163	467	**Orobanche picridis** Koch — *loricata* (T, G) Orobanche de la picride Bitterkraut-Sommerwurz
2164	467	**Orobanche pubescens** Urv. — *versicolor* (C, F) Orobanche pubescente
2164 b	467	**Orobanche fuliginosa** Jordan Orobanche fuligineuse
2165	467	**Orobanche teucrii** Holandre Orobanche de la germandrée Gamander-Sommerwurz
2166	467	**Orobanche amethystea** Thuill. Orobanche améthyste Amethystblaue Sommerwurz
2167	467	**Orobanche minor** Smith — *minor* subsp. *eu-minor* (F) Orobanche du trèfle — mineure Petite orobanche Kleeteufel Kleewürger Kleine Sommerwurz
2168	467	**Orobanche loricata** Reichb. — *artemisiae* (B, F) Orobanche de l'armoise — en cotte de mailles Beifuss-Sommerkraut Panzer-Sommerkraut
2169	467	**Lathraea squamaria** L. Lathrée écailleuse Schuppenwurz
2170	467	**Lathraea clandestina** L. Lathrée clandestine
2171	468	**Lavandula stœchas** L. — *staechas* (G) Lavande stéchas
2172	468	**Lavandula angustifolia** Miller — *officinalis* (F) — *spica* (B) — *vera* (C) Aspic Lavande à feuilles étroites — spic Echter Lavendel
2172 b	468	**Lavandula latifolia** Medikus Lavande à larges feuilles
2173	468	**Mentha pulegium** L. Herbe-de-Saint-Laurent Menthe pouliot Polei-Minze
2174	468	**Mentha arvensis** L. Menthe des champs Acker-Minze
2175	469	**Mentha aquatica** L. Menthe aquatique — rouge Bach-Minze Wasser-Minze
2176	469	**Mentha suaveolens** Ehrh. — *rotundifolia* (B, C, F, G) Baume sauvage Menthe à feuilles rondes — odorante Rundblättrige Minze
2177	469	**Mentha longifolia** (L.) Hudson — *silvestris* (B, C) Menthe à longues feuilles — silvestre Langblättrige Minze Ross-Minze
2177 b	469	**Mentha spicata** L. — *viridis* (B, C, F) Menthe en épi — verte Ährige Minze Grüne Minze
2178	470	**Mentha cervina** L. *Preslia cervina* (B, F, G) Menthe des cerfs Preslie des cerfs
2179	470	**Lycopus europaeus** L. Lycope d'Europe Pied-de-loup Europäischer Wolfsfuss
2180	470	**Origanum vulgare** L. Marjolaine sauvage Origan vulgaire Dost Kostets Wilder Majoran
2180 2	470	**Origanum vulgare** L. Marjolaine sauvage Origan vulgaire Dost Kostets Wilder Majoran
2181	471	**Thymus vulgaris** L. Farigoule Thym vulgaire Echter Quendel Echter Thymian Garten-Quendel Garten-Thymian
2182	471	**Thymus serpyllum** L. Thym serpolet Feld-Quendel Feld-Thymian Wilder Quendel Wilder Thymian
2182 2	471	**Thymus pulegioides** L. s.l. — *chamaedrys* (B, C) — *pulegioides* (T) — *serpyllum* subsp. *chamaedrys* (F) Thym faux-pouliot — petit-chêne Arznei-Quendel Arznei-Thymian Wilder Quendel Wilder Thymian
2182 3	471	**Thymus pulegioides** L. s.l. — *montanus* (C) — *pulegioides* (T) Thym faux-pouliot Arznei-Quendel Arznei-Thymian Wilder Quendel Wilder Thymian
2182 5	471	**Thymus dolomiticus** Coste Thym de la dolomie
2182 7	471	**Thymus praecox** subsp. **polytrichus** (Borbás) Jalas — *polytrichus* (C) — *serpyllum* subsp. *polytrichus* (F) Thym à poils nombreux Alpen-Quendel Alpen-Thymian
2182 8	471	**Thymus serpyllum** L. Thym serpolet
2182 9	471	**Thymus nitens** Lamotte Thym luisant
2182 10	471	**Thymus nervosus** Willk. — *serpyllum* subsp. *nervosus* (F) Thym à nervures
2183	472	**Hyssopus officinalis** L. — *officinalis* subsp. *eu-officinalis* (F) Hysope officinal Ysop
2183 b	472	**Hyssopus officinalis** subsp. **pilifer** (Pant.) Murb. — *aristatus* (C, G) — *officinalis* subsp. *aristata* (F) — *officinalis* subsp. *aristatus* (T) Hysope aristé — poilu
2184	472	**Satureja hortensis** L. *Satureia hortensis* (B, C, F) Sarriette commune — des jardins Bohnenkraut
2185	472	**Satureja montana** L. *Satureia montana* (B, C, F) Sarriette des montagnes Berg-Bohnenkraut Berg-Kalaminthe Berg-Saturei
2186	472	**Satureja marginata** (Smith) Greuter & Burdet *Micromeria marginata* (T, G) — *piperella* (B, C) *Satureia piperella* (F) Micromérie petit-poivre — poivrée Sarriette marginée
2187	472	**Satureja graeca** L. *Micromeria graeca* (B, C, T, G) *Satureia graeca* (F) Micromérie grecque Sarriette grecque
2188	472	**Satureja juliana** L. *Micromeria juliana* (C, T, G) *Satureia juliana* (F) Micromérie julienne Sarriette julienne
2189	473	**Satureja vulgaris** (L.) Fritsch *Calamintha clinopodium* (B, C, F) *Clinopodium vulgare* (T, G) Calament clinopode Pied-de-lit Sarriette clinopode — vulgaire Wirbeldost
2190	473	**Satureja acinos** (L.) Scheele *Acinos arvensis* (T, G) *Calamintha acinos* (B, C, F) Calament acinos Sarriette acinos Feld-Kalaminthe Steinquendel
2191	473	**Satureja alpina** (L.) Scheele

Dessin	Pl.	Taxon
2191	473	*Acinos alpinus* (T, G) *Calamintha alpina* (B, C, F) Calament des Alpes Sarriette des Alpes Alpen-Kalaminthe Alpen-Steinquendel
2192	473	**Satureja grandiflora** (L.) Scheele *Calamintha grandiflora* (B, C, F, T, G) Calament à grandes fleurs Sarriette à grandes fleurs Grossblütige Bergminze Grossblütige Kalaminthe
2193	473	**Satureja menthifolia** (Host) Fritsch *Calamintha officinalis* (B, C) — *officinalis* subsp. *silvatica* (F) — *sylvatica* (T, G) Calament officinal Sarriette officinale Echte Bergminze Echter Bergthymian
2193 b	474	**Satureja ascendens** (Jordan) K. Malý *Calamintha ascendens* (C) — *menthaefolia* (B) — *officinalis* subsp. *menthaefolia* (F) — *sylvatica* (G) — *sylvatica* subsp. *ascendens* (T) Calament à feuilles de menthe Sarriette ascendante Aufsteigende Bergminze Aufsteigender Bergthymian
2194	474	**Satureja calamintha** (L.) Scheele *Calamintha nepeta* (B, C, G) — *nepeta* subsp. *glandulosa* (T) — *officinalis* subsp. *nepeta* (F) Calament népéta Sarriette calament Katzenminzen-Bergminze Katzenminzen-Bergthymian
2195	474	**Satureja nepeta** (L.) Scheele *Calamintha nepeta* (T, G) — *nepetoides* (C) — *officinalis* subsp. *nepetoïdes* (F) Sarriette népéta Minzen-Bergminze Minzen-Bergthymian
2196	474	**Melissa officinalis** L. Mélisse officinale Piment-des-abeilles Zitronen-Melisse
2197	474	**Horminum pyrenaicum** L. — *pyrenaïcum* (F) Horminelle des Pyrénées Drachenmaul
2198	475	**Rosmarinus officinalis** L. Romarin officinal Rosmarin
2199	475	**Salvia officinalis** L. Sauge officinale Echte-Salbei Garten-Salbei
2199 2	475	**Salvia lavandulifolia** subsp. **pyrenaeorum** Lippert — *lavandulaefolia* (C) — *lavandulifolia* (T) — *officinalis* subsp. *lavandulaefolia* (F) — *officinalis* subsp. *lavandulifolia* (G) Sauge à feuilles de lavande Sauge des Pyrénées
2200	475	**Salvia verticillata** L. Sauge verticillée Quirlblütige Salbei
2201	476	**Salvia sclarea** L. Sauge sclarée Toute-bonne Muskateller-Salbei
2202	476	**Salvia aethiopis** L. Sauge d'Ethiopie Mohren-Salbei
2203	477	**Salvia sylvestris** L. — *nemorosa* (F, T, G) — *silvestris* (B, C) Sauge sauvage
2204	477	**Salvia viridis** L. Sauge verte
2205	477	**Salvia glutinosa** L. Sauge glutineuse Klebrige Salbei
2206	478	**Salvia pratensis** L. — *pratensis* subsp. *eu-pratensis* (F) Sauge des prés Wiesen-Salbei
2207	478	**Salvia verbenaca** L. — *verbenaca* subsp. *eu-verbenaca* (F) Sauge fausse-verveine Eisenkraut-Salbei
2207 2	479	**Salvia verbenaca** L. Sauge fausse-verveine
2207 b	479	**Salvia verbenaca** L. — *horminoides* (B, C) — *verbenaca* subsp. *clandestina* (G) — *verbenaca* subsp. *horminioïdes* (F) Sauge fausse-horminelle — fausse-verveine
2207 c	479	**Salvia verbenaca** L. — *clandestina* (C, T) — *verbenaca* subsp. *clandestina* (F, G) Sauge fausse-verveine
2207 d	479	**Salvia verbenaca** L. — *clandestina* (C) Sauge fausse-verveine
2208	479	**Nepeta nuda** L. — *nuda* subsp. *violacea* (F) Népéta dénudé — glabre Kahle Katzenminze
2209	480	**Nepeta latifolia** DC. Népéta à larges feuilles
2210	480	**Nepeta cataria** L. Herbe-aux-chats Népéta chataire Echte Katzenminze Gewöhnliche Katzenminze
2211	480	**Nepeta nepetella** L. — *lanceolata* (B) Népéta à feuilles lancéolées — petit-népéta Grossblumige Katzenminze Lanzettblättrige Katzenminze
2211 b	480	**Nepeta nepetella** L. Népéta petit-népéta Grossblumige Katzenminze Lanzettblättrige Katzenminze
2212	481	**Dracocephalum ruyschiana** L. Dracocéphale de Ruysch Tête-de-dragon de Ruysch Berg-Drachenkopf Nordischer Drachenkopf
2213	481	**Dracocephalum austriacum** L. Dracocéphale d'Autriche Tête-de-dragon d'Autriche Österreichischer Drachenkopf
2214	481	**Glechoma hederacea** L. *Glechoma hederaceum* (F) Courroie-de-Saint-Jean Glécome faux-lierre Lierre terrestre Gundelrebe
2215	481	**Lamium galeobdolon** (L.) L. *Lamiastrum galeobdolon* (T) Lamier galéobdolon Ortie jaune Echte Goldnessel
2216	481	**Lamium flexuosum** Ten. Lamier flexueux
2217	481	**Lamium purpureum** L. Lamier pourpre Acker-Taubnessel Purpurrote Taubnessel
2218	482	**Lamium album** L. Lamier blanc Ortie blanche Weisse Taubnessel
2219	482	**Lamium maculatum** L. Lamier tacheté Ortie rouge Gefleckte Taubnessel
2220	482	**Lamium amplexicaule** L. Lamier amplexicaule — à feuilles embrassantes Stengelumfassende Taubnessel
2221	483	**Lamium garganicum** subsp. **laevigatum** Arcang. — *garganicum* (G) — *garganicum* subsp. *grandiflorum* (F) — *longiflorum* (B, C) Lamier à longues fleurs — lisse
2222	483	**Lamium hybridum** Villars Lamier hybride Bastard-Taubnessel Schlitzblättrige Taubnessel
2223	483	**Leonurus cardiaca** L. Agripaume cardiaque Echter Löwenschwanz Herzheil
2224	483	**Leonurus marrubiastrum** L. Agripaume faux-marrube Falscher Andorn Katzenschwanz
2225	484	**Galeopsis speciosa** Miller — *versicolor* (B) Galéopsis à fleurs variées — orné Bunter Hohlzahn
2225 2	484	**Galeopsis speciosa** Miller Galéopsis orné
2226	484	**Galeopsis tetrahit** L. — *tetrahit* subsp. *eu-tetrahit* (F) Galéopsis tétrahit Ortie royale Gewöhnlicher Hohlzahn
2226 2	484	**Galeopsis bifida** Boenn. — *tetrahit* (C) — *tetrahit* subsp. *bifida* (F) Galéopsis bifide Ausgerandeter Hohlzahn
2227	485	**Galeopsis segetum** Necker — *dubia* (B, C, F) Galéopsis des moissons — douteux Gelblicher Hohlzahn
2227 2	485	**Galeopsis segetum** Necker — *dubia* (F) Galéopsis des moissons — douteux
2228 1	485	**Galeopsis angustifolia** Hoffm. — *ladanum* (B, C) — *ladanum* subsp. *angustifolia* (F)

Dessin	Pl.	Taxon
2228 1	485	Galéopsis à feuilles étroites — ladanum Schmalblättriger Hohlzahn
2228 2	485	**Galeopsis angustifolia** Hoffm. — *ladanum* (B) — *ladanum* subsp. *angustifolia* (F) Galéopsis à feuilles étroites — ladanum Schmalblättriger Hohlzahn
2228 3	485	**Galeopsis reuteri** Reichb. f. — *ladanum* (B) — *ladanum* subsp. *reuteri* (F) Galéopsis de Reuter — ladanum
2229	485	**Galeopsis ladanum** L. — *intermedia* (B, C) — *ladanum* subsp. *intermedia* (F) Galéopsis intermédiaire — ladanum Acker-Hohlzahn
2230	486	**Galeopsis pubescens** Besser Galéopsis pubescent Weichhaariger Hohlzahn
2231	486	**Galeopsis pyrenaica** Bartling — *pyrenaïca* (F) Galéopsis des Pyrénées
2232	486	**Stachys ocymastrum** (L.) Briq. — *hirta* (B, C) — *hirtus* (F) Epiaire faux-basilic — hérissée
2233	486	**Stachys recta** L. — *rectus* (F) Epiaire droite Aufrechter Ziest
2234	487	**Stachys annua** (L.) L. — *annuus* (F) Epiaire annuelle Einjähriger Ziest
2234 b	487	**Stachys maritima** Gouan — *maritimus* (F) Epiaire maritime
2235	487	**Stachys germanica** L. — *germanicus* subsp. *eu-germanicus* (F) Epiaire d'Allemagne Deutscher Ziest
2235 b	487	**Stachys byzantina** K. Koch — *lanata* (B, C) — *lanatus* (F) Epiaire de Byzance — laineuse Wolliger Ziest
2236	487	**Stachys cretica** subsp. **salviifolia** (Ten.) Rech. f. — *germanicus* subsp. *italicus* (F) — *italica* (B, C) Epiaire à feuilles de sauge — d'Italie
2237	487	**Stachys alpina** L. — *alpinus* (F) Epiaire des Alpes Alpen-Ziest
2238	488	**Stachys heraclea** All. — *heracleus* (F) Epiaire d'Héraclée
2239	488	**Stachys palustris** L. Epiaire des marais Ortie morte Sumpf-Ziest
2240	488	**Stachys arvensis** (L.) L. Epiaire des champs Acker-Ziest
2240 b	488	**Stachys brachyclada** Noë — *brachycladus* (F) Epiaire à rameaux courts
2241	488	**Stachys sylvatica** L. — *silvatica* (B, C, G) — *silvaticus* (F) Epiaire des bois Ortie puante Wald-Ziest
2242	489	**Stachys alopecuros** subsp. **godronii** (Rouy) Merxm. *Betonica alopecuros* (B, C) *Stachys alopecuros* (T, G) — *alopecuros* subsp. *eu-alopecuros* (F) Bétoine queue-de-renard Epiaire de Godron — queue-de-renard Blassgelbe Betonie Fuchsschwanz-Betonie
2243	489	**Stachys pradica** (Zanted.) Greuter & Pign. *Betonica hirsuta* (B, C) *Stachys densiflora* (G) — *densiflorus* (F) — *monieri* (T) Bétoine hérissée Epiaire de Prada Alpen-Betonie Rauhhaarige Betonie
2244	489	**Stachys officinalis** (L.) Trev. *Betonica officinalis* (B, C) Bétoine officinale Epiaire bétoine — officinale Echte Betonie Gebräuchliche Betonie
2245	489	**Ballota nigra** subsp. **foetida** (Vis.) Hayek — *foetida* (B) — *nigra* (C) Ballote fétide Schwarznessel
2246	489	**Ballota frutescens** (L.) J. Woods — *spinosa* (B) Ballote buissonnante — épineuse
2247	490	**Phlomis lychnitis** L. Phlomis lychnite
2248	490	**Phlomis herba-venti** L. Phlomis herbe-au-vent
2249	490	**Phlomis fruticosa** L. Phlomis ligneux
2250	490	**Sideritis romana** L. Crapaudine romaine
2251	490	**Sideritis montana** L. Crapaudine des montagnes Berg-Gliedkraut
2252	491	**Sideritis hirsuta** L. Crapaudine hérissée
2253	491	**Sideritis scordioides** L. — *scordioïdes* (F) — *scordoides* (B) Crapaudine faux-scordium
2254	491	**Sideritis hyssopifolia** L. — *hyssopifolia* subsp. *alpina* (F) Crapaudine à feuilles d'hysope Ysopblättriges Gliedkraut
2254 b	491	**Sideritis hyssopifolia** subsp. **guillonii** (Timb.-Lagr.) Nyman — *guillonii* (C, G) — *hyssopifolia* subsp. *guilloni* (F) Crapaudine de Guillon
2255	491	**Marrubium vulgare** L. Marrube vulgaire Gewöhnlicher Andorn
2256	491	**Melittis melissophyllum** L. Mélitte à feuilles de mélisse Immenblatt Waldmelisse
2257	492	**Scutellaria hastifolia** L. Scutellaire à feuilles hastées Spiessblättriges Helmkraut
2258	492	**Scutellaria galericulata** L. Grande toque Scutellaire à casque — toque Toque bleue Sumpf-Helmkraut
2258 b	492	**Scutellaria minor** Hudson Petite scutellaire — toque Scutellaire mineure Kleines Helmkraut
2259	492	**Scutellaria alpina** L. Scutellaire des Alpes Alpen-Helmkraut
2260	492	**Scutellaria columnae** All. Scutellaire de Columna
2261	493	**Prunella hyssopifolia** L. *Brunella hyssopifolia* (B, C, F) Brunelle à feuilles d'hysope
2262	493	**Prunella vulgaris** L. *Brunella vulgaris* (B, C, F) Brunelle vulgaire Charbonnière Gewöhnliche Brunelle
2262 b	493	**Prunella laciniata** (L.) L. *Brunella alba* (B, C) — *laciniata* (F) Brunelle blanche — laciniée Weisse Brunelle
2262 c	493	**Prunella grandiflora** (L.) Scholler *Brunella grandiflora* (B, C, F) Brunelle à grandes fleurs Grossblütige Brunelle
2263	493	**Ajuga chamaepitys** (L.) Schreber Bugle jaune — petit-pin Gelber Günsel
2264	493	**Ajuga iva** (L.) Schreber Bugle iva
2265	493	**Ajuga genevensis** L. Bugle de Genève Genfer Günsel
2265 b	493	**Ajuga pyramidalis** L. Bugle pyramidale Berg-Günsel Pyramiden-Günsel
2266	494	**Ajuga reptans** L. Bugle rampante Kriechender Günsel
2267	494	**Teucrium scorodonia** L. Germandrée scorodoine Sauge des bois Salbeiblättriger Gamander Wald-Gamander
2268	494	**Teucrium massiliense** L. Germandrée de Marseille
2269	494	**Teucrium pseudo-chamaepitys** L. — *pseudochamaepitys* (C, F, T, G) Germandrée faux-petit-pin
2270	494	**Teucrium botrys** L. Germandrée botryde Trauben-Gamander
2271	494	**Teucrium fruticans** L. Germandrée ligneuse
2272	495	**Teucrium marum** L. Germandrée marum Amberkraut Marum-Gamander
2273	495	**Teucrium montanum** L. Germandrée des montagnes Berg-Gamander
2274	495	**Teucrium capitatum** L. — *polium*

Dessin	*Pl.*	*Taxon*
2274	495	*Teucrium polium*
		subsp. *capitatum* (F, T)
		Germandrée capitée
2275	495	**Teucrium luteum** (Miller) Degen
		— *aureum* (B, C, G)
		— *polium*
		subsp. *aureum* (F, T)
		Germandrée dorée
2275 2	495	**Teucrium rouyanum** Coste & Soulié
		— *aureum* (C)
		— *polium* (F)
		Germandrée de Rouy
2276	495	**Teucrium polium** L.
		— *polium*
		subsp. *eu-polium* (F)
		Germandrée polium
2277	495	**Teucrium pyrenaicum** L.
		— *pyrenaïcum* (F)
		Germandrée des Pyrénées
2278	496	**Teucrium flavum** L.
		— *flavum*
		subsp. *pilosum* (G)
		Germandrée jaune
2279	496	**Teucrium lucidum** L.
		Germandrée lisse
2280	496	**Teucrium scordium** L.
		— *scordium*
		subsp. *palustre* (F)
		Germandrée d'eau
		— scordium
		Knoblauch-Gamander
		Lauch-Gamander
2280 b	496	**Teucrium scordium**
		subsp. **scordioides** (Schreber) Arcang.
		— *scordioides* (B, C)
		— *scordium*
		subsp. *scordioïdes* (F)
		Germandrée faux-scordium
2281	496	**Teucrium chamaedrys** L. s.l.
		— *chamaedrys* (B, C, F, T, G)
		Germandrée petit-chêne
		Echter Gamander
		Edel-Gamander
2282	497	**Acanthus mollis** L.
		Acanthe mou
2283	497	**Verbena officinalis** L.
		Verveine officinale
		Echter Eisenkraut
2284	497	**Lippia canescens** (L.) Michaux
		— *nodiflora* (C)
		— *repens* (B)
		Lippia blanchâtre
		— rampante
2285	498	**Vitex agnus-castus** L.
		Gattelier agneau-chaste
		Petit poivre
2286	498	**Plantago sempervirens** Crantz
		— *cynops* (B, C, F)
		Plantain cynops
		— sous-ligneux
		— toujours vert
		Halbstrauchiger Wegerich
2287	498	**Plantago arenaria** Waldst. & Kit.
		— *indica* (G)
		— *ramosa* (F)
		Plantain des sables
		Indischer Wegerich
		Sand-Wegerich
2288	498	**Plantago afra** L.
		— *psyllium* (B, C, F)
		Plantain d'Afrique
		— psyllium
2289	499	**Plantago cornutii** Gouan
		— *cornuti* (B, C, F, T, G)
		Plantain de Cornuti
2290	499	**Plantago major** L.
		Grand plantain
		Plantain majeur
		Grosser Wegerich
2290 b	499	**Plantago major**
		subsp. **intermedia** Arcang.
		— *intermedia* (B)
		— *major* (C, F)
		Plantain intermédiaire
		— nain
		Zwerg-Wegerich
2291	499	**Plantago media** L.
		Langue-d'agneau
		Plantain moyen
		Mittlerer Wegerich
2291 2	499	**Plantago media**
		subsp. **brutia** (Ten.) Arcang.
		— *media* (C, F, T)
		Plantain de Calabre
2292	499	**Plantago bellardii** All.
		— *bellardi* (B, C, G)
		Plantain de Bellardi
2293	500	**Plantago coronopus** L.
		— *coronopus*
		subsp. *eucoronopus* (G)
		— *coronopus*
		subsp. *eu-coronopus* (F)
		Corne-de-cerf
		Pied-de-corbeau
		Plantain corne-de-cerf
		— pied-de-corbeau
		Krähenfuss-Wegerich
2294	500	**Plantago monosperma** Pourret
		Plantain à une graine
2295	500	**Plantago albicans** L.
		Plantain blanchâtre
2296	500	**Plantago argentea** Chaix
		Plantain argenté
		Silber-Wegerich
2296 b	500	**Plantago atrata**
		subsp. **fuscescens** (Jordan) Pilger
		— *atrata* (T)
		— *fuscescens* (B, C, F)
		Plantain brunâtre
		Bräunlicher Wegerich
2297	500	**Plantago atrata** Hoppe
		— *montana* (B, C, F)
		Plantain des montagnes
		— noirâtre
		Berg-Wegerich
2298	500	**Plantago lagopus** L.
		Plantain pied-de-lièvre
2299	501	**Plantago lanceolata** L.
		Herbe-à-cinq-côtes
		Plantain lancéolé
		Spitz-Wegerich
2300	501	**Plantago holosteum** Scop.
		— *carinata* (B, C)
		— *recurvata* (F)
		Plantain en carène
		— holostée
2300 2	501	**Plantago holosteum** Scop.
		— *recurvata* (F)
		Plantain holostée
2301	501	**Plantago subulata** L.
		Plantain en alène
2302	501	**Plantago crassifolia** Forsskal
		Plantain à feuilles épaisses
2303	501	**Plantago maritima**
		subsp. **serpentina** (All.) Arcang.
		— *maritima* (G)
		— *serpentina* (B, C, F)
		Plantain serpentant
		Schlangen-Wegerich
2304	501	**Plantago alpina** L.
		— *maritima* (G)
		Plantain des Alpes
		Adelgras
		Alpen-Wegerich
2305	502	**Plantago maritima** L.
		Plantain maritime
2306	502	**Littorella uniflora** (L.) Asch.
		Litorella lacustris (F)
		Littorella lacustris (B, C)
		Littorelle des étangs
		— uniflore
		Einblütiger Strandling
2307	502	**Armeria girardii** (Bernis) Litard.
		— *juncea* (B, C)
		Statice littoralis
		subsp. *juncea* (F)
		Arméria de Girard
		— faux-jonc
2308	502	**Armeria pubinervis** Boiss.
		— *maritima*
		subsp. *alpina* (T)
		Statice cantabrica
		subsp. *pubinervis* (F)
		Arméria à nervures poilues
2308 b	502	**Armeria pubinervis** Boiss.
		— *cantabrica* (B, C)
		— *maritima*
		subsp. *alpina* (T)
		Statice cantabrica
		subsp. *eu-cantabrica* (F)
		Arméria à nervures poilues
2309	502	**Armeria alpina** Willd.
		— *maritima*
		subsp. *alpina* (T)
		Statice montana (F)
		Arméria des Alpes
		Alpen-Grasnelke
2310	502	**Armeria purpurea** Koch
		— *maritima*
		subsp. *purpurea* (T)
		Arméria purpurin
		Purpur-Grasnelke
2311	503	**Armeria maritima** Willd.
		Statice armeria
		subsp. *maritima* (F)
		Arméria maritime
2311 b	503	**Armeria purpurea** Koch
		— *maritima*
		subsp. *elongata* (T)
		Arméria purpurin
2312	503	**Armeria muelleri** Huet
		— *halleri* (C)
		— *maritima*
		subsp. *halleri* (T)
		— *mulleri* (G)
		Statice armeria
		subsp. *muelleri* (F)
		Arméria de Mueller
2313	503	**Armeria ruscinonensis** Girard
		Statice ruscinonensis (F)
		Arméria du Roussillon
2314	503	**Armeria arenaria** (Pers.) Schultes
		— *alliacea* (T)
		— *plantaginea* (B, C, G)
		Statice plantaginea (F)
		Arméria à feuilles de plantain
		— des sables
		— faux-plantain
		Wegerich-Grasnelke
2314 b	503	**Armeria arenaria**
		subsp. **bupleuroides** (Godron & Gren.) Greuter & Burdet
		— *alliacea* (T)
		— *bupleuroides* (C)
		— *buplevroides* (B)
		— *plantaginea*
		subsp. *bupleuroides* (G)
		Arméria faux-buplèvre
2314 c	504	**Armeria arenaria**
		subsp. **praecox** (Jordan) Greuter & Burdet
		— *alliacea* (T)
		— *plantaginea*
		subsp. *praecox* (G)
		Arméria précoce
2315	504	**Armeria foucaudii** G. Beck
		— *majellensis* (B, C)

Dessin	Pl.	Taxon
2315	504	*Armeria ruscinonensis* (T)
		Statice majellensis subsp. *eu-majellensis* (F)
		Arméria de Foucaud
		— de Majellan
2316	504	**Armeria belgenciensis** Donad.
		— *filicaulis* (B, T)
		— *littoralis* (C)
		Statice littoralis subsp. *filicaulis* (F)
		Arméria à tiges filiformes
		— de Belgentier
2317	504	**Limonium echioides** (L.) Miller
		— *echioïdes* (F)
		Statice echioides (B, C)
		Limonium fausse-vipérine
		Statice fausse-vipérine
2318	504	**Limonium ferulaceum** (L.) Chaz.
		Statice ferulacea (B, C)
		Limonium faux-férula
		Statice faux-férula
2319	504	**Limonium diffusum** (Pourret) Kuntze
		Statice diffusa (B, C)
		Limonium diffus
		Statice diffuse
2320	504	**Limonium sinuatum** (L.) Miller
		Statice sinuata (B, C)
		Limonium sinué
		Statice sinuée
2321	504	**Limonium humile** Miller
		— *vulgare* subsp. *humile* (F)
		Statice bahusiensis (B, C)
		Limonium humble
		Statice de Bahuslän
2322	505	**Limonium vulgare** Miller
		— *vulgare* subsp. *pseudolimonium* (F)
		Statice limonium (B, C)
		Limonium vulgaire
		Statice limonium
2322 b	505	**Limonium angustifolium** (Tausch) Turrill
		— *serotinum* (G)
		— *vulgare* subsp. *angustifolium* (F)
		— *vulgare* subsp. *serotinum* (T)
		Statice limonium (C)
		— *serotina* (B)
		Limonium à feuilles étroites
		Statice tardive
2323	505	**Limonium ovalifolium** (Poiret) Kuntze
		Statice ovalifolia (B, C)
		Limonium à feuilles ovales
		Statice à feuilles ovales
2323 b	505	**Limonium auriculaeursifolium** (Pourret) Druce
		— *auriculae-ursifolium* (T, G)
		— *binervosum* subsp. *lychnidifolium* (F)
		Statice lychnidifolia (C)
		Limonium à feuilles en oreille d'ours
		Statice à feuilles de lychnis
2324	505	**Limonium confusum** (Godron & Gren.) Fourr.
		— *confusum* subsp. *eu-confusum* (F)
		— *ramosissimum* subsp. *confusum* (T)
		Statice confusa (B, C)
		Limonium confondu
		Statice confondue
2325	506	**Limonium tremolsii** (Rouy) Erben
		Limonium minutum subsp. *tremolsi* (F)
		Statice tremolsii (C)
		Limonium de Tremols
2326	506	**Limonium duriusculum** (Girard) Fourr.
		— *confusum* subsp. *duriusculum* (F)
		Statice duriuscula (B, C)
		Limonium dur
		Statice dure
2327	506	**Limonium cordatum** (L.) Miller
		— *pubescens* (F)
		Statice cordata (C)
		— *pubescens* (B)
		Limonium cordé
		Statice pubescente
2328	506	**Limonium cuspidatum** (Billot) Erben
		— *confusum* subsp. *psilocladum* (F)
		— *ramosissimum* subsp. *provinciale* (T)
		Statice psiloclada (C)
		Limonium cuspidé
2329	506	**Limonium bellidifolium** (Gouan) Dumort.
		— *bellidifolium* subsp. *caspium* (F)
		— *caspium* (G)
		Statice bellidifolia (B, C)
		Limonium à feuilles de pâquerette
		Statice à feuilles de pâquerette
2329 b	506	**Limonium dubyi** (Godron & Gren.) Kuntze
		— *bellidifolium* subsp. *dubyi* (F)
		Statice dubyei (B)
		— *dubyi* (C)
		Limonium de Duby
		Statice de Duby
2330	506	**Limonium minutum** (L.) Chaz.
		— *minutum* subsp. *eu-minutum* (F)
		Statice minuta (B, C)
		Limonium nain
		Statice naine
2331	507	**Limonium virgatum** (Willd.) Fourr.
		— *oleifolium* (T)
		Statice virgata (B, C)
		Limonium raide
		Statice raide
2332	507	**Limonium cuspidatum** (Billot) Erben
		— *confusum* subsp. *raddianum* (F)
		— *ramosissimum* (G)
		— *ramosissimum* subsp. *provinciale* (T)
		Statice globulariaefolia (B, C)
		Limonium cuspidé
		Statice à feuilles de globulaire
2333	507	**Limonium dodartii** (Girard) Kuntze
		— *binervosum* (T)
		— *binervosum* subsp. *dodarti* (F)
		Statice dodartii (B, C)
		Limonium de Dodart
		Statice de Dodart
2333 b	507	**Limonium binervosum** (G. E. Smith) Salmon
		— *binervosum* subsp. *occidentale* (F)
		Statice occidentalis (B, C)
		Limonium à deux nervures
		Statice occidentale
2334	507	**Limonium girardianum** (Guss.) Fourr.
		Statice girardiana (B, C)
		Limonium de Girard
		Statice de Girard
2335	508	**Limoniastrum monopetalum** (L.) Boiss.
		Limoniastrum monopétale
2336	508	**Plumbago europaea** L.
		— *europea* (G)
		Plombago d'Europe
2337	508	**Globularia punctata** Lapeyr.
		— *vulgaris* (B, C)
		— *vulgaris* subsp. *willkommi* (F)
		Globulaire ponctuée
		— vulgaire
		Gewöhnliche Kugelblume
		Langstenglige Kugelblume
2338	508	**Globularia nudicaulis** L.
		Globulaire à tige nue
		Nacktstenglige Kugelblume
		Schaft-Kugelblume
2339	508	**Globularia cordifolia** L.
		— *cordifolia* subsp. *eu-cordifolia* (F)
		Globulaire à feuilles en cœur
		Herzblättrige Kugelblume
2339 2	508	**Globularia repens** Lam.
		— *cordifolia* subsp. *nana* (F)
		— *nana* (C)
		Globulaire rampante
2340	508	**Globularia alypum** L.
		Globulaire alypum
2341	509	**Phytolacca americana** L.
		— *decandra* (B, C)
		Phytolaque américaine
		— à dix étamines
		Raisin d'Amérique
		Amerikanische Kermesbeere
2342	509	**Amaranthus deflexus** L.
		Amarantus deflexus (B, C, F)
		Amarante couchée
		Niederliegender Amarant
		Niederliegender Fuchsschwanz
2343	509	**Amaranthus retroflexus** L.
		Amarantus retroflexus (B, C, F)
		Amarante réfléchie
		Rauhhaariger Amarant
		Rauhhaariger Fuchsschwanz
		Zurückgekrümmter Amarant
		Zurückgekrümmter Fuchsschwanz
2343 b	509	**Amaranthus cruentus** L.
		Amarantus hybridus subsp. *cruentus* (F)
		— *patulus* (B, C)
		Amarante couleur de sang
		— étalée
		Ausgebreiteter Amarant
		Ausgebreiteter Fuchsschwanz
2344	510	**Amaranthus albus** L.
		Amarantus albus (B, C, F)
		Amarante blanche
		Weisser Amarant
		Weisser Fuchsschwanz
2345	510	**Amaranthus blitum** L.
		— *lividus* (T, G)
		Amarantus ascendens (F)
		— *blitum* (B, C)
		Amarante blite
		Aufsteigender Amarant
		Aufsteigender Fuchsschwanz
		Bleichfarbiger Amarant
		Bleichfarbiger Fuchsschwanz
2346	510	**Amaranthus graecizans** L.
		Amarantus silvester (F)
		— *silvestris* (C)
		— *viridis* (B)
		Amarante sauvage
		— verte
		Schmalblättriger Amarant

Dessin	Pl.	Taxon
2346	510	Schmalblättriger Fuchsschwanz
		Wilder Amarant
		Wilder Fuchsschwanz
2347	510	**Polycnemum arvense** L.
		Polycnème des champs
		Acker-Knorpelkraut
2347 2	510	**Polycnemum majus** A. Braun
		Grand polycnème
		Polycnème grand
		Grosses Knorpelkraut
2348	511	**Atriplex halimus** L.
		Arroche halime
2349	511	**Atriplex hortensis** L.
		Arroche des jardins
		Bonne-dame
		Garten-Melde
2349 b	511	**Atriplex hortensis** L.
		— *microtheca* (B)
		Arroche à petits fruits
		— des jardins
		Bonne-dame
2350	511	**Atriplex patula** L.
		— *patulus* (F, G)
		Arroche étalée
		Gewöhnliche Melde
2350 b	512	**Atriplex littoralis** L.
		— *litoralis* (G)
		Arroche du littoral
2351	512	**Atriplex prostrata** DC.
		— *hastata* (B, C, T)
		— *hastatus* (F, G)
		Arroche couchée
		— hastée
		Spiessblättrige Melde
2351 b	512	**Atriplex glabriuscula** Edmondston
		— *babingtoni* (F)
		— *babingtonii* (C)
		— *glabriusculus* (G)
		Arroche de Babington
		— presque glabre
2352	512	**Atriplex tornabenei** Tineo
		— *arenarius* (F)
		— *crassifolia* (B)
		— *tatarica* (T)
		— *tornabeni* (C)
		— *tornabenii* (G)
		Arroche à feuilles épaisses
		— de Tornabene
2353	512	**Atriplex tatarica** L.
		— *laciniata* (B, C)
		— *tataricus* (F, G)
		Arroche de Tartarie
		— laciniée
2354	512	**Atriplex rosea** L.
		— *roseus* (F, G)
		Arroche rosée
2355	513	**Atriplex pedunculata** L.
		Halimione pedunculata (T, G)
		Obione pedunculata (B, F)
		Arroche pédonculée
		Obione pédonculé
2356	513	**Atriplex portulacoides** L.
		Halimione portulacoides (T, G)
		Obione portulacoides (B)
		— *portulacoïdes* (F)
		Arroche pourpier
		Obione pourpier
2357 a	513	**Spinacia oleracea** L.
		— *inermis* (B)
		Epinard
		— sans épines
		Spinat
2357 b	513	**Spinacia oleracea** L.
		— *spinosa* (B)
		Epinard
		— à épines
		Spinat
2358	513	**Beta vulgaris** L.
		Bette vulgaire
		Betterave
		Poirée
		Mangold
		Runkelrübe
2359	514	**Beta maritima** L.
		— *vulgaris* subsp. *maritima* (T)
		Bette maritime
2360	514	**Chenopodium ambrosioides** L.
		— *ambrosioïdes* (F)
		Chénopode fausse-ambroisie
		Thé du Mexique
		Mexikanischer Tee
2360 b	514	**Chenopodium ambrosioides** L.
		— *ambrosioïdes* subsp. *anthelminticum* (F)
		— *anthelminticum* (C)
		Chénopode fausse-ambroisie
		Thé du Mexique
2361	514	**Chenopodium botrys** L.
		Chénopode botrys
		Drüsiger Gänsefuss
2362	514	**Chenopodium polyspermum** L.
		Chénopode polysperme
		Vielsamiger Gänsefuss
2363	514	**Chenopodium murale** L.
		Chénopode des murs
		Patte-d'oie des murs
		Mauer-Gänsefuss
2364	515	**Chenopodium hybridum** L.
		Chénopode hybride
		Bastard-Gänsefuss
2365	515	**Chenopodium rubrum** L.
		Chénopode rouge
		Patte-d'oie rouge
		Roter Gänsefuss
2366	515	**Chenopodium bonus-henricus** L.
		— *bonus henricus* (F)
		Chénopode Bon Henri
		Epinard sauvage
		Guter Heinrich
2367	515	**Chenopodium vulvaria** L.
		— *olidum* (B)
		Arroche puante
		Chénopode fétide
		— puant
		Stinkender Gänsefuss
		Übelriechender Gänsefuss
2368	516	**Chenopodium urbicum** L.
		Chénopode des agglomérations
		— des villages
		Stadt-Gänsefuss
2369	516	**Chenopodium ficifolium** Smith
		Chénopode à feuilles de figuier
		Feigenblättriger Gänsefuss
2369 b	516	**Chenopodium hircinum** Schrader
		Chénopode à odeur de bouc
		Bock-Gänsefuss
2370	516	**Chenopodium album** L.
		Chénopode blanc
		Weisser Gänsefuss
2371	517	**Chenopodium opulifolium** Schrader
		Chénopode à feuilles d'obier
		Schneeballblättriger Gänsefuss
2372	517	**Chenopodium glaucum** L.
		Chénopode glauque
		Blaugrüner Gänsefuss
2373	517	**Blitum virgatum** L.
		Chenopodium foliosum (T, G)
		— *virgatum* (F)
		Blite effilée
		Echter Erdbeerspinat
2373 b	517	**Blitum capitatum** L.
		Chenopodium capitatum (F, T, G)
		Blite à fleurs en tête
		— capité
		Ähriger Erdbeerspinat
2374	517	**Chenopodium multifidum** L.
		Roubieva multifida (B)
		Chénopode multifide
		Roubiéva multifide
2375	518	**Bassia hirsuta** (L.) Asch.
		Kochia hirsuta (B, C)
		Bassia hérissée
		Kochia hérissée
2376	518	**Bassia laniflora** (S. Gmelin) A. J. Scott
		Kochia arenaria (B, C, F)
		— *laniflora* (T, G)
		Bassia à fleurs laineuses
		Kochia des sables
2377	518	**Bassia prostrata** (L.) A. J. Scott
		Kochia prostrata (B, C, F, T, G)
		Bassia couchée
		Kochia couchée
2378	518	**Bassia scoparia** (L.) A. J. Scott
		Kochia scoparia (C, F, T, G)
		Bassia à balais
		Kochia à balais
2379	518	**Camphorosma monspeliaca** L.
		Camphorine de Montpellier
2380	519	**Corispermum leptopterum** (Asch.) Iljin
		— *hyssopifolium* (B, C, F)
		Corispermum à feuilles d'hysope
		— étroitement ailé
2381 1	519	**Salicornia europaea** L.
		— *brachystachya* (G)
		— *herbacea* (B, C, F)
		Salicorne d'Europe
		— herbacée
2382	519	**Sarcocornia fruticosa** (L.) A. J. Scott
		Arthrocnemum fruticosum (T)
		Salicornia fruticosa (B, C, F, G)
		Salicorne ligneuse
		Sarcocorne ligneuse
2382 b	519	**Sarcocornia perennis** (Miller) A. J. Scott
		Arthrocnemum perenne (T)
		Salicornia perennis (F)
		— *radicans* (B, C, G)
		Salicorne à racines adventives
		Sarcocorne vivace
2383	520	**Arthrocnemum macrostachyum** (Moric.) Moris
		— *glaucum* (T, G)
		Salicornia macrostachya (B, C)
		Arthrocnémum à gros épis
		Salicorne à gros épis
2384	520	**Suaeda vera** J. Gmelin
		— *fruticosa* (B, C, F)
		Suéda ligneuse
		— vraie
		Vraie suéda
2385	520	**Suaeda maritima** (L.) Dumort.
		Suéda maritime
2385 b	520	**Suaeda splendens** (Pourret) Gren. & Godron
		— *setigera* (B)
		Suéda à soie
		— luisante
2386	520	**Salsola kali** L.
		Salsola kali
2386 2	520	**Salsola kali** L.
		— *kali* subsp. *tragus* (T, G)
		Salsola kali
2387	521	**Salsola soda** L.
		Herbe-au-verre
		Salsola soda
2388	521	**Oxyria digyna** (L.) Hill
		Oxyria à deux carpelles
		Zweigriffliger Säuerling
2389	521	**Rumex tuberosus** L.
		Rumex tubéreux

Dessin	Pl.	Taxon
2390	521	**Rumex acetosella** L.
		Oseille des brebis
		Rumex petite-oseille
		Kleiner Sauerampfer
2391	521	**Rumex acetosa** L.
		Oseille des prés
		Rumex oseille
		Surette
		Wiesen-Sauerampfer
2391 2	522	**Rumex vinealis** Timb.-Lagr. & Jeanb.
		— *acetosa* (F)
		Rumex des vignes
2391 b	522	**Rumex intermedius** DC.
		Rumex intermédiaire
2392	522	**Rumex alpestris** Jacq.
		— *arifolius* (B, C, F, T, G)
		Rumex alpestre
		— à feuilles de gouet
		Aronstabblättriger Ampfer
		Aronstabblättriger Sauerampfer
		Berg-Ampfer
		Berg-Sauerampfer
2392 b	522	**Rumex amplexicaulis** Lapeyr.
		— *arifolius* (C, F)
		Rumex à feuilles embrassantes
2393	523	**Rumex nivalis** Hegetschw.
		Rumex des neiges
		Schnee-Ampfer
2394	523	**Rumex roseus** L.
		— *tingitanus* (B, C, F, T, G)
		Rumex de Tanger
		— rose
2395	523	**Rumex scutatus** L.
		Oseille ronde
		Rumex à écussons
		Schildblättriger Ampfer
2396	523	**Rumex pulcher** L.
		Rumex élégant
		Schöner Ampfer
2397	524	**Rumex palustris** Smith
		— *limosus* (F)
		Rumex des marais
		Sumpf-Ampfer
2397 b	524	**Rumex maritimus** L.
		Rumex maritime
		Meer-Ampfer
		Strand-Ampfer
2398	524	**Rumex obtusifolius** L.
		Patience sauvage
		Rumex à feuilles obtuses
		Stumpfblättriger Ampfer
2399	525	**Rumex bucephalophorus** L.
		Rumex tête-de-bœuf
2400	525	**Rumex alpinus** L.
		Rhubarbe des moines
		Rumex des Alpes
		Alpen-Ampfer
		Blacke
2401	526	**Rumex aquaticus** L.
		Parelle
		Rumex aquatique
		Wasser-Ampfer
2401 b	526	**Rumex hydrolapathum** Hudson
		Rumex géant
		— parelle-aquatique
		— patience-d'eau
		Riesen-Ampfer
		Ufer-Ampfer
2401 c	526	**Rumex × maximus** Schreber
		— *maximus* (B, F)
		Rumex élevé
2401 d	527	**Rumex patientia** L.
		Epinard oseille
		Rumex patience
		Garten-Ampfer
		Englischer Spinat
2401 e	527	**Rumex × pratensis** Mert. & Koch
		— *acutus* (F)
		Rumex des prés
2401 f	525	**Rumex longifolius** DC.
		— *domesticus* (B)
		Rumex à longues feuilles
		— domestique
		Langblättriger Ampfer
2402	527	**Rumex crispus** L.
		Rumex crépu
		Krauser Ampfer
2403	528	**Rumex sanguineus** L.
		— *nemorosus* (B)
		Rumex des bois
		— sanguin
		Blut-Ampfer
2403 2	528	**Rumex sanguineus** L.
		Rumex sanguin
		Blut-Ampfer
2404	528	**Rumex conglomeratus** Murray
		Rumex aggloméré
		Knäuelblütiger Ampfer
2404 b	529	**Rumex rupestris** Le Gall
		Rumex des rochers
2405	529	**Fallopia dumetorum** (L.) Holub
		Bilderdykia dumetorum (T, G)
		Polygonum dumetorum (B, C, F)
		Fallopia des buissons
		Grande vrillée
		Renouée des buissons
		Hecken-Knöterich
2406	529	**Fallopia convolvulus** (L.) A. Löve
		Bilderdykia convolvulus (T, G)
		Polygonum convolvulus (B, C, F)
		Fallopia liseron
		Renouée liseron
		Vrillée sauvage
		Winden-Knöterich
2407	529	**Fagopyrum esculentum** Moench
		Polygonum fagopyrum (B, C)
		Blé noir
		Renouée sarrasin
		Sarrasin commun
		Echter Buchweizen
		Gewöhnlicher Buchweizen
2408	530	**Fagopyrum tataricum** (L.) Gaertner
		Polygonum tataricum (B, C)
		Renouée de Tartarie
		Sarrasin de Tartarie
		Falscher Buchweizen
		Tatarischer Buchweizen
2409	530	**Polygonum bistorta** L.
		Renouée bistorte
		Serpentaire
		Schlangen-Knöterich
		Wiesen-Knöterich
2410	530	**Polygonum viviparum** L.
		Renouée vivipare
		Bulbillentragender Knöterich
		Knöllchen-Knöterich
2411	530	**Polygonum bellardii** All.
		— *bellardi* (B, C)
		— *patulum* (F, T, G)
		Renouée de Bellardi
2412	530	**Polygonum maritimum** L.
		Renouée maritime
2413	531	**Polygonum aviculare** L.
		Renouée des oiseaux
		Traînasse
		Verschiedenblättriger Vogelknöterich
2414	531	**Polygonum romanum** Jacq.
		— *flagellare* (B)
		Renouée de Rome
		— effilée
2414 b	531	**Polygonum robertii** Lois.
		— *rayi* (F)
		— *roberti* (B, C)
		Renouée de Robert
2415	531	**Polygonum arenarium** subsp. **pulchellum** D. Webb & Chater
		— *arenarium* (B)
		— *pulchellum* (C, F)
		Renouée des sables
		— élégante
2416	532	**Polygonum alpinum** All.
		Renouée des Alpes
		Alpen-Knöterich
2417	532	**Polygonum amphibium** L.
		Renouée amphibie
		Sumpf-Knöterich
		Wasser-Knöterich
2418	532	**Polygonum lapathifolium** L.
		— *lapathifolium s.l.* (F)
		Renouée à feuilles de patience
		Ampferblättriger Knöterich
2419	533	**Polygonum hydropiper** L.
		Herbe-de-Saint-Innocent
		Renouée poivre-d'eau
		Wasserpfeffer-Knöterich
2420	533	**Polygonum persicaria** L.
		Pied-rouge
		Renouée persicaire
		Pfirsichblättriger Knöterich
2421	533	**Polygonum mite** Schrank
		Renouée douce
		Milder Knöterich
2421 b	533	**Polygonum minus** Hudson
		Renouée fluette
		Kleiner Knöterich
2421 c	533	**Polygonum salicifolium** Willd.
		— *serrulatum* (B, C, F)
		Renouée à feuilles de saule
		— denticulée
2422	534	**Daphne mezereum** L.
		Bois-gentil
		Bois-joli
		Daphné mézéréon
		— morillon
		Gewöhnlicher Seidelbast
		Zilande
2423	534	**Daphne cneorum** L.
		Daphné camélée
		Thymélée
		Flaumiger Seidelbast
		Fluhröschen
2423 b	534	**Daphne striata** Tratt.
		Daphné strié
		Gestreifter Seidelbast
		Steinröschen
2424	534	**Daphne laureola** L.
		Daphné lauréole
		Laurier des bois
		Lorbeer-Seidelbast
2424 2	534	**Daphne laureola** subsp. **philippi** (Gren.) Rouy
		— *laureola* (C)
		— *philippi* (B, F)
		Daphné de Philippe
2425	535	**Daphne alpina** L.
		Daphné des Alpes
		Alpen-Seidelbast
2426	535	**Daphne gnidium** L.
		Daphné gnidium
		Saint-bois
2427	535	**Thymelaea tartonraira** (L.) All.
		Passerina tartonraira (C)
		— *tarton-raira* (B)
		Passérine tarton-raira
		Thymélée tartonraira
2428	535	**Thymelaea hirsuta** (L.) Endl.
		Passerina hirsuta (B, C)
		Passérine hérissée
		Thymélée hérissée
2429	535	**Thymelaea passerina** (L.) Cosson & Germ.
		Passerina annua (B, C)
		Langue-de-moineau
		Passérine annuelle
		Thymélée passérine

Dessin	Pl.	Taxon
2429	535	Gewöhnlicher Vogelkopf
		Spatzenzunge
2430	535	**Thymelaea sanamunda** All.
		Passerina thymelaea (C)
		— *thymelea* (B)
		Passérine thymélée
		Thymélée sanamunda
2431	535	**Thymelaea tinctoria** (Pourret) Endl.
		Passerina tinctoria (B, C)
		Passérine des teinturiers
		Thymélée des teinturiers
2431 2	535	**Thymelaea nivalis** (Ramond) Meissner
		Passerina tinctoria (C)
		Thymelaea tinctoria (F)
		Thymélée des neiges
2432	536	**Thymelaea dioica** (Gouan) All.
		Passerina dioica (B, C)
		Passérine dioïque
		Thymélée dioïque
2433	536	**Thymelaea calycina** (Lapeyr.) Meissner
		Passerina calycina (B, C)
		Passérine à large calice
		Thymélée à large calice
2434	536	**Laurus nobilis** L.
		Laurier noble
		— sauce
		Lorbeer
2435	536	**Thesium alpinum** L.
		Thésium des Alpes
		Alpen-Bergflachs
		Gewöhnlicher Bergflachs
2435 2	536	**Thesium alpinum** L.
		— *tenuifolium* (B, F)
		Thésium à feuilles ténues
		— des Alpes
		Alpen-Bergflachs
		Gewöhnlicher Bergflachs
2435 b	536	**Thesium pyrenaicum** Pourret
		— *pratense* (B, C, F)
		Thésium des prés
		— des Pyrénées
		Pyrenäen-Bergflachs
2435 c	536	**Thesium rostratum** Mert. & Koch
		Thésium en bec
		— rostré
		Schnabelfrüchtiger Bergflachs
2436	537	**Thesium linophyllon** L.
		— *intermedium* (B, C, F)
		Thésium à feuilles de lin
		— intermédiaire
		Leinblättriger Bergflachs
2437	537	**Thesium bavarum** Schrank
		— *montanum* (C)
		Thésium de Bavière
		Bayrischer Bergflachs
2438	537	**Thesium humifusum** DC.
		Thésium couché
		Niederliegender Bergflachs
2438 b	537	**Thesium divaricatum** Mert. & Koch
		Thésium divariqué
		Spreizender Bergflachs
2439	537	**Osyris alba** L.
		Osyris blanc
		Rouvet
		— blanc
		Weisser Harnstrauch
2440	538	**Hippophaë rhamnoides** L. s.l.
		Hippophae rhamnoides (B, C, F, T, G)
		Argousier faux-nerprun
		Gewöhnlicher Sanddorn
2441	538	**Elaeagnus angustifolia** L.
		— *angustifolius* (B)
		Chalef à feuilles étroites
		Olivier de Bohême
2442	538	**Cytinus hypocistis** (L.) L.
		— *hypocystis* (F)
		Cytinet hypociste
2443	539	**Asarum europaeum** L.
		Asaret d'Europe
		Oreille-d'homme
		Europäische Haselwurz
2444	539	**Aristolochia clematitis** L.
		Aristoloche clématite
		Sarrasine
		Gewöhnliche Osterluzei
2445	539	**Aristolochia pallida** Willd.
		Aristoloche pâle
		Bleiche Osterluzei
2446	539	**Aristolochia pistolochia** L.
		Aristoloche pistolochia
2447	540	**Aristolochia rotunda** L.
		Aristoloche arrondie
		— à feuilles rondes
		Knollige Osterluzei
		Rundblättrige Osterluzei
2447 b	540	**Aristolochia paucinervis** Pomel
		— *longa* (B, C, F, T, G)
		Aristoloche longue
		— paucinervée
2448	540	**Empetrum nigrum** L. s.l.
		— *nigrum* (B, C, F)
		Camarine noire
		Schwarze Krähenbeere
		Schwarze Rauschbeere
2449	540	**Euphorbia lathyris** L.
		Epurge
		Euphorbe épurge
		Kreuzblättrige Wolfsmilch
		Spring-Wolfsmilch
2450	541	**Euphorbia polygonifolia** L.
		Euphorbe à feuilles de renouée
2451	541	**Euphorbia chamaesyce** L.
		Euphorbe petit-figuier
		Zwerg-Wolfsmilch
2452	541	**Euphorbia peplis** L.
		Euphorbe péplis
		Garten-Wolfsmilch
2453	541	**Euphorbia chamaebuxus** Gren. & Godron
		Euphorbe petit-buis
2454	541	**Euphorbia dulcis** L.
		Euphorbe douce
		Süsse Wolfsmilch
2454 b	541	**Euphorbia angulata** Jacq.
		— *dulcis* subsp. *angulata* (G)
		Euphorbe anguleuse
		— à tige anguleuse
		Kantige Wolfsmilch
2455	541	**Euphorbia palustris** L.
		Euphorbe des marais
		Sumpf-Wolfsmilch
2456	542	**Euphorbia hyberna** L.
		— *hiberna* (C)
		— *hibernica* (F)
		Euphorbe d'Irlande
2457	542	**Euphorbia hyberna** subsp. **canuti** (Parl.) Tutin
		— *canuti* (F)
		— *hiberna* (C)
		— *hyberna* subsp. *canutii* (G)
		Euphorbe de Canut
2458	542	**Euphorbia characias** L.
		Euphorbe characias
2459	542	**Euphorbia amygdaloides** L.
		— *amygdaloïdes* (F)
		— *silvatica* (B)
		Euphorbe à feuilles d'amandier
		— des bois
		Mandelblättrige Wolfsmilch
2460	543	**Euphorbia dendroides** L.
		— *dendroïdes* (F)
		Euphorbe arborescente
2461	543	**Euphorbia pithyusa** L.
		— *pityusa* (F)
		Euphorbe sapinette
2462	543	**Euphorbia paralias** L.
		— *paralios* (F)
		Euphorbe paralias
2463	543	**Euphorbia spinosa** L.
		Euphorbe épineuse
2464	543	**Euphorbia carniolica** Jacq.
		Euphorbe de Carniole
		Krainer Wolfsmilch
2465	544	**Euphorbia seguieriana** Necker
		— *gerardiana* (B, C)
		— *seguierana* (T, G)
		Euphorbe de Gérard
		— de Séguier
		Seguiers Wolfsmilch
2465 2	544	**Euphorbia seguieriana** subsp. **loiseleurii** (Rouy) Greuter & Burdet
		— *loiseuleri* (F)
		Euphorbe de Loiseleur
		Loiseleurs Wolfsmilch
2466	544	**Euphorbia helioscopia** L.
		— *helioscopioides* (C, T)
		— *helioscopioïdes* (F)
		Euphorbe réveille-matin
		Réveille-matin
		Sonnenwend-Wolfsmilch
2467	544	**Euphorbia platyphyllos** L.
		— *platyphylla* (C)
		Euphorbe à feuilles plates
		— à larges feuilles
		Breitblättrige Wolfsmilch
2467 b	544	**Euphorbia stricta** L.
		— *serrulata* (T, G)
		Euphorbe raide
		Aufrechte Wolfsmilch
		Steife Wolfsmilch
2468	545	**Euphorbia duvalii** Lecoq & Lamotte
		— *duvali* (F)
		— *papillosa* (B)
		Euphorbe à papilles
		— de Duval
2469	545	**Euphorbia hirsuta** L.
		— *pubescens* (B, C, F, T, G)
		Euphorbe hirsute
		— pubescente
2470	545	**Euphorbia villosa** Willd.
		— *pilosa* (B, C)
		Euphorbe poilue
		— velue
2471	545	**Euphorbia verrucosa** L.
		— *brittingeri* (T, G)
		Euphorbe verruqueuse
		Warzige Wolfsmilch
2471 b	545	**Euphorbia flavicoma** DC.
		Euphorbe à ombelles jaunes
2472	545	**Euphorbia flavicoma** subsp. **mariolensis** (Rouy) O. Bolós & Vigo
		— *mariolensis* (T)
		— *polygalifolia* subsp. *mariolensis* (F)
		Euphorbe de la Sierra Mariola
2473	546	**Euphorbia serrata** L.
		Euphorbe dentée
		Gezähnte Wolfsmilch
2474	546	**Euphorbia cyparissias** L.
		Euphorbe faux-cyprès
		— petit-cyprès
		Rhubarbe des paysans
		Zypressen-Wolfsmilch
2474 b	546	**Euphorbia virgata** Waldst. & Kit.
		— *esula* subsp. *tommasiniana* (T)
		Euphorbe effilée
		Rutenförmige Wolfsmilch
2475 a	546	**Euphorbia esula** L.
		— *esula* subsp. *pinifolia* (F)
		Euphorbe ésule

Dessin	Pl.	Taxon
2475 a	546	Scharfe Wolfsmilch
2475 b	546	**Euphorbia esula** L.
		— *esula* subsp. *saratoi* (F)
		Euphorbe ésule
		Scharfe Wolfsmilch
2476	546	**Euphorbia nicaeensis** All.
		Euphorbe de Nice
2477	547	**Euphorbia biumbellata** Poiret
		Euphorbe à deux ombelles
2478	547	**Euphorbia pinea** L.
		— *segetalis* (C, F)
		— *segetalis* subsp. *pinea* (G)
		Euphorbe faux-pin
2478 b	547	**Euphorbia portlandica** L.
		— *segetalis* subsp. *portlandica* (G)
		Euphorbe de Portland
2479	547	**Euphorbia tenuifolia** Lam.
		— *esula* subsp. *tommasiniana* (T)
		Euphorbe à feuilles étroites
2480	547	**Euphorbia variabilis** Cesati
		Euphorbe variable
		Insubrische Wolfsmilch
		Veränderliche Wolfsmilch
2481	547	**Euphorbia valliniana** Belli
		Euphorbe de Vallini
2482	547	**Euphorbia terracina** L.
		— *provincialis* (B)
		Euphorbe de Provence
		— de Terracine
2483	548	**Euphorbia aleppica** L.
		Euphorbe d'Alep
2484	548	**Euphorbia peplus** L.
		Esule ronde
		Euphorbe péplus
		Omblette
		Garten-Wolfsmilch
2484 b	548	**Euphorbia peplus** L.
		— *peploides* (B, C, T)
		Euphorbe péplus
2485	548	**Euphorbia falcata** L.
		— *acuminata* (F)
		Euphorbe en faux
		Sichelblättrige Wolfsmilch
2486	548	**Euphorbia taurinensis** All.
		Euphorbe de Turin
		Turiner Wolfsmilch
2487	548	**Euphorbia exigua** L.
		Euphorbe exiguë
		— fluette
		Kleine Wolfsmilch
2488	548	**Euphorbia segetalis** L.
		Euphorbe des moissons
		Saat-Wolfsmilch
2489	548	**Euphorbia sulcata** Lois.
		Euphorbe sillonnée
2490	549	**Mercurialis perennis** L.
		Chou-de-chien
		Mercuriale vivace
		Ausdauerndes Bingelkraut
2491	549	**Mercurialis annua** L.
		Mercuriale annuelle
		Einjähriges Bingelkraut
2491 2	549	**Mercurialis ambigua** L. f.
		— *annua* (C)
		Mercuriale ambiguë
2491 3	549	**Mercurialis huetii** Hanry
		— *annua* (C, F)
		Mercuriale de Huet
2492	550	**Mercurialis tomentosa** L.
		Mercuriale tomenteuse
2493	550	**Chrozophora tinctoria** (L.) Adr. Juss.
		Croton tinotorum (B)
		Chrozophore des teinturiers
		Croton des teinturiers
2494	550	**Buxus sempervirens** L.
		Buis
		Buis toujours vert
		Buchs
2495	550	**Morus alba** L.
		Mûrier blanc
		Weisser Maulbeerbaum
2496	551	**Morus nigra** L.
		Mûrier noir
		Schwarzer Maulbeerbaum
2497	551	**Ficus carica** L.
		Figuier de Carie
		Echter Feigenbaum
2498	551	**Celtis australis** L.
		Micocoulier austral
		Südlicher Zürgelbaum
2499	551	**Ulmus laevis** Pallas
		— *levis* (F)
		— *pedunculata* (B, C)
		Orme lisse
		— pédonculé
		Flatter-Ulme
2500	552	**Ulmus minor** Miller
		— *campestris* (B, C, F)
		Orme
		— champêtre
		Ormeau
		Feld-Ulme
2500 b	552	**Ulmus glabra** Hudson
		— *montana* (B, C)
		— *scabra* (F)
		Orme des montagnes
		— glabre
		— rude
		Berg-Ulme
2501	553	**Urtica dioica** L.
		— *dioïca* (F)
		Grande ortie
		Ortie dioïque
		Grosse Brennessel
		Zweihäusige Nessel
2501 2	553	**Urtica dioica** subsp. **hispida** (DC.) Nyman
		— *dioica* (C)
		— *dioïca* (F)
		Ortie hérissée
2502	553	**Urtica pilulifera** L.
		Ortie à pilules
2502 2	553	**Urtica pilulifera** L.
		Ortie à pilules
2503	554	**Urtica urens** L.
		Ortie brûlante
		Kleine Brennessel
2504	554	**Urtica membranacea** Poiret
		— *dubia* (T, G)
		Ortie à membranes
2505	554	**Parietaria lusitanica** L.
		Pariétaire du Portugal
2506 a	554	**Parietaria officinalis** L.
		— *erecta* (B, F)
		Pariétaire élevée
		— officinale
		Aufrechtes Glaskraut
2506 b	554	**Parietaria judaica** L.
		— *diffusa* (T, G)
		— *officinalis* (B, C)
		— *ramiflora* (F)
		Pariétaire judaïque
		— officinale
		Ästiges Glaskraut
2507	554	**Theligonum cynocrambe** L.
		Cynocrambe prostrata (F)
		Théligone chou-de-chien
		— cynocrambe
2508	555	**Cannabis sativa** L.
		Chanvre cultivé
		Hanf
2509	555	**Humulus lupulus** L.
		Houblon grimpant
		— lupulin
		Hopfen
2510	556	**Juglans regia** L.
		Noyer royal
		Nussbaum
		Walnussbaum
2511	556	**Fagus sylvatica** L.
		— *silvatica* (B, C, F)
		Fayard
		Hêtre
		— des bois
		Buche
		Rotbuche
2512	556	**Castanea sativa** Miller
		— *vulgaris* (B)
		Châtaignier
		Edelkastanie
		Kastanie
2513 a	557	**Quercus petraea** (Mattuschka) Liebl.
		— *robur* (B)
		— *sessiliflora* (C, F)
		Chêne rouvre
		— sessile
		Trauben-Eiche
		Winter-Eiche
2513 b	557	**Quercus pubescens** Willd.
		— *lanuginosa* (F)
		— *robur* (B)
		Chêne pubescent
		Flaum-Eiche
2513 c	557	**Quercus robur** L.
		— *pedunculata* (B, C, F)
		Chêne pédonculé
		— rouvre
		Sommer-Eiche
		Stiel-Eiche
2514	558	**Quercus pyrenaica** Willd.
		— *toza* (C, F)
		— *tozza* (B)
		Chêne angoumois
		— des Pyrénées
		— tauzin
2515	558	**Quercus cerris** L.
		Chêne chevelu
		Zerr-Eiche
2516	558	**Quercus fontanesii** Guss.
		— *crenata* (T)
		— *crinita* (G)
		— *pseudo-suber* (B, C, F)
		Chêne de Fontanesi
		— faux-liège
2517	558	**Quercus ilex** L.
		Chêne faux-houx
		— vert
		Yeuse
		Stechpalmenblättrige Eiche
		Stein-Eiche
2518	559	**Quercus suber** L.
		Chêne-liège
2518 b	559	**Quercus suber** L.
		— *occidentalis* (B, F)
		Chêne-liège
		Chêne occidental
2519	559	**Quercus coccifera** L.
		Chêne à cochenille
2520	559	**Corylus avellana** L.
		Coudrier
		Noisetier
		Hasel
		Haselnuss
		Haselstrauch
2521	560	**Carpinus betulus** L.
		Charme
		— faux-bouleau
		Charmille
		Hagebuche
		Hainbuche
		Weissbuche
2522	560	**Ostrya carpinifolia** Scop.
		Charme houblon
		Ostrya à feuilles de charme
		Hagebuchenblättrige Hopfenbuche
2523	560	**Salix babylonica** L.
		Saule de Babylone

Dessin	Pl.	Taxon
2523	560	Saule pleureur Trauer-Weide
2524	561	**Salix pentandra** L. Saule à cinq étamines — laurier Fünfstaubblättrige Weide Lorbeer-Weide
2525	561	**Salix fragilis** L. Saule fragile Bruch-Weide Zerbrechliche Weide
2526	561	**Salix alba** L. Saule blanc Silber-Weide Weisse Weide
2526 2	562	**Salix alba** subsp. **vitellina** (L.) Arcang. — *alba* (C, F) — *vitellina* (B) Osier jaune Saule vitellin
2527	562	**Salix triandra** L. Osier brun Saule à trois étamines Dreistaubblättrige Weide Mandel-Weide
2528	562	**Salix daphnoides** Villars Saule faux-daphné Reif-Weide
2529	562	**Salix elaeagnos** Scop. — *eleagnos* (G) — *incana* (B, C, F) Saule à feuilles cotonneuses — drapé Lavendel-Weide
2530	562	**Salix purpurea** L. Osier rouge Saule pourpre Purpur-Weide
2531	563	**Salix viminalis** L. Osier blanc Saule des vanniers Korb-Weide
2532	563	**Salix caprea** L. — *capraea* (B) Marsault Saule des chèvres — marsault Sal-Weide
2532 b	563	**Salix aurita** L. Saule à oreillettes Ohr-Weide
2533	564	**Salix cinerea** L. Saule cendré Aschgraue Weide Grau-Weide
2534	564	**Salix appendiculata** Villars — *grandifolia* (B, C, F) Saule à grandes feuilles — appendiculé Grossblättrige Weide Nebenblättrige Weide
2535	564	**Salix nigricans** Smith Saule noircissant Schwarzwerdende Weide
2536	564	**Salix breviserrata** Flod. — *myrsinites* (B, C, F) Saule à dents courtes — faux-myrte Kurzzähnige Weide Myrten-Weide
2537	565	**Salix hastata** L. Saule hasté Spiessblättrige Weide
2538	565	**Salix foetida** Schleicher — *arbuscula* (B, C, F) Saule arbuste — fétide Stinkende Weide
2539	565	**Salix repens** L. Saule rampant Kriechende Weide Moor-Weide
2540	565	**Salix bicolor** Willd. — *phylicifolia* (B, C, F) Saule à feuilles de phylica — bicolore Zweifarbige Weide
2541	565	**Salix caesia** Villars — *cœsia* (F) Saule bleuâtre Blaugrüne Weide
2542	566	**Salix pyrenaica** Gouan Saule des Pyrénées
2543	566	**Salix glaucosericea** Flod. — *glauca* (B, C, F) Saule glauque Seidenhaarige Weide
2544	566	**Salix lapponum** L. Saule des Lapons
2544 b	566	**Salix helvetica** Villars Saule de Suisse Schweizerische Weide
2545	566	**Salix retusa** L. Saule à feuilles émoussées — émoussé Gestutzte Weide Stumpfblättrige Weide
2545 b	566	**Salix serpyllifolia** Scop. — *retusa* (C, F) Saule à feuilles de serpolet Quendelblättrige Weide
2546	566	**Salix reticulata** L. Saule à réseau Netzblättrige Weide
2547	566	**Salix herbacea** L. Saule herbacé Kraut-Weide Zwerg-Weide
2548	567	**Populus nigra** L. Peuplier franc — noir Schwarz-Pappel
2548 b	567	**Populus monilifera** Aiton Peuplier à chapelet
2549	567	**Populus alba** L. Peuplier blanc Silber-Pappel Weiss-Pappel
2549 b	567	**Populus canescens** (Aiton) Smith Peuplier blanchâtre
2550	567	**Populus tremula** L. Peuplier tremble Tremble Aspe Zitter-Pappel
2551 a	568	**Platanus orientalis** L. — *vulgaris* (B, C) Platane d'Orient — vulgaire Asiatische Platane Orient-Platane
2551 b	568	**Platanus occidentalis** L. — *vulgaris* (B, C) Platane d'Occident — vulgaire Amerikanische Platane
2552	568	**Betula pendula** Roth — *alba* (B, C) — *verrucosa* (F, G) Bouleau blanc — pendant Hänge-Birke
2552 b	568	**Betula pubescens** Ehrh. Bouleau pubescent Behaarte Birke Moor-Birke
2552 c	568	**Betula nana** L. Bouleau nain Zwerg-Birke
2553	569	**Alnus viridis** (Chaix) DC. Aune des Alpes Aune vert Alpen-Erle Grün-Erle
2554	569	**Alnus glutinosa** (L.) Gaertner Aune glutineux Verne Schwarz-Erle
2555	569	**Alnus incana** (L.) Moench Aune blanchâtre Grau-Erle Weiss-Erle
2556	569	**Myrica gale** L. *Gale palustris* (F) Myrica galé Piment royal
2557	570	**Luronium natans** (L.) Raf. *Alisma natans* (B, C, F) *Elisma natans* (G) Alisma nageante Luronium nageant Froschkraut Schwimmende Elisma
2558	570	**Baldellia ranunculoides** (L.) Parl. *Alisma ranunculoides* (B, C, F) *Echinodorus ranunculoides* (G) Alisma fausse-renoncule Baldellia fausse-renoncule Hahnenfussblättriger Igelschlauch
2559	570	**Caldesia parnassifolia** (L.) Parl. *Alisma parnassifolia* (F) — *parnassifolium* (B, C) Alisma à feuilles de parnassie Caldésie à feuilles de parnassie Studentenröschenblättrige Caldesie
2560	570	**Alisma plantago-aquatica** L. — *plantago* (B, C, F) Alisma plantain Flûteau Plantain d'eau Gewöhnlicher Froschlöffel Wegerichblättriger Froschlöffel
2560 2	571	**Alisma lanceolatum** With. — *plantago* (C) Alisma lancéolée Lanzettblättriger Froschlöffel
2560 3	571	**Alisma gramineum** Lej. — *arcuatum* (B) — *plantago* (C, F) Alisma graminée Grasartiger Froschlöffel
2561	571	**Damasonium alisma** Miller — *stellatum* (B, C, F) Damasonium alisma — en étoile Froschlöffel-Damasonie Stern-Froschlöffel
2561 b	571	**Damasonium alisma** Miller — *stellatum* (C, F) Damasonium alisma — en étoile
2562	571	**Sagittaria sagittifolia** L. — *sagittaefolia* (B, C) Fléchière Sagittaire à feuilles en flèche Gewöhnliches Pfeilkraut Pfeilblättriges Pfeilkraut
2563	572	**Butomus umbellatus** L. Butome en ombelle Jonc fleuri Schwanenblume
2564	572	**Bulbocodium vernum** L. Bulbocode du printemps Lichtblume
2565	572	**Merendera pyrenaica** (Pourret) P. Fourn. — *bulbocodium* (B, C, G) Mérendéra faux-bulbocode

Dessin	Pl.	Taxon
2566	572	**Colchicum autumnale** L.
		Colchique d'automne
		Veilleuse
		Herbst-Zeitlose
2566 2	572	**Colchicum autumnale** L.
		Colchique d'automne
		Veilleuse
		Herbst-Zeitlose
2567	572	**Colchicum neapolitanum** (Ten.) Ten.
		— *arenarium* (B)
		Colchique de Naples
		— des sables
2568	573	**Colchicum alpinum** DC.
		Colchique des Alpes
		Alpen-Zeitlose
2569	573	**Colchicum cupanii** Guss.
		— *bertolonii* (C, F)
		Colchique de Cupani
2570	573	**Veratrum album** L.
		Vératre blanc
		Ellébore blanc
		Weisser Germer
2570 b	573	**Veratrum nigrum** L.
		Vératre noir
		Schwarzer Germer
2571	573	**Tofieldia calyculata** (L.) Wahlenb.
		Tofielda calyculata (B)
		Tofieldea calyculata (F)
		Tofieldie à calicule
		Gewöhnliche Liliensimse
		Kelch-Liliensimse
2571 b	573	**Tofieldia pusilla** (Michaux) Pers.
		Tofieldea borealis (F)
		Tofieldia glacialis (G)
		— *palustris* (C)
		Tofieldie boréale
		— des marais
		— très petite
		Kleine Liliensimse
2572	574	**Tulipa clusiana** DC.
		Tulipe de Clusius
2573	574	**Tulipa agenensis** DC.
		— *lortetii* (C, G)
		— *oculus-solis* (B, C, G)
		— *oculus solis* (F)
		Tulipe d'Agen
		— œil-du-soleil
2574	574	**Tulipa praecox** Ten.
		Tulipe précoce
2574 b	574	**Tulipa gesnerana** aggr.
		— *didieri* (B, C, F, G)
		— *gesneriana* (F)
		— *mauriana* (F, G)
		— *platystigma* (F, G)
		— *planifolia* (F, G)
		— *axinensis* (G)
		— *perrieri* (F)
		Tulipe de Didier
		— de Gesner
		Gessners Tulpe
2575	574	**Tulipa sylvestris** L.
		— *silvestris* (B, C, F)
		Tulipe sauvage
		Weinberg-Tulpe
		Wilde Tulpe
2575 b	575	**Tulipa sylvestris** L.
		— *gallica* (F, G)
		— *silvestris* (C)
		Tulipe de France
		— sauvage
2576	575	**Tulipa sylvestris** subsp. **australis** (Link) Pampan.
		— *australis* (C, F, G)
		— *celsiana* (B)
		Tulipe de Celse
		— méridionale
		Südliche Tulpe
2576 2	575	**Tulipa sylvestris** subsp. **australis** (Link) Pampan.
		— *australis* (C, F)
		Tulipe méridionale
		— des Alpes
		Südliche Tulpe
2577	575	**Fritillaria involucrata** All.
		Fritillaire à involucre
2578	575	**Fritillaria orientalis** Adams
		— *tenella* (C, F, G)
		Fritillaire délicate
		— d'Orient
2579	575	**Fritillaria meleagris** L.
		Coccigrole
		Damier
		Fritillaire pintade
		Gewöhnliche Schachblume
2579 b	575	**Fritillaria pyrenaica** L.
		Fritillaire des Pyrénées
2579 c	575	**Fritillaria tubiformis** Gren. & Godron
		— *delphinensis* (B, C)
		— *tubaeformis* (G)
		Fritillaire du Dauphiné
		— en forme de tube
		Burnats Schachblume
2580	576	**Lilium bulbiferum** L.
		— *croceum* (F)
		Lis à bulbilles
		— orangé
		Bulbillentragende Lilie
2580 b	576	**Lilium bulbiferum** L.
		— *croceum* (B, C, F, G)
		Lis faux-safran
		— orangé
		Bulbillentragende Lilie
		Feuer-Lilie
2581	576	**Lilium candidum** L.
		Lis blanc
2582	576, 577	**Lilium martagon** L.
		Lis martagon
		Türkenbund
		Türkenbund-Lilie
2583	577	**Lilium pyrenaicum** Gouan
		Lis des Pyrénées
2584	577	**Lilium pomponium** L.
		— *rubrum* (F, G)
		Lis de Pompone
		— turban
2585	577	**Lloydia serotina** (L.) Reichb.
		— *alpina* (G)
		Loïdie tardive
		Späte Faltenlilie
2586	577	**Dipcadi serotinum** (L.) Medikus
		Uropetalum serotinum (B, C)
		Dipcadi tardif
		Uropétale tardif
2587	578	**Urginea maritima** (L.) Baker
		— *scilla* (B)
		Urginée fausse-scille
		— maritime
2588	578	**Scilla bifolia** L.
		Scille à deux feuilles
		Blaustern
		Zweiblättrige Meerzwiebel
2589	578	**Scilla amoena** L.
		— *amaena* (B)
		Scille amène
		— élégante
		Schöne Meerzwiebel
2590	578	**Scilla autumnalis** L.
		Scille d'automne
		Herbst-Meerzwiebel
2591	578	**Scilla hyacinthoides** L.
		Scille fausse-jacinthe
2592	578	**Hyacinthoides italica** (L.) Rothm.
		Endymion italicus (G)
		Scilla italica (B, C, F)
		Fausse-jacinthe d'Italie
		Jacinthe des jardiniers
		Scille d'Italie
2593	578	**Scilla verna** Hudson
		Scille du printemps
		— printanière
2594	578	**Scilla lilio-hyacinthus** L.
		Scille lis-jacinthe
2595	579	**Ornithogalum nutans** L.
		Etoile de Béthléhem
		Ornithogale penché
		Nickender Milchstern
2596	579	**Ornithogalum pyrenaicum** L.
		— *pyrenaïcum* (F)
		Aspergette
		Ornithogale des Pyrénées
		Pyrenäer Milchstern
2596 b	579	**Ornithogalum narbonense** L.
		— *pyramidale* subsp. *narbonense* (F)
		Ornithogale de Narbonne
		Südfranzösischer Milchstern
2597	579	**Ornithogalum arabicum** L.
		Ornithogale d'Arabie
2598	579	**Ornithogalum umbellatum** L.
		Dame-d'onze-heures
		Ornithogale en ombelle
		Doldiger Milchstern
2598 b	580	**Ornithogalum divergens** Boreau
		Ornithogale divergent
2598 b2	580	**Ornithogalum divergens** Boreau
		Ornithogale divergent
2598 c	580	**Ornithogalum collinum** Guss.
		— *tenuifolium* (B, C, F, G)
		Ornithogale à feuilles ténues
		— des collines
2599	580	**Gagea lutea** (L.) Ker Gawler
		Gagée jaune
		Gewöhnlicher Gelbstern
		Wald-Gelbstern
2599 b	580	**Gagea pratensis** (Pers.) Dumort.
		— *pratensis* subsp. *stenopetala* (F)
		— *stenopetala* (B, C)
		Gagée à pétales étroits
		— des prés
		Wiesen-Gelbstern
2600	580	**Gagea bohemica** subsp. **gallica** (Rouy) I. Richardson
		— *bohemica* (B, C)
		— *bohemica* subsp. *saxatilis* (F)
		— *saxatilis* (B, G)
		Gagée de Bohême
		— de France
		Felsen-Gelbstern
2601	580	**Gagea nevadensis** Boiss.
		— *soleiroli* (F)
		— *soleirolii* (C, G)
		Gagée de la Sierra Nevada
		— de Soleirol
2602	580	**Gagea fistulosa** (DC.) Ker Gawler
		— *liotardi* (F)
		— *liottardi* (B, C)
		Gagée de Liottard
		— fistuleuse
		Alpen-Gelbstern
		Röhrigblättriger Gelbstern
2603	580	**Gagea spathacea** (Hayne) Salisb.
		Gagée à spathe
2604	580	**Gagea minima** (L.) Ker Gawler
		Gagée minime
		— naine
		Kleiner Gelbstern
2605	580	**Gagea arvensis** (Pers.) Dumort.
		Gagée des champs
		Acker-Gelbstern
2606	580	**Gagea foliosa** (J.S. Presl & C. Presl.) Schultes & Schultes f.

Dessin	*Pl.*	*Taxon*
2606	580	Gagée feuillée
2607	580	**Allium cepa** L.
		— *ascalonicum* (B, C, F, G)
		Ail d'Ascalon
		Echalote
		Schalotte
2608	580	**Allium cepa** L.
		Ail oignon
		Oignon
		Zwiebel
2608 b	581	**Allium fistulosum** L.
		Ail fistuleux
		Ciboule
		Winterzwiebel
2609	581	**Allium ampeloprasum** L.
		Ail faux-poireau
		Poireau d'été
2610	581	**Allium polyanthum** Schultes & Schultes f.
		— *multiflorum* (B)
		Ail à fleurs nombreuses
2611	581	**Allium lineare** L.
		— *strictum* (B, C, F, G)
		Ail raide
		— rigide
		Steifer Lauch
2612	581	**Allium porrum** L.
		Ail poireau
		Poireau
		Porreau
		Sommer-Lauch
2613	582	**Allium scorodoprasum** subsp. **rotundum** (L.) Stearn
		— *rotundum* (B, C, F, G)
		Ail arrondi
		Kugeliger Lauch
2613 b	582	**Allium acutiflorum** Lois.
		— *rotundum* (F)
		Ail à fleurs aiguës
2613 c	582	**Allium scaberrimum** Serres
		Ail très rude
2614	582	**Allium sativum** L.
		Ail
		— cultivé
		Knoblauch
2615	582	**Allium scorodoprasum** L.
		Ail rocambole
		Rocambole
		Schlangen-Lauch
2616	583	**Allium vineale** L.
		Ail des vignes
		Oignon bâtard
		Weinberg-Lauch
2616 2	583	**Allium vineale** L.
		Ail des vignes
		Oignon bâtard
		Weinberg-Lauch
2617	583	**Allium sphaerocephalon** L.
		— *sphaerocephalum* (B, C, F, G)
		Ail à tête ronde
		Kugelköpfiger Lauch
2617 b	583	**Allium amethystinum** Tausch
		— *sphaerocephalum* (F)
		— *sphaerocephalum* subsp. *descendens* (G)
		Ail améthyste
2618	583	**Allium ursinum** L.
		Ail des bois
		— des ours
		Bärlauch
2619	583	**Allium neapolitanum** Cirillo
		Ail de Naples
2620	583	**Allium chamaemoly** L.
		Ail petit-moly
2621	584	**Allium subhirsutum** L.
		Ail cilié
2622	584	**Allium triquetrum** L.
		Ail à trois angles
2623	584	**Allium moly** L.
		Ail doré
		Ail moly
2624	584	**Allium flavum** L.
		Ail jaune
2625	584	**Allium carinatum** L.
		Ail caréné
		Gekielter Lauch
2625 b	584	**Allium carinatum** subsp. **pulchellum** Bonnier & Layens
		— *carinatum* (C)
		— *pulchellum* (B, F, G)
		Ail élégant
		— joli
		Niedlicher Lauch
		Schöner Lauch
2626	585	**Allium oleraceum** L.
		Ail des endroits cultivés
		— potager
		Gemüse-Lauch
		Ross-Lauch
2627	585	**Allium paniculatum** L.
		Ail en panicule
		Rispen-Lauch
2627 2	585	**Allium pallens** L.
		— *paniculatum* (C, F, G)
		Ail pâle
2628	585	**Allium schoenoprasum** L.
		Ciboulette
		Civette
		Schnittlauch
2629	585	**Allium moschatum** L.
		Ail musqué
2630	585	**Allium ericetorum** Thore
		— *ochroleucum* (B, F, G)
		Ail des bruyères
		— jaunâtre
2630 b	585	**Allium suaveolens** Jacq.
		Ail à odeur agréable
		— odorant
		Wohlriechender Lauch
2631	585	**Nothoscordum inodorum** (Aiton) Nicholson
		Allium fragrans (C)
		Nothoscordon inodorum (F)
		Nothoscordum fragrans (G)
		Ail parfumé
		Nothoscordum inodore
2632	586	**Allium roseum** L.
		Ail rosé
2633	586	**Allium narcissiflorum** Villars
		— *narcissifolium* (B)
		Ail à fleurs de narcisse
		Narzissenblütiger Lauch
2634	586	**Allium senescens** subsp. **montanum** (Fries) Holub
		— *fallax* (B, C, G)
		— *montanum* (F)
		Ail des montagnes
		— douteux
		Berg-Lauch
2634 b	586	**Allium angulosum** L.
		— *acutangulum* (F)
		Ail anguleux
		Kantiger Lauch
2635	587	**Nectaroscordum siculum** (Ucria) Lindley
		Allium siculum (B, C, F, G)
		Ail de Sicile
		Nectaroscordum de Sicile
2636	587	**Allium victorialis** L.
		— *victoriale* (F)
		Ail serpentin
		— victoriale
		Herbe-à-neuf-chemises
		Allermannsharnisch
2637	587	**Allium nigrum** L.
		Ail noir
		Schwarzer Lauch
		Vielzwiebliger Lauch
2638	588	**Erythronium dens-canis** L.
		— *dens canis* (F)
		Dent-de-chien
		Erythrone dent-de-chien
		Hunds-Zahnlilie
		Hundszahn
2639	588	**Hyacinthoides non-scripta** (L.) Rothm.
		Endymion non scriptum (F)
		— *non-scriptus* (G)
		— *nutans* (B, C)
		Endymion penché
		Fausse-jacinthe à feuilles non marquées
		Jacinthe des bois
		Wildhyazinthe
2639 b	588	**Hyacinthoides hispanica** (Miller) Rothm.
		Endymion hispanicum (F)
		— *hispanicus* (G)
		— *patulus* (B, C)
		Endymion étalé
		Fausse-jacinthe d'Espagne
2640	588	**Hyacinthus orientalis** L.
		Jacinthe d'Orient
2641	588	**Brimeura amethystina** (L.) Chouard
		Hyacinthus amethystinus (B, C, F)
		Brimeura améthyste
		Jacinthe améthyste
2642	588	**Bellevalia romana** (L.) Reichb.
		Hyacinthus romanus (F)
		Bellevalia de Rome
2643	589	**Bellevalia trifoliata** (Ten.) Kunth
		Hyacinthus trifoliatus (F)
		Bellevalia à trois feuilles
2644	589	**Bellevalia ciliata** (Cirillo) Nees
		Hyacinthus ciliatus (F)
		Bellevalia cilié
2645	589	**Muscari comosum** (L.) Miller
		— *holzmanni* (F, G)
		Ail à toupet
		Jacinthe chevelue
		Muscari à houppe
		— à toupet
		Schopfige Bisamhyazinthe
2646	589	**Muscari neglectum** Ten.
		— *racemosum* (B, C, F, G)
		Muscari en grappe
		— négligé
		Gewöhnliche Bisamhyazinthe
		Traubige Bisamhyazinthe
		Übersehene Bisamhyazinthe
2646 b	589	**Muscari botryoides** (L.) Miller
		— *botryoïdes* (F)
		— *motelayi* (C, G)
		Muscari botryoïde
		— raisin
		Hellblaue Bisamhyazinthe
		Kurztraubige Bisamhyazinthe
2646 c	589	**Muscari neglectum** Ten.
		Muscari négligé
		Übersehene Bisamhyazinthe
2646 d	589	**Muscari lelievrii** Boreau
		— *botryoïdes* (F)
		— *lelievrei* (C, G)
		Muscari de Lelièvre
2647	590	**Hemerocallis fulva** (L.) L.
		Hémérocalle fauve
		Gelbrote Taglilie
2648	590	**Hemerocallis lilioasphodelus** L.
		Hémérocalle jaune
		Lis jaune
		Gelbe Taglilie
2649	590	**Paradisea liliastrum** (L.) Bertol.
		Paradisia liliastrum (B, C, F)
		Lis des Alpes
		Paradisie faux-lis
		Weisser Trichterlilie
2650	590	**Simethis planifolia** (L.) Gren.
		Anthericum planifolium (C)
		Phalangium planifolium (B)

Dessin	Pl.	Taxon
2650	590	*Simethis bicolor* (G)
		Symaethis planifolia (F)
		Phalangium à feuilles plates
		Siméthis à feuilles plates
2651	591	**Anthericum liliago** L.
		Phalangium liliago (B)
		Anthéricum à fleurs de lis
		Phalangium à fleurs de lis
		Astlose Graslilie
2652	591	**Anthericum ramosum** L.
		Phalangium ramosum (B)
		Anthéricum rameux
		Herbe-à-l'araignée
		Phalangium rameux
		Ästige Graslilie
2653	591	**Narthecium ossifragum** (L.) Hudson
		— *ossifregum* (C)
		Narthécium ossifrage
2654	592	**Asphodelus fistulosus** L.
		Asphodèle fistuleux
2655	592	**Asphodelus albus** Miller
		Asphodèle blanc
		Bâton blanc
		Weisser Affodill
2655 2	592	**Asphodelus albus** Miller
		— *arrondeaui* (C, G)
		— *delphinensis* (G)
		— *subalpinus* (C)
		Asphodèle blanc
		— subalpin
		Bâton blanc
		Weisser Affodill
2655 b	593	**Asphodelus ramosus** L.
		— *cerasifer* (C, F)
		— *cerasiferus* (G)
		Asphodèle rameux
2655 c	593	**Asphodelus aestivus** Brot.
		— *microcarpus* (B, C, G)
		Asphodèle à petits fruits
		— d'été
2656	593	**Aphyllanthes monspeliensis** L.
		Aphyllanthe de Montpellier
		Blaustern
		Blausternbinse
2657	593	**Paris quadrifolia** L.
		Paris à quatre feuilles
		Parisette
		Raisin-de-renard
		Vierblättrige Einbeere
2658	593	**Streptopus amplexifolius** (L.) DC.
		— *distortus* (G)
		Streptope à feuilles embrassantes
		Stengelumfassender Knotenfuss
2659	594	**Polygonatum verticillatum** (L.) All.
		Polygonate verticillé
		Sceau-de-Salomon verticillé
		Quirlblättriges Salomonssiegel
		Quirlblättrige Weisswurz
2660	594	**Polygonatum odoratum** (Miller) Druce
		— *officinale* (C)
		— *vulgare* (B)
		Polygonate odorant
		— vulgaire
		Sceau-de-Salomon
		Echtes Salomonssiegel
		Echte Weisswurz
		Gewöhnliches Salomonssiegel
		Gewöhnliche Weisswurz
2661	594	**Polygonatum multiflorum** (L.) All.
		Polygonate multiflore
		Sceau-de-Salomon multiflore
		Vielblütiges Salomonssiegel
		Vielblütige Weisswurz
2662	595	**Convallaria majalis** L.
		— *maialis* (B, C, F)
		Lis des vallées
		Muguet
		— de mai
		Maiglöckchen
2663	595	**Maianthemum bifolium** (L.) F.W. Schmidt
		— *convallaria* (G)
		Maïanthème à deux feuilles
		Petit muguet
		Zweiblättrige Schattenblume
2664	595	**Asparagus acutifolius** L.
		Asperge à feuilles aiguës
2665	595	**Asparagus maritimus** (L.) Miller
		— *scaber* (B, C)
		Asperge maritime
		— scabre
2666	596	**Asparagus tenuifolius** Lam.
		Asperge à feuilles étroites
		Zartblättriger Spargel
2667	596	**Asparagus officinalis** L.
		Asperge
		— officinale
		Garten-Spargel
		Gemüse-Spargel
2668	596	**Ruscus aculeatus** L.
		Epine-de-rat
		Fragon piquant
		Petit houx
		Stechender Mäusedorn
2669	597	**Ruscus hypoglossum** L.
		Fragon hypoglosse
2670	597	**Smilax aspera** L.
		Liseron épineux
		Smilax rude
2670 2	597	**Smilax aspera** L.
		Liseron épineux
		Smilax rude
2671	597	**Tamus communis** L.
		Herbe-aux-femmes-battues
		Tamier commun
		Gewöhnliche Schmerwurz
2672	597	**Borderea pyrenaica** Miégev.
		Dioscorea pyrenaica (B, C)
		Bordéréa des Pyrénées
		Dioscorée des Pyrénées
2673	598	**Crocus vernus** subsp. **albiflorus** (Kit.) Asch. & Graebner
		— *albiflorus* (F)
		— *vernus* (B, C, F)
		Crocus à fleurs blanches
		— printanier
		Safran à fleurs blanches
		— des fleuristes
		— printanier
		Weissblütiger Krokus
		Weissblütiger Safran
2673 2	598	**Crocus vernus** (L.) Hill
		— *neapolitanus* (F)
		Crocus printanier
		Safran de Naples
		— printanier
		Frühlings-Krokus
		Frühlings-Safran
2674	598	**Crocus versicolor** Ker Gawler
		— *crestensis* (F)
		Crocus changeant
		Safran changeant
2675	598	**Crocus sativus** L.
		Crocus cultivé
		Safran cultivé
		— du Gâtinais
		Echter Krokus
		Echter Safran
		Gewürz-Krokus
		Gewürz-Safran
2676	598	**Crocus nudiflorus** Smith
		Crocus à fleurs nues
		Safran à fleurs nues
2677	598	**Romulea bulbocodium** (L.) Sebast. & Mauri
		Romulée bulbocode
2677 b	598	**Romulea columnae** Sebast. & Mauri s.l.
		— *columnae* (B, C, G)
		— *parviflora* (F)
		Romulée de Columna
2677 c	598	**Romulea ramiflora** Ten.
		Romulée ramifiée
2678	598	**Sisyrinchium bermudiana** L.
		— *angustifolium* (G)
		— *bermudianum* subsp. *angustifolium* (F)
		Sisyrinque à feuilles étroites
		— des Bermudes
2679	598	**Iris florentina** L.
		— *germanica* (T)
		Iris de Florence
2680	599	**Iris pumila** L.
		Iris nain
		Petite flambe
2680 b	599	**Iris lutescens** Lam.
		— *chamaeiris* (C, F, G)
		— *pumila* (B)
		Iris jaunâtre
		— petit-iris
2681	599	**Iris lutescens** Lam.
		— *lutescens s.l.* (G)
		Iris jaunâtre
2682	599	**Iris germanica** L.
		Flambe
		Flamme
		Iris d'Allemagne
		Deutsche Schwertlilie
2683	599	**Iris pallida** Lam.
		Iris pâle
		Blasse Schwertlilie
2684	599	**Iris pseudacorus** L.
		Flambe d'eau
		Iris des marais
		— faux-acore
		— jaune
		Gelbe Schwertlilie
2685	599	**Iris foetidissima** L.
		Iris fétide
		Stinkende Schwertlilie
		Übelriechende Schwertlilie
2686	599	**Iris graminea** L.
		Iris à feuilles de graminée
		— graminée
		Grasblättrige Schwertlilie
2687	599	**Iris spuria** subsp. **maritima** P. Fourn.
		Iris bâtard
		— maritime
2688	600	**Iris sibirica** L.
		Iris de Sibérie
		Sibirische Schwertlilie
2689	600	**Iris aphylla** L.
		— *perrieri* (F, G)
		Iris de Perrier
		— sans feuilles
		Perriers Schwertlilie
2690	600	**Iris xiphium** L.
		— *xyphium* (B)
		Iris d'Espagne
		— xiphium
2691	600	**Iris latifolia** (Miller) Voss
		— *xiphioides* (B, C, G)
		— *xiphioïdes* (F)
		Iris à feuilles larges
		— faux-xiphium
2692	600	**Hermodactylus tuberosus** (L.) Miller
		Iris tuberosa (C)
		Hermodactyle tubéreux
2693	600	**Gladiolus italicus** Miller
		— *segetum* (B, C, F, G)
		Glaïeul des moissons
		— d'Italie
		Italienische Gladiole
		Italienische Siegwurz

Dessin	Pl.	Taxon
2693	600	Saat-Gladiole
		Saat-Siegwurz
2694	601	**Gladiolus communis** L.
		Glaïeul commun
		Garten-Gladiole
		Garten-Siegwurz
2694 b	601	**Gladiolus palustris** Gaudin
		Glaïeul des marais
		Sumpf-Gladiole
		Sumpf-Siegwurz
2694 c	601	**Gladiolus illyricus** Koch
		Glaïeul d'Illyrie
2695	601	**Galanthus nivalis** L.
		Galanthe des neiges
		Perce-neige
		Schneeglöckchen
2696	601	**Leucojum aestivum** L.
		Leucoium aestivum (B, C, F)
		Nivéole d'été
		Sommerglöckchen
		Spätblühende Knotenblume
2696 b	601	**Leucojum aestivum** subsp. **pulchellum** (Salisb.) Briq.
		Leucoium pulchellum (C, F)
		Nivéole élégante
2697	601	**Leucojum nicaeense** Ardoino
		Leucoium hiemale (B, C, F)
		Leucojum hiemale (G)
		Nivéole de Nice
		— d'hiver
2698	601	**Leucojum vernum** L.
		Leucoium vernum (B, C, F)
		Nivéole du printemps
		Märzenglöckchen
2699	601	**Sternbergia lutea** (L.) Ker Gawler
		Sternbergie jaune
2700	602	**Narcissus bulbocodium** L.
		Narcisse bulbocode
		— bulbocodium
		Trompette-de-Méduse
2701	602	**Narcissus pseudonarcissus** L.
		— *pseudo-narcissus* (B, C, F)
		Narcisse faux-narcisse
		— jaune
		Gelbe Narzisse
		Osterglocke
2701 2	602	**Narcissus bicolor** L.
		— *pseudonarcissus* subsp. *bicolor* (G)
		— *pseudo-narcissus* (F)
		Narcisse bicolore
2701 3	602	**Narcissus pseudonarcissus** subsp. **major** (Curtis) Baker
		— *pseudo-narcissus* (F)
		Narcisse plus grand
2701 4	602	**Narcissus minor** L.
		— *pseudonarcissus* subsp. *minor* (G)
		— *pseudo-narcissus* (F)
		Narcisse plus petit
2702	602	**Narcissus triandrus** subsp. **capax** (Salisb.) D. Webb
		— *calathinus* (B)
		— *capax* (C)
		— *triander* subsp. *loiseleuri* (F)
		— *triandrus* (G)
		Narcisse ample
		— calathin
2703	602	**Narcissus × intermedius** Lois.
		— *intermedius* (B, C, F, G)
		Narcisse intermédiaire
2704	602	**Narcissus jonquilla** L.
		Jonquille
		Jonquille
		Osterglockenartige Narzisse
2705	602	**Narcissus requienii** M. Roemer
		— *juncifolius* (B, C, F)
		Narcisse à feuilles de jonc
		— de Requien
2706	602	**Narcissus × incomparabilis** Miller
		— *incomparabilis* (B, C, F, G)
		Narcisse incomparable
		Unvergleichiche Narzisse
2707	603	**Narcissus × odorus** L.
		— *odorus* (B, C, F, G)
		Grosse jonquille
		Narcisse odorant
2708	603	**Narcissus poeticus** L.
		— *poëticus* (F)
		Herbe-à-la-Vierge
		Narcisse des poètes
		Poeten-Narzisse
		Weisse Garten-Narzisse
2708 2	603	**Narcissus poeticus** subsp. **radiiflorus** (Salisb.) Baker
		— *angustifolius* (F)
		— *poeticus* (C)
		Narcisse à fleur radiée
		Sternblütige Narzisse
		Weisse Berg-Narzisse
2708 b	603	**Narcissus × medioluteus** Miller
		— *biflorus* (B, C, F)
		— *medioluteus* (G)
		Narcisse à deux fleurs
		— blanc-crême
		Zweiblütige Narzisse
2709	603	**Narcissus tazetta** L.
		Narcisse à bouquets
		— tazetta
2709 b	603	**Narcissus tazetta** subsp. **aureus** (Lois.) Baker
		— *aureus* (C, F)
		Narcisse doré
2709 c	603	**Narcissus tazetta** subsp. **italicus** (Ker Gawler) Baker
		— *italicus* (C, F)
		— *ochroleucus* (B)
		Narcisse d'Italie
2709 d	603	**Narcissus dubius** Gouan
		— *tazetta* subsp. *dubius* (G)
		Narcisse douteux
2709 e	603	**Narcissus papyraceus** Ker Gawler
		— *tazetta* subsp. *papyraceus* (G)
		Narcisse papyracé
2709 e2	603	**Narcissus papyraceus** subsp. **polyanthus** (Lois.) Asch. & Graebner
		— *papyraceus* (C, F)
		Narcisse à nombreuses fleurs
2710	604	**Pancratium maritimum** L.
		Lis mathiole
		Pancratium maritime
2711	604	**Cypripedium calceolus** L.
		Cypripedilum calceolus (F)
		Cypripède
		— sabot
		Sabot-de-Vénus
		Frauenschuh
2712	604	**Spiranthes aestivalis** (Poiret) Rich.
		Spiranthe d'été
		Sommer-Wendelähre
		Sommer-Wendelorchis
2713	604	**Spiranthes spiralis** (L.) Chevall.
		— *autumnalis* (B, C, F, G)
		Spiranthe d'automne
		— spiralée
		Herbst-Wendelähre
		Herbst-Wendelorchis
		Schraubige Wendelähre
		Schraubige Wendelorchis
2714	604	**Goodyera repens** (L.) R. Br.
		Goodyère rampante
		Kriechende Goodyere
		Moosorchis
2715	604	**Cephalanthera longifolia** (L.) Fritsch
		— *ensifolia* (B, C)
		— *xiphophyllum* (F)
		Céphalanthère à feuilles en épée
		— à longues feuilles
		Langblättriges Waldvögelein
2716	605	**Cephalanthera damasonium** (Miller) Druce
		— *grandiflora* (B)
		— *pallens* (C, F)
		Céphalanthère à grandes fleurs
		— blanchâtre
		— de Damas
		Weisses Waldvögelein
2717	605	**Cephalanthera rubra** (L.) Rich.
		Céphalanthère rouge
		Rotes Waldvögelein
2718	605	**Epipactis helleborine** (L.) Crantz
		— *latifolia* (B, C, F, G)
		Epipactis à larges feuilles
		— helléborine
		Breitblättrige Sumpfwurz
2718 b	605	**Epipactis atrorubens** (Hoffm.) Besser
		— *atropurpurea* (F)
		Epipactis d'un rouge foncé
		— rouge-noirâtre
		Braunrote Sumpfwurz
		Dunkelrote Sumpfwurz
2718 c	605	**Epipactis microphylla** (Ehrh.) Sw.
		Epipactis à petites feuilles
		Kleinblättrige Sumpfwurz
2719	605	**Epipactis palustris** (L.) Crantz
		Epipactis des marais
		Gewöhnliche Sumpfwurz
		Weisse Sumpfwurz
2720	606	**Listera cordata** (L.) R. Br.
		Listéra en cœur
		Herzblättrige Listere
		Herzblättriges Zweiblatt
		Kleine Listere
		Kleines Zweiblatt
2721	606	**Listera ovata** (L.) R. Br.
		Listéra ovale
		Eiblättrige Listere
		Eiblättriges Zweiblatt
		Grosse Listere
		Grosses Zweiblatt
2722	606	**Neottia nidus-avis** (L.) Rich.
		— *nidus avis* (F)
		Néottie nid-d'oiseau
		Nid-d'oiseau
		Nestwurz
		Vogelnestwurz
2723	606	**Limodorum abortivum** Sw.
		Limodorum à feuilles avortées
		Abtreibender Dingel
2724	606	**Epipogium aphyllum** Sw.
		— *gmelini* (B)
		Epipogon aphyllum (C, F)
		Epipogium de Gmelin
		— sans feuilles
		Blattloser Widerbart
2725	606	**Corallorhiza trifida** Châtel.
		Coralliorhiza trifida (F)
		Corallorhiza innata (B, C)
		Corallorhize parasite
		— trifide
		Racine-de-corail
		Dreispaltige Korallenwurz
2726	606	**Liparis lœselii** (L.) Rich.
		— *lœseli* (F)
		Malaxis lœselii (C)
		Liparis de Lœsel

Dessin	Pl.	Taxon
2726	606	Lœsels Glanzkraut
		Zwiebelorchis
2727	606	**Hammarbya paludosa** (L.) Kuntze
		Malaxis paludosa (B, C, F, G)
		Hammarbya des marais
		Malaxis des marais
		Sumpf-Weichkraut
		Sumpf-Weichorchis
2728	606	**Serapias lingua** L.
		Helléborine
		Sérapias langue
		Zungen-Stendelwurz
2728 b	606	**Serapias parviflora** Parl.
		— *occultata* (B, C)
		Sérapias à petites fleurs
		— occulte
2729	606	**Serapias vomeracea** (Burm.) Briq.
		— *longipetala* (B, C)
		Sérapias à longs pétales
		— soc
		Pflugschar-Stendelwurz
2730	606	**Serapias cordigera** L.
		Sérapias en cœur
2730 b	607	**Serapias neglecta** De Notaris
		Sérapias négligé
2731	607	**Aceras anthropophorum** (L.) Aiton f.
		— *anthropophora* (B, C, F, G)
		Acéras homme-pendu
		Ohnsporn
		Spornlos
2732	607	**Himantoglossum hircinum** (L.) Sprengel
		Loroglossum hircinum (B, F, G)
		Orchis hircina (C)
		Himantoglosse à odeur de bouc
		Loroglosse à odeur de bouc
		Bocks-Riemenzunge
2733	607	**Orchis militaris** L.
		— *galeata* (B)
		Orchis guerrier
		— militaire
		Helm-Knabenkraut
		Helm-Orchis
2733 b	607	**Orchis purpurea** Hudson
		— *militaris* (B)
		Orchis guerrier
		— pourpre
		Braunrotes Knabenkraut
		Braunrote Orchis
		Purpur-Knabenkraut
		Purpur-Orchis
2733 c	607	**Orchis simia** Lam.
		— *militaris* (B)
		Orchis guerrier
		— singe
		Affen-Knabenkraut
		Affen-Orchis
2734	607	**Neotinea maculata** (Desf.) Stearn
		— *intacta* (F, G)
		Orchis intacta (B, C)
		Néotinée tachetée
		Orchis intact
2735	607	**Orchis saccata** Ten.
		Orchis à sac
2736	607	**Orchis papilionacea** L.
		Orchis papillon
		Schmetterlings-Knabenkraut
		Schmetterlings-Orchis
2737	608	**Platanthera bifolia** (L.) Rich.
		Orchis bifolia (B, C)
		Orchis à deux feuilles
		Platanthère à deux feuilles
		— à fleurs blanches
		Weisses Breitkölbchen
		Zweiblättriges Breitkölbchen
2738	608	**Platanthera chlorantha** (Custer) Reichb.
		Orchis montana (B, C)
		Orchis des montagnes
		Platanthère à fleurs verdâtres
		Grünliches Breitkölbchen
2739	608	**Traunsteinera globosa** (L.) Reichb.
		Orchis globosa (B, C, F)
		Orchis globuleux
		Traunsteinera globuleuse
		Kugel-Knabenkraut
		Kugel-Orchis
2740	608	**Orchis coriophora** L.
		Orchis punaise
		Wanzen-Knabenkraut
		Wanzen-Orchis
2741	608	**Orchis tridentata** Scop. s.l.
		Orchis à trois dents
		Dreizähniges Knabenkraut
		Dreizähnige Orchis
2741 b	608	**Orchis lactea** Poiret
		— *tridentata* subsp. *lactea* (F)
		Orchis lacté
2742	608	**Anacamptis pyramidalis** (L.) Rich.
		Orchis pyramidalis (B, C)
		Anacamptis en pyramide
		Orchis pyramidal
		Kammorchis
		Spitzorchis
2743	608	**Orchis laxiflora** Lam.
		Orchis à fleurs lâches
		Lockerblütiges Knabenkraut
		Lockerblütige Orchis
2743 b	608	**Orchis laxiflora** subsp. **palustris** (Jacq.) Bonnier & Layens
		— *palustris* (B, C, F, G)
		Orchis des marais
		Sumpf-Knabenkraut
		Sumpf-Orchis
2744	609	**Orchis pallens** L.
		Orchis pâle
		Blasses Knabenkraut
		Blasse Orchis
2744 b	609	**Orchis provincialis** Balbis
		Orchis de Provence
		Provenzalisches Knabenkraut
		Provenzalische Orchis
2745	609	**Orchis spitzelii** Koch
		— *brevicornis* (B, G)
		— *spitzeli* (F)
		Orchis à corne courte
		— de Spitzel
		Spitzels Knabenkraut
		Spitzels Orchis
2746	609	**Orchis morio** L.
		Orchis bouffon
		Kleines Knabenkraut
		Kleine Orchis
2746 b	609	**Orchis morio** subsp. **picta** (Lois.) Arcang.
		— *morio* (C, G)
		— *picta* (B)
		Orchis peint
2746 c	609	**Orchis longicornu** Poiret
		Orchis à longue corne
2747	609	**Barlia robertiana** (Lois.) Greuter
		— *longibracteata* (G)
		Loroglossum longibracteatum (F)
		Orchis longibracteata (B, C)
		Barlia de Robert
		Orchis à longue bractée
2748	609	**Orchis ustulata** L.
		Orchis brûlé
		— mignon
		Angebranntes Knabenkraut
		Angebrannte Orchis
		Schwärzlisches Knabenkraut
		Schwärzlische Orchis
2749	609	**Orchis mascula** L.
		Orchis mâle
		Männliches Knabenkraut
		Männliche Orchis
		Stattliches Knabenkraut
		Stattliche Orchis
2750	610	**Coeloglossum viride** (L.) Hartman
		Orchis viridis (B, C)
		Coeloglossum verdâtre
		Orchis vert
		Grüne Hohlzunge
2751	610	**Pseudorchis albida** (L.) A. Löve & D. Löve
		Leucorchis albida (F, G)
		Orchis albida (B, C)
		Orchis blanchâtre
		Pseudorchis blanchâtre
		Weissliche Handwurz
		Weissorchis
2752	610	**Gymnadenia conopsea** (L.) R. Br.
		Orchis conopea (C)
		— *conopsea* (B)
		Gymnadénia moucheron
		Orchis moucheron
		Langspornige Handwurz
		Mücken-Handwurz
		Mücken-Nacktdrüse
2752 b	610	**Gymnadenia odoratissima** (L.) Rich.
		Orchis odoratissima (B, C)
		Gymnadénia très odorant
		Orchis très odorant
		Wohlriechende Handwurz
		Wohlriechende Nacktdrüse
2753	610	**Dactylorhiza maculata** (L.) Soó
		Orchis maculata (B, C, F)
		Dactylorhiza tacheté
		Orchis tacheté
		Geflecktes Knabenkraut
		Gefleckte Orchis
2753 b	610	**Dactylorhiza majalis** (Reichb.) P. Hunt & Summerh.
		Orchis latifolia (C, F)
		Dactylorhiza de mai
		Orchis à larges feuilles
		Breitblättriges Knabenkraut
		Breitblättrige Orchis
2753 c	610	**Dactylorhiza incarnata** (L.) Soó
		Orchis incarnata (C, F)
		Dactylorhiza incarnat
		Orchis incarnat
		Fleischrotes Knabenkraut
		Fleischrote Orchis
2753 d	610	**Dactylorhiza traunsteineri** (Sauter) Soó
		Orchis traunsteineri (F)
		Dactylorhiza de Traunsteiner
		Orchis de Traunsteiner
		Traunsteiners Knabenkraut
		Traunsteiners Orchis
2753 e	610	**Dactylorhiza sambucina** (L.) Soó
		Orchis sambucina (B, C, F)
		Dactylorhiza à odeur de sureau
		Orchis sureau
		Holunder-Knabenkraut
		Holunder-Orchis
2754	610	**Herminium monorchis** (L.) R. Br.
		— *clandestinum* (B)
		Herminium à un bulbe
		— clandestin
		Einknollige Herminie
		Einorchis
2755	610	**Nigritella nigra** (L.) Reichb.
		— *angustifolia* (B)
		Nigritelle à feuilles étroites
		— noirâtre

Dessin	Pl.	Taxon
2755	610	Orchis vanillé
		Bränderli
		Schwarzblütiges Männertreu
2755 b	610	**Nigritella nigra**
		subsp. **corneliana** Beauverd
		— *rubra*
		subsp. *corneliana* (F)
		Nigritelle de Cornélia
2755 c	610	**Nigritella nigra**
		subsp. **rubra** (Wettst.) Beauverd
		— *rubra* (G)
		Nigritelle rouge
		Rotblütiges Männertreu
2756	611	**Ophrys sphegodes** Miller
		— *araneifera* (F)
		— *aranifera* (B, C)
		— *sphecodes* (G)
		— *sphecodes*
		subsp. *provincialis* (G)
		Ophrys araignée
		Spinnen-Ragwurz
		Wespen-Ragwurz
2756 b	611	**Ophrys sphegodes**
		subsp. **atrata** (Lindley) E. Mayer
		— *araneifera*
		subsp. *atrata* (F)
		— *atrata* (C)
		— *sphecodes*
		subsp. *atrata* (G)
		Ophrys noir
2757	611	**Ophrys bertolonii** Moretti
		— *bertoloni* (B)
		Ophrys de Bertoloni
		Bertolonis Ragwurz
2758	611	**Ophrys tenthredinifera** Willd.
		— *grandiflora* (B)
		Ophrys à grandes fleurs
		— porte-guêpes
2759	611	**Ophrys fuciflora**
		(F.W. Schmidt) Moench
		— *arachnites* (B, C)
		Ophrys bourdon
		— frelon
		Hummel-Ragwurz
2760	611	**Ophrys speculum** Link
		Ophrys miroir
2761	611	**Ophrys insectifera** L.
		— *muscifera* (B, C, F)
		Ophrys mouche
		Fliegen-Ragwurz
2762	611	**Ophrys bombyliflora** Link
		— *bombiliflora* (B, F)
		Ophrys bombyx
2763	611	**Ophrys apifera** Hudson
		Ophrys abeille
		Bienen-Ragwurz
2764	611	**Ophrys scopolax** Cav.
		Ophrys bécasse
		— oiseau
2765	611	**Ophrys fusca** Link
		Ophrys brun
2766	611	**Ophrys lutea** (Gouan) Cav.
		Ophrys jaune
2767	611	**Chamorchis alpina** (L.) Rich.
		Chamaeorchis alpina (B, F)
		Herminium alpinum (C)
		Chaméorchis des Alpes
		Chamorchis des Alpes
		Alpen-Zwergorchis
2768	612	**Hydrocharis morsus-ranae** L.
		— *morsus ranae* (F)
		Hydrocharis des grenouilles
		— mors-de-grenouille
		Morène
		Petit nénuphar
		Gewöhnlicher Froschbiss
2769	612	**Elodea canadensis** Michaux
		Helodea canadensis (C, F, G)
		Elodée du Canada
		Peste d'eau
		Kanadische Wasserpest
2770	612	**Vallisneria spiralis** L.
		Vallisnérie en spirale
		Vallisnerie
		Wasserschraube
2771	612	**Stratiotes aloides** L.
		— *aloïdes* (F)
		Stratiotès faux-aloès
		Wassersäge
		Wasserschere
2772	612	**Triglochin maritima** L.
		— *maritimum* (B, C, F, G)
		Troscart maritime
2773	612	**Triglochin palustris** L.
		— *palustre* (B, C, F, G)
		Troscart des marais
		Sumpf-Dreizack
2774	612	**Triglochin bulbosa**
		subsp. **barrelieri** (Lois.) Rouy
		— *barrelieri* (B, C)
		— *bulbosum* (G)
		— *bulbosum*
		subsp. *barrelieri* (F)
		Troscart de Barrelier
2775	613	**Scheuchzeria palustris** L.
		Scheuchzérie des marais
		Sumpf-Blumenbinse
2776	613	**Potamogeton lucens** L.
		Potamot luisant
		Glänzendes Laichkraut
		Spiegelndes Laichkraut
2777 1	613	**Potamogeton gramineus** L.
		Potamot graminée
		Grasblättriges Laichkraut
2777 2	613	**Potamogeton gramineus** L.
		Potamot graminée
		Grasblättriges Laichkraut
2777 c	613	**Potamogeton × zizii** Roth
		— *zizi* (F)
		— *zizii* (C, G)
		Potamot de Zizius
2778	613	**Potamogeton friesii** Rupr.
		— *mucronatus* (C, F)
		— *rutilus* (B)
		Potamot de Fries
		— mucroné
		— roux
		Fries' Laichkraut
2779	613	**Potamogeton compressus** L.
		Potamot aplati
		— comprimé
		Plattstengliges Laichkraut
		Zusammengedrücktes Laichkraut
2780	613	**Potamogeton obtusifolius** Mert. & Koch
		Potamot à feuilles obtuses
		Stumpfblättriges Laichkraut
2781	613	**Potamogeton filiformis** Pers.
		— *marinus* (B, C)
		Potamot filiforme
		— marin
		Fadenförmiges Laichkraut
2782	613	**Potamogeton pectinatus** L.
		— *helveticus* (G)
		— *vaginatus*
		subsp. *helveticus* (F)
		Potamot pectiné
		Kamm-Laichkraut
2783	614	**Potamogeton alpinus** Balbis
		— *rufescens* (B, F)
		Potamot des Alpes
		— roussâtre
		Alpen-Laichkraut
2784	614	**Potamogeton perfoliatus** L.
		Potamot perfolié
		Durchwachsenblättriges Laichkraut
2785	614	**Potamogeton crispus** L.
		Potamot crépu
		Krauses Laichkraut
2786	614	**Potamogeton praelongus** Wulfen
		Potamot allongé
		Langblättriges Laichkraut
2787	614	**Potamogeton coloratus** Hornem.
		— *plantagineus* (B)
		Potamot à feuilles de plantain
		— coloré
		Gefärbtes Laichkraut
2787 b	614	**Potamogeton coloratus** Hornem.
		— *siculus* (C, G)
		— *siculus*
		subsp. *subflavus* (F)
		Potamot coloré
		— de Sicile
2788	614	**Potamogeton natans** L.
		Epi d'eau
		Potamot nageant
		Schwimmendes Laichkraut
2788 b	614	**Potamogeton polygonifolius** Pourret
		— *oblongus* (G)
		Potamot à feuilles de renouée
		Knöterichblättriges Laichkraut
2788 c	614	**Potamogeton nodosus** Poiret
		— *fluitans* (B, C, F)
		Potamot flottant
		— noueux
		Flutendes Laichkraut
2789	615	**Potamogeton acutifolius** Link
		Potamot à feuilles aiguës
		Spitzblättriges Laichkraut
2790	615	**Groenlandia densa** (L.) Fourr.
		Potamogeton densus (B, C, F, G)
		Groenlandia serrée
		Potamot serré
		Dichtblättriges Laichkraut
2791	615	**Potamogeton pusillus** L.
		— *panormitanus* (G)
		— *pusillus*
		subsp. *panormitanus* (F)
		Potamot fluet
		Kleines Laichkraut
2791 b	615	**Potamogeton trichoides** Cham. & Schldl.
		— *trichoïdes* (F)
		Potamot capillaire
		Haarförmiges Laichkraut
2792 a,b	615	**Zannichellia palustris** L.
		Zannichellie des marais
		Sumpf-Teichfaden
2792 c	615	**Zannichellia palustris** L.
		— *pedicellata* (C)
		Zannichellie des marais
		Sumpf-Teichfaden
2793	615	**Althenia filiformis** Petit
		Althénie filiforme
2793 b	615	**Althenia filiformis** Petit
		— *barrandonii* (C)
		— *filiformis*
		subsp. *barrandonii* (F)
		Althénie de Barrandon
		— filiforme
2794	615	**Najas marina** L.
		Naias major (B, F)
		Naïas major (C)
		Naïade majeure
		— marine
		Grosses Nixenkraut
		Meer-Nixenkraut
2795	615	**Najas minor** All.
		Caulinia minor (B)
		Naias minor (F)
		Naïas minor (C)
		Caulinie mineure
		Naïade mineure
		Kleines Nixenkraut

Dessin	Pl.	Taxon
2796	615	**Ruppia cirrhosa** (Petagna) Grande — *marina* (B) — *maritima* (C, F, G) Ruppia marine — spiralée
2796 b	615	**Ruppia maritima** L. — *maritima* subsp. *rostellata* (F) — *rostellata* (B, C) Ruppia maritime — rostrée
2796 b2	615	**Ruppia maritima** L. — *brachypus* (B) — *maritima* subsp. *rostellata* (F) Ruppia à pédoncule court — maritime
2797	616	**Zostera marina** L. Zostère marine
2798	616	**Zostera noltii** Hornem. — *nana* (B, C, F, G) Zostère de Nolte — naine
2799	616	**Posidonia oceanica** (L.) Del. — *caulini* (C) Posidonie de l'océan
2800	616	**Cymodocea nodosa** (Ucria) Asch. — *aequorea* (B, C) Cymodocée de mer — noueuse
2801	616	**Lemna trisulca** L. Lenticule à trois lobes Lentille d'eau Dreifurchige Wasserlinse
2802	616	**Spirodela polyrhiza** (L.) Schleiden *Lemna polyrhiza* (B) — *polyrrhiza* (C) *Spirodela polyrrhiza* (F, G) Lenticule à plusieurs racines Spirodèle à plusieurs racines Vielwurzlige Teichlinse
2803	616	**Lemna minor** L. Lenticule mineure Lentille d'eau Kleine Wasserlinse
2804	616	**Lemna gibba** L. Lenticule bossue Lentille d'eau Bucklige Wasserlinse
2805	616	**Wolffia arrhiza** (L.) Wimmer *Lemna arhiza* (B) Lenticule sans racines Wolffia sans racines Entenlinse
2806	616, 617	**Dracunculus vulgaris** Schott *Arum dracunculus* (B, C, F) Arum petit-dragon Petit-dragon vulgaire Gewöhnliche Schlangenwurz
2807	617	**Arisarum vulgare** Targ.-Tozz. *Arum arisarum* (B) Arisarum vulgaire Arum arisarum Capuchon
2808	617	**Arum maculatum** L. Arum tacheté Gouet Pied-de-veau Gefleckter Aronstab Gewöhnlicher Aronstab
2809	617	**Arum italicum** Miller Arum d'Italie Italienischer Aronstab
2810	617	**Acorus calamus** L. Acore calame — vraie Kalmus
2811	617	**Calla palustris** L. Calla des marais Sumpf-Drachenwurz
2812	618	**Typha latifolia** L. Massette à feuilles larges Roseau des étangs Breitblättriger Rohrkolben
2813	618	**Typha angustifolia** L. Massette à feuilles étroites Schmalblättriger Rohrkolben
2814	618	**Typha minima** Funcke Massette petite Petite massette Kleiner Rohrkolben
2815	618	**Sparganium erectum** L. s.l. — *ramosum* (B, C, F) Ruban d'eau Rubanier dressé — rameux Ästiger Igelkolben Verzweigter Igelkolben
2816	618	**Sparganium emersum** Rehmann — *simplex* (B, C, F, G) Rubanier émergé — simple Einfacher Igelkolben Unverzweigter Igelkolben
2817	618	**Sparganium minimum** Wallr. Rubanier nain Kleiner Igelkolben
2818	618	**Sparganium angustifolium** Michaux — *affine* (B, C, F) Rubanier affine — à feuilles étroites Schmalblättriger Igelkolben
2819	619	**Juncus jacquinii** L. — *jacquini* (B, C, F) Jonc de Jacquin Jacquins Simse
2820	619	**Juncus filiformis** L. Jonc filiforme Fadenförmige Simse
2821	619	**Juncus arcticus** Willd. Jonc arctique Arktische Simse
2822 a	619	**Juncus conglomeratus** L. — *communis* (B) Jonc aggloméré — à mèche — commun Knäuelblütige Simse
2822 b	619	**Juncus effusus** L. — *communis* (B) Jonc à mèche — commun — épars Flatterige Simse
2823	619	**Juncus inflexus** L. — *glaucus* (B, C, F) Jonc courbé — des jardiniers — glauque Blaugrüne Simse Seegrüne Simse
2824	619	**Juncus tenuis** Willd. — *tenuis* subsp. *bicornis* (F) Jonc grêle Zarte Simse
2825	619	**Juncus trifidus** L. Jonc trifide Dreispaltige Simse
2825 2	619	**Juncus trifidus** subsp. **monanthos** (Jacq.) Asch. & Graebner Jonc à une fleur Einblütige Simse
2826	620	**Juncus capitatus** Weigel Jonc capité Kopf-Simse Lössacker-Simse
2827	620	**Juncus triglumis** L. Jonc à trois glumes Dreiblütige Simse Dreispelzige Simse
2828	620	**Juncus castaneus** Smith Jonc châtaigne — marron Kastanienbraune Simse
2829	620	**Juncus stygius** L. Jonc du Styx Moor-Simse Styx-Simse
2830	620	**Juncus maritimus** Lam. Jonc maritime
2830 b	620	**Juncus acutus** L. Jonc aigu
2831	620	**Juncus squarrosus** L. Jonc rude Sparrige Simse
2832	620	**Juncus alpinus** Villars Jonc des Alpes Alpen-Simse
2833	620	**Juncus bulbosus** L. — *supinus* (B, C, F) Jonc bulbeux — couché Knollen-Simse Zwiebel-Simse
2833 2	620	**Juncus bulbosus** L. — *supinus* (F) Jonc bulbeux Knollen-Simse Zwiebel-Simse
2834	620	**Juncus pygmaeus** Rich. — *bicephalus* (C, F) Jonc nain Zwerg-Simse
2835	621	**Juncus subnodulosus** Schrank — *obtusiflorus* (B, C, F) Jonc à fleurs obtuses — noueux Knötchen-Simse Stumpfblütige Simse
2836	621	**Juncus heterophyllus** Dufour Jonc à feuilles de deux sortes — à feuilles variées
2837	621	**Juncus anceps** Laharpe Jonc à feuilles tranchantes
2838 a	621	**Juncus acutiflorus** Ehrh. — *articulatus* (B) — *silvaticus* (B, C, F) Jonc à fleurs aiguës — articulé — des bois Spitzblütige Simse
2838 b	621	**Juncus striatus** Schousboe Jonc strié
2838 c	621	**Juncus fontanesii** Gay — *articulatus* (B) Jonc articulé — de Fontanes
2838 d	621	**Juncus articulatus** L. — *lamprocarpus* (B, C, F) — *macrocephalus* (F) Jonc à fruit luisant — articulé Gegliederte Simse Glänzendfrüchtige Simse
2839	621	**Juncus subulatus** Forsskal — *multiflorus* (B) Jonc à fleurs nombreuses — subulé
2840	622	**Juncus compressus** Jacq. — *bulbosus* (B) Jonc bulbeux — comprimé Zusammengedrückte Simse
2840 b	622	**Juncus gerardi** Lois. — *gerardii* (G) Jonc de Gérard Gerards Simse

Dessin	Pl.	Taxon
2841	622	**Juncus tenageia** L. f.
		— *tenagea* (F)
		Jonc des marais
		Schlamm-Simse
		Sumpf-Simse
2842	622	**Juncus bufonius** L.
		Jonc des crapauds
		Kröten-Simse
2842 b	622	**Juncus hybridus** Brot.
		— *bufonius* (C)
		— *mutabilis* (F)
		Jonc hybride
2842 c	622	**Juncus ranarius** Song. & Perrier
		Jonc des grenouilles
		Frosch-Simse
2843	622	**Luzula pilosa** (L.) Willd.
		— *vernalis* (B)
		Luzule du printemps
		— poilue
		Behaarte Hainsimse
2843 b	622	**Luzula forsteri** (Smith) DC.
		Luzule de Forster
		Forsters Hainsimse
2844	622	**Luzula luzulina** (Villars) Dalla Torre & Sarnth.
		— *flavescens* (B, C, F)
		Luzule jaunâtre
		— luzuline
		Gelbliche Hainsimse
2845	623	**Luzula lutea** (All.) DC.
		Luzule jaune
		Gelbe Hainsimse
2846	623	**Luzula sylvatica** (Hudson) Gaudin
		— *maxima* (B)
		— *silvatica* (C, F)
		Luzule des bois
		— élevée
		Grosse Hainsimse
		Wald-Hainsimse
2847	623	**Luzula alpinopilosa** (Chaix) Breistr.
		— *alpino-pilosa* (G)
		— *spadicea* (B, C, F)
		Luzule en spadice
		— marron
		Braunblütige Hainsimse
2847 2	623	**Luzula desvauxii** Kunth
		— *glabrata* (C, F)
		Luzule de Desvaux
		Desvaux' Hainsimse
2848	623	**Luzula nivea** (L.) DC.
		Luzule blanc-de-neige
		Schneeweisse Hainsimse
2848 b	623	**Luzula luzuloides** (Lam.) Dandy & Wilm.
		— *albida* (B, C, F)
		Luzule blanchâtre
		— des bosquets
		— fausse-luzule
		Busch-Hainsimse
		Weissliche Hainsimse
2848 c	623	**Luzula pedemontana** Boiss. & Reuter
		Luzule du Piémont
		Piemonteser Hainsimse
2849	623	**Luzula spicata** DC.
		Luzule en épi
		Ährige Hainsimse
2850	623	**Luzula nutans** (Villars) Duval-Jouve
		— *pediformis* (B, C, F, G)
		Luzule en forme de pied
		— penchée
		Nickende Hainsimse
2851	624	**Luzula campestris** (L.) DC.
		— *vulgaris* (F)
		Luzule des champs
		Feld-Hainsimse
		Gewöhnliche Hainsimse
2851 b	624	**Luzula multiflora** (Retz.) Lej.
		— *campestris* (F)
		Luzula erecta (F)
		Luzule à fleurs nombreuses
		Vielblütige Hainsimse
2851 b2	624	**Luzula multiflora** subsp. **congesta** (Thuill.) N. Hylander
		Luzule à fleurs entassées
2852	624	**Cyperus esculentus** L.
		— *aureus* (B)
		Souchet comestible
		— doré
2852 2	624	**Cyperus esculentus** L.
		Souchet comestible
2853	624	**Cyperus rotundus** L.
		— *olivaris* (B)
		Souchet en forme d'olive
		— rond
		Knolliges Cypergras
		Knollige Zyperbinse
		Rundes Cypergras
		Runde Zyperbinse
2854	624	**Cyperus capitatus** Vand.
		— *aegyptiacus* (F)
		— *kalli* (G)
		— *schoenoides* (B, C)
		Souchet capité
		— faux-choin
2855	624	**Cyperus longus** L.
		Souchet long
		— odorant
		Langästiges Cypergras
		Langästige Zyperbinse
2855 b	624	**Cyperus longus** L.
		— *badius* (B)
		— *longus* subsp. *badius* (F)
		Souchet bai
		— long
		— odorant
2856	625	**Cyperus fuscus** L.
		Souchet brun
		— brun-noirâtre
		Braunes Cypergras
		Braune Zyperbinse
		Schwarzbraunes Cypergras
		Schwarzbraune Zyperbinse
2857	625	**Cyperus eragrostis** Lam.
		— *vegetus* (B, C, F, G)
		Souchet éragrostide
		— robuste
2858	625	**Cyperus laevigatus** subsp. **distachyos** (All.) Maire & Weiller
		— *distachyos* (B, C)
		— *distachyus* (F)
		Souchet à deux épis
2859	625	**Cyperus serotinus** Rottb.
		— *monti* (B)
		Souchet de Monti
		— tardif
		Spätblühendes Cypergras
		Spätblühende Zyperbinse
2860	625	**Cyperus flavescens** L.
		Souchet jaunâtre
		Gelbliches Cypergras
		Gelbliche Zyperbinse
2861	625	**Cyperus flavidus** Retz.
		— *globosus* (B, C, F, G)
		Souchet globuleux
		— jaune
2862	626	**Schoenus ferrugineus** L.
		Choin ferrugineux
		Rostrote Kopfbinse
2863	626	**Schoenus nigricans** L.
		Choin noirâtre
		— noircissant
		Schwärzliche Kopfbinse
2864	626	**Cladium mariscus** (L.) Pohl
		Cladium marisque
		Schneidebinse
		Sumpfried
2865	626	**Eriophorum vaginatum** L.
		Linaigrette engainante
		— engainée
		Scheiden-Wollbinse
		Scheiden-Wollgras
2866	626	**Eriophorum scheuchzeri** Hoppe
		— *scheuchzerii* (B)
		Linaigrette de Scheuchzer
		Scheuchzers Wollbinse
		Scheuchzers Wollgras
2867	626	**Scirpus hudsonianus** (Michaux) Fern.
		Eriophorum alpinum (B, C, F)
		Linaigrette des Alpes
		Scirpe de Hudson
		Alpen-Haarbinse
2868 a	626	**Eriophorum angustifolium** Honck.
		— *polystachyon* (B)
		Jonc à duvet
		Linaigrette à feuilles étroites
		— à plusieurs épis
		Schmalblättrige Wollbinse
		Schmalblättriges Wollgras
2868 b	626	**Eriophorum gracile** Roth
		— *polystachyon* (B)
		Jonc à duvet
		Linaigrette à plusieurs épis
		— grêle
		Schlanke Wollbinse
		Schlankes Wollgras
2868 c	626	**Eriophorum latifolium** Hoppe
		— *polystachyon* (B)
		Jonc à duvet
		Linaigrette à feuilles larges
		— à plusieurs épis
		Breitblättrige Wollbinse
		Breitblättriges Wollgras
2869	627	**Scirpus sylvaticus** L.
		— *silvaticus* (B, C, F)
		Scirpe des bois
		Wald-Binse
2869 b	627	**Scirpus radicans** Schk.
		— *silvaticus* subsp. *radicans* (F)
		Scirpe radicant
		Wurzelnde Binse
2870	627	**Scirpus holoschoenus** L.
		Scirpe en jonc
		Gewöhnliche Kugelkopfbinse
2871	627	**Scirpus maritimus** L.
		Scirpe maritime
		Meer-Binse
		Strand-Binse
2872	627	**Scirpus pungens** Vahl
		— *rothii* (B)
		Scirpe de Roth
		— piquant
		Amerikanische Seebinse
		Amerikanische Teichbinse
2873	627	**Scirpus litoralis** Schrader
		— *littoralis* (B, C, G)
		Scirpe du littoral
2874	628	**Scirpus lacustris** L.
		Jonc des tonneliers
		Scirpe des lacs
		Gewöhnliche Seebinse
		Gewöhnliche Teichbinse
2874 b	628	**Scirpus lacustris** subsp. **tabernaemontani** (C. Gmelin) Syme
		— *lacustris* subsp. *glaucus* (G)
		— *tabernaemontani* (B, C, F)
		Scirpe de Tabernaemontanus
		Tabernaemontanus' Seebinse
		Tabernaemontanus' Teichbinse
2874 c	628	**Scirpus × carinatus** Smith
		— *carinatus* (C)
		— *duvalii* (B)
		Scirpe caréné

Dessin	Pl.	Taxon
2874 c	628	Scirpe de Duval
		Gekielte Seebinse
		Gekielte Teichbinse
2875	628	**Scirpus triqueter** L.
		— *triquetrus* (F, G)
		Scirpe à trois angles
		— triquètre
		Dreikantige Seebinse
		Dreikantige Teichbinse
2876	628	**Scirpus mucronatus** L.
		Scirpe mucroné
		Spitz-Seebinse
		Spitz-Teichbinse
		Stachlige Seebinse
		Stachlige Teichbinse
2877	628	**Blysmus compressus** (L.) Link
		Scirpus compressus (B, C, F)
		Blysmus comprimé
		Scirpe comprimé
		Zusammengedrückte Quellbinse
		Zusammengedrücktes Quellried
2878	628	**Cyperus michelianus** (L.) Link
		Scirpus michelianus (B, C, F)
		Scirpe de Micheli
		Souchet de Micheli
		Michelis Cypergras
		Michelis Zyperbinse
2879	628	**Scirpus supinus** L.
		Scirpe couché
		Zwerg-Seebinse
		Zwerg-Teichbinse
2880	628	**Scirpus setaceus** L.
		Scirpe sétacé
		Borstenförmige Seebinse
		Borstenförmige Teichbinse
		Moorbinse
2880 b	629	**Scirpus cernuus** Vahl
		— *savii* (B, C)
		Scirpe de Savi
		— penché
2881	629	**Scirpus fluitans** L.
		Scirpe flottant
		Flutbinse
2882	629	**Scirpus pumilus** Vahl
		— *alpinus* (B, C, F)
		Scirpe des Alpes
		— nain
		Zwerg-Haarbinse
2883	629	**Scirpus cespitosus** L.
		— *caespitosus* (B, C, F)
		Scirpe gazonnant
		Rasenbinse
		Rasige Haarbinse
2884	629	**Eleocharis parvula** (Roemer & Schultes) Bluff, Nees & Schauer
		Scirpus parvulus (B, C, F, G)
		Petit éléocharis
		Scirpe petit
2885	629	**Eleocharis acicularis** (L.) Roemer & Schultes
		Scirpus acicularis (B, C, F, G)
		Eléocharis épingle
		Scirpe épingle
		Nadelbinse
		Nadelförmige Sumpfbinse
2886	629	**Eleocharis atropurpurea** (Retz.) C. Presl
		Scirpus atropurpureus (B, F)
		Eléocharis pourpre-noir
		Scirpe noir-pourpré
		Schwarzrote Sumpfbinse
		Schwarzrote Teichbinse
2887	629	**Eleocharis bonariensis** Nees
		Scirpus amphibius (B)
		— *multicaulis* (G)
		— *striatulus* (C, F)
		Eléocharis de Buenos Aires
		Scirpe amphibie

Dessin	Pl.	Taxon
2888	629	**Eleocharis palustris** (L.) Roemer & Schultes s.l.
		Scirpus palustris (B, C, F, G)
		Eléocharis des marais
		Scirpe des marais
		Gewöhnliche Sumpfbinse
2888 b	629	**Eleocharis uniglumis** (Link) Schultes
		Scirpus palustris subsp. *uniglumis* (F, G)
		— *uniglumis* (B, C)
		Eléocharis à une seule glume
		Scirpe à une seule écaille
		Einspelz-Sumpfbinse
2888 c	629	**Eleocharis austriaca** Hayek
		Scirpus palustris (F)
		— *palustris* subsp. *austriaca* (G)
		Eléocharis d'Autriche
		Österreichische Sumpfbinse
2889	630	**Eleocharis ovata** (Roth) Roemer & Schultes
		Scirpus ovatus (B, C, F, G)
		Eléocharis ovoïde
		Scirpe ovoïde
		Eiförmige Sumpfbinse
		Eiförmige Teichbinse
2890	630	**Eleocharis quinqueflora** (F. Hartmann) O. Schwarz
		Scirpus pauciflorus (B, C, F, G)
		Eléocharis à cinq fleurs
		Scirpe à peu de fleurs
		Armblütige Sumpfbinse
		Armblütige Teichbinse
2891	630	**Eleocharis multicaulis** (Smith) Desv.
		Scirpus multicaulis (B, C, F, G)
		Eléocharis à tiges nombreuses
		Scirpe à tiges nombreuses
		Vielhalmige Sumpfbinse
		Vielhalmige Teichbinse
2892	630	**Fimbristylis bisumbellata** (Forsskal) Bubani
		— *dichotoma* (B, C, F, G)
		Fimbristylis bifurqué
		— dichotome
		— en ombelle
		Gegabelte Frasenbinse
		Verzweigte Frasenbinse
2893	630	**Rhynchospora alba** (L.) Vahl
		Rhynchospora blanc
		Weisse Schnabelbinse
2894	630	**Rhynchospora fusca** (L.) Aiton f.
		Rhynchospora brun
		— brun-rougeâtre
		Braune Schnabelbinse
		Rotbraune Schnabelbinse
2895	630	**Kobresia myosuroides** (Villars) Fiori
		Cobresia bellardii (F)
		Elyna myosuroides (G)
		— *spicata* (B)
		Kobresia scirpina (C)
		Cobrésia fausse-queue-de-souris
		Elyne en épi
		Mäuseschwanzähnliche Nacktriedbinse
		Nacktried
2896	630	**Kobresia simpliciuscula** (Wahlenb.) Mackenzie
		Cobresia bipartita (G)
		— *caricina* (F)
		Elyna caricina (B)
		Kobresia caricina (C)
		Cobrésia biparti
		Elyne faux-carex
		Schuppenbinse
		Schuppenried
		Zweiteilige Kobresie
2897	630	**Carex davalliana** Smith
		Carex de Davall

Dessin	Pl.	Taxon
		Laiche de Davall
		Davalls Segge
2898	631	**Carex dioica** L.
		— *dioica* (F)
		Carex dioïque
		Laiche dioïque
		Zweihäusige Segge
2899	631	**Carex pulicaris** L.
		Carex puce
		Laiche puce
		Floh-Segge
2900	631	**Carex macrostylon** Lapeyr.
		— *decipiens* (B)
		— *macrostyla* (C, F, G)
		Carex à grand style
		— décevant
		Laiche à grand style
2901	631	**Carex microglochin** Wahlenb.
		Carex à petite arête
		Laiche à petite arête
		Kleinhakige Segge
		Spitzen-Segge
2902	631	**Carex pauciflora** Light.
		Carex à peu de fleurs
		— pauciflore
		Laiche pauciflore
		Wenigblütige Segge
2903	631	**Carex rupestris** All.
		Carex des rochers
		Laiche des rochers
		Felsen-Segge
2904	631	**Carex pyrenaica** Wahlenb.
		Carex des Pyrénées
		Laiche des Pyrénées
2905	631	**Carex maritima** Gunnerus
		— *incurva* (C, F)
		— *juncifolia* (B)
		Carex à feuilles de jonc
		— maritime
		Laiche maritime
		Binsenblättrige Segge
		Simsenblättrige Segge
2906	631	**Carex foetida** All.
		Carex fétide
		Laiche fétide
		Schneetälchen-Segge
		Stinkende Segge
2907	631	**Carex divisa** Hudson
		Carex divisé
		Laiche divisée
		Geteilte Segge
2907 b	631	**Carex divisa** Hudson
		— *chaetophylla* (C)
		— *setifolia* (B)
		Carex à feuilles capillaires
		— divisé
		Laiche divisée
2908	632	**Carex chordorrhiza** L. f.
		— *chordorhiza* (B)
		Carex à longs rhizomes
		Laiche à longs rhizomes
		Fadenwurzelige Segge
		Rankende Segge
2909	632	**Carex disticha** Hudson
		Carex distique
		Laiche distique
		Zweizeilige Segge
2910	632	**Carex praecox** Schreber
		— *schreberi* (B, C, F)
		Carex de Schreber
		— précoce
		Laiche précoce
		Frühzeitige Segge
2911	632	**Carex arenaria** L.
		Carex des sables
		Laiche des sables
		Salsepareille d'Allemagne
2911 b	632	**Carex ligerica** Gay
		Carex de la Loire
		Laiche de la Loire
2912	632	**Carex brizoides** L.
		— *brizoïdes* (F)

Dessin	*Pl.*	*Taxon*
2912	632	Carex fausse-brize
		Laiche fausse-brize
		Wald-Seegras
		Zittergras-Segge
2912 2	632	**Carex reichenbachii** Bonnet
		— *arenaria* (C)
		— *pseudobrizoides* (G)
		— *reichenbachi* (F)
		Carex de Reichenbach
		Laiche de Reichenbach
2913	633	**Carex bohemica** Schreber
		— *cyperoides* (B, C)
		— *cyperoïdes* (F)
		Carex de Bohême
		— souchet
		Laiche de Bohême
		Böhmische Segge
2914	633	**Carex vulpina** L.
		Carex des renards
		Laiche des renards
		Fuchs-Segge
2915	633	**Carex appropinquata** Schum.
		— *paradoxa* (B, C, F)
		Carex à épillets rapprochés
		— paradoxal
		Laiche à épillets rapprochés
		Gedrängtährige Segge
		Sonderbare Segge
2916	633	**Carex paniculata** L.
		Carex paniculé
		Laiche paniculée
		Rispen-Segge
2917	633	**Carex diandra** Schrank
		— *teretiuscula* (B, C, F)
		Carex à deux étamines
		— à tige arrondie
		Laiche à deux étamines
		Draht-Segge
		Zweistaubblättrige Segge
2918	633	**Carex echinata** Murray
		— *stellulata* (B, F)
		Carex en étoile
		— hérisson
		Laiche hérisson
		Igelfrüchtige Segge
		Stern-Segge
2919	633	**Carex remota** L.
		Carex à épillets espacés
		— espacé
		Laiche à épillets espacés
		Abgerücktährige Segge
		Lockerährige Segge
2920	634	**Carex spicata** Hudson
		— *contigua* (F)
		— *muricata* (B, C, G)
		Carex en épi
		— muriqué
		Laiche en épi
		Gedrängtährige Segge
2920 b	634	**Carex muricata** L. s.l.
		— *muricata*
		subsp. *pairaei* (G)
		— *pairaei* (C, F)
		Carex de Paira
		— muriqué
		Laiche muriquée
		Pairas Segge
		Stachlige Segge
2920 c	634	**Carex divulsa** Stokes s.l.
		— *muricata*
		subsp. *divulsa* (G)
		— *muricata*
		subsp. *leersii* (G)
		Carex à épillets séparés
		— écarté
		Laiche à épillets séparés
		Entferntährige Segge
		Unterbrochenährige Segge
2921	634	**Carex curta** Good
		— *canescens* (B, C, F)
		Carex blanchâtre
		— court
		Laiche courte
		Graue Segge
2921 b	634	**Carex brunnescens** (Pers.) Poiret
		— *vitilis* (B)
		Carex brunâtre
		— tressé
		Laiche brunâtre
		Bräunliche Segge
2922	634	**Carex ovalis** Good
		— *leporina* (B, C, F)
		Carex des lièvres
		— ovale
		— patte-de-lièvre
		Laiche ovale
		Hasenpfoten-Segge
2923	634	**Carex elongata** L.
		Carex allongé
		Laiche allongée
		Langährige Segge
2924	634	**Carex lachenalii** Schk.
		— *approximata* (B)
		— *lagopina* (B, C, F)
		Carex à épis rapprochés
		— de Lachenal
		Laiche de Lachenal
		Lachenals Segge
2925	634	**Carex heleonastes** L. f.
		Carex des tourbières
		— étoile-des-marais
		Laiche des tourbières
		Sumpfbewohnende Segge
		Torf-Segge
2926	635	**Carex distachya** Desf.
		— *linkii* (B)
		— *longiseta* (C, F)
		Carex à deux épis
		— de Link
		Laiche à deux épis
		Langborstige Segge
2927	635	**Carex baldensis** L.
		Carex du Mont Baldo
		Laiche du Mont Baldo
		Monte Baldo-Segge
2928	635	**Carex œdipostyla** Duval-Jouve
		— *ambigua* (B)
		Carex ambigu
		— œdipostyle
		Laiche œdipostyle
2929	635	**Carex curvula** All. s.l.
		Carex courbé
		Laiche courbée
		Krumm-Segge
2930	635	**Carex bicolor** All.
		Carex à deux couleurs
		Laiche à deux couleurs
		Zweifarbige Segge
2931	635	**Carex atrata** L.
		Carex noirâtre
		Laiche noirâtre
		Schwarze Segge
2931 b	635	**Carex parviflora** Host
		— *atrata*
		subsp. *nigra* (G)
		— *nigra* (B, C, F)
		Carex à petites fleurs
		— noir
		Laiche à petites fleurs
		Kleinblütige Segge
2931 c	635	**Carex atrata**
		subsp. **aterrima** (Hoppe) Čelak.
		— *aterrima* (C)
		— *atrata* (F)
		Carex très noir
		Laiche très noire
2932	635	**Carex fuliginosa** Schk. s.l.
		— *fuliginosus* (B)
		Carex fuligineux
		Laiche fuligineuse
		Russfarbene Segge
2933	635	**Carex buxbaumii** Wahlenb.
		— *buxbaumi* (F)
		— *polygama* (C)
		Carex de Buxbaum
		Laiche de Buxbaum
		Buxbaums Segge
2934	635	**Carex norvegica** Retz.
		— *alpina* (C, F)
		— *vahli* (B)
		Carex de Norvège
		— de Vahl
		Laiche de Norvège
		Norwegische Segge
2935	636	**Carex mucronata** All.
		Carex mucroné
		Laiche mucronée
		Stachelspitzige Segge
2936	636	**Carex elata** All.
		— *stricta* (B, C)
		Carex élevé
		— raide
		Laiche élevée
		Hohe Segge
		Steife Segge
2936 b	636	**Carex cespitosa** L.
		— *caespitosa* (B, F)
		Carex gazonnant
		Laiche gazonnante
		Horstbildende Segge
		Rasen-Segge
2937	636	**Carex nigra** (L.) Reichard
		— *fusca* (G)
		— *goodenoughi* (F)
		— *vulgaris* (B, C)
		Carex brun
		— noir
		— vulgaire
		Laiche noire
		Braune Segge
2938	636	**Carex trinervis** Degl.
		Carex à trois nervures
		Laiche à trois nervures
2939	636	**Carex acuta** L.
		— *gracilis* (F)
		Carex aigu
		— grêle
		Laiche aiguë
		Schlanke Segge
		Zierliche Segge
2940	636	**Carex hirta** L.
		Carex hérissé
		Laiche hérissée
		Behaarte Segge
2941	637	**Carex lasiocarpa** Ehrh.
		— *filiformis* (B, C)
		Carex à fruits velus
		— filiforme
		Laiche à fruits velus
		Behaartfrüchtige Segge
2942	637	**Carex depressa** Link
		— *basilaris* (B)
		Carex à épis dès la base
		— déprimé
		Laiche déprimée
2943	637	**Carex hallerana** Asso
		— *halleriana* (B, C, F, G)
		Carex de Haller
		Laiche de Haller
		Grundstielige Segge
		Hallers Segge
2944	637	**Carex humilis** Leysser
		Carex humble
		Laiche humble
		Niedrige Segge
2945	637	**Carex hispida** Willd.
		Carex hispide
		Laiche hispide
2946	637	**Carex ericetorum** Pollich
		Carex des bruyères
		Laiche des bruyères
		Heide-Segge

Dessin	Pl.	Taxon
2946 2	637	**Carex ericetorum** Pollich
		Carex des bruyères
		Laiche des bruyères
		Heide-Segge
2947	637	**Carex montana** L.
		Carex des montagnes
		Laiche des montagnes
		Berg-Segge
2948	638	**Carex digitata** L.
		Carex digité
		Laiche digitée
		Gefingerte Segge
2948 b	638	**Carex ornithopoda** Willd.
		Carex pied-d'oiseau
		Laiche pied-d'oiseau
		Vogelfuss-Segge
2948 c	638	**Carex ornithopoda** subsp. **ornithopodioides** (Hausm.) Nyman
		— *ornithopodioides* (C)
		Carex faux-pied-d'oiseau
		Laiche faux-pied-d'oiseau
		Alpen-Vogelfuss-Segge
		Vogelfussähnliche Segge
2949	638	**Carex brevicollis** DC.
		Carex à bec court
		Laiche à bec court
		Hügel-Segge
		Kurzschnäblige Segge
2950	638	**Carex pilulifera** L.
		Carex à pilules
		Laiche à pilules
		Pillentragende Segge
2951	638	**Carex tomentosa** L.
		— *filiformis* (G)
		Carex à fruits tomenteux
		— tomenteux
		Laiche à fruits tomenteux
		Filzfrüchtige Segge
2952	638	**Carex grioletii** Roemer
		— *grioleti* (F)
		Carex de Griolet
		Laiche de Griolet
2953	639	**Carex caryophyllea** Latour.
		— *praecox* (B, C)
		Carex faux-œillet
		— précoce
		Laiche faux-œillet
		Frühlings-Segge
2953 b	639	**Carex umbrosa** Host
		— *polyrrhiza* (C, F)
		Carex à nombreuses racines
		— des ombrages
		Laiche des ombrages
		Langblättrige Segge
		Schatten-Segge
2953 c	639	**Carex umbrosa** subsp. **huetiana** (Boiss.) Soó
		— *mixta* (C)
		— *polyrrhiza* (F)
		— *umbrosa* (G)
		Carex de Huet du Pavillon
		Laiche de Huet du Pavillon
2954	639	**Carex flacca** Schreber
		— *glauca* (B, C, F)
		Carex glauque
		— lâche
		Laiche lâche
		Schlaffe Segge
2954 2	639	**Carex flacca** subsp. **serrulata** (Biv.) Greuter
		— *flacca* (G)
		— *glauca* (F)
		— *serrulata* (C)
		Carex finement denté
		Laiche finement dentée
2954 3	639	**Carex flacca** Schreber
		— *clavaeformis* (C)
		— *glauca* (F)
		Carex lâche
		Laiche lâche
		Schlaffe Segge
2955	639	**Carex hordeistichos** Villars
		Carex à épis d'orge
		Laiche à épis d'orge
2956	639	**Carex rostrata** Stokes
		— *ampullacea* (B, F)
		Carex en ampoule
		— terminé en bec
		Laiche terminée en bec
		Schnabel-Segge
2957	640	**Carex acutiformis** Ehrh.
		— *paludosa* (B)
		Carex à port de carex aigu
		— des marais
		Laiche à port de laiche aiguë
		Scharfkantige Segge
		Sumpf-Segge
2958	640	**Carex melanostachya** Willd.
		— *nutans* (B, C, F)
		Carex à épis noirs
		— penché
		Laiche à épis noirs
		Nickende Segge
2959	640	**Carex riparia** Curtis
		Carex des rives
		Laiche des rives
		Ufer-Segge
2960	640	**Carex vesicaria** L.
		Carex vésiculeux
		Laiche vésiculeuse
		Blasen-Segge
2961	640	**Carex pseudocyperus** L.
		— *pseudo-cyperus* (B, C, F, G)
		Carex faux-souchet
		Laiche faux-souchet
		Cypergras-Segge
		Zyperbinse-Segge
2962	641	**Carex pallescens** L.
		Carex pâle
		Laiche pâle
		Bleiche Segge
2963	641	**Carex depauperata** With.
		Carex appauvri
		Laiche appauvrie
		Armblütige Segge
2964	641	**Carex sylvatica** Hudson
		— *silvatica* (B, C, F)
		Carex des bois
		Laiche des bois
		Wald-Segge
2965	641	**Carex alba** Scop.
		Carex blanc
		Laiche blanche
		Weisse Segge
2966	641	**Carex strigosa** Hudson
		Carex maigre
		Laiche maigre
		Dünnährige Segge
		Magere Segge
2967	641	**Carex pilosa** Scop.
		Carex poilu
		Laiche poilue
		Bewimperte Segge
2968	641	**Carex ferruginea** Scop.
		Carex ferrugineux
		Laiche ferrugineuse
		Rost-Segge
2969	642	**Carex distans** L.
		Carex distant
		Laiche distante
		Entferntährige Segge
		Langgliedrige Segge
2969 b	642	**Carex binervis** Smith
		Carex à deux nervures
		Laiche à deux nervures
2970	642	**Carex laevigata** Smith
		— *helodes* (F)
		Carex lisse
		Laiche lisse
2971	642	**Carex pendula** Hudson
		— *maxima* (B)
		Carex à épis pendants
		— élevé
		Laiche à épis pendants
		Überhängende Segge
2972	642	**Carex brachystachys** Schrank
		— *tenuis* (B, C)
		Carex à épis courts
		— grêle
		Laiche à épis courts
		Kurzährige Segge
2972 b	642	**Carex ferruginea** subsp. **australpina** (Bech.) Dietr.
		— *ferruginea* subsp. *tendae* (G)
		— *refracta* (C, F)
		Carex des Alpes méridionales
		Laiche des Alpes méridionales
		Südalpine Segge
2973	642	**Carex panicea** L.
		Carex faux-panic
		— faux-panicum
		Laiche faux-panic
		Hirse-Segge
2973 b	643	**Carex vaginata** Tausch
		Carex engainant
		Laiche engainante
		Scheiden-Segge
2974	643	**Carex fimbriata** Schk.
		— *hispidula* (B)
		Carex à fruits rudes
		— frangé
		Laiche frangée
		Gefranste Segge
2975	643	**Carex sempervirens** Villars
		Carex toujours vert
		Laiche toujours verte
		Horst-Segge
		Immergrüne Segge
2975 b	643	**Carex firma** Host
		Carex ferme
		Laiche ferme
		Polster-Segge
2976	643	**Carex capillaris** L.
		Carex capillaire
		Laiche capillaire
		Haarfeine Segge
		Haarstielige Segge
2977	643	**Carex frigida** All.
		Carex des régions froides
		Laiche des régions froides
		Kälteliebende Segge
2978	643	**Carex atrofusca** Schk.
		— *ustulata* (B, C)
		Carex brûlé
		— rouge-noirâtre
		Laiche rouge-noirâtre
		Schwarzrote Segge
2979	643	**Carex limosa** L.
		Carex des bourbiers
		Laiche des bourbiers
		Schlamm-Segge
2980	643	**Carex magellanica** subsp. **irrigua** (Wahlenb.) Hiit.
		— *irrigua* (C)
		— *magellanica* (F, G)
		Carex arrosé
		Laiche arrosée
		Alpen-Schlamm-Segge
		Magellan-Segge
2981	643	**Carex liparocarpos** Gaudin
		— *nitida* (B, C, F, G)
		Carex à fruits lustrés
		Laiche à fruits lustrés
		Glänzende Segge
2982	644	**Carex punctata** Gaudin
		Carex ponctué
		Laiche ponctuée
		Punktierte Segge
2983	644	**Carex extensa** Gooden.
		Carex étiré

Dessin	Pl.	Taxon
2983	644	Laiche étirée
2984	644	**Carex olbiensis** Jordan
		Carex d'Hyères
		Laiche d'Hyères
2986	644	**Carex mairii** Cosson & Germ.
		— *mairei* (F, G)
		Carex de Maire
		Laiche de Maire
2987	644	**Carex flava** L.
		Carex jaune
		Laiche jaune
		Gelbe Segge
2987 2	644	**Carex lepidocarpa** Tausch
		— *flava* (G)
		— *flava* subsp. *lepidocarpa* (F)
		Carex à fruits écailleux
		Laiche à fruits écailleux
		Kleinfrüchtige Segge
2987 b	644	**Carex serotina** Mérat
		— *flava* subsp. *œderi* (F, G)
		— *œderi* (B, C)
		Carex d'Oeder
		— tardif
		Laiche tardive
		Oeders Segge
2988	644	**Carex hostiana** DC.
		— *fulva* (B, F)
		— *hornschuchiana* (C)
		Carex de Host
		— fauve
		Laiche de Host
		Hosts Segge
2989	645	**Zea mays** L.
		Blé de Turquie
		Maïs
		Zéa maïs
		Mais
		Welschkorn
2990	645	**Leersia oryzoides** (L.) Sw.
		— *oryzoïdes* (F)
		Léersia faux-riz
		Wilder Reis
2991	645	**Coleanthus subtilis** (Tratt.) Seidl
		Coléanthe subtil
2992	646	**Phalaris coerulescens** Desf.
		— *caerulescens* (B, C)
		Phalaris bleuâtre
2993	646	**Phalaris aquatica** L.
		— *nodosa* (B, C, F, G)
		Phalaris aquatique
		— noueux
2994	646	**Phalaris paradoxa** L.
		Phalaris paradoxal
2995	646	**Phalaris minor** Retz.
		Phalaris mineur
2996	646	**Phalaris truncata** Guss.
		Phalaris tronqué
2997	646	**Phalaris canariensis** L.
		Phalaris des Canaries
		Kanariengras
2998	646	**Phalaris brachystachys** Link
		— *canariensis* subsp. *brachystachys* (G)
		Phalaris à épi court
2999	647	**Phalaris arundinacea** L.
		Baldingera arundinacea (B)
		Typhoides arundinacea (G)
		Baldingéra faux-roseau
		Chiendent-ruban
		Phalaris roseau
		Rohrglanzgras
3000	647	**Hierochloe odorata** (L.) Beauv.
		Hierochloa borealis (B, C)
		— *odorata* (F)
		Hiérochloé boréal
		— odorant
		Duftendes Mariengras
		Wohlriechendes Mariengras
3001	647	**Anthoxanthum odoratum** L.
		Flouve odorante
		Wohlriechendes Ruchgras
3001 b	647	**Anthoxanthum aristatum** Boiss.
		— *puelii* (B)
		— *puellii* (G)
		Flouve aristée
		— de Puel
3002	647	**Mibora minima** (L.) Desv.
		— *verna* (B)
		Mibora du printemps
		— nain
		Kleines Zwerggras
3003	647	**Crypsis aculeata** (L.) Aiton
		Crypsis piquant
3004	647	**Crypsis alopecuroides** (Piller & Mitterp.) Schrader
		— *alopecuroïdes* (F)
		Heleochloa alopecuroides (G)
		Crypsis faux-vulpin
		Fuchsschwanz-Sumpfgras
3005	647	**Crypsis schoenoides** (L.) Lam.
		— *schoenoïdes* (F)
		Heleochloa schoenoides (G)
		Crypsis faux-choin
3006	648	**Phleum paniculatum** Hudson
		— *asperum* (B, C)
		Fléole paniculée
		Phléole rude
		Rispiges Lieschgras
3007	648	**Phleum subulatum** (Savi) Asch. & Graebner
		— *tenue* (B, C)
		Fléole subulée
		Phléole grêle
3008	648	**Phleum alpinum** subsp. **rhaeticum** Humphries
		— *alpinum* (B, C, F)
		— *pratense* subsp. *alpinum* (G)
		Fléole rhétique
		Phléole des Alpes
		Alpen-Lieschgras
3008 2	648	**Phleum alpinum** L.
		— *pratense* subsp. *commutatum* (G)
		Fléole des Alpes
		Phléole changée
		Alpen-Lieschgras
3009	648	**Phleum pratense** L.
		Fléole des prés
		Marsette
		Phléole des prés
		Timotheusgras
		Wiesen-Lieschgras
3009 2	648	**Phleum pratense** subsp. **bertolonii** (DC.) Bornm.
		— *pratense* (B, C, F)
		— *pratense* subsp. *nodosum* (G)
		Fléole de Bertoloni
		Phléole noueuse
		Knotiges Lieschgras
3010	648	**Phleum phleoides** (L.) Karsten
		— *boehmeri* (B, C, F)
		Fléole fausse-fléole
		Phléole de Boehmer
		Boehmers Lieschgras
		Glanz-Lieschgras
3011	648	**Phleum hirsutum** Honck.
		— *michelii* (B, C, F)
		Fléole hérissée
		Phléole de Michel
		Behaartes Lieschgras
		Michelis Lieschgras
3012	648	**Phleum arenarium** L.
		Fléole des sables
		Phléole des sables
		Sand-Lieschgras
3013	649	**Alopecurus rendlei** Eig
		— *utriculatus* (B, C, F, G)
		Vulpin à vessies
		— de Rendle
		Blasen-Fuchsschwanz
		Weitscheidiger Fuchsschwanz
3014	649	**Alopecurus gerardii** Villars
		— *gerardi* (B, C, F)
		Vulpin de Gérard
		Gerards Fuchsschwanz
3015	649	**Alopecurus bulbosus** Gouan
		Vulpin bulbeux
3016	649	**Alopecurus geniculatus** L.
		Vulpin genouillé
		Geknieter Fuchsschwanz
3016 b	649	**Alopecurus aequalis** Sobol.
		— *fulvus* (B, C)
		— *geniculatus* subsp. *fulvus* (F)
		Vulpin fauve
		— uniforme
		Kurzgranniger Fuchsschwanz
		Rotgelber Fuchsschwanz
3017	649	**Alopecurus pratensis** L.
		Vulpin des prés
		Vulpine
		Wiesen-Fuchsschwanz
3017 b	649	**Alopecurus arundinaceus** Poiret
		— *ventricosus* (G)
		Vulpin faux-roseau
3018	649	**Alopecurus myosuroides** Hudson
		— *agrestis* (B, C, F)
		Vulpin agreste
		— des champs
		Acker-Fuchsschwanz
		Mäuseschwanzähnlicher Fuchsschwanz
3019	650	**Sesleria argentea** (Savi) Savi
		— *argentea* subsp. *cylindrica* (F)
		— *cylindrica* (C, G)
		Seslérie argentée
3020	650	**Sesleria albicans** Schultes
		— *caerulea* (B, C, G)
		— *coerulea* subsp. *calcaria* (F)
		Seslérie blanchâtre
		— bleuâtre
		— bleue
		Blaue Seslerie
		Blaugras
3021	650	**Sesleria sphaerocephala** Ard.
		Seslérie à tête ronde
		Kugelköpfige Seslerie
3022	650	**Oreochloa disticha** (Wulfen) Link
		Sesleria disticha (G)
		Oréochloa distique
		Seslérie distique
		Zweizeilige Seslerie
3022 b	650	**Oreochloa seslerioides** (All.) Richter
		— *pedemontana* (B, C)
		— *seslerioïdes* (F)
		Sesleria pedemontana (G)
		Oréochloa du Piémont
		— fausse-seslérie
3023	650	**Echinaria capitata** (L.) Desf.
		Echinaire en tête
3024	650	**Tragus racemosus** (L.) All.
		Bardanette à grappes
		— racémeuse
		— rameuse
		Traubenblütiges Klettengras
3025	650	**Stenotaphrum secundatum** (Walter) Kuntze
		— *americanum* (B, C)
		— *dimidiatum* (F)
		Sténotaphrum à deux rangs
		— d'Amérique

Dessin	Pl.	Taxon
3026	651	**Setaria verticillata** Beauv.
		Sétaire verticillée
		Quirlige Borstenhirse
3027	651	**Setaria pumila** (Poiret) Schultes
		— *glauca* (B, C, F, G)
		Sétaire glauque
		— naine
		Graugrüne Borstenhirse
3028	651	**Setaria viridis** (L.) Beauv.
		Sétaire verte
		Grüne Borstenhirse
3029	651	**Setaria italica** (L.) Beauv.
		Millet des oiseaux
		Sétaire d'Italie
		Kolbenhirse
		Vogelhirse
3029 b	651	**Setaria italica** (L.) Beauv.
		— *germanica* (B)
		Millet des oiseaux
		Sétaire d'Allemagne
		— d'Italie
		Kolbenhirse
		Vogelhirse
3030	651	**Panicum repens** L.
		Panic rampant
3031	651	**Panicum capillare** L.
		Panic capillaire
		Haarförmige Hirse
		Haarförmige Rispenhirse
3032	651	**Panicum miliaceum** L.
		Mil
		Millet
		Panic faux-millet
		Echte Hirse
		Echte Rispenhirse
3033	652	**Echinochloa crus-galli** (L.) Beauv.
		Oplismenus crus-galli (B)
		Echinochloa pied-de-coq
		Oplismène pied-de-coq
		Hühnerhirse
3033 b	652	**Echinochloa colonum** (L.) Link
		— *colona* (C, F)
		Oplismenus colonus (B)
		Echinochloa des cultures
		Oplismène des cultures
3034	652	**Oplismenus undulatifolius** (Ard.) Roemer & Schultes
		Hoplismenus undulatifolius (F)
		Oplismène à feuilles ondulées
		Welligblättrige Grannenhirse
3035	652	**Paspalum dilatatum** Poiret
		Digitaria dilatata (C)
		Paspale dilaté
		Paspalum dilaté
3036	652	**Paspalum paspalodes** (Michaux) Scribner
		Digitaria paspaloides (B)
		— *vaginata* (C)
		Paspalum distichum (F, G)
		Digitaire faux-paspalum
		Paspalum faux-paspalum
3037	652	**Digitaria sanguinalis** (L.) Scop.
		Digitaire sanguine
		Manne terrestre
		Bluthirse
3038	652	**Digitaria ischaemum** (Schreber) Muhlenb.
		— *filiformis* (B, C, F)
		Digitaire filiforme
		— ischème
		Fadenhirse
		Niederliegende Hirse
3039	653	**Cynodon dactylon** (L.) Pers.
		Chiendent
		Cynodon dactyle
		Bermudagras
		Fingerförmiges Hundszahngras
3040	653	**Spartina maritima** (Curtis) Fern.
		— *stricta* (B, C, G)
		Spartina maritime
		— raide
3041	653	**Spartina versicolor** Fabre
		— *durieui* (G)
		— *juncea* (F)
		Spartina changeant
3042	653	**Spartina alterniflora** Lois.
		Spartina à fleurs alternes
3043	653	**Hyparrhenia hirta** (L.) Stapf
		Andropogon hirtum (B)
		— *hirtus* (C, F)
		Andropogon hérissé
		Hyparrhénia hérissé
3043 b	653	**Hyparrhenia hirta** (L.) Stapf
		Andropogon hirtus (C, F)
		— *pubescens* (B)
		Andropogon hérissé
		Hyparrhénia hérissé
3044	653	**Heteropogon contortus** (L.) Roemer & Schultes
		Andropogon allionii (B)
		— *contortus* (C, F)
		Andropogon d'Allioni
		Hétéropogon tordu
		Gedrehtgranniges Bartgras
3045	654	**Chrysopogon gryllus** (L.) Trin.
		Andropogon gryllus (B, C, F)
		Andropogon grillon
		Chrysopogon grillon
		Goldbart
3046	654	**Dichanthium ischaemum** (L.) Roberty
		Andropogon ischaemum (B, C, F)
		Bothriochloa ischaemum (G)
		Andropogon ischème
		Dichanthium ischème
		Gewöhnliches Bartgras
3047	654	**Andropogon distachyos** L.
		— *distachyon* (B)
		— *distachyus* (F, G)
		Andropogon à deux épis
		Barbon double
3048	654	**Sorghum halepense** (L.) Pers.
		Sorgum halepense (F)
		Sorgho d'Alep
		Aleppo-Mohrenhirse
3049	654	**Sorghum bicolor** (L.) Moench
		— *vulgare* (B, C, G)
		Sorgum vulgare (F)
		Millet-à-balai
		Sorgho bicolore
		— vulgaire
		Gewöhnliche Mohrenhirse
3050	655	**Saccharum ravennae** (L.) Murray
		Erianthus ravennae (B, F, G)
		Canne de Ravenne
		Erianthe de Ravenne
3051	655	**Imperata cylindrica** (L.) Räusch.
		Saccharum cylindricum (C)
		Impérata cylindrique
3052	655	**Arundo donax** L.
		Arondo donax
		Grand roseau
		Roseau-à-quenouille
		Riesen-Pfahlrohr
		Riesenschilf
3053	655	**Arundo plinii** Turra
		— *mauritanica* (B)
		— *pliniana* (C)
		Arondo de Mauritanie
		— de Pline
3054	656	**Ampelodesmos mauritanica** (Poiret) T. Dunand & Schinz
		Ampelodesma mauritanica (G)
		Ampelodesmos tenax (B, C, F)
		Ampelodesmos tenace
		Ampélodesme de Mauritanie
3055	656	**Phragmites australis** (Cav.) Steudel
		Arundo maxima (C)
		— *phragmites* (C, F)
		Phragmites communis (B)
		— *gigantea* (B)
		Phragmitès austral
		— commun
		Roseau commun
		Schilf
3056	656	**Calamagrostis arundinacea** (L.) Roth
		Calamagrostide faux-roseau
		— roseau
		Rohr-Reitgras
3057	656	**Agrostis agrostiflora** (G. Beck) Rauschert
		— *schraderiana* (G)
		Calamagrostis tenella (B, C, F)
		Agrostide fluette
		Calamagrostide délicate
		Zartes Straussgras
		Zarter Windhalm
3058	656	**Achnatherum calamagrostis** (L.) Beauv.
		— *calamagrostidis* (G)
		Calamagrostis argentea (B, C, F)
		Achnathérum calamagrostide
		Calamagrostide argentée
		Silber-Rauhgras
3059	657	**Calamagrostis varia** (Schrader) Host
		— *montana* (B, C)
		Calamagrostide bigarrée
		— des montagnes
		Buntes Reitgras
3060	657	**Calamagrostis epigejos** (L.) Roth
		— *epigeios* (B, C, F, G)
		Calamagrostide commune
		— épigeios
		Gewöhnliches Reitgras
		Land-Reitgras
3061	657	**Calamagrostis villosa** (Chaix) J. Gmelin
		— *halleriana* (B)
		Calamagrostide de Haller
		— velue
		Wolliges Reitgras
3062	657	**Calamagrostis stricta** (Timm) Koeler
		— *neglecta* (B, C, F, G)
		Calamagrostide méconnue
		— négligée
		— raide
		Moor-Reitgras
		Übersehenes Reitgras
3063	657	**Calamagrostis pseudophragmites** (A. Haller) Koeler
		— *littorea* (B, C, F)
		Calamagrostide des rivages
		— faux-roseau
		Schilfähnliches Reitgras
3064	657	**Calamagrostis canescens** (Weber) Roth
		— *lanceolata* (B, C, F, G)
		Calamagrostide blanchâtre
		— lancéolée
		Graues Reitgras
		Lanzettliches Reitgras
3065	658	**Ammophila arenaria** (L.) Link
		Psamma arenaria (B)
		Ammophile des sables
		Psamma des sables
3065 2	658	**Ammophila arenaria** subsp. **arundinacea** Lindb. f.
		— *arenaria* (C, F, G)
		Psamma arenaria (B)

Dessin	Pl.	Taxon
3065 2	658	Ammophile faux-roseau
		Psamma des sables
3066	658	**Agrostis tenerrima** Trin.
		— *elegans* (B, C, F, G)
		Agrostide élégante
		— grêle
3067	658	**Apera spica-venti** (L.) Beauv.
		Agrostis spica-venti (B, C, G)
		— *spica venti* (F)
		Agrostide jouet-du-vent
		Apéra jouet-du-vent
		Gewöhnlicher Windhalm
3067 b	658	**Apera interrupta** (L.) Beauv.
		Agrostis interrupta (B, C, F, G)
		Agrostide interrompue
		Apéra interrompue
		Unterbrochener Windhalm
3068	658	**Agrostis pourretii** Willd.
		— *pallida* (B, C, F, G)
		Agrostide de Pourret
		— pâle
3069	659	**Agrostis stolonifera** L.
		— *alba* (B, C, F)
		Agrostide blanche
		— stolonifère
		Fiorin
		Fioringras
		Kriechender Windhalm
3069 2	659	**Agrostis gigantea** Roth
		— *alba* (B, C)
		— *nigra* (F)
		— *stolonifera* subsp. *gigantea* (G)
		Agrostide blanche
		— géante
		Fioringras
		Riesen-Windhalm
3069 3	659	**Agrostis castellana** Boiss. & Reuter
		— *alba* (B)
		— *alba* subsp. *castellana* (F)
		— *stolonifera* subsp. *castellana* (G)
		Agrostide blanche
		— de Castille
3069 b	659	**Agrostis stolonifera** L.
		— *alba* (B)
		— *alba* subsp. *maritima* (F)
		— *maritima* (C)
		— *stolonifera* subsp. *maritima* (G)
		Agrostide blanche
		— stolonifère
3069 b2	659	**Agrostis stolonifera** L.
		— *alba* (B)
		— *alba* subsp. *maritima* (F)
		— *filifolia* (C)
		— *stolonifera* subsp. *maritima* (G)
		Agrostide blanche
		— stolonifère
3069 c	659	**Agrostis capillaris** L.
		— *tenuis* (G)
		— *vulgaris* (B, C, F)
		Agrostide capillaire
		— vulgaire
		Gewöhnliches Straussgras
		Schmaler Windhalm
3069 d	659	**Polypogon viridis** (Gouan) Breistr.
		Agrostis semiverticillata (G)
		— *verticillata* (B, C, F)
		Agrostide verticillée
		Polypogon vert
3070	659	**Agrostis canina** L.
		Agrostide canine
		— des chiens
		Hunds-Straussgras
		Hunds-Windhalm
		Sumpf-Straussgras
		Sumpf-Windhalm
3071	659	**Agrostis rupestris** All.
		Agrostide des rochers
		Felsen-Straussgras
		Felsen-Windhalm
3072	659	**Agrostis mertensii** Trin.
		— *rubra* (B, C, F)
		Agrostide de Mertens
		— rouge
3073	659	**Agrostis curtisii** Kerguélen
		— *setacea* (B, C, F, G)
		Agrostide à soies
		— de Curtis
3074	660	**Agrostis alpina** Scop.
		Agrostide des Alpes
		Alpen-Straussgras
		Alpen-Windhalm
3074 b	660	**Agrostis schleicheri** Jordan & Verlot
		— *alpina* (F, G)
		Agrostide de Schleicher
		Schleichers Straussgras
		Schleichers Windhalm
3075	660	**Sporobolus pungens** (Schreber) Kunth
		— *arenarius* (F)
		— *virginicus* (G)
		Sporobole piquante
3076	660	**Sporobolus indicus** (L.) R. Br.
		— *tenacissimus* (C, F, G)
		Sporobole d'Inde
		— très tenace
3077	660	**Gastridium ventricosum** (Gouan) Schinz & Thell.
		— *lendigerum* (B, C, F)
		Gastridie ventrue
		Nissengras
3077 b	660	**Gastridium ventricosum** (Gouan) Schinz & Thell.
		— *scabrum* (B, C, F, G)
		Gastridie rude
		— ventrue
3078	660	**Polypogon monspeliensis** (L.) Desf.
		— *monspeliense* (B)
		Polypogon de Montpellier
3078 b	660	**Polypogon maritimus** Willd.
		— *maritimum* (B)
		— *monspeliensis* subsp. *maritimus* (F)
		Polypogon maritime
3078 c	660	**Polypogon maritimus** subsp. **subspathaceus** (Req.) Bonnier & Layens
		— *monspeliensis* subsp. *subspathaceus* (F)
		— *subspathaceum* (B)
		— *subspathaceus* (C)
		Polypogon presque muni d'une spathe
3079	660	**Lagurus ovatus** L.
		Lagure ovoïde
3080	661	**Stipa pennata** L.
		— *gallica* (G)
		Stypa pennata (F)
		Plumet
		Stipe pennée
		Federgras
3081	661	**Stipa capillata** L.
		Stypa capillata (F)
		Stipe capillaire
		— chevelue
		Haar-Pfriemgras
3082	661	**Stipa offneri** Breistr.
		— *juncea* (B, C)
		Stypa juncea (F)
		Stipe d'Offner
		— faux-jonc
3083	661	**Stipa capensis** Thunb.
		— *tortilis* (B, C)
		Stypa tortilis (F)
		Stipe du Cap
		— tortillée
3084	661	**Stipa bromoides** (L.) Doerfler
		Aristella bromoides (B)
		Stipa aristella (C)
		Stypa aristella (F)
		Aristella faux-brome
		Stipe faux-brome
3085	661	**Piptatherum coerulescens** (Desf.) Beauv.
		Oryzopsis caerulescens (G)
		— *coerulescens* (F)
		Piptatherum caerulescens (B, C)
		Piptathérum bleuâtre
3086	662	**Piptatherum paradoxum** (L.) Beauv.
		Oryzopsis paradoxa (F, G)
		Piptathérum paradoxal
		Sonderbarer Grannenreis
3087	662	**Piptatherum miliaceum** (L.) Cosson
		Oryzopsis miliacea (F, G)
		Piptatherum multiflorum (B, C)
		Piptathérum à fleurs nombreuses
		— faux-millet
3088	662	**Piptatherum virescens** (Trin.) Boiss.
		Oryzopsis virescens (F, G)
		Piptathérum verdâtre
3089	662	**Milium effusum** L.
		Millet étalé
		Ausgebreitete Waldhirse
3090	662	**Milium vernale** M. Bieb.
		— *scabrum* (B)
		Millet du printemps
		— rude
3091	662	**Airopsis tenella** (Cav.) Asch. & Graebner
		— *globosa* (B, C)
		Aïropsis fluet
		— globuleux
3092	662	**Antinoria agrostidea** (DC.) Parl.
		Airopsis agrostidea (C, F)
		Antinorie fausse-agrostide
3093	662	**Molineriella minuta** (L.) Rouy
		Airopsis minuta (C, F)
		Molineria minuta (B)
		Periballia minuta (G)
		Molinérie naine
		Molinérielle naine
3094	663	**Corynephorus canescens** (L.) Beauv.
		Aira canescens (B)
		Aïra blanchâtre
		Corynéphore blanchâtre
		Graues Silbergras
3095	663	**Corynephorus divaricatus** (Pourret) Breistr.
		Aira articulata (B)
		Corynephorus articulatus (C, F, G)
		Aïra articulée
		Corynéphore divariqué
3096	663	**Aira praecox** L.
		— *prœcox* (F)
		Aïra précoce
		Frühe Schmiele
		Frühreife Haferschmiele
3097	663	**Aira caryophyllea** L.
		Aïra caryophyllée
		Nelken-Haferschmiele
		Nelken-Schmiele
3097 b	663	**Aira caryophyllea** subsp. **multiculmis** (Dumort.) Bonnier & Layens
		— *caryophyllea* (G)

Dessin	Pl.	Taxon
3097 b	663	*Aira multiculmis* (B, C)
		Aïra à nombreuses tiges
3097 c	663	**Aira cupaniana** Guss.
		Aïra de Cupani
3098	663	**Aira elegantissima** Schur
		— *capillaris* (B, C, F)
		— *elegans* (G)
		Aïra capillaire
		— très élégante
3098 b	663	**Aira tenorii** Guss.
		— *tenorei* (F)
		Aïra de Tenore
3098 c	663	**Aira provincialis** Jordan
		Aïra de Provence
3099	664	**Deschampsia setacea** (Hudson) Hackel
		Aira discolor (B)
		Deschampsia discolor (C)
		Aïra discolore
		Canche grêle
3100	664	**Deschampsia flexuosa** (L.) Trin.
		Aira flexuosa (B)
		Aïra flexueuse
		Canche flexueuse
		Biegsame-Schmiele
		Draht-Schmiele
		Wald-Schmiele
3101	664	**Deschampsia cespitosa** (L.) Beauv.
		Aira caespitosa (B)
		Deschampsia caespitosa (C, G)
		— *cœspitosa* (F)
		Aïra gazonnante
		Canche gazonnante
		Horstbildende Schmiele
		Rasen-Schmiele
3101 b	664	**Deschampsia media** (Gouan) Roemer & Schultes
		— *juncea* (G)
		Canche moyenne
3102	664	**Ventenata dubia** (Leers) Cosson
		— *avenacea* (B, C, F)
		Venténata douteuse
		— fausse-avoine
		Zweifelhafter Schmielenhafer
3103	665	**Avena sterilis** L.
		Avoine stérile
		Taub-Hafer
3103 2	665	**Avena sterilis** subsp. **ludoviciana** (Durieu) Nyman
		— *sterilis* (C, F)
		Avoine de Louis
3104	665	**Avena fatua** L.
		Avoine folle
		Flug-Hafer
3104 b	665	**Avena barbata** Link
		Avoine barbue
		Bart-Hafer
3105	665	**Avena sativa** L.
		Avoine cultivée
		Rispen-Hafer
		Saat-Hafer
3105 b	665	**Avena sativa** L.
		— *contracta* (G)
		— *orientalis* (B, C, F)
		Avoine cultivée
		— de Hongrie
		— orientale
		Fahnen-Hafer
		Rispen-Hafer
		Saat-Hafer
3105 c	665	**Avena nuda** L.
		Avoine nue
		Nackt-Hafer
3105 d	665	**Avena strigosa** Schreber
		Avoine maigre
		— rude
		Rauh-Hafer
3105 e	666	**Avena brevis** Roth
		Avoine courte
3106	666	**Arrhenatherum elatius** (L.) Beauv.
		Avena elatior (B)
		Avoine élevée
		Fenasse
		Fromental élevé
		Französisches Raygras
		Fromental
		Hoher Glatthafer
3106 2	666	**Arrhenatherum elatius** subsp. **bulbosum** (Willd.) Schuebler & Martens
		— *elatius* (C, F, G)
		Fenasse
		Fromental bulbeux
3107	666	**Pseudarrhenatherum longifolium** (Thore) Rouy
		Arrhenatherum thorei (F, G)
		Avena longifolia (C)
		— *thorei* (B)
		Avoine de Thore
		Faux-fromental à feuilles longues
3108	666	**Helictotrichon sedenense** (DC.) Holub
		Avena montana (B, C, F)
		Helictotrichon montanum (G)
		Avoine des montagnes
		Hélictotriche de Seyne
		Berg-Hafer
		Berg-Wiesenhafer
3109	666	**Helictotrichon setaceum** (Villars) Henrard
		Avena sempervirens (F)
		— *setacea* (B, C)
		Avoine sétacée
		Hélictotriche grêle
3110	666	**Helictotrichon sempervirens** (Villars) Pilger
		Avena sempervirens (B, C, F)
		Avoine toujours verte
		Hélictotriche toujours verte
		Immergrüner Hafer
		Immergrüner Wiesenhafer
3110 b	667	**Helictotrichon parlatorei** (J. Woods) Pilger
		Avena hostii (B)
		— *parlatorei* (C, F)
		Avoine de Host
		Hélictotriche de Parlatore
		Parlatores Hafer
		Parlatores Wiesenhafer
3111	667	**Avenula pubescens** (Hudson) Dumort.
		Avena pubescens (B, C, F)
		Helictotrichon pubescens (G)
		Avénule pubescente
		Avoine pubescente
		Flaum-Hafer
		Flaum-Wiesenhafer
		Weichhaariger Hafer
		Weichhaariger Wiesenhafer
3112	667	**Avenula versicolor** (Villars) Lainz
		Avena scheuchzerii (B)
		— *versicolor* (C, F)
		Helictotrichon versicolor (G)
		Avénule bigarrée
		Avoine de Scheuchzer
		Bunt-Hafer
		Bunt-Wiesenhafer
3113	667	**Avenula marginata** subsp. **sulcata** (Delastre) Franco
		Avena sulcata (B, C, F)
		Helictotrichon sulcatum (G)
		Avénule sillonnée
		Avoine sillonnée
3114	667	**Avenula pratensis** (L.) Dumort.
		Avena pratensis (B, C, F)
		Helictotrichon pratense (G)
		Avénule des prés
		Avoine des prés
		Echter Wiesenhafer
3114 b	667	**Avenula bromoides** (Gouan) H. Scholz
		Avena bromoides (B, C)
		— *bromoïdes* (F)
		Helictotrichon bromoides (G)
		Avénule faux-brome
		Avoine faux-brome
3115	667	**Trisetum flavescens** (L.) Beauv.
		— *flavescens* subsp. *pratense* (F)
		Avoine dorée
		Trisète jaunâtre
		Goldhafer
3115 2	667	**Trisetum flavescens** subsp. **purpurascens** (DC.) Arcang.
		— *candollei* (C)
		Trisète pourpre
3115 b	667	**Trisetum baregense** Laffite & Miégev.
		— *agrostideum* (C)
		— *flavescens* subsp. *agrostideum* (F)
		— *flavescens* subsp. *baregense* (G)
		Trisète de Barèges
		— faux-agrostis
3115 c	667	**Trisetum alpestre** (Host) Beauv.
		— *flavescens* subsp. *alpestre* (F, G)
		Trisète des Alpes
		Alpen-Grannenhafer
3116	667	**Trisetum distichophyllum** (Villars) Beauv.
		Trisète à feuilles distiques
		Zweizeiliger Grannenhafer
3116 b	667	**Trisetum argenteum** (Willd.) Roemer & Schultes
		Trisète argenté
		Silber-Grannenhafer
3117	668	**Trisetum spicatum** (L.) K. Richter
		— *subspicatum* (B, C, F)
		Trisète en épi
		Ähriger Grannenhafer
3118	668	**Trisetum loeflingianum** (L.) C. Presl
		— *cavanillesii* (B, G)
		Trisète de Cavanilles
		— de Loefling
		Cavanilles' Grannenhafer
3119	668	**Trisetum paniceum** (Lam.) Pers.
		— *neglectum* (B)
		Trisète faux-panic
		— négligé
3120	668	**Trisetum aureum** Ten.
		Trisète doré
3121	668	**Holcus mollis** L.
		Houque molle
		Weiches Honiggras
3122	668	**Holcus lanatus** L.
		Houque laineuse
		Wolliges Honiggras
3123	668	**Lophochloa pubescens** (Lam.) H. Scholz
		Koeleria pubescens (F, G)
		— *villosa* (B, C)
		Keulérie velue
		Lophochloa pubescent
3124	668	**Lophochloa cristata** (L.) Hyl.
		Koeleria phleoides (B, C, F, G)
		Keulérie fausse-phléole
		Lophochloa à crête
		Lieschgrasähnliche Kammschmiele
3125	668	**Koeleria pyramidata** (Lam.) Beauv.
		— *cristata* (B, C)

Dessin	Pl.	Taxon
3125	668	*Koeleria cristata* subsp. *pyramidata* (F) Keulérie à crête — pyramidale Gewöhnliche Kammschmiele Pyramiden-Kammschmiele Schillergras-Kammschmiele
3125 2	668	**Koeleria macrantha** (Ledeb.) Schultes — *cristata* (C) — *cristata* subsp. *gracilis* (F) — *gracilis* (G) Keulérie à grandes fleurs — grêle Zarte Kammschmiele
3125 b	668	**Koeleria glauca** (Schrader) DC. — *albescens* (B, F, G) — *cristata* (C) Keulérie blanchâtre — glauque
3125 c	668	**Koeleria splendens** C. Presl — *cristata* (C) Keulérie brillante — luisante Glänzende Kammschmiele
3125 d	668	**Koeleria cenisia** Reverchon — *brevifolia* (C, F, G) Keulérie à feuilles courtes — du Mont Cenis Kurzblättrige Kammschmiele Mont Cenis-Kammschmiele
3126	669	**Koeleria vallesiana** (Honck.) Gaudin — *setacea* (C) — *valesiaca* (B) Keulérie du Valais Walliser Kammschmiele
3126 b	669	**Koeleria vallesiana** (Honck.) Gaudin — *setacea* (C) Keulérie du Valais Walliser Kammschmiele
3127	669	**Koeleria hirsuta** Gaudin Keulérie hérissée Behaarte Kammschmiele
3128	669	**Catabrosa aquatica** (L.) Beauv. Catabrosa aquatique Quellgras
3129	669	**Glyceria fluitans** (L.) R. Br. Glycérie flottante Herbe-de-la-manne Flutendes Süssgras
3129 b	669	**Glyceria plicata** (Fries) Fries — *fluitans* (C, F) — *fluitans* subsp. *plicata* (G) Glycérie plissée Faltiges Süssgras
3130	669	**Glyceria maxima** (Hartman) Holmb. — *altissima* (F) — *aquatica* (B, C) Glycérie aquatique — géante Grosses Süssgras
3130 b	669	**Glyceria striata** (Lam.) A. Hitchc. — *nervata* (B, C, F) Glycérie striée Gestreiftes Süssgras
3131	670	**Puccinellia festuciformis** subsp. **convoluta** (Hornem.) W. E. Hughes *Glyceria convoluta* (B, C, F) *Puccinellia distans* subsp. *convoluta* (G) Glycérie enroulée Puccinellie enroulée
3131 b	670	**Puccinellia festuciformis** (Host) Parl. *Glyceria convoluta* (C) — *festucaeformis* (B, F) *Puccinellia distans* subsp. *festuciformis* (G) Glycérie à aspect de fétuque Puccinellie à port de fétuque
3131 c	670	**Puccinellia festuciformis** subsp. **tenuifolia** (Boiss. & Reuter) W. E. Hughes *Glyceria convoluta* (C) — *tenuifolia* (F) *Puccinellia distans* subsp. *tenuifolia* (G) Glycérie à feuilles ténues Puccinellie à feuilles ténues
3132	670	**Puccinellia maritima** (Hudson) Parl. *Glyceria maritima* (B, C, F) Glycérie maritime Puccinellie maritime
3132 b	670	**Puccinellia maritima** (Hudson) Parl. *Glyceria foucaudi* (C, F) *Puccinellia foucaudii* (G) Glycérie de Foucaud Puccinellie maritime
3133	670	**Puccinellia rupestris** (With.) Fern. & Weath. *Glyceria procumbens* (B, C, F) Glycérie couchée Puccinellie des rochers
3134	670	**Puccinellia distans** (L.) Parl. *Glyceria distans* (B, C, F) Glycérie à rameaux écartés Puccinellie distante Salzgras
3134 b	670	**Puccinellia fasciculata** (Torrey) E. Bickn. *Glyceria borreri* (C, F) — *conferta* (B) Glycérie entassée Puccinellie fasciculée
3135	670	**Schismus barbatus** (L.) Thell. — *calycinus* (F) — *marginatus* (B, C) Schismus à marges — barbu
3136	671	**Sclerochloa dura** (L.) Beauv. Sclérochloa dure — ferme Hartgras
3137	671	**Poa chaixii** Villars — *chaixi* (F) — *sudetica* (B) Paturin de Chaix — de Silésie Chaix' Rispengras
3137 b	671	**Poa hybrida** Gaudin Paturin hybride Bastard-Rispengras
3138	671	**Poa compressa** L. Paturin comprimé Plattes Rispengras
3139	671	**Poa nemoralis** L. Paturin des bois — des forêts Hain-Rispengras
3140	672	**Poa pratensis** L. Paturin des prés Wiesen-Rispengras
3140 2	672	**Poa angustifolia** L. — *pratensis* (C, F, G) Paturin à feuilles étroites
3141	672	**Poa glauca** Vahl — *caesia* (B, C) — *cœsia* (F) Paturin bleu — glauque Blaugrünes Rispengras
3142	672	**Poa bulbosa** L. Paturin bulbeux Knolliges Rispengras
3142 b	672	**Poa perconcinna** Edmondson — *concinna* (C, F, G) Paturin élégant — très mignon Niedliches Rispengras
3143	672	**Poa cenisia** All. — *distichophylla* (B) Paturin à feuilles distiques — du Mont Cenis Mont Cenis-Rispengras
3144	672	**Poa trivialis** L. Paturin commun Gewöhnliches Rispengras
3144 3	672	**Poa trivialis** subsp. **sylvicola** (Guss.) Lindb. f. — *silvicola* (B, F) — *trivialis* (G) Paturin des bois — des forêts Waldbewohnendes Rispengras
3145	673	**Poa annua** L. Paturin annuel Einjähriges Rispengras Spitzgras
3145 b	673	**Poa supina** Schrader — *annua* (G) — *foucaudi* (C) Paturin couché Lager-Rispengras Niedriges Rispengras
3146	673	**Poa palustris** Roth Paturin des marais Sumpf-Rispengras
3147	673	**Poa laxa** Haenke Paturin à fleurs lâches — lâche Schlaffes Rispengras
3147 b	673	**Poa minor** Gaudin — *laxa* (G) Paturin nain — petit Kleines Rispengras
3148	673	**Poa alpina** L. Paturin des Alpes Alpen-Rispengras Romeie
3149 a	673	**Eragrostis cilianensis** (All.) Hubb. — *major* (C) — *megastachya* (F, G) — *vulgaris* (B) Eragrostide de Ciliani — vulgaire Grande éragrostide Grossähriges Liebesgras
3149 b	673	**Eragrostis minor** Host — *poaeoides* (B) Eragrostide faux-paturin Petite éragrostide Kleines Liebesgras
3149 c	673	**Eragrostis barrelieri** Daveau Eragrostide de Barrelier
3150	673	**Eragrostis pilosa** (L.) Beauv. Eragrostide poilue Behaartes Liebesgras
3151	674	**Briza maxima** L. Brize grande Grande brize
3152	674	**Briza media** L. Amourette Brize intermédiaire Langue-de-femme Mittleres Zittergras
3153	674	**Briza minor** L. Brize petite Petite brize
3154 a	674	**Melica ciliata** L. — *ciliata* subsp. *glauca* (F)

Dessin	*Pl.*	*Taxon*
3154 a	674	*Melica ciliata* subsp. *nebrodensis* (F) Mélique ciliée Bewimpertes Perlgras
3154 b	674	**Melica ciliata** subsp. **magnolii** (Gren. & Godron) Husnot — *ciliata* (B, C, G) — *ciliata* subsp. *magnoli* (F) Mélique ciliée — de Magnol
3154 c	674	**Melica transsilvanica** Schur — *ciliata* (B) — *ciliata* subsp. *transsilvanica* (F) Mélique ciliée — de Transylvanie Siebenbürgisches Perlgras
3155	674	**Melica bauhinii** All. — *amethystina* (G) — *bauhini* (B, C, F) Mélique de Bauhin
3156	674	**Melica minuta** L. — *pyramidalis* subsp. *ramosa* (F) — *ramosa* (B) Mélique menue — rameuse
3156 b	674	**Melica minuta** L. — *major* (B) — *pyramidalis* subsp. *arrecta* (F) Mélique menue — plus grande
3157	675	**Melica nutans** L. Mélique penchée Nickendes Perlgras
3157 b	675	**Melica uniflora** Retz. Mélique uniflore Einblütiges Perlgras
3158	675	**Sphenopus divaricatus** (Gouan) Reichb. — *gouani* (B, C) Sphénope de Gouan — divariqué
3159	675	**Desmazeria marina** (L.) Druce *Catapodium loliaceum* (F, G) *Scleropoa loliacea* (B, C) Desmazérie marine Scléropoa fausse-ivraie
3160	675	**Cutandia maritima** (L.) Barbey *Scleropoa maritima* (B, C, F) Cutandia maritime Scléropoa maritime
3161	675	**Desmazeria rigida** (L.) Tutin *Scleropoa rigida* (B, C, F, G) Desmazérie raide Scléropoa raide Steifgras
3161 b	675	**Desmazeria rigida** subsp. **hemipoa** (Sprengel) Stace *Scleropoa hemipoa* (B, C, F, G) Desmazérie demi-paturin Scléropoa demi-paturin
3162	675	**Aeluropus littoralis** (Gouan) Parl. *Dactylis littoralis* (C) Elurope du littoral
3163	676	**Dactylis glomerata** L. Dactyle aggloméré Knäuelgras
3164	676	**Cleistogenes serotina** (L.) Keng *Diplachne serotina* (B, F, G) *Molinia serotina* (C) Cléistogène tardif Diplachné tardif Steifhalm
3165	676	**Molinia caerulea** (L.) Moench Canche bleue Molinie bleue Besenried Blaues Pfeifengras
3165 2	676	**Molinia caerulea** subsp. **arundinacea** (Schrank) Paul — *caerulea* (C) — *caerulea* subsp. *altissima* (G) Molinie faux-roseau — très élevée Strand-Pfeifengras
3166	677	**Danthonia decumbens** (L.) DC. *Sieglingia decumbens* (G) Danthonie décombante Liegender Dreizahn
3167	677	**Danthonia alpina** Vest — *calycina* (F) — *provincialis* (B, C, G) Danthonie de Provence — des Alpes Südfranzösischer Traubenhafer
3168	677	**Cynosurus cristatus** L. Crételle à crêtes — des prés Cynosure à crêtes Gewöhnliches Kammgras
3169	677	**Cynosurus echinatus** L. Crételle hérissée Cynosure hérissée Stachliges Kammgras
3169 b	677	**Cynosurus elegans** Desf. Crételle élégante Cynosure élégante
3170	677	**Lamarckia aurea** (L.) Moench *Cynosurus aureus* (C) Lamarckia dorée
3171	677	**Vulpia myuros** (L.) C. Gmelin *Festuca pseudomyuros* (B) Vulpie queue-de-rat Mäuse-Federschwingel
3171 b	677	**Vulpia bromoides** (L.) Gray *Festuca sciuroides* (B) *Vulpia dertonensis* (F) — *myuros* (G) — *sciuroides* (C) Queue-d'écureuil Vulpie faux-brome Trespen-Federschwingel
3172	677	**Vulpia ciliata** Dumort. *Festuca myuros* (B) Fétuque queue-de-rat Vulpie ciliée Bewimperter Federschwingel
3173	677	**Vulpia sicula** (C. Presl) Link *Festuca setacea* (B) Fétuque soyeuse Vulpie de Sicile
3174	678	**Vulpia geniculata** (L.) Link *Festuca geniculata* (B) Fétuque genouillée Vulpie genouillée
3175	678	**Vulpia fasciculata** (Forsskal) Samp. *Festuca bromoides* (B) *Vulpia membranacea* (G) — *uniglumis* (C, F) Fétuque faux-brome Vulpie fasciculée
3176	678	**Vulpia ligustica** (All.) Link *Festuca ligustica* (B) Fétuque de Ligurie Vulpie de Ligurie
3177	678	**Avellinia michelii** (Savi) Parl. *Festuca michelii* (B) *Koeleria michelii* (C) Avellinie de Micheli Fétuque de Micheli
3178 a	678	**Festuca pratensis** Hudson Fétuque des prés — élevée Wiesen-Schwingel
3178 b	678	**Festuca arundinacea** Schreber Fétuque élevée — faux-roseau Rohr-Schwingel
3178 c	678	**Festuca arundinacea** subsp. **fenas** (Lagasca) Arcang. — *fenas* (C, F) — *interrupta* (B) Fétuque foin — interrompue Fenas-Schwingel
3179	678	**Festuca altissima** All. — *silvatica* (B, C, F) Fétuque des bois — très grande Hoher Schwingel Wald-Schwingel
3180	679	**Festuca paniculata** (L.) Schinz & Thell. — *spadicea* (B, C, F) Fétuque dorée — en spadice — paniculée Gold-Schwingel Rispen-Schwingel
3180 2	679	**Festuca paniculata** subsp. **spadicea** (L.) Litard. Fétuque en spadice
3181	679	**Festuca pulchella** Schrader — *scheuchzerii* (B) Fétuque de Scheuchzer — jolie Niedlicher Schwingel Schöner Schwingel
3182	679	**Festuca dimorpha** Guss. — *laxa* subsp. *dimorpha* (F) Fétuque dimorphe
3183	679	**Festuca rubra** L. s.l. Fétuque rouge Rot-Schwingel
3183 2	679	**Festuca nigrescens** Lam. — *fallax* (G) — *rubra* (C) — *rubra* subsp. *fallax* (F) Fétuque noirâtre
3183 b	679	**Festuca pyrenaica** Reuter Fétuque des Pyrénées
3184	680	**Festuca heterophylla** Lam. Fétuque à feuilles de deux sortes Verschiedenblättriger Schwingel
3185	680	**Bellardiochloa violacea** (Bellardi) Chiov. *Festuca pilosa* (B) *Poa violacea* (C, F, G) Bellardiochloa violacée Fétuque poilue Violettes Rispengras
3186	680	**Festuca varia** Haenke Fétuque bigarrée — variée Bunt-Schwingel
3186 b	680	**Festuca gautieri** (Hackel) K. Richter — *scoparia* (C, F, G) Fétuque de Gautier
3186 c	680	**Festuca flavescens** Bellardi Fétuque jaunâtre Gelblischer Schwingel
3187	680	**Festuca quadriflora** Honck. — *pumila* (B, C, F, G) Fétuque à quatre fleurs — naine Niedriger Schwingel
3188	680	**Festuca eskia** DC. Fétuque eskia

Dessin	Pl.	Taxon
3189	680	**Festuca juncifolia** St. Amans — *arenaria* (C) — *dumetorum* (B, F, G) Fétuque à feuilles de jonc — des broussailles
3190	681	**Festuca violacea** Gaudin Fétuque violacée Violetter Schwingel
3191	681	**Festuca ovina** aggr. — *airoides* (T) — *armoricana* (T, G) — *arvernensis* (T) — *duriuscula* (B, C, F, G) — *duriuscula* subsp. *glauca* (F) — *duriuscula* subsp. *levis* (F) — *duriuscula* subsp. *indigesta* (F) — *duriuscula* subsp. *ochroleuca* (F) — *gallica* (G) — *glauca* (G) — *hervieri* (T) — *huonii* (T, G) — *indigesta* (T, G) — *laevis* (G) — *lemanii* (T) — *ochroleuca* (T, G) — *supina* (G) — *trachyphylla* (T, G) Fétuque des moutons — ovine Poil-de-chien Schaf-Schwingel
3191 b	681	**Festuca tenuifolia** Sibth. — *capillata* (C) — *ovina* (B, F) Fétuque à feuilles ténues Haarförmiger Schwingel
3191 e	681	**Festuca valesiaca** Gaudin — *duriuscula* subsp. *vallesiana* (F) Fétuque du Valais Walliser Schwingel
3191 f2	681	**Festuca halleri** All. Fétuque de Haller Hallers Schwingel
3191 g	681	**Festuca alpina** Suter Fétuque des Alpes Alpen-Schwingel
3192	681	**Festuca borderi** (Hackel) K. Richter — *borderei* (C, F) Fétuque de Bordère
3193	681	**Festuca amethystina** L. Fétuque à couleur d'améthyste Amethystblauer Schwingel
3194	682	**Bromus willdenowii** Kunth — *schraderi* (C) — *unioloides* (G) — *unioloïdes* (F) Brome de Schrader — de Willdenow
3195	682	**Bromus erectus** Hudson Brome dressé Aufrechte Trespe
3196	682	**Bromus ramosus** Hudson — *asper* (B, C, F) Brome rameux — rude Ästige Trespe Verzweigte Trespe
3197	682	**Bromus inermis** Leysser Brome sans arêtes Grannenlose Trespe Wehrlose Trespe
3198	682	**Bromus madritensis** L. Brome de Madrid Madrider Trespe Mittelmeer-Trespe
3198 b	682	**Bromus rubens** L. Brome rougeâtre
3199	682	**Bromus tectorum** L. Brome des toits Dach-Trespe
3200	682	**Bromus sterilis** L. Brome stérile Taube Trespe
3201	683	**Bromus rigidus** Roth — *maximus* (B, C) Brome élevé — raide Rauhe Trespe Steife Trespe
3201 b	683	**Bromus diandrus** Roth — *gussonei* (F) — *rigidus* (G) Brome à deux étamines
3202	683	**Bromus secalinus** L. Brome faux-seigle Roggen-Trespe
3202 2	683	**Bromus arvensis** subsp. **segetalis** H. Scholz Brome des champs de blé
3202 3	683	**Bromus grossus** DC. — *secalinus* (G) Brome volumineux Dickährige Trespe
3203	683	**Bromus bromoideus** (Lej.) Crépin — *arduennensis* (C, F) Brome faux-brome
3204	684	**Bromus hordeaceus** L. — *mollis* (B, C, F) Brome fausse-orge — mou Weiche Trespe
3204 b	684	**Bromus hordeaceus** subsp. **thominii** (Hardouin) Maire & Weiller — *hordeaceus* (C, G) — *mollis* (F) Brome de Thomine
3205	684	**Festuca gigantea** (L.) Villars *Bromus giganteus* (B) Brome géant Fétuque géante Riesen-Schwingel
3206	684	**Bromus racemosus** L. Brome en grappe — rameux Traubige Trespe
3206 b	684	**Bromus commutatus** Schrader Brome confondu Verwechselte Trespe
3207	684	**Bromus arvensis** L. Brome des champs Acker-Trespe
3207 b	684	**Bromus japonicus** Thunb. — *patulus* (B, C) Brome du Japon — étalé Japanische Trespe
3208	685	**Bromus squarrosus** L. Brome raboteux Sparrige Trespe
3209	685	**Bromus lanceolatus** Roth — *macrostachys* (B, C, F) Brome à grands épillets — lancéolé
3210	685	**Bromus intermedius** Guss. Brome intermédiaire
3210 b	685	**Bromus hordeaceus** subsp. **molliformis** (Lloyd) Maire & Weiller — *divaricatus* (B) — *hordeaceus* (G) — *molliformis* (C, F) Brome à port de brome mou
3211	685	**Hordelymus europaeus** (L.) Harz *Elymus europaeus* (C, F, G) *Hordeum europaeum* (B) Hordélyme d'Europe Orge d'Europe Europäisches Haargras Haargerste Waldgerste
3212	685	**Hordeum marinum** Hudson — *maritimum* (B, C, F, G) Orge marin — maritime
3213	685	**Hordeum secalinum** Schreber — *nodosum* (G) Orge faux-seigle Knotige Gerste
3214	686	**Hordeum murinum** L. Orge des rats Mäuse-Gerste
3214 2	686	**Hordeum murinum** subsp. **leporinum** (Link) Arcang. — *murinum* (F, G) Orge des lièvres
3215	686	**Hordeum vulgare** L. Orge vulgaire Saat-Gerste Vierzeilige Gerste
3215 b	686	**Hordeum vulgare** L. — *hexastichum* (B, C, F) Orge vulgaire Saat-Gerste Sechszeilige Gerste
3216	686	**Hordeum distichon** L. — *distichum* (B, C, F) Orge à deux rangs Saat-Gerste Zweizeilige Gerste
3216 b	686	**Hordeum zeocriton** L. — *distichon* (G) — *zeocritum* (B) Orge à deux rangs — en éventail — zéocriton
3217	686	**Hordeum bulbosum** L. Orge bulbeuse
3218	686	**Taeniatherum caput-medusae** (L.) Nevski *Elymus caput-medusae* (C, F, G) *Hordeum crinitum* (B) Orge chevelue Téniathérum tête-de-méduse
3219	687	**Leymus arenarius** (L.) Hochst. *Elymus arenarius* (B, C, F, G) Elyme des sables Leymus des sables
3220	687	**Secale cereale** L. Seigle — céréale Saat-Roggen
3221	687	**Dasypyrum villosum** (L.) Candargy *Haynaldia villosa* (G) *Secale villosum* (C, F) *Triticum villosum* (B) Blé velu Dasypyrum velu
3222	687	**Triticum polonicum** L. Blé de Pologne Polnischer Weizen
3223	687	**Triticum spelta** L. Blé épeautre Epeautre Grand épeautre Dinkel Korn Spelz
3223 b	688	**Triticum dicoccon** Schrank — *dicoccum* (C, F) Amidonnier

Dessin	Pl.	Taxon
3223 b	688	Blé à deux grains
		Emmer
3223 c	688	**Triticum monococcum** L.
		— *vulgare* (B)
		Blé à un grain
		Ingrain
		Petit épeautre
		Eicher
		Einkorn
3224	688	**Triticum aestivum** L.
		— *sativum* (B, C, F)
		— *vulgare* (B, F, G)
		Blé d'été
		— ordinaire
		Froment
		Gewöhnlicher Weizen
		Saat-Weizen
3224 b	688	**Triticum turgidum** L.
		— *sativum* (F)
		— *vulgare* (B)
		Blé poulard
		— renflé
		Gros blé
		Englischer Weizen
3224 c	688	**Triticum durum** Desf.
		— *sativum* (F)
		Blé dur
		Glas-Weizen
		Hart-Weizen
3225	689	**Aegilops geniculata** Roth
		— *ovata* (C, F, G)
		Aegylops ovata (B)
		Egilope genouillé
		— ovoïde
		Eiförmiger Walch
3225 b	689	**Aegilops lorentii** Hochst.
		— *macrochaeta* (C, G)
		— *ovata* (F)
		Egilope à grosses arêtes
		— de Laurent
3225 c	689	**Aegilops neglecta** Bertol.
		— *ovata* (F)
		— *triaristata* (C, G)
		Aegylops triaristata (B)
		Egilope à trois arêtes
		— négligé
3226	689	**Aegilops triuncialis** L.
		Aegylops triuncialis (B)
		Egilope allongé
		— long de trois pouces
		Dreizölliger Walch
3227	689	**Aegilops cylindrica** Host
		Egilope cylindrique
		Walzenförmiger Walch
		Zylindrischer Walch
3228	689	**Aegilops ventricosa** Tausch
		Egilope ventru
		Bauchiger Walch
3229	690	**Elymus repens** (L.) Gould
		Agropyron repens (G)
		Agropyrum repens (B, C, F)
		Chiendent rampant
		Elyme rampant
		Kriechende Quecke
3229 b	690	**Elymus pungens**
		subsp. **campestris**
		(Godron & Gren.)
		Meld.
		Agropyron campestre (G)
		Agropyrum campestre (C, F)
		Chiendent des champs
		Elyme des champs
3229 c	690	**Elymus hispidus** (Opiz) Meld.
		Agropyron intermedium (G)
		Agropyrum glaucum (C)
		— *intermedium* (F)
		Elyme à poils rudes
		Graugrüne Quecke
		Mittlere Quecke
3229 d	690	**Elymus pycnanthus** (Godron)
		Meld.
		Agropyron litorale (G)
		Agropyrum littorale (C)
		— *pycnanthum* (F)
		Elyme à fleurs serrées
		Strand-Quecke
3229 d2	690	**Elymus pycnanthus** (Godron)
		Meld.
		Agropyron litorale (G)
		Agropyrum pungens (C)
		Elyme à fleurs serrées
		Strand-Quecke
3229 e	691	**Elymus farctus**
		subsp. **boreali-atlanticus**
		(Simonet & Guin.)
		Meld.
		Agropyron junceum (G)
		Agropyrum junceum (B, C, F)
		Elyme boréo-atlantique
3230	691	**Elymus caninus** (L.) L.
		Agropyron caninum (G)
		Agropyrum caninum (B, C, F)
		Chiendent des chiens
		Elyme des chiens
		Hunds-Quecke
3231	691	**Elymus elongatus** (Host)
		Runem.
		Agropyron elongatum (G)
		Agropyrum elongatum (C, F)
		Elyme allongé
3234	692	**Brachypodium retusum** (Pers.)
		Beauv.
		— *ramosum* (B, C, F, G)
		Brachypode rameux
		— tronqué
3235	692	**Brachypodium distachyon** (L.)
		Beauv.
		— *distachyum* (F, G)
		Brachypode á deux rangs
3236	692	**Brachypodium sylvaticum**
		(Hudson) Beauv.
		— *silvaticum* (B, C, F)
		Brachypode des bois
		Wald-Zwenke
3237	692	**Brachypodium pinnatum** (L.)
		Beauv.
		Brachypode penné
		Gefiederte Zwenke
3238	693	**Lolium temulentum** L.
		Ivraie enivrante
		Taumel-Lolch
3238 b	693	**Lolium remotum** Schrank
		— *linicolum* (B)
		Ivraie des champs de lin
		— écartée
		Entferntähriger Lolch
		Flachs-Lolch
3239	693	**Lolium rigidum** Gaudin
		— *strictum* (B, F)
		Ivraie raide
		Steifer Lolch
3240	693	**Lolium multiflorum** Lam.
		Ivraie à fleurs nombreuses
		Ray-grass d'Italie
		Italienisches Raygras
		Vielblütiger Lolch
3241	693	**Lolium perenne** L.
		Ivraie vivace
		Ray-grass
		— anglais
		Ausdauernder Lolch
		Englisches Raygras
3241 b	693	**Lolium multiflorum** Lam.
		— *italicum* (B, C)
		Ivraie à fleurs nombreuses
		Ray-grass d'Italie
		Italienisches Raygras
		Vielblütiger Lolch
3242	694	**Gaudinia fragilis** (L.) Beauv.
		Gaudinie fragile
		Ährenhafer
3243	694	**Narduroides salzmannii** (Boiss.)
		Rouy
		Nardurus salzmanni (C, F)
		Nardurus salzmannii (B, G)
		Faux-nardure de Salzmann
		Nardure de Salzmann
3244	694	**Vulpia unilateralis** (L.) Stace
		Nardurus tenellus (B, G)
		— *tenuiflorus* (F)
		— *unilateralis* (C)
		Nardure délicat
		Vulpie unilatérale
3245	694	**Micropyrum tenellum** (L.) Link
		Nardurus halleri (F)
		— *lachenalii* (B, C, G)
		Micropyre délicate
		Nardure de Lachenal
		Lachenals Schwingel
3246	694	**Hainardia cylindrica** (Willd.)
		Greuter
		Lepturus cylindricus
		(B, C, F, G)
		Hainardia cylindrique
		Lepture cylindrique
		Dünnschwanz
3247	694	**Parapholis incurva** (L.)
		C. E. Hubb.
		Lepturus incurvatus
		(B, C, F, G)
		Lepture courbé
		Parapholis courbé
3247 b	694	**Parapholis strigosa** (Dumort.)
		C. E. Hubb.
		Lepturus filiformis (B, C, G)
		— *incurvatus* (F)
		Lepture filiforme
		Parapholis rude
3248	694	**Psilurus incurvus** (Gouan)
		Schinz & Thell.
		— *aristatus* (F, G)
		— *nardoides* (B, C)
		Psilure courbé
		— faux-nard
		Feinschwanz
		Schlankschwanz
3249	694	**Nardus stricta** L.
		Nard raide
		Steifes Borstgras
3250	695	**Pinus strobus** L.
		Pin de Weymouth
		— du Lord
		Strobe
		Weymouth-Föhre
3251	695	**Pinus cembra** L.
		Arole
		Alviès
		Pin cembro
		Arve
		Zirbelkiefer
3252	695	**Pinus halepensis** Miller
		Pin blanc
		— d'Alep
		— de Jérusalem
3253	695	**Pinus sylvestris** L.
		— *silvestris* (B, C, F)
		Pinasse
		Pin rouge
		— sylvestre
		Dähle
		Gewöhnliche Föhre
		Wald-Föhre
3254 a	696	**Pinus uncinata** DC.
		— *montana* (B, C, F)
		Pin à crochets
		— de montagne
		Berg-Föhre
3254 b,c	696	**Pinus mugo** Turra
		— *montana* (C)
		— *pumilio* (B)
		Pin couché
		— mugo
		Leg-Föhre
3255 1	696	**Pinus nigra**
		subsp. **laricio** Maire
		— *laricio* (B, C, F, G)

Dessin	Pl.	Taxon
3255 1	696	Pin de Corse — laricio Schwarz-Föhre
3255 2	696	**Pinus nigra** subsp. **salzmannii** (Dunal) Franco — *laricio* (B, C, F) — *salzmannii* (G) Pin de Salzmann Schwarz-Föhre
3256	696	**Pinus pinea** L. Pin parasol — pignon
3257	697	**Pinus pinaster** Aiton s.l. — *maritima* (B) — *mesogeensis* (G) — *pinaster* (C, F, G) Pin de Provence — des Landes — maritime — mésogéen
3258	697	**Picea abies** (L.) Karsten *Abies excelsa* (C) *Picea excelsa* (B, F) Epicéa — élevé Sapin rouge Fichte Rottanne
3259	697	**Abies alba** Miller — *pectinata* (B, C) Sapin argenté — blanc — pectiné Edeltanne Weisstanne
3260	697	**Cedrus libani** A. Rich. Cèdre du Liban
3261	698	**Larix decidua** Miller — *europaea* (B, C) Mélèze — d'Europe Lärche
3262	698	**Cupressus sempervirens** L. — *fastigiata* (B) Cyprès fastigié — toujours vert Zypresse
3263	698	**Juniperus communis** L. Genévrier commun Gewöhnlicher Wacholder
3263 2	698	**Juniperus communis** subsp. **alpina** (Suter) Čelak. — *alpina* (B) — *communis* subsp. *nana* (T) — *nana* (C, F, G) Genévrier des Alpes Zwerg-Wacholder
3264	699	**Juniperus oxycedrus** L. Genévrier oxycèdre
3264 b	699	**Juniperus oxycedrus** subsp. **macrocarpa** (Smith) Ball — *oxycedrus* (C) Genévrier à gros fruits
3265	699	**Juniperus phoenicea** L. — *phoenicia* (G) Genévrier de Phénicie
3266	699	**Juniperus sabina** L. Genévrier Sabine Sadebaum Sefi Sefistrauch
3267	699	**Juniperus thurifera** L. Genévrier porte-encens — thurifère
3268	700	**Taxus baccata** L. If — à baies Eibe
3269 a	700	**Ephedra nebrodensis** Guss. — *equisetiformis* (B) — *major* (T, G) — *major* subsp. *villarsi* (F) Ephèdre des Monts Nébrodes
3269 b	700	**Ephedra distachya** L. — *equisetiformis* (B) Ephèdre à deux épis Zweiähriges Meerträubchen
3269 b2	700	**Ephedra helvetica** C. Meyer — *distachya* (C) — *distachya* subsp. *helvetica* (F, T, G) — *equisetiformis* (B) Ephèdre de Suisse Schweizerisches Meerträubchen
3270	701	**Osmunda regalis** L. Fougère aquatique — royale Osmonde royale Königs-Rispenfarn Königsfarn
3271	701	**Asplenium ceterach** L. *Ceterach officinarum* (B, C, F, T) Asplénium ceterach Cétérach officinal Herbe dorée Schriftfarn
3272	701	**Cheilanthes vellea** (Aiton) Mueller — *catanensis* (T, G) *Nothochlaena vellea* (B, F) *Notochlaena lanuginosa* (C) Cheilanthès laineux Nothochléna voilé
3273	701	**Cheilanthes marantae** (L.) Domin *Nothochlaena marantae* (B, F) *Notochlaena marantae* (C) Cheilanthès de Maranta Nothochléna de Maranta Marantas Schuppenfarn Pelzfarn
3274	702	**Polypodium vulgare** L. Polypode de chêne — vulgaire Engelsüss Gewöhnlicher Tüpfelfarn
3275	702	**Thelypteris phegopteris** (L.) Slosson *Dryopteris phegopteris* (F) *Phaegopteris vulgaris* (B) *Phegopteris connectilis* (G) *Polypodium phegopteris* (C) Phégoptéris vulgaire Thélyptéris phégoptéris Buchenfarn
3276	702	**Gymnocarpium dryopteris** (L.) Newman *Currania dryopteris* (G) *Dryopteris linnaeana* (F) *Phaegopteris dryopteris* (B) *Polypodium dryopteris* (C) Gymnocarpium dryoptéris Phégoptéris dryoptéris Eichenfarn
3276 b	702	**Gymnocarpium robertianum** (Hoffm.) Newman *Currania robertiana* (G) *Dryopteris robertiana* (F) *Phaegopteris calcarea* (B) *Polypodium robertianum* (C) Gymnocarpium herbe-à-Robert Phégoptéris du calcaire Ruprechtsfarn
3277	703	**Anogramma leptophylla** (L.) Link *Grammitis leptophylla* (B, C) *Gymnogramme leptophylla* (F) Anogramme à frondes minces Grammitis à feuilles minces Dünnblättriger Nacktfarn
3278	703	**Woodsia alpina** (Botton) Gray — *ilvensis* subsp. *alpina* (F) — *hyperborea* (B, C) Woodsia des Alpes — du nord Alpen-Wimperfarn Spreuschuppiger Wimperfarn
3278 b	703	**Woodsia ilvensis** (L.) R. Br. — *hyperborea* (C) Woodsia d'Elbe Südlicher Wimperfarn
3279	703	**Polystichum setiferum** (Forsskal) Woynar *Aspidium aculeatum* (B, C) — *aculeatum* subsp. *angulare* (F) Aspidium à cils raides Polystic à dents sétacées Borstiger Schildfarn
3279 b	704	**Polystichum aculeatum** (L.) Roth *Aspidium aculeatum* subsp. *lobatum* (F) — *lobatum* (C) Polystic à aiguillons Gelappter Schildfarn
3279 c	704	**Polystichum braunii** (Spenner) Fée *Aspidium braunii* (C, F) Polystic de Braun Brauns Schildfarn
3280	704	**Polystichum lonchitis** (L.) Roth *Aspidium lonchitis* (B, C, F) Aspidium en lance Polystic en lance Lanzen-Schildfarn Lanzenfarn
3281	705	**Thelypteris limbosperma** (All.) H.P. Fuchs *Oreopteris limbosperma* (G) *Polystichum montanum* (F) — *oreopteris* (B, C) Polystic oréoptéris Thélyptéris à sores marginaux Berg-Lappenfarn Berg-Wurmfarn
3282	705	**Dryopteris villarii** (Bellardi) Schinz & Thell. *Polystichum rigidum* (B, C, F) Dryoptéris de Villars Polystic raide Straffer Wurmfarn Villars' Wurmfarn
3283	706	**Dryopteris cristata** (L.) A. Gray *Polystichum cristatum* (B, C, F) Dryoptéris à crêtes Polystic à crêtes Kammfarn Kammförmiger Wurmfarn
3284	706	**Dryopteris carthusiana** (Villars) H.P. Fuchs *Polystichum spinulosum* (B, C, F) Dryoptéris de Chartreuse Polystic spinuleux Stachliger Wurmfarn
3284 b	706	**Dryopteris dilatata** (Hoffm.) A. Gray *Polystichum spinulosum* (C) — *spinulosum* subsp. *dilatatum* (F) Dryoptéris dilaté Polystic dilaté Breiter Wurmfarn
3284 c	707	**Dryopteris aemula** (Aiton) Kuntze *Polystichum aemulum* (C)

Dessin	Pl.	Taxon
3284 c	707	*Polystichum foenisecii* (F)
		Dryoptéris analogue
		Polystic analogue
3285	707	**Dryopteris filix-mas** (L.) Schott
		Polystichum filix-mas (B, C, F)
		Fougère mâle
		Polystic fougère-mâle
		Echter Wurmfarn
		Gewöhnlicher Wurmfarn
3286	708	**Thelypteris palustris** Schott
		Acrostichum thelipteris (B)
		Polystichum thelypteris (C, F)
		Acrostic théliptéris
		Thélyptéris des marais
		Sumpf-Lappenfarn
		Sumpf-Wurmfarn
3287	708	**Cystopteris fragilis** (L.) Bernh.
		Cystoptéris fragile
		Gewöhnlicher Blasenfarn
3287 b	708	**Cystopteris alpina** (Lam.) Desv.
		— *fragilis* (T)
		— *fragilis* subsp. *regia* (F)
		— *regia* (G)
		Cystoptéris des Alpes
		Alpen-Blasenfarn
3288	708	**Cystopteris montana** (Lam.) Desv.
		Cystoptéris des montagnes
		Berg-Blasenfarn
3289	709	**Asplenium adiantum-nigrum** L.
		— *adiantum nigrum* subsp. *nigrum* (F)
		Asplénium doradille-noire
		— noir
		Capillaire noire
		Schwarzstieliger Streifenfarn
3289 b	709	**Asplenium cuneifolium** Viv.
		— *adiantum nigrum* subsp. *cuneifolium* (F)
		Asplénium à feuilles en coin
3289 c	709	**Asplenium onopteris** L.
		— *adiantum nigrum* subsp. *onopteris* (F)
		Asplénium onoptéris
		Esel-Streifenfarn
3290	709	**Asplenium marinum** L.
		Asplénium marin
3291	709	**Asplenium trichomanes** L.
		Asplénium trichomanès
		Capillaire rouge
		Braunstieliger Streifenfarn
3292	709	**Asplenium viride** Hudson
		Asplénium à pétiole vert
		— vert
		Grünstieliger Streifenfarn
3292 b	710	**Asplenium petrarchae** (Guérin) DC.
		— *glandulosum* (F)
		Asplénium de Pétrarque
3292 c	710	**Asplenium jahandiezii** (Litard.) Rouy
		— *jahandiezi* (F)
		Asplénium de Jahandiez
3293	710	**Asplenium lepidum** C. Presl
		— *lepidum* subsp. *pulverulentum* (F)
		Asplénium gracieux
		— pulvérulent
		Drüsiger Streifenfarn
3294	710	**Asplenium ruta-muraria** L.
		Asplénium rue-de-muraille
		Sauve-vie
		Mauerraute
3295	710	**Asplenium septentrionale** (L.) Hoffm.
		Asplénium septentrional
		Gabeliger Streifenfarn
		Nordischer Streifenfarn
3296	711	**Asplenium fontanum** (L.) Bernh.
		Asplenium halleri (B)
		— *lanceolatum* subsp. *fontanum* (F)
		Asplénium de Haller
		— des fontaines
		Hallers Streifenfarn
		Quell-Streifenfarn
3296 b	711	**Asplenium foreziense** Magnier
		— *foresiacum* (C)
		— *forisiense* (T, G)
		— *lanceolatum* subsp. *foresiacum* (F)
		Asplénium du Forez
		Französischer Streifenfarn
3297	711	**Asplenium billotii** F. Schultz
		— *lanceolatum* (B, C, F)
		Asplénium de Billot
		— lancéolé
		Billots Streifenfarn
		Lanzettförmiger Streifenfarn
3297 b	711	**Asplenium obovatum** Viv.
		— *lanceolatum* subsp. *obovatum* (F)
		Asplénium obové
		— presque ovale
3298	711	**Athyrium filix-femina** (L.) Roth
		— *filix femina* (F)
		Athyrium fougère-femelle
		Fougère femelle
		Gewöhnlicher Waldfarn
		Weiblicher Waldfarn
3298 b	712	**Athyrium distentifolium** Opiz
		— *alpestre* (B, C, F)
		Athyrium alpestre
		Alpen-Waldfarn
3299	712	**Asplenium scolopendrium** L.
		Pleurosorus scolopendrium (T)
		Scolopendrium officinale (B, C)
		— *vulgare* (F)
		Asplénium scolopendre
		Langue-de-cerf
		Scolopendre officinale
		Hirschzunge
3300	712	**Asplenium sagittatum** (DC.) Bange
		Pleurosorus sagittata (T)
		Scolopendrium hemionitis (B, C, F)
		Asplénium sagitté
		Scolopendre hémionitis
3301	712	**Blechnum spicant** (L.) Roth
		Blechnum spicant
		— en épi
		Rippenfarn
3302	713	**Matteuccia struthiopteris** (L.) Tod.
		Onoclea struthiopteris (F)
		Struthiopteris germanica (B, C)
		Fougère autruche
		Struthioptéris d'Allemagne
		Straussfarn
3303	713	**Pteridium aquilinum** (L.) Kuhn
		Pteris aquilina (B, C)
		Fougère aigle
		— impériale
		Ptéris aigle
		Adlerfarn
3304	714	**Pteris cretica** L.
		Ptéris de Crète
		Saumfarn
3305	714	**Adiantum capillus-veneris** L.
		Adianthum capillus veneris (F)
		Adiantum cheveu-de-Vénus
		Capillaire
		Cheveu-de-Vénus
		Frauenhaarfarn
		Venushaar
3306	714	**Cryptogramma crispa** (L.) Hook.
		Allosorus crispus (B, C, F)
		Allosore crispée
		Cryptogramme crispée
		Rollfarn
3307	714	**Cheilanthes pteridioides** (Reichard) C. Chr.
		— *fragrans* (F, T, G)
		— *odora* (B, C)
		Cheilanthès faux-ptéris
		— odorant
		Duftfarn
		Schuppenfarn
3308	714	**Trichomanes speciosum** Willd.
		— *radicans* (B, C, F)
		Vandenboschia speciosa (G)
		Trichomanès élégant
		— radicant
3309	715	**Hymenophyllum tunbrigense** (L.) Smith
		— *tunbridgense* (B, C, F)
		Hyménophyllum de Tunbridge
		Hautfarn
3309 b	715	**Hymenophyllum wilsonii** Hook.
		— *unilaterale* (C, F)
		— *wilsoni* (G)
		Hyménophyllum de Wilson
		— unilatéral
3310	715	**Ophioglossum vulgatum** L.
		Langue-de-serpent
		Ophioglosse vulgaire
		Gewöhnliche Natterzunge
3310 b	715	**Ophioglossum lusitanicum** L.
		Ophioglosse du Portugal
3311	715	**Botrychium lunaria** (L.) Sw.
		Botryche lunaire
		Gewöhnliche Mondraute
3312	715	**Botrychium simplex** Hitchc.
		Botryche simple
		Einfache Mondraute
		Einfacher Traubenfarn
3313	715	**Botrychium matricariifolium** Koch
		— *matricariaefolium* (B, C)
		— *ramosum* (F)
		Botryche à feuilles de matricaire
		Ästige Mondraute
		Ästiger Traubenfarn
		Verzweigte Mondraute
		Verzweigter Traubenfarn
3313 b	715	**Botrychium lanceolatum** (S. Gmelin) Angström
		Botryche lancéolé
		Lanzettliche Mondraute
		Lanzettlicher Traubenfarn
3314	715	**Botrychium multifidum** (S.Gmelin) Rupr.
		— *matricariae* (F)
		— *rutaefolium* (B)
		— *ternatum* (C)
		Botryche à feuilles de rue
		— multifide
		Vielspaltige Mondraute
		Vielspaltiger Traubenfarn
3315	715	**Botrychium virginianum** (L.) Sw.
		Botryche de Virginie
		Virginische Mondraute
		Virginischer Traubenfarn
3316	715	**Marsilea quadrifolia** L.
		Marsilia quadrifolia (B)
		— *quadrifoliata* (C, F)
		Marsilée à quatre feuilles
		Kleefarn
3317	715	**Marsilea strigosa** Willd.
		Marsilia pubescens (B, C, F)
		Marsilée maigre
		— pubescente
3318	716	**Pilularia globulifera** L.
		Pilulaire à globules
		Pillenfarn
3318 b	716	**Pilularia minuta** Durieu
		Pilulaire menue
3319	716	**Salvinia natans** (L.) All.
		Salvinie nageante

Dessin	Pl.	Taxon
3319	716	Schwimmfarn
3320	716	**Azolla caroliniana** Willd. Azolla de la Caroline
3321	716	**Azolla filiculoides** Lam. — *filiculoïdes* (F) Azolla fausse-filicule
3322	716	**Equisetum sylvaticum** L. — *silvaticum* (B, C, F) Prêle des bois — des forêts Wald-Schachtelhalm
3323	717	**Equisetum telmateia** Ehrh. — *maximum* (B, C, F) Prêle élevée — géante Riesen-Schachtelhalm
3324	717	**Equisetum arvense** L. Prêle des champs Acker-Schachtelhalm
3325	718	**Equisetum pratense** Ehrh. Prêle des prés Wiesen-Schachtelhalm
3326	718	**Equisetum palustre** L. Prêle des marais Sumpf-Schachtelhalm
3327	718	**Equisetum fluviatile** L. — *limosum* (B, C, F) Prêle des bourbiers — des eaux Schlamm-Schachtelhalm
3328	718	**Equisetum hyemale** L. — *hiemale* (B, C, F) Prêle d'hiver Überwinternder Schachtelhalm
3328 b	718	**Equisetum × trachyodon** A. Braun — *trachyodon* (B, F) Prêle à dents rudes Rauhzähniger Schachtelhalm
3329	719	**Equisetum ramosissimum** Desf. — *ramosum* (B) Prêle rameuse Ästiger Schachtelhalm
3329 b	719	**Equisetum ramosissimum** Desf. — *campanulatum* (C) Prêle rameuse
3330	719	**Equisetum variegatum** Schleicher Prêle panachée Bunter-Schachtelhalm
3331	719	**Isoëtes duriei** Bory *Isoetes duriaei* (B, C) — *durieui* (F, T, G) Isoète de Durieu
3332	719	**Isoëtes histrix** Bory *Isoetes histrix* (T, G) — *hystrix* (B, C, F) Isoète épineux
3333	719	**Isoëtes lacustris** L. *Isoetes lacustre* (F) — *lacustris* (B, C, T, G) Isoète des lacs See-Brachsenkraut
3333 b	719	**Isoëtes brochonii** Mot. *Isoetes brochoni* (C, F) — *brochonii* (T, G) Isoète de Brochon
3334	719	**Isoëtes echinospora** Durieu *Isoetes echinospora* (B, C) — *echinosporum* (F) — *setacea* (T, G) Isoète à spores hérissées Stachelsporiges Brachsenkraut
3335	719	**Isoëtes boryana** Durieu *Isoetes boryana* (B, C, T, G) — *variabile* subsp. *boryanum* (F) Isoète de Bory
3336 a1,2	719	**Isoëtes velata** subsp. **tenuissima** (Boreau) O. Bolós & Vigo *Isoetes tenuissima* (B, T) — *variabile* (F) — *velata* (C, G) Isoète à feuilles ténues
3336 b	720	**Isoëtes velata** A. Braun *Isoetes variabile* (F) — *velata* (B, C, T, G) Isoète voilé
3337	720	**Isoëtes setacea** Lam. *Isoetes delilei* (T, G) — *setacea* (B, C) — *setaceum* (F) Isoète sétacé
3338	720	**Lycopodium selago** L. *Huperzia selago* (T, G) Lycopode sélagine Tannen-Bärlapp
3339	720	**Lycopodium inundatum** L. *Lepidotis inundata* (T) *Lycopodiella inundata* (G) Lycopode inondé Moor-Bärlapp Überschwemmter Bärlapp
3340	720	**Lycopodium clavatum** L. Lycopode en massue Käulenförmiger Bärlapp
3341 1	721	**Lycopodium tristachyum** Pursh *Diphasium tristachyum* (T, G) *Lycopodium complanatum* (B, C, F) Lycopode petit-cyprès Zypressen-Bärlapp
3341 2	721	**Lycopodium complanatum** L. *Diphasium complanatum* (T, G) Lycopode aplati Flacher Bärlapp
3342	721	**Lycopodium annotinum** L. Lycopode à rameaux annuels Berg-Bärlapp Wald-Bärlapp
3343	721	**Lycopodium alpinum** L. *Diphasium alpinum* (T, G) Lycopode des Alpes Alpen-Bärlapp
3344	721	**Selaginella selaginoides** (L.) Schrank & C. Martius — *spinosa* (F) — *spinulosa* (B, C) Sélaginelle fausse-sélagine — spinuleuse Dorniger Moosfarn Tannenähnlicher Moosfarn
3345	721	**Selaginella helvetica** (L.) Spring Sélaginelle de Suisse Schweizerischer Moosfarn
3346	721	**Selaginella denticulata** (L.) Spring Sélaginelle denticulée
3347	722	**Pulsatilla rubra** Delarbre *Anemone pulsatilla* (C) *Pulsatilla vulgaris* (F) Pulsatille rouge Gewöhnliche Küchenschelle
3348	722	**Helleborus lividus** subsp. **corsicus** (Briq.) P. Fourn. — *lividus* (C) Ellébore de Corse
3349	722	**Aquilegia bertolonii** Schott — *reuteri* (C, F) Ancolie de Bertoloni
3350	722	**Morisia monanthos** (Viv.) Asch. — *hypogaea* (C, F) Morisia à une fleur
3351	722	**Barbarea rupicola** Moris *Barbaraea rupicola* (F) Barbarée des rochers
3352	723	**Brassica insularis** Moris — *oleracea* (C) — *oleracea* subsp. *insularis* (F, G) Chou des îles
3353	723	**Alyssum loiseleurii** P. Fourn. — *arenarium* (C, T, G) — *loiseleuri* (F) Alysson de Loiseleur
3354	723	**Cistus creticus** L. s.l. — *incanus* (C, G) — *incanus s.l.* (T) — *villosus s.l.* (F) Ciste de Crète
3355	723	**Viola bubanii** Timb.-Lagr. Violette de Bubani
3356	723	**Viola corsica** Nyman Violette de Corse
3357	723	**Polygala vayredae** Costa Polygala de Vayreda
3358	723	**Sagina pilifera** (DC.) Fenzl Sagine poilue
3359	723	**Arenaria balearica** L. Sabline des Baléares
3360	723	**Impatiens parviflora** DC. Impatiente à petites fleurs Kleinblütiges Springkraut
3361	724	**Ruta corsica** DC. Rue de Corse
3362	724	**Calicotome villosa** (Poiret) Link *Calycotome villosa* (C, F) Calicotome velu
3363	724	**Genista corsica** (Lois.) DC. *Cytisanthus corsicus* (F) Genêt de Corse
3364	724	**Genista hispanica** subsp. **occidentalis** Rouy — *occidentalis* (C) Genêt occidental
3365	724	**Lupinus angustifolius** subsp. **reticulatus** (Desv.) Arcang. — *angustifolius* subsp. *linifolius* (F) — *reticulatus* (C) Lupin à graines réticulées
3366	724	**Anthyllis hermanniae** L. Anthyllide hermannia
3367	724	**Astragalus genargenteus** Moris — *sirinicus* (C,F) — *sirinicus* subsp. *genargenteus* (T, G) Astragale du Gennargentu
3368	724	**Lathyrus venetus** (Miller) Wohlf. — *variegatus* (C) Gesse de la Vénétie Venetianische Platterbse
3369	725	**Rosa serafinii** Viv. — *serafini* (C) Rosier de Serafini
3370	725	**Sedum caeruleum** L. — *coeruleum* (C) — *heptapetalum* (F) Orpin bleu Sédum bleu
3371	725	**Saxifraga pedemontana** subsp. **cervicornis** (Viv.) Engler Saxifrage corne-de-cerf
3372	725	**Ligusticum corsicum** Gay Ligustique de Corse
3373	725	**Bellium bellidioides** L. Bellium fausse-pâquerette
3374	725	**Doronicum corsicum** (Lois.) Poiret *Aronicum corsicum* (C) Doronic de Corse
3375	725	**Erica terminalis** Salisb. — *stricta* (C) Bruyère à fleurs terminales

Dessin	Pl.	Taxon
3376	725	**Borago pygmaea** (DC.) Chater & Greuter *Borrago laxiflora* (C, F) Bourrache naine
3377	725	**Anchusa crispa** Viv. Buglosse crispée
3378	726	**Thymus herba-barona** Lois. — *herba barona* (G) Thym herba-barona
3379	726	**Stachys glutinosa** L. — *glutinosus* (F) Epiaire glutineuse
3380	726	**Euphorbia hyberna** subsp. **insularis** (Boiss.) Briq. — *insularis* (C, F) Euphorbe des îles
3381	726	**Euphorbia corsica** Req. — *myrsinites* (C) Euphorbe de Corse
3382	726	**Urtica atrovirens** Lois. Ortie vert-noirâtre
3383	726	**Soleirolia soleirolii** (Req.) Dandy *Helxine soleiroli* (F) *Parietaria soleirolii* (C) Soleirolia de Soleirol
3384	726	**Alnus cordata** (Lois.) Lois. Aune à feuilles en cœur — cordé
3385	727	**Scilla peruviana** L. Scille du Pérou
3386	727	**Allium pendulinum** Ten. — *triquetrum* (F) Ail pendant
3387	727	**Crocus corsicus** Maw Crocus de Corse Safran de Corse
3388	727	**Gladiolus communis** subsp. **byzantinus** (Miller) A. P. Ham. — *byzantinus* (C, F, G) Glaïeul de Byzance
3389	727	**Pancratium illyricum** L. Pancratium d'Illyrie
3390	728	**Microstylis monophyllos** (L.) Lindley *Malaxis monophylla* (B) — *monophyllos* (F) Malaxis à une feuille Microstyle à une feuille Einblättriges Weichkraut Einblättrige Weichorchis
3391	728	**Dactylorhiza fuchsii** (Druce) Soó — *maculata* subsp. *fuchsii* (G) Dactylorhiza de Fuchs
3392	728	**Aponogeton distachyos** L. f. — *distachyon* (C, F) *Aponogeton distachyus* (G) Aponogéton à deux épis
3393	728	**Arum pictum** L. f. Arum peint
3394	728	**Ambrosina bassii** L. *Ambrosinia bassii* (C, F, G) Ambrosine de Bassi
3395	729	**Carex microcarpa** Moris Carex à petits fruits Laiche à petits fruits
3396	729	**Vulpiella tenuis** (Tineo) Kerguélen *Festuca incrassata* (B) *Vulpia incrassata* (C, F, G) — *tenuis* (F, G) Fétuque épaissie Vulpielle grêle
3397	729	**Aegilops speltoides** Tausch — *bicornis* (C) — *speltoïdes* (F) Egilope fausse-épeautre
3398	729	**Pseudotsuga menziesii** (Mirbel) Franco Pin de l'Orégon Sapin de Douglas Douglasfichte
3399	729	**Woodwardia radicans** (L.) Smith Woodwardia enraciné

INDEX DES NOMS LATINS

Taxon	Dessin	Pl.
Abies		
— **alba** Miller	3259	697
— *excelsa* (C)	3258	697
— *pectinata* (B, C)	3259	697
Abutilon		
— *avicennae* (B, C, F)	515	98
— *theophrasti* (T, G)	515	98
— **theophrastii** Medikus	515	98
ACANTHACEAE		497
Acanthus		
— **mollis** L.	2282	497
Acer		
— **campestre** L.	563	108
— *campestre s.l.* (F)	563	108
— **monspessulanum** L.	567	108
— *monspessulanum* subsp. *eu-monspessulanum* (F)	567	108
— **opalus** Miller	566	108
— *opalus* subsp. *italum* (F)	566	108
— *opulifolium* (B, C, G)	566	108
— **platanoides** L.	564	108
— *platanoïdes* (F)	564	108
— *pseudo-platanus* (B)	565	108
— **pseudoplatanus** L.	565	108
ACERACEAE		108
Aceras		
— *anthropophora* (B, C, F, G)	2731	607
— **anthropophorum** (L.) Aiton f.	2731	607
Achillea		
— **ageratum** L.	1480	299
— **atrata** L.	1492	300
— *atrata* subsp. *halleri* (F)	1492	300
— **chamaemelifolia** Pourret	1486	300
— **clavennae** L.	1491	300
— *dentifera* (C)	1484 2	299
— **distans** Willd.	1484 2	299
— **distans** subsp. **tanacetifolia** Janchen	1484	299
— **erba-rotta** All.	1494	301
— **erba-rotta** subsp. **moschata** (Wulfen) I. Richardson	1490	300
— *herba rotta* (F)	1494	301
— *herba-rota* (B, C)	1494	301
— **ligustica** All.	1485 b	300
— **macrophylla** L.	1488	300
— **millefolium** L.	1483	299
— *millefolium s.l.* (G)	1483	299
— —	1484	299
— —	1484 2,3	299
— *millefolium* subsp. *eu-millefolium* (F)	1483	299
— *millefolium* subsp. *setacea* (F)	1483 3	299
— *millefolium* subsp. *tanacetifolia* (F)	1484	299
— —	1484 2	299
— *moschata* (B, C, F)	1490	300
— **nana** L.	1489	300
— **nobilis** L.	1485	300
— *nobilis* subsp. *eu-nobilis* (F)	1485	300
— *nobilis* subsp. *ligustica* (F)	1485 b	300
— **odorata** L.	1482	299
— **ptarmica** L.	1493	301
— *ptarmica* subsp. *eu-ptarmica* (F)	1493	301
— *ptarmica* subsp. *pyrenaica* (G)	1493 b	301
— *ptarmica* subsp. *pyrenaïca* (F)	1493 b	301
Achillea pyrenaica Godron	1493 b	301
— **setacea** Waldst. & Kit.	1483 3	299
— *tanacetifolia* (B, C)	1484	299
— **tomentosa** L.	1481	299
Achnatherum		
— *calamagrostidis* (G)	3058	656
— **calamagrostis** (L.) Beauv.	3058	656
Acinos		
— *alpinus* (T, G)	2191	473
— *arvensis* (T, G)	2190	473
Aconitum		
— **anthora** L.	91	20
— *compactum* (T)	93	21
— *lamarckii* (T)	92 b	20
— *lycoctonum* (B, C)	92	20
— *lycoctonum* (C)	92 b	20
— **lycoctonum** subsp. **neapolitanum** (Ten.) Nyman	92 b	20
— **lycoctonum** subsp. **vulparia** (Reichb.) Nyman	92	20
— *napellus* (B, C, F, G)	93	21
— *napellus* (C, T)	93 b	21
— **napellus** subsp. **lusitanicum** Rouy	93 b	21
— **napellus** subsp. **vulgare** Rouy & Fouc.	93	21
— **paniculatum** Lam.	95	21
— *pyramidale* (F)	93 b	21
— *ranunculifolium* (F)	92 b	20
— **variegatum** L.	94	21
— *variegatum* subsp. *rostratum* (F)	94	21
— *vulparia* (F, T, G)	92	20
Acorus		
— **calamus** L.	2810	617
Acrostichum		
— *thelipteris* (B)	3286	708
Actaea		
— **spicata** L.	96	22
Adenocarpus		
— **complicatus** (L.) Gren. & Godron	637 b	122
— *complicatus* (C, F)	637	122
— **complicatus** subsp. **commutatus** (Guss.) Cout.	637	122
— *grandiflorus* (B, C)	636	122
— **telonensis** (Lois.) DC.	636	122
— *telonensis* (B)	637	122
Adenophora		
— **liliifolia** (L.) A. DC.	1779	377
Adenostyles		
— *albifrons* (B, C)	1373	274
— **alliariae** (Gouan) A. Kerner	1373	274
— **alpina** Bluff & Fingerh.	1374	274
— *glabra* (F)	1374	274
— **leucophylla** (Willd.) Reichb.	1372	274
Adianthum		
— *capillus veneris* (F)	3305	714
Adiantum		
— **capillus-veneris** L.	3305	714
Adonis		
— **aestivalis** L.	25	7
— —	25 2	7
— **annua** L.	26	7
— *autumnalis* (B, C, F)	26	7
— **flammea** Jacq.	27	7
— *flammeus* (F)	27	7
— **pyrenaica** DC.	29	8
— *pyrenaicus* (F)	29	8
— **vernalis** L.	28	8
Adoxa		
— **moschatellina** L.	1268	250
ADOXACEAE		250
Aegilops		
— *bicornis* (C)	3397	729
— **cylindrica** Host	3227	689
— **geniculata** Roth	3225	689
— **lorentii** Hochst.	3225 b	689
— *macrochaeta* (C, G)	3225 b	689
— **neglecta** Bertol.	3225 c	689
— *ovata* (C, F, G)	3225	689
— *ovata* (F)	3225 b,c	689
— **speltoides** Tausch	3397	729
— *speltoïdes* (F)	3397	729
— *triaristata* (C, G)	3225 c	689
— **triuncialis** L.	3226	689
— **ventricosa** Tausch	3228	689
Aegopodium		
— **podagraria** L.	1221	237
Aegylops		
— *ovata* (B)	3225	689
— *triaristata* (B)	3225 c	689
— *triuncialis* (B)	3226	689
Aeluropus		
— **littoralis** (Gouan) Parl.	3162	675
Aesculus		
— **hippocastanum** L.	569	109
Aetheorhiza		
— **bulbosa** (L.) Cass.	1704	357
Aethionema		
— *monospermum* (B)	263 b	55
— *ovalifolium* (C)	263 b	55
— *pyrenaicum* (C)	264	55
— **saxatile** (L.) R. Br.	263	55
— *saxatile* (T, G)	263 b	55
— —	264	55
— *saxatile* subsp. *eu-saxatile* (F)	263	55
— *saxatile* subsp. *monospermum* (F)	264	55
— **saxatile** subsp. **oreophilum** I.A. Andersson & al.	264	55
— **saxatile** subsp. **ovalifolium** (DC.) Nyman	263 b	55
Aethusa		
— **cynapium** L.	1191	229
Agrimonia		
— **eupatoria** L.	962	183
— *odorata* (B, C, F)	962 2	183
— **procera** Wallr.	962 2	183
Agropyron		
— *campestre* (G)	3229 b	690
— *caninum* (G)	3230	691
— *elongatum* (G)	3231	691
— *intermedium* (G)	3229 c	690
— *junceum* (G)	3229 e	691
— *litorale* (G)	3229 d,d2	690
— *repens* (G)	3229	690
Agropyrum		
— *campestre* (C, F)	3229 b	690
— *caninum* (B, C, F)	3230	691
— *elongatum* (C, F)	3231	691
— *glaucum* (C)	3229 c	690
— *intermedium* (F)	3229 c	690
— *junceum* (B, C, F)	3229 e	691
— *littorale* (C)	3229 d	690
— *pungens* (C)	3229 d2	690
— *pycnanthum* (F)	3229 d	690
— *repens* (B, C, F)	3229	690
Agrostemma		
— **githago** L.	384	77
Agrostis		
— **agrostiflora** (G. Beck) Rauschert	3057	656
— *alba* (B, C, F)	3069	659
— *alba* (B, C)	3069 2	659
— *alba* (B)	3069 3	659

Taxon	Dessin	Pl.
Agrostis alba (B)	3069 b,b2	659
— *alba* subsp. *castellana* (F)	3069 3	659
— *alba* subsp. *maritima* (F)	3069 b,b2	659
— **alpina** Scop.	3074	660
— *alpina* (F, G)	3074 b	660
— **canina** L.	3070	659
— **capillaris** L.	3069 c	659
— **castellana** Boiss. & Reuter	3069 3	659
— **curtisii** Kerguélen	3073	659
— *elegans* (B, C, F, G)	3066	658
— *filifolia* (C)	3069 b2	659
— **gigantea** Roth	3069 2	659
— *interrupta* (B, C, F, G)	3067 b	658
— *maritima* (C)	3069 b	659
— **mertensii** Trin.	3072	659
— *nigra* (F)	3069 2	659
— *pallida* (B, C, F, G)	3068	658
— **pourretii** Willd.	3068	658
— *rubra* (B, C, F)	3072	659
— **rupestris** All.	3071	659
— **schleicheri** Jordan & Verlot	3074 b	660
— *schraderiana* (G)	3057	656
— *semiverticillata* (G)	3069 d	659
— *setacea* (B, C, F, G)	3073	659
— *spica venti* (F)	3067	658
— *spica-venti* (B, C, G)	3067	658
— **stolonifera** L.	3069	659
— —	3069 b,b2	659
— *stolonifera* subsp. *castellana* (G)	3069 3	659
— *stolonifera* subsp. *gigantea* (G)	3069 2	659
— *stolonifera* subsp. *maritima* (G)	3069 b,b2	659
— **tenerrima** Trin.	3066	658
— *tenuis* (G)	3069 c	659
— *verticillata* (B, C, F)	3069 d	659
— *vulgaris* (B, C, F)	3069 c	659
Aira		
— *articulata* (B)	3095	663
— *caespitosa* (B)	3101	664
— *canescens* (B)	3094	663
— *capillaris* (B, C, F)	3098	663
— **caryophyllea** L.	3097	663
— *caryophyllea* (G)	3097 b	663
— **caryophyllea** subsp. **multiculmis** (Dumort.) Bonnier & Layens	3097 b	663
— **cupaniana** Guss.	3097 c	663
— *discolor* (B)	3099	664
— *elegans* (G)	3098	663
— **elegantissima** Schur	3098	663
— *flexuosa* (B)	3100	664
— *multiculmis* (B, C)	3097 b	663
— **praecox** L.	3096	663
— *prœcox* (F)	3096	663
— **provincialis** Jordan	3098 c	663
— *tenorei* (F)	3098 b	663
— **tenorii** Guss.	3098 b	663
Airopsis		
— *agrostidea* (C, F)	3092	662
— *globosa* (B, C)	3091	662
— *minuta* (C, F)	3093	662
— **tenella** (Cav.) Asch. & Graebner	3091	662
AIZOACEAE		201
Ajuga		
— **chamaepitys** (L.) Schreber	2263	493
— **genevensis** L.	2265	493
— **iva** (L.) Schreber	2264	493
— **pyramidalis** L.	2265 b	493
— **reptans** L.	2266	494
Alcea		
— **biennis** Winterl	511	97
— *pallida* (T, G)	511	97
Alchemilla		
— *alpina s.l.* (G)	967	184
— —	967 b	184
— *arvensis* (C, G)	965	184
Alchemilla conjuncta Bab.	967 c	184
— **filicaulis** Buser	968 b	184
— *fissa* (G)	968 c	184
— *glaberrima* (C)	968 c	184
— **glabra** Neyg.	968 3	184
— **glaucescens** Wallr.	968 2	184
— *hybrida* (G)	968 2	184
— *monticola* (G)	968 b	184
— **pentaphyllea** L.	966	184
— *pubescens* (C)	968 2	184
— **pyrenaica** Dufour	968 c	184
— **saxatilis** Buser	967	184
— **splendens** Favrat	969	184
— **subsericea** Reuter	967 b	184
— *vulgaris* (C)	968	184
— —	968 3	184
— —	968 b	184
— **xanthochlora** Rothm.	968	184
Alchimilla		
— *alpina* (B)	967	184
— *alpina* subsp. *saxatilis* (F)	967	184
— *alpina* subsp. *subsericea* (F)	967 b	184
— *arvensis* (B, F)	965	184
— *glaberrima* (F)	968 c	184
— *hoppeana* subsp. *conjuncta* (F)	967 c	184
— *hybrida* subsp. *lapeyrousei* (F)	968 2	184
— *pentaphyllea* (B, F)	966	184
— *pyrenaica* (B)	968 c	184
— *splendens* (F)	969	184
— *vulgaris* (B)	968	184
— *vulgaris* subsp. *alpestris* (F)	968 3	184
— *vulgaris* subsp. *pratensis* (F)	968	184
— —	968 b	184
Aldrovanda		
— **vesiculosa** L.	335	69
Aldrovandia		
— *vesiculosa* (B, C, F)	335	69
Alisma		
— *arcuatum* (B)	2560 3	571
— **gramineum** Lej.	2560 3	571
— **lanceolatum** With.	2560 2	571
— *natans* (B, C, F)	2557	570
— *parnassifolia* (F)	2559	570
— *parnassifolium* (B, C)	2559	570
— *plantago* (B, C, F)	2560	570
— *plantago* (C)	2560 2	571
— *plantago* (C, F)	2560 3	571
— **plantago-aquatica** L.	2560	570
— *ranunculoides* (B, C, F)	2558	570
ALISMATACEAE		570-571
Alkanna		
— **lutea** A. DC.	1967	418
— **tinctoria** Tausch	1968	418
Alliaria		
— *officinalis* (B, F)	161	36
— **petiolata** (M. Bieb.) Cavara & Grande	161	36
Allium		
— *acutangulum* (F)	2634 b	586
— **acutiflorum** Lois.	2613 b	582
— **amethystinum** Tausch	2617 b	583
— **ampeloprasum** L.	2609	581
— **angulosum** L.	2634 b	586
— *ascalonicum* (B, C, F, G)	2607	580
— **carinatum** L.	2625	584
— *carinatum* (C)	2625 b	584
— **carinatum** subsp. **pulchellum** Bonnier & Layens	2625 b	584
— **cepa** L.	2607	580
— —	2608	580
— **chamaemoly** L.	2620	583
— **ericetorum** Thore	2630	585
— *fallax* (B, C, G)	2634	586
— **fistulosum** L.	2608 b	581
— **flavum** L.	2624	584
Allium fragrans (C)	2631	585
— **lineare** L.	2611	581
— **moly** L.	2623	584
— *montanum* (F)	2634	586
— **moschatum** L.	2629	585
— *multiflorum* (B)	2610	581
— **narcissiflorum** Villars	2633	586
— *narcissifolium* (B)	2633	586
— **neapolitanum** Cirillo	2619	583
— **nigrum** L.	2637	587
— *ochroleucum* (B, F, G)	2630	585
— **oleraceum** L.	2626	585
— **pallens** L.	2627 2	585
— **paniculatum** L.	2627	585
— *paniculatum* (C, F, G)	2627 2	585
— **pendulinum** Ten.	3386	727
— **polyanthum** Schultes & Schultes f.	2610	581
— **porrum** L.	2612	581
— *pulchellum* (B, F, G)	2625 b	584
— **roseum** L.	2632	586
— *rotundum* (B, C, F, G)	2613	582
— *rotundum* (F)	2613 b	582
— **sativum** L.	2614	582
— **scaberrimum** Serres	2613 c	582
— **schoenoprasum** L.	2628	585
— **scorodoprasum** L.	2615	582
— **scorodoprasum** subsp. **rotundum** (L.) Stearn	2613	582
— **senescens** subsp. **montanum** (Fries) Holub	2634	586
— *siculum* (B, C, F, G)	2635	587
— **sphaerocephalon** L.	2617	583
— *sphaerocephalum* (B, C, F, G)	2617	583
— *sphaerocephalum* (F)	2617 b	583
— *sphaerocephalum* subsp. *descendens* (G)	2617 b	583
— *strictum* (B, C, F, G)	2611	581
— **suaveolens** Jacq.	2630 b	585
— **subhirsutum** L.	2621	584
— **triquetrum** L.	2622	584
— *triquetrum* (F)	3386	727
— **ursinum** L.	2618	583
— *victoriale* (F)	2636	587
— **victorialis** L.	2636	587
— **vineale** L.	2616	583
— —	2616 2	583
Allosorus		
— *crispus* (B, C, F)	3306	714
Alnus		
— **cordata** (Lois.) Lois.	3384	726
— **glutinosa** (L.) Gaertner	2554	569
— **incana** (L.) Moench	2555	569
— **viridis** (Chaix) DC.	2553	569
Alopecurus		
— **aequalis** Sobol.	3016 b	649
— *agrestis* (B, C, F)	3018	649
— **arundinaceus** Poiret	3017 b	649
— **bulbosus** Gouan	3015	649
— *fulvus* (B, C)	3016 b	649
— **geniculatus** L.	3016	649
— *geniculatus* subsp. *fulvus* (F)	3016 b	649
— *gerardi* (B, C, F)	3014	649
— **gerardii** Villars	3014	649
— **myosuroides** Hudson	3018	649
— **pratensis** L.	3017	649
— **rendlei** Eig	3013	649
— *utriculatus* (B, C, F, G)	3013	649
— *ventricosus* (G)	3017 b	649
Alsine		
— *cerastiifolia* (C)	440	85
— *cherleri* (C)	452	87
— *fasciculata* (C)	426	84
— —	426 b,c	84
— *lanceolata* (C)	444	86
— *laricifolia* (C)	424 a	84
— *liniflora* (C)	424 b	84
— *recurva* (C)	431	85

Taxon	*Dessin*	*Pl.*
Alsine recurva (C)	431 2	85
— *rostrata* (C)	427	84
— *setacea* (C)	428	84
— *stricta* (C)	434	85
— *tenuifolia* (C)	437	85
— —	437 2	85
— *verna* (C)	436	85
— *villarsii* (C)	439	85
Althaea		
— **cannabina** L.	512	97
— —	512 b	97
— **hirsuta** L.	513	98
— *narbonensis* (B, F, T)	512 b	97
— **officinalis** L.	510	97
— *pallida* (C, F)	511	97
Althenia		
— *barrandonii* (C)	2793 b	615
— **filiformis** Petit	2793	615
— —	2793 b	615
— *filiformis* subsp. *barrandonii* (F)	2793 b	615
Alyssoides		
— **utriculata** (L.) Moench	213	46
— *utriculatum* (F)	213	46
Alyssum		
— **alpestre** L.	217	46
— *alpestre* (C)	217 b	46
— *alpestre* subsp. *serpyllifolium* (F)	217 b	46
— **alyssoides** (L.) L.	214	46
— *arenarium* (C, T, G)	3353	723
— *calycinum* (B, C, F)	214	46
— *campestre* (B, C, F)	215	46
— *edentulum* (C)	223	47
— *gemonense* (B)	223	47
— *gemonense* subsp. *petraeum* (F)	223	47
— *halimifolium* (B, C, F)	222 b	47
— **lapeyrousianum** Jordan	222	47
— **ligusticum** Breistr.	222 b	47
— *loiseleuri* (F)	3353	723
— **loiseleurii** P. Fourn.	3353	723
— **macrocarpum** DC.	219	47
— *maritimum* (B, C, F)	221	47
— *minus* (T, G)	215	46
— **montanum** L.	216	46
— *montanum* subsp. *collicolum* (F)	216	46
— *perusianum* (B)	222	47
— *petraeum* (T, G)	223	47
— **pyrenaicum** Lapeyr.	220	47
— **serpyllifolium** Desf.	217 b	46
— **simplex** Rudolphi	215	46
— **spinosum** L.	218	47
AMARANTHACEAE		509-510
Amaranthus		
— **albus** L.	2344	510
— **blitum** L.	2345	510
— **cruentus** L.	2343 b	509
— **deflexus** L.	2342	509
— **graecizans** L.	2346	510
— *lividus* (T, G)	2345	510
— **retroflexus** L.	2343	509
Amarantus		
— *albus* (B, C, F)	2344	510
— *ascendens* (F)	2345	510
— *blitum* (B, C)	2345	510
— *deflexus* (B, C, F)	2342	509
— *hybridus* subsp. *cruentus* (F)	2343 b	509
— *patulus* (B, C)	2343 b	509
— *retroflexus* (B, C, F)	2343	509
— *silvester* (F)	2346	510
— *silvestris* (C)	2346	510
— *viridis* (B)	2346	510
AMARYLLIDACEAE		601-604
—		727
Ambrosia		
— *artemisiaefolia* (B, C, F)	1762	373
— **artemisiifolia** L.	1762	373
Ambrosina		
— **bassii** L.	3394	VII

Taxon	*Dessin*	*Pl.*
Ambrosinia bassii (C, F, G)	3394	728
Amelanchier		
— **ovalis** Medikus	985	188
— *rotundifolia* (F)	985	188
— *vulgaris* (B, C)	985	188
Ammi		
— **majus** L.	1222	237
— **visnaga** (L.) Lam.	1223	237
Ammophila		
— **arenaria** (L.) Link	3065	658
— *arenaria* (C, F, G)	3065 2	658
— **arenaria** subsp. **arundinacea** Lindb. f.	3065 2	658
Ampelodesma		
— *mauritanica* (G)	3054	656
Ampelodesmos		
— **mauritanica** (Poiret) T. Dunand & Schinz	3054	656
— *tenax* (B, C, F)	3054	656
Amsinckia		
— *angustifolia* (C, F)	2000	426
— **calycina** (Moris) Chater	2000	426
Amygdalus		
— *communis* (B, C)	892	166
Anacamptis		
— **pyramidalis** (L.) Rich.	2742	608
ANACARDIACEAE		116
Anacyclus		
— **clavatus** (Desf.) Pers.	1473	297
— **radiatus** Lois.	1474	297
— *tomentosus* (F)	1473	297
— **valentinus** L.	1475	297
Anagallis		
— **arvensis** L.	1880 a	397
— *arvensis* (B, C, G)	1880 b	397
— *arvensis* (T)	1881	397
— *arvensis* subsp. *coerulea* (F)	1880 b	397
— *arvensis* subsp. *micrantha* (F)	1881	397
— **arvensis** subsp. **parviflora** (Hoffsgg. & Link) Arcang.	1881	397
— *arvensis* subsp. *phoenicea* (F)	1880 a	397
— **crassifolia** Thore	1879	397
— **foemina** Miller	1880 b	397
— **minima** (L.) E. H. Krause	1878	397
— *parviflora* (C)	1881	397
— **tenella** (L.) L.	1882	397
Anagyris		
— **foetida** L.	603	116
Anaphalis		
— **margaritacea** (L.) Benth.	1534	308
Anarrhinum		
— **bellidifolium** (L.) Willd.	2050	443
Anchusa		
— **arvensis** (L.) M. Bieb.	1965	417
— *azurea* (F, T)	1961	416
— *barrelieri* (C, F, T)	1964	417
— **crispa** Viv.	3377	725
— **hybrida** Ten.	1960	416
— **italica** Retz.	1961	416
— **officinalis** L.	1963	417
— *sempervirens* (B, C, F)	1962	417
— *undulata* (B, C)	1960	416
— *undulata* subsp. *hybrida* (F, T, G)	1960	416
Andromeda		
— **polifolia** L.	1812	385
Andropogon		
— *allionii* (B)	3044	653
— *contortus* (C, F)	3044	653
— *distachyon* (B)	3047	654
— **distachyos** L.	3047	654
— *distachyus* (F, G)	3047	654
— *gryllus* (B, C, F)	3045	654
— *hirtum* (B)	3043	653

Taxon	*Dessin*	*Pl.*
Andropogon hirtus (C, F)	3043	653
— —	3043 b	653
— *ischaemum* (B, C, F)	3046	654
— *pubescens* (B)	3043 b	653
Androsace		
— **alpina** (L.) Lam.	1854	393
— **brevis** (Hegetschw.) Cesati	1855	393
— **carnea** L.	1858	393
— *carnea* (F)	1858 c	393
— *carnea* subsp. *laggeri* (T)	1858 c	393
— *chaixi* (F)	1862 b	394
— **chaixii** Gren. & Godron	1862 b	394
— **chamaejasme** Wulfen	1859 b	393
— *charpentieri* (B)	1855	393
— **ciliata** DC.	1856 c	393
— **cylindrica** DC.	1856 b	393
— **cylindrica** subsp. **hirtella** (Dufour) Greuter & Burdet	1856	2393
— **elongata** L.	1863	394
— **helvetica** (L.) All.	1857	393
— *hirsuta* (G)	1856 2	393
— *hirtella* (T)	1856 2	393
— *imbricata* (B, C)	1852	393
— **lactea** L.	1860	393
— *lactiflora* (C)	1862 b	394
— **laggeri** Huet	1858 c	393
— **maxima** L.	1861	393
— **obtusifolia** All.	1858 b	393
— **pubescens** DC.	1856	393
— *pubescens* (C, F)	1856 2	393
— **pyrenaica** Lam.	1853	393
— *pyrenaïca* (F)	1853	393
— **septentrionalis** L.	1862	394
— **vandellii** (Turra) Chiov.	1852	393
— **villosa** L.	1859	393
Androsaemum		
— *foetidum* (B)	560	107
— *hircinum* (C)	560	107
— *officinale* (B, C)	561	107
Andryala		
— **integrifolia** L.	1754	371
— *lyrata* (C, F)	1755	371
— **ragusina** L.	1755	371
— *sinuata* (B)	1754	371
Anemone		
— *alpina* (B, C)	23	7
— *alpina* (C)	23 b,c	7
— **apennina** L.	15	5
— **baldensis** L.	12	5
— **coronaria** L.	18	5
— —	18 2-4	5
— *halleri* (B, C)	22 b	6
— *hepatica* (C)	24	7
— **hortensis** L.	19 1	6
— *hortensis* (B, C, F)	19 2	6
— *hortensis* (B, C, F, G)	19 3	6
— *narcissiflora* (B, C, F, T, G)	17	5
— **narcissifolia** L.	17	5
— **nemorosa** L.	14	5
— **palmata** L.	20	6
— **pavonina** Lam.	19 2,3	6
— *pulsatilla* (B, C)	22	6
— *pulsatilla* (C)	22 c	6
— —	3347	722
— **ranunculoides** L.	16	5
— *silvestris* (B, C, F)	13	5
— **sylvestris** L.	13	5
— *vernalis* (B, C)	21	6
Anethum		
— *foeniculum* (B)	1149	216
— **graveolens** L.	1148	216
— *segetum* (B)	1147	216
Angelica		
— **heterocarpa** Lloyd	1144	215
— *pyrenaea* (B)	1142	214
— **razulii** Gouan	1145	215
— *razulsi* (F)	1145	215
— *silvestris* (B, C, F)	1143	215
— **sylvestris** L.	1143	215

Taxon	*Dessin*	*Pl.*
Anogramma		
— **leptophylla** (L.) Link	3277	703
Antennaria		
— *carpathica* (C, F, G)	1533	308
— **carpatica** (Wahlenb.) Bluff & Fingerh.	1533	308
— **dioica** (L.) Gaertner	1532	308
— *dioïca* (F)	1532	308
Anthemis		
— **altissima** L.	1471	297
— **arvensis** L.	1465	296
— *arvensis* (G)	1465 b	296
— **arvensis** subsp. **incrassata** (Lois.) Nyman	1465 b	296
— *arvensis* subsp. *nicaeensis* (F)	1465 b	296
— **carpatica** Willd.	1466 3	296
— **cotula** L.	1464	296
— **cretica** L.	1466	296
— **cretica** subsp. **saxatilis** (DC.) Ros. Fernandes	1466 2	296
— *fuscata* (C)	1468	296
— *incrassata* (C)	1465 b	296
— **maritima** L.	1463	295
— *mixta* (B, C, F, G)	1469	297
— *montana* (B, C, F)	1466	296
— *montana* (C)	1466 2,3	296
— *montana* subsp. *carpathica* (F)	1466 3	296
— *montana* subsp. *saxatilis* (F)	1466 2	296
— *nobilis* (B, C, F, G)	1467	296
— *praecox* (F, G)	1468	296
— **secundiramea** Biv.	1463 b	296
— **tinctoria** L.	1470	297
— *tinctoria* subsp. *triumfetti* (G)	1472	297
— **triumfetti** (L.) DC.	1472	297
— *triumfettii* (F)	1472	297
Anthericum		
— **liliago** L.	2651	591
— *planifolium* (C)	2650	590
— **ramosum** L.	2652	591
Anthoxanthum		
— **aristatum** Boiss.	3001 b	647
— **odoratum** L.	3001	647
— *puelii* (B)	3001 b	647
— *puellii* (G)	3001 b	647
Anthriscus		
— **caucalis** M. Bieb.	1236	240
— **cerefolium** (L.) Hoffm.	1237	240
— *silvestris* (C)	1239	241
— *silvestris* subsp. *eu-silvestris* (F)	1239	241
— **sylvestris** (L.) Hoffm.	1239	241
— *vulgaris* (B, C, F)	1236	240
Anthyllis		
— **barba-jovis** L.	657	126
— **cytisoides** L.	656	126
— *cytisoïdes* (F)	656	126
— *gerardi* (T)	754	140
— *gerardii* (G)	754	140
— **hermanniae** L.	3366	724
— **montana** L.	658	126
— *tetraphylla* (B, C, F, T, G)	660	127
— **vulneraria** L. s.l.	659	127
— —	659 2-5	127
Antinoria		
— **agrostidea** (DC.) Parl.	3092	662
Antirrhinum		
— *asarina* (B, C, F, G)	2046	442
— **latifolium** Miller	2048 b	443
— **majus** L.	2048	442
— *majus* subsp. *eu-majus* (F)	2048	442
— *majus* subsp. *latifolium* (F)	2048 b	443
— *majus* subsp. *siculum* (F)	2048 c	443
Antirrhinum majus subsp. **tortuosum** (Bosc) Rouy	2048 d	443
— *orontium* (B, C, F, G)	2047	442
— *ruscinonense* (B)	2048 c	443
— **sempervirens** Lapeyr.	2049	443
— **siculum** Miller	2048 c	443
— *tortuosum* (C, G)	2048 d	443
Apargia		
— *taraxaci* (B)	1651	342
Apera		
— **interrupta** (L.) Beauv.	3067 b	658
— **spica-venti** (L.) Beauv.	3067	658
Aphanes		
— **arvensis** L.	965	184
Aphyllanthes		
— **monspeliensis** L.	2656	593
APIACEAE		207-248
—		725
Apium		
— **graveolens** L.	1232	239
— **inundatum** (L.) Reichb. f.	1229 c	238
— **nodiflorum** (L.) Lagasca	1229	238
— *nodiflorum* subsp. *eu-nodiflorum* (F)	1229	238
— *nodiflorum* subsp. *repens* (F)	1229 b	238
— **repens** (Jacq.) Lagasca	1229 b	238
APOCYNACEAE		401
Aponogeton		
— *distachyon* (C, F)	3392	728
— **distachyos** L. f.	3392	728
— *distachyus* (G)	3392	728
APONOGETONACEAE		728
Aposeris		
— **foetida** (L.) Less.	1643	340
AQUIFOLIACEAE		113
Aquilegia		
— **alpina** L.	83	18
— **atrata** Koch	82 b	18
— *atroviolacea* (F)	82 b	18
— **bertolonii** Schott	3349	722
— *hirsutissima* (F, T, G)	82 c	18
— *kitaibelli* (C)	82 c	18
— **pyrenaica** DC.	83 b	18
— *reuteri* (C, F)	3349	722
— **viscosa** subsp. **hirsutissima** (Timb.-Lagr.) Breistr.	82 c	18
— **vulgaris** L.	82	18
Arabidopsis		
— **thaliana** (L.) Heynh.	178	40
Arabis		
— **allionii** DC.	184 c	40
— *alpestris* (B)	183	40
— **alpina** L.	187	41
— *arcuata* (C)	183	40
— *arenosa* (B, C, F)	191	42
— **auriculata** Lam.	188	41
— *bellidifolia* (B, C, F)	179	40
— **bellidifolia** subsp. **stellulata** (Bertol.) Greuter & Burdet	182	40
— *brassicaeformis* (B, C)	185	41
— **caerulea** (All.) Haenke	193	42
— *cebennensis* (B, C, F, T, G)	190	42
— *cebennensis* (C)	190 b	42
— *cebennensis* subsp. *pedemontana* (F)	190 b	42
— **ciliata** Clairv.	183	40
— *coerulea* (F)	193	42
— **collina** Ten.	180	40
— *corymbiflora* (F, T, G)	183	40
— *glabra* (T, G)	177	40
— *halleri* (B)	192	42
— **hirsuta** (L.) Scop.	184	40
— *hirsuta* subsp. *allionii* (F)	184 c	40
— *hirsuta* subsp. *eu-hirsuta* (F)	184	40
Arabis hirsuta subsp. *glabra* (G)	184 c	40
— *hirsuta* subsp. *sagittata* (F, G)	184 b	40
— *muralis* (B, C, F, T, G)	180	40
— **nova** Villars	189	42
— *pauciflora* (F, T, G)	185	41
— *pedemontana* (T, G)	190 b	42
— *perfoliata* (C)	177	40
— *pumila* (B, C, F, T, G)	182	40
— *recta* (T, G)	188	41
— **sagittata** (Bertol.) DC.	184 b	40
— *saxatilis* (B, C, F)	189	42
— **scabra** All.	181	40
— **serpillifolia** Villars	183 b	40
— *serpyllifolia* (C, F)	183 b	40
— *soyeri* subsp. *jacquinii* (T)	179	40
— **soyeri** subsp. **subcoriacea** (Gren.) Breistr.	179	40
— *stricta* (B, C, T)	181	40
— *thaliana* (B)	178	40
— **turrita** L.	186	41
— **verna** (L.) R. Br.	194	42
ARACEAE		616-617
Arbutus		
— *alpina* (B, C)	1810	385
— **unedo** L.	1809	385
— *uva-ursi* (B, C)	1811	385
Arceuthobium		
— **oxycedri** (DC.) M. Bieb.	1267	250
Arctium		
— **lappa** L.	1631 b	336
— **minus** Bernh.	1631 a	336
— **nemorosum** Lej.	1631 d	336
— **tomentosum** Miller	1631 c	336
Arctostaphylos		
— *alpina* (F)	1810	385
— **alpinus** (L.) Sprengel	1810	385
— **uva-ursi** (L.) Sprengel	1811	385
Arenaria		
— **aggregata** (L.) Lois.	438	85
— **balearica** L.	3359	723
— *bauhinorum* (B)	424 b	84
— **biflora** L.	449	86
— *capitata* (C)	438	85
— *cerastiifolia* (B)	440	85
— **ciliata** L.	445	86
— *ciliata* (C)	445 b	86
— **cinerea** DC.	442	86
— **controversa** Boiss.	443 c	86
— *dasyphylla* (B, C, F)	429 b	84
— *diantha* (B)	435	85
— **gothica** Fries	445 b	86
— **grandiflora** L.	432	85
— —	432 2	85
— **hispida** L.	443	86
— *jacquini* (B)	426	84
— *lanceolata* (B)	444	86
— *laricifolia* (B)	424 a,b	84
— *lesurina* (C, F)	443 b	86
— *ligerica* (B)	443 b	86
— **ligericina** Lecoq & Lamotte	443 b	86
— **marschlinsii** Koch	446 b	86
— **modesta** Dufour	433	85
— **montana** L.	441	85
— *mucronata* (B)	427	84
— *muscosa* (B)	429	84
— *polygonoides* (B)	430	84
— **provincialis** Chater & Halliday	454	87
— **purpurascens** DC.	450	86
— *recurva* (B)	431	85
— **serpyllifolia** L.	425	84
— —	446	86
— —	446 c	86
— *serpyllifolia* (F)	446 b	86
— *setacea* (B)	428	84
— *striata* (B)	424 a	84
— *stricta* (B)	434	85
— *tenuifolia* (B)	437	85

Taxon	*Dessin*	*Pl.*
Arenaria tetraquetra L.	448	86
— *triflora* (B)	432 2	85
— *trinervia* (B, C)	447	86
— *verna* (B)	436	85
— *villarsii* (B)	439	85
Argyrolobium		
— *linnaeanum* (B, F)	635	122
— **zanonii** (Turra) P. Ball	635	122
Aria		
— *chamaemespilus* (B)	979	186
— *latifolia* (B)	982	187
— *nivea* (B)	981	187
— *scandica* (B)	981 b	187
— *torminalis* (B)	980	187
Arisarum		
— **vulgare** Targ.-Tozz.	2807	617
Aristella		
— *bromoides* (B)	3084	661
Aristolochia		
— **clematitis** L.	2444	539
— *longa* (B, C, F, T, G)	2447 b	540
— **pallida** Willd.	2445	539
— **paucinervis** Pomel	2447 b	540
— **pistolochia** L.	2446	539
— **rotunda** L.	2447	540
ARISTOLOCHIACEAE		539-540
Armeniaca		
— *vulgaris* (B, C)	898	167
Armeria		
— *alliacea* (T)	2314	503
— —	2314 b,c	503-504
— **alpina** Willd.	2309	502
— **arenaria** (Pers.) Schultes	2314	503
— **arenaria** subsp. **bupleuroides** (Godron & Gren.) Greuter & Burdet	2314 b	503
— **arenaria** subsp. **praecox** (Jordan) Greuter & Burdet	2314 c	504
— **belgenciensis** Donad.	2316	504
— *bupleuroides* (C)	2314 b	503
— *buplevroides* (B)	2314 b	503
— *cantabrica* (B, C)	2308 b	502
— *filicaulis* (B, T)	2316	504
— **foucaudii** G. Beck	2315	504
— **girardii** (Bernis) Litard.	2307	502
— *halleri* (C)	2312	503
— *juncea* (B, C)	2307	502
— *littoralis* (C)	2316	504
— *majellensis* (B, C)	2315	504
— **maritima** Willd.	2311	503
— *maritima* subsp. *alpina* (T)	2308	502
— —	2308 b	502
— —	2309	502
— *maritima* subsp. *elongata* (T)	2311 b	503
— *maritima* subsp. *halleri* (T)	2312	503
— *maritima* subsp. *purpurea* (T)	2310	502
— **muelleri** Huet	2312	503
— *mulleri* (G)	2312	503
— *plantaginea* (B, C, G)	2314	503
— *plantaginea* subsp. *bupleuroides* (G)	2314 b	503
— *plantaginea* subsp. *praecox* (G)	2314 c	504
— **pubinervis** Boiss.	2308	502
— —	2308 b	502
— **purpurea** Koch	2310	502
— —	2311 b	503
— **ruscinonensis** Girard	2313	503
— *ruscinonensis* (T)	2315	504
Armoracia		
— *lapathifolia* (F)	237	49
— **rusticana** P. Gaertner & al.	237	49
Arnica		
— **montana** L.	1405	281
Arnoseris		
— **minima** (L.) Schweigger & Koerte	1642	340
Aronicum		
— *clusii* (C)	1404	281
— *corsicum* (C)	3374	725
— *scorpioides* (C)	1403	281
Arrhenatherum		
— **elatius** (L.) Beauv.	3106	666
— *elatius* (C, F, G)	3106 2	666
— **elatius** subsp. **bulbosum** (Willd.) Schuebler & Martens	3106 2	666
— *thorei* (F, G)	3107	666
Artemisia		
— **absinthium** L.	1431	288
— **alba** Turra	1433	288
— —	1433 2	289
— *alba* subsp. *camphorata* (F)	1433	288
— *alba* subsp. *saxatilis* (F)	1433 2	289
— *aragonensis* (F)	1445	291
— **arborescens** L.	1432	288
— *arragonensis* (B)	1445	291
— **atrata** Lam.	1434	289
— *borealis* subsp. *nana* (F)	1439	290
— **caerulescens** subsp. **gallica** (Willd.) K. Persson	1446 b	292
— **campestris** L.	1444	291
— *campestris* (C)	1444 3	291
— **campestris** subsp. **borealis** (Pallas) H. M. Hall & Clements	1439	290
— *campestris* subsp. *eu-campestris* (F)	1444	291
— **campestris** subsp. **glutinosa** (Besser) Battand.	1444 4	291
— *campestris* subsp. *lloydi* (F)	1444 3	291
— **campestris** subsp. **maritima** Arcang.	1444 3	291
— *camphorata* (B, C)	1433	288
— **chamaemelifolia** Villars	1436	289
— **dracunculus** L.	1443	291
— **eriantha** Ten.	1435	289
— *gallica* (C)	1446 b	292
— **genipi** Weber	1441	290
— *genipi* subsp. *eriantha* (F)	1435	289
— **glacialis** L.	1429	288
— *glutinosa* (C)	1444 4	291
— **herba-alba** Asso	1445	291
— *incanescens* (C)	1433 2	289
— *laxa* (F)	1430	288
— **maritima** L.	1446	292
— *maritima* subsp. *caerulescens* (G)	1446 b	292
— *maritima* subsp. *eu-maritima* (F)	1446	292
— *maritima* subsp. *gallica* (F)	1446 b	292
— *maritima* subsp. *vallesiaca* (G)	1437	289
— *maritima* subsp. *vallesiana* (F)	1437	289
— *mutellina* (B, C)	1430	288
— *nana* (B, C)	1439	290
— **pontica** L.	1438	289
— *selegensis* (C)	1442 b	290
— *spicata* (B, C)	1441	290
— **umbelliformis** Lam.	1430	288
— *valesiaca* (B)	1437	289
— **vallesiaca** All.	1437	289
— **verlotiorum** Lamotte	1442 b	290
— *verlotorum* (F)	1442 b	290
— *villarsii* (B)	1435	289
Artemisia vulgaris L.	1442	290
Arthrocnemum		
— *fruticosum* (T)	2382	519
— *glaucum* (T, G)	2383	520
— **macrostachyum** (Moric.) Moris	2383	520
— *perenne* (T)	2382 b	519
Arum		
— *arisarum* (B)	2807	617
— *dracunculus* (B, C, F)	2806	616-617
— **italicum** Miller	2809	617
— **maculatum** L.	2808	617
— **pictum** L. f.	3393	728
Aruncus		
— **dioicus** (Walter) Fern.	906	170
— *silvester* (F)	906	170
Arundo		
— **donax** L.	3052	655
— *mauritanica* (B)	3053	655
— *maxima* (C)	3055	656
— *phragmites* (C, F)	3055	656
— *pliniana* (C)	3053	655
— **plinii** Turra	3053	655
Asarina		
— **procumbens** Miller	2046	442
Asarum		
— **europaeum** L.	2443	539
Asclepias		
— *cornuti* (B, C, F)	1901	403
— **fruticosa** L.	1902	403
— **syriaca** L.	1901	403
ASCLEPIADACEAE		402-403
Asparagus		
— **acutifolius** L.	2664	595
— **maritimus** (L.) Miller	2665	595
— **officinalis** L.	2667	596
— *scaber* (B, C)	2665	595
— **tenuifolius** Lam.	2666	596
Asperugo		
— **procumbens** L.	2009	428
Asperula		
— *aristata* subsp. *jordani* (F)	1322 b2	262
— *aristata* subsp. *longiflora* (F)	1322 b	262
— **aristata** subsp. **scabra** (J.S. Presl & C. Presl) Nyman	1322 b	262
— **arvensis** L.	1325	262
— **cynanchica** L.	1322	262
— *cynanchica* subsp. *aristata* (G)	1322 b,b2	262
— *galioides* (B, C, G)	1320	261
— *glauca* (F)	1320	261
— **hexaphylla** All.	1324	262
— **hirta** Ramond	1321	261
— **jordanii** Perrier & Song.	1322 b2	262
— **laevigata** L.	1319	261
— *levigata* (F)	1319	261
— *longiflora* (B, C)	1322 b	262
— *longiflora* (C)	1322 b2	262
— *odorata* (B, C, F, G)	1317	261
— **purpurea** (L.) Ehrend.	1294	256
— **taurina** L.	1318	261
— *taurina* subsp. *eu-taurina* (F)	1318	261
— **tinctoria** L.	1323	262
Asphodelus		
— **aestivus** Brot.	2655 c	593
— **albus** Miller	2655	592
— —	2655 2	592
— *arrondeaui* (C, G)	2655 2	592
— *cerasifer* (C, F)	2655 b	593
— *cerasiferus* (G)	2655 b	593
— *delphinensis* (G)	2655 2	592
— **fistulosus** L.	2654	592
— *microcarpus* (B, C, G)	2655 c	593
— **ramosus** L.	2655 b	593
— *subalpinus* (C)	2655 2	592
Aspidium		
— *aculeatum* (B, C)	3279	703

Taxon	*Dessin*	*Pl.*
Aspidium aculeatum subsp. *angulare* (F)	3279	703
— *aculeatum* subsp. *lobatum* (F)	3279 b	704
— *braunii* (C, F)	3279 c	704
— *lobatum* (C)	3279 b	704
— *lonchitis* (B, C, F)	3280	704
Asplenium		
— *adiantum nigrum* subsp. *cuneifolium* (F)	3289 b	709
— *adiantum nigrum* subsp. *nigrum* (F)	3289	709
— *adiantum nigrum* subsp. *onopteris* (F)	3289 c	709
— **adiantum-nigrum** L.	3289	709
— **billotii** F. Schultz	3297	711
— **ceterach** L.	3271	701
— **cuneifolium** Viv.	3289 b	709
— **fontanum** (L.) Bernh.	3296	711
— *foresiacum* (C)	3296 b	711
— **foreziense** Magnier	3296 b	711
— *forisiense* (T, G)	3296 b	711
— *glandulosum* (F)	3292 b	710
— *halleri* (B)	3296	711
— *jahandiezi* (F)	3292 c	710
— **jahandiezii** (Litard.) Rouy	3292 c	710
— *lanceolatum* (B, C, F)	3297	711
— *lanceolatum* subsp. *fontanum* (F)	3296	711
— *lanceolatum* subsp. *foresiacum* (F)	3296 b	711
— *lanceolatum* subsp. *obovatum* (F)	3297 b	711
— **lepidum** C. Presl	3293	710
— *lepidum* subsp. *pulverulentum* (F)	3293	710
— **marinum** L.	3290	709
— **obovatum** Viv.	3297 b	711
— **onopteris** L.	3289 c	709
— **petrarchae** (Guérin) DC.	3292 b	710
— **ruta-muraria** L.	3294	710
— **sagittatum** (DC.) Bange	3300	712
— **scolopendrium** L.	3299	712
— **septentrionale** (L.) Hoffm.	3295	710
— **trichomanes** L.	3291	709
— **viride** Hudson	3292	709
Aster		
— *acris* (B, C)	1392	279
— **alpinus** L.	1393	279
— **amellus** L.	1394	279
— **bellidiastrum** (L.) Scop.	1397	280
— *brumalis* (C)	1390	278
— —	1390 b	279
— **linosyris** (L.) Bernh.	1382	276
— *novi belgii* subsp. *eu-novi belgii* (F)	1390	278
— *novi belgii* subsp. *levigatus* (F)	1390 b	279
— **novi-belgii** L.	1390	278
— —	1390 b	279
— **pyrenaeus** DC.	1391	279
— *salignus* (C, F, G)	1396	279
— **sedifolius** L.	1392	279
— *sedifolius* subsp. *acer* (F)	1392	279
— **sedifolius** subsp. **trinervis** (Pers.) Thell.	1392 b	279
— *trinervis* (B, C)	1392 b	279
— **tripolium** L.	1395	279
— ×**salignus** Willd.	1396	279
ASTERACEAE		274-373
—		725
Asteriscus		
— **aquaticus** (L.) Less.	1501	303
— **maritimus** (L.) Less.	1502	303
— *spinosus* (B, C)	1500	302
Asterocarpus		
— *clusii* (B)	331	69
— *sesamoides* (B)	330	68
Asterocarpus sesamoïdes subsp. *eu-sesamoides* (F)	330	68
— *sesamoïdes* subsp. *purpurascens* (F)	331	69
Asterolinon		
— **linum-stellatum** (L.) Duby	1869	395
— *stellatum* (G)	1869	395
Asterolinum		
— *stellatum* (B, C, F)	1869	395
Astragalus		
— **alopecuroides** L.	777 b	144
— *alopecuroides* (B, C)	777	144
— *alopecuroïdes* (F)	777	144
— **alopecurus** Pallas	777	144
— **alpinus** L.	797	146
— *aristatus* (B, C)	770	142
— **australis** (L.) Lam.	798	147
— *australis* (T)	798 b	147
— *australis* subsp. *gerardi* (F)	798 b	147
— **australis** subsp. **gerardii** (Villars) P. Fourn.	798 b	147
— **austriacus** Jacq.	785	145
— *baeticus* (C, F)	779	144
— **baionensis** Lois.	784	145
— *bayonensis* (C, F)	784	145
— **boeticus** L.	779	144
— *campestris* (F)	790	145
— *centralpinus* (G)	777	144
— **cicer** L.	778	144
— **danicus** Retz.	788 b	145
— **depressus** L.	773	143
— **echinatus** Murray	782	144
— **epiglottis** L.	774	143
— **exscapus** L.	773'	143
— *foetidus* (F)	789	145
— **frigidus** (L.) A. Gray	796	146
— **genargenteus** Moris	3367	724
— **glaux** L.	783	145
— *glyciphyllus* (F)	776	143
— **glycyphyllos** L.	776	143
— **hamosus** L.	775	143
— *hypoglottis* (B, C)	788 b	145
— **incanus** L.	772	143
— *lapponicus* (F)	793 b	146
— **leontinus** Wulfen	787	145
— *massiliensis* (F, T, G)	769	142
— **monspessulanus** L.	771	143
— *montanus* (F)	793	146
— *narbonensis* (B, C, F, G)	777 b	144
— **onobrychis** L.	788	145
— **pelecinus** (L.) Barneby	799	147
— **penduliflorus** Lam.	795	146
— *pentaglottis* (B, C, F)	782	144
— *pilosus* (F)	794	146
— **purpureus** Lam.	788 c	145
— *pyrenaïcus* (F)	792 b	146
— **sempervirens** Lam.	770	142
— *sericeus* (F)	791	146
— **sesameus** L.	780	144
— *sirinicus* (C, F)	3367	724
— *sirinicus* subsp. *genargenteus* (T, G)	3367	724
— **stella** Gouan	781	144
— **tragacantha** L.	769	142
— *triflorus* (F)	792	146
— **vesicarius** L.	786	145
Astrantia		
— **major** L.	1255	246
— **minor** L.	1255 b	246
Astrocarpus		
— *purpurascens* (C)	331	69
— *sesamoides* (C)	330	68
Athamanta		
— **cretensis** L.	1181	225
Athyrium		
— *alpestre* (B, C, F)	3298 b	712
— **distentifolium** Opiz	3298 b	712
— *filix femina* (F)	3298	711
Athyrium filix-femina (L.) Roth	3298	711
Atractylis		
— **cancellata** L.	1629	336
— **humilis** L.	1630	336
Atragene		
— *alpina* (B)	4	1
Atriplex		
— *arenarius* (F)	2352	512
— *babingtoni* (F)	2351 b	512
— *babingtonii* (C)	2351 b	512
— *crassifolia* (B)	2352	512
— **glabriuscula** Edmondston	2351 b	512
— *glabriusculus* (G)	2351 b	512
— **halimus** L.	2348	511
— *hastata* (B, C, T)	2351	512
— *hastatus* (F, G)	2351	512
— **hortensis** L.	2349	511
— —	2349 b	511
— *laciniata* (B, C)	2353	512
— *litoralis* (G)	2350 b	512
— **littoralis** L.	2350 b	512
— *microtheca* (B)	2349 b	511
— **patula** L.	2350	511
— *patulus* (F, G)	2350	511
— **pedunculata** L.	2355	513
— **portulacoides** L.	2356	513
— **prostrata** DC.	2351	512
— **rosea** L.	2354	512
— *roseus* (F, G)	2354	512
— **tatarica** L.	2353	512
— *tatarica* (T)	2352	512
— *tataricus* (F, G)	2353	512
— **tornabenei** Tineo	2352	512
— *tornabeni* (C)	2352	512
— *tornabenii* (G)	2352	512
Atropa		
— **bella-donna** L.	2021	432
— *belladona* (B, C, G)	2021	432
— *belladonna* (F)	2021	432
Aurinia		
— **petraea** (Ard.) Schur	223	47
Avellinia		
— **michelii** (Savi) Parl.	3177	678
Avena		
— **barbata** Link	3104 b	665
— **brevis** Roth	3105 e	666
— *bromoides* (B, C)	3114 b	667
— *bromoïdes* (F)	3114 b	667
— *contracta* (G)	3105 b	665
— *elatior* (B)	3106	666
— **fatua** L.	3104	665
— *hostii* (B)	3110 b	667
— *longifolia* (C)	3107	666
— *montana* (B, C, F)	3108	666
— **nuda** L.	3105 c	665
— *orientalis* (B, C, F)	3105 b	665
— *parlatorei* (C, F)	3110 b	667
— *pratensis* (B, C, F)	3114	667
— *pubescens* (B, C, F)	3111	667
— **sativa** L.	3105	665
— —	3105 b	665
— *scheuchzerii* (B)	3112	667
— *sempervirens* (F)	3109	666
— *sempervirens* (B, C, F)	3110	666
— *setacea* (B, C)	3109	666
— **sterilis** L.	3103	665
— *sterilis* (C, F)	3103 2	665
— **sterilis** subsp. **ludoviciana** (Durieu) Nyman	3103 2	665
— **strigosa** Schreber	3105 d	665
— *sulcata* (B, C, F)	3113	667
— *thorei* (B)	3107	666
— *versicolor* (C, F)	3112	667
Avenula		
— **bromoides** (Gouan) H. Scholz	3114 b	667
— **marginata** subsp. **sulcata** (Delastre) Franco	3113	667
— **pratensis** (L.) Dumort.	3114	667

Taxon	Dessin	Pl.
Avenula pubescens (Hudson) Dumort.	3111	667
— **versicolor** (Villars) Lainz	3112	667
Azalea		
— *procumbens* (C)	1824	388
Azolla		
— **caroliniana** Willd.	3320	716
— **filiculoides** Lam.	3321	716
— *filiculoïdes* (F)	3321	716
AZOLLACEAE		716
Baldellia		
— **ranunculoides** (L.) Parl.	2558	570
Baldingera		
— *arundinacea* (B)	2999	647
Ballota		
— *foetida* (B)	2245	489
— **frutescens** (L.) J. Woods	2246	489
— *nigra* (C)	2245	489
— **nigra** subsp. **foetida** (Vis.) Hayek	2245	489
— *spinosa* (B)	2246	489
BALSAMINACEAE		109
—		723
Balsamita		
— **major** Desf.	1448	292
Barbaraea		
— *intermedia* (F)	160 f,g	36
— *rupicola* (F)	3351	722
— *sicula* (F)	160 e	36
— *stricta* (F)	160 c	36
— *verna* (F)	160 d	36
— *vulgaris* (F)	160 a,b	36
Barbarea		
— **intermedia** Boreau	160 f	36
— *intermedia* (C)	160 g	36
— *praecox* (C)	160 d	36
— **rupicola** Moris	3351	722
— **sicula** C. Presl	160 e	36
— **stricta** Andrz.	160 c	36
— **verna** (Miller) Asch.	160 d	36
— **vulgaris** R. Br.	160 a,g	36
— *vulgaris* (B, C, T)	160 b	36
— *vulgaris* (B, C)	160 c	36
— *vulgaris* (B)	160 d-f	36
— **vulgaris** subsp. **arcuata** (Opiz) Hayek	160 b	36
Barkhausia		
— *albida* (B)	1702	357
— *erucaefolia* (B)	1701	357
— *foetida* (B)	1703	357
— *leontodontoides* (B)	1700	357
— *setosa* (B)	1698	356
— *suffreniana* (B)	1697	356
— *taraxacifolia* (B)	1699	356
Barlia		
— *longibracteata* (G)	2747	609
— **robertiana** (Lois.) Greuter	2747	609
Bartschia		
— *alpina* (F)	2114	457
— *spicata* (F)	2115	457
Bartsia		
— **alpina** L.	2114	457
— *latifolia* (C)	2118	458
— **spicata** Ramond	2115	457
— *trixago* (C)	2116	457
— *viscosa* (C)	2117	458
Bassia		
— **hirsuta** (L.) Asch.	2375	518
— **laniflora** (S. Gmelin) A. J. Scott	2376	518
— **prostrata** (L.) A. J. Scott	2377	518
— **scoparia** (L.) A. J. Scott	2378	518
Bellardia		
— **trixago** (L.) All.	2116	457
Bellardiochloa		
— **violacea** (Bellardi) Chiov.	3185	680
Bellevalia		
— **ciliata** (Cirillo) Nees	2644	589
— **romana** (L.) Reichb.	2642	588
— **trifoliata** (Ten.) Kunth	2643	589

Taxon	Dessin	Pl.
Bellidiastrum		
— *michelii* (B, C)	1397	280
Bellis		
— **annua** L.	1398	280
— **perennis** L.	1399	280
— *silvestris* (B, C, F)	1399 b	280
— **sylvestris** Cirillo	1399 b	280
Bellium		
— **bellidioides** L.	3373	725
Berarda		
— *subacaulis* (F)	1619	333
Berardia		
— **subacaulis** Villars	1619	333
BERBERIDACEAE		23
Berberis		
— **vulgaris** L.	100	23
Berteroa		
— **incana** (L.) DC.	224	47
Berula		
— **erecta** (Hudson) Cov.	1213	234
Beta		
— **maritima** L.	2359	514
— **vulgaris** L.	2358	513
— *vulgaris* subsp. *maritima* (T)	2359	514
Betonica		
— *alopecuros* (B, C)	2242	489
— *hirsuta* (B, C)	2243	489
— *officinalis* (B, C)	2244	489
Betula		
— *alba* (B, C)	2552	568
— **nana** L.	2552 c	568
— **pendula** Roth	2552	568
— **pubescens** Ehrh.	2552 b	568
— *verrucosa* (F, G)	2552	568
BETULACEAE		559-560
—		568-569
—		726
Bidens		
— **bipinnata** L.	1497	302
— *bullata* (F)	1495 2	301
— *bullatus* (C)	1495 2	301
— **cernua** L.	1496	302
— *cernuus* (C)	1496	302
— *hirta* (B)	1495 2	301
— **radiata** Thuill.	1495 b	301
— *radiatus* (C)	1495 b	301
— **tripartita** L.	1495	301
— —	1495 2	301
— *tripartitus* (C)	1495	301
Bifora		
— *dicocca* (B)	1130	210
— **radians** M. Bieb.	1130 b	210
— **testiculata** (L.) Roth	1130	210
Bilderdykia		
— *convolvulus* (T, G)	2406	529
— *dumetorum* (T, G)	2405	529
Biscutella		
— **arvernensis** Jordan	250 d	52
— **auriculata** L.	252	53
— **cichoriifolia** Lois.	251	53
— **coronopifolia** L.	250 b	52
— **laevigata** L.	250	52
— —	250 c	52
— *levigata* subsp. *coronopifolia* (F)	250 b	52
— *levigata* subsp. *eu-levigata* (F)	250	52
— *levigata* subsp. *longifolia* (F)	250 c	52
— *longifolia* (C)	250 c	52
Biserrula		
— *pelecinus* (B, C, F, T, G)	799	147
Bituminaria		
— **bituminosa** (L.) Stirton	804	148
— —	804 b	148
Blackstonia		
— **acuminata** (Koch & Ziz) Domin	1911 b	405
— **imperfoliata** (L. f.) Samp.	1910	405
— **perfoliata** (L.) Hudson	1911	405

Taxon	Dessin	Pl.
Blackstonia perfoliata subsp. *imperfoliata* (T)	1910	405
— *perfoliata* subsp. *serotina* (T)	1911 b	405
Blechnum		
— **spicant** (L.) Roth	3301	712
Blitum		
— **capitatum** L.	2373 b	517
— **virgatum** L.	2373	517
Blysmus		
— **compressus** (L.) Link	2877	628
Bombycilaena		
— **discolor** (Pers.) Lainz	1541 b	309
— **erecta** (L.) Smoljan.	1541	309
Bonjeania		
— *hirsuta* (B, C, F)	757	140
— *recta* (B, C, F)	756	140
BORAGINACEAE		414-429
—		725
Borago		
— **officinalis** L.	1955	415
— **pygmaea** (DC.) Chater & Greuter	3376	725
Borderea		
— **pyrenaica** Miégev.	2672	597
Borrago		
— *laxiflora* (C, F)	3376	725
— *officinalis* (B, C, F)	1955	415
Bothriochloa		
— *ischaemum* (G)	3046	654
Botrychium		
— **lanceolatum** (S. Gmelin) Angström	3313 b	715
— **lunaria** (L.) Sw.	3311	715
— *matricariae* (F)	3314	715
— *matricariaefolium* (B, C)	3313	715
— **matricariifolium** Koch	3313	715
— **multifidum** (S.Gmelin) Rupr.	3314	715
— *ramosum* (F)	3313	715
— *rutaefolium* (B)	3314	715
— **simplex** Hitchc.	3312	715
— *ternatum* (C)	3314	715
— **virginianum** (L.) Sw.	3315	715
Brachypodium		
— **distachyon** (L.) Beauv.	3235	692
— *distachyum* (F, G)	3235	692
— **pinnatum** (L.) Beauv.	3237	692
— *ramosum* (B, C, F, G)	3234	692
— **retusum** (Pers.) Beauv.	3234	692
— *silvaticum* (B, C, F)	3236	692
— **sylvaticum** (Hudson) Beauv.	3236	692
Brassica		
— *adpressa* (F)	137	32
— *cheiranthus* (C)	130	30
— —	130 2	30
— **fruticulosa** Cirillo	136	31
— **insularis** Moris	3352	723
— *monensis* subsp. *cheiranthus* (F)	130	30
— —	130 2	30
— **montana** Pourret	132 b	31
— **napus** L.	133 a	31
— **nigra** (L.) Koch	134	31
— **oleracea** L.	132	30
— *oleracea* subsp. *insularis* (F, G)	3352	723
— *oleracea* subsp. *pourreti* (F)	132 b	31
— *oleracea* subsp. *pourretii* (G)	132 b	31
— *oleracea* subsp. *robertiana* (F, T, G)	132 b	31
— *pourretii* (C)	132 b	31
— **repanda** (Willd.) DC.	142	32
— **repanda** subsp. **saxatilis** (DC.) Heyw.	142 b,c	32
— *richeri* (C, F)	135	31
— *richerii* (B)	135	31
— *robertiana* (B, C)	132 b	31

Taxon	*Dessin*	*Pl.*
Brassica sativa (B)	133 a	31
BRASSICACEAE		29-59
—		723
Braya		
— *pinnatifida* (B)	163	37
— *supina* (B)	162	37
Brignolia		
— *pastinacaefolia* (B, C)	1190	228
Brimeura		
— **amethystina** (L.) Chouard	2641	588
Briza		
— **maxima** L.	3151	674
— **media** L.	3152	674
— **minor** L.	3153	674
Bromus		
— *arduennensis* (C, F)	3203	683
— **arvensis** L.	3207	684
— **arvensis** subsp. **segetalis** H. Scholz	3202 2	683
— *asper* (B, C, F)	3196	682
— **bromoideus** (Lej.) Crépin	3203	683
— **commutatus** Schrader	3206 b	684
— **diandrus** Roth	3201 b	683
— *divaricatus* (B)	3210 b	685
— **erectus** Hudson	3195	682
— *giganteus* (B)	3205	684
— **grossus** DC.	3202 3	683
— *gussonei* (F)	3201 b	683
— **hordeaceus** L.	3204	684
— *hordeaceus* (C, G)	3204 b	684
— *hordeaceus* (G)	3210 b	685
— **hordeaceus** subsp. **molliformis** (Lloyd) Maire & Weiller	3210 b	685
— **hordeaceus** subsp. **thominii** (Hardouin) Maire & Weiller	3204 b	684
— **inermis** Leysser	3197	682
— **intermedius** Guss.	3210	685
— **japonicus** Thunb.	3207 b	684
— **lanceolatus** Roth	3209	685
— *macrostachys* (B, C, F)	3209	685
— **madritensis** L.	3198	682
— *maximus* (B, C)	3201	683
— *molliformis* (C, F)	3210 b	685
— *mollis* (B, C, F)	3204	684
— *mollis* (F)	3204 b	684
— *patulus* (B, C)	3207 b	684
— **racemosus** L.	3206	684
— **ramosus** Hudson	3196	682
— **rigidus** Roth	3201	683
— *rigidus* (G)	3201 b	683
— **rubens** L.	3198 b	682
— *schraderi* (C)	3194	682
— **secalinus** L.	3202	683
— *secalinus* (G)	3202 3	683
— **squarrosus** L.	3208	685
— **sterilis** L.	3200	682
— **tectorum** L.	3199	682
— *unioloïdes* (F)	3194	682
— *unioloides* (G)	3194	682
— **willdenowii** Kunth	3194	682
Brunella		
— *alba* (B, C)	2262 b	493
— *grandiflora* (B, C, F)	2262 c	493
— *hyssopifolia* (B, C, F)	2261	493
— *laciniata* (F)	2262 b	493
— *vulgaris* (B, C, F)	2262	493
Bryonia		
— **alba** L.	1023	195
— *cretica* subsp. *dioica* (T)	1022	195
— **dioica** Jacq.	1022	195
— *dioïca* (F)	1022	195
Buffonia		
— *macrosperma* (B, C)	421	83
— *paniculata* (F)	421	83
— *perennis* (B, C, F)	423	83
— *tenuifolia* (B, C, F)	422	83

Taxon	*Dessin*	*Pl.*
Bufonia		
— **paniculata** Dubois	421	83
— **perennis** Pourret	423	83
— **tenuifolia** L.	422	83
Buglossoides		
— *arvensis* (T)	1972	419
— *arvensis* subsp. *permixta* (T)	1972 3	419
— *gastonii* (T)	1977	420
— *purpurocaerulea* (T)	1978	420
Bulbocodium		
— **vernum** L.	2564	572
Bulliarda		
— *vaillantii* (B)	1044	198
Bunias		
— **erucago** L.	247	51
— —	247 2	51
Bunium		
— **bulbocastanum** L.	1219	236
— *incrassatum* (B, C)	1219 b	236
— **pachypodum** P. Ball	1219 b	236
Buphtalmum		
— *salicifolium* (G)	1498	302
Buphthalmum		
— *grandiflorum* (B, C)	1498 2	302
— **salicifolium** L.	1498	302
— —	1498 2	302
— *salicifolium* subsp. *eu-salicifolium* (F)	1498	302
— *salicifolium* subsp. *grandiflorum* (F)	1498 2	302
Bupleurum		
— *affine* (C)	1207 b	232
— **angulosum** L.	1202	231
— *aristatum* (C)	1206	232
— **baldense** Turra	1206	232
— *baldense* subsp. *opacum* (F)	1206	232
— **falcatum** L.	1208	233
— —	1208 b	233
— *falcatum* subsp. *eu-falcatum* (F)	1208	233
— *falcatum* subsp. *exaltatum* (F)	1208 b	233
— **fruticescens** L.	1209	233
— **fruticosum** L.	1211	234
— **gerardi** All.	1207 b	232
— *junceum* (C, F)	1207	232
— **lancifolium** Hornem.	1199 b	231
— **longifolium** L.	1201	231
— **petraeum** L.	1204	232
— **praealtum** L.	1207	232
— *protractum* (C)	1199 b	231
— **ranunculoides** L.	1203	232
— *ranunculoïdes* (F)	1203	232
— **rigidum** L.	1210	233
— **rotundifolium** L.	1199	231
— **semicompositum** L.	1205 b	232
— **stellatum** L.	1200	231
— **tenuissimum** L.	1205	232
Buplevrum		
— *affine* (B)	1207 b	232
— *angulosum* (B)	1202	231
— *aristatum* (B)	1206	232
— *falcatum* (B)	1208	233
— *fruticescens* (B)	1209	233
— *fruticosum* (B)	1211	234
— *gerardi* (B)	1207 b	232
— *glaucum* (B)	1205 b	232
— *gramineum* (B)	1208 b	233
— *junceum* (B)	1207	232
— *longifolium* (B)	1201	231
— *petraeum* (B)	1204	232
— *protractum* (B)	1199 b	231
— *ranunculoides* (B)	1203	232
— *rigidum* (B)	1210	233
— *rotundifolium* (B)	1199	231
— *stellatum* (B)	1200	231
— *tenuissimum* (B)	1205	232

Taxon	*Dessin*	*Pl.*
BUTOMACEAE		572
Butomus		
— **umbellatus** L.	2563	572
BUXACEAE		550
Buxus		
— **sempervirens** L.	2494	550
Cachrys		
— *laevigata* (B, C)	1253	246
— **trifida** Miller	1253	246
CACTACEAE		201
Cactus		
— *opuntia* (B)	1073	201
Cakile		
— **maritima** Scop.	282	59
— —	282 2	59
Calamagrostis		
— *argentea* (B, C, F)	3058	656
— **arundinacea** (L.) Roth	3056	656
— **canescens** (Weber) Roth	3064	657
— *epigeios* (B, C, F, G)	3060	657
— **epigejos** (L.) Roth	3060	657
— *halleriana* (B)	3061	657
— *lanceolata* (B, C, F, G)	3064	657
— *littorea* (B, C, F)	3063	657
— *montana* (B, C)	3059	657
— *neglecta* (B, C, F, G)	3062	657
— **pseudophragmites** (A. Haller) Koeler	3063	657
— **stricta** (Timm) Koeler	3062	657
— *tenella* (B, C, F)	3057	656
— **varia** (Schrader) Host	3059	657
— **villosa** (Chaix) J. Gmelin	3061	657
Calamintha		
— *acinos* (B, C, F)	2190	473
— *alpina* (B, C, F)	2191	473
— *ascendens* (C)	2193 b	474
— *clinopodium* (B, C, F)	2189	473
— *grandiflora* (B, C, F, T, G)	2192	473
— *menthaefolia* (B)	2193 b	474
— *nepeta* (B, C, G)	2194	474
— *nepeta* (T, G)	2195	474
— *nepeta* subsp. *glandulosa* (T)	2194	474
— *nepetoides* (C)	2195	474
— *officinalis* (B, C)	2193	473
— *officinalis* subsp. *menthaefolia* (F)	2193 b	474
— *officinalis* subsp. *nepeta* (F)	2194	474
— *officinalis* subsp. *nepetoïdes* (F)	2195	474
— *officinalis* subsp. *silvatica* (F)	2193	473
— *sylvatica* (T, G)	2193	473
— *sylvatica* (G)	2193 b	474
— *sylvatica* subsp. *ascendens* (T)	2193 b	474
Caldesia		
— **parnassifolia** (L.) Parl.	2559	570
Calendula		
— **arvensis** L.	1545	309
— *arvensis* (C)	1545 b	309
— *arvensis* subsp. *macroptera* (F, G)	1545 b	309
— **tripterocarpa** Rupr.	1545 b	309
Calepina		
— *corvini* (B, C)	245	51
— **irregularis** (Asso) Thell.	245	51
Calicotome		
— **spinosa** (L.) Link	608	117
— **villosa** (Poiret) Link	3362	724
Calla		
— **palustris** L.	2811	617
Callianthemum		
— **coriandrifolium** Reichb.	43	10
— *coriandrifolium* subsp. *berardi* (F)	43	10
CALLITRICHACEAE		193
Callitriche		
— *aquatica* (B)	1008 a-c	193
— **hamulata** Koch	1008 c	193

Taxon	*Dessin*	*Pl.*
Callitriche palustris L.	1008 b	193
— **stagnalis** Scop.	1008 a	193
— *verna* (F)	1008 b	193
— *vernalis* (B, C)	1008 b	193
Calluna		
— **vulgaris** (L.) Hull	1813	386
Caltha		
— **palustris** L.	71	15
Calycocorsus		
— **stipitatus** (Jacq.) Rauschert	1676	348
Calycotome		
— *spinosa* (B, C, F)	608	117
— *villosa* (C, F)	3362	724
Calystegia		
— **sepium** (L.) R. Br.	1937	411
— **soldanella** (L.) Roemer & Schultes	1938	412
Camelina		
— **alyssum** (Miller) Thell.	243 c,c2	51
— *foetida* (C)	243 c,c2	51
— *microcarpa* (T, G)	243 b	51
— **microcarpa** subsp. **sylvestris** (Wallr.) Hiit.	243 b	51
— **sativa** (L.) Crantz	243	51
— *silvestris* (C)	243 b	51
Campanula		
— *allionii* (B, C)	1784	378
— **alpestris** All.	1784	378
— **barbata** L.	1782	378
— **bononiensis** L.	1792	380
— **cenisia** L.	1800	383
— **cervicaria** L.	1788	379
— *cochlearifolia* (T, G)	1797	381
— **cochleariifolia** Lam.	1797	381
— —	1797 e	381
— *cochleariifolia* (F)	1797 d	381
— **erinus** L.	1799	383
— **excisa** Murith	1797 b	381
— **ficarioides** Timb.-Lagr.	1797 d	381
— **glomerata** L.	1789	379
— *glomerata* subsp. *eu-glomerata* (F)	1789	379
— **hispanica** subsp. **catalanica** Podl.	1798 f	382
— **jaubertiana** Timb.-Lagr.	1797 c	381
— **lanceolata** Lapeyr.	1798 c	382
— *lanceolata* (B, C, F)	1798 e	382
— **latifolia** L.	1793	380
— *linifolia* (B, C)	1798 c	382
— **macrorhiza** A. DC.	1798 b	382
— *macrorhiza aggr.* (G)	1798 b,f	382
— *macrorrhiza* (C)	1798 b	382
— **medium** L.	1781	378
— **patula** L.	1802	383
— *persicaefolia* (B, F)	1803	383
— **persicifolia** L.	1803	383
— **persicifolia** subsp. **subpyrenaica** (Timb.-Lagr.) Fed.	1803 2	383
— **petraea** L.	1785	379
— **precatoria** Timb.-Lagr.	1798 e	382
— *pusilla* (B, C)	1797	381
— **pyramidalis** L.	1791	380
— **raineri** Perp.	1801	383
— **rapunculoides** L.	1794	381
— *rapunculoïdes* (F)	1794	381
— **rapunculus** L.	1790	380
— *recta* (T, G)	1798 c	382
— **rhomboidalis** L.	1798 d	382
— *rhomboïdalis* (F)	1798 d	382
— **rotundifolia** L.	1798	382
— *rotundifolia* (F)	1798 b,f	382
— *rotundifolia* subsp. *eu-rotundifolia* (F)	1798	382
— *ruscinonensis* (T)	1798 f	382
— **scheuchzeri** Villars	1796	381
— *scheuchzerii* (B)	1796	381
— *schleicheri* (F)	1798 c	382
— **speciosa** Pourret	1783	378
Campanula spicata L.	1787	379
— *thyrsoidea* (B)	1786	379
— *thyrsoïdea* (F)	1786	379
— **thyrsoides** L.	1786	379
— **trachelium** L.	1795	381
CAMPANULACEAE		373-384
Camphorosma		
— **monspeliaca** L.	2379	518
Cannabis		
— **sativa** L.	2508	555
CAPPARACEAE		60
Capparis		
— **spinosa** L.	286	60
CAPRIFOLIACEAE		250-253
Capsella		
— **bursa-pastoris** (L.) Medikus	269	56
— *bursa-pastoris* (G)	269 b	56
— **rubella** Reuter	269 b	56
Cardamine		
— *alpina* (B, C, F)	197	43
— **amara** L.	201	44
— **asarifolia** L.	204	44
— **bellidifolia** subsp. **alpina** (Willd.) B. Jones	197	43
— **bulbifera** (L.) Crantz	206	44
— **flexuosa** With.	195 b	43
— **heptaphylla** (Villars) O. Schulz	207	45
— **hirsuta** L.	195	43
— **impatiens** L.	199	43
— **kitaibelli** Bech.	208	45
— *latifolia* (B, C, F)	200	43
— *matthiolii* (T)	202 2	44
— *palustris* (T)	202 3	44
— **parviflora** L.	196	43
— **pentaphyllos** (L.) Crantz	209	45
— **plumieri** Villars	203	44
— **pratensis** L.	202	44
— **pratensis** subsp. **dentata** (Schultes) Čelak.	202 3	44
— *pratensis* subsp. *eu-pratensis* (F)	202	44
— *pratensis* subsp. *hayneana* (F)	202 2	44
— **pratensis** subsp. **matthioli** (Moretti) Nyman	202 2	44
— *pratensis* subsp. *palustris* (G)	202 3	44
— **raphanifolia** Pourret	200	43
— **resedifolia** L.	198	43
— *silvatica* (B, C)	195 b	43
— *thalictroides* (B)	203	44
— **trifolia** L.	205	44
Cardaminopsis		
— **arenosa** (L.) Hayek	191	42
— **cebennensis** (DC.) Burdet	190	42
— **halleri** (L.) Hayek	192	42
— **pedemontana** (Boiss.) Burdet	190 b	42
Cardaria		
— **draba** (L.) Desv.	275	57
Carduncellus		
— **caeruleus** (L.) C. Presl	1612	332
— **mitissimus** (L.) DC.	1583	323
— *monspeliensium* (B, C, F, G)	1584	323
— **monspelliensium** All.	1584	323
Carduus		
— **acicularis** Bertol.	1579 b	321
— *arctioides* (C)	1574 c	320
— **argemone** subsp. **obtusisquamus** Franco	1574	320
— **aurosicus** Villars	1575	320
— *carlinaefolius* (B, F)	1574 b	320
— **carlinifolius** Lam.	1574 b	320
— **carlinoides** Gouan	1576	320
— *carlinoïdes* (F)	1576	320
— **crispus** L.	1578	321
— *defloratus* (B, C, F)	1574	320
Carduus defloratus s.l. (G)	1574	320
— —	1574 b,c	320
— *hamulosus* (B, C)	1582	322
— **litigiosus** Nocca & Balbis	1579	321
— **medius** Gouan	1574 c	320
— *medius* subsp. *eu-medius* (F)	1574 c	320
— **nigrescens** Villars	1582	322
— —	1582 b	322
— *nigrescens* subsp. *eu-nigrescens* (F)	1582 b	322
— *nigrescens* subsp. *spiniger* (F, G)	1582	322
— *nigrescens* subsp. *vivariensis* (F, G)	1582 b2	322
— **nutans** L.	1581	322
— **personata** (L.) Jacq.	1580	322
— *personatus* (C)	1580	322
— **pycnocephalus** L.	1577 b	321
— *sanctae-balmae* (B, C)	1579	321
— **tenuiflorus** Curtis	1577	321
— **vivariensis** Jordan	1582 b2	322
Carex		
— **acuta** L.	2939	636
— **acutiformis** Ehrh.	2957	640
— **alba** Scop.	2965	641
— *alpina* (C, F)	2934	635
— *ambigua* (B)	2928	635
— *ampullacea* (B, F)	2956	639
— **appropinquata** Schum.	2915	633
— *approximata* (B)	2924	634
— **arenaria** L.	2911	632
— *arenaria* (C)	2912 2	632
— *aterrima* (C)	2931 c	635
— **atrata** L.	2931	635
— *atrata* (F)	2931 c	635
— **atrata** subsp. **aterrima** (Hoppe) Čelak.	2931 c	635
— *atrata* subsp. *nigra* (G)	2931 b	635
— **atrofusca** Schk.	2978	643
— **baldensis** L.	2927	635
— *basilaris* (B)	2942	637
— **bicolor** All.	2930	635
— **binervis** Smith	2969 b	642
— **bohemica** Schreber	2913	633
— **brachystachys** Schrank	2972	642
— **brevicollis** DC.	2949	638
— **brizoides** L.	2912	632
— *brizoïdes* (F)	2912	632
— **brunnescens** (Pers.) Poiret	2921 b	634
— *buxbaumi* (F)	2933	635
— **buxbaumii** Wahlenb.	2933	635
— *caespitosa* (B, F)	2936 b	636
— *canescens* (B, C, F)	2921	634
— **capillaris** L.	2976	643
— **caryophyllea** Latour.	2953	639
— **cespitosa** L.	2936 b	636
— *chaetophylla* (C)	2907 b	631
— *chordorhiza* (B)	2908	632
— **chordorrhiza** L. f.	2908	632
— *clavaeformis* (C)	2954 3	639
— *contigua* (F)	2920	634
— **curta** Good	2921	634
— **curvula** All. s.l.	2929	635
— *cyperoides* (B, C)	2913	633
— *cyperoïdes* (F)	2913	633
— **davalliana** Smith	2897	630
— *decipiens* (B)	2900	631
— **depauperata** With.	2963	641
— **depressa** Link	2942	637
— **diandra** Schrank	2917	633
— **digitata** L.	2948	638
— **dioica** L.	2898	631
— *dioïca* (F)	2898	631
— **distachya** Desf.	2926	635
— **distans** L.	2969	642
— **disticha** Hudson	2909	632
— **divisa** Hudson	2907	631
— —	2907 b	631

Taxon	Dessin	Pl.
Carex		
— **divulsa** Stokes s.l.	2920 c	634
— **echinata** Murray	2918	633
— **elata** All.	2936	636
— **elongata** L.	2923	634
— **ericetorum** Pollich	2946	637
— —	2946 2	637
— **extensa** Gooden.	2983	644
— **ferruginea** Scop.	2968	641
— **ferruginea** subsp. **australpina** (Bech.) Dietr.	2972 b	642
— *ferruginea* subsp. *tendae* (G)	2972 b	642
— *filiformis* (B, C)	2941	637
— *filiformis* (G)	2951	638
— **fimbriata** Schk.	2974	643
— **firma** Host	2975 b	643
— **flacca** Schreber	2954	639
— —	2954 3	639
— *flacca* (G)	2954 2	639
— **flacca** subsp. **serrulata** (Biv.) Greuter	2954 2	639
— **flava** L.	2987	644
— *flava* (G)	2987 2	644
— *flava* subsp. *lepidocarpa* (F)	2987 2	644
— *flava* subsp. *œderi* (F, G)	2987 b	644
— **foetida** All.	2906	631
— **frigida** All.	2977	643
— **fuliginosa** Schk. s.l.	2932	635
— *fuliginosus* (B)	2932	635
— *fulva* (B, F)	2988	644
— *fusca* (G)	2937	636
— *glauca* (B, C, F)	2954	639
— *glauca* (F)	2954 2,3	639
— *goodenoughi* (F)	2937	636
— *gracilis* (F)	2939	636
— *grioleti* (F)	2952	638
— **grioletii** Roemer	2952	638
— **hallerana** Asso	2943	637
— *halleriana* (B, C, F, G)	2943	637
— **heleonastes** L. f.	2925	634
— *helodes* (F)	2970	642
— **hirta** L.	2940	636
— **hispida** Willd.	2945	637
— *hispidula* (B)	2974	643
— **hordeistichos** Villars	2955	639
— *hornschuchiana* (C)	2988	644
— **hostiana** DC.	2988	644
— **humilis** Leysser	2944	637
— *incurva* (C, F)	2905	631
— *irrigua* (C)	2980	643
— *juncifolia* (B)	2905	631
— **lachenalii** Schk.	2924	634
— **laevigata** Smith	2970	642
— *lagopina* (B, C, F)	2924	634
— **lasiocarpa** Ehrh.	2941	637
— **lepidocarpa** Tausch	2987 2	644
— *leporina* (B, C, F)	2922	634
— **ligerica** Gay	2911 b	632
— **limosa** L.	2979	643
— *linkii* (B)	2926	635
— **liparocarpos** Gaudin	2981	643
— *longiseta* (C, F)	2926	635
— *macrostyla* (C, F, G)	2900	631
— **macrostylon** Lapeyr.	2900	631
— *magellanica* (F, G)	2980	643
— **magellanica** subsp. **irrigua** (Wahlenb.) Hiit.	2980	643
— *mairei* (F, G)	2986	644
— **mairii** Cosson & Germ.	2986	644
— **maritima** Gunnerus	2905	631
— *maxima* (B)	2971	642
— **melanostachya** Willd.	2958	640
— **microcarpa** Moris	3395	729
— **microglochin** Wahlenb.	2901	631
— *mixta* (C)	2953 c	639
— **montana** L.	2947	637
Carex mucronata All.	2935	636
— **muricata** L. s.l.	2920 b	634
— *muricata* (B, C, G)	2920	634
— *muricata* subsp. *divulsa* (G)	2920 c	634
— *muricata* subsp. *leersii* (G)	2920 c	634
— *muricata* subsp. *pairaei* (G)	2920 b	634
— **nigra** (L.) Reichard	2937	636
— *nigra* (B, C, F)	2931 b	635
— *nitida* (B, C, F, G)	2981	643
— **norvegica** Retz.	2934	635
— *nutans* (B, C, F)	2958	640
— *œderi* (B, C)	2987 b	644
— **œdipostyla** Duval-Jouve	2928	635
— **olbiensis** Jordan	2984	644
— **ornithopoda** Willd.	2948 b	638
— **ornithopoda** subsp. **ornithopodioides** (Hausm.) Nyman	2948 c	638
— *ornithopodioides* (C)	2948 c	638
— **ovalis** Good	2922	634
— *pairaei* (C, F)	2920 b	634
— **pallescens** L.	2962	641
— *paludosa* (B)	2957	640
— **panicea** L.	2973	642
— **paniculata** L.	2916	633
— *paradoxa* (B, C, F)	2915	633
— **parviflora** Host	2931 b	635
— **pauciflora** Light.	2902	631
— **pendula** Hudson	2971	642
— **pilosa** Scop.	2967	641
— **pilulifera** L.	2950	638
— *polygama* (C)	2933	635
— *polyrrhiza* (C, F)	2953 b	639
— *polyrrhiza* (F)	2953 c	639
— **praecox** Schreber	2910	632
— *praecox* (B, C)	2953	639
— *pseudo-cyperus* (B, C, F, G)	2961	640
— *pseudobrizoides* (G)	2912 2	632
— **pseudocyperus** L.	2961	640
— **pulicaris** L.	2899	631
— **punctata** Gaudin	2982	644
— **pyrenaica** Wahlenb.	2904	631
— *refracta* (C, F)	2972 b	642
— *reichenbachi* (F)	2912 2	632
— **reichenbachii** Bonnet	2912 2	632
— **remota** L.	2919	633
— **riparia** Curtis	2959	640
— **rostrata** Stokes	2956	639
— **rupestris** All.	2903	631
— *schreberi* (B, C, F)	2910	632
— **sempervirens** Villars	2975	643
— **serotina** Mérat	2987 b	644
— *serrulata* (C)	2954 2	639
— *setifolia* (B)	2907 b	631
— *silvatica* (B, C, F)	2964	641
— **spicata** Hudson	2920	634
— *stellulata* (B, F)	2918	633
— *stricta* (B, C)	2936	636
— **strigosa** Hudson	2966	641
— **sylvatica** Hudson	2964	641
— *tenuis* (B, C)	2972	642
— *teretiuscula* (B, C, F)	2917	633
— **tomentosa** L.	2951	638
— **trinervis** Degl.	2938	636
— **umbrosa** Host	2953 b	639
— *umbrosa* (G)	2953 c	639
— **umbrosa** subsp. **huetiana** (Boiss.) Soó	2953 c	639
— *ustulata* (B, C)	2978	643
— **vaginata** Tausch	2973 b	643
— *vahli* (B)	2934	635
— **vesicaria** L.	2960	640
— *vitilis* (B)	2921 b	634
— *vulgaris* (B, C)	2937	636
— **vulpina** L.	2914	633
Carlina		
— **acanthifolia** All.	1628	335
Carlina acanthifolia subsp. *eu-acanthifolia* (F)	1628	335
— **acaulis** L.	1627	335
— *acaulis* (C, F, G)	1627 2	335
— **acaulis** subsp. **simplex** (Waldst. & Kit.) Nyman	1627 2	335
— **corymbosa** L.	1625	334
— **lanata** L.	1624	334
— *longifolia* (B)	1626 b	335
— *nebrodensis* (C)	1626 b	335
— **vulgaris** L.	1626	334
— *vulgaris* subsp. *eu-vulgaris* (F)	1626	334
— **vulgaris** subsp. **longifolia** Nyman	1626 b	335
— *vulgaris* subsp. *stricta* (F)	1626 b	335
Carpesium		
— **cernuum** L.	1544	309
Carpinus		
— **betulus** L.	2521	560
Carthamus		
— *caeruleus* (F, G)	1612	332
— **lanatus** L.	1611	331
Carum		
— *bulbocastanum* (B)	1219	236
— **carvi** L.	1218	236
— **verticillatum** (L.) Koch	1217	236
CARYOPHYLLACEAE		71-91
—		196-197
—		723
Castanea		
— **sativa** Miller	2512	556
— *vulgaris* (B)	2512	556
Catabrosa		
— **aquatica** (L.) Beauv.	3128	669
Catananche		
— **caerulea** L.	1634	337
Catapodium		
— *loliaceum* (F, G)	3159	675
Caucalis		
— *daucoides* (B, C)	1126	210
— *daucoïdes* (F)	1126	210
— *grandiflora* (B)	1123	209
— *latifolia* (B)	1125	209
— *leptophylla* (B, C)	1126 b	210
— *maritima* (B)	1124	209
— **platycarpos** L.	1126	210
— *platycarpos* (B)	1122	209
Caulinia		
— *minor* (B)	2795	615
Cedrus		
— **libani** A. Rich.	3260	697
CELASTRACEAE		112
Celtis		
— **australis** L.	2498	551
Centaurea		
— **alba** L. s.l.	1600 b2	327
— *alba* (B)	1600 b2	327
— **alpestris** Hegetschw.	1605 b	330
— *amara* (B, C)	1600 b	327
— **aspera** L.	1592	324
— *axillaris* (B)	1607 d	331
— *caerulescens* (B, C)	1597	326
— **calcitrapa** L.	1593	325
— *cineraria* (C)	1595	325
— *cinerea* (B)	1595	325
— **collina** L.	1588	324
— **corymbosa** Pourret	1594 b	325
— **cyanus** L.	1609	331
— **debeauxii** Gren. & Godron	1600 f	328
— **debeauxii** subsp. **thuillieri** Dostál	1600 d	327
— **decipiens** Thuill.	1600 d2	328
— **diffusa** Lam.	1591	324
— *hanryi* (C)	1597 b	326
— *intybacea* (B, C, F)	1599	327
— **jacea** L.	1600	327

Taxon	*Dessin*	*Pl.*
Centaurea jacea L.	1600 b	327
— *jacea* subsp. *amara* (F)	1600 b	327
— *jacea* subsp. *angustifolia* (G)	1600 b	327
— *jacea* subsp. *eu-jacea* (F)	1600	327
— *jordaniana* (C)	1602 b	328
— *kotschyana* (B)	1605 b	330
— **leucophaea** Jordan	1597 c	326
— **leucophaea** subsp. **pseudocoerulescens** (Briq.) Dostál	1595	325
— *lugdunensis* (C)	1607 2	330
— **maculosa** Lam.	1594	325
— *maculosa* subsp. *rhenana* (F)	1594	325
— **melitensis** L.	1589	324
— **microptilon** Gren. & Godron	1600 e	328
— **montana** L.	1607	330
— *montana* subsp. *angustifolia* (F)	1607 d	331
— *montana* subsp. *eu-montana* (F)	1607	330
— *montana* subsp. *lugdunensis* (F)	1607 2	330
— *montana* subsp. *variegata* (F)	1608	331
— *nervosa* (B, C)	1604 b	329
— *nervosa* (C)	1604 c	329
— **nigra** L.	1600 c	327
— *nigra* (C, G)	1600 f	328
— *nigra* subsp. *debeauxi* (F)	1600 f	328
— *nigra* subsp. *eu-nigra* (F)	1600 c	327
— **paniculata** L.	1596	326
— *paniculata* (C, G)	1596 2	326
— —	1596 b	326
— *paniculata* subsp. *caerulescens* (G)	1594 b	325
— —	1596 3	326
— —	1597 b	326
— *paniculata* subsp. *caerulescens* (F, G)	1597	326
— *paniculata* subsp. *controversa* (G)	1595	325
— *paniculata* subsp. *eu-paniculata* (F)	1596	326
— *paniculata* subsp. *hanryi* (F)	1597 b	326
— *paniculata* subsp. *leucophaea* (F, G)	1597 c	326
— *paniculata* subsp. *maculosa* (G)	1594	325
— **paniculata** subsp. **polycephala** (Jordan) Nyman	1596 b	326
— **paniculata** subsp. **rigidula** (Jordan) Dostál	1596 2	326
— **pectinata** L.	1603	329
— **phrygia** subsp. **pseudophrygia** (C. Meyer) Gugler	1604 d	329
— *pratensis* (C, G)	1600 d,d2,e	327-328
— *pratensis* subsp. *eu-pratensis* (F)	1600 d	327
— *pratensis* subsp. *microptilon* (F)	1600 e	328
— **procumbens** Balbis	1602	328
— **procumbens** subsp. **jordaniana** (Gren. & Godron) Rouy	1602 b	328
— *pseudo-cineraria* (F)	1595	325
— *pseudo-phrygia* (B)	1604 d	329
— **pullata** L.	1606	330

Taxon	*Dessin*	*Pl.*
Centaurea rhaetica Moritzi	1601	328
— **scabiosa** L.	1605	330
— *scabiosa* (C)	1605 b	330
— *scabiosa* subsp. *alpestris* (F, G)	1605 b	330
— *scabiosa* subsp. *eu-scabiosa* (F)	1605	330
— *sempervirens* (B, C, F)	1598	327
— **solstitialis** L.	1590	324
— **spinabadia** Timb.-Lagr.	1597	326
— **spinabadia** subsp. **hanryi** (Jordan) Dostál	1597 b	326
— **spinabadia** subsp. **shuttleworthii** (Rouy) Dostál	1596 3	326
— **triumfetti** All.	1607 d	331
— —	1608	331
— **triumfetti** subsp. **lugdunensis** (Jordan) Dostál	1607 2	330
— **triumfetti** subsp. **semidecurrens** (Jordan) Dostál	1607 c	331
— *triumfetti* subsp. *seusana* (G)	1608	331
— **uniflora** Turra	1604	329
— *uniflora* subsp. *eu-uniflora* (F)	1604	329
— **uniflora** subsp. **ferdinandi** (Gren.) Bonnier & Layens	1604 c	329
— **uniflora** subsp. **nervosa** (Willd.) Bonnier & Layens	1604 b	329
— *uniflora* subsp. *nervosa* (G)	1604 c	329
— *variegata* (B, C)	1608	331
Centaurium		
— **capitatum** (Willd.) Borbás	1907 e	405
— **chloodes** (Brot.) Samp.	1904 c	404
— **erythraea** Rafn	1907	404
— *erythraea* (T)	1907 e	405
— **erythraea** subsp. **majus** (Hoffsgg. & Link) Lainz	1907 d	405
— **favargeri** Zeltner	1904	404
— **littorale** (Turner) Gilmour	1904 b	405
— *majus* (G)	1907 d	405
— **maritimum** (L.) Fritsch	1903	404
— **pulchellum** (Sw.) Druce	1906	404
— *pulchellum* subsp. *ramosissimum* (F)	1906	404
— *pulchellum* subsp. *tenuiflorum* (F)	1907 c	404
— **scilloides** (L. f.) Samp.	1907 b	404
— *scilloïdes* (F)	1907 b	404
— **spicatum** (L.) Fritsch	1905	404
— **tenuiflorum** subsp. **acutiflorum** (Schott) Zeltner	1907 c	404
— *umbellatum* subsp. *capitatum* (F)	1907 e	405
— *umbellatum* subsp. *eu-umbellatum* (F)	1907	404
— *umbellatum* subsp. *grandiflorum* (F)	1907 d	405
— *vulgare* (G)	1904 b	405
— *vulgare* subsp. *chloodes* (F)	1904 c	404
— *vulgare* subsp. *compressum* (F)	1904 b	405
— *vulgare* subsp. *linariaefolium* (F)	1904	404
Centranthus		
— **angustifolius** (Miller) DC.	1331 b	263
— *angustifolius* (C, F)	1331 b2	263

Taxon	*Dessin*	*Pl.*
Centranthus calcitrapa (B, C, F, G)	1330	263
— **calcitrapae** (L.) Dufr.	1330	263
— **lecoqii** Jordan	1331 b2	263
— **ruber** (L.) DC.	1331	263
Centrophyllum		
— *caeruleum* (C)	1612	332
— *lanatum* (C)	1611	331
Centunculus		
— *minimus* (B, C, F, G)	1878	397
Cephalanthera		
— **damasonium** (Miller) Druce	2716	605
— *ensifolia* (B, C)	2715	604
— *grandiflora* (B)	2716	605
— **longifolia** (L.) Fritsch	2715	604
— *pallens* (C, F)	2716	605
— **rubra** (L.) Rich.	2717	605
— *xiphophyllum* (F)	2715	604
Cephalaria		
— **alpina** (L.) Roemer & Schultes	1360	269
— **leucantha** (L.) Roemer & Schultes	1366	272
— **syriaca** (L.) Roemer & Schultes	1358	269
— *transsilvanica* (F)	1359	269
— **transsylvanica** (L.) Roemer & Schultes	1359	269
— *transylvanica* (B, C, T, G)	1359	269
Cerastium		
— **alpinum** L.	464	89
— *anomalum* (C, F)	462	88
— *aquaticum* (C)	473	90
— **arvense** L.	467	89
— **brachypetalum** Pers. s.l.	470	90
— *caespitosum* (F)	466	89
— **cerastoides** (L.) Britton	461	88
— **diffusum** Pers.	471 b2	90
— **dubium** (Bast.) Guépin	462	88
— *durieui* (F)	468 b	89
— *erectum* (C)	472	90
— *fontanum* (G)	466	89
— *fontanum* subsp. *triviale* (T)	466	89
— **fontanum** subsp. **vulgare** (Hartman) Greuter & Burdet	466	89
— **glomeratum** Thuill.	469	89
— *gracile* (T)	468 b	89
— **latifolium** L.	464 b	89
— *latifolium* (C)	464 b2,d	89
— **pedunculatum** Gaudin	464 b2	89
— **pumilum** Curtis	471 b	90
— *pumilum* (C)	471 b2	90
— *pumilum* subsp. *obscurum* (F)	471 b	90
— **pyrenaicum** Gay	464 c	89
— **ramosissimum** Boiss.	468 b	89
— *riaei* (B, C)	468 b	89
— **semidecandrum** L.	471 a	90
— **siculum** Guss.	468	89
— *tetrandrum* (F, G)	471 b2	90
— **tomentosum** L.	465	89
— *trigynum* (C, F)	461	88
— *triviale* (C)	466	89
— **uniflorum** Clairv.	464 d	89
— *varians* (B)	471 a,b	90
— *vulgatum* (B)	466	89
Cerasus		
— *acida* (B)	894 b	167
— *avium* (B, C)	894	167
— *lusitanica* (C)	896	167
— *mahaleb* (B, C)	895	167
— *padus* (B, C)	897	167
— *vulgaris* (C)	894 b	167
Ceratocapnos		
— **claviculatus** (L.) Lidén	117	27
Ceratocephalus		
— *falcatus* (B, C, F, T, G)	31	8
Ceratonia		
— **siliqua** L.	890	165

Taxon	*Dessin*	*Pl.*
CERATOPHYLLACEAE		193
Ceratophyllum		
— **demersum** L.	1010	193
— **submersum** L.	1009	193
Cercis		
— **siliquastrum** L.	889	165
Cerefolium		
— *sativum* (B)	1237	240
Cerinthe		
— *alpina* (B, C)	1953 b	414
— *aspera* (B)	1953	414
— **glabra** Miller	1953 b	414
— **major** L.	1953	414
— *major* (F)	1953 c	414
— **major** subsp. **gymnandra** (Gasp.) Rouy	1953 c	414
— **minor** L.	1954	415
— —	1954 2	415
Ceterach		
— *officinarum* (B, C, F, T)	3271	701
Chaenorhinum		
— **minus** (L.) Lange	2068	447
— **origanifolium** (L.) Fourr.	2066	447
— **rubrifolium** (DC.) Fourr.	2067	447
— **villosum** (L.) Lange	2066 2	447
Chaenorrhinum		
— *minus* (F, G)	2068	447
— *origanifolium* (F, G)	2066	447
— *origanifolium* (F)	2066 2	447
— *origanifolium* subsp. *villosum* (G)	2066 2	447
— *rubrifolium* (F, G)	2067	447
Chaerophyllum		
— **aureum** L.	1242	242
— **bulbosum** L.	1238	241
— *cicutaria* (C)	1243	242
— **elegans** Gaudin	1243 c	242
— **hirsutum** L.	1243	242
— *hirsutum* subsp. *cicutaria* (F)	1243	242
— *hirsutum* subsp. *elegans* (F)	1243 c	242
— *hirsutum* subsp. *villarsi* (F)	1243 b	242
— *silvestre* (B)	1239	241
— **temulentum** L.	1241	242
— *temulum* (B, C, F)	1241	242
— **villarsii** Koch	1243 b	242
Chaetonychia		
— **cymosa** (L.) Sweet	1031	196
Chamaecytisus		
— **glaber** Rothm.	633 b	121
— **hirsutus** (L.) Link	633	121
— **supinus** (L.) Link	634	122
— —	634 b	122
Chamaelina		
— *sativa* subsp. *alyssum* (F)	243 c	51
— *sativa* subsp. *eu-sativa* (F)	243	51
— *sativa* subsp. *microcarpa* (F)	243 b	51
Chamaemelum		
— **fuscatum** (Brot.) Carv. Vasc.	1468	296
— **mixtum** (L.) All.	1469	297
— **nobile** (L.) All.	1467	296
Chamaeorchis		
— *alpina* (B, F)	2767	611
Chamaepeuce		
— *casabonae* (B, C)	1623	334
Chamaespartium		
— *sagittale* (T)	622	119
— —	622 b	119
— *sagittalis* (G)	622	119
— *sagittalis* subsp. *delphinensis* (G)	622 b	119
Chamomilla		
— **recutita** (L.) Rauschert	1461	295
Chamorchis		
— **alpina** (L.) Rich.	2767	611
Cheilanthes		
— *catanensis* (T, G)	3272	701

Taxon	*Dessin*	*Pl.*
Cheilanthes fragrans (F, T, G)	3307	714
— **marantae** (L.) Domin	3273	701
— *odora* (B, C)	3307	714
— **pteridioides** (Reichard) C. Chr.	3307	714
— **vellea** (Aiton) Mueller	3272	701
Cheiranthus		
— *cheiri* (B, C, F, T, G)	155	35
Cheirolophus		
— *intybacea* (G)	1599	327
— **intybaceus** (Lam.) Dostál	1599	327
— **sempervirens** (L.) Pomel	1598	327
Chelidonium		
— **majus** L.	113	26
— —	113 2	26
CHENOPODIACEAE		510-521
Chenopodium		
— **album** L.	2370	516
— **ambrosioides** L.	2360	514
— —	2360 b	514
— *ambrosioïdes* (F)	2360	514
— *ambrosioïdes* subsp. *anthelminticum* (F)	2360 b	514
— *anthelminticum* (C)	2360 b	514
— *bonus henricus* (F)	2366	515
— **bonus-henricus** L.	2366	515
— **botrys** L.	2361	514
— *capitatum* (F, T, G)	2373 b	517
— **ficifolium** Smith	2369	516
— *foliosum* (T, G)	2373	517
— **glaucum** L.	2372	517
— **hircinum** Schrader	2369 b	516
— **hybridum** L.	2364	515
— **multifidum** L.	2374	517
— **murale** L.	2363	514
— *olidum* (B)	2367	515
— **opulifolium** Schrader	2371	517
— **polyspermum** L.	2362	514
— **rubrum** L.	2365	515
— **urbicum** L.	2368	516
— *virgatum* (F)	2373	517
— **vulvaria** L.	2367	515
Cherleria		
— *sedoides* (B)	452	87
Chimaphila		
— **umbellata** (L.) W.P.G. Barton	1827	389
Chlora		
— *imperfoliata* (B, C, F)	1910	405
— *perfoliata* (B, C, F)	1911	405
— *serotina* (B, C, F)	1911 b	405
Chondrilla		
— **chondrilloides** (Ard.) Karsten	1677	348
— **juncea** L.	1675	348
— *prenanthoides* (C)	1677	348
— *prenanthoïdes* (F)	1677	348
Chrozophora		
— **tinctoria** (L.) Adr. Juss.	2493	550
Chrysanthemum		
— *alpinum* (G)	1456	294
— —	1456 b	294
— *alpinum* subsp. *eu-alpinum* (F)	1456	294
— *annuum* (F, G)	1449	292
— *atratum* (G)	1455 e	294
— *balsamita* (F, G)	1448	292
— **coronarium** L.	1458	295
— *coronopifolium* (F)	1455 f	294
— *corymbosum* (F, G)	1453	293
— *discoideum* (G)	1455 h	294
— *discoïdeum* (F)	1455 h	294
— *flosculosum* (F, G)	1451	293
— *graminifolium* (G)	1457	294
— *leucanthemum* (G)	1455	293
— *leucanthemum* subsp. *adustum* (G)	1455 d	294
— *leucanthemum* subsp. *atratum* (F)	1455 e	294

Taxon	*Dessin*	*Pl.*
Chrysanthemum leucanthemum subsp. *eu-leucanthemum* (F)	1455	293
— *leucanthemum* subsp. *maximum* (F, G)	1455 c	294
— *leucanthemum* subsp. *montanum* (F)	1455 d	294
— —	1457	294
— *leucanthemum* subsp. *pallens* (F, G)	1455 b	294
— *leucanthemum* subsp. *subglaucum* (G)	1455 g	294
— *monspeliense* (F, G)	1454	293
— *myconis* (B, C, F, G)	1459	295
— *parthenium* (F, G)	1452	293
— *pulverulentum* (F)	1456 b	294
— **segetum** L.	1460	295
— *tanacetum* (F)	1450	292
— *vulgare* (G)	1450	292
Chrysopogon		
— **gryllus** (L.) Trin.	3045	654
Chrysosplenium		
— **alternifolium** L.	1117	206
— **oppositifolium** L.	1116	206
Cicendia		
— **filiformis** (L.) Delarbre	1908	405
— *pusilla* (B, C)	1909	405
Cicer		
— **arietinum** L.	833	155
Cicerbita		
— **alpina** (L.) Wallr.	1692	354
— **plumieri** (L.) Kirschl.	1693	355
Cichorium		
— *divaricatum* (B)	1635 b	338
— **endivia** subsp. **divaricatum** (Schousboe) Sell	1635 b	338
— *endivia* subsp. *pumilum* (F)	1635 b	338
— **intybus** L.	1635	338
— *intybus* (C)	1635 b	338
— *pumilum* (G)	1635 b	338
Cicuta		
— **virosa** L.	1233	240
Cinara		
— *cardunculus* (C)	1554 b	313
— *scolymus* (C)	1554	312
Circaea		
— **alpina** L.	1003	192
— *intermedia* (B, C, F)	1003 b	192
— **lutetiana** L.	1002	192
— ×**intermedia** Ehrh.	1003 b	192
Cirsium		
— *acarna* (F, G)	1556	313
— **acaule** Scop.	1573	319
— *anglicum* (B, C)	1567 b	317
— **arvense** (L.) Scop.	1566	316
— —	1566 3	316
— *bulbosum* (B)	1567	317
— *carniolicum* (C)	1571	319
— **carniolicum** subsp. **rufescens** (DC.) P. Fourn.	1571	319
— *casabonae* (F, G)	1623	334
— *crinitum* (B, C)	1557 b	313
— **dissectum** (L.) Hill	1567 b	317
— **echinatum** (Desf.) DC.	1558	314
— **eriophorum** (L.) Scop.	1560	314
— *eriophorum* subsp. *eu-eriophorum* (F)	1560	314
— *eriophorum* subsp. *odontolepis* (F, G)	1560 b	315
— *eriophorum* subsp. *odontolepis* (G)	1560 c	315
— *eriophorum* subsp. *richterianum* (F)	1560 c	315
— **erisithales** (Jacq.) Scop.	1569	318
— **ferox** (L.) DC.	1559	314

Taxon	*Dessin*	*Pl.*
Cirsium		
— **filipendulum** Lange	1567 c	317
— **glabrum** DC.	1563	316
— **helenioides** (L.) Hill	1568	317
— *heterophyllum* (B, C, F)	1568	317
— **italicum** (Savi) DC.	1564	316
— *lanceolatum* (B, C, F)	1557	313
— *lanceolatum* subsp. *crinitum* (F)	1557 b	313
— **monspessulanum** (L.) Hill	1565	316
— **montanum** (Willd.) Sprengel	1572	319
— **odontolepis** DC.	1560 b	315
— **oleraceum** (L.) Scop.	1570	319
— **palustre** (L.) Scop.	1561	315
— **richteranum** Gillot	1560 c	315
— **rivulare** (Jacq.) All.	1569 b	318
— *rufescens* (B)	1571	319
— **spinosissimum** (L.) Scop.	1562	315
— *syriacum* (F, G)	1555	313
— **tuberosum** (L.) All.	1567	317
— *tuberosum* subsp. *anglicum* (F, G)	1567 b	317
— *tuberosum* subsp. *bulbosum* (F)	1567	317
— *tuberosum* subsp. *filipendulum* (F, G)	1567 c	317
— *turbinatum* (C)	1560 c	315
— **vulgare** (Savi) Ten.	1557	313
— —	1557 b	313
— *vulgare* subsp. *crinitum* (G)	1557 b	313
CISTACEAE		60-64
—		723
Cistus		
— **albidus** L.	287	60
— **creticus** L. s.l.	3354	723
— **crispus** L.	288	60
— *hirsutus* (B, C, F)	291	61
— *incanus* (C, G)	3354	723
— *incanus s.l.* (T)	3354	723
— **ladanifer** L.	289	60
— *ladaniferus* (B, C, F)	289	60
— **laurifolius** L.	290	60
— **monspeliensis** L.	292	61
— **populifolius** L.	293	61
— **psilosepalus** Sweet	291	61
— *salviaefolius* (B, C, F)	294	61
— *salvifolius* (T, G)	294	61
— **salviifolius** L.	294	61
— *villosus s.l.* (F)	3354	723
Citrus		
— **aurantium** L.	576	111
— *aurantium* (B)	577	111
— *aurantium* subsp. *bigaradia* (F)	576	111
— *aurantium* subsp. *sinensis* (F)	577	111
— **limon** (L.) Burm. f.	578	111
— *limonun* (B)	578	111
— **medica** L.	579	111
— *medica* subsp. *eu-medica* (F)	579	111
— *medica* subsp. *limonum* (F)	578	111
— **sinensis** (L.) Osbeck	577	111
— *vulgaris* (B)	576	111
Cladium		
— **mariscus** (L.) Pohl	2864	626
Claytonia		
— **perfoliata** Willd.	1027	196
Cleistogenes		
— **serotina** (L.) Keng	3164	676
Clematis		
— **alpina** (L.) Miller	4	1
— **flammula** L.	2	1
— —	2 2	1
— **recta** L.	1	1
— **vitalba** L.	3	1
— —	3 2	1
Clinopodium		
— *vulgare* (T, G)	2189	473

Taxon	*Dessin*	*Pl.*
Clypeola		
— *ionthlaspi* subsp. *gaudini* (F)	225 b	48
— *ionthlaspi* subsp. *macrocarpa* (F)	225	48
— **jonthlaspi** L.	225	48
— —	225 b	48
— *microcarpa* (C)	225 b	48
Cneorum		
— **tricoccon** L.	600	115
— *tricoccum* (B, C, F, G)	600	115
Cnicus		
— **benedictus** L.	1613	332
Cnidium		
— *apioides* (B, C)	1183	226
— **silaifolium** (Jacq.) Simonkai	1183	226
— *silaïfolium* (F)	1183	226
Cobresia		
— *bellardii* (F)	2895	630
— *bipartita* (G)	2896	630
— *caricina* (F)	2896	630
Cochlearia		
— **anglica** L.	239 b	50
— *armoracia* (C)	237	49
— **danica** L.	240	50
— **glastifolia** L.	238	49
— **officinalis** L.	239	50
— *officinalis* subsp. *eu-officinalis* (F)	239	50
— *officinalis* subsp. *pyrenaica* (F)	239 2	50
— **pyrenaica** DC.	239 2	50
Coeloglossum		
— **viride** (L.) Hartman	2750	610
Coincya		
— **cheiranthos** (Villars) Greuter & Burdet	130	30
— **cheiranthos** subsp. **montana** (DC.) Greuter & Burdet	130 2	30
— **richeri** (Villars) Greuter & Burdet	135	31
Colchicum		
— **alpinum** DC.	2568	573
— *arenarium* (B)	2567	572
— **autumnale** L.	2566	572
— —	2566 2	572
— *bertolonii* (C, F)	2569	573
— **cupanii** Guss.	2569	573
— **neapolitanum** (Ten.) Ten.	2567	572
Coleanthus		
— **subtilis** (Tratt.) Seidl	2991	645
Coleostephus		
— **myconis** (L.) Reichb. f.	1459	295
Colutea		
— **arborescens** L.	800	147
Comarum		
— *palustre* (B, C, F)	945	176
COMPOSITAE		274-373
—		725
Conium		
— **maculatum** L.	1252	245
Conopodium		
— *denudatum* (B, C)	1240	241
— *denudatum* (C)	1238 2	241
— **majus** (Gouan) Loret	1240	241
— *majus* subsp. *richteri* (F)	1238 2	241
— **pyrenaeum** (Lois.) Miégev.	1238 2	241
Conringia		
— **orientalis** (L.) Dumort.	156	35
Consolida		
— **ajacis** (L.) Schur	85	19
— *ambigua* (T)	85	19
— **pubescens** (DC.) Soó	84 b	19
— **regalis** Gray	84	19
Convallaria		
— *maialis* (B, C, F)	2662	595
— **majalis** L.	2662	595
CONVOLVULACEAE		411-414
Convolvulus		
— **althaeoides** L.	1934	411

Taxon	*Dessin*	*Pl.*
Convolvulus althaeoïdes (F)	1934	411
— *althaeoides* subsp. *tenuissimus* (T)	1934 b	411
— *althaeoïdes* subsp. *tenuissimus* (F)	1934 b	411
— *argyraeus* (B)	1934 b	411
— **arvensis** L.	1936	411
— **betonicifolius** Miller	1935	411
— **cantabrica** L.	1941	412
— *cantabricus* (F)	1941	412
— **elegantissimus** Miller	1934 b	411
— *hirsutus* (C, F, G)	1935	411
— **lanuginosus** Desr.	1940	412
— —	1940 2	412
— **lineatus** L.	1939	412
— *sepium* (B, C, F)	1937	411
— **siculus** L.	1942	412
— *soldanella* (B, C, F)	1938	412
— *tenuissimus* (C, G)	1934 b	411
— *tomentosus* (B)	1935	411
— **tricolor** L.	1943	413
Conyza		
— *ambigua* (C)	1386	277
— **bonariensis** (L.) Cronq.	1386	277
— **canadensis** (L.) Cronq.	1385	277
— **floribunda** Kunth	1386 b	277
— *naudini* (C)	1386 b	277
Coralliorhiza		
— *trifida* (F)	2725	606
Corallorhiza		
— *innata* (B, C)	2725	606
— **trifida** Châtel.	2725	606
Coriandrum		
— **sativum** L.	1131	211
Coriaria		
— **myrtifolia** L.	584	112
CORIARIACEAE		112
Coris		
— **monspeliensis** L.	1877	397
Corispermum		
— *hyssopifolium* (B, C, F)	2380	519
— **leptopterum** (Asch.) Iljin	2380	519
CORNACEAE		249
Cornus		
— **mas** L.	1264	249
— **sanguinea** L.	1265	249
Coronilla		
— **coronata** L.	866	161
— *emerus* (B, C, F, T, G)	869	162
— *glauca* (B, C, F)	870	162
— **juncea** L.	871	162
— **minima** L.	868	161
— *montana* (B)	866	161
— **scorpioides** (L.) Koch	864	161
— *scorpioïdes* (F)	864	161
— **vaginalis** Lam.	867	161
— **valentina** L.	872	162
— **valentina** subsp. **glauca** (L.) Battand.	870	162
— *varia* (B, C, F, T, G)	865	161
Coronopus		
— **didymus** (L.) Smith	281	58
— *procumbens* (F)	280	58
— **squamatus** (Forsskal) Asch.	280	58
Corrigiola		
— **litoralis** L.	1040	197
— *littoralis* (B, C)	1040	197
— **telephiifolia** Pourret	1040 b	197
Cortusa		
— **matthioli** L.	1866	395
— *matthiolii* (G)	1866	395
Corydalis		
— *bulbosa* (T, G)	118 a	27
— **cava** Schweigger & Koerte	118 a	27
— *claviculata* (C, T, G)	117	27
— *enneaphylla* (C)	119	27
— *fabacea* (C)	118 c	27
— **intermedia** (L.) Mérat	118 c	27
— *lutea* (C, T, G)	116	27
— **solida** (L.) Sw.	118 b	27

Taxon	*Dessin*	*Pl.*
Corydallis		
— *bulbosa* (B)	118 a-c	27
— *cava* (B, F)	118 a	27
— *claviculata* (B, F)	117	27
— *fabacea* (B)	118 c	27
— *intermedia* (F)	118 c	27
— *lutea* (B, F)	116	27
— *solida* (B, F)	118 b	27
Corylus		
— **avellana** L.	2520	559
Corynephorus		
— *articulatus* (C, F, G)	3095	663
— **canescens** (L.) Beauv.	3094	663
— **divaricatus** (Pourret) Breistr.	3095	663
Cota		
— *altissima* (B, C)	1471	297
— *tinctoria* (B, C)	1470	297
— *triumfetti* (B, C)	1472	297
Cotinus		
— *coccygia* (F)	601	116
— **coggygria** Scop.	601	116
Cotoneaster		
— *integerrima* (F)	974	185
— **integerrimus** Medikus	974	185
— **nebrodensis** (Guss.) K. Koch	974 b	185
— *pyracantha* (B, C)	973	185
— *tomentosa* (B, C, F)	974 b	185
— *vulgaris* (B, C)	974	185
Crambe		
— **maritima** L.	285	59
Crassula		
— *muscosa* (F)	1043	198
— **tillaea** Lester-Garl.	1043	198
— *vaillanti* (F)	1044	198
— **vaillantii** (Willd.) Roth	1044	198
CRASSULACEAE		198-201
Crataegus		
— **azarolus** L.	972	185
— *azarolus* (F, G)	972 b	185
— **laevigata** (Poiret) DC.	971	185
— **monogyna** Jacq.	971 b	185
— *oxyacantha* (B, F)	971	185
— *oxyacanthoides* (C)	971	185
— *ruscinonensis* (C)	972 b	185
— × **ruscinonensis** Gren. & Blanc	972 b	185
Crepis		
— **albida** Villars	1702	357
— **alpestris** (Jacq.) Tausch	1705	357
— **aurea** (L.) Cass.	1708	358
— **biennis** L.	1713	358
— *blattarioides* (B, C)	1716	359
— *blattarioïdes* (F)	1716	359
— **bocconi** Sell	1722	361
— *bulbosa* (B, C, F, G)	1704	357
— *bursaefolia* (F)	1701	357
— **bursifolia** L.	1701	357
— **capillaris** (L.) Wallr.	1718	360
— —	1719	360
— *conizaefolia* (F)	1720	360
— **conyzifolia** (Gouan) A. Kerner	1720	360
— **foetida** L.	1703	357
— *grandiflora* (B, C, G)	1720	360
— *hyoseridifolia* (B)	1711	358
— **jacquinii** Tausch s.l.	1707	358
— *jubata* (B, C)	1710	358
— **lampsanoides** (Gouan) Tausch	1715	359
— *lapsanoïdes* (F)	1715	359
— **leontodontoides** All.	1700	357
— *leontodontoïdes* (F)	1700	357
— **mollis** (Jacq.) Asch.	1717	359
— *montana* (C)	1722	361
— **nicaeensis** Balbis	1721	360
— **paludosa** (L.) Moench	1723	361
— *pontana* (F)	1722	361
— **praemorsa** (L.) Tausch	1706	358
— **praemorsa** subsp. **corymbosa** (Gaudin) Sell	1706 b	357
— **pulchra** L.	1712	358

Taxon	*Dessin*	*Pl.*
Crepis pygmaea L.	1709	358
— **pyrenaica** (L.) Greuter	1716	359
— *raetica* (F)	1710	358
— **rhaetica** Hegetschw.	1710	358
— **sancta** (L.) Babc.	1696	356
— **setosa** Haller f.	1698	356
— *succisaefolia* (B)	1717	359
— *succisifolia* (C)	1717	359
— **suffreniana** (DC.) Lloyd	1697	356
— *taraxacifolia* (C)	1699	356
— —	1699 b	356
— **tectorum** L.	1714	359
— **terglouensis** (Hacq.) A. Kerner	1711	358
— **vesicaria** subsp. **haenseleri** (DC.) Sell	1699	356
— —	1699 b	356
— *vesicaria* subsp. *taraxacifolia* (F)	1699	356
— —	1699 b	356
— *virens* (B, C, F)	1718	360
— *virens* (C, F)	1719	360
— **zacintha** (L.) Babc.	1695	355
Cressa		
— **cretica** L.	1944	413
Crithmum		
— **maritimum** L.	1173	224
Crocus		
— *albiflorus* (F)	2673	598
— **corsicus** Maw	3387	727
— *crestensis* (F)	2674	598
— *neapolitanus* (F)	2673 2	598
— **nudiflorus** Smith	2676	598
— **sativus** L.	2675	598
— **vernus** (L.) Hill	2673 2	598
— *vernus* (B, C, F)	2673	598
— **vernus** subsp. **albiflorus** (Kit.) Asch. & Graebner	2673	598
— **versicolor** Ker Gawler	2674	598
Croton		
— *tinotorum* (B)	2493	550
Crucianella		
— **angustifolia** L.	1329	263
— **latifolia** L.	1328 2	263
— **latifolia** L.	1328	263
— **maritima** L.	1327	263
Cruciata		
— **glabra** (L.) Ehrend.	1286	254
— **laevipes** Opiz	1285	254
— **pedemontana** (Bellardi) Ehrend.	1287	254
CRUCIFERAE		29-59
—		723
Crupina		
— **vulgaris** Cass.	1614	332
Crypsis		
— **aculeata** (L.) Aiton	3003	647
— **alopecuroides** (Piller & Mitterp.) Schrader	3004	647
— *alopecuroïdes* (F)	3004	647
— **schoenoides** (L.) Lam.	3005	647
— *schoenoïdes* (F)	3005	647
Cryptogramma		
— **crispa** (L.) Hook.	3306	714
Cucubalus		
— **baccifer** L.	347	71
— *bacciferus* (B)	347	71
Cucumis		
— **sativus** L.	1021	195
CUCURBITACEAE		195
CUPRESSACEAE		698-699
Cupressus		
— *fastigiata* (B)	3262	698
— **sempervirens** L.	3262	698
Currania		
— *dryopteris* (G)	3276	702
— *robertiana* (G)	3276 b	702
Cuscuta		
— *alba* (B, C, F)	1950 b	414

Taxon	*Dessin*	*Pl.*
Cuscuta australis (F, G)	1947	413
— *australis s.l.* (T)	1947	413
— *breviflora* (C)	1947	413
— *corymbosa* (C)	1946	413
— *densiflora* (B)	1948	413
— **epilinum** Weihe	1948	413
— **epithymum** (L.) L.	1950	414
— —	1950 2	414
— —	1950 b	414
— *epithymum* subsp. *eu-epithymum* (F)	1950	414
— *epithymum* subsp. *trifolii* (F)	1950 2	414
— **europaea** L.	1949	413
— *major* (B)	1949	413
— **monogyna** Vahl	1945	413
— **scandens** Brot. s.l.	1947	413
— **suaveolens** Ser.	1946	413
— *trifolii* (C, G)	1950 2	414
Cutandia		
— **maritima** (L.) Barbey	3160	675
Cyclamen		
— *europaeum* (B, C, F, G)	1864	394
— **hederifolium** Sol.	1865	394
— *neapolitanum* (B, C, F, G)	1865	394
— **purpurascens** Miller	1864	394
— **repandum** Smith	1864 b	394
Cydonia		
— **oblonga** Miller	975	186
— *vulgaris* (B, C)	975	186
Cymbalaria		
— **muralis** P. Gaertner, Meyer & Scherb.	2051	443
Cymodocea		
— *aequorea* (B, C)	2800	616
— **nodosa** (Ucria) Asch.	2800	616
Cynanchum		
— **acutum** L.	1898	402
— —	1898 2	402
Cynara		
— **cardunculus** L.	1554 b	313
— *cardunculus* subsp. *eu-cardunculus* (F)	1554 b	313
— *cardunculus* subsp. *scolymus* (F)	1554	312
— **scolymus** L.	1554	312
Cynocrambe		
— *prostrata* (F)	2507	554
Cynodon		
— **dactylon** (L.) Pers.	3039	653
Cynoglossum		
— **cheirifolium** L.	2005	427
— **creticum** Miller	2002	427
— **dioscoridis** Villars	2003	427
— **germanicum** Jacq.	2001	426
— *montanum* (B, C)	2001	426
— **officinale** L.	2004	427
— *pictum* (B, C)	2002	427
Cynoglottis		
— **barrelieri** (All.) Vural & Kit Tan	1964	417
Cynosurus		
— *aureus* (C)	3170	677
— **cristatus** L.	3168	677
— **echinatus** L.	3169	677
— **elegans** Desf.	3169 b	677
CYPERACEAE		624-644
—		729
Cyperus		
— *aegyptiacus* (F)	2854	624
— *aureus* (B)	2852	624
— *badius* (B)	2855 b	624
— **capitatus** Vand.	2854	624
— *distachyos* (B, C)	2858	625
— *distachyus* (F)	2858	625
— **eragrostis** Lam.	2857	625
— **esculentus** L.	2852	624
— —	2852 2	624
— **flavescens** L.	2860	625

Taxon	*Dessin*	*Pl.*
Cyperus flavidus Retz.	2861	625
— **fuscus** L.	2856	625
— *globosus* (B, C, F, G)	2861	625
— *kalli* (G)	2854	624
— **laevigatus** subsp. **distachyos** (All.) Maire & Weiller	2858	625
— **longus** L.	2855	624
— —	2855 b	624
— *longus* subsp. *badius* (F)	2855 b	624
— **michelianus** (L.) Link	2878	628
— *monti* (B)	2859	625
— *olivaris* (B)	2853	624
— **rotundus** L.	2853	624
— *schoenoides* (B, C)	2854	624
— **serotinus** Rottb.	2859	625
— *vegetus* (B, C, F, G)	2857	625
Cypripedilum		
— *calceolus* (F)	2711	604
Cypripedium		
— **calceolus** L.	2711	604
Cystopteris		
— **alpina** (Lam.) Desv.	3287 b	708
— **fragilis** (L.) Bernh.	3287	708
— *fragilis* (T)	3287 b	708
— *fragilis* subsp. *regia* (F)	3287 b	708
— **montana** (Lam.) Desv.	3288	708
— *regia* (G)	3287 b	708
Cytinus		
— **hypocistis** (L.) L.	2442	538
— *hypocystis* (F)	2442	538
Cytisanthus		
— *corsicus* (F)	3363	724
— *horridus* (F)	613	118
— *radiatus* (F)	621	119
Cytisophyllum		
— **sessilifolium** O. Lang	628	121
Cytisus		
— *alpinus* (B, C)	626 b	120
— **arboreus** subsp. **catalaunicus** (Webb) Maire	611	118
— *ardoini* (B, C, T, G)	630	121
— **ardoinoi** Fourn.	630	121
— *ardoïnoi* (F)	630	121
— *argenteus* (C)	635	122
— **balansae** subsp. **europaeus** (López & Javis) Munoz Garmendia	612	118
— *capitatus* (B, C)	634	122
— **decumbens** (Durande) Spach	632	121
— *elongatus* (B, C)	633 b	121
— **emeriflorus** Reichb.	631	121
— *glabrescens* (B)	631	121
— *hirsutus* (B, C)	633	121
— *hirsutus* subsp. *eu-hirsutus* (F)	633	121
— *laburnum* (B, C)	626	120
— *linifolius* (F)	620	119
— *malacinatus* subsp. *catalaunicus* (T, G)	611	118
— *monspessulanus* (F)	619	119
— **nigricans** L.	627	120
— *purgans* (F, T, G)	612	118
— *ratisbonensis* subsp. *elongatus* (F)	633 b	121
— **scoparius** (L.) Link	610	118
— *sessifolius* (F)	628	121
— *sessilifolius* (B, C, T, G)	628	121
— *supinus* (B, C)	634 b	122
— *supinus* subsp. *capitatus* (F)	634	122
— —	634 b	122
— *triflorus* (B, C, F)	629	121
— **villosus** Pourret	629	121

Taxon	*Dessin*	*Pl.*
Dabœcia		
— **cantabrica** (Hudson) K. Koch	1823	388
— *polifolia* (B, C)	1823	388
Dactylis		
— **glomerata** L.	3163	676
— *littoralis* (C)	3162	675
Dactylorhiza		
— **fuchsii** (Druce) Soó	3391	728
— **incarnata** (L.) Soó	2753 c	610
— **maculata** (L.) Soó	2753	610
— *maculata* subsp. *fuchsii* (G)	3391	728
— **majalis** (Reichb.) P. Hunt & Summerh.	2753 b	610
— **sambucina** (L.) Soó	2753 e	610
— **traunsteineri** (Sauter) Soó	2753 d	610
Damasonium		
— **alisma** Miller	2561	571
— —	2561 b	571
— *stellatum* (B, C, F)	2561	571
— *stellatum* (C, F)	2561 b	571
Danthonia		
— **alpina** Vest	3167	677
— *calycina* (F)	3167	677
— **decumbens** (L.) DC.	3166	677
— *provincialis* (B, C, G)	3167	677
Daphne		
— **alpina** L.	2425	535
— **cneorum** L.	2423	534
— **gnidium** L.	2426	535
— **laureola** L.	2424	534
— *laureola* (C)	2424 2	534
— **laureola** subsp. **philippi** (Gren.) Rouy	2424 2	534
— **mezereum** L.	2422	534
— *philippi* (B, F)	2424 2	534
— **striata** Tratt.	2423 b	534
Dasypyrum		
— **villosum** (L.) Candargy	3221	687
Datura		
— **innoxia** Miller	2023	432
— *metel* (C, F, G)	2023	432
— **stramonium** L.	2022	432
— —	2022 2	432
— *stramonium* subsp. *eu-stramonium* (F)	2022	432
— *stramonium* subsp. *tatula* (F)	2022 2	432
— *tatula* (B)	2022 2	432
Daucus		
— *bocconi* (C)	1119-1121	207-209
— **carota** L. s.l.	1119-1121	207-209
— *carota* (B, C)	1119-1121	207-209
— *dentatus* (B)	1119-1121	207-209
— *gingidium* (B, C)	1119-1121	207-209
— *gummifer* (B, C)	1119-1121	207-209
— *maritimus* (B, C)	1119-1121	207-209
— *mauritanicus* (C)	1119-1121	207-209
— *maximus* (B, C)	1119-1121	207-209
— **muricatus** (L.) L.	1118	207
— *siculus* (B)	1119-1121	207-209
Delia		
— *segetalis* (F)	476	91
Delphinium		
— *ajacis* (B, C, F, G)	85	19
— *consolida* (B, C, F, G)	84	19
— **elatum** L. s.l.	88	20
— *elatum* subsp. *alpinum* (F)	88	20
— **fissum** Waldst. & Kit.	87	19
— *fissum* subsp. *velutinum* (F)	87	19
— *halteratum* subsp. *verdunense* (F)	86 3	19
— *peregrinum* (B, C, G)	86 3	19
— *pictum* (G)	89	20
— **pictum** subsp. **requienii** (DC.) Blanché & Molero	89	20

Taxon	*Dessin*	*Pl.*
Delphinium pubescens (C, F, G)	84 b	19
— *requieni* (F)	89	20
— *requienii* (B, C, T)	89	20
— **staphisagria** L.	90	20
— *staphysagria* (B)	90	20
— **verdunense** Balbis	86 3	19
Dentaria		
— *bulbifera* (B, C, F)	206	44
— *digitata* (B, C, F)	209	45
— *pinnata* (B, C, F)	207	45
— *polyphylla* (B)	208	45
Deschampsia		
— *caespitosa* (C, G)	3101	664
— **cespitosa** (L.) Beauv.	3101	664
— *cœspitosa* (F)	3101	664
— *discolor* (C)	3099	664
— **flexuosa** (L.) Trin.	3100	664
— *juncea* (G)	3101 b	664
— **media** (Gouan) Roemer & Schultes	3101 b	664
— **setacea** (Hudson) Hackel	3099	664
Descurainia		
— **sophia** (L.) Prantl	164	37
Desmazeria		
— **marina** (L.) Druce	3159	675
— **rigida** (L.) Tutin	3161	675
— **rigida** subsp. **hemipoa** (Sprengel) Stace	3161 b	675
Dethawia		
— **tenuifolia** (DC.) Godron	1184	226
Dianthus		
— **armeria** L.	400	80
— *attenuatus* (B, C)	404	82
— *balbisi* (F)	401	81
— **balbisii** Ser.	401	81
— **barbatus** L.	398	80
— *barbatus s.l.* (F)	398	80
— *caesius* (B, C)	408	82
— **carthusianorum** L.	402	81
— *carthusianorum* (T)	402 b	81
— **carthusianorum** subsp. **vaginatus** (Chaix) Hegi	402 b	81
— **caryophyllus** L.	403 a	81
— *caryophyllus* (B)	403 b-d	81
— *caryophyllus* subsp. *coronarius* (F)	403 a	81
— *caryophyllus* subsp. *siculus* (F)	403 d	81
— *caryophyllus* subsp. *silvestris* (F)	403 c	81
— *caryophyllus* subsp. *virgineus* (F)	403 b	81
— *catalaunicus* (F)	404	82
— **deltoides** L.	405	82
— *ferrugineus* (T, G)	401	81
— *fimbriatus* (B)	396 a,b	80
— **furcatus** Balbis	408 b	82
— *furcatus* (G)	410 c	82
— **furcatus** subsp. **geminiflorus** (Lois.) Tutin	410 c	82
— **gallicus** Pers.	397	80
— *geminiflorus* (C, F)	410 c	82
— **glacialis** Haenke	412	82
— **graniticus** Jordan	410 b	82
— **gratianopolitanus** Villars	408	82
— *hirsutus* (C, F)	410	82
— *hirtus* subsp. *graniticus* (F)	410 b	82
— *hyssopifolius* subsp. *monspessulanus* (F)	396 a	80
— *liburnicus* (B)	401	81
— **monspessulanus** L.	396 a	80
— *neglectus* (B, C, F)	411	82
— **pavonius** Tausch	411	82
— *prolifer* (C)	399	80
— *proliferus* (B)	399	80
— **pungens** L.	406	82

Taxon	Dessin	Pl.
Dianthus pyrenaicus Pourret s.l.	404	82
— *pyrenaicus* (F, G)	404	82
— *requieni* (F)	410 c	82
— *requienii* (B, C)	410 c	82
— *saxifragus* (C)	395	80
— **scaber** Chaix	410	82
— **seguieri** Villars	407	82
— —	407 b	82
— *serratus* (C, F)	406	82
— *siculus* (C)	403 d	81
— *silvaticus* (B, C, F)	407 b	82
— *silvestris* (B, C)	403 c	81
— **subacaulis** Villars s.l.	409	82
— **superbus** L.	396 b	80
— *sylvaticus* (G)	407 b	82
— **sylvestris** Wulfen	403 c	81
— *sylvestris* (G)	403 a,b,d	81
— **sylvestris** subsp. **longicaulis** (Ten.) Greuter & Burdet	403 b	81
— **sylvestris** subsp. **siculus** (C. Presl) Tutin	403 d	81
— *sylvestris* subsp. *siculus* (T)	403 b	81
— *vaginatus* (C, F)	402 b	81
— *virgineus* (B, C)	403 b	81
Dichanthium		
— **ischaemum** (L.) Roberty	3046	654
Dictamnus		
— *alba* (F)	583	112
— **albus** L.	583	112
Digitalis		
— *ambigua* (C, F)	2107	454
— **grandiflora** Miller	2107	454
— **lutea** L.	2106	454
— **purpurea** L.	2108	454
Digitaria		
— *dilatata* (C)	3035	652
— *filiformis* (B, C, F)	3038	652
— **ischaemum** (Schreber) Muhlenb.	3038	652
— *paspaloides* (B)	3036	652
— **sanguinalis** (L.) Scop.	3037	652
— *vaginata* (C)	3036	652
Dioscorea		
— *pyrenaica* (B, C)	2672	597
DIOSCOREACEAE		597
Diospyros		
— **lotus** L.	1884	398
Diotis		
— *candidissima* (B)	1476	298
— *maritima* (C, F)	1476	298
Dipcadi		
— **serotinum** (L.) Medikus	2586	577
Diphasium		
— *alpinum* (T, G)	3343	721
— *complanatum* (T, G)	3341 2	721
— *tristachyum* (T, G)	3341 1	721
Diplachne		
— *serotina* (B, F, G)	3164	676
Diplotaxis		
— **erucoides** (L.) DC.	138	32
— *erucoïdes* (F)	138	32
— *humilis* (C)	142	32
— —	142 b,c	32
— *humilis* subsp. *repanda* (F)	142	32
— *humilis* subsp. *saxatilis* (F)	142 b	32
— **muralis** (L.) DC.	140	32
— **tenuifolia** (L.) DC.	139	32
— **viminea** (L.) DC.	141	32
DIPSACACEAE		268-273
Dipsacus		
— **fullonum** L.	1355	268
— *fullonum* (B, C)	1356	268
— *fullonum* subsp. *laciniatus* (F)	1355 2	268
— *fullonum* subsp. *sativus* (F)	1356	268

Taxon	Dessin	Pl.
Dipsacus fullonum subsp. *silvestris* (F)	1355	268
— **laciniatus** L.	1355 2	268
— **pilosus** L.	1357	268
— **sativus** (L.) Honck.	1356	268
— *silvestris* (B, C)	1355	268
Dittrichia		
— **graveolens** (L.) Greuter	1506	303
— **viscosa** (L.) Greuter	1513	305
Doronicum		
— **austriacum** Jacq.	1401	280
— **clusii** (All.) Tausch	1404	281
— *cordatum* (C)	1400	280
— **corsicum** (Lois.) Poiret	3374	725
— **grandiflorum** Lam.	1403	281
— *hirsutum* (B)	1404	281
— **pardalianches** L.	1400	280
— **plantagineum** L.	1402	281
— *plantagineum* subsp. *eu-plantagineum* (F)	1402	281
Dorycnium		
— **herbaceum** Villars	755 a	140
— **herbaceum** subsp. **gracile** (Jordan) Nyman	755 b2	140
— *herbaceum* subsp. *intermedium* (F)	755 a	140
— **hirsutum** (L.) Ser.	757	140
— *jordani* (C)	755 b2	140
— **pentaphyllum** Scop.	755 b	140
— *pentaphyllum* (B)	755 a	140
— *pentaphyllum* subsp. *gracile* (T, G)	755 b2	140
— *pentaphyllum* subsp. *herbaceum* (T, G)	755 a	140
— **rectum** (L.) Ser.	756	140
— *suffruticosum* (B, C, F)	755 b	140
Dorycnopsis		
— *gerardi* (B, C, F)	754	140
— **gerardii** (L.) Boiss.	754	140
Douglasia		
— *vitaliana* (G)	1851	392
Draba		
— **aizoides** L.	232	48
— *aizoïdes* (F)	232	48
— **aspera** Bertol.	232 c	48
— *bertolonii* (F)	232 c	48
— *carinthiaca* (C, F, T, G)	230 d	48
— **dubia** Suter	230 b	48
— **fladnizensis** Wulfen	230 c	48
— *frigida* (B)	230 b	48
— **hoppeana** Reichb.	232 b	48
— **incana** L.	229	48
— **muralis** L.	228	48
— **nemorosa** L.	231	48
— *pyrenaica* (C)	233	48
— **siliquosa** M. Bieb.	230 d	48
— **tomentosa** Clairv.	230	48
— *verna* (B, C)	227 a-g	48
— *wahlenbergii* (C)	230 c	48
— *zahlbruckneri* (F)	232 b	48
Dracocephalum		
— **austriacum** L.	2213	481
— **ruyschiana** L.	2212	481
Dracunculus		
— **vulgaris** Schott	2806	616-617
Drosera		
— *anglica* (T, G)	333	69
— **intermedia** Hayne	334	69
— **longifolia** L.	333	69
— **rotundifolia** L.	332	69
DROSERACEAE		69
Dryas		
— **octopetala** L.	907	170
Dryopteris		
— **aemula** (Aiton) Kuntze	3284 c	707
— **carthusiana** (Villars) H.P. Fuchs	3284	706
— **cristata** (L.) A. Gray	3283	706

Taxon	Dessin	Pl.
Dryopteris dilatata (Hoffm.) A. Gray	3284 b	706
— **filix-mas** (L.) Schott	3285	707
— *linnaeana* (F)	3276	702
— *phegopteris* (F)	3275	702
— *robertiana* (F)	3276 b	702
— **villarii** (Bellardi) Schinz & Thell.	3282	705
EBENACEAE		398
Ecballium		
— **elaterium** (L.) A. Rich.	1024	195
Echinaria		
— **capitata** (L.) Desf.	3023	650
Echinochloa		
— *colona* (C, F)	3033 b	652
— **colonum** (L.) Link	3033 b	652
— **crus-galli** (L.) Beauv.	3033	652
Echinodorus		
— *ranunculoides* (G)	2558	570
Echinophora		
— **spinosa** L.	1249	244
Echinops		
— **ritro** L.	1547	309
— **sphaerocephalus** L.	1546	309
Echinospartium		
— **horridum** (Vahl) Rothm.	613	118
Echinospartum		
— *horridum* (T, G)	613	118
Echinospermum		
— *deflexum* (B, C)	1999	426
— *lappula* (B, C)	1998	426
Echium		
— **arenarium** Guss.	1981 b	421
— **asperrimum** Lam.	1983 b	422
— *australe* subsp. *eu-australe* (F)	1980	421
— *australe* subsp. *macranthum* (F)	1980 b	421
— *calycinum* (B, C)	1981	421
— **creticum** L.	1980	421
— —	1980 b	421
— **italicum** L.	1983	422
— *italicum* (C)	1983 b	422
— *italicum* subsp. *eu-italicum* (F)	1983	422
— *italicum* subsp. *pyrenaïcum* (F)	1983 b	422
— *lycopsis* (G)	1979	420
— *maritimum* (B, C, F)	1982	421
— **parviflorum** Moench	1981	421
— **plantagineum** L.	1979	420
— *pustulatum* (B, C, T)	1984 3	422
— **sabulicola** Pomel	1982	421
— *sabulicolum* (G)	1982	421
— **vulgare** L.	1984	422
— —	1984 2	422
— *vulgare* subsp. *eu-vulgare* (F)	1984	422
— **vulgare** subsp. **pustulatum** (Smith) E. Schmid & Gams	1984 3	422
ELAEAGNACEAE		538
Elaeagnus		
— **angustifolia** L.	2441	538
— *angustifolius* (B)	2441	538
ELATINACEAE		91
Elatine		
— **alsinastrum** L.	480	91
— *brochoni* (C)	483 d	91
— **brochonii** Clavaud	483 d	91
— *campylosperma* (B)	482 2	91
— **hexandra** (Lapierre) DC.	483 a	91
— *hexandra* (C)	483 b	91
— *hexandra* subsp. *brochoni* (F)	483 d	91
— **hydropiper** L.	482	91
— *hydropiper* (C)	482 2	91
— *hydropiper* (T)	483 b	91
— *hydropiper* subsp. *campylosperma* (F)	482 2	91

Taxon	Dessin	Pl.
Elatine hydropiper subsp. *gyrosperma* (F)	482	91
— **macropoda** Guss.	482 2	91
— —	483 c	91
— **major** A. Braun	483 b	91
— *major* subsp. *macropoda* (F)	483 c	91
— *paludosa* (B)	482 2	91
— —	483 a-c	91
— **triandra** Schk.	481	91
Eleocharis		
— **acicularis** (L.) Roemer & Schultes	2885	629
— **atropurpurea** (Retz.) C. Presl	2886	629
— **austriaca** Hayek	2888 c	629
— **bonariensis** Nees	2887	629
— **multicaulis** (Smith) Desv.	2891	630
— **ovata** (Roth) Roemer & Schultes	2889	630
— **palustris** (L.) Roemer & Schultes s.l.	2888	629
— **parvula** (Roemer & Schultes) Bluff, Nees & Schauer	2884	629
— **quinqueflora** (F. Hartmann) O. Schwarz	2890	630
— **uniglumis** (Link) Schultes	2888 b	629
Elisma		
— *natans* (G)	2557	570
Elodea		
— **canadensis** Michaux	2769	612
Elodes		
— *palustris* (B)	562	107
Elymus		
— *arenarius* (B, C, F, G)	3219	687
— **caninus** (L.) L.	3230	691
— *caput-medusae* (C, F, G)	3218	686
— **elongatus** (Host) Runem.	3231	691
— *europaeus* (C, F, G)	3211	685
— **farctus** subsp. **boreali-atlanticus** (Simonet & Guin.) Meld.	3229 e	691
— **hispidus** (Opiz) Meld.	3229 c	690
— **pungens** subsp. **campestris** (Godron & Gren.) Meld.	3229 b	690
— **pycnanthus** (Godron) Meld.	3229 d	690
— —	3229 d2	690
— **repens** (L.) Gould	3229	690
Elyna		
— *caricina* (B)	2896	630
— *myosuroides* (G)	2895	630
— *spicata* (B)	2895	630
EMPETRACEAE		540
Empetrum		
— **nigrum** L. s.l.	2448	540
— *nigrum* (B, C, F)	2448	540
Endressia		
— **pyrenaica** (DC.) Gay	1174	224
— *pyrenaïca* (F)	1174	224
Endymion		
— *hispanicum* (F)	2639 b	588
— *hispanicus* (G)	2639 b	588
— *italicus* (G)	2592	578
— *non scriptum* (F)	2639	588
— *non-scriptus* (G)	2639	588
— *nutans* (B, C)	2639	588
— *patulus* (B, C)	2639 b	588
Ephedra		
— **distachya** L.	3269 b	700
— *distachya* (C)	3269 b2	700
— *distachya* subsp. *helvetica* (F, T, G)	3269 b2	700
— *equisetiformis* (B)	3269 a,b,b2	700
— **helvetica** C. Meyer	3269 b2	700
— *major* (T, G)	3269 a	700

Taxon	Dessin	Pl.
Ephedra major subsp. *villarsi* (F)	3269 a	700
— **nebrodensis** Guss.	3269 a	700
EPHEDRACEAE		700
Epilobium		
— **alpestre** (Jacq.) Krocker	993 b	190
— *alpinum* (B, C)	996	191
— *alpinum* (C)	996 2	191
— *alpinum* subsp. *anagallidifolium* (F)	996	191
— *alpinum* subsp. *nutans* (F)	996 2	191
— *alsinaefolium* (B)	995	191
— *alsinefolium* (C)	995	191
— **alsinifolium** Villars	995	191
— **anagallidifolium** Lam.	996	191
— **angustifolium** L.	987	188
— **collinum** C. Gmelin	992 2	189
— **dodonaei** Villars	988	188
— **duriaei** Godron	992 c	189
— *durieui* (F)	992 c	189
— **fleischeri** Hochst.	988 b	188
— **hirsutum** L.	990	189
— **lanceolatum** Sebast. & Mauri	992 b	189
— **montanum** L.	992	189
— **nutans** F.W. Schmidt	996 2	191
— **obscurum** Schreber	994 b,d	190
— **palustre** L.	989	189
— **parviflorum** Schreber	991	189
— **roseum** Schreber	993	190
— —	993 2	190
— *rosmarinifolium* (B, C)	988	188
— *spicatum* (B, C)	987	188
— **tetragonum** L.	994	190
— *tetragonum* (C)	994 2	190
— *tetragonum* subsp. *adnatum* (F)	994	190
— **tetragonum** subsp. **lamyi** (F. Schultz) Nyman	994 2	190
— *tetragonum* subsp. *tourneforti* (F)	994 c	190
— **tetragonum** subsp. **tournefortii** (Michalet) A. Léveillé	994 c	190
— *tournefortii* (C)	994 c	190
— *trigonum* (B, C, F)	993 b	190
— *virgatum* (B)	994 d	190
Epimedium		
— **alpinum** L.	101	23
Epipactis		
— *atropurpurea* (F)	2718 b	605
— **atrorubens** (Hoffm.) Besser	2718 b	605
— **helleborine** (L.) Crantz	2718	605
— *latifolia* (B, C, F, G)	2718	605
— **microphylla** (Ehrh.) Sw.	2718 c	605
— **palustris** (L.) Crantz	2719	605
Epipogium		
— **aphyllum** Sw.	2724	606
— *gmelini* (B)	2724	606
Epipogon		
— *aphyllum* (C, F)	2724	606
EQUISETACEAE		716-719
Equisetum		
— **arvense** L.	3324	717
— *campanulatum* (C)	3329 b	719
— **fluviatile** L.	3327	718
— *hiemale* (B, C, F)	3328	718
— **hyemale** L.	3328	718
— *limosum* (B, C, F)	3327	718
— *maximum* (B, C, F)	3323	717
— **palustre** L.	3326	718
— **pratense** Ehrh.	3325	718
— **ramosissimum** Desf.	3329	719
— —	3329 b	719
— *ramosum* (B)	3329	719
— *silvaticum* (B, C, F)	3322	716
— **sylvaticum** L.	3322	716
— **telmateia** Ehrh.	3323	717
— *trachyodon* (B, F)	3328 b	718

Taxon	Dessin	Pl.
Equisetum variegatum Schleicher	3330	719
— ×**trachyodon** A. Braun	3328 b	718
Eragrostis		
— **barrelieri** Daveau	3149 c	673
— **cilianensis** (All.) Hubb.	3149 a	673
— *major* (C)	3149 a	673
— *megastachya* (F, G)	3149 a	673
— **minor** Host	3149 b	673
— **pilosa** (L.) Beauv.	3150	673
— *poaeoides* (B)	3149 b	673
— *vulgaris* (B)	3149 a	673
Eranthis		
— *hiemalis* (C, F)	73	16
— **hyemalis** (L.) Salisb.	73	16
Erianthus		
— *ravennae* (B, F, G)	3050	655
Erica		
— **arborea** L.	1816	386
— *carnea* (B, C, F)	1819	387
— **ciliaris** L.	1815	386
— **cinerea** L.	1818	387
— *erigena* (T, G)	1819 b	387
— **herbacea** L.	1819	387
— **herbacea** subsp. **occidentalis** (Benth.) Lainz	1819 b	387
— **lusitanica** Rudolphi	1816 b	386
— *mediterranea* (B, C, F)	1819 b	387
— **multiflora** L.	1821	388
— **scoparia** L.	1817	387
— *stricta* (C)	3375	725
— **terminalis** Salisb.	3375	725
— **tetralix** L.	1814	386
— **vagans** L.	1820	387
ERICACEAE		384-388
—		725
Erigeron		
— **acer** L.	1387	277
— **acer** subsp. **angulosus** (Gaudin) Vacc.	1387 2	277
— *acre* subsp. *angulosum* (F)	1387 2	277
— *acre* subsp. *eu-acre* (F)	1387	277
— *acris* (B, C)	1387	277
— *acris* (C)	1387 2	277
— *alpinum* (F)	1388	278
— **alpinus** L.	1388	278
— *alpinus* subsp. *glabratus* (G)	1388 2	277
— *annuum* (F)	1389	278
— **annuus** (L.) Pers. s.l.	1389	278
— *atticum* (F)	1388 c	278
— **atticus** Villars	1388 c	278
— *atticus* subsp. *gaudinii* (G)	1388 c2	278
— *bonariensis* (G)	1386	277
— —	1386 b	277
— *canadense* (F)	1385	277
— *canadensis* (B, C, G)	1385	277
— *crispum* (F)	1386	277
— *crispus* (B)	1386	277
— **frigidus** DC.	1388 b2	278
— *gaudini* (F)	1388 c2	278
— **gaudinii** Bruegger	1388 c2	278
— **glabratus** Bluff & Fingerh.	1388 2	277
— *naudini* (F)	1386 b	277
— *neglectum* (F)	1388 3	278
— **neglectus** A. Kerner	1388 3	278
— *polymorphum* (F)	1388 2	277
— *uniflorum* (F)	1388 b	278
— *uniflorum* subsp. *frigidum* (F)	1388 b2	278
— **uniflorus** L.	1388 b	278
— *uniflorus* (C)	1388 b2	278
— *villarsii* (B, C)	1388 c	278
— *villarsii* (C)	1388 c2	278
Erinacea		
— **anthyllis** Link	607	117
— *pungens* (B, C, F)	607	117

Taxon	*Dessin*	*Pl.*
Erinus		
— **alpinus** L.	2105	454
Eriophorum		
— *alpinum* (B, C, F)	2867	626
— **angustifolium** Honck.	2868 a	626
— **gracile** Roth	2868 b	626
— **latifolium** Hoppe	2868 c	626
— *polystachyon* (B)	2868 a-c	626
— **scheuchzeri** Hoppe	2866	626
— *scheuchzerii* (B)	2866	626
— **vaginatum** L.	2865	626
Eritrichium		
— **nanum** (L.) Gaudin	1997	425
Erodium		
— **acaule** (L.) Bech. & Thell.	545 b	104
— **botrys** (Cav.) Bertol.	544	104
— **chium** (L.) Willd.	537	102
— —	537 b	103
— *chium* subsp. *littoreum* (T)	537 b	103
— **ciconium** (L.) L'Hér.	541	103
— **cicutarium** (L.) L'Hér.	545	104
— *cicutarium* subsp. *eu-cicutarium* (F)	545	104
— *cicutarium* subsp. *romanum* (F)	545 b	104
— **crispum** Lapeyr.	540 c	103
— **foetidum** (L.) L'Hér.	540	103
— **glandulosum** (Cav.) Willd.	540 b	103
— **laciniatum** (Cav.) Willd.	542	103
— *litoreum* (F)	537 b	103
— *littoreum* (B)	537 b	103
— *macradenum* (C, F)	540 b	103
— *malachoïdes* (F)	536	102
— **malacoides** (L.) L'Hér.	536	102
— *manescavi* (B, C, F, T, G)	539	103
— **manescavii** Cosson	539	103
— **maritimum** L'Hér.	538	102
— **moschatum** (L.) L'Hér.	543	104
— *petraeum* (B, C, T)	540	103
— *petraeum* (C)	540 c	103
— *petraeum* subsp. *crispum* (F, T)	540 c	103
— *petraeum* subsp. *eu-petraeum* (F)	540	103
— *petraeum* subsp. *glandulosum* (T)	540 b	103
— *romanum* (B, C)	545 b	104
— *triangulare* (F)	542	103
Erophila		
— **verna** aggr.	227 a-g	48
— *verna s.l.* (F, T, G)	227 a-g	48
Eruca		
— **sativa** Miller	131	30
— *vesicaria* subsp. *sativa* (F, T, G)	131	30
Erucastrum		
— **gallicum** (Willd.) O. Schulz	144	33
— *humile* (B)	142 c	32
— **nasturtiifolium** (Poiret) O. Schulz	143	33
— *obtusangulum* (B, C)	143	33
— *pollichii* (B, C)	144	33
— *repandum* (B)	142	32
— *saxatile* (B)	142 b	32
Eryngium		
— **alpinum** L.	1257	247
— *bourgati* (B, C, F, G)	1259	247
— **bourgatii** Gouan	1259	247
— **campestre** L.	1260	248
— **maritimum** L.	1258	247
— *spina-alba* (B, C, F, G)	1261	248
— **spinalba** Villars	1261	248
— **viviparum** Gay	1256	247
Erysimum		
— *bocconi* (G)	159 a	35
— **cheiranthoides** L.	157	35
— *cheiranthoïdes* (F)	157	35
— *cheiranthus* (B)	159 a-c	35
— **cheiri** (L.) Crantz	155	35
— *cheiriflorum* (B)	158 b	35
— *decumbens* (T, G)	159 b	35

Taxon	*Dessin*	*Pl.*
Erysimum dubium (F)	159 b	35
— **grandiflorum** Desf.	159 a	35
— *helveticum* subsp. *bocconei* (F)	159 a	35
— *helveticum* subsp. *pumilum* (F)	159 c	35
— *hieracifolium* (B, C, T, G)	158 a	35
— *hieracifolium* (B, C, G)	158 b	35
— *hieracifolium* subsp. *virgatum* (G)	158 a	35
— *hieraciifolium s.l.* (F)	158 a	35
— **jugicola** Jordan	159 c	35
— *longifolium* (C)	159 a	35
— **ochroleucum** (Schleicher) DC.	159 b	35
— **odoratum** Ehrh.	158 b	35
— *orientale* (B, C)	156	35
— *pannonicum* (F)	158 b	35
— *pumilum* (C, G)	159 c	35
— *strictum* (B)	158 a	35
— *sylvestre* (G)	159 a-c	35
— **virgatum** Roth	158 a	35
Erythraea		
— *capitata* (C)	1907 e	405
— *centaurium* (B, C)	1907	404
— *chloodes* (C)	1904 c	404
— *diffusa* (B, C)	1907 b	404
— *grandiflora* (C)	1907 d	405
— *latifolia* (B, C)	1907 c	404
— *linarifolia* (B)	1904 b	405
— *littoralis* (C)	1904 b	405
— *maritima* (B, C)	1903	404
— *pulchella* (B, C)	1906	404
— *spicata* (B, C)	1905	404
— *tenuifolia* (B, C)	1904	404
Erythronium		
— *dens canis* (F)	2638	588
— **dens-canis** L.	2638	588
Eufragia		
— *latifolia* (B)	2118	458
— *viscosa* (B)	2117	458
Euonymus		
— *europaeus* (T)	585	112
— *latifolius* (T)	585 b	112
Eupatorium		
— **cannabinum** L.	1371	274
Euphorbia		
— *acuminata* (F)	2485	548
— **aleppica** L.	2483	548
— **amygdaloides** L.	2459	542
— *amygdaloïdes* (F)	2459	542
— **angulata** Jacq.	2454 b	541
— **biumbellata** Poiret	2477	547
— *brittingeri* (T, G)	2471	545
— *canuti* (F)	2457	542
— **carniolica** Jacq.	2464	543
— **chamaebuxus** Gren. & Godron	2453	541
— **chamaesyce** L.	2451	541
— **characias** L.	2458	542
— **corsica** Req.	3381	726
— **cyparissias** L.	2474	546
— **dendroides** L.	2460	543
— *dendroïdes* (F)	2460	543
— **dulcis** L.	2454	541
— *dulcis* subsp. *angulata* (G)	2454 b	541
— *duvali* (F)	2468	545
— **duvalii** Lecoq & Lamotte	2468	545
— **esula** L.	2475 a,b	546
— *esula* subsp. *pinifolia* (F)	2475 a	546
— *esula* subsp. *saratoi* (F)	2475 b	546
— *esula* subsp. *tommasiniana* (T)	2474 b	546
— —	2479	547
— **exigua** L.	2487	548
— **falcata** L.	2485	548
— **flavicoma** DC.	2471 b	545
— **flavicoma**		

Taxon	*Dessin*	*Pl.*
Euphorbia flavicoma subsp. **mariolensis** (Rouy) O. Bolós & Vigo	2472	545
— *gerardiana* (B, C)	2465	544
— **helioscopia** L.	2466	544
— *helioscopioïdes* (F)	2466	544
— *helioscopioides* (C, T)	2466	544
— *hiberna* (C)	2456	542
— —	2457	542
— *hibernica* (F)	2456	542
— **hirsuta** L.	2469	545
— **hyberna** L.	2456	542
— **hyberna** subsp. **canuti** (Parl.) Tutin	2457	542
— *hyberna* subsp. *canutii* (G)	2457	542
— **hyberna** subsp. **insularis** (Boiss.) Briq.	3380	726
— *insularis* (C, F)	3380	726
— **lathyris** L.	2449	540
— *loiseuleri* (F)	2465 2	544
— *mariolensis* (T)	2472	545
— *myrsinites* (C)	3381	726
— **nicaeensis** All.	2476	546
— **palustris** L.	2455	541
— *papillosa* (B)	2468	545
— **paralias** L.	2462	543
— *paralios* (F)	2462	543
— **peplis** L.	2452	541
— *peploides* (B, C, T)	2484 b	548
— **peplus** L.	2484	548
— —	2484 b	548
— *pilosa* (B, C)	2470	545
— **pinea** L.	2478	547
— **pithyusa** L.	2461	543
— *pityusa* (F)	2461	543
— *platyphylla* (C)	2467	544
— **platyphyllos** L.	2467	544
— *polygalifolia* subsp. *mariolensis* (F)	2472	545
— **polygonifolia** L.	2450	541
— **portlandica** L.	2478 b	547
— *provincialis* (B)	2482	547
— *pubescens* (B, C, F, T, G)	2469	545
— **segetalis** L.	2488	548
— *segetalis* (C, F)	2478	547
— *segetalis* subsp. *pinea* (G)	2478	547
— *segetalis* subsp. *portlandica* (G)	2478 b	547
— *seguierana* (T, G)	2465	544
— **seguieriana** Necker	2465	544
— **seguieriana** subsp. **loiseleurii** (Rouy) Greuter & Burdet	2465 2	544
— **serrata** L.	2473	546
— *serrulata* (T, G)	2467 b	544
— *silvatica* (B)	2459	542
— **spinosa** L.	2463	543
— **stricta** L.	2467 b	544
— **sulcata** Lois.	2489	548
— **taurinensis** All.	2486	548
— **tenuifolia** Lam.	2479	547
— **terracina** L.	2482	547
— **valliniana** Belli	2481	547
— **variabilis** Cesati	2480	547
— **verrucosa** L.	2471	545
— **villosa** Willd.	2470	545
— **virgata** Waldst. & Kit.	2474 b	546
EUPHORBIACEAE		540-550
—		726
Euphrasia		
— **alpina** Lam.	2109 c	455
— *gracilis* (C, F)	2109 k	455
— **hirtella** Reuter	2109 h	455
— *kerneri* (F)	2109 l	455
— **micrantha** Reichb.	2109 k	455
— **minima** DC.	2109 j	455
— *minima*		

Taxon	*Dessin*	*Pl.*
Euphrasia minima subsp. *eu-minima* (F)	2109 j	455
— **nemorosa** (Pers.) Wallr.	2109 i	455
— *nemorosa* subsp. *eu-nemorosa* (F)	2109 i	455
— *nemorosa* subsp. *occidentalis* (F)	2109 e	455
— *officinalis* (B, C)	2109	455
— *officinalis* (C)	2109 b	455
— **pectinata** Ten.	2109 g	455
— **picta** Wimmer	2109 m,n	455
— *picta* (G)	2109 l	455
— **picta** subsp. **kerneri** (Wettst.) Yeo	2109 l	455
— **rostkoviana** Hayne	2109	455
— *rostkoviana* subsp. *eu-rostkoviana* (F)	2109	455
— **rostkoviana** subsp. **montana** (Jordan) Wettst.	2109 b	455
— **salisburgensis** Funcke	2109 d	455
— **stricta** J. Lehm.	2109 f	455
— *stricta* subsp. *pectinata* (F)	2109 g	455
— **tetraquetra** (Bréb.) Arrond.	2109 e	455
— *versicolor* (F)	2109 n	455
Evax		
— **carpetana** Lange	1543	309
— *cavanillesi* (B, F)	1543	309
— *cavanillesii* (G)	1543	309
— **pygmaea** (L.) Brot.	1542	309
Evonymus		
— **europaeus** L.	585	112
— *latifolia* (F)	585 b	112
— **latifolius** Miller	585 b	112
— *vulgaris* (C, F)	585	112
Exaculum		
— **pusillum** (Lam.) Caruel	1909	405
FABACEAE		116-166
—		724
Faeniculum		
— *vulgare* subsp. *capillaceum* (F)	1149	216
— *vulgare* subsp. *piperitum* (F)	1149 b	216
FAGACEAE		556-559
Fagopyrum		
— **esculentum** Moench	2407	529
— **tataricum** (L.) Gaertner	2408	530
Fagus		
— *silvatica* (B, C, F)	2511	556
— **sylvatica** L.	2511	556
Falcaria		
— *rivini* (B, C)	1226	238
— *sioïdes* (F)	1226	238
— **vulgaris** Bernh.	1226	238
Fallopia		
— **convolvulus** (L.) A. Löve	2406	529
— **dumetorum** (L.) Holub	2405	529
Farsetia		
— *clypeata* (B, C, F)	212	46
— *incana* (C)	224	47
Fedia		
— **cornucopiae** (L.) Gaertner	1354	267
Ferula		
— **communis** L.	1163	220
— **communis** subsp. **glauca** (L.) Rouy & Camus	1163 b	221
— *communis* subsp. *nodiflora* (F)	1163	220
— *ferulago* (B, C)	1164	221
— *glauca* (B, C)	1163 b	221
— *nodiflora* (B)	1163	220
Ferulago		
— **campestris** (Besser) Grecescu	1164	221
— *galbanifera* (F)	1164	221
Festuca		
— *airoides* (T)	3191	681
— **alpina** Suter	3191 g	681

Taxon	*Dessin*	*Pl.*
Festuca altissima All.	3179	678
— **amethystina** L.	3193	681
— *arenaria* (C)	3189	680
— *armoricana* (T, G)	3191	681
— **arundinacea** Schreber	3178 b	678
— **arundinacea** subsp. **fenas** (Lagasca) Arcang.	3178 c	678
— *arvernensis* (T)	3191	681
— *borderei* (C, F)	3192	681
— **borderi** (Hackel) K. Richter	3192	681
— *bromoides* (B)	3175	678
— *capillata* (C)	3191 b	681
— **dimorpha** Guss.	3182	679
— *dumetorum* (B, F, G)	3189	680
— *duriuscula* (B, C, F, G)	3191	681
— *duriuscula* subsp. *glauca* (F)	3191	681
— *duriuscula* subsp. *indigesta* (F)	3191	681
— *duriuscula* subsp. *levis* (F)	3191	681
— *duriuscula* subsp. *ochroleuca* (F)	3191	681
— *duriuscula* subsp. *vallesiana* (F)	3191 e	681
— **eskia** DC.	3188	680
— *fallax* (G)	3183 2	679
— *fenas* (C, F)	3178 c	678
— **flavescens** Bellardi	3186 c	680
— *gallica* (G)	3191	681
— **gautieri** (Hackel) K. Richter	3186 b	680
— *geniculata* (B)	3174	678
— **gigantea** (L.) Villars	3205	684
— *glauca* (G)	3191	681
— **halleri** All.	3191 f2	681
— *hervieri* (T)	3191	681
— **heterophylla** Lam.	3184	680
— *huonii* (T, G)	3191	681
— *incrassata* (B)	3396	729
— *indigesta* (T, G)	3191	681
— *interrupta* (B)	3178 c	678
— **juncifolia** St. Amans	3189	680
— *laevis* (G)	3191	681
— *laxa* subsp. *dimorpha* (F)	3182	679
— *lemanii* (T)	3191	681
— *ligustica* (B)	3176	678
— *michelii* (B)	3177	678
— *myuros* (B)	3172	677
— **nigrescens** Lam.	3183 2	679
— *ochroleuca* (T, G)	3191	681
— **ovina** aggr.	3191	681
— *ovina* (B, F)	3191 b	681
— **paniculata** (L.) Schinz & Thell.	3180	679
— **paniculata** subsp. **spadicea** (L.) Litard.	3180 2	679
— *pilosa* (B)	3185	680
— **pratensis** Hudson	3178 a	678
— *pseudomyuros* (B)	3171	677
— **pulchella** Schrader	3181	679
— *pumila* (B, C, F, G)	3187	680
— **pyrenaica** Reuter	3183 b	679
— **quadriflora** Honck.	3187	680
— **rubra** L. s.l.	3183	679
— *rubra* (C)	3183 2	679
— *rubra* subsp. *fallax* (F)	3183 2	679
— *scheuchzerii* (B)	3181	679
— *sciuroides* (B)	3171 b	677
— *scoparia* (C, F, G)	3186 b	680
— *setacea* (B)	3173	677
— *silvatica* (B, C, F)	3179	678
— *spadicea* (B, C, F)	3180	679
— *supina* (G)	3191	681
— **tenuifolia** Sibth.	3191 b	681
— *trachyphylla* (T, G)	3191	681
— **valesiaca** Gaudin	3191 e	681
— **varia** Haenke	3186	680
— **violacea** Gaudin	3190	681

Taxon	*Dessin*	*Pl.*
Fibigia		
— **clypeata** (L.) Medikus	212	46
Ficaria		
— *grandiflora* (C)	70 b	15
— *ranunculoides* (B, C)	70	15
— *verna* (F)	70	15
— —	70 b	15
Ficus		
— **carica** L.	2497	551
Filaginella		
— **uliginosa** (L.) Opiz	1528	307
Filago		
— *apiculata* (C)	1537	308
— —	1537 3	308
— *arvensis* (C, F, G)	1539	308
— *canescens* (C)	1537 2	308
— **eriocephala** Guss.	1537 3	308
— *gallica* (F, G)	1529	307
— *gallica* (F)	1529 2	307
— *germanica* (F, G)	1537	308
— —	1537 2,3	308
— *germanica* subsp. *pyramidata* (G)	1538	308
— **lutescens** Jordan	1537	308
— *minima* (C, F, G)	1540	308
— *neglecta* (C, F, G)	1530	307
— **pyramidata** L.	1538	308
— *spathulata* (C, F)	1538	308
— **vulgaris** Lam.	1537 2	308
Filipendula		
— *hexapetala* (F)	904	169
— **ulmaria** Maxim.	905	169
— **vulgaris** Moench	904	169
Fimbristylis		
— **bisumbellata** (Forsskal) Bubani	2892	630
— *dichotoma* (B, C, F, G)	2892	630
Foeniculum		
— *officinale* (C)	1149	216
— *piperitum* (C)	1149 b	216
— **vulgare** Miller	1149	216
— **vulgare** subsp. **piperitum** (Ucria) Cout.	1149 b	216
Fourraea		
— **alpina** (L.) Greuter & Burdet	185	41
Fragaria		
— *collina* (B, C)	946 c	177
— *elatior* (B, C)	946 b	177
— **moschata** Duchesne	946 b	177
— **vesca** L.	946	176
— **viridis** Duchesne	946 c	177
Frangula		
— **alnus** Miller	590	113
Frankenia		
— **hirsuta** L.	346	70
— *hirsuta* (C)	345	70
— *hirsuta* subsp. *intermedia* (F)	346	70
— *hirsuta* subsp. *levis* (F)	345	70
— *intermedia* (B)	346	70
— **laevis** L.	345	70
— **pulverulenta** L.	344	70
FRANKENIACEAE		70
Fraxinus		
— **angustifolia** subsp. **oxycarpa** (Willd.) Franco & Rocha Afonso	1887	399
— **excelsior** L.	1886	398
— *excelsior* (C)	1887	399
— **ornus** L.	1888	399
— *oxyphylla* (B)	1887	399
— *oxyphylla* subsp. *oxycarpa* (F)	1887	399
Fritillaria		
— *delphinensis* (B, C)	2579 c	575
— **involucrata** All.	2577	575
— **meleagris** L.	2579	575
— **orientalis** Adams	2578	575
— **pyrenaica** L.	2579 b	575

Taxon	Dessin	Pl.
Fritillaria tenella (C, F, G)	2578	575
— *tubaeformis* (G)	2579 c	575
— **tubiformis** Gren. & Godron	2579 c	575
Fumana		
— *coridifolia* (F)	308 b	64
— **ericoides** (Cav.) Gand.	308 b	64
— **laevipes** (L.) Spach	309	64
— *levipes* (F, G)	309	64
— **procumbens** (Dunal) Gren. & Godron	308	64
— *spachii* (B, C)	308 b	64
— **thymifolia** (L.) Webb	309 b	64
— *viscida* (B, C)	309 b	64
— *vulgaris* (B)	308	64
Fumaria		
— **agraria** Lagasca	124 c	28
— **bastardii** Boreau	124 b1	28
— **capreolata** L.	124 a	28
— *capreolata* (B)	124 b1,2,c	28
— **densiflora** DC.	122	28
— *loiseleurii* (B)	124 b1,2	28
— *micrantha* (C, F, G)	122	28
— **muralis** Koch	124 b2	28
— *muralis* (C, F)	124 b1	28
— **officinalis** L.	123	28
— **parviflora** Lam.	121 a	28
— *spicata* (B, C, F)	120	27
— *vaillanti* (F)	121 b	28
— **vaillantii** Lois.	121 b	28
FUMARIACEAE		27-28
Gagea		
— **arvensis** (Pers.) Dumort.	2605	580
— *bohemica* (B, C)	2600	580
— **bohemica** subsp. **gallica** (Rouy) I. Richardson	2600	580
— *bohemica* subsp. *saxatilis* (F)	2600	580
— **fistulosa** (DC.) Ker Gawler	2602	580
— **foliosa** (J.S. Presl & C. Presl.) Schultes & Schultes f.	2606	580
— *liotardi* (F)	2602	580
— *liottardi* (B, C)	2602	580
— **lutea** (L.) Ker Gawler	2599	580
— **minima** (L.) Ker Gawler	2604	580
— **nevadensis** Boiss.	2601	580
— **pratensis** (Pers.) Dumort.	2599 b	580
— *pratensis* subsp. *stenopetala* (F)	2599 b	580
— *saxatilis* (B, G)	2600	580
— *soleiroli* (F)	2601	580
— *soleirolii* (C, G)	2601	580
— **spathacea** (Hayne) Salisb.	2603	580
— *stenopetala* (B, C)	2599 b	580
Galactites		
— **tomentosa** Moench	1548	310
Galanthus		
— **nivalis** L.	2695	601
Gale		
— *palustris* (F)	2556	569
Galega		
— **officinalis** L.	802	147
Galeopsis		
— **angustifolia** Hoffm.	2228 1,2	485
— **bifida** Boenn.	2226 2	484
— *dubia* (B, C, F)	2227	485
— *dubia* (F)	2227 2	485
— *intermedia* (B, C)	2229	485
— **ladanum** L.	2229	485
— *ladanum* (B, C)	2228 1	485
— *ladanum* (B)	2228 2,3	485
— *ladanum* subsp. *angustifolia* (F)	2228 1,2	485
— *ladanum* subsp. *intermedia* (F)	2229	485
— *ladanum* subsp. *reuteri* (F)	2228 3	485
— **pubescens** Besser	2230	486
— **pyrenaica** Bartling	2231	486
— *pyrenaïca* (F)	2231	486
— **reuteri** Reichb. f.	2228 3	485
Galeopsis segetum Necker	2227	485
— —	2227 2	485
— **speciosa** Miller	2225	484
— —	2225 2	484
— **tetrahit** L.	2226	484
— *tetrahit* (C)	2226 2	484
— *tetrahit* subsp. *bifida* (F)	2226 2	484
— *tetrahit* subsp. *eu-tetrahit* (F)	2226	484
— *versicolor* (B)	2225	484
Galium		
— **album** Miller	1298 b	257
— *anglicum* (B)	1312	260
— **anisophyllon** Villars	1301 e	258
— *anisophyllum* (B, C)	1301 e	258
— **aparine** L.	1306	259
— *aparine* subsp. *eu-aparine* (F)	1306	259
— *aparine* subsp. *spurium* (F)	1306 b	259
— **arenarium** Lois.	1290	255
— **aristatum** L.	1297 b	257
— *asperum* subsp. *anisophyllum* (F)	1301 e	258
— *asperum* subsp. *jordani* (F)	1300	258
— *asperum* subsp. *umbellatum* (F)	1301	258
— **boreale** L.	1289	255
— *caespitosum* (B, C)	1304 b	259
— **cespitosum** Lam.	1304 b	259
— **cinereum** All.	1299 b	257
— **cometerhizon** Lapeyr.	1303 b	258
— *cometerrhizon* (B, C, F, G)	1303 b	258
— *constrictum* (C)	1309 c	260
— *corrudaefolium* (C)	1299 a	257
— **corrudifolium** Villars	1299 a	257
— *cruciata* (B, C, F, G)	1285	254
— **debile** Desv.	1309 c	260
— **decipiens** Jordan	1312 2	260
— **divaricatum** Lam.	1312 b	260
— *elatum* (B)	1298 a	257
— *ellipticum* (B, C)	1288 b	255
— **elongatum** C. Presl	1309 b	260
— *erectum* (B, C)	1298 b	257
— **glaucum** L.	1320	261
— *helveticum* (B, C, F)	1302	258
— *hercynicum* (F)	1295	256
— *jordani* (B, C)	1300	258
— *laevigatum* (B)	1297 b	257
— *lapeyrousianum* (B)	1301 c	258
— *lucidum* (B)	1299 a,b	257
— **marchandii** Roemer & Schultes	1301 c	258
— **maritimum** L.	1292	255
— **megalospermum** All.	1302	258
— *megalospermum* (B, C)	1303	258
— **minutulum** Jordan	1314 b	260
— **mollugo** L.	1298 a	257
— *mollugo* (B)	1298 b,c	257
— *mollugo* subsp. *cinereum* (F, G)	1299 b	257
— *mollugo* subsp. *corrudaefolium* (F)	1299 a	257
— *mollugo* subsp. *corrudifolium* (G)	1299 a	257
— *mollugo* subsp. *elatum* (F, G)	1298 a	257
— *mollugo* subsp. *erectum* (F, G)	1298 b	257
— *mollugo* subsp. *neglectum* (F)	1298 c	257
— *montanum* (B)	1301 d2	258
— **murale** (L.) All.	1313	260
— **neglectum** Gren.	1298 c	257
— **obliquum** Villars	1296	256
— **odoratum** (L.) Scop.	1317	261
— **palustre** L.	1309	259
— *palustre* (G)	1309 b	260
Galium palustre subsp. *constrictum* (F)	1309 c	260
— *palustre* subsp. *elongatum* (F)	1309 b	260
— *palustre* subsp. *eu-palustre* (F)	1309	259
— **papillosum** Lapeyr.	1301 b	258
— **parisiense** L.	1312	260
— *parisiense* (G)	1312 b	260
— *parisiense* (C)	1312 2	260
— *parisiense* subsp. *anglicum* (F)	1312	260
— *parisiense* subsp. *divaricatum* (F)	1312 b	260
— *pedemontanum* (B, C, F, G)	1287	254
— **pumilum** Murray	1301	258
— —	1301 d2	258
— *pumilum* subsp. *caespitosum* (F)	1304 b	259
— *pumilum* subsp. *pusillum* (F)	1305	259
— *pumilum* subsp. *pyrenaïcum* (F)	1304	259
— *pumilum* subsp. *tenue* (F)	1305 b2	259
— *pumilum s.l.* (G)	1300	258
— —	1301	258
— —	1301 b,c,d2,e	258
— *purpureum* (B, C, F, G)	1294	256
— **pusillum** L.	1305	259
— **pyrenaicum** Gouan	1304	259
— *pyrenaicum* (G)	1304 b	259
— **rotundifolium** L.	1288	255
— *rotundifolium* subsp. *eu-rotundifolium* (F)	1288	255
— *rotundifolium* subsp. *ovalifolium* (F)	1288 b	255
— **rubidum** Jordan	1293 2	256
— *rubrum* (B)	1293 1	256
— *rubrum* (B, C)	1293 2	256
— *rubrum* (C)	1296	256
— *rubrum* subsp. *obliquum* (F)	1296	256
— *saccharatum* (B, C, F)	1308	259
— **saxatile** L.	1295	256
— **saxosum** (Chaix) Breistr.	1303	258
— **scabrum** L.	1288 b	255
— **setaceum** Lam.	1311	260
— *silvaticum* (B, C)	1297	256
— *silvaticum* subsp. *aristatum* (F)	1297 b	257
— *silvaticum* subsp. *eu-silvaticum* (F)	1297	256
— *silvestre* (B, C)	1301	258
— *silvestre* (B)	1301 b,c,d2,e	258
— **spurium** L.	1306 b	259
— **sylvaticum** L.	1297	256
— **tenue** Villars	1305 b2	259
— **timeroyi** Jordan	1300	258
— *tricorne* (B, C, F)	1307	259
— **tricornutum** Dandy	1307	259
— **uliginosum** L.	1310	260
— *vernum* (B, C, F, G)	1286	254
— **verrucosum** Hudson	1308	259
— **verticillatum** Danthoine	1314	260
— **verum** L.	1291	255
— *verum* subsp. *eu-verum* (F)	1291	255
— *villarsi* (F)	1303	258
— ×**centroniae** Cariot	1293 1	256
Garidella		
— **nigellastrum** L.	78	17
Gasparrinia		
— *peucedanoïdes* (F)	1178	225
Gastridium		
— *lendigerum* (B, C, F)	3077	660
— *scabrum* (B, C, F, G)	3077 b	660
— **ventricosum** (Gouan) Schinz & Thell.	3077	660
— —	3077 b	660

Taxon	*Dessin*	*Pl.*
Gaudinia		
— **fragilis** (L.) Beauv.	3242	694
Gaya		
— *simplex* (B, C)	1172	223
Genista		
— **anglica** L.	617	119
— **aspalathoides** aggr.	614	118
— *aspalathoides* (B)	614	118
— *aspalathoïdes* (F)	614	118
— *candicans* (B, C)	619	119
— **cinerea** (Villars) DC.	624	120
— **corsica** (Lois.) DC.	3363	724
— *delphinensis* (C)	622 b	119
— **germanica** L.	615	118
— **hispanica** L.	616	118
— **hispanica** subsp. **occidentalis** Rouy	3364	724
— *horrida* (B, C)	613	118
— **linifolia** L.	620	119
— *lobelii* (C, T, G)	614	118
— **monspessulana** (L.) L. Johnson	619	119
— *occidentalis* (C)	3364	724
— **pilosa** L.	625	120
— *prostrata* (C)	632	121
— **pulchella** Vis.	625 b	120
— *purgans* (C)	612	118
— **radiata** (L.) Scop.	621	119
— **sagittalis** L.	622	119
— **sagittalis** subsp. **delphinensis** (Verlot) Greuter	622 b	119
— *salzmannii* (T, G)	614	118
— **scorpius** (L.) DC.	618	119
— **tinctoria** L.	623	120
— *villarsi* (F)	625 b	120
— *villarsii* (C)	625 b	120
Genistella		
— *sagittalis* (F)	622	119
— *sagittalis* subsp. *delphinensis* (F)	622 b	119
Gentiana		
— **acaulis** L.	1918	408
— **alpina** Villars	1918 d	408
— **amarella** L.	1927	409
— —	1928 c2	409
— *amarella* subsp. *eu-amarella* (F, G)	1927	409
— **angustifolia** Villars	1918 b	408
— **asclepiadea** L.	1917	408
— **bavarica** L.	1923	408
— *bavarica* (C)	1923 b	408
— *bavarica* subsp. *eu-bavarica* (F)	1923	408
— *bavarica* subsp. *rostani* (F)	1923 b	408
— *brachyphylla* (T, G)	1922 2	408
— **burseri** Lapeyr.	1913 b	406
— *burseri* subsp. *eu-burseri* (F)	1913 b	406
— *burseri* subsp. *villarsi* (F)	1913 2	407
— **burseri** subsp. **villarsii** (Griseb.) Rouy	1913 2	407
— **campestris** L.	1925	409
— **campestris** subsp. **baltica** (Murb.) Vollm.	1925 b	409
— *campestris* subsp. *eu-campestris* (F)	1925	409
— **ciliata** L.	1926	409
— **clusii** Perrier & Song.	1918 c	408
— *clusii* subsp. *eu-clusii* (F)	1918 c	408
— **cruciata** L.	1915	407
— **germanica** Willd.	1928	409
— —	1928 b,d	409

Taxon	*Dessin*	*Pl.*
Gentiana germanica subsp. *eu-germanica* (F, G)	1928	409
— *germanica* subsp. *solstitialis* (F, G)	1928 b	409
— *kochiana* (C, F, G)	1918	408
— **lutea** L.	1912	406
— **nivalis** L.	1920	408
— **obtusifolia** Willd.	1928 c	409
— **pannonica** Scop.	1913 c	407
— **pneumonanthe** L.	1916	407
— *pumila* (C)	1922 b	408
— *pumila* subsp. *delphinensis* (F, T)	1922 b	408
— **punctata** L.	1913	406
— **purpurea** L.	1914	407
— **pyrenaica** L.	1921	408
— *pyrenaïca* (F)	1921	408
— **rostanii** Verlot	1923 b	408
— *solstitialis* (T)	1928 b	409
— **tenella** Rottb.	1924	409
— **utriculosa** L.	1919	408
— **verna** L.	1922	408
— —	1922 3	408
— *verna* (C)	1922 2	408
— **verna** subsp. **brachyphylla** (Villars) P. Fourn.	1922 2	408
— **verna** subsp. **delphinensis** (Beauverd) Kunz	1922 b	408
— *verna* subsp. *eu-verna* (F)	1922	408
— *villarsii* (G)	1913 2	407
GENTIANACEAE		404-409
Gentianella		
— *amarella* (T)	1927	409
— *campestris* (T)	1925	409
— *campestris* subsp. *baltica* (T)	1925 b	409
— *ciliata* (T)	1926	409
— *germanica* (T)	1928	409
— *tenella* (T)	1924	409
GERANIACEAE		98-104
Geranium		
— *aconitifolium* (B)	528	101
— **argenteum** L.	534	102
— **bohemicum** L.	530	101
— **cinereum** Cav.	534 b	102
— **columbinum** L.	521	99
— **dissectum** L.	520	99
— **divaricatum** Ehrh.	519	99
— *endressi* (B, C, F)	529 b	101
— **endressii** Gay	529 b	101
— **lucidum** L.	517	98
— *macrorhizum* (B)	525	100
— **macrorrhizum** L.	525	100
— **molle** L.	522	99
— **nodosum** L.	531	101
— **palustre** L.	529	101
— **phaeum** L.	524	100
— **pratense** L.	526	100
— *purpureum* (B, C, T)	516 b	98
— **pusillum** Burm. f.	523	99
— **pyrenaicum** Burm. f.	532	102
— *pyrenaïcum* (F)	532	102
— **rivulare** Villars	528	101
— **robertianum** L.	516	98
— *robertianum* subsp. *eu-robertianum* (F)	516	98
— **robertianum** subsp. **purpureum** (Villars) Nyman	516 b	98
— **rotundifolium** L.	518	99
— **sanguineum** L.	535	102
— *silvaticum* (C, F)	527	100
— *silvaticum* subsp. *lemanianum* (F)	527 2	100
— **sylvaticum** L.	527	100
— —	527 2	100

Taxon	*Dessin*	*Pl.*
Geranium sylvaticum subsp. *rivulare* (T, G)	528	101
— **tuberosum** L.	533	102
Geropogon		
— *glaber* (C)	1674	348
— *glabrum* (B)	1674	348
GESNERIACEAE		414
Geum		
— **heterocarpum** Boiss.	913	171
— **montanum** L.	911	171
— **pyrenaicum** Miller	910 b	171
— *pyrenaïcum* (F)	910 b	171
— **reptans** L.	912	171
— **rivale** L.	909	170
— *silvaticum* (B, C, F, G)	910	171
— **sylvaticum** Pourret	910	171
— **urbanum** L.	908	170
Gladiolus		
— *byzantinus* (C, F, G)	3388	727
— **communis** L.	2694	601
— **communis** subsp. **byzantinus** (Miller) A. P. Ham.	3388	727
— **illyricus** Koch	2694 c	601
— **italicus** Miller	2693	600
— **palustris** Gaudin	2694 b	601
— *segetum* (B, C, F, G)	2693	600
Glaucium		
— **corniculatum** (L.) Rudolph	112 b	25
— **flavum** Crantz	112	25
— *luteum* (B)	112	25
Glaux		
— **maritima** L.	1868	395
Glechoma		
— **hederacea** L.	2214	481
— *hederaceum* (F)	2214	481
Gleditschia		
— *triacanthos* (B, F)	891	166
Gleditsia		
— **triacanthos** L.	891	166
Globularia		
— **alypum** L.	2340	508
— **cordifolia** L.	2339	508
— *cordifolia* subsp. *eu-cordifolia* (F)	2339	508
— *cordifolia* subsp. *nana* (F)	2339 2	508
— *nana* (C)	2339 2	508
— **nudicaulis** L.	2338	508
— **punctata** Lapeyr.	2337	508
— **repens** Lam.	2339 2	508
— *vulgaris* (B, C)	2337	508
— *vulgaris* subsp. *willkommi* (F)	2337	508
GLOBULARIACEAE		508
Glyceria		
— *altissima* (F)	3130	669
— *aquatica* (B, C)	3130	669
— *borreri* (C, F)	3134 b	670
— *conferta* (B)	3134 b	670
— *convoluta* (B, C, F)	3131	670
— *convoluta* (C)	3131 b,c	670
— *distans* (B, C, F)	3134	670
— *festucaeformis* (B, F)	3131 b	670
— **fluitans** (L.) R. Br.	3129	669
— *fluitans* (C, F)	3129 b	669
— *fluitans* subsp. *plicata* (G)	3129 b	669
— *foucaudi* (C, F)	3132 b	670
— *maritima* (B, C, F)	3132	670
— **maxima** (Hartman) Holmb.	3130	669
— *nervata* (B, C, F)	3130 b	669
— **plicata** (Fries) Fries	3129 b	669
— *procumbens* (B, C, F)	3133	670
— **striata** (Lam.) A. Hitchc.	3130 b	669
— *tenuifolia* (F)	3131 c	670
Glycyrrhiza		
— **glabra** L.	803	148
Gnaphalium		
— *arvense* (B)	1539	308
— *carpaticum* (B)	1533	308

Taxon	Dessin	Pl.
Gnaphalium dioicum (B)	1532	308
— *eriocephalum* (B)	1537 3	308
— *gallicum* (B)	1529	307
— *germanicum* (B)	1537	308
— *leontopodium* (B)	1527	307
— **luteo-album** L.	1536	308
— *luteoalbum* (F)	1536	308
— *minimum* (B)	1540	308
— *neglectum* (B)	1530	307
— *norvegicum* (B, C, F, G)	1526 b	307
— *silvaticum* (B, C, F)	1526	307
— *spathulatum* (B)	1538	308
— *supinum* (B, C, F, G)	1535	308
— *sylvaticum* (G)	1526	307
— *uliginosum* (B, C, F, G)	1528	307
— **undulatum** L.	1531	307
Gomphocarpus		
— *fruticosus* (B, C, F, T, G)	1902	403
Goodyera		
— **repens** (L.) R. Br.	2714	604
Gouffeia		
— *arenarioides* (B, C)	454	87
— *arenarioïdes* (F)	454	87
GRAMINEAE		645-694
—		729
Grammitis		
— *leptophylla* (B, C)	3277	703
Gratiola		
— **officinalis** L.	2071	448
Gregoria		
— *vitaliana* (B, C, F)	1851	392
Groenlandia		
— **densa** (L.) Fourr.	2790	615
Gymnadenia		
— **conopsea** (L.) R. Br.	2752	610
— **odoratissima** (L.) Rich.	2752 b	610
Gymnocarpium		
— **dryopteris** (L.) Newman	3276	702
— **robertianum** (Hoffm.) Newman	3276 b	702
Gymnogramme		
— *leptophylla* (F)	3277	703
Gypsophila		
— **muralis** L.	394	79
— **repens** L.	394 b	80
— *vaccaria* (B)	393	79
Hainardia		
— **cylindrica** (Willd.) Greuter	3246	694
Halimione		
— *pedunculata* (T, G)	2355	513
— *portulacoides* (T, G)	2356	513
Halimium		
— *alyssoides* (T, G)	297	62
— **halimifolium** (L.) Willk.	296	61
— **lasianthum** subsp. **alyssoides** Greuter	297	62
— **umbellatum** (L.) Spach	295	61
HALORAGACEAE		192-193
Hammarbya		
— **paludosa** (L.) Kuntze	2727	606
Haynaldia		
— *villosa* (G)	3221	687
Hedera		
— **helix** L.	1263	249
Hedypnois		
— **cretica** (L.) Dum.-Cours.	1638 1-3	339
— *polymorpha* (B , C)	1638 1-3	339
— *rhagadioloïdes* (F)	1638 1-3	339
Hedysarum		
— *capitatum* (B)	881	163
— **coronarium** L.	884	164
— **hedysaroides** (L.) Schinz & Thell.	883	164
— **humile** L.	882	164
— *obscurum* (B, C, F)	883	164
— **spinosissimum** L.	881 2	163
— *spinosissimum* (C, T)	881	163
— **spinosissimum** subsp. **capitatum** (Rouy) Asch. & Graebner	881	163

Taxon	Dessin	Pl.
Heleochloa		
— *alopecuroides* (G)	3004	647
— *schoenoides* (G)	3005	647
Helianthemum		
— *alyssoides* (B, C)	297	62
— *alyssoïdes* (F)	297	62
— **apenninum** (L.) Miller	302	63
— *apenninum* subsp. *pilosum* (F, G)	302 b	62
— *canum* (B, F, T, G)	304 b	63
— *guttatum* (B, C, F)	306	63
— *halimifolium* (C, F)	296	61
— **hirtum** (L.) Miller	303	63
— **intermedium** Pers.	299 b	62
— *italicum* (C)	304	63
— *italicum* subsp. *eu-italicum* (F)	304	63
— *lavandulaefolium* (B, C, F)	301	63
— *lavandulifolium* (T, G)	301	63
— **ledifolium** (L.) Miller	298	62
— **lunulatum** (All.) DC.	305	63
— **marifolium** (L.) Miller	304 c	63
— *montanum* (C)	304 b	63
— *niloticum* (B)	298	62
— **nummularium** subsp. **grandiflorum** (Scop.) Schinz & Thell.	300	362
— **nummularium** subsp. **obscurum** (Čelak.) Holub	300	62
— **nummularium** subsp. **pyrenaicum** (Janchen) Hegi	300 2	62
— *nummularium* subsp. *pyrenaïcum* (F)	300 2	62
— *oelandicum* (B)	304	63
— **oelandicum** subsp. **canum** (L.) Bonnier	304 b	63
— **oelandicum** subsp. **italicum** (L.) Font Quer & Rothm.	304	63
— *ovatum* subsp. *eu-ovatum* (F)	300	62
— *ovatum* subsp. *grandiflorum* (F)	300 3	62
— **pilosum** (L.) Pers.	302 b	62
— *polifolium* (B, C)	302	63
— **salicifolium** (L.) Miller	299	62
— *salicifolium* (C, F, T, G)	299 b	62
— **syriacum** (Jacq.) Dum.-Cours.	301	63
— *tuberaria* (B, C, F)	307	63
— *umbellatum* (B, C, F)	295	61
— *vulgare* (B, C)	300	62
— —	300 2,3	62
Helianthus		
— **annuus** L.	1479	298
— **tuberosus** L.	1478	298
Helichrysum		
— *angustifolium* (B, C)	1524	306
— **arenarium** (L.) Moench	1523	306
— **decumbens** Cambess.	1525 b	307
— **foetidum** (L.) Cass.	1522	306
— **italicum** (Roth) Don	1524	306
— *italicum* subsp. *angustifolium* (F)	1524	306
— **italicum** subsp. **microphyllum** (Willd.) Nyman	1524 c	307
— **italicum** subsp. **serotinum** (Boiss.) P. Fourn.	1524 b	306
— *microphyllum* (C)	1524 c	307
— *serotinum* (C)	1524 b	306
— *staechas* (C, F)	1525	307
— **stœchas** (L.) Moench	1525	307
Helictotrichon		
— *bromoides* (G)	3114 b	667
— *montanum* (G)	3108	666
— **parlatorei** (J. Woods) Pilger	3110 b	667
— *pratense* (G)	3114	667

Taxon	Dessin	Pl.
Elictotrichon pubescens (G)	3111	667
— **sedenense** (DC.) Holub	3108	666
— **sempervirens** (Villars) Pilger	3110	666
— **setaceum** (Villars) Henrard	3109	666
— *sulcatum* (G)	3113	667
— *versicolor* (G)	3112	667
Heliosperma		
— *quadrifidum* (F)	367	75
Heliotropium		
— **curassavicum** L.	2010	428
— **europaeum** L.	2011	428
— **supinum** L.	2012	429
Helleborus		
— **foetidus** L.	75	16
— *lividus* (C)	3348	722
— **lividus** subsp. **corsicus** (Briq.) P. Fourn.	3348	722
— **niger** L.	74	16
— **viridis** L. s.l.	76	16
Helminthia		
— *echioides* (B, C)	1660	344
Helodea		
— *canadensis* (C, F, G)	2769	612
Helodes		
— *palustris* (C)	562	107
Helosciadium		
— *intermedium* (B)	1228	238
— *inundatum* (B, C, G)	1229 c	238
— *nodiflorum* (B, C, G)	1229	238
— *repens* (B, C, G)	1229 b	238
Helxine		
— *soleiroli* (F)	3383	726
Hemerocallis		
— **fulva** (L.) L.	2647	590
— **lilioasphodelus** L.	2648	590
Hepatica		
— **nobilis** Schreber	24	7
— *triloba* (B, F)	24	7
Heracleum		
— *alpinum* (B, C, G)	1168 d	223
— *flavescens* (B)	1167	222
— *lecokii* (C, G)	1167	222
— **minimum** Lam.	1169	223
— *montanum* (C, G)	1168 b	222
— *panaces* (B)	1168 b	222
— *pyrenaicum* (B, C, G)	1168 c	223
— **sphondylium** L.	1168	222
— **sphondylium** subsp. **alpinum** (L.) Bonnier & Layens	1168 d	223
— *sphondylium* subsp. *australe* (F)	1168	222
— **sphondylium** subsp. **montanum** (Gaudin) Briq.	1168 b	222
— **sphondylium** subsp. **pyrenaicum** (Lam.) Bonnier & Layens	1168 c	223
— *sphondylium* subsp. *pyrenaïcum* (F)	1168 c	223
— **sphondylium** subsp. **sibiricum** (L.) Simonkai	1167	222
— *spondylium* (B)	1168	222
Herminium		
— *alpinum* (C)	2767	611
— *clandestinum* (B)	2754	610
— **monorchis** (L.) R. Br.	2754	610
Hermodactylus		
— **tuberosus** (L.) Miller	2692	600
Herniaria		
— **alpina** Chaix	1039 c	197
— **cinerea** DC.	1038 c	197
— **glabra** L.	1038 a	197
— **hirsuta** L.	1038 b	197
— *hirsuta* (G)	1038 c	197
— **incana** Lam.	1039	197
— **latifolia** Lapeyr.	1039 b	197
— *vulgaris* (B)	1038 a-c	197

Taxon	*Dessin*	*Pl.*
Hesperis		
— **laciniata** All.	146 b	33
— **matronalis** L.	146	33
Heteropogon		
— **contortus** (L.) Roemer & Schultes	3044	653
Hibiscus		
— *moscheutos* subsp. *roseus* (F)	514	98
— **palustris** L.	514	98
— *roseus* (B, C)	514	98
Hieracium		
— **alatum** aggr.	1751	368
— *alatum* (C)	1751	368
— *albidum* (B)	1734	364
— **alpinum** aggr.	1730	363
— *alpinum* (C, F, G)	1730	363
— *alpinum* (B)	1746	368
— —	1746 b	368
— **amplexicaule** aggr.	1731	364
— —	1731 c	364
— *amplexicaule* (B, C, F, G)	1731	364
— *anchusoides* (C)	1728 d	363
— *andryaloides* (C)	1733 b	364
— *anglicum* (C)	1751	368
— **atratum** aggr.	1753 f	370
— *atratum* (C)	1753 f	370
— **aurantiacum** L. s.l.	1725	361
— *aurantiacum* (B, C, F, G)	1725	361
— *auricula* (B, C, F)	1726	362
— *bauhinii* (G)	1728 c3	363
— **bifidum** aggr.	1753 h	370
— *bifidum* (C, F, G)	1753 h	370
— *boreale* (C)	1741	366
— **breviscapum** DC.	1727	362
— **caesium** aggr.	1753 e	370
— *caesium* (C, F, G)	1753 e	370
— **caespitosum** Dumort. s.l.	1726 b	362
— *caespitosum* (G)	1726 b	362
— *candollei* (F)	1727	362
— **cerinthoides** aggr.	1752	369
— *cerinthoides* (C)	1748	368
— *cerinthoides* (B, C, G)	1752	369
— *cerinthoïdes* (F)	1752	369
— *cinerascens* (C)	1753 c	369
— *collinum* (C)	1726 b	362
— **compositum** aggr.	1748 b	368
— *compositum* (C)	1748 b	368
— **cordifolium** aggr.	1748	368
— *cordifolium* (G)	1748	368
— *cydoniaefolium* (B)	1737	365
— **cydonifolium** aggr.	1737	365
— *cydoniifolium* (C)	1737	365
— **cymosum** L.	1728	362
— *cymosum* (C)	1728 3	362
— **cymosum** subsp. **sabinum** (Sebast. & Mauri) Naeg. & Peter	1728 3	362
— **dentatum** aggr.	1747 c	368
— *dentatum* (C)	1747 c	368
— *divisum* (C)	1753 j	370
— *elatum* (B)	1736 b	365
— **epimedium** aggr.	1753 g	370
— *epimedium* (C)	1753 g	370
— **eriophorum** St. Amans	1740 b	366
— *florentinum* (C)	1728 c2	363
— **glaciale** A. Reynier	1728 b	362
— *glandiferum* (B)	1746	368
— *glanduliferum* (C)	1746	368
— **glaucinum** aggr.	1753 c	369
— —	1753 d	370
— **glaucopsis** aggr.	1744	367
— *glaucopsis* (C)	1744	367
— **glaucum** aggr.	1743	367
— *glaucum* (B, C, F, G)	1743	367
— *halleri* (B)	1730	363
— *hoppeanum* (F)	1724 b	361
— **humile** aggr.	1729	363
— *humile* (C, F, G)	1729	363
— *hypeurum* (G)	1724 b	361
— **intybaceum** All.	1734	364
— *jacquini* (B)	1729	363

Taxon	*Dessin*	*Pl.*
Hieracium lachenali (F)	1753 k	370
— *lachenalii* (G)	1753 k	370
— **lactucella** Wallr. s.l.	1726	362
— *lactucella* (G)	1726	362
— **laevigatum** aggr.	1741 b	367
— *laggeri* (C)	1728 2	362
— **lanatum** aggr.	1733	364
— —	1733 b,c	364
— *lanatum* (B, C, F, G)	1733	364
— *lanatum* (F)	1733 b	364
— *lanceolatum* (C)	1736 b	365
— *lasiophyllum* (C)	1750	369
— *lawsoni* (F)	1749	369
— **lawsonii** aggr.	1749	369
— *lawsonii* (G)	1749	369
— *levigatum* (F, G)	1741 b	367
— *liottardi* (B)	1733 c	364
— *lycopifolium* (C)	1739	366
— **lycopsifolium** aggr.	1739	366
— **maculatum** aggr.	1753 j	370
— **mixtum** aggr.	1745	367
— *mixtum* (B, C)	1745	367
— **murorum** aggr.	1753	369
— *murorum* (B, C, F, G)	1753	369
— **nobile** aggr.	1738	365
— *ochroleucum* (C)	1735	365
— *olivaceum* (C)	1751	368
— *pallidum* (F, G)	1750	369
— **peleteranum** Mérat s.l.	1724 2	361
— *peleteranum* (G)	1724 2	361
— *peleterianum* (C)	1724 2	361
— *peletierianum* (F)	1724 2	361
— **phlomoides** aggr.	1745 b	367
— *phlomoides* (C, G)	1745 b	367
— **picroides** aggr.	1735	365
— *picroides* (B, C)	1735	365
— **piliferum** aggr.	1746	368
— —	1746 b	368
— *piliferum* (F, G)	1746	368
— *piliferum* (B, C, F, G)	1746 b	368
— **pilosella** L. s.l.	1724	361
— *pilosella* (B, C, F, G)	1724	361
— **piloselloides** Villars	1728 c2	363
— *piloselloides* (G)	1728 c	362
— *piloselloïdes* (F)	1728 c	362
— *piloselloïdes* subsp. *florentinum* (F)	1728 c2	363
— **praealtum** Gochnat	1728 c	362
— **praealtum** subsp. **bauhinii** (Besser) Petunn.	1728 c3	363
— *praecox* (C, G)	1753 c	369
— *pratense* (B, F)	1726 b	362
— **prenanthoides** aggr.	1736	365
— —	1736 b	365
— *prenanthoides* (B, C, G)	1736	365
— *prenanthoïdes* (F)	1736	365
— *prenanthoïdes* subsp. *lanceolatum* (F)	1736 b	365
— *pseudo-cerinthe* (B, C)	1731 b	363
— **pseudocerinthe** aggr.	1731 b	363
— *pulmonarioides* (C)	1731 c	364
— *pumilum* (B, C)	1727	362
— *pyrenaicum* (C)	1738	365
— *rigidum* (C)	1741 b	367
— **rupestre** aggr.	1732	364
— *rupestre* (B, C)	1732	364
— *rupicolum* (C)	1750	369
— **sabaudum** aggr.	1741	366
— *sabaudum* (B, F, G)	1741	366
— *saxatile* (B, C)	1749	369
— **schmidtii** aggr.	1750	369
— *schmidtii* (C)	1750	369
— **scorzonerifolium** aggr.	1747 b	368
— *scorzonerifolium* (C)	1747 b	368
— *silvaticum* (B)	1753 k	370
— *staticaefolium* (B)	1742	367
— *staticifolium* (C, F)	1742	367
— **stelligerum** aggr.	1753 i	370
— *stelligerum* (C, F, G)	1753 i	370
— **umbellatum** L.	1740	366
— **valdepilosum** aggr.	1738 b	366

Taxon	*Dessin*	*Pl.*
Hieracium valdepilosum (C)	1738 b	366
— **villosum** aggr.	1747	368
— *villosum* (G)	1738 b	366
— *villosum* (B, C, F, G)	1747	368
— *vogesiacum* (C, G)	1751	368
— **vulgatum** aggr.	1753 k	370
— *vulgatum* (C)	1753 k	370
— ×**anchusoides** (Arv.-Touv.) Arv.-Touv.	1728 d	363
— ×*atratum* (F)	1753 f	370
— ×*barbulare* (F)	1732	364
— ×*cydoniifolium* (F)	1737	365
— ×*dentatum* (F)	1747 c	368
— ×*epimedium* (F)	1753 g	370
— ×*favrati* (F)	1739	366
— ×*glaucopsis* (F)	1744	367
— ×**hypeuryum** Peter	1724 b	361
— ×**laggeri** (Reichb. f.) Fries	1728 2	362
— ×*leïophaeum* (F)	1732	364
— ×*lycopifolium* (F)	1739	366
— ×*mougeoti* (F)	1751	368
— ×*oreïcephalum* (F)	1732	364
— ×*picroïdes* (F)	1735	365
— ×*platyphyllum* (F)	1741	366
— ×*praecox* (F)	1753 c	369
— ×*pseudocerinthe* (F)	1731 b	363
— ×*pseudocorymbosum* (F)	1739	366
— ×*rupestre* (F)	1732	364
— ×*scorzonerifolium* (F)	1747 b	368
— ×*substellatum* (F)	1753 i	370
— ×*valdepilosum* (F)	1738 b	366
Hierochloa		
— *borealis* (B, C)	3000	647
— *odorata* (F)	3000	647
Hierochloe		
— **odorata** (L.) Beauv.	3000	647
Himantoglossum		
— **hircinum** (L.) Sprengel	2732	607
HIPPOCASTANACEAE		109
Hippocrepis		
— **ciliata** Willd.	879	163
— **comosa** L.	878	163
— *comosa* subsp. *glauca* (F, G)	878 b	163
— **emerus** (L.) Lassen	869	162
— **glauca** Ten.	878 b	163
— *multisiliquosa* (C, G)	879	163
— *multisiliquosa* subsp. *ciliata* (F)	879	163
— *unisiliquosa* (B, C, F, T, G)	877	163
— **unisiliquosa** subsp. **biflora** (Sprengel) O. Bolós & Vigo	877	163
Hippophae		
— *rhamnoides* (B, C, F, T, G)	2440	538
Hippophaë		
— **rhamnoides** L. s.l.	2440	538
HIPPURIDACEAE		193
Hippuris		
— **vulgaris** L.	1007	193
Hirschfeldia		
— *adpressa* (B)	137	32
— **incana** (L.) Lagr.-Fossat	137	32
Holcus		
— **lanatus** L.	3122	668
— **mollis** L.	3121	668
Holosteum		
— **umbellatum** L.	463	88
Homogyne		
— **alpina** (L.) Cass.	1375	275
Honckeneja		
— *peploides* (B)	453	87
Honckenya		
— **peploides** (L.) Ehrh.	453	87
Hoplismenus		
— *undulatifolius* (F)	3034	652
Hordelymus		
— **europaeus** (L.) Harz	3211	685
Hordeum		
— **bulbosum** L.	3217	686
— *crinitum* (B)	3218	

Taxon	*Dessin*	*Pl.*
Hordeum distichon L.	3216	686
— *distichon* (G)	3216 b	686
— *distichum* (B, C, F)	3216	686
— *europaeum* (B)	3211	685
— *hexastichum* (B, C, F)	3215 b	686
— **marinum** Hudson	3212	685
— *maritimum* (B, C, F, G)	3212	685
— **murinum** L.	3214	686
— *murinum* (F, G)	3214 2	686
— **murinum** subsp. **leporinum** (Link) Arcang.	3214 2	686
— *nodosum* (G)	3213	685
— **secalinum** Schreber	3213	685
— **vulgare** L.	3215	686
— —	3215 b	686
— **zeocriton** L.	3216 b	686
— *zeocritum* (B)	3216 b	686
Horminum		
— **pyrenaicum** L.	2197	474
— *pyrenaïcum* (F)	2197	474
Hornungia		
— **petraea** (L.) Reichb.	272	56
Hottonia		
— **palustris** L.	1840	391
Hugueninia		
— **tanacetifolia** (L.) Reichb. s.l.	173	39
Humulus		
— **lupulus** L.	2509	555
Huperzia		
— *selago* (T, G)	3338	720
Hutchinsia		
— *alpina* (B, C, F, T, G)	271	56
— *petraea* (B, C, F)	272	56
— *procumbens* (B, C, F)	272 b	56
— *rotundifolia* (B)	270	56
Hyacinthoides		
— **hispanica** (Miller) Rothm.	2639 b	588
— **italica** (L.) Rothm.	2592	578
— **non-scripta** (L.) Rothm.	2639	588
Hyacinthus		
— *amethystinus* (B, C, F)	2641	588
— *ciliatus* (F)	2644	589
— **orientalis** L.	2640	588
— *romanus* (F)	2642	588
— *trifoliatus* (F)	2643	589
HYDRANGEACEAE		194
Hydrocharis		
— *morsus ranae* (F)	2768	612
— **morsus-ranae** L.	2768	612
HYDROCHARITACEAE		612
Hydrocotyle		
— **vulgaris** L.	1254	246
HYDROPHYLLACEAE		414
Hymenocarpos		
— **circinnatus** (L.) Savi	661	127
Hymenocarpus		
— *circinatus* (B, C, F)	661	127
Hymenolobus		
— **procumbens** (L.) Nutt.	272 b	56
HYMENOPHYLLACEAE		714-715
Hymenophyllum		
— *tunbridgense* (B, C, F)	3309	715
— **tunbrigense** (L.) Smith	3309	715
— *unilaterale* (C, F)	3309 b	715
— *wilsoni* (G)	3309 b	715
— **wilsonii** Hook.	3309 b	715
Hyoscyamus		
— **albus** L.	2025	433
— **niger** L.	2024	433
Hyoseris		
— **radiata** L.	1640	339
— **scabra** L.	1639	339
Hyparrhenia		
— **hirta** (L.) Stapf	3043	653
— —	3043 b	653
Hypecoum		
— *aequilobum* (C)	115 b	26
— *grandiflorum* (B)	115 b	26
— **imberbe** Smith	115 b	26
— **pendulum** L.	114	26
— **procumbens** L.	115	26
Hypecoum procumbens subsp. *grandiflorum* (F)	115 b	26
HYPERICACEAE		104-107
Hypericum		
— *acutum* (F)	548 b	105
— **androsaemum** L.	561	107
— **australe** Ten.	555	106
— *burseri* (B, C, G)	556 b	106
— *ciliatum* (B)	558	106
— **coris** L.	552	105
— *desetangsi* (F)	548 b2	105
— *desetangsii* (C)	548 b2	105
— **elodes** L.	562	107
— *helodes* (F)	562	107
— **hircinum** L.	560	107
— **hirsutum** L.	546	104
— **humifusum** L.	550	105
— —	550 b	105
— **hyssopifolium** Chaix	553	105
— *linarifolium* (C, F, T, G)	554	106
— **linariifolium** Vahl	554	106
— *linearifolium* (B)	554	106
— **maculatum** Crantz s.l.	548	104
— *maculatum* subsp. *eu-maculatum* (F)	548	104
— *maculatum* subsp. *obtusiusculum* (F)	548	104
— **montanum** L.	557	106
— **nummularium** L.	551	105
— **perfoliatum** L.	558	106
— **perforatum** L.	549	105
— *perforatum* (F, T)	549 b	105
— **perforatum** subsp. **veronense** (Schrank) A. Fröhl.	549 b	105
— **pulchrum** L.	559	106
— **quadrangulum** L.	548 b	105
— *quadrangulum* (B, C)	548	104
— **richeri** Villars	556	106
— **richeri** subsp. **burseri** (DC.) Nyman	556 b	106
— *tetrapterum* (B, C, T, G)	548 b	105
— **tomentosum** L.	547	104
— × **desetangsii** Lamotte	548 b2	105
Hypochoeris		
— **achyrophorus** L.	1648	341
— *aetnensis* (F)	1648	341
— **glabra** L.	1647	341
— **maculata** L.	1645	340
— **radicata** L.	1646	341
— **uniflora** Villars	1645 b	340
Hyssopus		
— *aristatus* (C, G)	2183 b	472
— **officinalis** L.	2183	472
— *officinalis* subsp. *aristata* (F)	2183 b	472
— *officinalis* subsp. *aristatus* (T)	2183 b	472
— *officinalis* subsp. *eu-officinalis* (F)	2183	472
— **officinalis** subsp. **pilifer** (Pant.) Murb.	2183 b	472
Iberis		
— **amara** L.	254	53
— **aurosica** Chaix	258	54
— **bernardiana** Godron & Gren.	257 b	54
— **carnosa** Willd.	256	54
— **ciliata** All.	257	54
— *garrexiana* (B)	253	53
— *intermedia* (B, C, T, G)	261 c	55
— *intermedia* subsp. *eu-intermedia* (F)	261 c	55
— *intermedia* subsp. *prosti* (F)	261 a	55
— *intermedia* subsp. *prostii* (T, G)	261 a	55
— *intermedia*		
Iberis intermedia subsp. *violleti* (F)	261 b	55
— **linifolia** L.	261 c	55
— *linifolia* (B, C, F)	259	54
— **linifolia** subsp. **prostii** (Godron) Moreno	261 a	55
— **linifolia** subsp. **violletii** (Godron) B. Valdés	261 b	55
— **pinnata** L.	255	54
— *prostii* (B, C)	261 a	55
— **saxatilis** L.	253 b	53
— **sempervirens** L.	253	53
— *sempervirens* (B)	253 b	53
— *soyerii* (B)	261 a-c	55
— *spathulata* (B, C, F, T, G)	256	54
— **stricta** subsp. **leptophylla** (Jordan) Franco & Pinto da Silva	259	54
— **umbellata** L.	260	54
— *violetti* (B, C)	261 b	55
— *violleti* (T)	261 b	55
Ilex		
— **aquifolium** L.	587	113
Illecebrum		
— **verticillatum** L.	1037	197
Ilysanthes		
— *gratioloïdes* (F)	2072 b	448
— *gratioloides* (G)	2072 b	448
Impatiens		
— **noli-tangere** L.	571	109
— **parviflora** DC.	3360	723
Imperata		
— **cylindrica** (L.) Räusch.	3051	655
Imperatoria		
— *ostruthium* (G)	1161	220
— *ostrutium* (B)	1161	220
Inula		
— **bifrons** (L.) L.	1505	303
— **britannica** L.	1514	305
— **conyza** DC.	1504	303
— **crithmoides** L.	1517	305
— *crithmoïdes* (F)	1517	305
— *dysenterica* (B)	1512	304
— *graveolens* (B, C, F, G)	1506	303
— **helenioides** DC.	1515	305
— *helenioïdes* (F)	1515	305
— **helenium** L.	1503	303
— **helvetica** G. Weber	1519	306
— **hirta** L.	1518	305
— **montana** L.	1516	305
— *odora* (B)	1510	304
— *pulicaria* (B)	1509	304
— **salicina** L.	1521	306
— *saxatilis* (B)	1508	304
— *sicula* (B)	1507	304
— **spiraeifolia** L.	1520	306
— *spiraeïfolia* (F)	1520	306
— *squarrosa* (G)	1520	306
— *tuberosa* (B)	1511	304
— *vaillanti* (F)	1519	306
— *vaillantii* (B, C)	1519	306
— *viscosa* (B, C, F, G)	1513	305
IRIDACEAE		598-601
—		727
Iris		
— **aphylla** L.	2689	600
— *chamaeiris* (C, F, G)	2680 b	599
— **florentina** L.	2679	598
— **foetidissima** L.	2685	599
— **germanica** L.	2682	599
— *germanica* (T)	2679	598
— **graminea** L.	2686	599
— **latifolia** (Miller) Voss	2691	600
— **lutescens** Lam.	2680 b	599
— —	2681	599
— *lutescens s.l.* (G)	2681	599
— **pallida** Lam.	2683	599
— *perrieri* (F, G)	2689	600
— **pseudacorus** L.	2684	599

Taxon	*Dessin*	*Pl.*
Iris pumila L.	2680	599
— *pumila* (B)	2680 b	599
— **sibirica** L.	2688	600
— **spuria** subsp. **maritima** P. Fourn.	2687	599
— *tuberosa* (C)	2692	600
— *xiphioides* (B, C, G)	2691	600
— *xiphioïdes* (F)	2691	600
— **xiphium** L.	2690	600
— *xyphium* (B)	2690	600
Isatis		
— **allionii** P. Ball	249	52
— *alpina* (B, C, F)	249	52
— **tinctoria** L.	248	52
Isnardia		
— *palustris* (B, C)	1001	192
ISOETACEAE		719-720
Isoetes		
— *boryana* (B, C, T, G)	3335	719
— *brochoni* (C, F)	3333 b	719
— *brochonii* (T, G)	3333 b	719
— *delilei* (T, G)	3337	720
— *duriaei* (B, C)	3331	719
— *durieui* (F, T, G)	3331	719
— *echinospora* (B, C)	3334	719
— *echinosporum* (F)	3334	719
— *histrix* (T, G)	3332	719
— *hystrix* (B, C, F)	3332	719
— *lacustre* (F)	3333	719
— *lacustris* (B, C, T, G)	3333	719
— *setacea* (B, C)	3337	720
— *setacea* (T, G)	3334	719
— *setaceum* (F)	3337	720
— *tenuissima* (B, T)	3336 a1,2	719
— *variabile* (F)	3336 b	720
— *variabile* (F)	3336 a1,2	719
— *variabile* subsp. *boryanum* (F)	3335	719
— *velata* (B, C, T, G)	3336 b	720
— *velata* (C, G)	3336 a1,2	719
Isoëtes		
— **boryana** Durieu	3335	719
— **brochonii** Mot.	3333 b	719
— **duriei** Bory	3331	719
— **echinospora** Durieu	3334	719
— **histrix** Bory	3332	719
— **lacustris** L.	3333	719
— **setacea** Lam.	3337	720
— **velata** A. Braun	3336 b	720
— **velata** subsp. **tenuissima** (Boreau) O. Bolós & Vigo	3336 a1,2	719
Isopyrum		
— **thalictroides** L.	77	16
— *thalictroïdes* (F)	77	16
Jasione		
— **crispa** (Pourret) Samp.	1767 b	374
— **crispa** subsp. **maritima** (Duby) Tutin	1766 2	374
— *humilis* (B, C, F, G)	1767 b	374
— **laevis** Lam.	1767	374
— **montana** L.	1766	374
— *montana* (C, F, G)	1766 2	374
— *perennis* (B, C, F, G)	1767	374
Jasminum		
— **fruticans** L.	1894	401
— **officinale** L.	1895	401
Jasonia		
— **glutinosa** (L.) DC.	1508	304
— **tuberosa** (L.) DC.	1511	304
Jovibarba		
— **allionii** (Jordan & Fourr.) D. Webb	1067	200
JUGLANDACEAE		556
Juglans		
— **regia** L.	2510	556
JUNCACEAE		619-624

Taxon	*Dessin*	*Pl.*
JUNCAGINACEAE		612
Juncus		
— **acutiflorus** Ehrh.	2838 a	621
— **acutus** L.	2830 b	620
— **alpinus** Villars	2832	620
— **anceps** Laharpe	2837	621
— **arcticus** Willd.	2821	619
— **articulatus** L.	2838 d	621
— *articulatus* (B)	2838 a,c	621
— *bicephalus* (C, F)	2834	620
— **bufonius**	2842	622
— *bufonius* (C)	2842 b	622
— **bulbosus** L.	2833	620
— —	2833 2	620
— *bulbosus* (B)	2840	622
— **capitatus** Weigel	2826	620
— **castaneus** Smith	2828	620
— *communis* (B)	2822 a,b	619
— **compressus** Jacq.	2840	622
— **conglomeratus** L.	2822 a	619
— **effusus** L.	2822 b	619
— **filiformis** L.	2820	619
— **fontanesii** Gay	2838 c	621
— **gerardi** Lois.	2840 b	622
— *gerardii* (G)	2840 b	622
— *glaucus* (B, C, F)	2823	619
— **heterophyllus** Dufour	2836	621
— **hybridus** Brot.	2842 b	622
— **inflexus** L.	2823	619
— *jacquini* (B, C, F)	2819	619
— **jacquinii** L.	2819	619
— *lamprocarpus* (B, C, F)	2838 d	621
— *macrocephalus* (F)	2838 d	621
— **maritimus** Lam.	2830	620
— *multiflorus* (B)	2839	621
— *mutabilis* (F)	2842 b	622
— *obtusiflorus* (B, C, F)	2835	621
— **pygmaeus** Rich.	2834	620
— **ranarius** Song. & Perrier	2842 c	622
— *silvaticus* (B, C, F)	2838 a	621
— **squarrosus** L.	2831	620
— **striatus** Schousboe	2838 b	621
— **stygius** L.	2829	620
— **subnodulosus** Schrank	2835	621
— **subulatus** Forsskal	2839	621
— *supinus* (B, C, F)	2833	620
— *supinus* (F)	2833 2	620
— *tenagea* (F)	2841	622
— **tenageia** L. f.	2841	622
— **tenuis** Willd.	2824	619
— *tenuis* subsp. *bicornis* (F)	2824	619
— **trifidus** L.	2825	619
— **trifidus** subsp. **monanthos** (Jacq.) Asch. & Graebner	2825 2	619
— **triglumis** L.	2827	620
Juniperus		
— *alpina* (B)	3263 2	698
— **communis** L.	3263	698
— **communis** subsp. **alpina** (Suter) Čelak.	3263 2	698
— *communis* subsp. *nana* (T)	3263 2	698
— *nana* (C, F, G)	3263 2	698
— **oxycedrus** L.	3264	699
— *oxycedrus* (C)	3264 b	699
— **oxycedrus** subsp. **macrocarpa** (Smith) Ball	3264 b	699
— **phoenicea** L.	3265	699
— *phoenicia* (G)	3265	699
— **sabina** L.	3266	699
— **thurifera** L.	3267	699
Jurinea		
— *bocconi* (B)	1617	333
— **humilis** (Desf.) DC.	1617	333
— *humilis* subsp. *gouani* (F)	1617	333

Taxon	*Dessin*	*Pl.*
Jussiaea		
— *grandiflora* (B, G)	1004	192
— *repens* (C)	1004	192
Jussieua		
— *repens* subsp. *grandiflora* (F)	1004	192
Kentrophyllum		
— *caeruleum* (B)	1612	332
— *lanatum* (B)	1611	331
Kernera		
— **saxatilis** (L.) Reichb.	241	50
Kerneria		
— *bipinnata* (B, C)	1497	302
Kickxia		
— **cirrhosa** (L.) Fritsch	2056	445
— **commutata** (Reichb.) Fritsch	2054	444
— **elatine** (L.) Dumort.	2053	444
— **elatine** subsp. **crinita** (Mabille) Greuter	2053 b	444
— **spuria** (L.) Dumort. s.l.	2052	444
Knautia		
— **arvensis** (L.) Coulter	1362	270
— **arvernensis** (Briq.) Szabó	1362 d	271
— *collina* (C)	1362 e	271
— **dipsacifolia** Kreutzer	1362 c	271
— *drymeia* (B, G)	1362 b	270
— *drymeia* (G)	1362 d	271
— **drymeia** subsp. **centrifrons** (Borbás) Ehrend.	1362 b	270
— *godeti* (F)	1362 d	271
— *hybrida* (B, C)	1361	270
— **integrifolia** (L.) Bertol.	1361	270
— —	1361 2	270
— *longifolia* (B, C)	1362 d	271
— **purpurea** (Villars) Borbás	1362 e	271
— *purpurea* subsp. *timeroyi* (F)	1362 3	271
— *silvatica* (B, C, F)	1362 c	271
— **timeroyi** Jordan	1362 3	271
Kobresia		
— *caricina* (C)	2896	630
— **myosuroides** (Villars) Fiori	2895	630
— *scirpina* (C)	2895	630
— **simpliciuscula** (Wahlenb.) Mackenzie	2896	630
Kochia		
— *arenaria* (B, C, F)	2376	518
— *hirsuta* (B, C)	2375	518
— *laniflora* (T, G)	2376	518
— *prostrata* (B, C, F, T, G)	2377	518
— *scoparia* (C, F, T, G)	2378	518
Koeleria		
— *albescens* (B, F, G)	3125 b	668
— *brevifolia* (C, F, G)	3125 d	668
— **cenisia** Reverchon	3125 d	668
— *cristata* (B, C)	3125	668
— *cristata* (C)	3125 2	668
— —	3125 b,c	668
— *cristata* subsp. *gracilis* (F)	3125 2	668
— *cristata* subsp. *pyramidata* (F)	3125	668
— **glauca** (Schrader) DC.	3125 b	668
— *gracilis* (G)	3125 2	668
— **hirsuta** Gaudin	3127	669
— **macrantha** (Ledeb.) Schultes	3125 2	668
— *michelii* (C)	3177	678
— *phleoides* (B, C, F, G)	3124	668
— *pubescens* (F, G)	3123	668
— **pyramidata** (Lam.) Beauv.	3125	668
— *setacea* (C)	3126	669
— —	3126 b	669
— **splendens** C. Presl	3125 c	668
— *valesiaca* (B)	3126	669
— **vallesiana** (Honck.) Gaudin	3126	669
— —	3126 b	669
— *villosa* (B, C)	3123	668
Kundmannia		
— **sicula** (L.) DC.	1190	228

Taxon	*Dessin*	*Pl.*
LABIATAE		468-496
—		726
Laburnum		
— **alpinum** (Miller) Bercht. & J. Presl	626 b	120
— **anagyroides** Medikus	626	120
— *anagyroïdes* (F)	626	120
Lactuca		
— *chaixi* (C)	1682	351
— *chaixii* (B)	1682	351
— *eu-viminea* (F)	1679	349
— *muralis* (C, G)	1684	352
— **perennis** L.	1683	351
— **quercina** L.	1682	351
— *quercina* subsp. *chaixi* (F)	1682	351
— *ramosissima* (C)	1679 c	350
— **saligna** L.	1680	350
— **sativa** L.	1681 c	351
— *scariola* (B, C, F)	1681	350
— **serriola** L.	1681	350
— **tenerrima** Pourret	1683 b	351
— **viminea** (L.) J. Presl & C. Presl	1679	349
— *viminea* (C, F)	1679 b	350
— *viminea* (F)	1679 c	350
— **viminea** subsp. **chondrilliflora** (Boreau) Bonnier	1679 b	350
— **viminea** subsp. **ramosissima** (All.) Bonnier	1679 c	350
— **virosa** L.	1681 b	351
Lagoseris		
— *sancta* subsp. *neumausensis* (F)	1696	356
Lagurus		
— **ovatus** L.	3079	660
Lamarckia		
— **aurea** (L.) Moench	3170	677
LAMIACEAE		468-496
—		726
Lamiastrum		
— *galeobdolon* (T)	2215	481
Lamium		
— **album** L.	2218	482
— **amplexicaule** L.	2220	482
— **flexuosum** Ten.	2216	481
— **galeobdolon** (L.) L.	2215	481
— *garganicum* (G)	2221	483
— *garganicum* subsp. *grandiflorum* (F)	2221	483
— **garganicum** subsp. **laevigatum** Arcang.	2221	483
— **hybridum** Villars	2222	483
— *longiflorum* (B, C)	2221	483
— **maculatum** L.	2219	482
— **purpureum** L.	2217	481
Lampsana		
— *communis* (F, G)	1644	340
Lappa		
— *communis* (B)	1631 a-d	336
— *minor* (C)	1631 a	336
— *nemorosa* (C)	1631 d	336
— *officinalis* (C)	1631 b	336
— *tomentosa* (C)	1631 c	336
Lappula		
— **deflexa** (Wahlenb.) Garcke	1999	426
— *echinata* (F, G)	1998	426
— **squarrosa** (Retz.) Dumort.	1998	426
Lapsana		
— **communis** L.	1644	340
Larix		
— **decidua** Miller	3261	698
— *europaea* (B, C)	3261	698
Laser		
— **trilobum** (L.) Borkh.	1140	214
Laserpitium		
— **gallicum** L.	1137	213
— **halleri** Crantz	1136	213

Taxon	*Dessin*	*Pl.*
Laserpitium krapfii subsp. **gaudinii** (Moretti) Thell.	1138	213
— **latifolium** L.	1134	212
— *marginatum* (B)	1138	213
— **nestleri** Soyer-Will.	1135	212
— *panax* (B, C)	1136	213
— **prutenicum** L.	1139	214
— *pruthenicum* (B, F)	1139	214
— **siler** L.	1133	211
Lathraea		
— **clandestina** L.	2170	467
— **squamaria** L.	2169	467
Lathyrus		
— *albus* (C)	861 b	160
— **angulatus** L.	851	159
— **annuus** L.	842	156
— **aphaca** L.	836	156
— *articulatus* (C, F, T, G)	839	156
— *asphodeloides* (B)	861 b	160
— *canescens* (B, C)	861	160
— **cicera** L.	843	157
— *ciliatus* (B, C)	855	159
— **cirrhosus** Ser.	840	156
— *cirrosus* (C)	840	156
— **clymenum** L.	838	156
— —	839	156
— **filiformis** (Lam.) Gay	861	160
— **heterophyllus** L.	847	158
— **hirsutus** L.	844	157
— **inconspicuus** L.	856	159
— **japonicus** subsp. **maritimus** (L.) P. Ball	835	155
— *laevigatus* (G)	859	160
— *laevigatus s.l.* (T)	859	160
— **latifolius** L.	848	158
— **linifolius** (Reichard) Bässler	858	160
— *luteus* (C)	859	160
— *luteus* subsp. *occidentalis* (F)	859	160
— *macrorhizus* (B)	858	160
— *macrorrhizus* (C)	858	160
— *maritimus* (C, F, G)	835	155
— *montanus* (F, T, G)	858	160
— *montanus* (B)	859	160
— **niger** (L.) Bernh.	860	160
— **nissolia** L.	854	159
— **ochraceus** Kittel s.l.	859	160
— **ochrus** (L.) DC.	837	156
— **palustris** L.	841	156
— *pannonicus* (F, G)	861 b	160
— **pannonicus** subsp. **asphodeloides** (Gouan) Bässler	861 b	160
— **pratensis** L.	845	157
— **sativus** L.	843 b	157
— **saxatilis** (Vent.) Vis.	855	159
— **setifolius** L.	852	159
— *silvestris* (B, C)	846	157
— *silvestris* subsp. *cirrosus* (F)	840	156
— *silvestris* subsp. *eu-silvestris* (F)	846	157
— *silvestris* subsp. *heterophyllus* (F)	847	158
— *silvestris* subsp. *latifolius* (F)	848	158
— **sphaericus** Retz.	853	159
— **sylvestris** L.	846	157
— **tingitanus** L.	849	158
— **tuberosus** L.	850	158
— *variegatus* (C)	3368	724
— **venetus** (Miller) Wohlf.	3368	724
— **vernus** (L.) Bernh.	857	159
LAURACEAE		536
Laurentia		
— *gasparrini* (T)	1765	373
— *micheli* (C)	1765	373
— *michelii* (B, F)	1765	373
Laurus		
— **nobilis** L.	2434	536

Taxon	*Dessin*	*Pl.*
Lavandula		
— **angustifolia** Miller	2172	468
— **latifolia** Medikus	2172 b	468
— *officinalis* (F)	2172	468
— *spica* (B)	2172	468
— *staechas* (G)	2171	468
— **stœchas** L.	2171	468
— *vera* (C)	2172	468
Lavatera		
— **arborea** L.	505	96
— **cretica** L.	506	96
— **maritima** Gouan	508	97
— **olbia** L.	507	96
— **punctata** All.	509	97
— **trimestris** L.	504	96
Leersia		
— **oryzoides** (L.) Sw.	2990	645
— *oryzoïdes* (F)	2990	645
Legousia		
— **castellana** (Lange) Samp.	1777 b	377
— **falcata** (Ten.) Janchen	1777	377
— **hybrida** (L.) Delarbre	1778	377
— **pentagonia** (L.) Druce	1776 b	376
— **speculum-veneris** (L.) Chaix	1776	376
LEGUMINOSAE		116-166
—		724
Lembotropis		
— *nigricans* (T)	627	120
Lemna		
— *arhiza* (B)	2805	616
— **gibba** L.	2804	616
— **minor** L.	2803	616
— *polyrhiza* (B)	2802	616
— *polyrrhiza* (C)	2802	616
— **trisulca** L.	2801	616
LEMNACEAE		616
Lens		
— **culinaris** Medikus	832	155
— **nigricans** (M. Bieb.) Godron	832 b	155
LENTIBULARIACEAE		390
Leontodon		
— *alpinus* (B)	1656 b	343
— **autumnalis** L.	1652	342
— **crispus** Villars	1653	342
— *hastilis* (B)	1656 c	343
— **hirtus** L.	1654	342
— **hispidus** L.	1656	342
— *hispidus* (F)	1656 b	343
— *hispidus* (C, F)	1656 c	343
— **hispidus** subsp. **alpinus** (Jacq.) Finch & Sell	1656 b	343
— **hispidus** subsp. **danubialis** (Jacq.) Simonkai	1656 c	343
— **incanus** (L.) Schrank	1656 d	343
— **montanus** Lam.	1651	342
— *proteiformis* (B)	1656	342
— **pyrenaicus** Gouan s.l.	1655	342
— *pyrenaicus* (B, C, G)	1655	342
— *pyrenaïcus* (F)	1655	342
— *taraxaci* (C)	1651	342
— **taraxacoides** (Villars) Mérat	1650	342
— *taraxacoides* (G)	1649	341
— **taraxacoides** subsp. **longirostris** Finch & Sell	1649	341
— **tuberosus** L.	1649 b	341
— *villarsii* (B, C)	1654	342
Leontopodium		
— **alpinum** Cass.	1527	307
Leonurus		
— **cardiaca** L.	2223	483
— **marrubiastrum** L.	2224	483
Lepidium		
— **campestre** (L.) R. Br.	274	57
— *draba* (B, C, F)	275	57
— **graminifolium** L.	277	58
— **heterophyllum** Benth.	274 b1,2	57
— **hirtum** (L.) Smith	274 d	57
— **latifolium** L.	276	58
— *pratense* (B, C, F)	274 c	57

Taxon	Dessin	Pl.
Lepidium ruderale L.	278	58
— **sativum** L.	273	57
— **villarsii** Gren. & Godron	274 c	57
— **virginicum** L.	279	58
Lepidotis		
— *inundata* (T)	3339	720
Lepturus		
— *cylindricus* (B, C, F, G)	3246	694
— *filiformis* (B, C, G)	3247 b	694
— *incurvatus* (B, C, F, G)	3247	694
— *incurvatus* (F)	3247 b	694
Leucanthemopsis		
— **alpina** (L.) Heyw.	1456	294
— —	1456 b	294
Leucanthemum		
— **adustum** (Koch) Gremli	1455 d	294
— *alpinum* (B, C)	1456	294
— **atratum** (Jacq.) DC.	1455 e	294
— **atratum**		
subsp. **coronopifolium**		
(Villars) Horvatić	1455 f	294
— *coronopifolium* (C)	1455 f	294
— *corymbosum* (B, C)	1453	293
— **discoideum** (All.) Coste	1455 h	294
— **graminifolium** (L.) Lam.	1457	294
— **maximum** (Ramond) DC.	1455 c	294
— **monspeliense** (L.) H. Coste	1454	293
— **pallens** (Gay) DC.	1455 b	294
— *palmatum* (B, C)	1454	293
— *parthenium* (B, C)	1452	293
— *pulverulentum* (C)	1456 b	294
— **subglaucum** De Laramb.	1455 g	294
— *virgatum* (C)	1455 h	294
— **vulgare** Lam.	1455	293
Leucoium		
— *aestivum* (B, C, F)	2696	601
— *hiemale* (B, C, F)	2697	601
— *pulchellum* (C, F)	2696 b	601
— *vernum* (B, C, F)	2698	601
Leucojum		
— **aestivum** L.	2696	601
— **aestivum**		
subsp. **pulchellum**		
(Salisb.) Briq.	2696 b	601
— *hiemale* (G)	2697	601
— **nicaeense** Ardoino	2697	601
— **vernum** L.	2698	601
Leucorchis		
— *albida* (F, G)	2751	610
Leuzea		
— **centauroides** (L.) Holub	1585	323
— **conifera** (L.) DC.	1618	333
— **rhapontica** (L.) Holub	1587	323
— **rhapontica**		
subsp. **heleniifolia**		
(Gren. & Godron)		
Holub	1586	323
Levisticum		
— **officinale** Koch	1141	214
Leymus		
— **arenarius** (L.) Hochst.	3219	687
Libanotis		
— *athamantoides* (B, C)	1189 b	228
— *candollei* (B)	1189 c	228
— *montana* (B)	1189	228
Ligularia		
— **sibirica** (L.) Cass.	1428	288
Ligusticum		
— **corsicum** Gay	3372	725
— **ferulaceum** All.	1179	225
— **lucidum** Miller	1180	225
— **mutellina** (L.) Crantz	1176	224
— *mutellina*		
subsp. *eu-mutellina* (F)	1176	224
— **mutellinoides** (Crantz)		
Villars	1172	223
— *mutellinoïdes* (F)	1172	223
— *pyrenaeum* (B, C)	1180	225
Ligustrum		
— **vulgare** L.	1893	400
LILIACEAE		572-597
—		727
Lilium		
— **bulbiferum** L.	2580	576
— —	2580 b	576
— **candidum** L.	2581	576
— *croceum* (F)	2580	576
— *croceum* (B, C, F, G)	2580 b	576
— **martagon** L.	2582	576-577
— **pomponium** L.	2584	577
— **pyrenaicum** Gouan	2583	577
— *rubrum* (F, G)	2584	577
Limnanthemum		
— *nymphoides* (B)	1932	410
— *peltatum* (C)	1932	410
Limodorum		
— **abortivum** Sw.	2723	606
Limoniastrum		
— **monopetalum** (L.) Boiss.	2335	508
Limonium		
— **angustifolium** (Tausch)		
Turrill	2322 b	505
— *auriculae-ursifolium* (T, G)	2323 b	505
— **auriculaeursifolium**		
(Pourret) Druce	2323 b	505
— **bellidifolium** (Gouan)		
Dumort.	2329	506
— *bellidifolium*		
subsp. *caspium* (F)	2329	506
— *bellidifolium*		
subsp. *dubyi* (F)	2329 b	506
— **binervosum** (G. E. Smith)		
Salmon	2333 b	507
— *binervosum* (T)	2333	507
— *binervosum*		
subsp. *dodarti* (F)	2333	507
— *binervosum*		
subsp. *lychnidifolium*		
(F)	2323 b	505
— *binervosum*		
subsp. *occidentale* (F)	2333 b	507
— *caspium* (G)	2329	506
— **confusum** (Godron & Gren.)		
Fourr.	2324	505
— *confusum*		
subsp. *duriusculum* (F)	2326	506
— *confusum*		
subsp. *eu-confusum* (F)	2324	505
— *confusum*		
subsp. *psilocladum* (F)	2328	506
— *confusum*		
subsp. *raddianum* (F)	2332	507
— **cordatum** (L.) Miller	2327	506
— **cuspidatum** (Billot) Erben	2328	506
— —	2332	507
— **diffusum** (Pourret) Kuntze	2319	504
— **dodartii** (Girard) Kuntze	2333	507
— **dubyi** (Godron & Gren.)		
Kuntze	2329 b	506
— **duriusculum** (Girard) Fourr.	2326	506
— **echioides** (L.) Miller	2317	504
— *echioïdes* (F)	2317	504
— **ferulaceum** (L.) Chaz.	2318	504
— **girardianum** (Guss.) Fourr.	2334	507
— **humile** Miller	2321	504
— **minutum** (L.) Chaz.	2330	506
— *minutum*		
subsp. *eu-minutum* (F)	2330	506
— *minutum*		
subsp. *tremolsi* (F)	2325	506
— *oleifolium* (T)	2331	507
— **ovalifolium** (Poiret) Kuntze	2323	505
— *pubescens* (F)	2327	506
— *ramosissimum* (G)	2332	507
— *ramosissimum*		
subsp. *confusum* (T)	2324	505
— *ramosissimum*		
subsp. *provinciale* (T)	2328	506
— —	2332	507
— *serotinum* (G)	2322 b	505
— **sinuatum** (L.) Miller	2320	504
— **tremolsii** (Rouy) Erben	2325	506
— **virgatum** (Willd.) Fourr.	2331	507
— **vulgare** Miller	2322	505
Limonium vulgare		
subsp. *angustifolium* (F)	2322 b	505
— *vulgare*		
subsp. *humile* (F)	2321	504
— *vulgare*		
subsp. *pseudolimonium*		
(F)	2322	505
— *vulgare*		
subsp. *serotinum* (T)	2322 b	505
Limosella		
— **aquatica** L.	2104	453
LINACEAE		92-93
Linaria		
— **alpina** (L.) Miller	2061	446
— —	2061 b	446
— *alpina*		
subsp. *petraea* (G)	2061 b	446
— **angustissima** (Lois.) Borbás	2059 b	445
— **arenaria** DC.	2065	446
— **arvensis** (L.) Desf.	2070	448
— *arvensis*		
subsp. *eu-arvensis* (F)	2070	448
— *arvensis*		
subsp. *micrantha* (F)	2070 c	448
— *arvensis*		
subsp. *simplex* (F)	2070 b	448
— **chalepensis** (L.) Miller	2064	446
— *cirrhosa* (B)	2056	445
— *cirrosa* (C, F, G)	2056	445
— *commutata* (C, F, G)	2054	444
— *cymbalaria* (B, C, F, G)	2051	443
— *elatine* (B, C, G)	2053	444
— *elatine*		
subsp. *eu-elatine* (F)	2053	444
— *elatine*		
subsp. *sieberi* (F)	2053 b	444
— *graeca* (B)	2054	444
— *italica* (C, G)	2059 b	445
— **micrantha** (Cav.) Hoffsgg. &		
Link	2070 c	448
— *minor* (B, C)	2068	447
— *origanifolia* (B, C)	2066	447
— **pelisseriana** (L.) Miller	2063	446
— *pelliceriana* (B, C, F, G)	2063	446
— *petraea* (C)	2061 b	446
— **reflexa** (L.) Desf.	2055	444
— **repens** (L.) Miller	2062	446
— *rubrifolia* (B, C)	2067	447
— *sieberi* (C, G)	2053 b	444
— **simplex** (Willd.) DC.	2070 b	448
— **spartea** (L.) Willd.	2057	445
— *spuria* (B, C, F, G)	2052	444
— *striata* (B, C, F)	2062	446
— **supina** (L.) Chaz.	2069	447
— —	2069 2	447
— *supina*		
subsp. *eu-supina* (F)	2069	447
— —	2069 2	447
— **thymifolia** (Vahl) DC.	2060	446
— **triphylla** (L.) Miller	2058	445
— **vulgaris** Miller	2059	445
— *vulgaris*		
subsp. *italica* (F)	2059 b	445
— *vulgaris*		
subsp. *monspessulana*		
(F)	2059	445
Lindernia		
— **dubia** (L.) Pennell	2072 b	448
— *gratioloides* (B, C)	2072 b	448
— **procumbens** (Krocker)		
Philcox	2072	448
— *pyxidaria* (B, C, F)	2072	448
Linnaea		
— **borealis** L.	1283	253
Linosyris		
— *vulgaris* (B, C)	1382	276
Linum		
— **alpinum** s.l.	491 a	93
— *alpinum* (B, C)	491 a,c	93
— *alpinum* (B)	491 b	93
— *alpinum*		
subsp. *anglicum* (F)	491 b	93
— *alpinum*		
subsp. *eu-alpinum* (F)	491 a	93

Taxon	Dessin	Pl.
Linum alpinum subsp. *montanum* (F)	491 a	93
— *angustifolium* (C, F)	492 b	93
— *austriacum* (B)	491 c	93
— **austriacum** subsp. **collinum** Nyman	491 c	93
— **bienne** Miller	492 b	93
— *biforme* (B)	489 a,b	92
— **campanulatum** L.	484	92
— **catharticum** L.	493	93
— **corymbulosum** Reichb.	486 b2	92
— *gallicum* (B, C, F)	486	92
— *glandulosum* (B)	484	92
— **leonii** F. Schultz	491 b	93
— **maritimum** L.	487	92
— **montanum** DC.	491 a	93
— **narbonense** L.	490	93
— **nodiflorum** L.	485	92
— *perenne* subsp. *alpinum* (T, G)	491 a	93
— *perenne* subsp. *montanum* (T, G)	491 a	93
— *salsoloides* (C)	489 b	92
— *salsoloïdes* (F)	489 b	92
— **strictum** L.	486 b	92
— *strictum* (C)	486 b2	92
— *strictum* subsp. *corymbulosum* (T)	486 b2	92
— *suffruticosum* (B)	489 b	92
— **suffruticosum** subsp. **salsoloides** (Lam.) Rouy	489 b	92
— **tenuifolium** L.	489 a	92
— **trigynum** L.	486	92
— **usitatissimum** L.	492	93
— **viscosum** L.	488	92
Liparis		
— *lœseli* (F)	2726	606
— **lœselii** (L.) Rich.	2726	606
Lippia		
— **canescens** (L.) Michaux	2284	497
— *nodiflora* (C)	2284	497
— *repens* (B)	2284	497
Listera		
— **cordata** (L.) R. Br.	2720	606
— **ovata** (L.) R. Br.	2721	606
Lithodora		
— *diffusa* (T)	1976	420
— **fruticosa** (L.) Griseb.	1975	420
— **oleifolia** (Lapeyr.) Griseb.	1974	420
— **prostrata** (Lois.) Griseb.	1976	420
Lithospermum		
— *apulum* (B, C, F, G)	1973	419
— **arvense** L.	1972	419
— *arvense* (C, F, G)	1972 3	419
— *diffusum* (F, G)	1976	420
— *fruticosum* (B, C, F, G)	1975	420
— *gastoni* (B)	1977	420
— **gastonii** Benth.	1977	420
— *gastonis* (C, F, G)	1977	420
— **officinale** L.	1971	419
— *oleaefolium* (B, C, F)	1974	420
— *oleifolium* (G)	1974	420
— **permixtum** Jordan	1972 3	419
— *prostratum* (B, C)	1976	420
— *purpureo-caeruleum* (B, C, F)	1978	420
— *purpureo-coeruleum* (G)	1978	420
— **purpurocaeruleum** L.	1978	420
Litorella		
— *lacustris* (F)	2306	502
Littorella		
— *lacustris* (B, C)	2306	502
— **uniflora** (L.) Asch.	2306	502
Lloydia		
— *alpina* (G)	2585	577
— **serotina** (L.) Reichb.	2585	577
Lobelia		
— **dortmanna** L.	1764	373
— **urens** L.	1763	373
Lobularia		
— **maritima** (L.) Desv.	221	47

Taxon	Dessin	Pl.
Loeflingia		
— **hispanica** L.	1029	196
Logfia		
— **arvensis** (L.) Holub	1539	308
— **gallica** (L.) Cosson & Germ.	1529	307
— —	1529 2	307
— **minima** (Smith) Dumort.	1540	308
— **neglecta** (Soyer-Will.) Holub	1530	307
— *tenuifolia* (C)	1529 2	307
Loiseleuria		
— **procumbens** (L.) Desv.	1824	388
Lolium		
— *italicum* (B, C)	3241 b	693
— *linicolum* (B)	3238 b	693
— **multiflorum** Lam.	3240	693
— —	3241 b	693
— **perenne** L.	3241	693
— **remotum** Schrank	3238 b	693
— **rigidum** Gaudin	3239	693
— *strictum* (B, F)	3239	693
— **temulentum** L.	3238	693
Lomatogonium		
— **carinthiacum** (Wulfen) Reichb.	1930	409
Lomelosia		
— **argentea** (L.) Greuter & Burdet	1368	273
— **graminifolia** (L.) Greuter & Burdet	1365	272
— **stellata** (L.) Raf.	1367	272
Lonas		
— **annua** (L.) Vines & Druce	1447	292
— *inodora* (F)	1447	292
Lonicera		
— **alpigena** L.	1280	253
— **caerulea** L.	1278	252
— **caprifolium** L.	1277	252
— *coerulea* (C, G)	1278	252
— **etrusca** Santi	1276	252
— **implexa** Aiton	1277 b	252
— **nigra** L.	1281	253
— **periclymenum** L.	1275	252
— **pyrenaica** L.	1279	252
— *pyrenaïca* (F)	1279	252
— **xylosteum** L.	1282	253
Lophochloa		
— **cristata** (L.) Hyl.	3124	668
— **pubescens** (Lam.) H. Scholz	3123	668
LORANTHACEAE		250
Loroglossum		
— *hircinum* (B, F, G)	2732	607
— *longibracteatum* (F)	2747	609
Lotus		
— *allionii* (B)	761	141
— **alpinus** (DC.) Ramond	766 3	142
— **angustissimus** L.	764	141
— **conimbricensis** Brot.	765	141
— **corniculatus** L.	766	142
— *corniculatus* (C)	766 3	142
— *corniculatus* subsp. *eu-corniculatus* (F)	766	142
— —	766 3	142
— *corniculatus* subsp. *pressli* (F)	766 c	142
— *corniculatus* subsp. *tenuifolius* (F)	766 b	142
— **creticus** L.	760	141
— *creticus* subsp. *cytisoides* (G)	761	141
— **cytisoides** L.	761	141
— *cytisoïdes s.l.* (F)	761	141
— *decumbens* (C)	766 c	142
— **edulis** L.	768	142
— **glaber** Miller	766 b	142
— *hispidus* (B, C, F)	764 b	141
— **maritimus** L.	758	140
— **ornithopodioides** L.	762	141
— *ornithopodioïdes* (F)	762	141
— *ornithopoides* (B)	762	141
— **parviflorus** Desf.	763	141
— **pedunculatus** Cav.	767	142

Taxon	Dessin	Pl.
Lotus pedunculatus Cav.	767 2	142
— **preslii** Ten.	766 c	142
— **subbiflorus** Lagasca	764 b	141
— *tenuis* (B, C, T, G)	766 b	142
— **tetragonolobus** L.	759	141
— *uliginosus* (B, C, F, T, G)	767	142
— *uliginosus* (T)	767 2	142
Ludwigia		
— **grandiflora** (Michaux) Greuter & Burdet	1004	192
— **palustris** (L.) Elliott	1001	192
— *uruguayensis* (T)	1004	192
Lunaria		
— **annua** L.	211	46
— *biennis* (B, C)	211	46
— **rediviva** L.	210	45
Lupinus		
— **albus** L.	638	123
— —	640 b	123
— **angustifolius** L.	641	123
— *angustifolius* subsp. *eu-angustifolius* (F)	641	123
— *angustifolius* subsp. *linifolius* (F)	3365	724
— **angustifolius** subsp. **reticulatus** (Desv.) Arcang.	3365	724
— *hirsutus* (B, C, F)	640	123
— **luteus** L.	639	123
— **micranthus** Guss.	640	123
— *reticulatus* (C)	3365	724
— *termis* (B, F)	640 b	123
Luronium		
— **natans** (L.) Raf.	2557	570
Luzula		
— *albida* (B, C, F)	2848 b	623
— *alpino-pilosa* (G)	2847	623
— **alpinopilosa** (Chaix) Breistr.	2847	623
— **campestris** (L.) DC.	2851	624
— *campestris* (F)	2851 b	624
— **desvauxii** Kunth	2847 2	623
— *erecta* (F)	2851 b	624
— *flavescens* (B, C, F)	2844	622
— **forsteri** (Smith) DC.	2843 b	622
— *glabrata* (C, F)	2847 2	623
— **lutea** (All.) DC.	2845	623
— **luzulina** (Villars) Dalla Torre & Sarnth.	2844	622
— **luzuloides** (Lam.) Dandy & Wilm.	2848 b	623
— *maxima* (B)	2846	623
— **multiflora** (Retz.) Lej.	2851 b	624
— **multiflora** subsp. **congesta** (Thuill.) N. Hylander	2851 b2	624
— **nivea** (L.) DC.	2848	623
— **nutans** (Villars) Duval-Jouve	2850	623
— **pedemontana** Boiss. & Reuter	2848 c	623
— *pediformis* (B, C, F, G)	2850	623
— **pilosa** (L.) Willd.	2843	622
— *silvatica* (C, F)	2846	623
— *spadicea* (B, C, F)	2847	623
— **spicata** DC.	2849	623
— **sylvatica** (Hudson) Gaudin	2846	623
— *vernalis* (B)	2843	622
— *vulgaris* (F)	2851	624
Lychnis		
— *alpina* (B, C, T, G)	381	77
— *coeli-rosa* (C)	379	76
— *coronaria* (B, C, F, T, G)	383	77
— *corsica* (B)	380	77
— *dioica* (B)	386 a-c	78
— *diurna* (B, C)	386 b	78
— *flos cuculi* (F)	377	76
— *flos-cuculi* (B, C, T, G)	377	76
— *flos-jovis* (B, C, F, T, G)	378	76
— *githago* (B, C)	384	77
— *laeta* (C)	380	77
— *macrocarpa* (B, C)	386 c	78
— *pyrenaica* (B, C)	385	77

Taxon	*Dessin*	*Pl.*
Lychnis vespertina (B, C)	386 a	78
— *viscaria* (B, C, T, G)	382	77
Lycium		
— **afrum** L.	2013	429
— **barbarum** L.	2014	429
— **chinense** Miller	2015	429
— *chinense* subsp. *rhombifolium* (F)	2015	429
— **europaeum** L.	2016	429
— *halimifolium* (F, G)	2014	429
— *sinense* (B, C, G)	2015	429
— *vulgare* (C)	2014	429
LYCOPODIACEAE		720-721
Lycopodiella		
— *inundata* (G)	3339	720
Lycopodium		
— **alpinum** L.	3343	721
— **annotinum** L.	3342	721
— **clavatum** L.	3340	720
— **complanatum** L.	3341 2	721
— *complanatum* (B, C, F)	3341 1	721
— **inundatum** L.	3339	720
— **selago** L.	3338	720
— **tristachyum** Pursh	3341 1	721
Lycopsis		
— *arvensis* (B, G)	1965	417
— *arvensis* subsp. *occidentalis* (F)	1965	417
Lycopus		
— **europaeus** L.	2179	470
Lysimachia		
— **ephemerum** L.	1870	395
— **nemorum** L.	1875	397
— **nummularia** L.	1874	397
— **punctata** L.	1872	396
— **thyrsiflora** L.	1873	396
— **vulgaris** L.	1871	396
LYTHRACEAE		193-194
Lythrum		
— *bibracteatum* (C, F)	1013 2	194
— **borysthenicum** (Schrank) Litv.	1015	194
— —	1015 2	194
— *geminiflorum* (C)	1013 b2	194
— *graefferi* (B, C)	1012	194
— *hyssopifolia* (B, C, F, T, G)	1013	194
— **hyssopifolium** L.	1013	194
— **junceum** Banks & Sol.	1012	194
— *meonanthum* (F)	1012	194
— **portula** (L.) D. Webb	1014	194
— **salicaria** L.	1011	193
— **thesioides** M. Bieb.	1013 b2	194
— *thesioïdes* subsp. *geminiflorum* (F)	1013 b2	194
— *thymifolia* (B, C, F, T, G)	1013 b	194
— **thymifolium** L.	1013 b	194
— **tribracteatum** Sprengel	1013 2	194
Maianthemum		
— **bifolium** (L.) F.W. Schmidt	2663	595
— *convallaria* (G)	2663	595
Malachium		
— *aquaticum* (B, F)	473	90
Malaxis		
— *lœselii* (C)	2726	606
— *monophylla* (B)	3390	728
— *monophyllos* (F)	3390 .	728
— *paludosa* (B, C, F, G)	2727	606
Malcolmia		
— **africana** (L.) R. Br.	147	33
— **littorea** (L.) R. Br.	149	34
— **maritima** (L.) R. Br.	150	34
— *parviflora* (B, C)	148	33
— **ramosissima** (Desf.) Thell.	148	33
Malcomia		
— *africana* (F)	147	33
— *littorea* (F)	149	34
— *maritima* (F)	150	34
— *ramosissima* (F)	148	33
Malope		
— **malacoides** L.	497	94
— *malacoïdes* (F)	497	94
Malus		
— *acerba* (B, C)	978 b	186
— *communis* (B, C)	978	186
— **domestica** Borkh.	978	186
— **sylvestris** Miller	978 b	186
— *sylvestris* subsp. *mitis* (G)	978	186
Malva		
— **alcea** L.	498	94
— —	498 2	94
— **cretica** Cav.	499	94
— *microcarpa* (B, F)	503 b	95
— **moschata** L.	498 b	94
— **neglecta** Wallr.	502	95
— **nicaeensis** All.	501	95
— **parviflora** L.	503	95
— —	503 b	95
— *rotundifolia* (B, C, F)	502	95
— *silvestris* (B, C, F)	500	95
— *silvestris* subsp. *ambigua* (F)	500 b	95
— **sylvestris** L.	500	95
— —	500 b	95
— **tournefortiana** L.	498 c	94
MALVACEAE		94-98
Mantisalca		
— **salmantica** (L.) Briq. & Cavill.	1610	331
Marrubium		
— **vulgare** L.	2255	491
Marsilea		
— **quadrifolia** L.	3316	715
— **strigosa** Willd.	3317	715
MARSILEACEAE		715-716
Marsilia		
— *pubescens* (B, C, F)	3317	715
— *quadrifolia* (B)	3316	715
— *quadrifoliata* (C, F)	3316	715
Matricaria		
— *chamomilla* (B, C, F, G)	1461	295
— *inodora* (B, C, F)	1462	295
— *inodora* subsp. *maritima* (F)	1462 2	295
— **maritima** L.	1462 2	295
— *maritima* subsp. *inodora* (G)	1462	295
— **perforata** Mérat	1462	295
Matteuccia		
— **struthiopteris** (L.) Tod.	3302	713
Matthiola		
— **fruticulosa** (L.) Maire	154	34
— *fruticulosa* subsp. *valesiaca* (T, G)	154 b	34
— **incana** (L.) R. Br.	151	34
— **sinuata** (L.) R. Br.	152	34
— **tricuspidata** (L.) R. Br.	153	34
— *tristis* (B, C, F)	154	34
— *tristis* subsp. *vallesiana* (F)	154 b	34
— **valesiaca** Boiss.	154 b	34
Meconopsis		
— **cambrica** (L.) Vign.	110	25
Medicago		
— *aculeata* (T)	669	129
— **arabica** (L.) Hudson	689	131
— **arborea** L.	663	128
— *braunii* (B)	683 c	130
— **ciliaris** (L.) All.	690 b	131
— **coronata** (L.) Bartal.	681	130
— **disciformis** DC.	688	130
— **doliata** Carmign.	669	129
— —	676	129
— *echinus* (B)	690	131
— **falcata** L.	664	128
— *gerardi* (B, C)	679	129
— **glomerata** Balbis	664 4	128
— *hispida* (F)	678	129
— —	684 b	130
— *hispida* (B, F)	684	130
— **hybrida** (Pourret) Trautv.	696	132
— **intertexta** (L.) Miller	690	131
— *intertexta* (G)	690 b	131
Medicago italica (Miller) Fiori s.l.	671	129
— **laciniata** (L.) Miller	682	130
— *lappacea* (B, C)	684 b	130
— *leiocarpa* (C)	673 b	129
— *litoralis* (F)	683	130
— **littoralis** Lois.	683	130
— —	683 b,c	130
— **lupulina** L.	665	128
— *maculata* (B, C)	689	131
— **marina** L.	677	129
— **minima** (L.) L.	680	130
— *murex* (F, T, G)	674	129
— **murex** subsp. **sphaerocarpos** (Bertol.) Lesins & I. Lesins	674	129
— *muricata* (B)	676	129
— *obscura* (F)	671	129
— **orbicularis** (L.) Bartal.	667	128
— *polycarpa* (C)	678	129
— *polycarpa* (B, C)	684	130
— **polymorpha** L.	678	129
— —	684	130
— —	684 b	130
— *pourretii* (C)	696	132
— **praecox** DC.	686	130
— **radiata** L.	662	127
— *reticulata* (B, C)	678	129
— **rigidula** (L.) All.	679	129
— **rugosa** Desr.	672	129
— **sativa** L.	668	128
— *sativa* subsp. *eu-sativa* (F)	668	128
— *sativa* subsp. *falcata* (F, T, G)	664	128
— *sativa* subsp. *glomerata* (F, T, G)	664 4	128
— **scutellata** (L.) Miller	666	128
— **secundiflora** Durieu	665 b	128
— *soleiroli* (F)	670	129
— **soleirolii** Duby	670	129
— *sphaerocarpa* (B, C)	674	129
— *striata* (B)	683 b	130
— **suffruticosa** DC.	673	129
— **suffruticosa** subsp. **leiocarpa** (Benth.) Urban	673 b	129
— **tenoreana** DC.	687	130
— *tornata* (C, T, G)	671	129
— *tribuloides* (C)	685	130
— *tribuloïdes* (F)	685	130
— **truncatula** Gaertner	685	130
— **tuberculata** (Retz.) Willd.	675	129
— *turbinata* (B, C, F)	669	129
— *turbinata* (T, G)	675	129
— *turbinata* (C)	676	129
Melampyrum		
— **arvense** L.	2138	462
— *arvense s.l.* (F)	2138	462
— *catalaunicum* (T)	2139	462
— **cristatum** L.	2137	462
— *cristatum s.l.* (F)	2137	462
— *nemorosum* (B, C, G)	2139	462
— *nemorosum s.l.* (F)	2139	462
— **pratense** L.	2135	461
— *pratense s.l.* (F)	2135	461
— *silvaticum* (B, C)	2136	461
— *silvaticum s.l.* (F)	2136	461
— **sylvaticum** L.	2136	461
— *vaudense* (T)	2139	462
— **velebiticum** aggr.	2139	462
— *velebiticum* (T)	2139	462
Melandryum		
— *album* (F)	386 a	78
— *divaricatum* (F)	386 c	78
— *noctiflorum* (F)	364	74
— *silvestre* (F)	386 b	78
Melia		
— **azedarach** L.	570	109

Taxon	*Dessin*	*Pl.*
MELIACEAE		109
Melica		
— *amethystina* (G)	3155	674
— *bauhini* (B, C, F)	3155	674
— **bauhinii** All.	3155	674
— **ciliata** L.	3154 a	674
— *ciliata* (B, C, G)	3154 b	674
— *ciliata* (B)	3154 c	674
— *ciliata* subsp. *glauca* (F)	3154 a	674
— *ciliata* subsp. *magnoli* (F)	3154 b	674
— **ciliata** subsp. **magnolii** (Gren. & Godron) Husnot	3154 b	674
— *ciliata* subsp. *nebrodensis* (F)	3154 a	674
— *ciliata* subsp. *transsilvanica* (F)	3154 c	674
— *major* (B)	3156 b	674
— **minuta** L.	3156	674
— —	3156 b	674
— **nutans** L.	3157	675
— *pyramidalis* subsp. *arrecta* (F)	3156 b	674
— *pyramidalis* subsp. *ramosa* (F)	3156	674
— *ramosa* (B)	3156	674
— **transsilvanica** Schur	3154 c	674
— **uniflora** Retz.	3157 b	675
Melilotus		
— **alba** Medikus	705	133
— *albus* (F)	705	133
— **altissima** Thuill.	700	132
— *altissimus* (F)	700	132
— *arvensis* (C)	704	133
— *caerulea* (B)	706	134
— **elegans** Ser.	701	133
— **indica** (L.) All.	703	133
— *indicus* (F)	703	133
— **infesta** Guss.	698 b	132
— **italica** (L.) Lam.	699	132
— *italicus* (F)	699	132
— *macrorhiza* (B)	700	132
— **messanensis** (L.) All.	697	132
— **neapolitana** Ten.	702	133
— *neapolitanus* (F)	702	133
— **officinalis** (L.) Lam.	704	133
— *parviflora* (B, C)	703	133
— *siculus* (F)	697	132
— **sulcata** Desf.	698	132
— *sulcatus* subsp. *aschersoni* (F)	698	132
— *sulcatus* subsp. *eu-sulcatus* (F)	698	132
— *sulcatus* subsp. *infestus* (F)	698 b	132
Melissa		
— **officinalis** L.	2196	474
Melittis		
— **melissophyllum** L.	2256	491
Mentha		
— **aquatica** L.	2175	469
— **arvensis** L.	2174	468
— **cervina** L.	2178	470
— **longifolia** (L.) Hudson	2177	469
— **pulegium** L.	2173	468
— *rotundifolia* (B, C, F, G)	2176	469
— *silvestris* (B, C)	2177	469
— **spicata** L.	2177 b	469
— **suaveolens** Ehrh.	2176	469
— *viridis* (B, C, F)	2177 b	469
MENYANTHACEAE		410
Menyanthes		
— **trifoliata** L.	1931	410
Mercurialis		
— **ambigua** L. f.	2491 2	549
— **annua** L.	2491	549
— *annua* (C)	2491 2	549
— *annua* (C, F)	2491 3	549
— **huetii** Hanry	2491 3	549
— **perennis** L.	2490	549

Taxon	*Dessin*	*Pl.*
Mercurialis tomentosa L.	2492	550
Merendera		
— *bulbocodium* (B, C, G)	2565	572
— **pyrenaica** (Pourret) P. Fourn.	2565	572
Mesembryanthemum		
— **crystallinum** L.	1074 b	201
— **nodiflorum** L.	1074	201
Mespilus		
— **germanica** L.	970	185
Meum		
— **athamanticum** Jacq.	1175	224
— *mutellina* (B, C)	1176	224
Mibora		
— **minima** (L.) Desv.	3002	647
— *verna* (B)	3002	647
Microcala		
— *pusilla* (F)	1909	405
Microlonchus		
— *salmanticus* (B, C, F)	1610	331
Micromeria		
— *graeca* (B, C, T, G)	2187	472
— *juliana* (C, T, G)	2188	472
— *marginata* (T, G)	2186	472
— *piperella* (B, C)	2186	472
Micropus		
— *bombycinus* (F, G)	1541 b	309
— *erectus* (B, C, F, G)	1541	309
Micropyrum		
— **tenellum** (L.) Link	3245	694
Microstylis		
— **monophyllos** (L.) Lindley	3390	728
Milium		
— **effusum** L.	3089	662
— *scabrum* (B)	3090	662
— **vernale** M. Bieb.	3090	662
Mimulus		
— **guttatus** DC.	2074	448
— *luteus* (C)	2074	448
— **moschatus** Lindley	2073	448
Minuartia		
— **biflora** (L.) Schinz & Thell.	435	85
— **capillacea** (All.) Graebner	424 b	84
— **cerastiifolia** (DC.) Graebner	440	85
— **cherlerioides** subsp. **rionii** (Gremli) Friedrich	451	86
— *condensata* (F)	431 2	85
— **cymifera** (Rouy & Fouc.) Graebner	426 b	84
— *fasciculata* (F)	426	84
— *funki* (F)	426 c	84
— **funkii** (Jordan) Graebner	426 c	84
— *funkii* (T)	426 b	84
— **hybrida** (Villars) Schischkin	437	85
— *lanceolata* (T, G)	444	86
— *lanuginosa* (F)	427	84
— **laricifolia** (L.) Schinz & Thell.	424 a	84
— *liniflora* (F)	424 b	84
— **mediterranea** (Link) K. Malý	437 2	85
— **mutabilis** (Lapeyr.) Bech.	427	84
— *olonensis* (F, T)	425	84
— **recurva** (All.) Schinz & Thell.	431	85
— **recurva** subsp. **condensata** (C. Presl.) Greuter & Burdet	431	285
— *recurva* subsp. *juressi* (T, G)	431 2	85
— *rostrata* (F)	427	84
— **rubra** (Scop.) Mc Neill	426	84
— *rubra* (G)	426 b	84
— **rupestris** (Scop.) Schinz & Thell. s.l.	444	86
— *rupestris* (F, T, G)	444	86
— **sedoides** (L.) Hiern	452	87
— **setacea** (Thuill.) Hayek	428	84
— **stricta** (Sw.) Hiern	434	85
— *tenuifolia* (F)	437	85
— —	437 2	85

Taxon	*Dessin*	*Pl.*
Minuartia verna (L.) Hiern	436	85
— **villarii** (Balbis) Wilczek & Chenevard	439	85
— *villarsi* (F)	439	85
— *villarsii* (G)	439	85
Misopates		
— **orontium** (L.) Raf.	2047	442
Moehringia		
— **ciliata** (Scop.) Dalla Torre	430	84
— **muscosa** L.	429	84
— *polygonoides* (C)	430	84
— **sedifolia** Willd.	429 b	84
— **trinervia** (L.) Clairv.	447	86
Moenchia		
— **erecta** P. Gaertner & al.	472	90
Molineria		
— *minuta* (B)	3093	662
Molineriella		
— **minuta** (L.) Rouy	3093	662
Molinia		
— **caerulea** (L.) Moench	3165	676
— *caerulea* (C)	3165 2	676
— *caerulea* subsp. *altissima* (G)	3165 2	676
— **caerulea** subsp. **arundinacea** (Schrank) Paul	3165 2	676
— *serotina* (C)	3164	676
Molopospermum		
— *cicutarium* (B)	1247	244
— **peloponnesiacum** (L.) Koch	1247	244
Molospermum		
— *cicutarium* (C)	1247	244
Moneses		
— **uniflora** (L.) A. Gray	1828	389
Monotropa		
— **hypopitys** L.	1833	389
Montia		
— **fontana** L.	1026 b	196
— *fontana* (B)	1026	196
— *fontana* subsp. *chondrosperma* (T, G)	1026	196
— **minor** C. Gmelin	1026	196
— *perfoliata* (T, G)	1027	196
— *rivularis* (C, F)	1026 b	196
MORACEAE		550-551
—		555
Moricandia		
— **arvensis** (L.) DC.	145	33
Morisia		
— *hypogaea* (C, F)	3350	722
— **monanthos** (Viv.) Asch.	3350	722
Morus		
— **alba** L.	2495	550
— **nigra** L.	2496	551
Mucizonia		
— **sedoides** (DC.) D. Webb	1072	201
Mulgedium		
— *alpinum* (B)	1692	354
— *plumieri* (B)	1693	355
Murbeckiella		
— **pinnatifida** (Lam.) Rothm.	163	37
Muscari		
— **botryoides** (L.) Miller	2646 b	589
— *botryoïdes* (F)	2646 b,d	589
— **comosum** (L.) Miller	2645	589
— *holzmanni* (F, G)	2645	589
— *lelievrei* (C, G)	2646 d	589
— **lelievrii** Boreau	2646 d	589
— *motelayi* (C, G)	2646 b	589
— **neglectum** Ten.	2646	589
— —	2646 c	589
— *racemosum* (B, C, F, G)	2646	589
Myagrum		
— **perfoliatum** L.	242	50
Mycelis		
— **muralis** (L.) Dumort.	1684	352
Myosotis		
— **alpestris** F.W. Schmidt	1990 b	424
— *alpestris* (G)	1990 c	424
— *alpina* (T)	1990 c	424

Taxon	*Dessin*	*Pl.*
Myosotis arvensis Hill	1991	425
— *caespitosa* (C)	1988 b	424
— *collina* (F)	1995	425
— **discolor** Pers.	1994	425
— *hispida* (B, C)	1995	425
— *intermedia* (B, C)	1991	425
— *laxa* (G)	1988 b	424
— **laxa** subsp. **caespitosa** (Schultz) Nordh.	1988 b	424
— *lingulata* (B)	1988 b	424
— *micrantha* (F)	1993	425
— *palustris* (B, C)	1988	424
— **pusilla** Lois.	1989	424
— **pyrenaica** Pourret	1990 c	424
— **ramosissima** Rochel	1995	425
— **ruscinonensis** Rouy	1996	425
— **scorpioides** L.	1988	424
— *scorpioïdes* subsp. *caespitosa* (F)	1988 b	424
— *scorpioïdes* subsp. *palustris* (F)	1988	424
— **sicula** Guss.	1989 b	424
— *silvatica* (B, C)	1990	424
— *silvatica* subsp. *alpestris* (F)	1990 b	424
— *silvatica* subsp. *eu-silvatica* (F)	1990	424
— *silvatica* subsp. *pyrenaïca* (F)	1990 c	424
— **speluncicola** (Boiss.) Rouy	1992	425
— **stricta** Roemer & Schultes	1993	425
— **sylvatica** Hoffm.	1990	424
— *tenella* (B)	1992	425
— *versicolor* (B, C, F)	1994	425
Myosoton		
— *aquaticum* (T, G)	473	90
Myosurus		
— **minimus** L.	30	8
Myrica		
— **gale** L.	2556	569
MYRICACEAE		569
Myricaria		
— **germanica** (L.) Desv.	1019	195
Myriophyllum		
— **alterniflorum** DC.	1005 b	192
— **spicatum** L.	1005 c	193
— **verticillatum** L.	1005	192
Myrrhis		
— **odorata** (L.) Scop.	1245	243
Myrrhoides		
— **nodosa** (L.) Cannon	1244	243
MYRTACEAE		195
Myrtus		
— **communis** L.	1020	195
Naias		
— *major* (B, F)	2794	615
— *minor* (F)	2795	615
Naïas		
— *major* (C)	2794	615
— *minor* (C)	2795	615
NAJADACEAE		615
Najas		
— **marina** L.	2794	615
— **minor** All.	2795	615
Narcissus		
— *angustifolius* (F)	2708 2	603
— *aureus* (C, F)	2709 b	603
— **bicolor** L.	2701 2	602
— *biflorus* (B, C, F)	2708 b	603
— **bulbocodium** L.	2700	602
— *calathinus* (B)	2702	602
— *capax* (C)	2702	602
— **dubius** Gouan	2709 d	603
— *incomparabilis* (B, C, F, G)	2706	602
— *intermedius* (B, C, F, G)	2703	602
— *italicus* (C, F)	2709 c	603
— **jonquilla** L.	2704	602
— *juncifolius* (B, C, F)	2705	602
— *medioluteus* (G)	2708 b	603
— **minor** L.	2701 4	602
— *ochroleucus* (B)	2709 c	603

Taxon	*Dessin*	*Pl.*
Narcissus odorus (B, C, F, G)	2707	603
— **papyraceus** Ker Gawler	2709 e	603
— *papyraceus* (C, F)	2709 e2	603
— **papyraceus** subsp. **polyanthus** (Lois.) Asch. & Graebner	2709 e2	603
— **poeticus** L.	2708	603
— *poeticus* (C)	2708 2	603
— **poeticus** subsp. **radiiflorus** (Salisb.) Baker	2708 2	603
— *poëticus* (F)	2708	603
— **pseudonarcissus** L.	2701	602
— *pseudonarcissus* subsp. *bicolor* (G)	2701 2	602
— **pseudonarcissus** subsp. **major** (Curtis) Baker	2701 3	602
— *pseudonarcissus* subsp. *minor* (G)	2701 4	602
— *pseudo-narcissus* (B, C, F)	2701	602
— *pseudo-narcissus* (F)	2701 2-4	602
— **requienii** M. Roemer	2705	602
— **tazetta** L.	2709	603
— **tazetta** subsp. **aureus** (Lois.) Baker	2709 b	603
— *tazetta* subsp. *dubius* (G)	2709 d	603
— **tazetta** subsp. **italicus** (Ker Gawler) Baker	2709 c	603
— *tazetta* subsp. *papyraceus* (G)	2709 e	603
— *triander* subsp. *loiseleuri* (F)	2702	602
— *triandrus* (G)	2702	602
— **triandrus** subsp. **capax** (Salisb.) D. Webb	2702	602
— ×**incomparabilis** Miller	2706	602
— ×**intermedius** Lois.	2703	602
— ×**medioluteus** Miller	2708 b	603
— ×**odorus** L.	2707	603
Narduroides		
— **salzmannii** (Boiss.) Rouy	3243	694
Nardurus		
— *halleri* (F)	3245	694
— *lachenalii* (B, C, G)	3245	694
— *salzmanni* (C, F)	3243	694
— *salzmannii* (B, G)	3243	694
— *tenellus* (B, G)	3244	694
— *tenuiflorus* (F)	3244	694
— *unilateralis* (C)	3244	694
Nardus		
— **stricta** L.	3249	694
Narthecium		
— **ossifragum** (L.) Hudson	2653	591
— *ossifregum* (C)	2653	591
Nasturtium		
— *amphibium* (C)	236	49
— *asperum* (B, C)	176	39
— **officinale** R. Br.	174	39
— *palustre* (C)	234	49
— *pyrenaicum* (C)	235	49
— *silvestre* (B, C)	175	39
Neatostema		
— **apulum** (L.) I. M. Johnston	1973	419
Nectaroscordum		
— **siculum** (Ucria) Lindley	2635	587
Neotinea		
— *intacta* (F, G)	2734	607
— **maculata** (Desf.) Stearn	2734	607
Neottia		
— *nidus avis* (F)	2722	606
— **nidus-avis** (L.) Rich.	2722	606
Nepeta		
— **cataria** L.	2210	480
— *lanceolata* (B)	2211	480
— **latifolia** DC.	2209	480
— **nepetella** L.	2211	480

Taxon	*Dessin*	*Pl.*
Nepeta nepetella L.	2211 b	480
— **nuda** L.	2208	479
— *nuda* subsp. *violacea* (F)	2208	479
Nerium		
— **oleander** L.	1897	401
Neslia		
— **apiculata** Fischer & al.	244	51
— *paniculata* (B, C, G)	244	51
— *paniculata* subsp. *thracica* (T)	244	51
Nicotiana		
— **glauca** Graham	2026	433
— **rustica** L.	2027	433
— **tabacum** L.	2028	434
Nigella		
— **arvensis** L.	81	17
— **damascena** L.	79	17
— **gallica** Jordan	81 b	17
— *hispanica* (B)	81 b	17
— **sativa** L.	80	17
Nigritella		
— *angustifolia* (B)	2755	610
— **nigra** (L.) Reichb.	2755	610
— **nigra** subsp. **corneliana** Beauverd	2755 b	610
— **nigra** subsp. **rubra** (Wettst.) Beauverd	2755 c	610
— *rubra* (G)	2755 c	610
— *rubra* subsp. *corneliana* (F)	2755 b	610
Nonea		
— **echioides** (L.) Roemer & Schultes	1966	418
— *ventricosa* (T, G)	1966	418
Nonnea		
— *alba* (B, C, F)	1966	418
Nothochlaena		
— *marantae* (B, F)	3273	701
— *vellea* (B, F)	3272	701
Nothoscordon		
— *inodorum* (F)	2631	585
Nothoscordum		
— *fragrans* (G)	2631	585
— **inodorum** (Aiton) Nicholson	2631	585
Notobasis		
— **syriaca** (L.) Cass.	1555	313
Notochlaena		
— *lanuginosa* (C)	3272	701
— *marantae* (C)	3273	701
Nuphar		
— *juranum* (C)	103 b	23
— **lutea** (L.) Smith	103	23
— *luteum* (B, C, F)	103	23
— **pumila** (Timm) DC.	103 b	23
— *pumilum* (B, C, F)	103 b	23
Nymphaea		
— **alba** L.	102	23
— *alba* (F)	102 b	23
— **candida** C. Presl	102 b	23
NYMPHAEACEAE		23
Nymphoides		
— **peltata** (S. Gmelin)) Kuntze	1932	410
Obione		
— *pedunculata* (B, F)	2355	513
— *portulacoides* (B)	2356	513
— *portulacoïdes* (F)	2356	513
Odontites		
— **jaubertiana** (Boreau) Walp.	2112	457
— *jaubertiana* subsp. *eu-jaubertiana* (F)	2112	457
— **lanceolata** (Gaudin) Reichb.	2110 3	456
— **lutea** (L.) Clairv.	2110	456
— *lutea* subsp. *eu-lutea* (F)	2110	456
— *lutea* subsp. *lanceolata* (F)	2110 3	456
— *rubra* (B)	2111	456
— *rubra*		

Taxon	*Dessin*	*Pl.*
Odontites rubra subsp. *serotina* (F)	2111 2	456
— *rubra* subsp. *verna* (F)	2111	456
— *serotina* (C, G)	2111 2	456
— **verna** (Bellardi) Dumort.	2111	456
— **verna** subsp. **serotina** (Dumort.) Corbière	2111 2	456
— **viscosa** (L.) Clairv.	2113	457
Odontospermum		
— *aquaticum* (F)	1501	303
— *maritimum* (F)	1502	303
Oenanthe		
— **aquatica** (L.) Poiret	1196	230
— **crocata** L.	1193	229
— *filipenduloides* (C)	1195	230
— **fistulosa** L.	1197	230
— **globulosa** L.	1198	230
— *lachenali* (F)	1194	229
— **lachenalii** C. Gmelin	1194	229
— *media* (C)	1194 b	229
— **peucedanifolia** Pollich	1195	230
— *phellandrium* (B, C, F)	1196	230
— **pimpinelloides** L.	1192	229
— *pimpinelloïdes* (F)	1192	229
— **silaifolia** M. Bieb.	1194 b	229
— *silaïfolia* subsp. *media* (F)	1194 b	229
Oenothera		
— **biennis** L.	997	191
— —	997 c	191
— *biennis* subsp. *eu-biennis* (F)	997	191
— *biennis* subsp. *suaveolens* (F)	997 c	191
— **longiflora** L.	998	191
— *muricata* (B, C)	997 b	191
— *muricata s.l.* (F)	997 b	191
— **parviflora** L.	997 b	191
— **rosea** Aiton	1000	191
— **striata** Link	999	191
— *stricta* (C, F, T, G)	999	191
— *suaveolens* (C, T, G)	997 c	191
Olea		
— **europaea** L.	1890	400
— *europaea* subsp. *sativa* (F)	1890	400
OLEACEAE		398-401
Omalotheca		
— **norvegica** (Gunnerus) Schultz-Bip. & F. Schultz	1526 b	307
— **supina** (L.) DC.	1535	308
— **sylvatica** (L.) Schultz-Bip. & F. Schultz	1526	307
Omphalodes		
— **linifolia** (L.) Moench	2008	428
— **littoralis** Lehm.	2007	428
— **verna** Moench	2006	428
ONAGRACEAE		188-192
Onobrychis		
— **aequidentata** (Smith) Urv.	885	164
— **caput-galli** Lam.	886	164
— *cretica* (B)	885	164
— **crista-galli** (L.) Lam.	886 b	164
— **montana** DC.	888 2	165
— *sativa* (B, C)	888	165
— *sativa* (C)	888 2	165
— **saxatilis** (L.) Lam.	887	164
— **supina** (Villars) DC.	888 b	165
— **viciifolia** Scop.	888	165
— *viciifolia* subsp. *montana* (F, G)	888 2	165
— *viciifolia* subsp. *sativa* (F)	888	165
Onoclea		
— *struthiopteris* (F)	3302	713
Ononis		
— **alopecuroides** L.	647	125
— *alopecuroïdes* (F)	647	125
— *antiquorum* (B)	645 c	124
— **aragonensis** Asso	649	125

Taxon	*Dessin*	*Pl.*
— *Ononis breviflora* (B, C)	655 b	126
— *campestris* (B, C)	645 b	124
— *campestris* (C)	645 c	124
— *cenisia* (B, C, F)	644	124
— *columnae* (B, C)	651	125
— **cristata** Miller	644	124
— **fruticosa** L.	643	124
— **minutissima** L.	651 b	125
— **mitissima** L.	646	125
— **natrix** L.	654	126
— *natrix* subsp. *inaequalifolia* (F, G)	654	126
— **natrix** subsp. **ramosissima** (Desf.) Battand.	654 b	126
— *procurrens* (B)	645 a1-3	124
— **pubescens** L.	650	125
— **pusilla** L.	651	125
— *ramosissima* (B, C, F)	654 b	126
— **reclinata** L.	648	125
— **repens** L.	645 a1-3	124
— *repens* (B)	645 b,c	124
— **repens** subsp. **antiquorum** (L.) Greuter	645 c	124
— **repens** subsp. **spinosa** Greuter	645 b	124
— **rotundifolia** L.	642	124
— *spinosa* (T, G)	645 b	124
— *spinosa* subsp. *antiquorum* (F, T, G)	645 c	124
— *spinosa* subsp. *caduca* (F)	645 a3	124
— *spinosa* subsp. *legitima* (F)	645 b	124
— *spinosa* subsp. *maritima* (F)	645 a2	124
— *spinosa* subsp. *procurrens* (F, G)	645 a1	124
— *spinosa* subsp. *procurrens* (G)	645 a2,3	124
— **striata** Gouan	652	125
— **variegata** L.	653	126
— **viscosa** L.	655	126
— **viscosa** subsp. **breviflora** (DC.) Nyman	655 b	126
— *viscosa* subsp. *eu-viscosa* (F)	655	126
Onopordon		
— *acanthium* (B, C)	1552	311
— *acanthium* subsp. *eu-acanthium* (F)	1552	311
— *acaule* (B, C, F)	1551	310
— *gautieri* (C)	1552 c	311
— *illyricum* (B, C)	1552 b	311
— *illyricum* subsp. *eu-illyricum* (F)	1552 b	311
— *illyricum* subsp. *gautieri* (F)	1552 c	311
— *tauricum* (C, F)	1553	312
— *virens* (B)	1553	312
Onopordum		
— **acanthium** L.	1552	311
— **acanthium** subsp. **gautieri** (Rouy) Franco	1552 c	311
— **acaulon** L.	1551	310
— **illyricum** L.	1552 b	311
— **tauricum** Willd.	1553	312
Onosma		
— **arenaria** Waldst. & Kit.	1969 2	419
— *arenarium* (B, G)	1969 2	419
— *arenarium* subsp. *pyramidatum* (F)	1969 2	419
— *echioides* (B, C)	1969	418
— *echioides* (C)	1969 2	419
— *echioïdes* subsp. *fastigiatum* (F)	1969	418

Taxon	*Dessin*	*Pl.*
Onosma fastigiata (Braun-Blanquet) Lacaita	1969	418
— *fastigiatum* (G)	1969	418
— *helvetica* (T)	1970	419
— *helveticum* (B)	1970	419
— **pseudoarenaria** Schur s.l.	1970	419
— *pseudoarenarium* subsp. *delphinense* (F)	1970	419
— *stellatum* (C)	1970	419
— *tauricum* subsp. *delphinense* (G)	1970	419
— *tauricum* subsp. *helveticum* (F, G)	1970	419
OPHIOGLOSSACEAE		715
Ophioglossum		
— **lusitanicum** L.	3310 b	715
— **vulgatum** L.	3310	715
Ophrys		
— **apifera** Hudson	2763	611
— *arachnites* (B, C)	2759	611
— *araneifera* (F)	2756	611
— *araneifera* subsp. *atrata* (F)	2756 b	611
— *aranifera* (B, C)	2756	611
— *atrata* (C)	2756 b	611
— *bertoloni* (B)	2757	611
— **bertolonii** Moretti	2757	611
— *bombiliflora* (B, F)	2762	611
— **bombyliflora** Link	2762	611
— **fuciflora** (F.W. Schmidt) Moench	2759	611
— **fusca** Link	2765	611
— *grandiflora* (B)	2758	611
— **insectifera** L.	2761	611
— **lutea** (Gouan) Cav.	2766	611
— *muscifera* (B, C, F)	2761	611
— **scopolax** Cav.	2764	611
— **speculum** Link	2760	611
— *sphecodes* (G)	2756	611
— *sphecodes* subsp. *atrata* (G)	2756 b	611
— *sphecodes* subsp. *provincialis* (G)	2756	611
— **sphegodes** Miller	2756	611
— **sphegodes** subsp. **atrata** (Lindley) E. Mayer	2756 b	611
— **tenthredinifera** Willd.	2758	611
Oplismenus		
— *colonus* (B)	3033 b	652
— *crus-galli* (B)	3033	652
— **undulatifolius** (Ard.) Roemer & Schultes	3034	652
Opopanax		
— **chironium** (L.) Koch	1165	221
Opoponax		
— *chironium* (B)	1165	221
Opuntia		
— **vulgaris** Miller	1073	201
ORCHIDACEAE		604-611
—		728
Orchis		
— *albida* (B, C)	2751	610
— *bifolia* (B, C)	2737	608
— *brevicornis* (B, G)	2745	609
— *conopea* (C)	2752	610
— *conopsea* (B)	2752	610
— **coriophora** L.	2740	608
— *galeata* (B)	2733	607
— *globosa* (B, C, F)	2739	608
— *hircina* (C)	2732	607
— *incarnata* (C, F)	2753 c	610
— *intacta* (B, C)	2734	607
— **lactea** Poiret	2741 b	608
— *latifolia* (C, F)	2753 b	610
— **laxiflora** Lam.	2743	608
— **laxiflora** subsp. **palustris** (Jacq.) Bonnier & Layens	2743 b	608
— *longibracteata* (B, C)	2747	609
— **longicornu** Poiret	2746 c	609

Taxon	*Dessin*	*Pl.*
Orchis maculata (B, C, F)	2753	610
— **mascula** L.	2749	609
— **militaris** L.	2733	607
— *militaris* (B)	2733 b,c	607
— *montana* (B, C)	2738	608
— **morio** L.	2746	609
— *morio* (C, G)	2746 b	609
— **morio**		
subsp. **picta** (Lois.) Arcang.	2746 b	609
— *odoratissima* (B, C)	2752 b	610
— **pallens** L.	2744	609
— *palustris* (B, C, F, G)	2743 b	608
— **papilionacea** L.	2736	607
— *picta* (B)	2746 b	609
— **provincialis** Balbis	2744 b	609
— **purpurea** Hudson	2733 b	607
— *pyramidalis* (B, C)	2742	608
— **saccata** Ten.	2735	607
— *sambucina* (B, C, F)	2753 e	610
— **simia** Lam.	2733 c	607
— *spitzeli* (F)	2745	609
— **spitzelii** Koch	2745	609
— *traunsteineri* (F)	2753 d	610
— **tridentata** Scop. s.l.	2741	608
— *tridentata*		
subsp. *lactea* (F)	2741 b	608
— **ustulata** L.	2748	609
— *viridis* (B, C)	2750	610
Oreochloa		
— **disticha** (Wulfen) Link	3022	650
— *pedemontana* (B, C)	3022 b	650
— **seslerioides** (All.) Richter	3022 b	650
— *seslerioïdes* (F)	3022 b	650
Oreopteris		
— *limbosperma* (G)	3281	705
Origanum		
— **vulgare** L.	2180	470
— —	2180 2	470
Orlaya		
— **grandiflora** (L.) Hoffm.	1123	209
— **kochii** Heyw.	1122	209
— *maritima* (C)	1124	209
— *platycarpos* (C, F)	1122	209
Ornithogalum		
— **arabicum** L.	2597	579
— **collinum** Guss.	2598 c	580
— **divergens** Boreau	2598 b,b2	580
— **narbonense** L.	2596 b	579
— **nutans** L.	2595	579
— *pyramidale*		
subsp. *narbonense* (F)	2596 b	579
— **pyrenaicum** L.	2596	579
— *pyrenaïcum* (F)	2596	579
— *tenuifolium* (B, C, F, G)	2598 c	580
— **umbellatum** L.	2598	579
Ornithopus		
— **compressus** L.	876	162
— *ebracteatus* (B, C)	873	162
— **perpusillus** L.	875	162
— **pinnatus** (Miller) Druce	873	162
— *roseus* (C)	874	162
— **sativus** Brot.	874	162
OROBANCHACEAE		463-467
Orobanche		
— **alba** Willd.	2156	465
— **alsatica** Kirschl.	2150	464
— **amethystea** Thuill.	2166	467
— *arenaria* (T, G)	2142	463
— *artemisiae* (B, F)	2168	467
— **caryophyllacea** Smith	2157	466
— **cernua** Loefl.	2147	464
— *cervariae* (B, C)	2150	464
— **crenata** Forsskal	2155	465
— *crinita* (B)	2146	464
— *cruenta* (B, C)	2151	465
— *elatior* (T, G)	2160	466
— *elatior* (T)	2160 b	466
— *epithymum* (B, C, F)	2156	465
— **flava** F. Schultz	2162	467
— **fuliginosa** Jordan	2164 b	467
— *galii* (B)	2157	466

Taxon	*Dessin*	*Pl.*
Orobanche gracilis Smith	2151	465
— **hederae** Duby	2148	464
— **laevis** L.	2142	463
— **laserpitii-sileris** Jordan	2159	466
— **lavandulacea** Reichb.	2141	463
— **loricata** Reichb.	2168	467
— *loricata* (T, G)	2163	467
— **lucorum** Koch	2152	465
— **lutea** Baumg.	2149	464
— **major** L.	2160	466
— —	2160 b	466
— **minor** Smith	2153	465
— —	2167	467
— *minor*		
subsp. *eu-minor* (F)	2167	467
— **picridis** Koch	2163	467
— *platystigma*		
subsp. *reticulata* (F)	2158	466
— **pubescens** Urv.	2164	467
— **purpurea** Jacq.	2143	463
— **ramosa** L.	2144	463
— *ramosa* (G)	2144 b	463
— **ramosa**		
subsp. **mutelii** (F. Schultz) Cout.	2143 b	463
— —	2144 b,c	463
— *rapum* (B, C)	2145	464
— **rapum-genistae** Thuill.	2145	464
— *rapum-genistae*		
subsp. *eu-rapum* (F)	2145	464
— **reticulata** Wallr.	2158	466
— *rubens* (B, C)	2149	464
— **salviae** Koch	2161	466
— **sanguinea** C. Presl	2146	464
— *scabiosae* (B)	2158	466
— *speciosa* (B, C)	2155	465
— **teucrii** Holandre	2165	467
— **variegata** Wallr.	2154	465
— *versicolor* (C, F)	2164	467
Orthilia		
— **secunda** (L.) House	1829	389
Oryzopsis		
— *caerulescens* (G)	3085	661
— *coerulescens* (F)	3085	661
— *miliacea* (F, G)	3087	662
— *paradoxa* (F, G)	3086	662
— *virescens* (F, G)	3088	662
Osmunda		
— **regalis** L.	3270	701
OSMUNDACEAE		701
Ostrya		
— **carpinifolia** Scop.	2522	560
Osyris		
— **alba** L.	2439	537
Otanthus		
— **maritimus** (L.) Hoffsgg. & Link	1476	298
OXALIDACEAE		110
Oxalis		
— **acetosella** L.	572	110
— *cernua* (C, F)	574	110
— **corniculata** L.	573	110
— *europaea* (T)	573 b	110
— *europeae* (G)	573 b	110
— **fontana** Bunge	573 b	110
— **pes-caprae** L.	574	110
— *stricta* (B, C, F)	573 b	110
Oxycoccos		
— *quadripetala* (F)	1808	384
— *vulgaris* (B)	1808	384
Oxycoccus		
— *palustris* (C)	1808	384
Oxyria		
— **digyna** (L.) Hill	2388	521
Oxytropis		
— **campestris** (L.) DC.	790	145
— **fetida** (Villars) DC.	789	145
— *foetida* (B, C, G)	789	145
— *gaudini* (B, C)	792	146
— *gaudinii* (T, G)	792	146
— **halleri** Bunge	791	146
— **helvetica** Scheele	792	146

Taxon	*Dessin*	*Pl.*
Oxytropis jacquinii Bunge	793	146
— **lapponica** (Wahlenb.) Gay	793 b	146
— *montana* (B, C)	793	146
— **neglecta** Ten.	792 b	146
— **pilosa** (L.) DC.	794	146
— *pyrenaicus* (B, C, T, G)	792 b	146
Paeonia		
— *corallina* (B, C, F)	97	22
— **mascula** (L.) Miller	97	22
— **officinalis** L. s.l.	98	22
— —	99	22
— *peregrina* (B, C)	99	22
PAEONIACEAE		22
Palimbia		
— *chabraei* (B)	1162	220
Paliurus		
— *aculeatus* (G)	589	113
— *australis* (B, C)	589	113
— *spina christi* (F)	589	113
— **spina-christi** Miller	589	113
Pallenis		
— **spinosa** (L.) Cass.	1500	302
Pancratium		
— **illyricum** L.	3389	727
— **maritimum** L.	2710	604
Panicum		
— **capillare** L.	3031	651
— **miliaceum** L.	3032	651
— **repens** L.	3030	651
Papaver		
— *alpinum* (B, C)	109 1,2	25
— *alpinum*		
subsp. *burseri* (F)	109 1	25
— *alpinum*		
subsp. *tatricum* (T)	109 1	25
— **argemone** L.	107	24
— **dubium** L.	106	24
— —	106 2-4	24
— *hispidum* (C)	108	25
— *hortensis* (B)	104	24
— **hybridum** L.	108	25
— *obtusifolium* (C, F)	106 2-4	24
— **occidentale** (Markgraf) H. Hess & Landolt	109 1	25
— *officinalis* (B)	104	24
— **pinnatifidum** Moris	106 b	24
— *pyrenaïcum*		
subsp. *rhaeticum* (F)	109 2	25
— *rhaeas* (B)	105	24
— **rhaeticum** Leresche	109 2	25
— *rhaeticum* (G)	109 1	25
— **rhoeas** L.	105	24
— **setigerum** DC.	104 b	24
— **somniferum** L.	104	24
— *somniferum* (C)	104 b	24
— *somniferum*		
subsp. *setigerum* (T, G)	104 b	24
PAPAVERACEAE		24-26
PAPILIONACEAE		116-166
—		724
Paradisea		
— **liliastrum** (L.) Bertol.	2649	590
Paradisia		
— *liliastrum* (B, C, F)	2649	590
Parapholis		
— **incurva** (L.) C. E. Hubb.	3247	694
— **strigosa** (Dumort.) C. E. Hubb.	3247 b	694
Parentucellia		
— **latifolia** (L.) Caruel	2118	458
— **viscosa** (L.) Caruel	2117	458
Parietaria		
— *diffusa* (T, G)	2506 b	554
— *erecta* (B, F)	2506 a	554
— **judaica** L.	2506 b	554
— **lusitanica** L.	2505	554
— **officinalis** L.	2506 a	554
— *officinalis* (B, C)	2506 b	554
— *ramiflora* (F)	2506 b	554
— *soleirolii* (C)	3383	726
Paris		
— **quadrifolia** L.	2657	593

Taxon	Dessin	Pl.
Parnassia		
— **palustris** L.	336	69
Paronychia		
— **argentea** Lam.	1035	196
— **capitata** (L.) Lam.	1036	196
— *capitata* (B, C)	1033	196
— *cymosa* (B, C, F, T, G)	1031	196
— *echinata* (B, C, F)	1032	196
— **echinulata** Chater	1032	196
— **kapela** (Hacq.) A. Kerner	1033	196
— *nivea* (B, C)	1036	196
— **polygonifolia** (Villars) DC.	1034	196
Paspalum		
— **dilatatum** Poiret	3035	652
— *distichum* (F, G)	3036	652
— **paspalodes** (Michaux) Scribner	3036	652
Passerina		
— *annua* (B, C)	2429	535
— *calycina* (B, C)	2433	536
— *dioica* (B, C)	2432	536
— *hirsuta* (B, C)	2428	535
— *tarton-raira* (B)	2427	535
— *tartonraira* (C)	2427	535
— *thymelaea* (C)	2430	535
— *thymelea* (B)	2430	535
— *tinctoria* (B, C)	2431	535
— *tinctoria* (C)	2431 2	535
Pastinaca		
— **sativa** L.	1166	222
— *sativa* subsp. *eu-sativa* (F)	1166	222
— *silvestris* (C)	1166	222
Pedicularis		
— *adscendens* (G)	2127	460
— **ascendens** Gaudin	2127	460
— **asplenifolia** Willd.	2129	460
— *barrelieri* (B, C, F)	2127	460
— **cenisia** Gaudin	2122 b	459
— **comosa** L.	2133	461
— *fasciculata* (B)	2122	459
— **foliosa** L.	2134	461
— **gyroflexa** Villars	2122	459
— *incarnata* (B, C, G)	2128	460
— *jacquini* (B)	2125	459
— **kerneri** Dalla Torre	2124	459
— —	2124 2	459
— **mixta** Gren.	2123 b	459
— **œderi** Vahl	2134 b	461
— **palustris** L.	2120	459
— *palustris s.l.* (G)	2120	459
— **pyrenaica** Gay	2123	459
— *pyrenaica* (F)	2123	459
— *raetica* (F)	2124	459
— —	2124 2	459
— **recutita** L.	2130	460
— *rhaetica* (G)	2124	459
— —	2124 2	459
— **rosea** Wulfen	2132	460
— *rosea* (C)	2132 2	461
— **rosea** subsp. **allionii** (Reichb. f.) E. Mayer	2132 2	461
— *rostrata* (B, C)	2124	459
— **rostratocapitata** Crantz	2125	459
— **rostratospicata** Crantz	2128	460
— *silvatica* (B, C, F)	2121	459
— **sylvatica** L.	2121	459
— **tuberosa** L.	2126	459
— **verticillata** L.	2131	460
Peltaria		
— **alliacea** Jacq.	226	48
Pentaglottis		
— **sempervirens** (L.) L. Bailey	1962	417
Peplis		
— *boraei* (C)	1015 2	194
— *erecta* (B, C)	1015	194
— *nummulariaefolia* subsp. *borysthenica* (F)	1015 2	194
— *nummulariaefolia* subsp. *erecta* (F)	1015	194
— *portula* (B, C, F)	1014	194
Periballia		
— *minuta* (G)	3093	662
Persica		
— *vulgaris* (B, C)	893	166
Petasites		
— **albus** (L.) Gaertner	1377	275
— **fragrans** (Villars) C. Presl	1376	275
— **hybridus** (L.) P. Gaertner, Meyer & Scherb.	1378	275
— *niveus* (B, C, F)	1377 b	275
— *officinalis* (C, F)	1378	275
— **paradoxus** (Retz.) Baumg.	1377 b	275
— *vulgaris* (B)	1378	275
Petrocallis		
— **pyrenaica** (L.) R. Br.	233	48
Petrocoptis		
— **pyrenaica** (Bergeret) Walp.	385	77
Petrorhagia		
— **prolifera** (L.) P. Ball & Heyw.	399	80
— **saxifraga** (L.) Link	395	80
Petroselinum		
— **crispum** (Miller) A. W. Hill	1231	239
— *hortense* (F)	1231	239
— *sativum* (B, C)	1231	239
— **segetum** (L.) Koch	1225	238
Peucedanum		
— **alsaticum** L.	1155	218
— *alsaticum* subsp. *venetum* (F)	1156	218
— **austriacum** Koch	1160	219
— **carvifolia** Villars	1162	220
— *carvifolium* (C)	1162	220
— *cervaria* (L.) Lapeyr.	1159	219
— *chabraei* (F)	1162	220
— **gallicum** Latour.	1151	217
— **lancifolium** Lange	1152	217
— **officinale** L.	1150	217
— **oreoselinum** (L.) Moench	1158	219
— **ostruthium** (L.) Koch	1161	220
— **palustre** (L.) Moench	1153	217
— *parisiense* (B)	1151	217
— *schotti* (F)	1154	217
— **schottii** DC.	1154	217
— **venetum** (Sprengel) Koch	1156	218
— **verticillare** (L.) DC.	1157	218
Phaca		
— *alpina* (B, C)	795	146
— *astragalina* (B, C)	797	146
— *australis* (B, C)	798	147
— *australis* (C)	798 b	147
— *frigida* (B, C)	796	146
— *gerardi* (B)	798 b	147
Phacelia		
— **tanacetifolia** Benth.	1951	414
Phaegopteris		
— *calcarea* (B)	3276 b	702
— *dryopteris* (B)	3276	702
— *vulgaris* (B)	3275	702
Phagnalon		
— *geminiflorum* (F)	1384 b	277
— **rupestre** (L.) DC.	1384 b	277
— **saxatile** (L.) Cass.	1384	277
— **sordidum** (L.) Reichb.	1383	277
— *tricephalum* (G)	1383	277
Phalangium		
— *liliago* (B)	2651	591
— *planifolium* (B)	2650	590
— *ramosum* (B)	2652	591
Phalaris		
— **aquatica** L.	2993	646
— **arundinacea** L.	2999	647
— **brachystachys** Link	2998	646
— *caerulescens* (B, C)	2992	646
— **canariensis** L.	2997	646
— *canariensis* subsp. *brachystachys* (G)	2998	646
— **coerulescens** Desf.	2992	646
— **minor** Retz.	2995	646
— *nodosa* (B, C, F, G)	2993	646
— **paradoxa** L.	2994	646
Phalaris truncata Guss.	2996	646
Phaseolus		
— **vulgaris** L.	805	148
Phegopteris		
— *connectilis* (G)	3275	702
Phelipaea		
— *arenaria* (B, C)	2142	463
— *caerulea* (B, C)	2143	463
— *caesia* (B)	2143 b	463
— *lavandulacea* (B, C)	2141	463
— *muteli* (C)	2144 b	463
— *olbiensis* (B)	2144 c	463
— *ramosa* (B, C)	2144	463
Phelypaea		
— *arenaria* (F)	2142	463
— *lavandulacea* (F)	2141	463
— *muteli* (F)	2144 b	463
— *purpurea* (F)	2143	463
— *ramosa* (F)	2144	463
Philadelphus		
— **coronarius** L.	1016	194
Phillyrea		
— **angustifolia** L.	1891	400
— *angustifolia* subsp. *latifolia* (G)	1892	400
— *angustifolia* subsp. *media* (G)	1891 b	400
— **latifolia** L.	1891 b	400
— —	1892	400
— *latifolia* subsp. *eu-latifolia* (F)	1892	400
— *latifolia* subsp. *media* (F)	1891 b	400
— *media* (C)	1891 b	400
Phleum		
— **alpinum** L.	3008 2	648
— *alpinum* (B, C, F)	3008	648
— **alpinum** subsp. **rhaeticum** Humphries	3008	648
— **arenarium** L.	3012	648
— *asperum* (B, C)	3006	648
— *boehmeri* (B, C, F)	3010	648
— **hirsutum** Honck.	3011	648
— *michelii* (B, C, F)	3011	648
— **paniculatum** Hudson	3006	648
— **phleoides** (L.) Karsten	3010	648
— **pratense** L.	3009	648
— *pratense* (B, C, F)	3009 2	648
— *pratense* subsp. *alpinum* (G)	3008	648
— **pratense** subsp. **bertolonii** (DC.) Bornm.	3009 2	648
— *pratense* subsp. *commutatum* (G)	3008 2	648
— *pratense* subsp. *nodosum* (G)	3009 2	648
— **subulatum** (Savi) Asch. & Graebner	3007	648
— *tenue* (B, C)	3007	648
Phlomis		
— **fruticosa** L.	2249	490
— **herba-venti** L.	2248	490
— **lychnitis** L.	2247	490
Phoenopus		
— *muralis* (B)	1684	352
Phragmites		
— **australis** (Cav.) Steudel	3055	656
— *communis* (B)	3055	656
— *gigantea* (B)	3055	656
Phyllirea		
— *angustifolia* (B)	1891	400
— *media* (B)	1891 b	400
Phyllodoce		
— *caerula* (G)	1822	388
— **caerulea** (L.) Bab.	1822	388
Physalis		
— **alkekengi** L.	2020	431
Physocaulos		
— *nodosus* (C, F)	1244	243

Taxon	*Dessin*	*Pl.*
Physospermum		
— *aquilegifolium* (B, C)	1248	244
— *aquilegiifolium* subsp. *cornubiense* (F)	1248	244
— **cornubiense** (L.) DC.	1248	244
Phyteuma		
— *balbisi* (F)	1770	374
— *balbisii* (C)	1770	374
— *betonicaefolium* (B, C)	1775 b	376
— **betonicifolium** Villars	1775 b	376
— **charmelii** Villars	1769	374
— **cordatum** Balbis	1770	374
— *globulariifolium* (G)	1768	374
— **globulariifolium** subsp. **pedemontanum** (R. Schulz) Bech.	1768	374
— *halleri* (B, C, F)	1774	375
— **hemisphaericum** L.	1771	374
— **humile** Gaudin	1771 b	374
— *michelii* (C, G)	1773	375
— *michelii* subsp. *betonicaefolium* (F)	1775 b	376
— *michelii* subsp. *scorzoneraefolium* (F)	1773	375
— **nigrum** F.W. Schmidt	1775 c	376
— **orbiculare** L.	1772	375
— —	1772 2	375
— *orbiculare* subsp. *eu-orbiculare* (F)	1772	375
— **ovatum** Honck.	1774	375
— *pauciflorum* (B, C)	1768	374
— *pauciflorum* subsp. *pedemontanum* (F)	1768	374
— *scorzoneraefolium* (B)	1773	375
— **scorzonerifolium** Villars	1773	375
— **spicatum** L. s.l.	1775	376
— *spicatum* (B, C, F, G)	1775	376
— *spicatum* (C)	1775 c	376
Phytolacca		
— **americana** L.	2341	509
— *decandra* (B, C)	2341	509
PHYTOLACCACEAE		509
Picea		
— **abies** (L.) Karsten	3258	697
— *excelsa* (B, F)	3258	697
Picnomon		
— **acarna** (L.) Cass.	1556	313
Picridium		
— *vulgare* (B, C)	1694	355
Picris		
— **echioides** L.	1660	344
— *echioïdes* (F)	1660	344
— **hieracioides** L.	1659	343
— *hieracioides* (C)	1659 c	344
— **hieracioides** subsp. **spinulosa** (Guss.) Arcang.	1659 c	344
— *hieracioïdes* subsp. *eu-hieracioïdes* (F)	1659	343
— *hieracioïdes* subsp. *pyrenaïca* (F)	1659 b	344
— *hieracioïdes* subsp. *spinulosa* (F)	1659 c	344
— **hieracioides** subsp. **villarsii** (Jordan) Nyman	1659 b	344
— **pauciflora** Willd.	1658	343
— *pyrenaica* (C)	1659 b	344
— *spinulosa* (B)	1659 c	344
— **sprengerana** (L.) Poiret	1657	343
— *sprengeria* (B)	1657	343
— *sprengeriana* (C, F)	1657	343
Pilularia		
— **globulifera** L.	3318	716
— **minuta** Durieu	3318 b	716
Pimpinella		
— *dissecta* (B)	1214 b2	235
— *magna* (B, C)	1214 b	235
Pimpinella magna (C)	1214 b2	235
— **major** (L.) Hudson	1214 b	235
— **peregrina** L.	1215	235
— **saxifraga** L.	1214	235
— —	1214 b2	235
— *saxifraga* subsp. *eu-saxifraga* (F)	1214	235
— —	1214 b2	235
— **tragium** Villars	1216	236
PINACEAE		695-698
—		729
Pinguicula		
— **alpina** L.	1835	390
— *alpina* subsp. *eu-alpina* (F)	1835	390
— **grandiflora** Lam.	1836 c	390
— —	1836 c2	390
— **leptoceras** Reichb.	1836 b	390
— **longifolia** DC.	1836 d	390
— **lusitanica** L.	1834	390
— *reuteri* (C)	1836 c2	390
— **vulgaris** L.	1836	390
Pinus		
— **cembra** L.	3251	695
— **halepensis** Miller	3252	695
— *laricio* (B, C, F, G)	3255 1	696
— *laricio* (B, C, F)	3255 2	696
— *maritima* (B)	3257	697
— *mesogeensis* (G)	3257	697
— *montana* (B, C, F)	3254 a	696
— *montana* (C)	3254 b,c	696
— **mugo** Turra	3254 b,c	696
— **nigra** subsp. **laricio** Maire	3255 1	696
— **nigra** subsp. **salzmannii** (Dunal) Franco	3255 2	696
— **pinaster** Aiton s.l.	3257	697
— *pinaster* (C, F, G)	3257	697
— **pinea** L.	3256	696
— *pumilio* (B)	3254 b,c	696
— *salzmannii* (G)	3255 2	696
— *silvestris* (B, C, F)	3253	695
— **strobus** L.	3250	695
— **sylvestris** L.	3253	695
— **uncinata** DC.	3254 a	696
Piptatherum		
— *caerulescens* (B, C)	3085	661
— **coerulescens** (Desf.) Beauv.	3085	661
— **miliaceum** (L.) Cosson	3087	662
— *multiflorum* (B, C)	3087	662
— **paradoxum** (L.) Beauv.	3086	662
— **virescens** (Trin.) Boiss.	3088	662
Pirola		
— *chlorantha* (C, F)	1832	389
— *media* (C, F)	1831 b	389
— *minor* (C, F)	1831	389
— *rotundifolia* (C, F)	1830	389
— *secunda* (C, F)	1829	389
— *umbellata* (C)	1827	389
— *uniflora* (C, F)	1828	389
Pirus		
— *amygdaliformis* (B, C, F)	977	186
— *communis* (B, C)	976	186
— *communis* subsp. *achras* (F)	976	186
— *communis* subsp. *piraster* (F)	976	186
— *communis* subsp. *sativa* (F)	976	186
— *malus* (F)	978	186
— *malus* subsp. *silvestris* (F)	978 b	186
— *nivalis* (F)	976	186
— *salvifolia* (B, C)	976	186
Pistacia		
— **lentiscus** L.	597	115
— **terebinthus** L.	598	115
— **vera** L.	599	115
Pisum		
— *arvense* (B, C)	834 b	155
— *commune* (B)	834 a-c	155
Pisum elatius (B, C)	834 c	155
— *maritimum* (B)	835	155
— **sativum** L.	834 a,b	155
— *sativum* subsp. *arvense* (F, G)	834 b	155
— **sativum** subsp. **elatius** (M. Bieb.) Asch. & Graebner	834 c	155
Plagius		
— *ageratifolius* (B, C)	1451	293
— **flosculosus** (L.) Alavi & Heyw.	1451	293
PLANTAGINACEAE		498-502
Plantago		
— **afra** L.	2288	498
— **albicans** L.	2295	500
— **alpina** L.	2304	501
— **arenaria** Waldst. & Kit.	2287	498
— **argentea** Chaix	2296	500
— **atrata** Hoppe	2297	500
— *atrata* (T)	2296 b	500
— **atrata** subsp. **fuscescens** (Jordan) Pilger	2296 b	500
— *bellardi* (B, C, G)	2292	499
— **bellardii** All.	2292	499
— *carinata* (B, C)	2300	501
— *cornuti* (B, C, F, T, G)	2289	499
— **cornutii** Gouan	2289	499
— **coronopus** L.	2293	500
— *coronopus* subsp. *eu-coronopus* (F)	2293	500
— *coronopus* subsp. *eucoronopus* (G)	2293	500
— **crassifolia** Forsskal	2302	501
— *cynops* (B, C, F)	2286	498
— *fuscescens* (B, C, F)	2296 b	500
— **holosteum** Scop.	2300	501
— —	2300 2	501
— *indica* (G)	2287	498
— *intermedia* (B)	2290 b	499
— **lagopus** L.	2298	500
— **lanceolata** L.	2299	501
— **major** L.	2290	499
— *major* (C, F)	2290 b	499
— **major** subsp. **intermedia** Arcang.	2290 b	499
— **maritima** L.	2305	502
— *maritima* (G)	2303	501
— —	2304	501
— **maritima** subsp. **serpentina** (All.) Arcang.	2303	501
— **media** L.	2291	499
— *media* (C, F, T)	2291 2	499
— **media** subsp. **brutia** (Ten.) Arcang.	2291 2	499
— **monosperma** Pourret	2294	500
— *montana* (B, C, F)	2297	500
— *psyllium* (B, C, F)	2288	498
— *ramosa* (F)	2287	498
— *recurvata* (F)	2300	501
— —	2300 2	501
— **sempervirens** Crantz	2286	498
— *serpentina* (B, C, F)	2303	501
— **subulata** L.	2301	501
PLATANACEAE		568
Platanthera		
— **bifolia** (L.) Rich.	2737	608
— **chlorantha** (Custer) Reichb.	2738	608
Platanus		
— **occidentalis** L.	2551 b	568
— **orientalis** L.	2551 a	568
— *vulgaris* (B, C)	2551 a,b	568
Platycapnos		
— *spicata* (T, G)	120	27
— **spicatus** (L.) Bernh.	120	27
Pleurosorus		
— *sagittata* (T)	3300	712

Taxon	*Dessin*	*Pl.*
Pleurosorus scolopendrium (T)	3299	712
Pleurospermum		
— **austriacum** (L.) Hoffm.	1246	243
PLUMBAGINACEAE		502-508
Plumbago		
— **europaea** L.	2336	508
— *europea* (G)	2336	508
Poa		
— **alpina** L.	3148	673
— **angustifolia** L.	3140 2	672
— **annua** L.	3145	673
— *annua* (G)	3145 b	673
— **bulbosa** L.	3142	672
— *caesia* (B, C)	3141	672
— **cenisia** All.	3143	672
— *chaixi* (F)	3137	671
— **chaixii** Villars	3137	671
— *cœsia* (F)	3141	672
— **compressa** L.	3138	671
— *concinna* (C, F, G)	3142 b	672
— *distichophylla* (B)	3143	672
— *foucaudi* (C)	3145 b	673
— **glauca** Vahl	3141	672
— **hybrida** Gaudin	3137 b	671
— **laxa** Haenke	3147	673
— *laxa* (G)	3147 b	673
— **minor** Gaudin	3147 b	673
— **nemoralis** L.	3139	671
— **palustris** Roth	3146	673
— **perconcinna** Edmondson	3142 b	672
— **pratensis** L.	3140	672
— *pratensis* (C, F, G)	3140 2	672
— *silvicola* (B, F)	3144 3	672
— *sudetica* (B)	3137	671
— **supina** Schrader	3145 b	673
— **trivialis** L.	3144	672
— *trivialis* (G)	3144 3	672
— **trivialis**		
subsp. **sylvicola** (Guss.)		
Lindb. f.	3144 3	672
— *violacea* (C, F, G)	3185	680
POACEAE		645-694
—		729
Podospermum		
— *laciniatum* (B, C, F)	1670	346
POLEMONIACEAE		410
Polemonium		
— **caeruleum** L.	1933	410
— *coeruleum* (G)	1933	410
Polycarpon		
— *peploides* (B, C, F)	1028 b	196
— *polycarpoides* (T, G)	1028 b	196
— **polycarpoides**		
subsp. **catalaunicum**		
O. Bolós & Vigo	1028 b	196
— **tetraphyllum** (L.) L.	1028	196
Polycnemum		
— **arvense** L.	2347	510
— **majus** A. Braun	2347 2	510
Polygala		
— **alpestris** Reichb.	343 3	70
— **alpina** (DC.) Steudel	341 c	69
— *amara* (B, C)	341	69
— *amara*		
subsp. *amarella* (F, G)	341	69
— **amarella** Crantz	341	69
— **calcarea** F. Schultz	340	69
— **chamaebuxus** L.	337	69
— **comosa** Schk.	343 2	70
— *comosa* (T)	343 b	70
— *comosa*		
subsp. *eu-comosa* (F)	343 2	70
— *comosa*		
subsp. *pedemontana*		
(F, G)	343 2	70
— **comosa**		
subsp. **provincialis**		
(Rouy & Fouc.)		
P. Fourn.	343 b	70
— *depressa* (B)	343 c	70
— **exilis** DC.	339	69
— **monspeliaca** L.	342	70
Polygala nicaeensis Koch s.l.	343 d	70
— *rosea* (B)	343 d	70
— **rupestris** Pourret	338	69
— *serpyllacea* (C)	343 c	70
— **serpyllifolia** Hose	343 c	70
— **vayredae** Costa	3357	723
— **vulgaris** L.	343	70
— *vulgaris s.l.* (F)	343	70
POLYGALACEAE		69-70
—		723
POLYGONACEAE		521-533
Polygonatum		
— **multiflorum** (L.) All.	2661	594
— **odoratum** (Miller) Druce	2660	594
— *officinale* (C)	2660	594
— **verticillatum** (L.) All.	2659	594
— *vulgare* (B)	2660	594
Polygonum		
— **alpinum** All.	2416	532
— **amphibium** L.	2417	532
— *arenarium* (B)	2415	531
— **arenarium**		
subsp. **pulchellum**		
D. Webb & Chater	2415	531
— **aviculare** L.	2413	531
— *bellardi* (B, C)	2411	530
— **bellardii** All.	2411	530
— **bistorta** L.	2409	530
— *convolvulus* (B, C, F)	2406	529
— *dumetorum* (B, C, F)	2405	529
— *fagopyrum* (B, C)	2407	529
— *flagellare* (B)	2414	531
— **hydropiper** L.	2419	533
— **lapathifolium** L.	2418	532
— *lapathifolium s.l.* (F)	2418	532
— **maritimum** L.	2412	530
— **minus** Hudson	2421 b	533
— **mite** Schrank	2421	533
— *patulum* (F, T, G)	2411	530
— **persicaria** L.	2420	533
— *pulchellum* (C, F)	2415	531
— *rayi* (F)	2414 b	531
— *roberti* (B, C)	2414 b	531
— **robertii** Lois.	2414 b	531
— **romanum** Jacq.	2414	531
— **salicifolium** Willd.	2421 c	533
— *serrulatum* (B, C, F)	2421 c	533
— *tataricum* (B, C)	2408	530
— **viviparum** L.	2410	530
POLYPODIACEAE		701-714
—		729
Polypodium		
— *dryopteris* (C)	3276	702
— *phegopteris* (C)	3275	702
— *robertianum* (C)	3276 b	702
— **vulgare** L.	3274	702
Polypogon		
— *maritimum* (B)	3078 b	660
— **maritimus** Willd.	3078 b	660
— **maritimus**		
subsp. **subspathaceus**		
(Req.) Bonnier & Layens	3078 c	660
— *monspeliense* (B)	3078	660
— **monspeliensis** (L.) Desf.	3078	660
— *monspeliensis*		
subsp. *maritimus* (F)	3078 b	660
— *monspeliensis*		
subsp. *subspathaceus*		
(F)	3078 c	660
— *subspathaceum* (B)	3078 c	660
— *subspathaceus* (C)	3078 c	660
— **viridis** (Gouan) Breistr.	3069 d	659
Polystichum		
— **aculeatum** (L.) Roth	3279 b	704
— *aemulum* (C)	3284 c	707
— **braunii** (Spenner) Fée	3279 c	704
— *cristatum* (B, C, F)	3283	706
— *filix-mas* (B, C, F)	3285	707
— *foenisecii* (F)	3284 c	707
— **lonchitis** (L.) Roth	3280	704
— *montanum* (F)	3281	705
— *oreopteris* (B, C)	3281	705
Polystichum rigidum (B, C, F)	3282	705
— **setiferum** (Forsskal) Woynar	3279	703
— *spinulosum* (B, C, F)	3284	706
— *spinulosum* (C)	3284 b	706
— *spinulosum*		
subsp. *dilatatum* (F)	3284 b	706
— *thelypteris* (C, F)	3286	708
Populus		
— **alba** L.	2549	567
— **canescens** (Aiton) Smith	2549 b	567
— **monilifera** Aiton	2548 b	567
— **nigra** L.	2548	567
— **tremula** L.	2550	567
Portulaca		
— **oleracea** L.	1025	196
PORTULACACEAE		196
Posidonia		
— *caulini* (C)	2799	616
— **oceanica** (L.) Del.	2799	616
POSIDONIACEAE		616
Potamogeton		
— **acutifolius** Link	2789	615
— **alpinus** Balbis	2783	614
— **coloratus** Hornem.	2787	614
— —	2787 b	614
— **compressus** L.	2779	613
— **crispus** L.	2785	614
— *densus* (B, C, F, G)	2790	615
— **filiformis** Pers.	2781	613
— *fluitans* (B, C, F)	2788 c	614
— **friesii** Rupr.	2778	613
— **gramineus** L.	2777 1,2	613
— *helveticus* (G)	2782	613
— **lucens** L.	2776	613
— *marinus* (B, C)	2781	613
— *mucronatus* (C, F)	2778	613
— **natans** L.	2788	614
— **nodosus** Poiret	2788 c	614
— *oblongus* (G)	2788 b	614
— **obtusifolius** Mert. & Koch	2780	613
— *panormitanus* (G)	2791	615
— **pectinatus** L.	2782	613
— **perfoliatus** L.	2784	614
— *plantagineus* (B)	2787	614
— **polygonifolius** Pourret	2788 b	614
— **praelongus** Wulfen	2786	614
— **pusillus** L.	2791	615
— *pusillus*		
subsp. *panormitanus* (F)	2791	615
— *rufescens* (B, F)	2783	614
— *rutilus* (B)	2778	613
— *siculus* (C, G)	2787 b	614
— *siculus*		
subsp. *subflavus* (F)	2787 b	614
— **trichoides** Cham. & Schldl.	2791 b	615
— *trichoïdes* (F)	2791 b	615
— *vaginatus*		
subsp. *helveticus* (F)	2782	613
— *zizi* (F)	2777 c	613
— *zizii* (C, G)	2777 c	613
— × **zizii** Roth	2777 c	613
POTAMOGETONACEAE		613-615
Potentilla		
— *acaulis s.l.* (G)	942	176
— —	942 b	176
— **alba** L.	922	172
— *alchemilloides* (C)	924	173
— **alchimilloides** Lapeyr.	924	173
— *alchimilloïdes* (F)	924	173
— *alpestris* (B)	940 c	175
— **anglica** Laich.	931 b	174
— **anserina** L.	928	173
— **argentea** L.	933	174
— **aurea** L.	938	175
— **brauniana** Hoppe	944 b	176
— *canescens* (F)	934	174
— **caulescens** L.	920	172
— **cinerea** Chaix	942	176
— —	942 b	176
— *cinerea s.l.* (F)	942	176
— —	942 b	176
— **collina** Wibel	933 b	174

Taxon	*Dessin*	*Pl.*
Potentilla crantzi (F)	940 c	175
— **crantzii** (Crantz) Fritsch	940 c	175
— **delphinensis** Gren. & Godron	937 b	175
— *dubia* (F)	944 b	176
— **erecta** (L.) Räusch.	931	174
— *fragariastrum* (B, C, F)	916	172
— **frigida** Villars	944	176
— **fruticosa** L.	927	173
— **grammopetala** Moretti	917	172
— **grandiflora** L.	941	176
— **heptaphylla** L.	940 b	175
— **hirta** L.	936	175
— *hirta* subsp. *recta* (G)	935	174
— **inclinata** Villars	934	174
— **intermedia** L.	937	175
— *lanata* (F)	918	172
— **micrantha** Ramond	916 b	172
— *minima* (B, C)	944 b	176
— **montana** Brot.	921	172
— **multifida** L.	926	173
— **nitida** L.	923	173
— **nivalis** Lapeyr.	918	172
— **nivea** L.	943	176
— *opaca* (B, C)	940 b	175
— **palustris** (L.) Scop.	945	176
— **pensylvanica** L.	930	173
— *procumbens* (B, C, F)	931 b	174
— **pyrenaica** Ramond	939	175
— *pyrenaica* (F)	939	175
— **recta** L.	935	174
— **reptans** L.	932	174
— **rupestris** L.	915	172
— *salisburgensis* (C)	940 c	175
— **saxifraga** Ardoino	925	173
— *splendens* (B, C)	921	172
— **sterilis** (L.) Garcke	916	172
— *subacaulis* (B)	942	176
— **supina** L.	929	173
— **tabernaemontani** Asch.	940	175
— *tormentilla* (B, C, F)	931	174
— **valderia** L.	919	172
— *verna* (B, C, F, G)	940	175
Poterium		
— *dictyocarpum* (C)	963	183
— *magnolii* (B, C)	963	183
— *muricatum* (B, C)	963	183
— *sanguisorba* (B)	963	183
Prenanthes		
— **purpurea** L.	1685	352
— —	1685 2	352
Preslia		
— *cervina* (B, F, G)	2178	470
Primula		
— *acaulis* (L.) L.	1843	391
— *allionei* (F)	1849	392
— **allionii** Lois.	1849	392
— **auricula** L.	1844	391
— *auricula* subsp. *bauhini* (F)	1844	391
— **daonensis** (Leyb.) Leyb.	1847 c	392
— **elatior** (L.) L.	1842	391
— *elatior* subsp. *eu-elatior* (F)	1842	391
— **farinosa** L.	1845	392
— **glutinosa** Jacq.	1848	392
— *grandiflora* (B)	1843	391
— *graveolens* (B, C)	1847 d	392
— **halleri** J. Gmelin	1845 b	392
— **hirsuta** All.	1847	392
— **integrifolia** L.	1850	392
— **latifolia** Lapeyr.	1847 b	392
— *latifolia* (T)	1847 d	392
— **latifolia** subsp. **graveolens** (Hegetschw.) Rouy	1847 d	392
— *longiflora* (B, C, F)	1845 b	392
— **marginata** Curtis	1846	392
— *oenensis* (B)	1847 c	392
— *officinalis* (B, C)	1841	391

Taxon	*Dessin*	*Pl.*
Potentilla officinalis subsp. *columnae* (F)	1841 b	391
— *officinalis* subsp. *eu-officinalis* (F)	1841	391
— **pedemontana** Gaudin	1847 e	392
— **veris** L.	1841	391
— **veris** subsp. **columnae** (Ten.) Lüdi	1841 b	391
— *viscosa* (B, C)	1847	392
— *viscosa* (F)	1847 b,d	392
— **vulgaris** (C, G, T)	1843	391
PRIMULACEAE		391-398
Pritzelago		
— **alpina** (L.) Kuntze	271	56
Prunella		
— **grandiflora** (L.) Scholler	2262 c	493
— **hyssopifolia** L.	2261	493
— **laciniata** (L.) L.	2262 b	493
— **vulgaris** L.	2262	493
Prunus		
— *amygdalus* (F)	892	166
— **armeniaca** L.	898	167
— **avium** L.	894	167
— *brigantiaca* (B, C, F)	899 b	168
— **brigantina** Villars	899 b	168
— **cerasus** L.	894 b	167
— **domestica** L.	899	168
— **domestica** subsp. **insititia** (L.) C. Schneider	899 c	168
— *domestica* subsp. *œconomica* (F)	899	168
— **dulcis** (Miller) D. Webb	892	166
— **fruticans** Weihe	900 b	168
— *insititia* (B, C, G)	899 c	168
— **lusitanica** L.	896	167
— **mahaleb** L.	895	167
— **padus** L.	897	167
— **persica** (L.) Batsch	893	166
— **spinosa** L.	900	168
— *spinosa* (F)	900 b	168
Psamma		
— *arenaria* (B)	3065	658
— *arenaria* (B)	3065 2	658
Pseudarrhenatherum		
— **longifolium** (Thore) Rouy	3107	666
Pseudofumaria		
— **lutea** (L.) Borkh.	116	27
Pseudorchis		
— **albida** (L.) A. Löve & D. Löve	2751	610
Pseudorlaya		
— **pumila** (L.) Grande	1124	209
Pseudotsuga		
— **menziesii** (Mirbel) Franco	3398	729
Psilurus		
— *aristatus* (F, G)	3248	694
— **incurvus** (Gouan) Schinz & Thell.	3248	694
— *nardoides* (B, C)	3248	694
Psoralea		
— *bituminosa* (B, C, F, T, G)	804	148
— *bituminosa* (C, F, G)	804 b	148
— *plumosa* (B)	804 b	148
Pteridium		
— **aquilinum** (L.) Kuhn	3303	713
Pteris		
— *aquilina* (B, C)	3303	713
— **cretica** L.	3304	714
Pterotheca		
— *nemausensis* (B)	1696	356
— *sancta* (C)	1696	356
Ptilostemon		
— **casabonae** (L.) Greuter	1623	334
Ptilotrichum		
— *halimifolium* (T, G)	222 b	47
— *lapeyrousianum* (T, G)	222	47
— *macrocarpum* (T, G)	219	47
— *pyrenaicum* (T, G)	220	47
— *spinosum* (T, G)	218	47

Taxon	*Dessin*	*Pl.*
Ptychotis		
— *heterophylla* (C)	1227	238
— **saxifraga** (L.) Loret & Barrandon	1227	238
— *saxifraga* subsp. *heterophylla* (F)	1227	238
— *thorei* (C)	1228	238
Puccinellia		
— **distans** (L.) Parl.	3134	670
— *distans* subsp. *convoluta* (G)	3131	670
— *distans* subsp. *festuciformis* (G)	3131 b	670
— *distans* subsp. *tenuifolia* (G)	3131 c	670
— **fasciculata** (Torrey) E. Bickn.	3134 b	670
— **festuciformis** (Host) Parl.	3131 b	670
— **festuciformis** subsp. **convoluta** (Hornem.) W. E. Hughes	3131	670
— **festuciformis** subsp. **tenuifolia** (Boiss. & Reuter) W. E. Hughes	3131 c	670
— *foucaudii* (G)	3132 b	670
— **maritima** (Hudson) Parl.	3132	670
— —	3132 b	670
— **rupestris** (With.) Fern. & Weath.	3133	670
Pulicaria		
— **dysenterica** (L.) Bernh.	1512	304
— **odora** (L.) Reichb.	1510	304
— **sicula** (L.) Moris	1507	304
— **vulgaris** Gaertner	1509	304
Pulmonaria		
— **affinis** Jordan	1985 b	423
— *affinis* subsp. *eu-affinis* (F)	1985 b	423
— **angustifolia** L.	1986 b	423
— *angustifolia* subsp. *azurea* (F)	1986 b	423
— *angustifolia* subsp. *longifolia* (F)	1986 c	423
— *angustifolia* subsp. *tuberosa* (F)	1986	423
— *azurea* (C)	1986 b	423
— **longifolia** (Bast.) Boreau s.l.	1986 c	423
— *longifolia* (C, T, G)	1986 c	423
— **montana** Lej.	1987	423
— *montana* subsp. *mollis* (F)	1987	423
— **officinalis** L.	1985	423
— *officinalis* subsp. *maculosa* (F)	1985	423
— **saccharata** Miller	1986	423
— *vulgaris* (C)	1986	423
Pulsatilla		
— **alpina** (L.) Delarbre	23	7
— —	23 b	7
— *alpina* (G)	23 c	7
— **alpina** subsp. **apiifolia** (Scop.) Nyman	23 c	7
— **halleri** (All.) Willd.	22 b	6
— **montana** (Hoppe) Reichb.	22 c	6
— **pratensis** (L.) Miller	22 d	6
— **rubra** Delarbre	3347	722
— *sulphurea* (F)	23 c	7
— **vernalis** (L.) Miller	21	6
— **vulgaris** Miller	22	6
— *vulgaris* (F)	3347	722
Punica		
— **granatum** L.	986	188
PUNICACEAE		188
Pyracantha		
— **coccinea** M. Roemer	973	185
Pyrola		
— **chlorantha** Sw.	1832	389
— **media** Sw.	1831 b	389
— **minor** L.	1831	389

Taxon	Dessin	Pl.
Pyrola rotundifolia L.	1830	389
— *secunda* (B)	1829	389
— *umbellata* (B)	1827	389
— *uniflora* (B)	1828	389
PYROLACEAE		389
Pyrus		
— **amygdaliformis** Villars	977	186
— **communis** L. s.l.	976	186
— *communis* (T, G)	976	186
— *nivalis* (T, G)	976	186
— *pyraster* (T, G)	976	186
— *salvifolia* (T, G)	976	186
Quercus		
— **cerris** L.	2515	558
— **coccifera** L.	2519	559
— *crenata* (T)	2516	558
— *crinita* (G)	2516	558
— **fontanesii** Guss.	2516	558
— **ilex** L.	2517	558
— *lanuginosa* (F)	2513 b	557
— *occidentalis* (B, F)	2518 b	559
— *pedunculata* (B, C, F)	2513 c	557
— **petraea** (Mattuschka) Liebl.	2513 a	557
— *pseudo-suber* (B, C, F)	2516	558
— **pubescens** Willd.	2513 b	557
— **pyrenaica** Willd.	2514	558
— **robur** L.	2513 c	557
— *robur* (B)	2513 a,b	557
— *sessiliflora* (C, F)	2513 a	557
— **suber** L.	2518	559
— —	2518 b	559
— *toza* (C, F)	2514	558
— *tozza* (B)	2514	558
Radiola		
— **linoides** Roth	494	93
— *linoïdes* (F)	494	93
RAFFLESIACEAE		538
Ramonda		
— **myconi** (L.) Reichb.	1952	414
Ramondia		
— *pyrenaica* (B, C)	1952	414
RANUNCULACEAE		1-22
—		722
Ranunculus		
— *acer* subsp. *eu-acer* (F)	68	15
— **aconitifolius** L.	39	9
— *aconitifolius* (C)	39 b	9
— *aconitifolius* subsp. *eu-aconitifolius* (F)	39	9
— *aconitifolius* subsp. *platanifolius* (F)	39 b	9
— **acris** L.	68	15
— —	68 3	15
— **aduncus** Gren. & Godron	66 b	14
— *aduncus* subsp. *gouani* (F)	66 c	14
— *aleae* (B)	61 b	13
— **alpestris** L.	42	10
— **amplexicaulis** L.	45 b	10
— **angustifolius** DC.	45 c	10
— **aquatilis** L.	35 c2	9
— *aquatilis* (B, F, C)	35 1-3	9
— **arvensis** L.	56	12
— **auricomus** L.	67	14
— *baudoti* (F)	35 b	9
— *baudotii* (B, C, T, G)	35 b	9
— *breyninus* (F)	63	13
— **bulbosus** L.	61	13
— *bulbosus* (C)	61 b	13
— **bulbosus** subsp. **aleae** (Willk.) Rouy & Fouc.	61 b	13
— *canuti* (B)	59 b	12
— **cassubicus** L.	67 2	14
— *chaerophyllos* (B, C)	59	12
— **circinatus** Sibth.	38	9
— *confusus* (C, F)	35 b	9
— *divaricatus* (B, C)	38	9
— **falcatus** L.	31	8
— **ficaria** L.	70	15
Ranunculus ficaria subsp. **ficariiformis** (F. Schultz) Rouy & Fouc.	70 b	15
— *flabellatus* (F, G)	59	12
— **flammula** L.	50	11
— **fluitans** Lam.	34	8
— **garganicus** Ten.	59 b	12
— *geraniifolius* (F)	66	14
— **glacialis** L.	40	10
— *gouani* (C)	66 c	14
— **gouanii** Willd.	66 c	14
— **gramineus** L.	52	11
— **hederaceus** L.	32	8
— *hololeucos* (B, C, F)	37	9
— **hybridus** Biria	46 2	11
— **kuepferi** Greuter & Burdet	45 2	10
— **lanuginosus** L.	69	15
— **lateriflorus** DC.	48	11
— *lenormandi* (B, C, F)	33	8
— *lenormandi* (C, F)	33 b	8
— **lingua** L.	51	11
— **macrophyllus** Desf.	54	11
— **monspeliacus** L.	60	13
— **montanus** Willd.	66	14
— *montanus* (C, G)	66 b	14
— *montanus* (G)	66 c	14
— **muricatus** L.	57	12
— *nemorosus* (B, C, T, G)	63	13
— *nemorosus* subsp. *polyanthemophyllus* (T)	64	14
— **nodiflorus** L.	47	11
— *nodiflorus* subsp. *eu-nodiflorus* (F)	47	11
— *nodiflorus* subsp. *lateriflorus* (F)	48	11
— **ololeucos** Lloyd	33 b	8
— —	37	9
— **omiophyllus** Ten.	33	8
— **ophioglossifolius** Villars	49	11
— **paludosus** Poiret	59	12
— —	59 2	12
— *parnassifolius* (B, C, F, T, G)	44	10
— **parnassiifolius** L.	44	10
— **parviflorus** L.	55	12
— **peltatus** Schrank	35 1-3	9
— **peltatus** subsp. **baudotii** (Godron) C. Cook	35 b	9
— *philonotis* (B)	53	11
— **platanifolius** L.	39 b	9
— **polyanthemophyllus** W. Koch & H. Hess	64	14
— **pyrenaeus** L.	45	10
— *pyrenaeus* (B, C, F, G)	45 2	10
— *pyrenaeus* (C, F, T, G)	45 c	10
— *pyrenaeus* subsp. *plantagineus* (T)	45 2	10
— **repens** L.	62	13
— *rutaefolius* (B, C)	43	10
— **sardous** Crantz	53	11
— *sardous* (C)	53 b	11
— *sardous* subsp. *trilobus* (F)	53 b	11
— **sceleratus** L.	58	12
— **seguieri** Villars	41	10
— **thora** L.	46	11
— **trichophyllus** Chaix	35 c,c1,3	9
— *trichophyllus* (C, F)	35 c2	9
— **trilobus** Desf.	53 b	11
— **tripartitus** DC.	36	9
— *tripartitus* (T)	33 b	8
— **tuberosus** Lapeyr.	63	13
— **velutinus** Ten.	65	14
— *villarsii* (B)	66 b	14
Raphanus		
— *landra* (B)	126 b	29
— **raphanistrum** L.	126 a	29
— *raphanistrum* (B, C)	126 b	29
Raphanus raphanistrum subsp. *eu-raphanistrum* (F)	126 a	29
— **raphanistrum** subsp. **landra** (DC.) Bonnier & Layens	126 b	29
— *raphanistrum* subsp. *sativus* (F)	125	29
— **sativus** L.	125	29
Rapistrum		
— *diffusum* (C)	284	59
— *linneanum* (C)	283 b	59
— **perenne** (L.) All.	284	59
— **rugosum** (L.) All.	283	59
— *rugosum* subsp. *eu-rugosum* (F)	283	59
— **rugosum** subsp. **linnaeanum** Rouy & Fouc.	283 b	59
Reichardia		
— **picroides** (L.) Roth	1694	355
— *picroïdes* (F)	1694	355
Reseda		
— **alba** L.	327	68
— **glauca** L.	328	68
— *jacquini* (B, C, F)	326	68
— **jacquinii** Reichb.	326	68
— **lutea** L.	324	67
— —	324 2	67
— **luteola** L.	329	68
— **phyteuma** L.	325	68
— —	325 b	68
— *suffruticulosa* (B)	327	68
RESEDACEAE		67-69
Rhagadiolus		
— **stellatus** (L.) Gaertner	1641	339
— —	1641 2	339
RHAMNACEAE		113-115
Rhamnus		
— **alaternus** L.	593	114
— *alpina* (B, C, F, G)	591	114
— **alpinus** L.	591	114
— *carthartica* (B, C, F, G)	595	114
— **catharticus** L.	595	114
— *frangula* (B, C, F)	590	113
— *infectoria* (B, C)	596	115
— **lycioides** subsp. **oleoides** (L.) Jah. & Maire	594	114
— *oleoides* (B)	594	114
— *oleoïdes* (F)	594	114
— *pumila* (B, C, F, G)	592	114
— **pumilus** Turra	592	114
— **saxatilis** Jacq.	596	115
— —	596 b	115
— *saxatilis* subsp. *eu-saxatilis* (F)	596 b	115
— *saxatilis* subsp. *infectoria* (F)	596	115
Rhaponticum		
— *cinaroides* (C)	1585	323
— *cynaroides* (B)	1585	323
— *heleniifolium* (B)	1586	323
— *scariosum* (C)	1586	323
— *scariosum* (B, C, G)	1587	323
— *scariosum* subsp. *eu-scariosum* (F)	1587	323
— *scariosum* subsp. *heleniifolium* (G)	1586	323
— *scariosum* subsp. *lyratum* (F)	1586	323
Rhinanthus		
— **angustifolius** C. Gmelin	2119 c	458
— *angustifolius* subsp. *eu-angustifolius* (F)	2119 c	458
— **angustifolius** subsp. **grandiflorus** (Wallr.) D. Webb	2119 a	458
— *crista-galli* (B)	2119 a-c	458
— *lanceolatus* (C)	2119 c	458
— *major* (C)	2119 a	458

Taxon	Dessin	Pl.
Rhinanthus major		
subsp. *eu-major* (F)	2119 a	458
— **minor** L.	2119 b	458
— *minor*		
subsp. *eu-minor* (F)	2119 b	458
Rhodiola		
— **rosea** L.	1045	198
Rhododendron		
— **ferrugineum** L.	1825	388
— **hirsutum** L.	1826	388
Rhus		
— **coriaria** L.	602	116
— *cotinus* (B, C)	601	116
Rhynchosinapis		
— *cheiranthos* (T, G)	130	30
— —	130 2	30
— *richeri* (T, G)	135	31
Rhynchospora		
— **alba** (L.) Vahl	2893	630
— **fusca** (L.) Aiton f.	2894	630
Ribes		
— **alpinum** L.	1078	201
— **nigrum** L.	1076	201
— **petraeum** Wulfen	1079	201
— **rubrum** L.	1077	201
— *rubrum*		
subsp. *vulgare* (F)	1077	201
— *uva crispa* (F)	1075	201
— **uva-crispa** L.	1075	201
Ridolfia		
— **segetum** Moris	1147	216
Robinia		
— *pseudacacia* (B, F, T, G)	801	147
— *pseudo-acacia* (C)	801	147
— **pseudoacacia** L.	801	147
Roemeria		
— **hybrida** (L.) DC.	111	25
— *violacea* (C)	111	25
Romulea		
— **bulbocodium** (L.) Sebast. & Mauri	2677	598
— **columnae** Sebast. & Mauri s.l.	2677 b	598
— *columnae* (B, C, G)	2677 b	598
— *parviflora* (F)	2677 b	598
— **ramiflora** Ten.	2677 c	598
Roripa		
— *amphibia* (B, F)	236	49
— *aspera* (F)	176	39
— *islandica* (F)	234	49
— *nasturtioides* (B)	234	49
— *pyrenaica* (B, F)	235	49
— *silvestris* (F)	175	39
Rorippa		
— **amphibia** (L.) Besser	236	49
— *islandica* (T, G)	234	49
— **palustris** (L.) Besser	234	49
— **pyrenaica** (L.) Reichb.	235	49
— **sylvestris** (L.) Besser	175	39
— —	175 3	39
Rosa		
— *alpina* (B, C)	957	182
— **arvensis** Hudson	952	181
— **canina** aggr.	950	180
— **canina** aggr.	950 2-6	180
— *canina* (B, C, F, T, G)	950	180
— *canina* (C, F)	950 6	180
— *canina*		
subsp. *dumetorum* (G)	950 6	180
— *cinnamomea* (C, F)	959	182
— *cinnamonea* (B)	959	182
— *corymbifera* (T)	950 6	180
— **gallica** L.	955	181
— **glauca** Pourret	958	182
— **majalis** Herrm.	959	182
— **montana** Chaix	958 2	182
— **pendulina** L.	957	182
— **pimpinellifolia** L.	956	181
— *pouzini* (C, F)	950 5	180
— *pouzinii* (T, G)	950 5	180
— *repens* (B)	952	181
— **rubiginosa** L.	951	181

Taxon	Dessin	Pl.
Rosa rubrifolia (B, C, F)	958	182
— **sempervirens** L.	953	181
— *serafini* (C)	3369	725
— **serafinii** Viv.	3369	725
— *spinosissima* (B)	956	181
— *squarrosa* (T)	950 4	180
— **stylosa** Desv.	954	181
— **tomentosa** Smith	960	182
— **villosa** L.	961	182
— —	961 b	182
ROSACEAE		166-188
—		725
Rosmarinus		
— **officinalis** L.	2198	475
Roubieva		
— *multifida* (B)	2374	517
Rubia		
— **peregrina** L.	1284 a	254
— **tinctorum** L.	1284 b	254
RUBIACEAE		254-263
Rubus		
— **affinis** aggr.	948 3	178
— *affinis* (C, T, G)	948 3	178
— *arduennensis* (C, T)	948 1	177
— *bellardii* (C)	948 11	179
— **bifrons** aggr.	948 5	178
— *bifrons* (C, T, G)	948 5	178
— **caesius** L.	948 b	180
— **candicans** aggr.	948 1	177
— *candicans* (T, G)	948 1	177
— *cœsius* (F)	948 b	180
— *cuspidifer* (C, T)	948 5	178
— *fissum* (C, T)	948 3	178
— *fruticosus* (B)	948 1-8,11	177-179
— *gilloti* (C)	948 5	178
— *gillotii* (T)	948 5	178
— **glandulosus** Bellardi	948 11	179
— *hirtus* (G)	948 11	179
— *histrix* (G)	948 6	178
— **idaeus** L.	947	177
— **lejeunei** Weihe & Nees	948 6	178
— **macrophyllus** aggr.	948 2	178
— *macrophyllus* (C, F, T, G)	948 2	178
— **nessensis** Hall	948 4	178
— *piletostachys* (T)	948 2	178
— **radula** aggr.	948 8	179
— *radula* (C, F, T, G)	948 8	179
— **saxatilis** L.	949	180
— *schlechtendalii* (C, T)	948 2	178
— *suberectus* (C)	948 4	178
— *thyrsoideus* (C)	948 1	177
— *thyrsoideus* (F)	948 1	177
— *uncinatus* (C, T)	948 8	179
— **vestitus** Weihe & Nees	948 7	178
Rudbeckia		
— **laciniata** L.	1499	302
Rumex		
— **acetosa** L.	2391	521
— *acetosa* (F)	2391 2	522
— **acetosella** L.	2390	521
— *acutus* (F)	2401 e	527
— **alpestris** Jacq.	2392	522
— **alpinus** L.	2400	525
— **amplexicaulis** Lapeyr.	2392 b	522
— **aquaticus** L.	2401	526
— *arifolius* (B, C, F, T, G)	2392	522
— *arifolius* (C, F)	2392 b	522
— **bucephalophorus** L.	2399	525
— **conglomeratus** Murray	2404	528
— **crispus** L.	2402	527
— *domesticus* (B)	2401 f	525
— **hydrolapathum** Hudson	2401 b	526
— **intermedius** DC.	2391 b	522
— *limosus* (F)	2397	524
— **longifolius** DC.	2401 f	525
— **maritimus** L.	2397 b	524
— *maximus* (B, F)	2401 c	526
— *nemorosus* (B)	2403	528
— **nivalis** Hegetschw.	2393	523
— **obtusifolius** L.	2398	524
— **palustris** Smith	2397	524
— **patientia** L.	2401 d	527
— **pulcher** L.	2396	523

Taxon	Dessin	Pl.
Rumex roseus L.	2394	523
— **rupestris** Le Gall	2404 b	529
— **sanguineus** L.	2403	528
— —	2403 2	528
— **scutatus** L.	2395	523
— *tingitanus* (B, C, F, T, G)	2394	523
— **tuberosus** L.	2389	521
— **vinealis** Timb.-Lagr. & Jeanb.	2391 2	522
— ×**maximus** Schreber	2401 c	526
— ×**pratensis** Mert. & Koch	2401 e	527
Ruppia		
— *brachypus* (B)	2796 b2	615
— **cirrhosa** (Petagna) Grande	2796	615
— *marina* (B)	2796	615
— **maritima** L.	2796 b,b2	615
— *maritima* (C, F, G)	2796	615
— *maritima*		
subsp. *rostellata* (F)	2796 b,b2	615
— *rostellata* (B, C)	2796 b	615
RUPPIACEAE		615
Ruscus		
— **aculeatus** L.	2668	596
— **hypoglossum** L.	2669	597
Ruta		
— **angustifolia** Pers.	581	111
— *bracteosa* (B, C)	581 b	111
— **chalepensis** L.	581 b	111
— *chalepensis*		
subsp. *angustifolia* (F)	581	111
— *chalepensis*		
subsp. *bracteosa* (F)	581 b	111
— **corsica** DC.	3361	724
— **graveolens** L.	582	112
— *graveolens s.l.* (F, G)	582	112
— **montana** (L.) L.	580	111
RUTACEAE		111-112
—		724
Saccharum		
— *cylindricum* (C)	3051	655
— **ravennae** (L.) Murray	3050	655
Sagina		
— **apetala** Ard.	415	83
— —	415 2	83
— *apetala*		
subsp. *ciliata* (F)	415 2	83
— *apetala*		
subsp. *lamyi* (F)	415	83
— *apetala*		
subsp. *reuteri* (F)	415	83
— *ciliata* (C, G)	415 2	83
— *fasciculata* (C)	417	83
— **glabra** (Willd.) Fenzl	419	83
— *lamyi* (G)	415	83
— *linnaei* (B, C, F)	418	83
— **maritima** G. Don	415 b	83
— **nodosa** (L.) Fenzl	420	83
— **pilifera** (DC.) Fenzl	3358	723
— **procumbens** L.	414	83
— *procumbens*		
subsp. *muscosa* (T)	417	83
— *pyrenaica* (F)	417	83
— *repens* (C)	419	83
— **saginoides** (L.) Karsten	418	83
— **saginoides**		
subsp. **pyrenaica** (Rouy) Font Quer	417	83
— **subulata** (Sw.) C. Presl	416	83
Sagittaria		
— *sagittaefolia* (B, C)	2562	571
— **sagittifolia** L.	2562	571
SALICACEAE		560-567
Salicornia		
— *brachystachya* (G)	2381 1	519
— **europaea** L.	2381 1	519
— *fruticosa* (B, C, F, G)	2382	519
— *herbacea* (B, C, F)	2381 1	519
— *macrostachya* (B, C)	2383	520
— *perennis* (F)	2382 b	519
— *radicans* (B, C, G)	2382 b	519
Salix		
— **alba** L.	2526	561

Taxon	Dessin	Pl.
Salix alba (C, F)	2526 2	562
— **alba** subsp. **vitellina** (L.) Arcang.	2526 2	562
— **appendiculata** Villars	2534	564
— *arbuscula* (B, C, F)	2538	565
— **aurita** L.	2532 b	563
— **babylonica** L.	2523	560
— **bicolor** Willd.	2540	565
— **breviserrata** Flod.	2536	564
— **caesia** Villars	2541	565
— *capraea* (B)	2532	563
— **caprea** L.	2532	563
— **cinerea** L.	2533	564
— *cæsia* (F)	2541	565
— **daphnoides** Villars	2528	562
— **elaeagnos** Scop.	2529	562
— *eleagnos* (G)	2529	562
— **foetida** Schleicher	2538	565
— **fragilis** L.	2525	561
— *glauca* (B, C, F)	2543	566
— **glaucosericea** Flod.	2543	566
— *grandifolia* (B, C, F)	2534	564
— **hastata** L.	2537	565
— **helvetica** Villars	2544 b	566
— **herbacea** L.	2547	566
— *incana* (B, C, F)	2529	562
— **lapponum** L.	2544	566
— *myrsinites* (B, C, F)	2536	564
— **nigricans** Smith	2535	564
— **pentandra** L.	2524	561
— *phylicifolia* (B, C, F)	2540	565
— **purpurea** L.	2530	562
— **pyrenaica** Gouan	2542	566
— **repens** L.	2539	565
— **reticulata** L.	2546	566
— **retusa** L.	2545	566
— *retusa* (C, F)	2545 b	566
— **serpyllifolia** Scop.	2545 b	566
— **triandra** L.	2527	562
— **viminalis** L.	2531	563
— *vitellina* (B)	2526 2	562
Salsola		
— **kali** L.	2386	520
— —	2386 2	520
— *kali* subsp. *tragus* (T, G)	2386 2	520
— **soda** L.	2387	521
Salvia		
— **aethiopis** L.	2202	476
— *clandestina* (C, T)	2207 c	479
— *clandestina* (C)	2207 d	479
— **glutinosa** L.	2205	477
— *horminoides* (B, C)	2207 b	479
— *lavandulaefolia* (C)	2199 2	475
— *lavandulifolia* (T)	2199 2	475
— **lavandulifolia** subsp. **pyrenaeorum** Lippert	2199 2	475
— *nemorosa* (F, T, G)	2203	477
— **officinalis** L.	2199	475
— *officinalis* subsp. *lavandulaefolia* (F)	2199 2	475
— *officinalis* subsp. *lavandulifolia* (G)	2199 2	475
— **pratensis** L.	2206	478
— *pratensis* subsp. *eu-pratensis* (F)	2206	478
— **sclarea** L.	2201	476
— *silvestris* (B, C)	2203	477
— **sylvestris** L.	2203	477
— **verbenaca** L.	2207	478
— —	2207 2	479
— —	2207 b-d	479
— *verbenaca* subsp. *clandestina* (G)	2207 b	479
— *verbenaca* subsp. *clandestina* (F, G)	2207 c	479

Taxon	Dessin	Pl.
Salvia verbenaca subsp. *eu-verbenaca* (F)	2207	478
— *verbenaca* subsp. *horminioïdes* (F)	2207 b	479
— **verticillata** L.	2200	475
— **viridis** L.	2204	477
Salvinia		
— **natans** (L.) All.	3319	716
SALVINIACEAE		716
Sambucus		
— **ebulus** L.	1269	250
— **nigra** L.	1270	250
— **racemosa** L.	1271	251
Samolus		
— **valerandi** L.	1883	398
— *valerandii* (G)	1883	398
Sanguisorba		
— **minor** Scop. s.l.	963	183
— **officinalis** L.	964	183
Sanicula		
— **europaea** L.	1262	248
SANTALACEAE		536-537
Santolina		
— **chamaecyparissus** L.	1477	298
— *chamaecyparissus* subsp. *eu-chamaecyparissus* (F)	1477	298
— *chamaecyparissus* subsp. *pecten* (F)	1477 c	298
— **chamaecyparissus** subsp. **squarrosa** (DC.) Nyman	1477 2	298
— **chamaecyparissus** subsp. **tomentosa** (Pers.) Arcang.	1477 c	298
— *chamaecyparissus* subsp. *viridis* (F)	1477 b	298
— *pectinata* (B, C)	1477 c	298
— **rosmarinifolia** L.	1477 b	298
— *viridis* (C)	1477 b	298
Saponaria		
— **bellidifolia** Smith	388	78
— **caespitosa** DC.	389	79
— **lutea** L.	387	78
— *ocimoïdes* (F)	391	79
— **ocymoides** L.	391	79
— **officinalis** L.	390	79
— **orientalis** L.	392	79
— *vaccaria* (C)	393	79
Sarcocapnos		
— *enneaphylla* (B, F, T, G)	119	27
— **enneaphyllus** (L.) DC.	119	27
Sarcocornia		
— **fruticosa** (L.) A. J. Scott	2382	519
— **perennis** (Miller) A. J. Scott	2382 b	519
Sarothamnus		
— *arboreus* (B)	611	118
— *catalaunicus* (C)	611	118
— *catalonicus* (F)	611	118
— *purgans* (B)	612	118
— *scoparius* (B, C, F)	610	118
Satureia		
— *graeca* (F)	2187	472
— *hortensis* (B, C, F)	2184	472
— *juliana* (F)	2188	472
— *montana* (B, C, F)	2185	472
— *piperella* (F)	2186	472
Satureja		
— **acinos** (L.) Scheele	2190	473
— **alpina** (L.) Scheele	2191	473
— **ascendens** (Jordan) K. Malý	2193 b	474
— **calamintha** (L.) Scheele	2194	474
— **graeca** L.	2187	472
— **grandiflora** (L.) Scheele	2192	473
— **hortensis** L.	2184	472
— **juliana** L.	2188	472
— **marginata** (Smith) Greuter & Burdet	2186	472
— **menthifolia** (Host) Fritsch	2193	473
— **montana** L.	2185	472
— **nepeta** (L.) Scheele	2195	474
— **vulgaris** (L.) Fritsch	2189	473

Taxon	Dessin	Pl.
Saussurea		
— **alpina** (L.) DC.	1621	333
— *alpina* (C)	1621 2	333
— **alpina** subsp. **depressa** (Gren.) Nyman	1621 b	334
— *alpina* subsp. *eu-alpina* (F)	1621	333
— **alpina** subsp. **macrophylla** (Sauter) Nyman	1621 2	333
— *depressa* (B, C, G)	1621 b	334
— **discolor** (Willd.) DC.	1620	333
Saxifraga		
— **adscendens** L.	1100 b	204
— **aizoides** L.	1103	205
— *aizoïdes* (F)	1103	205
— *aizoon* (B, C, F)	1087	202
— *ajugaefolia* (B, C)	1111	206
— *ajugifolia* (F)	1111	206
— **androsacea** L.	1107	205
— **aphylla** Sternb.	1091	203
— **aquatica** Lapeyr.	1110	205
— **aretioides** Lapeyr.	1092	203
— *aretioïdes* (F)	1092	203
— *ascendens* (B)	1110	205
— *ascendens* (F)	1100 b	204
— **aspera** L.	1102	204
— *aspera* subsp. *bryoides* (F)	1102 b	204
— *aspera* subsp. *elongata* (F)	1102	204
— **biflora** All.	1081	202
— —	1081 b	202
— *biflora* subsp. *eu-biflora* (F)	1081	202
— *biflora* subsp. *macropetala* (F)	1081 b	202
— **bryoides** L.	1102 b	204
— **bulbifera** L.	1098	204
— **caesia** L.	1093 c	203
— *caespitosa* (B)	1112 a-c	206
— **callosa** Smith	1089	203
— —	1089 b	203
— **cebennensis** Rouy & Camus	1115 e	206
— **cernua** L.	1099	204
— **clusii** Gouan	1094 b	203
— **cochlearis** Reichb.	1089 c	203
— *controversa* (C)	1100 b	204
— **cotyledon** L.	1086	202
— **cuneifolia** L.	1096	204
— *decipiens* (B)	1112 c	206
— **diapensioides** Bellardi	1093	203
— *diapensoïdes* (F)	1093	203
— *diapensoides* (B, C)	1093	203
— **exarata** Villars	1115 b	206
— *exarata* (C)	1115 c	206
— **florulenta** Moretti	1085	202
— **geranioides** L.	1109	205
— *geranioides* subsp. *eu-geranioides* (F)	1109	205
— *geum* subsp. *eu-geum* (F)	1095 2	203
— *geum* subsp. *hirsuta* (F)	1095	203
— **granulata** L.	1097	204
— —	1097 2	204
— *granulata* subsp. *eu-granulata* (F)	1097	204
— —	1097 2	204
— *groenlandica* (F)	1112 b,c	206
— *groenlandica* (B)	1114	206
— **hariotii** Luizet & Soulié	1115 g	206
— **hieracifolia** Waldst. & Kit.	1105	205
— *hieraciifolia* (F)	1105	205
— **hirculus** L.	1104	205
— **hirsuta** L.	1095 2	203
— *hirsuta* (C)	1095	203
— **hypnoides** L.	1112 a	206

Taxon	Dessin	Pl.
Saxifraga hypnoïdes subsp. *boreali-atlantica* (F)	1112 a	206
— *intricata* (F)	1115	206
— *intricata* (B, F)	1115 c	206
— *iratiana* (C, G)	1114	206
— **lamottei** Luizet	1115 f	206
— *lantoscana* (B)	1089 b	203
— *lingulata* (B, C, F)	1089	203
— *lingulata* (C, F)	1089 b	203
— *lingulata* subsp. *cochlearis* (F)	1089 c	203
— **longifolia** Lapeyr.	1088	202
— *macropetala* (B)	1081 b	202
— **media** Gouan	1083	202
— *mixta* (C)	1115 d	206
— **moschata** Wulfen	1106	205
— —	1113	206
— *moschata* subsp. *eu-moschata* (F)	1113	206
— *moschata* subsp. *harioti* (F)	1115 g	206
— *moschata* subsp. *lamottei* (F)	1115 f	206
— **muscoides** All.	1108	205
— *muscoides* (B, C)	1113	206
— **mutata** L.	1084	202
— **nervosa** Lapeyr.	1115	206
— —	1115 c	206
— *obscura* (B, C)	1114 b2	206
— **oppositifolia** L.	1080	202
— *oppositifolia* (C)	1080 b	202
— *oppositifolia* subsp. *eu-oppositifolia* (F)	1080	202
— *oppositifolia* subsp. *rudolphiana* (F)	1080 b	202
— **paniculata** Miller	1087	202
— *pedatifida* (B, C)	1109 b	205
— **pedemontana** All.	1109 b2	205
— **pedemontana** subsp. **cervicornis** (Viv.) Engler	3371	725
— *pedemontana* subsp. *eu-pedemontana* (F)	1109 b2	205
— **pedemontana** subsp. **prostii** (Sternb.) D. Webb.	1109 b	205
— **pentadactylis** Lapeyr.	1114 b	206
— *petraea* (B)	1100 b	204
— *planifolia* (B, C)	1108	205
— **praetermissa** D. Webb	1111	206
— *prosti* (F)	1109 b	205
— *prostii* (G)	1109 b	205
— **pubescens** Pourret	1114 b2,d	206
— **pubescens** subsp. **iratiana** (F. Schultz) Engl. & Irmscher	1114	206
— *pubescens* subsp. *pourretiana* (F)	1115 d	206
— **retusa** Gouan	1082	202
— *retusa* subsp. *wulfeniana* (F)	1082	202
— **rosacea** Moench	1112 c	206
— **rosacea** subsp. **sponhemica** (C. Gmelin) D. Webb	1112 b	206
— **rotundifolia** L.	1101	204
— **rudolphiana** Hornsch.	1080 b	202
— *sedoides* (B)	1106	205
— *sedoïdes* (F)	1106	205
— **seguieri** Sprengel	1090	203
— *sponhemica* (B, C)	1112 b	206
— *sponhemica* (C)	1112 c	206
— *stellaris* (B, C, F)	1094	203
— **stellaris** subsp. **alpigena** Schönb.-Tem.	1094	203
— *tenuifolia* (C)	1106	205
— **tridactylites** L.	1100	204

Taxon	Dessin	Pl.
Saxifraga umbrosa L.	1096 b	204
— **valdensis** DC.	1093 b	203
— ×**geum** L.	1095	203
SAXIFRAGACEAE		69
—		201-206
—		725
Scabiosa		
— *argentea* (T, G)	1368	273
— *atropurpurea* (T, G)	1370	273
— *australis* (C)	1364	272
— **canescens** Waldst. & Kit.	1369 d	273
— **columbaria** L.	1369	273
— *columbaria* subsp. *eu-columbaria* (F)	1369	273
— *columbaria* subsp. *gramuntia* (F, G)	1369 c	273
— *columbaria* subsp. *lucida* (F, G)	1369 b	273
— *columbaria* subsp. *pyrenaïca* (F)	1369 2	273
— *columbaria* subsp. *vestita* (G)	1369 2	273
— *graminifolia* (B, C, F, T, G)	1365	272
— *gramuntia* (B, C)	1369 c	273
— *leucantha* (B)	1366	272
— **lucida** Villars	1369 b	273
— *maritima* (B, C, F)	1370	273
— *monspeliensis* (T)	1367	272
— **pyrenaica** All.	1369 2	273
— *stellata* (B, C, G)	1367	272
— *stellata* subsp. *monspeliensis* (F)	1367	272
— *suaveolens* (C)	1369 d	273
— *succisa* (B, C)	1363	271
— **triandra** L.	1369 c	273
— *ucranica* (C, F)	1368	273
— *ukranica* (B)	1368	273
Scandix		
— **australis** L.	1235	240
— *australis s.l.* (F)	1235	240
— *hispanica* (B, C)	1234 b	240
— **pecten-veneris** L.	1234	240
— *pecten-veneris* subsp. *eu-pecten-veneris* (F)	1234	240
— **pecten-veneris** subsp. **macrorhyncha** (C. Meyer) Rouy & Camus	1234 b	240
— *pecten-veneris* subsp. *macrorrhyncha* (F)	1234 b	240
Scheuchzeria		
— **palustris** L.	2775	613
SCHEUCHZERIACEAE		613
Schismus		
— **barbatus** (L.) Thell.	3135	670
— *calycinus* (F)	3135	670
— *marginatus* (B, C)	3135	670
Schoenus		
— **ferrugineus** L.	2862	626
— **nigricans** L.	2863	626
Scilla		
— *amaena* (B)	2589	578
— **amoena** L.	2589	578
— **autumnalis** L.	2590	578
— **bifolia** L.	2588	578
— **hyacinthoides** L.	2591	578
— *italica* (B, C, F)	2592	578
— **lilio-hyacinthus** L.	2594	578
— **peruviana** L.	3385	727
— **verna** Hudson	2593	578
Scirpus		
— *acicularis* (B, C, F, G)	2885	629
— *alpinus* (B, C, F)	2882	629
— *amphibius* (B)	2887	629
— *atropurpureus* (B, F)	2886	629
— *caespitosus* (B, C, F)	2883	629
— *carinatus* (C)	2874 c	628
— **cernuus** Vahl	2880 b	629
— **cespitosus** L.	2883	629

Taxon	Dessin	Pl.
Scirpus compressus (B, C, F)	2877	628
— *duvalii* (B)	2874 c	628
— **fluitans** L.	2881	629
— **holoschoenus** L.	2870	627
— **hudsonianus** (Michaux) Fern.	2867	626
— **lacustris** L.	2874	628
— *lacustris* subsp. *glaucus* (G)	2874 b	628
— **lacustris** subsp. **tabernaemontani** (C. Gmelin) Syme	2874 b	628
— **litoralis** Schrader	2873	627
— *littoralis* (B, C, G)	2873	627
— **maritimus** L.	2871	627
— *michelianus* (B, C, F)	2878	628
— **mucronatus** L.	2876	628
— *multicaulis* (G)	2887	629
— *multicaulis* (B, C, F, G)	2891	630
— *ovatus* (B, C, F, G)	2889	630
— *palustris* (B, C, F, G)	2888	629
— *palustris* (F)	2888 c	629
— *palustris* subsp. *austriaca* (G)	2888 c	629
— *palustris* subsp. *uniglumis* (F, G)	2888 b	629
— *parvulus* (B, C, F, G)	2884	629
— *pauciflorus* (B, C, F, G)	2890	630
— **pumilus** Vahl	2882	629
— **pungens** Vahl	2872	627
— **radicans** Schk.	2869 b	627
— *rothii* (B)	2872	627
— *savii* (B, C)	2880 b	629
— **setaceus** L.	2880	628
— *silvaticus* (B, C, F)	2869	627
— *silvaticus* subsp. *radicans* (F)	2869 b	627
— *striatulus* (C, F)	2887	629
— **supinus** L.	2879	628
— **sylvaticus** L.	2869	627
— *tabernaemontani* (B, C, F)	2874 b	628
— **triqueter** L.	2875	628
— *triquetrus* (F, G)	2875	628
— *uniglumis* (B, C)	2888 b	629
— ×**carinatus** Smith	2874 c	628
Scleranthus		
— **annuus** L.	1041	197
— *annuus* subsp. *polycarpos* (T)	1041 b	197
— *annuus* subsp. *polycarpus* (G)	1041 b	197
— **perennis** L.	1042	197
— **polycarpos** L.	1041 b	197
— *polycarpus* (B, F)	1041 b	197
— *verticillatus* (C)	1041 b	197
Sclerochloa		
— **dura** (L.) Beauv.	3136	671
Scleropoa		
— *hemipoa* (B, C, F, G)	3161 b	675
— *loliacea* (B, C)	3159	675
— *maritima* (B, C, F)	3160	675
— *rigida* (B, C, F, G)	3161	675
Scolopendrium		
— *hemionitis* (B, C, F)	3300	712
— *officinale* (B, C)	3299	712
— *vulgare* (F)	3299	712
Scolymus		
— **grandiflorus** Desf.	1757	371
— **hispanicus** L.	1758	372
— *hispanicus* subsp. *eu-hispanicus* (F)	1758	372
— *hispanicus* subsp. *grandiflorus* (F)	1757	371
— **maculatus** L.	1756	371
Scorpioides		
— *matthioli* (B)	864	161
Scorpiurus		
— **muricatus** L.	863	161
— —	863 b	161
— *muricatus* subsp. *subvillosus* (G)	863	161

Taxon	*Dessin*	*Pl.*
Scorpiurus muricatus subsp. *sulcatus* (G)	863 b	161
— *subvillosa* (B)	863	161
— *subvillosus* (C, F)	863	161
— *sulcata* (B)	863 b	161
— *sulcatus* (C, F)	863 b	161
— *vermiculata* (B)	862	160
— **vermiculatus** L.	862	160
Scorzonera		
— **aristata** DC.	1669	346
— **austriaca** Willd.	1665	345
— **austriaca** subsp. **bupleurifolia** (Pouz.) Bonnier	1665 b	345
— **brevicaulis** Vahl	1666	345
— *coronopifolia* (F, G)	1666	345
— *crispa* (C)	1665 b	345
— **crispatula** (Boiss.) Boiss.	1667 b	345
— **hirsuta** L.	1663	345
— **hispanica** L.	1667	345
— *hispanica* (C)	1667 b	345
— **humilis** L.	1668	346
— **laciniata** L.	1670	346
— **parviflora** Jacq.	1668 b	346
— **purpurea** L.	1664	345
Scrofularia		
— *alata* (C, F)	2045 b	441
— *alpestris* (B, C)	2041	439
— *aquatica* (B, C, F)	2045	441
— *canina* (B, C)	2042	440
— *canina* subsp. *eu-canina* (F)	2042	440
— *canina* subsp. *hoppei* (F)	2042 b	440
— *canina* subsp. *ramosissima* (F)	2042 d	440
— *ehrharti* (B)	2045 b	441
— *hoppei* (C)	2042 b	440
— *juratensis* (B)	2042 b	440
— *lucida* (B, C)	2042 c	440
— *lucida* subsp. *provincialis* (F)	2042 c	440
— *nodosa* (B, C, F)	2044	441
— *peregrina* (B, C, F)	2043	441
— *pyrenaïca* (F)	2039	439
— *pyrenaica* (B, C)	2039	439
— *ramosissima* (C)	2042 d	440
— *scopolii* subsp. *alpestris* (F)	2041	439
— *scorodonia* (B, C, F)	2040	439
— *vernalis* (B, C, F)	2038	438
Scrophularia		
— **alpestris** Benth.	2041	439
— **auriculata** L.	2045	441
— *balbisii* (G)	2045	441
— **canina** L.	2042	440
— **canina** subsp. **hoppii** (Koch) P. Fourn.	2042 b	440
— *hoppii* (G)	2042 b	440
— **lucida** L.	2042 c	440
— **nodosa** L.	2044	441
— **peregrina** L.	2043	441
— **pyrenaica** Benth.	2039	439
— **ramosissima** Lois.	2042 d	440
— *scopolii* (G)	2041	439
— **scorodonia** L.	2040	439
— **umbrosa** Dumort.	2045 b	441
— *umbrosa s.l.* (G)	2045 b	441
— **vernalis** L.	2038	438
SCROPHULARIACEAE		434-462
—		467
Scutellaria		
— **alpina** L.	2259	492
— **columnae** All.	2260	492
— **galericulata** L.	2258	492
— **hastifolia** L.	2257	492
— **minor** Hudson	2258 b	492
Secale		
— **cereale** L.	3220	687
— *villosum* (C, F)	3221	687
Securigera		
— *coronilla* (B, C)	880	163
— **securidaca** (L.) Degen & Doerfler	880	163
— **varia** (L.) Lassen	865	161
Sedum		
— **acre** L.	1056	199
— *albescens* (B)	1060 c	199
— **album** L.	1064	200
— *album* (C, F)	1064 2	200
— **album** subsp. **micranthum** (DC.) Syme	1064 2	200
— **alpestre** Villars	1055	199
— **alsinefolium** All.	1061	199
— *altissimum* (B, C)	1058	199
— **amplexicaule** DC.	1057	199
— **anacampseros** L.	1047	198
— **andegavense** (DC.) Desv.	1054 c	199
— **anglicum** Hudson s.l.	1066	200
— *anglicum* (B, C, F, T, G)	1066	200
— *anglicum* subsp. *pyrenaicum* (T)	1066	200
— **annuum** L.	1051	199
— **anopetalum** DC.	1059	199
— —	1059 b	199
— **atratum** L.	1053	199
— *boloniense* (B)	1056 b	199
— **brevifolium** DC.	1063 b	200
— **caeruleum** L.	3370	725
— **caespitosum** (Cav.) DC.	1054 b	199
— *candollei* (F)	1072	201
— **cepaea** L.	1048	198
— *coeruleum* (C)	3370	725
— *cruciatum* (B, C)	1062	200
— **dasyphyllum** L.	1063	200
— *elegans* (B, C)	1060 b	199
— *fabaria* (B, C)	1046 c	198
— *forsteranum* (T, G)	1060 b	199
— **forsterianum** Smith	1060 b	199
— *heptapetalum* (F)	3370	725
— **hirsutum** All.	1065	200
— **hispanicum** L.	1050	198
— **litoreum** Guss.	1051 b	199
— *littoreum* (B, C)	1051 b	199
— *maximum* (B, C, F)	1046 b	198
— *micranthum* (T)	1064 2	200
— *mite* (F)	1056 b	199
— **monregalense** Balbis	1062	200
— **montanum** Perrier & Song.	1060 d	200
— *nicaeense* (F)	1058	199
— *ochroleucum* (T, G)	1059	199
— *ochroleucum* (G)	1060 d	200
— *ochroleucum* subsp. *montanum* (T)	1060 d	200
— *purpurascens* (C)	1046	198
— *reflexum* (B, C, T, G)	1060	199
— *reflexum* (C, T)	1060 c	199
— *rhodiola* (B, C)	1045	198
— *rosea* (G)	1045	198
— *roseum* (F)	1045	198
— **rubens** L.	1054	199
— *rubrum* (F)	1054 b	199
— **rupestre** L.	1060	199
— —	1060 c	199
— *rupestre* subsp. *albescens* (F)	1060 c	199
— *rupestre* subsp. *montanum* (F)	1060 d	200
— *rupestre* subsp. *reflexum* (F)	1060	199
— **sediforme** (Jacq.) Pau	1058	199
— **sexangulare** L.	1056 b	199
— **stellatum** L.	1049	198
— **telephium** L.	1046	198
— **telephium** subsp. **fabaria** (Koch) Schinz & Thell.	1046 c	198
— **telephium** subsp. **maximum** (L.) Schinz & Thell.	1046 b	198
Sedum telephium subsp. *purpureum* (F)	1046	198
— *tenuifolium* (T, G)	1057	199
— **villosum** L.	1052	199
— —	1052 2	199
Selaginella		
— **denticulata** (L.) Spring	3346	721
— **helvetica** (L.) Spring	3345	721
— **selaginoides** (L.) Schrank & C. Martius	3344	721
— *spinosa* (F)	3344	721
— *spinulosa* (B, C)	3344	721
SELAGINELLACEAE		721
Selinum		
— **carvifolia** (L.) L.	1146	216
— **pyrenaeum** (L.) Gouan	1142	214
Sempervivum		
— *allionii* (F, G)	1067	200
— **arachnoideum** L.	1070	200
— *arachnoideum* (C)	1070 b	200
— *arvernense* (C, F)	1069 c	200
— *gaudini* (F)	1068	200
— **grandiflorum** Haw.	1068	200
— *hirtum* (B, C)	1067	200
— **montanum** L.	1069 b	200
— **tectorum** L.	1069	200
— *tectorum* (T)	1069 c,c2	200
— **tectorum** subsp. **alpinum** (Griseb. & Schenk) Wettst.	1069 c2	200
— **tectorum** subsp. **arvernense** (Lecoq & Lamotte) Rouy & Camus	1069 c	200
— *tectorum* subsp. *eu-tectorum* (F)	1069	200
— ×*fauconneti* (F)	1070 b	200
— ×**fauconnettii** Reuter	1070 b	200
Senebiera		
— *coronopus* (B, C)	280	58
— *didyma* (B)	281	58
— *pinnatifida* (C)	281	58
Senecio		
— **abrotanifolius** L.	1409	282
— **adonifolius** Lois.	1410	282
— *alpinus* subsp. *eu-alpinus* (F)	1417	284
— **aquaticus** Hill	1413 c	283
— **aquaticus** subsp. **barbareifolius** (Wimmer & Grab.) Walters	1413 d	283
— *aurantiacus* (B, C)	1426	287
— **balbisianus** DC.	1425	286
— **bicolor** subsp. **cineraria** (DC.) Chater	1415	284
— *brachychaetus* (C, F)	1427 b	287
— **cacaliaster** Lam.	1418	284
— *campestris* (B, C)	1427 c	287
— *capitatus* subsp. *campestris* (F)	1427 c	287
— *capitatus* subsp. *eu-capitatus* (F)	1426	287
— *capitatus* subsp. *pyrenaïcus* (F)	1427 d	287
— *carniolicus* (B)	1416 c	284
— *cineraria* (B, C, F)	1415	284
— **congestus** (R. Br.) DC.	1424	286
— **cordatus** Koch	1417	284
— **crassifolius** Willd.	1412 b	283
— **doria** L.	1420	285
— **doronicum** L.	1423	286
— *doronicum* subsp. *eu-doronicum* (F)	1423	286
— *doronicum* subsp. *gerardi* (F)	1423 b	286
— **doronicum** subsp. **gerardii** (Godron & Gren.) Nyman	1423 b	286

Taxon	*Dessin*	*Pl.*
Senecio doronicum subsp. *rutenensis* (F)	1423 2	286
— **doronicum** subsp. **ruthenensis** (Mazuc & Timb.-Lagr.) Nyman	1423 2	286
— *erraticus* (C, G)	1413 d	283
— *erucaefolius* (B, F)	1413 b	283
— **erucifolius** L.	1413 b	283
— **fluviatilis** Wallr.	1419 c	285
— *fuchsii* (C)	1419 a	285
— **gallicus** Chaix	1411	283
— *gerardi* (B, C)	1423 b	286
— **halleri** Dandy	1414	284
— **helenitis** (L.) Schinz & Thell.	1427	287
— **helenitis** subsp. **macrochaetus** (Willk.) Brunerye	1427 b	287
— **incanus** L.	1416 b	284
— **incanus** subsp. **carniolicus** (Willd.) Braun-Blanquet	1416 c	284
— **integrifolius** (L.) Clairv.	1427 c	287
— **integrifolius** subsp. **capitatus** (Wahlenb.) Cuf.	1426	287
— **jacobaea** L.	1413	283
— *jacobaea* subsp. *aquaticus* (F)	1413 c	283
— *jacobaea* subsp. *erraticus* (F)	1413 d	283
— *jacobaea* subsp. *eu-jacobaea* (F)	1413	283
— *jacobea* (G)	1413	283
— *jacquinianus* (C)	1419 b	285
— *lanceolatus* (C)	1427	287
— **lapeyrousii** Rothm.	1427 d	287
— **leucanthemifolius** Poiret	1412	283
— *leucanthemifolius* subsp. *crassifolius* (F, G)	1412 b	283
— *leucanthemifolius* subsp. *eu-leucanthemifolius* (F)	1412	283
— **leucophyllus** DC.	1416	284
— **lividus** L.	1407 b	282
— **nemorensis** L.	1419 b	285
— **nemorensis** subsp. **fuchsii** (C. Gmelin) Čelak.	1419 a	285
— *nemorensis* subsp. *jacquinianus* (F)	1419 b	285
— **paludosus** L.	1421	285
— *palustris* (B, C, F)	1424	286
— **pyrenaicus** L.	1422	286
— *pyrenaicus* (C)	1427 d	287
— **rupestris** Waldst. & Kit.	1408	282
— *ruthenensis* (C)	1423 2	286
— *sarracenicus* (B)	1419 a-c	285
— *silvaticus* (B, C, F)	1407	282
— *spathulaefolius* (B, F)	1427	287
— **sylvaticus** L.	1407	282
— *tourneforti* (F)	1422	286
— *tournefortii* (B, C)	1422	286
— *uniflorus* (B, C, F)	1414	284
— **viscosus** L.	1406 b	282
— **vulgaris** L.	1406	282
Serapias		
— **cordigera** L.	2730	606
— **lingua** L.	2728	606
— *longipetala* (B, C)	2729	606
— **neglecta** De Notaris	2730 b	607
— *occultata* (B, C)	2728 b	606
— **parviflora** Parl.	2728 b	606
— **vomeracea** (Burm.) Briq.	2729	606
Seriola		
— *aetnensis* (B, C)	1648	341
Serratula		
— *centauroides* (G)	1585	323
— *centauroïdes* (F)	1585	323
— *heterophylla* (B, C)	1616	333

Taxon	*Dessin*	*Pl.*
Serratula lycopifolia (Villars) A. Kerner	1616	333
— **nudicaulis** (L.) DC.	1616 b	333
— **tinctoria** L.	1615	332
— *tinctoria* (C)	1615 2	332
— *tinctoria* subsp. *eu-tinctoria* (F)	1615	332
— **tinctoria** subsp. **macrocephala** (Bertol.) Rouy	1615 2	332
Sesamoides		
— **canescens** (L.) Kuntze	331	69
— **clusii** (Sprengel) Greuter & Burdet	330	68
— *pygmaea* (T, G)	330	68
— *pygmaea* (G)	331	69
Seseli		
— **annuum** L.	1188 b	227
— **annuum** subsp. **carvifolium** (Villars) P. Fourn.	1188 c	227
— *annuum* subsp. *coloratum* (F)	1188 b	227
— *bayonnense* (C)	1189 c	228
— *carvifolium* (B, C)	1188 c	227
— *coloratum* (B)	1188 b	227
— **elatum** L.	1186	226
— *glaucum* (C)	1188 d	227
— **libanotis** (L.) Koch	1189	228
— —	1189 b,c	228
— *libanotis* subsp. *eu-libanotis* (F)	1189	228
— *libanotis* subsp. *liocarpum* (F)	1189 b,c	228
— **montanum** L.	1188	227
— —	1188 d	227
— **nanum** Dufour	1188 e	227
— **peucedanoides** (M. Bieb.) Kozo-Polj.	1178	225
— **tortuosum** L.	1187	227
Sesleria		
— **albicans** Schultes	3020	650
— **argentea** (Savi) Savi	3019	650
— *argentea* subsp. *cylindrica* (F)	3019	650
— *caerulea* (B, C, G)	3020	650
— *coerulea* subsp. *calcaria* (F)	3020	650
— *cylindrica* (C, G)	3019	650
— *disticha* (G)	3022	650
— *pedemontana* (G)	3022 b	650
— **sphaerocephala** Ard.	3021	650
Setaria		
— *germanica* (B)	3029 b	651
— *glauca* (B, C, F, G)	3027	651
— **italica** (L.) Beauv.	3029	651
— —	3029 b	651
— **pumila** (Poiret) Schultes	3027	651
— **verticillata** Beauv.	3026	651
— **viridis** (L.) Beauv.	3028	651
Sherardia		
— **arvensis** L.	1326	262
Sibbaldia		
— **procumbens** L.	914	171
Sibthorpia		
— **europaea** L.	2103	453
Sideritis		
— *guillonii* (C, G)	2254 b	491
— **hirsuta** L.	2252	491
— **hyssopifolia** L.	2254	491
— *hyssopifolia* subsp. *alpina* (F)	2254	491
— *hyssopifolia* subsp. *guilloni* (F)	2254 b	491
— **hyssopifolia** subsp. **guillonii** (Timb.-Lagr.) Nyman	2254 b	491
— **montana** L.	2251	490
— **romana** L.	2250	490
— **scordioides** L.	2253	491
— *scordioïdes* (F)	2253	491
— *scordoides* (B)	2253	491

Taxon	*Dessin*	*Pl.*
Sieglingia		
— *decumbens* (G)	3166	677
Silaum		
— **silaus** (L.) Schinz & Thell.	1177	224
Silaus		
— *flavescens* (F)	1177	224
— *pratensis* (B, C)	1177	224
— *virescens* (B, C)	1178	225
Silene		
— **acaulis** (L.) Jacq. s.l.	369	75
— —	369 2,3	75
— *alba* (T, G)	386 a	78
— *alba* subsp. *divaricata* (T, G)	386 c	78
— *alpina* (B, C)	348 b	71
— **armeria** L.	366	75
— **borderei** Jordan	352 b	72
— *borderi* (C, T)	352 b	72
— *brachypetala* (B)	354	72
— *brachypoda* (C, T, G)	362	74
— **campanula** Pers.	376	76
— **ciliata** Pourret	352	72
— *coeli-rosa* (F, T, G)	379	76
— **coelirosa** (L.) Godron	379	76
— **conica** L.	349	71
— **conoidea** L.	349 b	71
— *conoïdea* (F)	349 b	71
— **cordifolia** All.	363	74
— **coronaria** (L.) Clairv.	383	77
— *crassicaulis* (T)	358	73
— **cretica** L.	371	75
— **dioica** (L.) Clairv.	386 b	78
— **flos-cuculi** (L.) Greuter & Burdet	377	76
— **flos-jovis** (L.) Greuter & Burdet	378	76
— **gallica** L.	350	72
— —	350 2	72
— **inaperta** L.	373	76
— *inflata* (B, C)	348	71
— *inflata* subsp. *alpina* (F)	348 b	71
— *inflata* subsp. *maritima* (F)	348 c	71
— *inflata* subsp. *thorei* (F)	348 d	71
— *inflata* subsp. *vulgaris* (F)	348	71
— **italica** (L.) Pers.	359	73
— *italica* subsp. *nemoralis* (T, G)	358	73
— **laeta** (Aiton) Godron	380	77
— **latifolia** Poiret	386 c	78
— **latifolia** subsp. **alba** (Miller) Greuter & Burdet	386 a	78
— *maritima* (B, C)	348 c	71
— **muscipula** L.	370	75
— **neglecta** Ten.	356	73
— **nemoralis** Waldst. & Kit.	358	73
— *nicaeensis* (B, C, F, T, G)	353	72
— **niceensis** All.	353	72
— **noctiflora** L.	364	74
— **nocturna** L.	354	72
— *nocturna* subsp. *neglecta* (T, G)	356	73
— **nutans** L.	357	73
— —	362	74
— **otites** (L.) Wibel	372	75
— **paradoxa** L.	360	73
— **portensis** L.	374	76
— **pusilla** Waldst. & Kit.	367	75
— *quadrifida* (B, C)	367	75
— *reflexa* (C)	356	73
— **rupestris** L.	368	75
— **saxifraga** L.	375	76
— **sedoides** Poiret	351	72
— **sericea** All.	355	72
— **suecica** (Lodd.) Greuter & Burdet	381	77
— *thorei* (B, C)	348 d	71

Taxon	*Dessin*	*Pl.*
Silene uniflora Roth	348 c	71
— **uniflora** subsp. **thorei** (Dufour) Jalas	348 d	71
— **vallesia** L.	365	74
— **viridiflora** L.	361	74
— **viscaria** (L.) Jessen	382	77
— **vulgaris** (Moench) Garcke	348	71
— **vulgaris** subsp. **angustifolia** Hayek	348 2	71
— *vulgaris* subsp. *maritima* (T, G)	348 c	71
— **vulgaris** subsp. **prostrata** (Gaudin) Schinz & Thell.	348 b	71
— *vulgaris* subsp. *thorei* (T, G)	348 d	71
Siler		
— *trilobum* (B, C, F)	1140	214
Silybum		
— **marianum** (L.) Gaertner	1550	310
Simethis		
— *bicolor* (G)	2650	590
— **planifolia** (L.) Gren.	2650	590
Sinapis		
— **alba** L.	127	29
— **arvensis** L.	128	29
— *cheiranthus* (B)	130	30
— *incana* (C)	137	32
— *nigra* (C)	134	31
— **pubescens** L.	129	30
Sison		
— **amomum** L.	1224	237
— *segetum* (B)	1225	238
Sisymbrella		
— **aspera** (L.) Spach	176	39
Sisymbrium		
— *alliaria* (C)	161	36
— **altissimum** L.	165	37
— **austriacum** Jacq.	169	38
— **austriacum** subsp. **chrysanthum** (Jordan)Rouy & Fouc.	169 4	38
— **austriacum** subsp. **villarsii** (Jordan) Rouy & Fouc.	169 2	38
— *columnae* (B, C)	171	38
— *costei* (C)	171	38
— *hirsutum* (B)	168	37
— **irio** L.	170	38
— **officinale** (L.) Scop.	166	37
— **orientale** L.	171	38
— *pannonicum* (B)	165	37
— *pinnatifidum* (C, F)	163	37
— **polyceratium** L.	167	37
— *polyceratum* (B, F)	167	37
— *pyrenaicum* subsp. *austriacum* (F)	169	38
— *pyrenaicum* subsp. *eu-pyrenaicum* (F)	169 2	38
— **runcinatum** DC.	168	37
— *sinapistrum* (C)	165	37
— *sophia* (B, C, F)	164	37
— **strictissimum** L.	172	39
— **supinum** L.	162	37
— *tanacetifolium* (C, F)	173	39
— *thalianum* (C)	178	40
Sisyrinchium		
— *angustifolium* (G)	2678	598
— **bermudiana** L.	2678	598
— *bermudianum* subsp. *angustifolium* (F)	2678	598
Sium		
— *angustifolium* (B, C)	1213	234
— *erectum* (F)	1213	234
— **latifolium** L.	1212	234

Taxon	*Dessin*	*Pl.*
Sixalix		
— **atropurpurea** subsp. **maritima** (L.) Greuter & Burdet	1370	273
Smilax		
— **aspera** L.	2670	597
— —	2670 2	597
Smyrnium		
— **olusatrum** L.	1250	245
— **perfoliatum** L.	1251	245
— *perfoliatum* subsp. *eu-perfoliatum* (F)	1251	245
SOLANACEAE		429-434
Solanum		
— **dulcamara** L.	2018	430
— **luteum** Miller	2019 c	431
— *luteum* (G)	2019 b	431
— **luteum** subsp. **alatum** (Moench) Dostál	2019 b	431
— *miniatum* (C)	2019 b	431
— **nigrum** L.	2019	431
— *nigrum* subsp. *alatum* (F)	2019 b	431
— *nigrum* subsp. *eu-nigrum* (F)	2019	431
— *nigrum* subsp. *luteum* (F)	2019 c	431
— **tuberosum** L.	2017	430
— *villosum* (B, C)	2019 c	431
Soldanella		
— **alpina** L.	1867	395
— *montana* (C)	1867 b	395
— *montana* subsp. *villosa* (F, G)	1867 b	395
— **pusilla** Baumg.	1867 c	395
— **villosa** Darracq	1867 b	395
Soleirolia		
— **soleirolii** (Req.) Dandy	3383	726
Solenopsis		
— **laurentia** (L.) C. Presl	1765	373
Solidago		
— **canadensis** L.	1381 b	276
— **gigantea** Aiton	1381	276
— *glabra* (B, C)	1381	276
— *glabra* (C)	1381 b	276
— **macrorrhiza** Lange	1380 3	276
— *serotina* (F)	1381	276
— *virga aurea* subsp. *macrorrhiza* (F)	1380 3	276
— *virga aurea* subsp. *minuta* (F)	1380 2	276
— *virga aurea* subsp. *vulgaris* (F)	1380	276
— *virga-aurea* (B, C)	1380	276
— *virga-aurea* (C)	1380 2,3	276
— **virgaurea** L.	1380	276
— **virgaurea** subsp. **minuta** (L.) Arcang.	1380 2	276
Sonchus		
— *alpinus* (C)	1692	354
— **arvensis** L.	1686	352
— *arvensis* subsp. *eu-arvensis* (F)	1686	352
— *arvensis* subsp. *maritimus* (F)	1691	354
— **asper** (L.) Hill	1690	353
— **asper** subsp. **glaucescens** (Jordan) Ball	1690 b	353
— *glaucescens* (C, F)	1690 b	353
— **maritimus** L.	1691	354
— **oleraceus** L.	1689	353
— **palustris** L.	1687	353
— *plumieri* (C)	1693	355
— **tenerrimus** L.	1688	353
Sorbus		
— **aria** (L.) Crantz	981	187
— **aucuparia** L.	983	187
— **chamaemespilus** (L.) Crantz	979	186

Taxon	*Dessin*	*Pl.*
Sorbus domestica L.	984	188
— **hybrida** L.	983 b	188
— **latifolia** (Lam.) Pers.	982	187
— *mougeoti* (F)	981 b	187
— **mougeotii** Soyer-Will. & Godron	981 b	187
— *scandica* (C)	981 b	187
— **torminalis** (L.) Crantz	980	187
Sorghum		
— **bicolor** (L.) Moench	3049	654
— **halepense** (L.) Pers.	3048	654
— *vulgare* (B, C, G)	3049	654
Sorgum		
— *halepense* (F)	3048	654
— *vulgare* (F)	3049	654
Soyeria		
— *montana* (B)	1722	361
— *paludosa* (B)	1723	361
SPARGANIACEAE		618
Sparganium		
— *affine* (B, C, F)	2818	618
— **angustifolium** Michaux	2818	618
— **emersum** Rehmann	2816	618
— **erectum** L. s.l.	2815	618
— **minimum** Wallr.	2817	618
— *ramosum* (B, C, F)	2815	618
— *simplex* (B, C, F, G)	2816	618
Spartina		
— **alterniflora** Lois.	3042	653
— *durieui* (G)	3041	653
— *juncea* (F)	3041	653
— **maritima** (Curtis) Fern.	3040	653
— *stricta* (B, C, G)	3040	653
— **versicolor** Fabre	3041	653
Spartium		
— **junceum** L.	609	117
Specularia		
— *castellana* (B, C, F)	1777 b	377
— *falcata* (B, C, F)	1777	377
— *hybrida* (B, C, F)	1778	377
— *pentagonia* (B, C, F)	1776 b	376
— *speculum* (B, C, F)	1776	376
Spergula		
— **arvensis** L.	474	90
— **morisonii** Boreau	475 b	90
— **pentandra** L.	475	90
— *vernalis* (F)	475 b	90
Spergularia		
— **azorica** (Kindb.) Lebel	478	91
— *campestris* (F)	477	91
— —	479 b	91
— **diandra** (Guss.) Boiss.	479	91
— *dillenii* (C)	477 b1,2	91
— *longipes* (C)	479 b	91
— *marina* (T)	477 b1	91
— *media* (B)	477 b1,2	91
— **nicaeensis** Burnat	477 c	91
— **purpurea** (Pers.) G. Don f.	479 b	91
— **rubra** (L.) J.S. Presl & C. Presl	477	91
— **salina** J.S. Presl & C. Presl	477 b1,2	91
— *salsuginea* (C)	479	91
— **segetalis** (L.) G. Don f.	476	91
Sphenopus		
— **divaricatus** (Gouan) Reichb.	3158	675
— *gouani* (B, C)	3158	675
Spinacia		
— *inermis* (B)	2357 a	513
— **oleracea** L.	2357 a,b	513
— *spinosa* (B)	2357 b	513
Spiraea		
— *aruncus* (B, C)	906	170
— *filipendula* (B, C)	904	169
— *hypericifolia* (B, C)	901	169
— **hypericifolia** subsp. **obovata** (Waldst. & Kit.) Dostál	901	169
— *obovata* (F, G)	901	169
— **salicifolia** L.	902	169
— **tomentosa** L.	903	169
— *ulmaria* (B, C)	905	169

Taxon	*Dessin*	*Pl.*
Spiranthes		
— **aestivalis** (Poiret) Rich.	2712	604
— *autumnalis* (B, C, F, G)	2713	604
— **spiralis** (L.) Chevall.	2713	604
Spirodela		
— **polyrhiza** (L.) Schleiden	2802	616
— *polyrrhiza* (F, G)	2802	616
Sporobolus		
— *arenarius* (F)	3075	660
— **indicus** (L.) R. Br.	3076	660
— **pungens** (Schreber) Kunth	3075	660
— *tenacissimus* (C, F, G)	3076	660
— *virginicus* (G)	3075	660
Stachys		
— *alopecuros* (T, G)	2242	489
— *alopecuros* subsp. *eu-alopecuros* (F)	2242	489
— **alopecuros** subsp. **godronii** (Rouy) Merxm.	2242	489
— **alpina** L.	2237	487
— *alpinus* (F)	2237	487
— **annua** (L.) L.	2234	487
— *annuus* (F)	2234	487
— **arvensis** (L.) L.	2240	488
— **brachyclada** Noë	2240 b	488
— *brachycladus* (F)	2240 b	488
— **byzantina** K. Koch	2235 b	487
— **cretica** subsp. **salviifolia** (Ten.) Rech. f.	2236	487
— *densiflora* (G)	2243	489
— *densiflorus* (F)	2243	489
— **germanica** L.	2235	487
— *germanicus* subsp. *eu-germanicus* (F)	2235	487
— *germanicus* subsp. *italicus* (F)	2236	487
— **glutinosa** L.	3379	726
— *glutinosus* (F)	3379	726
— **heraclea** All.	2238	488
— *heracleus* (F)	2238	488
— *hirta* (B, C)	2232	486
— *hirtus* (F)	2232	486
— *italica* (B, C)	2236	487
— *lanata* (B, C)	2235 b	487
— *lanatus* (F)	2235 b	487
— **maritima** Gouan	2234 b	487
— *maritimus* (F)	2234 b	487
— *monieri* (T)	2243	489
— **ocymastrum** (L.) Briq.	2232	486
— **officinalis** (L.) Trev.	2244	489
— **palustris** L.	2239	488
— **pradica** (Zanted.) Greuter & Pign.	2243	489
— **recta** L.	2233	486
— *rectus* (F)	2233	486
— *silvatica* (B, C, G)	2241	488
— *silvaticus* (F)	2241	488
— **sylvatica** L.	2241	488
Staehelina		
— **dubia** L.	1622	334
Staphylea		
— **pinnata** L.	586	113
STAPHYLEACEAE		113
Statice		
— *armeria* subsp. *maritima* (F)	2311	503
— *armeria* subsp. *muelleri* (F)	2312	503
— *bahusiensis* (B, C)	2321	504
— *bellidifolia* (B, C)	2329	506
— *cantabrica* subsp. *eu-cantabrica* (F)	2308 b	502
— *cantabrica* subsp. *pubinervis* (F)	2308	502
— *confusa* (B, C)	2324	505
— *cordata* (C)	2327	506
— *diffusa* (B, C)	2319	504
— *dodartii* (B, C)	2333	507
— *dubyei* (B)	2329 b	506
Statice dubyi (C)	2329 b	506
— *duriuscula* (B, C)	2326	506
— *echioides* (B, C)	2317	504
— *ferulacea* (B, C)	2318	504
— *girardiana* (B, C)	2334	507
— *globulariaefolia* (B, C)	2332	507
— *limonium* (B, C)	2322	505
— *limonium* (C)	2322 b	505
— *littoralis* subsp. *filicaulis* (F)	2316	504
— *littoralis* subsp. *juncea* (F)	2307	502
— *lychnidifolia* (C)	2323 b	505
— *majellensis* subsp. *eu-majellensis* (F)	2315	504
— *minuta* (B, C)	2330	506
— *montana* (F)	2309	502
— *occidentalis* (B, C)	2333 b	507
— *ovalifolia* (B, C)	2323	505
— *plantaginea* (F)	2314	503
— *psiloclada* (C)	2328	506
— *pubescens* (B)	2327	506
— *ruscinonensis* (F)	2313	503
— *serotina* (B)	2322 b	505
— *sinuata* (B, C)	2320	504
— *tremolsii* (C)	2325	506
— *virgata* (B, C)	2331	507
Stellaria		
— **alsine** Grimm	458	88
— **aquatica** (L.) Scop.	473	90
— *cerastioides* (B)	461	88
— **cupaniana** (Jordan & Fourr.) Bég.	455 b	87
— *friesiana* (B)	458 b	88
— *glauca* (B)	457	87
— **graminea** L.	460	88
— **holostea** L.	459	88
— **longifolia** Willd.	458 b	88
— **media** (L.) Villars	455	87
— *media* (C, F)	455 2,3	87
— *media* (C)	455 b	87
— *media* subsp. *cupaniana* (T, G)	455 b	87
— **neglecta** Weihe	455 3	87
— **nemorum** L.	456	87
— **pallida** (Dumort.) Piré	455 2	87
— **palustris** Retz.	457	87
— *uliginosa* (B, C, F)	458	88
— *viscida* (B)	462	88
Stenactis		
— *annua* (B, C)	1389	278
Stenotaphrum		
— *americanum* (B, C)	3025	650
— *dimidiatum* (F)	3025	650
— **secundatum** (Walter) Kuntze	3025	650
Sternbergia		
— **lutea** (L.) Ker Gawler	2699	601
Stipa		
— *aristella* (C)	3084	661
— **bromoides** (L.) Doerfler	3084	661
— **capensis** Thunb.	3083	661
— **capillata** L.	3081	661
— *gallica* (G)	3080	661
— *juncea* (B, C)	3082	661
— **offneri** Breistr.	3082	661
— **pennata** L.	3080	661
— *tortilis* (B, C)	3083	661
Stratiotes		
— **aloides** L.	2771	612
— *aloïdes* (F)	2771	612
Streptopus		
— **amplexifolius** (L.) DC.	2658	593
— *distortus* (G)	2658	593
Struthiopteris		
— *germanica* (B, C)	3302	713
Stypa		
— *aristella* (F)	3084	661
— *capillata* (F)	3081	661
— *juncea* (F)	3082	661
— *pennata* (F)	3080	661
— *tortilis* (F)	3083	661
STYRACEAE		398
Styrax		
— *officinale* (B, C)	1885	398
— **officinalis** L.	1885	398
Suaeda		
— *fruticosa* (B, C, F)	2384	520
— **maritima** (L.) Dumort.	2385	520
— *setigera* (B)	2385 b	520
— **splendens** (Pourret) Gren. & Godron	2385 b	520
— **vera** J. Gmelin	2384	520
Subularia		
— **aquatica** L.	246	51
Succisa		
— *inflexa* (F)	1364	272
— *praemorsa* (F)	1363	271
— **pratensis** Moench	1363	271
Succisella		
— **inflexa** (Kluk) G. Beck	1364	272
Swertia		
— **perennis** L.	1929	409
Symaethis		
— *planifolia* (F)	2650	590
Symphytum		
— **bulbosum** C. Schimper	1958	416
— **floribundum** Buckn.	1957 b	416
— *mediterraneum* (C)	1957 b	416
— **officinale** L.	1956	415
— **orientale** L.	1959	416
— *tauricum* (C)	1959	416
— **tuberosum** L.	1957	416
— *tuberosum* subsp. *bulbosum* (F)	1958	416
— *tuberosum* subsp. *eu-tuberosum* (F)	1957	416
— *tuberosum* subsp. *mediterraneum* (F)	1957 b	416
Syringa		
— **vulgaris** L.	1889	399
Taeniatherum		
— **caput-medusae** (L.) Nevski	3218	686
TAMARICACEAE		194-195
Tamarix		
— **africana** Poiret	1017	194
— *anglica* (B, C, F)	1018 b	194
— **canariensis** Willd.	1018	194
— **gallica** L.	1018 b	194
— *gallica* (B, C, F)	1018	194
Tamus		
— **communis** L.	2671	597
Tanacetum		
— **annuum** L.	1449	292
— *balsamita* (B, C)	1448	292
— **corymbosum** (L.) Schultz-Bip.	1453	293
— **parthenium** (L.) Schultz-Bip.	1452	293
— **vulgare** L.	1450	292
Taraxacum		
— *alpinum* (G)	1678 g	349
— **apenninum** aggr.	1678 g	349
— **bithynicum** aggr.	1678 d	349
— *bithynicum* (G)	1678 d	349
— **cucullatum** aggr.	1678 h	349
— *cucullatum* (G)	1678 h	349
— *dens-leonis* (B)	1678 a-h	348-349
— **erythrospermum** aggr.	1678 c	349
— *gymnanthum* (C, F)	1678 d	349
— *laevigatum* (G)	1678 b,c	349
— *levigatum* subsp. *eu-levigatum* (F)	1678 b,c	349
— **obovatum** aggr.	1678 e	349
— *obovatum* (B, C, G)	1678 e	349
— **officinale** aggr.	1678 a	348
— *officinale* (C, G)	1678 a	348
— *officinale* (C)	1678 b,c	349
— *officinale* subsp. *alpinum* (F)	1678 g	349
— *officinale* subsp. *cucullatum* (F)	1678 h	349

Taxon	*Dessin*	*Pl.*
Taraxacum officinale subsp. *leucospermum* (F)	1678 e	349
— *officinale* subsp. *obovatum* (F)	1678 e	349
— *officinale* subsp. *palustre* (F)	1678 f	349
— *officinale* subsp. *pyrenaïcum* (F)	1678 g	349
— *officinale* subsp. *vulgare* (F)	1678 a	348
— **palustre** aggr.	1678 f	349
— *palustre* (B, C, G)	1678 f	349
— **simile** aggr.	1678 b	349
TAXACEAE		700
Taxus		
— **baccata** L.	3268	700
Teesdalea		
— *coronopifolia* (F)	262 b	55
— *nudicaulis* (F)	262	55
Teesdalia		
— **coronopifolia** (Bergeret) Thell.	262 b	55
— *lepidium* (B, C)	262 b	55
— **nudicaulis** (L.) R. Br.	262	55
Telephium		
— **imperati** L.	1030	196
Teline		
— *linifolia* (T, G)	620	119
— *monspessulana* (T, G)	619	119
Tetragonolobus		
— *maritimus* (T, G)	758	140
— *purpureus* (B, C, F, T, G)	759	141
— *siliquosus* (B, C, F)	758	140
Teucrium		
— *aureum* (B, C, G)	2275	495
— *aureum* (C)	2275 2	495
— **botrys** L.	2270	494
— **capitatum** L.	2274	495
— **chamaedrys** L. s.l.	2281	496
— *chamaedrys* (B, C, F, T, G)	2281	496
— **flavum** L.	2278	496
— *flavum* subsp. *pilosum* (G)	2278	496
— **fruticans** L.	2271	494
— **lucidum** L.	2279	496
— **luteum** (Miller) Degen	2275	495
— **marum** L.	2272	495
— **massiliense** L.	2268	494
— **montanum** L.	2273	495
— **polium** L.	2276	495
— *polium* (F)	2275 2	495
— *polium* subsp. *aureum* (F, T)	2275	495
— *polium* subsp. *capitatum* (F, T)	2274	495
— *polium* subsp. *eu-polium* (F)	2276	495
— **pseudo-chamaepitys** L.	2269	494
— *pseudochamaepitys* (C, F, T, G)	2269	494
— **pyrenaicum** L.	2277	495
— *pyrenaïcum* (F)	2277	495
— **rouyanum** Coste & Soulié	2275 2	495
— *scordioides* (B, C)	2280 b	496
— **scordium** L.	2280	496
— *scordium* subsp. *palustre* (F)	2280	496
— **scordium** subsp. **scordioides** (Schreber) Arcang.	2280 b	496
— *scordium* subsp. *scordioïdes* (F)	2280 b	496
— **scorodonia** L.	2267	494
Thalictrum		
— **alpinum** L.	5	2
— *angustifolium* (B)	8	3
— —	8 b,c	3
— *aquilegifolium* (B, C, F, T, G)	9	4
— **aquilegiifolium** L.	9	4

Taxon	*Dessin*	*Pl.*
Thalictrum bauhini (C, F)	8	3
— —	8 b,c	3
— *exaltatum* (B)	8 f	4
— *exaltatum* subsp. *eu-exaltatum* (F)	8 f	4
— *exaltatum* subsp. *mediterraneum* (F)	8 e	3
— **flavum** L.	7	3
— *flavum* (G)	8 e	3
— **foetidum** L.	6 b	2
— *gallicum* (C, F)	8	3
— —	8 b,c	3
— **lucidum** L.	8 d	3
— **macrocarpum** Gren.	10	4
— *majus* (B, C)	6 c	2
— *mediterraneum* (C)	8 e	3
— *medium* (B)	8 d	3
— **minus** L.	6	2
— *minus* subsp. *eu-minus* (F)	6	2
— **minus** subsp. **majus** (Crantz) Rouy & Fouc.	6 c	2
— **minus** subsp. **olympicum** (Boiss. & Heldr.) Strid	6 d	2
— *minus* subsp. *saxatile* (F, T)	6 d	2
— **morisonii** C. Gmelin	8 f	4
— **morisonii** subsp. **mediterraneum** (Jordan) P. Ball	8 e	3
— **simplex** L. s.l.	8	3
— —	8 b,c	3
— *simplex* (C)	8	3
— —	8 b,c	3
— *simplex* subsp. *alpicolum* (F)	8	3
— —	8 b,c	3
— **tuberosum** L.	11	4
Thapsia		
— **villosa** L.	1132	211
THELIGONACEAE		554
Theligonum		
— **cynocrambe** L.	2507	554
Thelypteris		
— **limbosperma** (All.) H.P. Fuchs	3281	705
— **palustris** Schott	3286	708
— **phegopteris** (L.) Slosson	3275	702
Thesium		
— **alpinum** L.	2435	536
— —	2435 2	536
— **bavarum** Schrank	2437	537
— **divaricatum** Mert. & Koch	2438 b	537
— **humifusum** DC.	2438	537
— *intermedium* (B, C, F)	2436	537
— **linophyllon** L.	2436	537
— *montanum* (C)	2437	537
— *pratense* (B, C, F)	2435 b	536
— **pyrenaicum** Pourret	2435 b	536
— **rostratum** Mert. & Koch	2435 c	536
— *tenuifolium* (B, F)	2435 2	536
Thlaspi		
— **alliaceum** L.	266	55
— *alpestre* (F, T)	267 b	56
— *alpestre* (B, T, G)	268 c	56
— *alpestre* subsp. *brachypetalum* (G)	267 b	56
— *alpinum* (B, C)	268 b	56
— *alpinum* subsp. *silvium* (F)	268 b	56
— *alpinum* subsp. *sylvium* (T, G)	268 b	56
— **arvense** L.	265	55
— **brachypetalum** Jordan	267 b	56
— **caerulescens** J.S. Presl & C. Presl	268 c	56

Taxon	*Dessin*	*Pl.*
Thlaspi cepaeifolium subsp. **rotundifolium** (L.) Greuter & Burdet	270	56
— **montanum** L.	268	56
— **perfoliatum** L.	267	56
— *rotundifolium* (C, F, T, G)	270	56
— *silvestre* (C, F)	268 c	56
— **sylvium** Gaudin	268 b	56
— *virgatum* (B)	267 b	56
Thorella		
— *bulbosa* (F)	1228	238
— **verticillatinundata** (Thore) Briq.	1228	238
Thrincia		
— *hirta* (B, C)	1650	342
— *hispida* (B, C)	1649	341
— *nudicaulis* subsp. *hispida* (F)	1649	341
— *nudicaulis* subsp. *taraxacoïdes* (F)	1650	342
— *nudicaulis* subsp. *tuberosa* (F)	1649 b	341
— *tuberosa* (C)	1649 b	341
Thymelaea		
— **calycina** (Lapeyr.) Meissner	2433	536
— **dioica** (Gouan) All.	2432	536
— **hirsuta** (L.) Endl.	2428	535
— **nivalis** (Ramond) Meissner	2431 2	535
— **passerina** (L.) Cosson & Germ.	2429	535
— **sanamunda** All.	2430	535
— **tartonraira** (L.) All.	2427	535
— **tinctoria** (Pourret) Endl.	2431	535
— *tinctoria* (F)	2431 2	535
THYMELAEACEAE		534-536
Thymus		
— *chamaedrys* (B, C)	2182 2	471
— **dolomiticus** Coste	2182 5	471
— *herba barona* (G)	3378	726
— **herba-barona** Lois.	3378	726
— *montanus* (C)	2182 3	471
— **nervosus** Willk.	2182 10	471
— **nitens** Lamotte	2182 9	471
— *polytrichus* (C)	2182 7	471
— **praecox** subsp. **polytrichus** (Borbás) Jalas	2182 7	471
— **pulegioides** L. s.l.	2182 2,3	471
— *pulegioides* (T)	2182 2,3	471
— **serpyllum** L.	2182	471
— —	2182 8	471
— *serpyllum* subsp. *chamaedrys* (F)	2182 2	471
— *serpyllum* subsp. *nervosus* (F)	2182 10	471
— *serpyllum* subsp. *polytrichus* (F)	2182 7	471
— **vulgaris** L.	2181	471
Tilia		
— **cordata** Miller	496	94
— *intermedia* (C)	496 b	94
— *parvifolia* (C)	496	94
— *platyphylla* (B, C)	495	94
— **platyphyllos** Scop.	495	94
— *silvestris* (B)	496	94
— *vulgaris* (F)	496 b	94
— × **vulgaris** Hayne	496 b	94
TILIACEAE		94
Tillaea		
— *muscosa* (B, C)	1043	198
— *vaillantii* (C)	1044	198
Tofielda		
— *calyculata* (B)	2571	573
Tofieldea		
— *borealis* (F)	2571 b	573
— *calyculata* (F)	2571	573
Tofieldia		
— **calyculata** (L.) Wahlenb.	2571	573
— *glacialis* (G)	2571 b	573
— *palustris* (C)	2571 b	573
— **pusilla** (Michaux) Pers.	2571 b	573

Taxon	*Dessin*	*Pl.*
Tolpis		
— **barbata** (L.) Gaertner	1636	338
— **staticifolia** (All.) Schultz-Bip.	1742	367
— **virgata** Bertol.	1637	338
Tordylium		
— **apulum** L.	1171	223
— **maximum** L.	1170	223
Torilis		
— *anthriscus* (B, C, F)	1128	210
— **arvensis** (Hudson) Link	1129	210
— *arvensis* subsp. *divaricata* (F)	1129	210
— *arvensis* subsp. *heterophylla* (G)	1129 b	210
— **arvensis** subsp. **purpurea** (Ten.) Hayek	1129 b	210
— *helvetica* (C)	1129	210
— *heterophylla* (B, C)	1129 b	210
— *infesta* (B)	1129	210
— **japonica** (Houtt.) DC.	1128	210
— **leptophylla** (L.) Reichb. f.	1126 b	210
— **nodosa** (L.) Gaertner	1127	210
— *purpurea* (F)	1129 b	210
Tozzia		
— **alpina** L.	2140	462
Trachelium		
— **caeruleum** L.	1780	377
— *coeruleum* (F, G)	1780	377
Tragopogon		
— *angustifolius* (F, G)	1673 c	347
— *australis* (C)	1673 d	347
— **crocifolius** L.	1673 b,c	347
— **dubius** Scop.	1672	347
— —	1672 b	347
— *dubius* subsp. *eu-dubius* (F)	1672 b	347
— *dubius* subsp. *major* (F, G)	1672	347
— *geropogon* (F)	1674	348
— **hybridus** L.	1674	348
— *major* (B)	1672	347
— *orientalis* (B)	1671 b	347
— **porrifolius** L.	1673	347
— **porrifolius** subsp. **australis** (Jordan) Nyman	1673 d	347
— *porrifolius* subsp. *sativus* (F)	1673	347
— **pratensis** L.	1671	346
— *pratensis* (C)	1671 b	347
— *pratensis* subsp. *eu-pratensis* (F)	1671	346
— **pratensis** subsp. **orientalis** (L.) Čelak.	1671 b	347
Tragus		
— **racemosus** (L.) All.	3024	650
Trapa		
— **natans** L.	1006	193
TRAPACEAE		193
Traunsteinera		
— **globosa** (L.) Reichb.	2739	608
Tribulus		
— **terrestris** L.	575	110
Trichomanes		
— *radicans* (B, C, F)	3308	714
— **speciosum** Willd.	3308	714
Trientalis		
— **europaea** L.	1876	397
Trifolium		
— *agrarium* (F)	708	134
— **alpestre** L.	744	138
— **alpinum** L.	717	135
— **angulatum** Waldst. & Kit.	724 b	136
— **angustifolium** L.	741	138
— **arvense** L.	737	137
— *arvense* (C, F, G)	737 2	137
— **arvense** subsp. **gracile** (Thuill.) Teles	737 2	137

Taxon	*Dessin*	*Pl.*
Trifolium aureum Pollich	708	134
— **badium** Schreber	707	134
— **bocconei** Savi	732	136
— *bocconi* (B, C)	732	136
— *caespitosum* (B)	718	135
— **campestre** Schreber	710	134
— **cernuum** Brot.	721	135
— *cernuum s.l.* (F)	721	135
— **cherleri** L.	738	137
— **clusii** Godron & Gren.	715 b	135
— **diffusum** Ehrh.	750 b	139
— **dubium** Sibth.	711 b	134
— *elegans* (B, C, F)	725	136
— **filiforme** L.	711 a	134
— *filiforme* (B)	711 b	134
— *filiforme* subsp. *dubium* (F)	711 b	134
— *filiforme* subsp. *micranthum* (F)	711 a	134
— *fistulosum* (C)	725 b	136
— **fragiferum** L.	714	135
— *fragiferum s.l.* (T)	714	135
— **glomeratum** L.	719	135
— *gracile* (T)	737 2	137
— **hirtum** All.	750	139
— **hybridum** L.	725 b	136
— **hybridum** subsp. **elegans** (Savi) Asch. & Graebner	725	136
— **incarnatum** L.	735	137
— **isthmocarpum** Brot.	723	135
— *laevigatum* (C)	720	135
— *lagopus* (B, C, F)	751	139
— **lappaceum** L.	740	138
— **leucanthum** M. Bieb.	748	139
— **ligusticum** Lois.	739	137
— *maritimum* (B, C)	749	139
— *maritimum* subsp. *xatarti* (F)	749	139
— **medium** L.	746	139
— **michelianum** Savi	724	136
— *micranthum* (B, C, T, G)	711 a	134
— *minus* (B, C)	711 b	134
— **montanum** L.	752	139
— **nigrescens** Viv.	726	136
— **ochroleucon** Hudson	747	139
— *ochroleucum* (B, C, F)	747	139
— **ornithopodioides** L.	694	131
— *ornithopodioïdes* (F)	694	131
— **pallescens** Schreber	727	136
— **pannonicum** Jacq.	745 2	138
— *panormitanum* (B)	749 b	139
— *parviflorum* (B, C, F)	736	137
— **patens** Schreber	709	134
— *perreymondii* (B)	721	135
— **phleoides** Willd.	737 b	137
— *phleoïdes* (F)	737 b	137
— **pratense** L.	745	138
— —	745 3,4	138
— *pratense* subsp. *eu-pratense* (F)	745	138
— *pratense* subsp. *nivale* (F)	745 3	138
— **purpureum** Lois.	742	138
— **repens** L.	722	135
— *repens s.l.* (T)	722	135
— **resupinatum** L.	715	135
— *resupinatum* (C, F, T, G)	715 b	135
— **retusum** L.	736	137
— **rubens** L.	743	138
— *savianum* (B, C)	728	136
— **saxatile** All.	730	136
— **scabrum** L.	729	136
— *smyrnaeum* (T)	751	139
— *smyrneum* (G)	751	139
— **spadiceum** L.	707 b	134
— **spumosum** L.	712	134
— **squamosum** L.	749	139
— **squarrosum** L.	749 b	139
— **stellatum** L.	734	137
— **striatum** L.	733	137
— **strictum** L.	720	135

Taxon	*Dessin*	*Pl.*
Trifolium subterraneum L.	753	140
— **suffocatum** L.	731	136
— **sylvaticum** Gérard	751	139
— **thalii** Villars	718	135
— *thymiflorum* (B)	730	136
— **tomentosum** L.	716	135
— **uniflorum** L.	728	136
— *uniflorum* subsp. *savianum* (F)	728	136
— **vesiculosum** Savi	713	134
Triglochin		
— *barrelieri* (B, C)	2774	612
— **bulbosa** subsp. **barrelieri** (Lois.) Rouy	2774	612
— *bulbosum* (G)	2774	612
— *bulbosum* subsp. *barrelieri* (F)	2774	612
— **maritima** L.	2772	612
— *maritimum* (B, C, F, G)	2772	612
— *palustre* (B, C, F, G)	2773	612
— **palustris** L.	2773	612
Trigonella		
— **caerulea** (L.) Ser.	706	134
— *caerulea* subsp. *eu-caerulea* (F)	706	134
— *corniculata* (B, C, F, T, G)	695	132
— **esculenta** Willd.	695	132
— *fenum graecum* subsp. *eu-fenum graecum* (F)	691	131
— *fenum graecum* subsp. *gladiata* (F)	691 b	131
— **foenum-graecum** L.	691	131
— **gladiata** M. Bieb.	691 b	131
— *hybrida* (B)	696	132
— **monspeliaca** L.	692	131
— *ornithopioides* (B)	694	131
— *ornithopodioides* (C)	694	131
— *polycerata* (B, C, F)	693	131
— **polyceratia** L.	693	131
Trinia		
— **glauca** (L.) Dumort.	1230	239
— *vulgaris* (B, C)	1230	239
Tripodion		
— **tetraphyllum** (L.) Fourr.	660	127
Trisetum		
— *agrostideum* (C)	3115 b	667
— **alpestre** (Host) Beauv.	3115 c	667
— **argenteum** (Willd.) Roemer & Schultes	3116 b	667
— **aureum** Ten.	3120	668
— **baregense** Laffite & Miégev.	3115 b	667
— *candollei* (C)	3115 2	667
— *cavanillesii* (B, G)	3118	668
— **distichophyllum** (Villars) Beauv.	3116	667
— **flavescens** (L.) Beauv.	3115	667
— *flavescens* subsp. *agrostideum* (F)	3115 b	667
— *flavescens* subsp. *alpestre* (F, G)	3115 c	667
— *flavescens* subsp. *baregense* (G)	3115 b	667
— *flavescens* subsp. *pratense* (F)	3115	667
— **flavescens** subsp. **purpurascens** (DC.) Arcang.	3115 2	667
— **loeflingianum** (L.) C. Presl	3118	668
— *neglectum* (B)	3119	668
— **paniceum** (Lam.) Pers.	3119	668
— **spicatum** (L.) K. Richter	3117	668
— *subspicatum* (B, C, F)	3117	668
Triticum		
— **aestivum** L.	3224	688
— **dicoccon** Schrank	3223 b	688
— *dicoccum* (C, F)	3223 b	688
— **durum** Desf.	3224 c	688
— **monococcum** L.	3223 c	688
— **polonicum** L.	3222	687
— *sativum* (B, C, F)	3224	688

Taxon	*Dessin*	*Pl.*
Triticum sativum (F)	3224 b,c	688
— **spelta** L.	3223	687
— **turgidum** L.	3224 b	688
— *villosum* (B)	3221	687
— *vulgare* (B, F, G)	3224	688
— *vulgare* (B)	3224 b,c	688
Trixago		
— *apula* (B)	2116	457
Trochiscanthes		
— **nodiflora** (Villars) Koch	1182	225
— *nodiflorus* (B, C, G)	1182	225
Trochischanthes		
— *nodiflorus* (F)	1182	225
Trollius		
— **europaeus** L.	72	16
Tuberaria		
— **guttata** (L.) Fourr.	306	63
— **lignosa** (Sweet) Samp.	307	63
Tulipa		
— **agenensis** DC.	2573	574
— *australis* (C, F, G)	2576	575
— *australis* (C, F)	2576 2	575
— *axinensis* (G)	2574 b	574
— *celsiana* (B)	2576	575
— **clusiana** DC.	2572	574
— *didieri* (B, C, F, G)	2574 b	574
— *gallica* (F, G)	2575 b	575
— **gesnerana** aggr.	2574 b	574
— *gesneriana* (F)	2574 b	574
— *lortetii* (C, G)	2573	574
— *mauriana* (F, G)	2574 b	574
— *oculus solis* (F)	2573	574
— *oculus-solis* (B, C, G)	2573	574
— *perrieri* (F)	2574 b	574
— *planifolia* (F, G)	2574 b	574
— *platystigma* (F, G)	2574 b	574
— **praecox** Ten.	2574	574
— *silvestris* (B, C, F)	2575	574
— *silvestris* (C)	2575 b	575
— **sylvestris** L.	2575	574
— —	2575 b	575
— **sylvestris** subsp. **australis** (Link) Pampan.	2576	575
— —	2576 2	575
Tunica		
— *prolifera* (F)	399	80
— *saxifraga* (B, F)	395	80
Turgenia		
— **latifolia** (L.) Hoffm.	1125	209
Turritis		
— **glabra** L.	177	40
Tussilago		
— **farfara** L.	1379	276
Typha		
— **angustifolia** L.	2813	618
— **latifolia** L.	2812	618
— **minima** Funcke	2814	618
TYPHACEAE		618
Typhoides		
— *arundinacea* (G)	2999	647
Tyrimnus		
— **leucographus** (L.) Cass.	1549	310
Ulex		
— **europaeus** L.	604	117
— **gallii** Planchon	604 b	117
— **minor** Roth	606	117
— *nanus* (B, C, F)	606	117
— **parviflorus** Pourret	605	117
— ×*galli* (F)	604 b	117
ULMACEAE		551-552
Ulmus		
— *campestris* (B, C, F)	2500	552
— **glabra** Hudson	2500 b	552
— **laevis** Pallas	2499	551
— *levis* (F)	2499	551
— **minor** Miller	2500	552
— *montana* (B, C)	2500 b	552
— *pedunculata* (B, C)	2499	551
— *scabra* (F)	2500 b	552
UMBELLIFERAE		207-248
—		725

Taxon	*Dessin*	*Pl.*
Umbilicus		
— *pendulinus* (B, C, F)	1071	201
— **rupestris** (Salisb.) Dandy	1071	201
— *sedoides* (B, C)	1072	201
Urginea		
— **maritima** (L.) Baker	2587	578
— *scilla* (B)	2587	578
Uropetalum		
— *serotinum* (B, C)	2586	577
Urospermum		
— **dalechampii** (L.) F.W. Schmidt	1661	344
— *dalechampsi* (F)	1661	344
— **picroides** (L.) F.W. Schmidt	1662	344
— *picroïdes* (F)	1662	344
Urtica		
— **atrovirens** Lois.	3382	726
— **dioica** L.	2501	553
— *dioica* (C)	2501 2	553
— *dioïca* (F)	2501	553
— —	2501 2	553
— **dioica** subsp. **hispida** (DC.) Nyman	2501 2	553
— *dubia* (T, G)	2504	554
— **membranacea** Poiret	2504	554
— **pilulifera** L.	2502	553
— —	2502 2	553
— **urens** L.	2503	554
URTICACEAE		553-554
—		726
Utricularia		
— **australis** R. Br.	1837 b	390
— **bremii** Heer	1839 b	390
— **intermedia** Hayne	1838	390
— *major* (F)	1837 b	390
— **minor** L.	1839	390
— *minor* (C, G)	1839 b	390
— *neglecta* (B, C, G)	1837 b	390
— **vulgaris** L.	1837	390
Vaccaria		
— **hispanica** (Miller) Rauschert	393	79
— *pyramidata* (T, G)	393	79
— *segetalis* (F)	393	79
Vaccinium		
— **myrtillus** L.	1807	384
— **oxycoccos** L.	1808	384
— **uliginosum** L.	1806	384
— **vitis-idaea** L.	1805	384
Vaillantia		
— *hispida* (B, C, F)	1316	261
— *muralis* (B, C, F)	1315	261
Valantia		
— **hispida** L.	1316	261
— **muralis** L.	1315	261
Valeriana		
— **celtica** L.	1340	265
— **dioica** L.	1337	265
— *dioïca* (F)	1337	265
— *excelsa* (B, C)	1332 c	264
— *globulariaefolia* (B, C, F)	1336	265
— **globulariifolia** DC.	1336	265
— **hispidula** Boiss.	1332 b	264
— **montana** L.	1339	265
— **officinalis** L.	1332	264
— *officinalis* subsp. *eu-officinalis* (F)	1332	264
— *officinalis* subsp. *excelsa* (F)	1332 c	264
— *officinalis* subsp. *hispidula* (F)	1332 b	264
— **officinalis** subsp. **sambucifolia** (Mikan f.) Čelak.	1332 c	264
— **phu** L.	1333	264
— **pyrenaica** L.	1334	264
— *pyrenaïca* (F)	1334	264
— **saliunca** All.	1341	265
— *sambucifolia* (G)	1332 c	264
— **saxatilis** L.	1342	265
— **supina** Ardoino	1338	265
— **tripteris** L.	1339 b	265
— **tuberosa** L.	1335	265

Taxon	*Dessin*	*Pl.*
VALERIANACEAE		263-267
Valerianella		
— *auricula* (B, C)	1348	266
— **carinata** Lois.	1349	266
— **coronata** (L.) DC.	1344	266
— *coronata* subsp. *discoïdea* (F)	1344 b	266
— *coronata* subsp. *eu-coronata* (F)	1344	266
— **dentata** (L.) Pollich	1350	267
— **discoidea** (L.) Lois.	1344 b	266
— **echinata** (L.) DC.	1343	266
— **eriocarpa** Desv.	1353	267
— **locusta** (L.) Laterr.	1346	266
— *membranacea* (F, G)	1347	266
— **microcarpa** Lois.	1351	267
— *morisoni* subsp. *dentata* (F)	1350	267
— *morisoni* subsp. *microcarpa* (F)	1351	267
— *morisonii* (B, C)	1350	267
— **muricata** (M. Bieb.) J.W. Loudon	1352	267
— *olitoria* (B, C, F, G)	1346	266
— **puberula** (Guss.) DC.	1351 2	267
— **pumila** (L.) DC.	1347	266
— **rimosa** Bast.	1348	266
— *truncata* (B, C, F, G)	1352	267
— **vesicaria** (L.) Moench	1345	266
Vallisneria		
— **spiralis** L.	2770	612
Vandenboschia		
— *speciosa* (G)	3308	714
Velezia		
— **rigida** L.	413	83
Ventenata		
— *avenacea* (B, C, F)	3102	664
— **dubia** (Leers) Cosson	3102	664
Veratrum		
— **album** L.	2570	573
— **nigrum** L.	2570 b	573
Verbascum		
— *australe* (B)	2032 b	436
— **blattaria** L.	2034	437
— *blattarioides* (B)	2034 b	437
— *blattarioïdes* (F)	2034 b	437
— *boerhaavii* (B)	2037	438
— *boerhavi* (C)	2037	438
— **boerhavii** L.	2037	438
— *chaixi* (F)	2036	438
— **chaixii** Villars	2036	438
— **densiflorum** Bertol.	2032 b	436
— *floccosum* (B, F)	2029	434
— **lychnitis** L.	2030	435
— *maïale* (F)	2037	438
— *montanum* (B)	2031 2	435
— **nigrum** L.	2035	437
— **phlomoides** L.	2032	435
— —	2032 2	436
— *phlomoides* (C)	2032 b	436
— *phlomoïdes* (F)	2032	435
— —	2032 b	436
— **pulverulentum** Villars	2029	434
— **sinuatum** L.	2033	436
— **thapsus** L.	2031	435
— *thapsus* (C, F)	2031 2	435
— *thapsus* (C)	2032 2	436
— **thapsus** subsp. **crassifolium** (Lam.) Murb.	2031 2	435
— **virgatum** Stokes	2034 b	437
Verbena		
— **officinalis** L.	2283	497
VERBENACEAE		497-498
Veronica		
— **acinifolia** L.	2097	452
— **agrestis** L.	2102	453
— *allionei* (F)	2079	449
— **allionii** Villars	2079	449
— **alpina** L.	2092	452
— *anagallis* (B, C)	2086	451

Taxon	*Dessin*	*Pl.*
Veronica anagallis subsp. *eu-anagallis* (F)	2086	451
— **anagallis-aquatica** L.	2086	451
— **anagalloides** Guss.	2086 b	451
— *anagalloïdes* (F)	2086 b	451
— **aphylla** L.	2083	450
— **arvensis** L.	2094	452
— **austriaca** subsp. **dentata** (F.W. Schmidt) Watzl	2077 c	449
— **austriaca** subsp. **teucrium** (L.) D. Webb	2077	449
— **beccabunga** L.	2085	450
— **bellidioides** L.	2087	451
— **bellidioides** subsp. **lilacina** (Towns.) Nyman	2087 b	451
— *bellidioïdes* subsp. *eu-bellidioïdes* (F)	2087	451
— *bellidioïdes* subsp. *lilacina* (F)	2087 b	451
— **chamaedrys** L.	2080	450
— **cymbalaria** Bod.	2100	453
— *didyma* (B)	2102 b	453
— **fruticans** Jacq.	2089 b	451
— **fruticulosa** L.	2089	451
— *fruticulosa* subsp. *eu-fruticulosa* (F)	2089	451
— *fruticulosa* subsp. *fruticans* (F)	2089 b	451
— *gouani* (F)	2091	452
— *hederaefolia* (B, C, F, G)	2099	453
— **hederifolia** L.	2099	453
— *latifolia* (F)	2081	450
— *lilacina* (C)	2087 b	451
— **longifolia** L.	2076	449
— **montana** L.	2082	450
— **nummularia** Gouan	2088	451
— *nummulariaefolia* (F)	2088	451
— **officinalis** L.	2078	449
— **opaca** Fries	2102 c	453
— **peregrina** L.	2095	452
— **persica** Poiret	2101	453
— **polita** Fries	2102 b	453
— **ponae** Gouan	2091	452
— **praecox** All.	2098	452
— **prostrata** L.	2077 b	449
— *saxatilis* (C)	2089 b	451
— **scutellata** L.	2084	450
— **serpyllifolia** L.	2090	452
— *serpyllifolia* subsp. *eu-serpyllifolia* (F)	2090	452
— **spicata** L.	2075	449
— *spuria* (C)	2076	449
— *teucrium* (B, C, G)	2077	449
— *teucrium* subsp. *dentata* (F)	2077 c	449
— *teucrium* subsp. *eu-teucrium* (F)	2077	449
— *teucrium* subsp. *prostrata* (F)	2077 b	449
— **triphyllos** L.	2096	452
— *urticaefolia* (B, C)	2081	450
— **urticifolia** Jacq.	2081	450
— **verna** L.	2093	452
— *verna* subsp. *eu-verna* (F)	2093	452
Vesicaria		
— *utriculata* (B, C)	213	46
Viburnum		
— **lantana** L.	1273	251
— **opulus** L.	1274	251
— **tinus** L.	1272	251
Vicia		
— *amphicarpa* (B, C)	813	150
— *angustifolia* (B, C)	816 b	150
— **argentea** Lapeyr.	820	151
— **articulata** Hornem.	826	153
— *atropurpurea* (B, C, F)	825 c	153

Taxon	*Dessin*	*Pl.*
Vicia benghalensis L.	825 c	153
— **bithynica** (L.) L.	814	150
— *calcarata* (F)	825 d	153
— **cassubica** L.	822	152
— **cracca** L.	824	152
— *cracca* subsp. *galloprovincialis* (F)	824 c	153
— **cracca** subsp. **gerardii** (Jacq.) Gaudin	824 c	153
— *cracca* subsp. *imbricata* (F)	824	152
— *cracca* subsp. *tenuifolia* (F)	824 b	153
— *cuneata* (B)	812 3	150
— **disperma** DC.	829	154
— **dumetorum** L.	818	151
— *elegantissima* (C, F)	827	154
— **ervilia** (L.) Willd.	830	154
— **faba** L.	807	149
— *gerardi* (B, C)	824 c	153
— *gracilis* (B, C)	831 b	154
— *heterophylla* (C)	812 3	150
— **hirsuta** Gray	828	154
— **hybrida** L.	810 b	149
— *incana* (T, G)	824 c	153
— **lathyroides** L.	812	150
— —	812 2	150
— *lathyroïdes* (F)	812	150
— —	812 2	150
— **laxiflora** Brot.	831 b	154
— *lens* (B, C)	832	155
— **lutea** L.	810	149
— —	810 c	149
— *lutea* subsp. *vestita* (F, T, G)	810 c	149
— **melanops** Smith	811	150
— **monantha** Retz.	825 d	153
— *monanthos* (B, C)	826	153
— **narbonensis** L.	806	148
— *narbonensis* (C, F, T, G)	806 2	148
— *nigricans* (B, C)	832 b	155
— **onobrychioides** L.	821	151
— *onobrychioïdes* (F)	821	151
— *onobrychoides* (B)	821	151
— **orobus** DC.	822 b	152
— **pannonica** Crantz	809	149
— **peregrina** L.	817	151
— **pisiformis** L.	819	151
— *pseudocracca* (B, C)	825 b	153
— **pubescens** (DC.) Link	831 c	154
— *purpurascens* (C)	809	149
— **pyrenaica** Pourret	815	150
— *pyrenaïca* (F)	815	150
— **sativa** L.	816	150
— *sativa* (C)	816 2	150
— **sativa** subsp. **amphicarpa** (L.) Battand.	813	150
— *sativa* subsp. *angustifolia* (F)	816 b	150
— *sativa* subsp. *cordata* (F, T, G)	816 2	150
— **sativa** subsp. **nigra** (L.) Ehrh.	816 2,3	150
— —	816 b	150
— *sativa* subsp. *notata* (F)	816	150
— **sepium** L.	808	149
— **serratifolia** Jacq.	806 2	148
— *silvatica* (B, C, F)	823	152
— **sylvatica** L.	823	152
— **tenuifolia** Roth	824 b	153
— *tenuissima* (T, G)	831 b	154
— **tetrasperma** (L.) Schreber	831	154
— *tetrasperma* subsp. *eu-tetrasperma* (F)	831	154
— *tetrasperma* subsp. *gracilis* (F)	831 b	154

Taxon	*Dessin*	*Pl.*
Vicia tetrasperma subsp. *pubescens* (F)	831 c	154
— *unguiculata* (B)	825 a-c	153
— *vestita* (C)	810 c	149
— **villosa** Roth	825 a	153
— *villosa* subsp. *eu-villosa* (F)	825 a	153
— *villosa* subsp. *pseudo-cracca* (F)	825 b	153
— **villosa** subsp. **pseudocracca** (Bertol.) Rouy	825 b	153
— —	827	154
Vinca		
— **difformis** Pourret	1896 c	401
— **major** L.	1896 b	401
— *media* (B, C)	1896 c	401
— **minor** L.	1896	401
Vincetoxicum		
— **hirundinaria** Medikus	1899	402
— **nigrum** (L.) Moench	1900	403
— *officinale* (B, C, F)	1899	402
Viola		
— **alba** Besser	313 c	65
— *ambigua* subsp. *thomasiana* (F)	312 c	64
— **arborescens** L.	314	65
— *arenaria* (B, C)	316 b	66
— **biflora** L.	318	66
— **bubanii** Timb.-Lagr.	3355	723
— **calaminaria** (DC.) Lej.	323 c2	67
— **calcarata** L. s.l.	320	67
— **canina** L.	315	65
— *canina* subsp. *lactea* (F)	315 c	65
— **canina** subsp. **montana** (L.) Hartman	315 b	65
— *canina* subsp. *schultzi* (F)	315 f	66
— **canina** subsp. **schultzii** (Billot) Kirschl.	315 f	66
— **cenisia** L.	321	67
— **collina** Besser	313 d	65
— **cornuta** L.	319	66
— **corsica** Nyman	3356	723
— **elatior** Fries	315 h	66
— **hirta** L.	312	64
— *hirta* (C)	312 b-d	64-65
— **hispida** Lam.	323 b	67
— *jordani* (C, F)	315 d	65
— **jordanii** Hanry	315 d	65
— **lactea** Smith	315 c	65
— **lutea** Hudson	323 c	67
— *lutea* subsp. *elegans* (F)	323 c	67
— **mirabilis** L.	317	66
— *nummulariaefolia* (F)	322	67
— *nummularifolia* (B, C)	322	67
— **nummulariifolia** Villars	322	67
— **odorata** L.	313	65
— **palustris** L.	311	64
— **persicifolia** Schreber	315 e	66
— **pinnata** L.	310	64
— **pumila** Chaix	315 g	66
— **pyrenaica** DC.	312 b	64
— **reichenbachiana** Boreau	316	66
— *rothomagensis* (C)	323 b	67
— **rupestris** F.W. Schmidt	316 b	66
— *sepincola* (C)	313 b	65
— *sepincola s.l.* (F)	313 b	65
— *silvestris* (B, C, F)	316	66
— *stagnina* (C)	315 e	66
— *stricta* (C)	315 b	65
— **suavis** M. Bieb.	313 b	65
— *sudetica* (C)	323 c	67
— **thomasiana** Song. & Perrier	312 c	64
— **tricolor** L.	323	67
— *tricolor* subsp. *eu-tricolor* (F)	323	67

Taxon	*Dessin*	*Pl.*
Viola tricolor		
subsp. **subalpina**		
Gaudin	323 2	67
VIOLACEAE		64-67
—		723
Viscaria		
— *alpina* (F)	381	77
— *viscosa* (F)	382	77
Viscum		
— **album** L.	1266	250
— —	1266 b	250
— *album*		
subsp. *austriacum* (T)	1266 b	250
— *laxum* (C)	1266 b	250
VITACEAE		109
Vitaliana		
— **primuliflora** Bertol.	1851	392
Vitex		
— **agnus-castus** L.	2285	498
Vitis		
— **vinifera** L.	568	109
— *vinifera*		
subsp. *sativa* (F)	568	109
Vogelia		
— *paniculata* (F)	244	51
Vulpia		
— **bromoides** (L.) Gray	3171 b	677
— **ciliata** Dumort.	3172	677
— dertonensis (F)	3171 b	677
— **fasciculata** (Forsskal) Samp.	3175	678
— **geniculata** (L.) Link	3174	678
— *incrassata* (C, F, G)	3396	729
— **ligustica** (All.) Link	3176	678
— *membranacea* (G)	3175	678
Vulpia myuros (L.) C. Gmelin	3171	677
— *myuros* (G)	3171 b	677
— *sciuroides* (C)	3171 b	677
— **sicula** (C. Presl) Link	3173	677
— *tenuis* (F, G)	3396	729
— *uniglumis* (C, F)	3175	678
— **unilateralis** (L.) Stace	3244	694
Vulpiella		
— **tenuis** (Tineo) Kerguélen	3396	729
Wahlenbergia		
— **hederacea** (L.) Reichb.	1804	384
Wendtia		
— *minima* (B)	1169	223
Willemetia		
— *apargioides* (B, C)	1676	348
— *prenanthoides* (B)	1677	348
— *stipitata* (F)	1676	348
Wolffia		
— **arrhiza** (L.) Wimmer	2805	616
Woodsia		
— **alpina** (Botton) Gray	3278	703
— *hyperborea* (B, C)	3278	703
— *hyperborea* (C)	3278 b	703
— **ilvensis** (L.) R. Br.	3278 b	703
— *ilvensis*		
subsp. *alpina* (F)	3278	703
Woodwardia		
— **radicans** (L.) Smith	3399	729
Xanthium		
— *echinatum* (F)	1761 b	373
— *italicum* (B, C, G)	1761 b	373
— *macrocarpum* (B, C)	1761	372
— *orientale* (F, G)	1761	372
— **spinosum** L.	1759	372
— **strumarium** L.	1760	372
Xanthium strumarium L.	1761	372
— **strumarium**		
subsp. **italicum**		
(Moretti) D. Löve	1761 b	373
Xatardia		
— **scabra** (Lapeyr.) Meissner	1185	226
Xatartia		
— *scabra* (B, C, F)	1185	226
Xeranthemum		
— **annuum** L.	1633	337
— **cylindraceum** Sibth. & Smith	1632	337
— *foetidum* (F)	1632	337
— **inapertum** (L.) Miller	1633 b	337
Zacintha		
— *verrucosa* (B, C, F)	1695	355
Zannichellia		
— **palustris** L.	2792 a-c	615
— *pedicellata* (C)	2792 c	615
ZANNICHELLIACEAE		615
—		616
Zea		
— **mays** L.	2989	645
Ziziphus		
— **ziziphus** (L.) Meikle	588	113
Zizyphus		
— *jujuba* (T)	588	113
— *vulgaris* (B, C, G)	588	113
Zostera		
— **marina** L.	2797	616
— *nana* (B, C, F, G)	2798	616
— **noltii** Hornem.	2798	616
ZOSTERACEAE		616
ZYGOPHYLLACEAE		110

INDEX DES NOMS FRANÇAIS

Taxon	*Dessin*	*Pl.*
Abricotier	898	167
Absinthe	1431	288
Abutilon de Théophraste	515	98
— d'Avicenne	515	98
Acanthe mou	2282	497
Acéras homme-pendu	2731	607
Ache de montagne	1141	214
— inondée	1229 c	238
— nodiflore	1229	238
— odorante	1232	239
— rampante	1229 b	238
Achillée à feuilles de camomille	1486	300
— à feuilles de tanaisie	1484	299
— à grandes feuilles	1488	300
— agératum	1480	299
— de Clavenna	1491	300
— de Ligurie	1485 b	300
— des Pyrénées	1493 b	301
— distante	1484 2	299
— erba-rotta	1494	301
— millefeuille	1483	299
— musquée	1490	300
— naine	1489	300
— noble	1485	300
— noirâtre	1492	300
— odorante	1482	299
— ptarmique	1493	301
— sétacée	1483 3	299
— sternutatoire	1493	301
— tomenteuse	1481	299
Achnathérum calamagrostide	3058	656
Aconit anthora	91	20
— de Naples	92 b	20
— du Portugal	93 b	21
— napel	93	21
— panaché	94	21
— paniculé	95	21
— tue-loup	92	20
— vulgaire	93	21
Acore calame	2810	617
— vraie	2810	617
Acrostic théliptéris	3286	708
Actée en épi	96	22
Adénocarpe à feuilles pliées	637 b	122
— à grandes fleurs	636	122
— changé	637	122
— de Toulon	636	122
— —	637	122
Adénophore à feuilles de lis	1779	377
Adénostyle à feuilles blanches	1372	274
— à feuilles d'alliaire	1373	274
— à tête blanche	1373	274
— des Alpes	1374	274
Adiantum cheveu-de-Vénus	3305	714
Adonis annuelle	26	7
— des Pyrénées	29	8
— du printemps	28	8
— d'automne	26	7
— d'été	25	7
— —	25 2	7
— flamme	27	7
Adoxa moschatelline	1268	250
Aethéorhiza bulbeuse	1704	357
Aethionéma à feuilles ovales	263 b	55
— des montagnes	264	55
— des rochers	263	55
Agripaume cardiaque	2223	483
— faux-marrube	2224	483
Agrostide à soies	3073	659
— blanche	3069	659
— —	3069 2,3	659
— —	3069 b,b2	659
— canine	3070	659
— capillaire	3069 c	659
— de Castille	3069 3	659
— de Curtis	3073	659
— de Mertens	3072	659
— de Pourret	3068	658

Taxon	*Dessin*	*Pl.*
Agrostide de Schleicher	3074 b	660
— des Alpes	3074	660
— des chiens	3070	659
— des rochers	3071	659
— élégante	3066	658
— fluette	3057	656
— géante	3069 2	659
— grêle	3066	658
— interrompue	3067 b	658
— jouet-du-vent	3067	658
— pâle	3068	658
— rouge	3072	659
— stolonifère	3069	659
— —	3069 b,b2	659
— verticillée	3069 d	659
— vulgaire	3069 c	659
Aigremoine d'Europe	962	183
— élevée	962 2	183
— eupatoire	962	183
— odorante	962 2	183
Ail	582	2614
— à fleurs aiguës	2613 b	582
— à fleurs de narcisse	2633	586
— à fleurs nombreuses	2610	581
— à odeur agréable	2630 b	585
— à tête ronde	2617	583
— à toupet	2645	589
— à trois angles	2622	584
— améthyste	2617 b	583
— anguleux	2634 b	586
— arrondi	2613	582
— caréné	2625	584
— cilié	2621	584
— cultivé	2614	582
— de Naples	2619	583
— de Sicile	2635	587
— des bois	2618	583
— des bruyères	2630	585
— des endroits cultivés	2626	585
— des montagnes	2634	586
— des ours	2618	583
— des vignes	2616	583
— —	2616 2	583
— doré	2623	584
— douteux	2634	586
— d'Ascalon	2607	580
— élégant	2625 b	584
— en panicule	2627	585
— faux-poireau	2609	581
— fistuleux	2608 b	581
— jaunâtre	2630	585
— jaune	2624	584
— joli	2625 b	584
— moly	2623	584
— musqué	2629	585
— noir	2637	587
— odorant	2630 b	585
— oignon	2608	580
— pâle	2627 2	585
— parfumé	2631	585
— pendant	3386	727
— petit-moly	2620	583
— poireau	2612	581
— potager	2626	585
— raide	2611	581
— rigide	2611	581
— rocambole	2615	582
— rosé	2632	586
— serpentin	2636	587
— très rude	2613 c	582
— victoriale	2636	587
Aïra à nombreuses tiges	3097 b	663
— articulée	3095	663
— blanchâtre	3094	663
— capillaire	3098	663
— caryophyllée	3097	663
— de Cupani	3097 c	663
— de Provence	3098 c	663

Taxon	*Dessin*	*Pl.*
Aïra de Tenore	3098 b	663
— discolore	3099	664
— flexueuse	3100	664
— gazonnante	3101	664
— précoce	3096	663
— très élégante	3098	663
Airelle des marais	1806	384
— myrtille	1807	384
— rouge	1805	384
— vigne-du-Mont-Ida	1805	384
Aïropsis fluet	3091	662
— globuleux	3091	662
Ajonc à petites fleurs	605	117
— de Le Gall	604 b	117
— d'Europe	604	117
— mineur	606	117
— nain	606	117
Alcéa bisannuelle	511	97
Alchémille à cinq folioles	966	184
— à folioles soudées	967 c	184
— à tige filiforme	968 b	184
— brillante	969	184
— des Alpes	967	184
— des champs	965	184
— des combes à neige	966	184
— des Pyrénées	968 c	184
— des rochers	967	184
— glabre	968 3	184
— jaune-vert	968	184
— peu soyeuse	967 b	184
— verdâtre	968 2	184
— vulgaire	968	184
Aldrovande à vessies	335	69
Aliboufier officinal	1885	398
Alisier à larges feuilles	982	187
— blanc-de-neige	981	187
— de Fontainebleau	982	187
— de Scandinavie	981 b	187
— nain	979	186
— petit-néflier	979	186
— torminal	980	187
Alisma à feuilles de parnassie	2559	570
— fausse-renoncule	2558	570
— graminée	2560 3	571
— lancéolée	2560 2	571
— nageante	2557	570
— plantain	2560	570
Alliaire officinale	161	36
— pétiolée	161	36
Allier	981	187
Allosore crispée	3306	714
Alouchier	981	187
Althénie de Barrandon	2793 b	615
— filiforme	2793	615
— —	2793 b	615
Alviès	3251	695
Alysson à calice persistant	214	46
— à feuilles de serpolet	217 b	46
— à feuilles d'halimus	222 b	47
— à gros fruits	219	47
— alpestre	217	46
— calicinal	214	46
— champêtre	215	46
— de Gemona	223	47
— de Lapeyrouse	222	47
— de Ligurie	222 b	47
— de Loiseleur	3353	723
— des montagnes	216	46
— des Pyrénées	220	47
— des pierres	223	47
— épineux	218	47
— faux-alysson	214	46
— maritime	221	47
— simple	215	46
Amandier	892	166
Amarante blanche	2344	510
— blite	2345	510
— couchée	2342	509

Taxon	Dessin	Pl.
Amarante couleur de sang	2343 b	509
— étalée	2343 b	509
— réfléchie	2343	509
— sauvage	2346	510
— verte	2346	510
Amarinthe lisse	1253	246
— trifide	1253	246
Ambroisie à feuilles d'armoise	1762	373
Ambrosine de Bassi	3394	728
Amélanchier à feuilles ovales	985	188
— commun	985	188
Amidonnier	3223 b	688
Ammi élevé	1222	237
— visnage	1223	237
Ammophile des sables	3065	658
— faux-roseau	3065 2	658
Amourette	3152	674
Ampélodesme de Mauritanie	3054	656
Ampelodesmos tenace	3054	656
Amsinckie à calice persistant	2000	426
— à feuilles étroites	2000	426
Anacamptis en pyramide	2742	608
Anacycle de Valence	1475	297
— en massue	1473	297
— radié	1474	297
Anagyre fétide	603	116
Anaphalis perlé	1534	308
Anarrhinum à feuilles de pâquerette	2050	443
Ancolie de Bertoloni	3349	722
— des Alpes	83	18
— des Pyrénées	83 b	18
— noirâtre	82 b	18
— très poilue	82 c	18
— vulgaire	82	18
Andromède à feuilles de polium	1812	385
Andropogon à deux épis	3047	654
— d'Allioni	3044	653
— grillon	3045	654
— hérissé	3043	653
— —	3043 b	653
— ischème	3046	654
Androsace à feuilles obtuses	1858 b	393
— à grands calices	1861	393
— allongée	1863	394
— ciliée	1856 c	393
— couleur de chair	1858	393
— couleur de lait	1860	393
— courte	1855	393
— cylindrique	1856 b	393
— de Chaix	1862 b	394
— de Charpentier	1855	393
— de Lagger	1858 c	393
— de Suisse	1857	393
— de Vandelli	1852	393
— des Alpes	1854	393
— des champs	1861	393
— des Pyrénées	1853	393
— imbriquée	1852	393
— petit-jasmin	1859 b	393
— pubescente	1856	393
— septentrionale	1862	394
— un peu hérissée	1856 2	393
— velue	1859	393
Androsème fétide	560	107
— officinal	561	107
Andryale à feuilles entières	1754	371
— de Raguse	1755	371
— sinueuse	1754	371
Anémone à feuilles de narcisse	17	5
— à fleurs de narcisse	17	5
— couronnée	18	5
— —	18 2-4	5
— de Haller	22 b	6
— des Alpes	23	7
— —	23 b	7
— des Apennins	15	5
— des bois	14	5
— des jardins	19 1	6
— —	19 2,3	6
— du Mont Baldo	12	5
— du printemps	21	6
Anémone fausse-renoncule	16	5
— œil-de-paon	19 2,3	6
— palmée	20	6
— pulsatille	22	6
— Sylvie	14	5
— sylvestre	13	5
Aneth des moissons	1147	216
— fenouil	1149	216
— odorant	1148	216
Angélique à fruits de deux sortes	1144	215
— de Razouls	1145	215
— des Pyrénées	1142	214
— sauvage	1143	215
Anogramme à frondes minces	3277	703
Antennaire des Carpates	1533	308
— dioïque	1532	308
Anthémis à rameaux tournés d'un même côté	1463 b	296
— brunâtre	1468	296
— cotule	1464	296
— de Crète	1466	296
— de Trionfetti	1472	297
— des Carpates	1466 3	296
— des champs	1465	296
— des montagnes	1466	296
— des rochers	1466 2	296
— des teinturiers	1470	297
— épaissi	1465 b	296
— géant	1471	297
— maritime	1463	295
— mixte	1469	297
— noble	1467	296
Anthéricum à fleurs de lis	2651	591
— rameux	2652	591
Anthrisque caucalis	1236	240
— vulgaire	1236	240
Anthyllide à quatre folioles	660	127
— barbe-de-Jupiter	657	126
— des montagnes	658	126
— faux-cytise	656	126
— hermannia	3366	724
— vulnéraire	659	127
— —	659 2-5	127
Antinorie fausse-agrostide	3092	662
Apargie faux-pissenlit	1651	342
Apéra interrompue	3067 b	658
— jouet-du-vent	3067	658
Aphanès des champs	965	184
Aphyllanthe de Montpellier	2656	593
Aponogéton à deux épis	3392	728
Aposéris fétide	1643	340
Arabette à feuilles de pâquerette	179	40
— à feuilles de serpolet	183 b	40
— à oreilles	188	41
— auriculée	188	41
— bleuâtre	193	42
— bleue	193	42
— ciliée	183	40
— de Haller	192	42
— de Jacquin	179	40
— de Thalius	178	40
— des Alpes	187	41
— des Cévennes	190	42
— des collines	180	40
— des murailles	180	40
— des rochers	189	42
— des sables	191	42
— du Piémont	190 b	42
— du printemps	194	42
— d'Allioni	184 c	40
— étoilée	182	40
— faux-chou	185	41
— hérissée	184	40
— naine	182	40
— nouvelle	189	42
— raide	181	40
— sagittée	184 b	40
— scabre	181	40
— subcoriace	179	40
— tourette	186	41
Arabidopsis de Thalius	178	40
Arbousier des Alpes	1810	385
— raisin-d'ours	1811	385
— unédo	1809	385
Arbre-à-perruque	601	116
Arbre-de-Judée	889	165
Arceutobe de l'oxycèdre	1267	250
Argousier faux-nerprun	2440	538
Argyrolobe de Linné	635	122
— de Zanon	635	122
Arisarum vulgaire	2807	617
Aristella faux-brome	3084	661
Aristoloche à feuilles rondes	2447	540
— arrondie	2447	540
— clématite	2444	539
— longue	2447 b	540
— pâle	2445	539
— paucinervée	2447 b	540
— pistolochia	2446	539
Arméria à feuilles de plantain	2314	503
— à nervures poilues	2308	502
— —	2308 b	502
— à tiges filiformes	2316	504
— de Belgentier	2316	504
— de Foucaud	2315	504
— de Girard	2307	502
— de Majellan	2315	504
— de Mueller	2312	503
— des Alpes	2309	502
— des sables	2314	503
— du Roussillon	2313	503
— faux-buplèvre	2314 b	503
— faux-jonc	2307	502
— faux-plantain	2314	503
— maritime	2311	503
— précoce	2314 c	504
— purpurin	2310	502
— —	2311 b	503
Armoise à feuilles de camomille	1436	289
— à fleurs laineuses	1435	289
— absinthe	1431	288
— arborescente	1432	288
— blanche	1433	288
— —	1433 2	289
— camphrée	1433	288
— champêtre	1444	291
— de France	1446 b	292
— de Lloyd	1444 3	291
— de Villars	1435	289
— des frères Verlot	1442 b	290
— des glaciers	1429	288
— du Pont	1438	289
— du Pont-Euxin	1438	289
— du Valais	1437	289
— d'Aragon	1445	291
— en épi	1441	290
— estragon	1443	291
— genépi	1441	290
— glutineuse	1444 4	291
— herbe-blanche	1445	291
— lâche	1430	288
— maritime	1446	292
— mutelline	1430	288
— naine	1439	290
— noirâtre	1434	289
— pontique	1438	289
— septentrionale	1439	290
— vulgaire	1442	290
Armoracie rustique	237	49
Arnica des montagnes	1405	281
Arnoséris minime	1642	340
Arole	3251	695
Aronce dioïque	906	170
— sauvage	906	170
Arondo de Mauritanie	3053	655
— de Pline	3053	655
— donax	3052	655
Arroche à feuilles épaisses	2352	512
— à petits fruits	2349 b	511
— couchée	2351	512
— de Babington	2351 b	512
— de Tartarie	2353	512
— de Tornabene	2352	512

Taxon	*Dessin*	*Pl.*
Arroche des jardins	2349	511
— —	2349 b	511
— du littoral	2350 b	512
— étalée	2350	511
— halime	2348	511
— hastée	2351	512
— laciniée	2353	512
— pédonculée	2355	513
— pourpier	2356	513
— presque glabre	2351 b	512
— puante	2367	515
— rosée	2354	512
Arthrocnémum à gros épis	2383	520
Artichaut	1554	312
— cardon	1554 b	313
— scolyme	1554	312
Arum arisarum	2807	617
— d'Italie	2809	617
— peint	3393	728
— petit-dragon	2806	616-617
— tacheté	2808	617
Asaret d'Europe	2443	539
Asarine couchée	2046	442
Asclépiade de Cornuti	1901	403
— de Syrie	1901	403
— fruticuleuse	1902	403
Asperge	2667	596
— à feuilles aiguës	2664	595
— à feuilles étroites	2666	596
— maritime	2665	595
— officinale	2667	596
— scabre	2665	595
Aspergette	2596	579
Aspérule à feuilles par six	1324	262
— à longues fleurs	1322 b	262
— à l'esquinancie	1322	262
— de Jordan	1322 b2	262
— de Turin	1318	261
— des champs	1325	262
— des teinturiers	1323	262
— faux-gaillet	1320	261
— hérissée	1321	261
— lisse	1319	261
— odorante	1317	261
— pourpre	1294	256
— rude	1322 b	262
Asphodèle à petits fruits	2655 c	593
— blanc	2655	592
— —	2655 2	592
— d'été	2655 c	593
— fistuleux	2654	592
— rameux	2655 b	593
— subalpin	2655 2	592
Aspic	2172	468
Aspidium à cils raides	3279	703
— en lance	3280	704
Asplénium à feuilles en coin	3289 b	709
— à pétiole vert	3292	709
— ceterach	3271	701
— de Billot	3297	711
— de Haller	3296	711
— de Jahandiez	3292 c	710
— de Pétrarque	3292 b	710
— des fontaines	3296	711
— doradille-noire	3289	709
— du Forez	3296 b	711
— gracieux	3293	710
— lancéolé	3297	711
— marin	3290	709
— noir	3289	709
— obové	3297 b	711
— onoptéris	3289 c	709
— presque ovale	3297 b	711
— pulvérulent	3293	710
— rue-de-muraille	3294	710
— sagitté	3300	712
— scolopendre	3299	712
— septentrional	3295	710
— trichomanès	3291	709
— vert	3292	709
Aster à feuilles de saule	1396	279
— à feuilles de sédum	1392	279

Taxon	*Dessin*	*Pl.*
Aster à feuilles d'orpin	1392	279
— à trois nervures	1392 b	279
— âcre	1392	279
— amelle	1394	279
— bellidiastrum	1397	280
— de la Nouvelle-Belgique	1390	278
— —	1390 b	279
— des Alpes	1393	279
— des Pyrénées	1391	279
— linosyris	1382	276
— tripolium	1395	279
Astérocarpe de Clusius	331	69
— faux-sésame	330	68
Astérolide aquatique	1501	303
— épineux	1500	302
— maritime	1502	303
Astéroline en étoile	1869	395
— lin-étoilé	1869	395
Astragale à cinq gousses	782	144
— à feuilles de réglisse	776	143
— à fleurs pendantes	795	146
— à tige courte	773'	143
— adragant	769	142
— aristé	770	142
— austral	798	147
— blanchâtre	772	143
— de Bayonne	784	145
— de Gérard	798 b	147
— de Lenzbourg	787	145
— de Lienz	787	145
— de Montpellier	771	143
— de Narbonne	777 b	144
— des Alpes	797	146
— des frimas	796	146
— des régions froides	796	146
— du Danemark	788 b	145
— du Gennargentu	3367	724
— d'Andalousie	779	144
— d'Autriche	785	145
— épiglotte	774	143
— esparcette	788	145
— étoile	781	144
— fausse-queue-de-renard	777 b	144
— faux-sésame	780	144
— faux-vulpin	777 b	144
— glaux	783	145
— hameçon	775	143
— hérissé de piquants	782	144
— hypoglotte	788 b	145
— nain	773	143
— pélecine	799	147
— pois-chiche	778	144
— pourpré	788 c	145
— queue-de-renard	777	144
— sainfoin	788	145
— toujours vert	770	142
— vésiculeux	786	145
— vulpin	777	144
Astrantie grande	1255	246
— petite	1255 b	246
Athamanthe de Crète	1181	225
Athyrium alpestre	3298 b	712
— fougère-femelle	3298	711
Atractyle en treillis	1629	336
— humble	1630	336
— peu élevée	1630	336
Atragène des Alpes	4	1
Atropa belladone	2021	432
Aubépine à un seul carpelle	971 b	185
— azerolier	972	185
— du Roussillon	972 b	185
— d'Espagne	972	185
— épineuse	971	185
— lisse	971	185
Aubours	626	120
—	626 b	120
Aune à feuilles en cœur	3384	726
— blanchâtre	2555	569
— cordé	3384	726
— des Alpes	2553	569
— glutineux	2554	569
— vert	2553	569

Taxon	*Dessin*	*Pl.*
Aurinie des pierres	223	47
Avellinie de Micheli	3177	678
Avénule bigarrée	3112	667
— des prés	3114	667
— faux-brome	3114 b	667
— pubescente	3111	667
— sillonnée	3113	667
Avoine barbue	3104 b	665
— courte	3105 e	666
— cultivée	3105	665
— —	3105 b	665
— de Hongrie	3105 b	665
— de Host	3110 b	667
— de Louis	3103 2	665
— de Scheuchzer	3112	667
— de Thore	3107	666
— des montagnes	3108	666
— des prés	3114	667
— dorée	3115	667
— élevée	3106	666
— faux-brome	3114 b	667
— folle	3104	665
— maigre	3105 d	665
— nue	3105 c	665
— orientale	3105 b	665
— pubescente	3111	667
— rude	3105 d	665
— sétacée	3109	666
— sillonnée	3113	667
— stérile	3103	665
— toujours verte	3110	666
Azalée des Alpes	1824	388
Azolla de la Caroline	3320	716
— fausse-filicule	3321	716
Baguenaudier arborescent	800	147
Baldellia fausse-renoncule	2558	570
Baldingéra faux-roseau	2999	647
Ballote buissonnante	2246	489
— épineuse	2246	489
— fétide	2245	489
Barbarée arquée	160 b	36
— de Sicile	160 e	36
— des rochers	3351	722
— du printemps	160 d	36
— intermédiaire	160 f	36
— raide	160 c	36
— vulgaire	160 a,g	36
— —	160 b-f	36
Barbe-de-bouc	906	170
Barbon double	3047	654
Barbotine	1450	292
Bardane à petites têtes	1631 a	336
— commune	1631 a-d	336
— des bois	1631 d	336
— mineure	1631 a	336
— tomenteuse	1631 c	336
Bardanette à grappes	3024	650
— racémeuse	3024	650
— rameuse	3024	650
Barkhausie à feuilles de pissenlit	1699	356
— à feuilles de roquette	1701	357
— à soies	1698	356
— blanchâtre	1702	357
— de Suffren	1697	356
— faux-léontodon	1700	357
— faux-liondent	1700	357
— fétide	1703	357
Barlia de Robert	2747	609
Bartsie des Alpes	2114	457
— en épi	2115	457
Bassia à balais	2378	518
— à fleurs laineuses	2376	518
— couchée	2377	518
— hérissée	2375	518
Bassinet-des-champs	56	12
Bâton blanc	2655	592
— —	2655 2	592
Bâton-du-diable	1363	271
Baume sauvage	2176	469
Belladone	2021	432
Bellardie trixago	2116	457
Bellardiochloa violacée	3185	680

Taxon	*Dessin*	*Pl.*
Bellevalia à trois feuilles	2643	589
— cilié	2644	589
— de Rome	2642	588
Bellidiastrum de Micheli	1397	280
Bellium fausse-pâquerette	3373	725
Benjeanie droite	756	140
— hérissée	757	140
Benoîte à fruits de deux sortes	913	171
— commune	908	170
— des forêts	910	171
— des montagnes	911	171
— des Pyrénées	910 b	171
— des ruisseaux	909	170
— rampante	912	171
— urbaine	908	170
Bérardie à tige courte	1619	333
— laineuse	1619	333
Berbéris commun	100	23
Berce de Sibérie	1167	222
— des Alpes	1168 d	223
— des montagnes	1168 b	222
— des Pyrénées	1168 c	223
— des prés	1168	222
— jaunâtre	1167	222
— minime	1169	223
— panacée	1168 b	222
— sphondyle	1168	222
Berle à feuilles étroites	1213	234
— à larges feuilles	1212	234
— dressée	1213	234
Bertéroa blanchâtre	224	47
Bétoine hérissée	2243	489
— officinale	2244	489
— queue-de-renard	2242	489
Bette maritime	2359	514
— vulgaire	2358	513
Betterave	2358	513
Bident bipenné	1497	302
— hérissé	1495 2	301
— penché	1496	302
— radié	1495 b	301
— rayonnant	1495 b	301
— triparti	1495	301
— —	1495 2	301
Bifora à deux coques	1130	210
— rayonnante	1130 b	210
— testiculée	1130	210
Bigaradier	576	111
Bigarreautier	894	167
Biserrula pélecine	799	147
Bituminaria bitumineuse	804	148
— —	804 b	148
Blackstonie acuminée	1911 b	405
— non perfoliée	1910	405
— perfoliée	1911	405
Blé à deux grains	3223 b	688
— à un grain	3223 c	688
— de Pologne	3222	687
— de Turquie	2989	645
— dur	3224 c	688
— d'été	3224	688
— épeautre	3223	687
— noir	2407	529
— ordinaire	3224	688
— poulard	3224 b	688
— renflé	3224 b	688
— velu	3221	687
Blechnum en épi	3301	712
— spicant	3301	712
Bleuet	1609	331
Blite à fleurs en tête	2373 b	517
— capité	2373 b	517
— effilée	2373	517
Blysmus comprimé	2877	628
Bois-carré	585	112
Bois-de-poule	563	108
Bois-de-Sainte-Lucie	895	167
Bois-gentil	2422	534
Bois-joli	2422	534
Bois-puant	897	167
Bombyciléna diversement colorée	1541 b	309

Taxon	*Dessin*	*Pl.*
Bombyciléna dressée	1541	309
Bonhomme	2032 b	436
Bonne-dame	2349	511
—	2349 b	511
Bonnet-de-prêtre	585	112
Bordéréa des Pyrénées	2672	597
Botryche à feuilles de matricaire	3313	715
— à feuilles de rue	3314	715
— de Virginie	3315	715
— lancéolé	3313 b	715
— lunaire	3311	715
— multifide	3314	715
— simple	3312	715
Boucage disséqué	1214 b2	235
— saxifrage	1214	235
— —	1214 b2	235
— tragium	1216	236
— voyageur	1215	235
Bouillon-blanc	2031	435
Boule-de-neige	1274	251
Bouleau blanc	2552	568
— nain	2552 c	568
— pendant	2552	568
— pubescent	2552 b	568
Bourdaine	590	113
Bourrache naine	3376	725
— officinale	1955	415
Bourse-à-pasteur	269	56
Bourse-de-Judas	274	57
Bouton-d'or	68	15
—	68 3	15
Brachypode à deux rangs	3235	692
— des bois	3236	692
— penné	3237	692
— rameux	3234	692
— tronqué	3234	692
Braya couchée	162	37
— pinnatifide	163	37
Brignolia à feuilles de panais	1190	228
Brimeura améthyste	2641	588
Brize grande	3151	674
— intermédiaire	3152	674
— petite	3153	674
Brome à deux étamines	3201 b	683
— à grands épillets	3209	685
— à port de brome mou	3210 b	685
— confondu	3206 b	684
— de Madrid	3198	682
— de Schrader	3194	682
— de Thomine	3204 b	684
— de Willdenow	3194	682
— des champs	3207	684
— des champs de blé	3202 2	683
— des toits	3199	682
— dressé	3195	682
— du Japon	3207 b	684
— élevé	3201	683
— en grappe	3206	684
— étalé	3207 b	684
— fausse-orge	3204	684
— faux-brome	3203	683
— faux-seigle	3202	683
— géant	3205	684
— intermédiaire	3210	685
— lancéolé	3209	685
— mou	3204	684
— raboteux	3208	685
— raide	3201	683
— rameux	3196	682
— —	3206	684
— rougeâtre	3198 b	682
— rude	3196	682
— sans arêtes	3197	682
— stérile	3200	682
— volumineux	3202 3	683
Brunelle à feuilles d'hysope	2261	493
— à grandes fleurs	2262 c	493
— blanche	2262 b	493
— laciniée	2262 b	493
— vulgaire	2262	493
Bruyère arborescente	1816	386
— à balai	1817	387

Taxon	*Dessin*	*Pl.*
Bruyère à couleur de chair	1819	387
— à fleurs nombreuses	1821	388
— à fleurs terminales	3375	725
— à quatre angles	1814	386
— carnée	1819	387
— cendrée	1818	387
— ciliée	1815	386
— de la Méditerranée	1819 b	387
— de l'Occident	1819 b	387
— du Portugal	1816 b	386
— herbacée	1819	387
— vagabonde	1820	387
Bryone blanche	1023	195
— dioïque	1022	195
Bufonie à feuilles étroites	422	83
— à grosses graines	421	83
— paniculée	421	83
— vivace	423	83
Bugle de Genève	2265	493
— iva	2264	493
— jaune	2263	493
— petit-pin	2263	493
— pyramidale	2265 b	493
— rampante	2266	494
Buglosse crispée	3377	725
— de Barrelier	1964	417
— des champs	1965	417
— d'Italie	1961	416
— hybride	1960	416
— officinale	1963	417
— ondulée	1960	416
— toujours verte	1962	417
Bugrane à crête	644	124
— à feuilles rondes	642	124
— à fleurs courtes	655 b	126
— buissonnante	643	124
— chétive	651 b	125
— des anciens	645 c	124
— d'Aragon	649	125
— épineuse	645 b	124
— jaune	654	126
— ligneuse	643	124
— naine	651	125
— natrix	654	126
— panachée	653	126
— pubescente	650	125
— queue-de-renard	647	125
— rampante	645 a1-3	124
— renversée	648	125
— sans épines	646	125
— striée	652	125
— très rameuse	654 b	126
— visqueuse	655	126
Buis	2494	550
— toujours vert	2494	550
Buisson-ardent	973	185
Bulbocode du printemps	2564	572
Bulliarde de Vaillant	1044	198
Bunias fausse-roquette	247	51
— —	247 2	51
Bunium épaissi	1219 b	236
— noix-de-terre	1219	236
Buphthalmum à feuilles de saule	1498	302
— —	1498 2	302
— à grandes fleurs	1498 2	302
Buplèvre anguleux	1202	231
— aristé	1206	232
— à branches de jonc	1207	232
— à feuilles lancéolées	1199 b	231
— à feuilles rondes	1199	231
— à longues feuilles	1201	231
— à ombelles réduites	1199 b	231
— de Gérard	1207 b	232
— des pierres	1204	232
— des rochers	1204	232
— du Mont Baldo	1206	232
— en faux	1208	233
— —	1208 b	233
— étoilé	1200	231
— fausse-renoncule	1203	232
— fluet	1205	232

Taxon	*Dessin*	*Pl.*
Buplèvre glauque	1205 b	232
— ligneux	1211	234
— raide	1210	233
— semi-composé	1205 b	232
— sous-ligneux	1209	233
— très élevé	1207	232
— très menu	1205	232
Butome en ombelle	2563	572
Cactus raquette	1073	201
Caille-lait blanc	1298 a-c	257
— jaune	1291	255
Cakilier maritime	282	59
— —	282 2	59
Calamagrostide argentée	3058	656
— bigarrée	3059	657
— blanchâtre	3064	657
— commune	3060	657
— de Haller	3061	657
— délicate	3057	656
— des montagnes	3059	657
— des rivages	3063	657
— épigeios	3060	657
— faux-roseau	3056	656
— —	3063	657
— lancéolée	3064	657
— méconnue	3062	657
— négligée	3062	657
— raide	3062	657
— roseau	3056	656
— velue	3061	657
Calament à feuilles de menthe	2193 b	474
— à grandes fleurs	2192	473
— acinos	2190	473
— clinopode	2189	473
— des Alpes	2191	473
— népéta	2194	474
— officinal	2193	473
Caldésie à feuilles de parnassie	2559	570
Calépine de Corvin	245	51
— irrégulière	245	51
Calicotome épineux	608	117
— velu	3362	724
Calla des marais	2811	617
Callianthème à feuilles de coriandre	43	10
Callitriche aquatique	1008 a-c	193
— des eaux stagnantes	1008 a	193
— des étangs	1008 a	193
— des marais	1008 b	193
— du printemps	1008 b	193
— en crochet	1008 c	193
Callune vulgaire	1813	386
Calycocorsus stipité	1676	348
Calystégie des haies	1937	411
— soldanelle	1938	412
Camarine noire	2448	540
Camélée à trois coques	600	115
Caméline à petits fruits	243 b	51
— alysson	243 c	51
— —	243 c2	51
— cultivée	243	51
Camérisier	1282	253
Camomille brunâtre	1468	296
— mixte	1469	297
— noble	1467	296
— romaine	1467	296
— vraie	1461	295
Camomille-des-chiens	1464	296
Campanille à feuilles de lierre	1804	384
Campanule à belles fleurs	1783	378
— à feuilles de cranson	1797	381
— —	1797 e	381
— à feuilles de lin	1798 c	382
— à feuilles de pêcher	1803	383
— à feuilles lancéolées	1798 c	382
— à feuilles rhomboïdales	1798 d	382
— à feuilles rondes	1798	382
— à larges feuilles	1793	380
— à racine épaisse	1798 b	382
— agglomérée	1789	379
— barbue	1782	378
— carillon	1781	378

Taxon	*Dessin*	*Pl.*
Campanule cervicaire	1788	379
— des Alpes	1784	378
— de Bologne	1792	380
— de Catalogne	1798 f	382
— de Jaubert	1797 c	381
— de Rainer	1801	383
— de Scheuchzer	1796	381
— des pierres	1785	379
— des prières	1798 e	382
— des sous-Pyrénées	1803 2	383
— du Mont Cenis	1800	383
— du Roussillon	1798 f	382
— d'Allioni	1784	378
— en épi	1787	379
— en thyrse	1786	379
— érinus	1799	383
— étalée	1802	383
— fausse-ficaire	1797 d	381
— fausse-raiponce	1794	381
— fluette	1797	381
— gantelée	1795	381
— incisée	1797 b	381
— lancéolée	1798 e	382
— pyramidale	1791	380
— raiponce	1790	380
— rhomboïdale	1798 d	382
Camphorine de Montpellier	2379	518
Canche bleue	3165	676
— flexueuse	3100	664
— gazonnante	3101	664
— grêle	3099	664
— moyenne	3101 b	664
Canne de Ravenne	3050	655
Canneberge	1808	384
Capillaire	3305	714
— noire	3289	709
— rouge	3291	709
Câprier épineux	286	60
Capselle bourse-à-pasteur	269	56
— rougeâtre	269 b	56
Capuchon	2807	617
Cardamine à feuilles de radis	200	43
— à feuilles de réséda	198	43
— à feuilles d'asaret	204	44
— à larges feuilles	200	43
— à petites fleurs	196	43
— à tiges nombreuses	195	43
— à trois folioles	205	44
— amère	201	44
— de Matthiole	202 2	44
— de Plumier	203	44
— dentée	202 3	44
— des Alpes	197	43
— des bois	195 b	43
— des prés	202	44
— faux-pigamon	203	44
— flexueuse	195 b	43
— hérissée	195	43
— impatiente	199	43
Cardaminopsis de Haller	192	42
— des Cévennes	190	42
— des sables	191	42
— du Piémont	190 b	42
Cardarie drave	275	57
Cardère à foulons	1356	268
— cultivée	1356	268
— découpée	1355 2	268
— laciniée	1355 2	268
— poilue	1357	268
— sauvage	1355	268
— silvestre	1355	268
Cardon	1554 b	313
Cardoncelle bleue	1612	332
— de Montpellier	1584	323
— molle	1583	323
— sans épines	1583	323
Carex à bec court	2949	638
— à deux épis	2926	635
— à deux couleurs	2930	635
— à deux étamines	2917	633
— à deux nervures	2969 b	642
— à épillets espacés	2919	633

Taxon	*Dessin*	*Pl.*
Carex à épillets rapprochés	2915	633
— à épillets séparés	2920 c	634
— à épis courts	2972	642
— à épis dès la base	2942	637
— à épis d'orge	2955	639
— à épis noirs	2958	640
— à épis pendants	2971	642
— à épis rapprochés	2924	634
— à feuilles capillaires	2907 b	631
— à feuilles de jonc	2905	631
— à fruits écailleux	2987 2	644
— à fruits lustrés	2981	643
— à fruits rudes	2974	643
— à fruits tomenteux	2951	638
— à fruits velus	2941	637
— à grand style	2900	631
— à longs rhizomes	2908	632
— à nombreuses racines	2953 b	639
— à petite arête	2901	631
— à petites fleurs	2931 b	635
— à petits fruits	3395	729
— à peu de fleurs	2902	631
— à pilules	2950	638
— à port de carex aigu	2957	640
— à tige arrondie	2917	633
— à trois nervures	2938	636
— aigu	2939	636
— allongé	2923	634
— ambigu	2928	635
— appauvri	2963	641
— arrosé	2980	643
— blanc	2965	641
— blanchâtre	2921	634
— brûlé	2978	643
— brun	2937	636
— brunâtre	2921 b	634
— capillaire	2976	643
— courbé	2929	635
— court	2921	634
— de Bohême	2913	633
— de Buxbaum	2933	635
— de Davall	2897	630
— de Griolet	2952	638
— de Haller	2943	637
— de Host	2988	644
— de Huet du Pavillon	2953 c	639
— de Lachenal	2924	634
— de Link	2926	635
— de la Loire	2911 b	632
— de Maire	2986	644
— de Norvège	2934	635
— de Paira	2920 b	634
— de Reichenbach	2912 2	632
— de Schreber	2910	632
— de Vahl	2934	635
— décevant	2900	631
— déprimé	2942	637
— des Alpes méridionales	2972 b	642
— des bois	2964	641
— des bourbiers	2979	643
— des bruyères	2946	637
— —	2946 2	637
— des lièvres	2922	634
— des marais	2957	640
— des montagnes	2947	637
— des ombrages	2953 b	639
— des Pyrénées	2904	631
— des régions froides	2977	643
— des renards	2914	633
— des rives	2959	640
— des rochers	2903	631
— des sables	2911	632
— des tourbières	2925	634
— digité	2948	638
— dioïque	2898	631
— distant	2969	642
— distique	2909	632
— divisé	2907	631
— —	2907 b	631
— du Mont Baldo	2927	635
— d'Hyères	2984	644
— d'Oeder	2987 b	644

Taxon	*Dessin*	*Pl.*
Carex écarté	2920 c	634
— élevé	2936	636
— —	2971	642
— en ampoule	2956	639
— en épi	2920	634
— en étoile	2918	633
— engainant	2973 b	643
— espacé	2919	633
— étiré	2983	644
— étoile-des-marais	2925	634
— fausse-brize	2912	632
— fauve	2988	644
— faux-œillet	2953	639
— faux-panic	2973	642
— faux-panicum	2973	642
— faux-pied-d'oiseau	2948 c	638
— faux-souchet	2961	640
— ferme	2975 b	643
— ferrugineux	2968	641
— fétide	2906	631
— filiforme	2941	637
— finement denté	2954 2	639
— frangé	2974	643
— fuligineux	2932	635
— gazonnant	2936 b	636
— glauque	2954	639
— grêle	2939	636
— —	2972	642
— hérissé	2940	636
— hérisson	2918	633
— hispide	2945	637
— humble	2944	637
— jaune	2987	644
— lâche	2954	639
— —	2954 3	639
— lisse	2970	642
— maigre	2966	641
— maritime	2905	631
— mucroné	2935	636
— muriqué	2920	634
— —	2920 b	634
— noir	2931 b	635
— —	2937	636
— noirâtre	2931	635
— œdipostyle	2928	635
— ovale	2922	634
— pâle	2962	641
— paniculé	2916	633
— paradoxal	2915	633
— patte-de-lièvre	2922	634
— pauciflore	2902	631
— penché	2958	640
— pied-d'oiseau	2948 b	638
— poilu	2967	641
— ponctué	2982	644
— précoce	2910	632
— —	2953	639
— puce	2899	631
— raide	2936	636
— rouge-noirâtre	2978	643
— souchet	2913	633
— tardif	2987 b	644
— terminé en bec	2956	639
— tomenteux	2951	638
— toujours vert	2975	643
— très noir	2931 c	635
— tressé	2921 b	634
— vésiculeux	2960	640
— vulgaire	2937	636
Carline à feuilles allongées	1626 b	335
— à feuilles d'acanthe	1628	335
— à tige développée	1627 2	335
— à tiges courtes	1627	335
— en corymbe	1625	334
— laineuse	1624	334
— sans tige	1627	335
— simple	1627 2	335
— vulgaire	1626	334
Carotte	1119-1121	207-209
Caroubier à grands fruits	890	165
Carpésium penché	1544	309
Carthame laineux	1611	331
Carum carvi	1218	236
— noix-de-terre	1219	236
— verticillé	1217	236
Casque-de-Jupiter	93	21
Casse-lunettes	2109	455
Cassis	1076	201
Catabrosa aquatique	3128	669
Catananche bleue	1634	337
Caucalis à feuilles en lanières	1126 b	210
— à fruits plats	1122	209
— —	1126	210
— à grandes fleurs	1123	209
— à larges feuilles	1125	209
— faux-daucus	1126	210
— maritime	1124	209
Caulinie mineure	2795	615
Cédratier	579	111
Cèdre du Liban	3260	697
Céleri	1232	239
— odorant	1232	239
Centaurée à épines brunâtres	1597	326
— à feuilles demi-décurrentes	1607 c	331
— à nervures prononcées	1604 b	329
— à nombreux capitules	1596 b	326
— à perruque	1604 d	329
— à un capitule	1604	329
— alpestre	1605 b	330
— amère	1600 b	327
— assez raide	1596 2	326
— axillaire	1607 d	331
— blanc-brunâtre	1597 c	326
— blanche	1600 b2	327
— bleuet	1609	331
— bordée de noir	1606	330
— cendrée	1595	325
— chausse-trape	1593	325
— couchée	1602	328
— de Debeaux	1600 f	328
— de Ferdinand	1604 c	329
— de Jordan	1602 b	328
— de Lyon	1607 2	330
— de Malte	1589	324
— de Rhétie	1601	328
— de Shuttleworth	1596 3	326
— de Thuillier	1600 d	327
— de Trionfetti	1607 d	331
— —	1608	331
— des collines	1588	324
— des montagnes	1607	330
— des prés	1600 d	327
— diffuse	1591	324
— du solstice	1590	324
— d'Hanry	1597 b	326
— en corymbe	1594 b	325
— en panicule	1596	326
— en peigne	1603	329
— fausse-centaurée-phrygienne	1604 d	329
— fausse-chicorée	1599	327
— jacée	1600	327
— —	1600 b	327
— maculée	1594	325
— nervée	1604 b	329
— noire	1600 c	327
— rude	1592	324
— sans aigrette	1600 e	328
— scabieuse	1605	330
— tachée	1594	325
— toujours verte	1598	327
— trompeuse	1600 d2	328
— variée	1608	331
Centenille minime	1878	397
Centranthe à feuilles étroites	1331 b	263
— chausse-trape	1330	263
— de Lecoq	1331 b2	263
— rouge	1331	263
Centrophylle bleue	1612	332
— laineuse	1611	331
Céphalaire à fleurs blanches	1366	272
— de Syrie	1358	269
— de Transylvanie	1359	269
— des Alpes	1360	269
Céphalanthère à feuilles en épée	2715	604
Céphalanthère à grandes fleurs	2716	605
— à longues feuilles	2715	604
— blanchâtre	2716	605
— de Damas	2716	605
— rouge	2717	605
Céraiste à cinq étamines	471 a	90
— à fleurs solitaires	464 d	89
— à larges feuilles	464 b	89
— à longs pédoncules	464 b2	89
— à pétales courts	470	90
— aggloméré	469	89
— de Durieu de Maisonneuve	468 b	89
— de Sicile	468	89
— des Alpes	464	89
— des champs	467	89
— des Pyrénées	464 c	89
— diffus	471 b2	90
— douteux	462	88
— faux-céraiste	461	88
— nain	471 b	90
— tomenteux	465	89
— très ramifié	468 b	89
— uniflore	464 d	89
— variable	471 a,b	90
— vulgaire	466	89
Cératocapnos à vrilles	117	27
Cératocéphale en faux	31	8
Cératophylle immergé	1010	193
— submergé	1009	193
Cerfeuil cultivé	1237	240
— des prés	1239	241
— musqué	1245	243
— sauvage	1239	241
Cerisier	894	167
— à grappes	897	167
— acide	894 b	167
— des oiseaux	894	167
— du Portugal	896	167
— mahaleb	895	167
— putiet	897	167
Cétérach officinal	3271	701
Chaenorhinum à feuilles d'origan	2066	447
— à feuilles rougeâtres	2067	447
— mineur	2068	447
— velu	2066 2	447
Chaetonyque en cyme	1031	196
Chalef à feuilles étroites	2441	538
Chaméorchis des Alpes	2767	611
Chamépeuce de Casabona	1623	334
Chamorchis des Alpes	2767	611
Chanvre cultivé	2508	555
Chanvre-d'eau	1495	301
Char-de-Vénus	93	21
Charbonnière	2262	493
Chardon à aiguilles	1579 b	321
— à capitules serrés	1577 b	321
— à écailles obtuses	1574	320
— à feuilles de carline	1574 b	320
— à hameçons	1582	322
— à petites fleurs	1577	321
— acaule	1573	319
— bardane	1580	322
— béni	1613	332
— bleu	1257	247
— crépu	1578	321
— de la Sainte-Baume	1579	321
— décapité	1574	320
— des champs	1566	316
— —	1566 3	316
— des marais	1561	315
— du Mont Aurouse	1575	320
— du Vivarais	1582 b2	322
— d'Angleterre	1567 b	317
— étoilé	1593	325
— fausse-carline	1576	320
— intermédiaire	1574 c	320
— laineux	1560	314
— lancéolé	1557	313
— Marie	1550	310
— noircissant	1582	322
— —	1582 b	322

Taxon	*Dessin*	*Pl.*
Chardon penché	1581	322
— potager	1570	319
Chardon-des-ânes	1560	314
Charme	2521	560
— faux-bouleau	2521	560
— houblon	2522	560
Charmille	2521	560
Châtaigne-d'eau	1006	193
Châtaignier	2512	556
Cheilanthès de Maranta	3273	701
— faux-ptéris	3307	714
— laineux	3272	701
— odorant	3307	714
Cheirolophus fausse-chicorée	1599	327
— toujours vert	1598	327
Chélidoine grande	113	26
— —	113 2	26
— majeure	113	26
— —	113 2	26
Chêne à cochenille	2519	559
— angoumois	2514	558
— chevelu	2515	558
— de Fontanesi	2516	558
— des Pyrénées	2514	558
— faux-houx	2517	558
— faux-liège	2516	558
— occidental	2518 b	559
— pédonculé	2513 c	557
— pubescent	2513 b	557
— rouvre	2513 a,c	557
— sessile	2513 a	557
— tauzin	2514	558
— vert	2517	558
Chêne-liège	2518	559
—	2518 b	559
Chênette	907	170
Chénopode à feuilles de figuier	2369	516
— à feuilles d'obier	2371	517
— à odeur de bouc	2369 b	516
— Bon Henri	2366	515
— blanc	2370	516
— botrys	2361	514
— des agglomérations	2368	516
— des murs	2363	514
— des villages	2368	516
— fausse-ambroisie	2360	514
— —	2360 b	514
— fétide	2367	515
— glauque	2372	517
— hybride	2364	515
— multifide	2374	517
— polysperme	2362	514
— puant	2367	515
— rouge	2365	515
Cherlérie faux-sédum	452	87
Chérophylle bulbeux	1238	241
— de Villars	1243 b	242
— doré	1242	242
— enivrant	1241	242
— élégant	1243 c	242
— hérissé	1243	242
— penché	1241	242
— sauvage	1239	241
— silvestre	1239	241
Cheveu-de-Vénus	3305	714
Chèvrefeuille bleu	1278	252
— de Toscane	1276	252
— des Alpes	1280	253
— des bois	1275	252
— des haies	1282	253
— des jardins	1277	252
— des Pyrénées	1279	252
— d'Etrurie	1276	252
— entrelacé	1277 b	252
— noir	1281	253
— périclymène	1275	252
Chicorée à rameaux divariqués	1635 b	338
— intybe	1635	338
— jaune	1713	358
— sauvage	1635	338
Chiendent	3039	653
— des champs	3229 b	690
Chiendent des chiens	3230	691
— rampant	3229	690
Chiendent-ruban	2999	647
Chimaphile en ombelle	1827	389
Chlora non perfoliée	1910	405
— perfoliée	1911	405
— tardive	1911 b	405
Choin ferrugineux	2862	626
— noirâtre	2863	626
— noircissant	2863	626
Chondrille à tige de jonc	1675	348
— fausse-chondrille	1677	348
Chou de Richerius	135	31
— de Robert	132 b	31
— des îles	3352	723
— des montagnes	132 b	31
— des rochers	142 b	32
— —	142 c	32
— étalé	142	32
— fruticuleux	136	31
— giroflée	130	30
— navet	133 a	31
— noir	134	31
— potager	132	30
Chou-de-chien	2490	549
Chou-rave	133 a	31
Chrozophore des teinturiers	2493	550
Chrysanthème couronné	1458	295
— des moissons	1460	295
— myconis	1459	295
Chrysopogon grillon	3045	654
Ciboule	2608 b	581
Ciboulette	2628	585
Cicendie filiforme	1908	405
— naine	1909	405
Cicer tête-de-bélier	833	155
Cicerbite de Plumier	1693	355
— des Alpes	1692	354
Cicutaire à feuilles de ciguë	545	104
— acaule	545 b	104
— bec-de-cigogne	541	103
— botrys	544	104
— crépue	540 c	103
— de Chio	537	102
— —	537 b	103
— de Manescot	539	103
— fausse-mauve	536	102
— fétide	540	103
— glanduleuse	540 b	103
— laciniée	542	103
— maritime	538	102
— musquée	543	104
— vénéneuse	1233	240
Cierge oponce	1073	201
Ciguë aquatique	1233	240
— tachée	1252	245
Circée de Paris	1002	192
— des Alpes	1003	192
— intermédiaire	1003 b	192
Cirse à bractées dentées	1560 b	315
— à feuilles variées	1568	317
— à tige courte	1573	319
— bulbeux	1567	317
— chevelu	1557 b	313
— de Montpellier	1565	316
— de Richter	1560 c	315
— découpé	1567 b	317
— des champs	1566	316
— —	1566 3	316
— des endroits cultivés	1570	319
— des marais	1561	315
— des montagnes	1572	319
— des ruisseaux	1569 b	318
— d'Angleterre	1567 b	317
— d'Italie	1564	316
— en hérisson	1558	314
— érisithalès	1569	318
— fausse-hélénie	1568	317
— faux-épinard	1570	319
— féroce	1559	314
— filipendule	1567 c	317
— glabre	1563	316
Cirse glutineux	1569	318
— laineux	1560	314
— lancéolé	1557	313
— maraîcher	1570	319
— roussâtre	1571	319
— très épineux	1562	315
— tubéreux	1567	317
— vulgaire	1557	313
— —	1557 b	313
Ciste à feuilles de laurier	290	60
— à feuilles de peuplier	293	61
— à feuilles de sauge	294	61
— à gomme	289	60
— à sépales glabres	291	61
— blanchâtre	287	60
— cotonneux	287	60
— crépu	288	60
— de Crète	3354	723
— de Montpellier	292	61
— hérissé	291	61
Citronnier de Médie	579	111
— limonier	578	111
— oranger	577	111
— vulgaire	576	111
Civette	2628	585
Cladium marisque	2864	626
Claytonie perfoliée	1027	196
Cléistogène tardif	3164	676
Clématite blanche	3	1
— —	3 2	1
— des Alpes	4	1
— des haies	3	1
— —	3 2	1
— droite	1	1
— flammette	2	1
— —	2 2	1
— maritime	2 2	1
— vigne-blanche	3	1
— —	3 2	1
Clochette	1798	382
Clypéole jonthlaspi	225	48
— —	225 b	48
Cnicaut béni	1613	332
Cnide à feuilles de Silaüs	1183	226
— fausse-ache	1183	226
Cobrésia biparti	2896	630
— fausse-queue-de-souris	2895	630
Coccigrole	2579	575
Cocriste	2119 a-c	458
Coeloglossum verdâtre	2750	610
Cognassier	975	186
— commun	975	186
— vulgaire	975	186
Coincya de Richerius	135	31
— des montagnes	130 2	30
— giroflée	130	30
Colchique de Cupani	2569	573
— de Naples	2567	572
— des Alpes	2568	573
— des sables	2567	572
— d'automne	2566	572
— —	2566 2	572
Coléanthe subtil	2991	645
Coléostéphus myconis	1459	295
Colza	133 a	31
Comaret des marais	945	176
Compagnon-blanc	386 a,c	78
Compagnon-rouge	386 b	78
Concombre	1021	195
— cultivé	1021	195
Conopode dénudé	1240	241
— des Pyrénées	1238 2	241
— élevé	1240	241
Conringie d'Orient	156	35
Consoude à fleurs nombreuses	1957 b	416
— bulbeuse	1958	416
— de la Méditerranée	1957 b	416
— d'Ajax	85	19
— d'Orient	1959	416
— officinale	1956	415
— pubescente	84 b	19
— royale	84	19

Taxon	Dessin	Pl.
Consoude tubéreuse	1957	416
Conyza à nombreuses fleurs	1386 b	277
— de Buenos Aires	1386	277
— du Canada	1385	277
Coquelicot	105	24
Coquelourde	383	77
Coqueret alkékenge	2020	431
Coquesigrue	654	126
Corallorhize parasite	2725	606
— trifide	2725	606
Corbeille d'argent	253	53
Coriandre cultivé	1131	211
Coris de Montpellier	1877	397
Corispermum à feuilles d'hysope	2380	519
— étroitement ailé	2380	519
Cormier	984	188
Corne-de-cerf	2293	500
Cornichon	1021	195
Cornifle immergé	1010	193
— submergé	1009	193
Cornillet	348	71
Cornouiller mâle	1264	249
— sanguin	1265	249
Coronille à branches de jonc	871	162
— à gaine	867	161
— bigarrée	865	161
— de Valence	872	162
— des montagnes	866	161
— émérus	869	162
— en couronne	866	161
— engainante	867	161
— faux-scorpion	864	161
— glauque	870	162
— minime	868	161
Coronope didyme	281	58
— écailleux	280	58
Corrigiole à feuilles de téléphium	1040 b	197
— des grèves	1040	197
Corroyère à feuilles de myrte	584	112
Cortusa de Matthiole	1866	395
Corydale à bulbe creux	118 a	27
— à bulbe plein	118 b	27
— à vrilles	117	27
— bulbeuse	118 a-c	27
— creuse	118 a	27
— fève	118 c	27
— intermédiaire	118 c	27
— jaune	116	27
— solide	118 b	27
Corynéphore blanchâtre	3094	663
— divariqué	3095	663
Cota de Trionfetti	1472	297
— des teinturiers	1470	297
— élevé	1471	297
Cotonéaster buisson-ardent	973	185
— commun	974	185
— cotonneux	974 b	185
Cotonnier à feuilles entières	974	185
— buisson-ardent	973	185
— commun	974	185
— des Monts Nébrodes	974 b	185
— tomenteux	974 b	185
Cotonnière à tête laineuse	1537 3	308
— blanchâtre	1537 2	308
— de France	1529	307
— des champs	1539	308
— jaunâtre	1537	308
— naine	1540	308
— négligée	1530	307
— spatulée	1538	308
— vulgaire	1537 2	308
Coucou	1841	391
Coudrier	2520	559
Courroie-de-Saint-Jean	2214	481
Crambe maritime	285	59
Cranson à feuilles de pastel	238	49
— des Pyrénées	239 2	50
— du Danemark	240	50
— d'Angleterre	239 b	50
— officinal	239	50

Taxon	Dessin	Pl.
Crapaudine à feuilles d'hysope	2254	491
— de Guillon	2254 b	491
— des montagnes	2251	490
— faux-scordium	2253	491
— hérissée	2252	491
— romaine	2250	490
Crassule de Vaillant	1044	198
— tillée	1043	198
Crépide à feuilles de bourse-à-pasteur	1701	357
— à feuilles de conyze	1720	360
— à feuilles de hyoséris	1711	358
— à feuilles de succise	1717	359
— à grandes fleurs	1720	360
— à soies	1698	356
— alpestre	1705	357
— bisannuelle	1713	358
— blanchâtre	1702	357
— bulbeuse	1704	357
— capillaire	1718	360
— —	1719	360
— chevelue	1710	358
— de Boccone	1722	361
— de Haenseler	1699	356
— —	1699 b	356
— de Jacquin	1707	358
— de Nice	1721	360
— de Rhétie	1710	358
— de Suffren	1697	356
— des marais	1723	361
— des Pyrénées	1716	359
— des toits	1714	359
— dorée	1708	358
— du Triglav	1711	358
— en corymbe	1706 b	357
— élégante	1712	358
— fausse-blattaire	1716	359
— fausse-lampsane	1715	359
— faux-léontodon	1700	357
— faux-liondent	1700	357
— fétide	1703	357
— naine	1709	358
— rongée	1706	358
— sainte	1696	356
— tendre	1717	359
— verdâtre	1718	360
— verdoyante	1718	360
— zacinthe	1695	355
Cressa de Crète	1944	413
Cresson alénois	273	57
— amphibie	236	49
— de fontaine	174	39
— des chamois	271	56
— des forêts	175	39
— —	175 3	39
— des marais	234	49
— des Pyrénées	235	49
— des prés	202	44
— officinal	174	39
— rude	176	39
— sauvage	175	39
Cresson-de-cheval	2085	450
Cressonnette	202	44
Crételle à crêtes	3168	677
— des prés	3168	677
— élégante	3169 b	677
— hérissée	3169	677
Crithmum maritime	1173	224
Crocus à fleurs blanches	2673	598
— à fleurs nues	2676	598
— changeant	2674	598
— cultivé	2675	598
— de Corse	3387	727
— printanier	2673	598
— —	2673 2	598
Croisette commune	1285	254
— du Piémont	1287	254
— glabre	1286	254
Croton des teinturiers	2493	550
Crucianelle à feuilles étroites	1329	263
— à larges feuilles	1328	263
— —	1328 2	263

Taxon	Dessin	Pl.
Crucianelle maritime	1327	263
Crupina vulgaire	1614	332
Crypsis faux-choin	3005	647
— faux-vulpin	3004	647
— piquant	3003	647
Cryptogramme crispée	3306	714
Cucubale à baies	347	71
Cumin des prés	1218	236
Cupidone	1634	337
Cuscute à fleurs serrées	1948	413
— à un style	1945	413
— blanche	1950 b	414
— du lin	1948	413
— du thym	1950	414
— —	1950 2	414
— —	1950 b	414
— d'Europe	1949	413
— grimpante	1947	413
— majeure	1949	413
— odorante	1946	413
Cutandia maritime	3160	675
Cyclamen à feuilles de lierre	1865	394
— de Naples	1865	394
— d'Europe	1864	394
— étalé	1864 b	394
— pourpré	1864	394
Cymbalaire des murs	2051	443
Cymodocée de mer	2800	616
— noueuse	2800	616
Cynanque aigu	1898	402
— aigu	1898 2	402
Cynodon dactyle	3039	653
Cynoglosse à feuilles de giroflée	2005	427
— de Crète	2002	427
— de Dioscoride	2003	427
— des montagnes	2001	426
— d'Allemagne	2001	426
— officinal	2004	427
— rayé	2002	427
Cynoglottis de Barrelier	1964	417
Cynosure à crêtes	3168	677
— élégante	3169 b	677
— hérissée	3169	677
Cyprès fastigié	3262	698
— toujours vert	3262	698
Cypripède	2711	604
— sabot	2711	604
Cystoptéris des Alpes	3287 b	708
— des montagnes	3288	708
— fragile	3287	708
Cytinet hypociste	2442	538
Cytise à balais	610	118
— à feuilles sessiles	628	121
— à fleurs de coronille émérus	631	121
— à trois fleurs	629	121
— allongé	633 b	121
— aubours	626	120
— catalaunique	611	118
— couché	634 b	122
— des Alpes	626 b	120
— d'Ardoino	630	121
— d'Europe	612	118
— en tête	634	122
— hérissé	633	121
— noircissant	627	120
— peu velu	631	121
— rampant	632	121
— velu	629	121
Cytisophylle à feuilles sessiles	628	121
Daboécie à feuilles de polium	1823	388
— cantabrique	1823	388
Dactyle aggloméré	3163	676
Dactylorhiza à odeur de sureau	2753 e	610
— de Fuchs	3391	728
— de mai	2753 b	610
— de Traunsteiner	2753 d	610
— incarnat	2753 c	610
— tacheté	2753	610
Damasonium alisma	2561	571
— —	2561 b	571
— en étoile	2561	571
— —	2561 b	571

Taxon	Dessin	Pl.
Dame-d'onze-heures	2598	579
Damier	2579	575
Danthonie de Provence	3167	677
— décombante	3166	677
— des Alpes	3167	677
Daphné camélée	2423	534
— de Philippe	2424 2	534
— des Alpes	2425	535
— gnidium	2426	535
— lauréole	2424	534
— mézéréon	2422	534
— morillon	2422	534
— strié	2423 b	534
Dasypyrum velu	3221	687
Datura inoffensif	2023	432
— stramoine	2022	432
— —	2022 2	432
— tatula	2022 2	432
Daucus carotte	1119-1121	207-209
— épineux	1118	207
Dauphinelle consoude	84	19
— de Requien	89	20
— de Verdun	86 3	19
— d'Ajax	85	19
— élevée	88	20
— fendue	87	19
— pubescente	84 b	19
— staphisaigre	90	20
Dent-de-chien	2638	588
Dent-de-lion	1678 a-h	348-349
Dentaire à bulbilles	206	44
— à cinq folioles	209	45
— à nombreuses folioles	208	45
— à sept folioles	207	45
— de Kitaibel	208	45
— digitée	209	45
— pennée	207	45
Descurainie sagesse	164	37
Désespoir du peintre	1096 b	204
Desmazérie demi-paturin	3161 b	675
— marine	3159	675
— raide	3161	675
Dethawie à feuilles fines	1184	226
Dichanthium ischème	3046	654
Dictamne blanc	583	112
Digitaire faux-paspalum	3036	652
— filiforme	3038	652
— ischème	3038	652
— sanguine	3037	652
Digitale à grandes fleurs	2107	454
— ambiguë	2107	454
— jaune	2106	454
— pourpre	2108	454
Dioscorée des Pyrénées	2672	597
Diotis blanc	1476	298
Dipcadi tardif	2586	577
Diplachné tardif	3164	676
Diplotaxis à feuilles ténues	139	32
— des murailles	140	32
— des vignes	141	32
— effilé	141	32
— fausse-roquette	138	32
Dittrichia fétide	1506	303
— visqueuse	1513	305
Dompte-venin noir	1900	403
— officinal	1899	402
Dorine à feuilles alternes	1117	206
— à feuilles opposées	1116	206
Doronic à grandes fleurs	1403	281
— de Clusius	1404	281
— de Corse	3374	725
— d'Autriche	1401	280
— hérissé	1404	281
— pardalianche	1400	280
— plantain	1402	281
Dorycnium à cinq folioles	755 b	140
— droit	756	140
— grêle	755 b2	140
— herbacé	755 a	140
— hérissé	757	140
— sous-arbrisseau	755 b	140
Dorycnopsis de Gérard	754	140

Taxon	Dessin	Pl.
Doucette	1346	266
Dracocéphale de Ruysch	2212	481
— d'Autriche	2213	481
Drave blanchâtre	229	48
— de Fladniz	230 c	48
— de Hoppe	232 b	48
— des bois	231	48
— des murailles	228	48
— des régions froides	230 b	48
— douteuse	230 b	48
— du printemps	227 a-g	48
— faux-aïzoon	232	48
— jaunâtre	231	48
— rude	232 c	48
— siliqueuse	230 d	48
— tomenteuse	230	48
Dryade à huit pétales	907	170
Dryoptéris à crêtes	3283	706
— analogue	3284 c	707
— de Chartreuse	3284	706
— de Villars	3282	705
— dilaté	3284 b	706
Ecbalie élatère	1024	195
Echalote	2607	580
Echinaire en tête	3023	650
Echinochloa des cultures	3033 b	652
— pied-de-coq	3033	652
Echinophore épineuse	1249	244
Echinops à tête ronde	1546	309
— ritro	1547	309
Echinospartium très épineux	613	118
Echinosperme bardanette	1998	426
— réfléchi	1999	426
Eclaire	113	26
—	113 2	26
Ecuelle-d'eau	1254	246
Edelweiss	1527	307
Egilope à grosses arêtes	3225 b	689
— à trois arêtes	3225 c	689
— allongé	3226	689
— cylindrique	3227	689
— de Laurent	3225 b	689
— fausse-épeautre	3397	729
— genouillé	3225	689
— long de trois pouces	3226	689
— négligé	3225 c	689
— ovoïde	3225	689
— ventru	3228	689
Eglantier	950	180
—	950 2-6	180
Egopode des goutteux	1221	237
— podagraire	1221	237
Elatine à graines courbées	482 2	91
— à longs pédoncules	482 c	91
— —	483 2	91
— à six étamines	483 a	91
— à trois étamines	481	91
— de Brochon	483 d	91
— des marais	482 2	91
— —	483 a-c	91
— fausse-alsine	480	91
— grande	483 b	91
— poivre-d'eau	482	91
Eléocharis à cinq fleurs	2890	630
— à tiges nombreuses	2891	630
— à une seule glume	2888 b	629
— de Buenos Aires	2887	629
— des marais	2888	629
— d'Autriche	2888 c	629
— épingle	2885	629
— ovoïde	2889	630
— pourpre-noir	2886	629
Ellébore blanc	2570	573
— de Corse	3348	722
— fétide	75	16
— noir	74	16
— vert	76	16
Elodée du Canada	2769	612
Elodès des marais	562	107
Elurope du littoral	3162	675
Elyme à fleurs serrées	3229 d	690
— —	3229 d2	690

Taxon	Dessin	Pl.
Elyme à poils rudes	3229 c	690
— allongé	3231	691
— boréo-atlantique	3229 e	691
— des champs	3229 b	690
— des chiens	3230	691
— des sables	3219	687
— rampant	3229	690
Elyne en épi	2895	630
— faux-carex	2896	630
Endressie des Pyrénées	1174	224
Endymion étalé	2639 b	588
— penché	2639	588
Epeautre	3223	687
Epervière ailée	1751	368
— auricule	1726	362
— à feuilles de chicorée	1734	364
— à feuilles de cognassier	1737	365
— à feuilles de lycope	1739	366
— à feuilles de scorzonère	1747 b	368
— à feuilles de statice	1742	367
— à feuilles embrassantes	1731	364
— —	1731 c	364
— à feuilles en cœur	1748	368
— à feuilles lancéolées	1736 b	365
— à forme de cérinthe	1752	369
— à forme de mélinet	1752	369
— à inflorescence composée	1748 b	368
— à poils blancs	1740 b	366
— à tige courte	1727	362
— bifide	1753 h	370
— blanchâtre	1734	364
— bleuâtre	1753 e	370
— cendrée	1753 c	369
— —	1753 d	370
— commune	1753 k	370
— de Bauhin	1728 c3	363
— de Haller	1730	363
— de Jacquin	1729	363
— de Lagger	1728 2	362
— de Lawson	1749	369
— de Le Peletier	1724 2	361
— de Liottard	1733 c	364
— de Sabine	1728 3	362
— de Savoie	1741	366
— de Schmidt	1750	369
— dentée	1747 c	368
— des Alpes	1730	363
— —	1746	368
— —	1746 b	368
— des forêts	1753 k	370
— des glaciers	1728 b	362
— des murs	1753	369
— des prés	1726 b	362
— des rochers	1732	364
— —	1749	369
— des Vosges	1751	368
— divisée	1753 j	370
— d'aspect glauque	1744	367
— élancée	1728 c	362
— en cyme	1728	362
— en ombelle	1740	366
— épimédium	1753 g	370
— étoilée	1753 i	370
— fausse-andryale	1733 b	364
— fausse-buglosse	1728 d	363
— fausse-picride	1735	365
— fausse-piloselle	1728 c2	363
— fausse-pulmonaire	1731 c	364
— faux-cérinthe	1731 b	363
— faux-phlomis	1745 b	367
— faux-prénanthès	1736	365
— —	1736 b	365
— gazonnante	1726 b	362
— glandulifère	1746	368
— glauque	1743	367
— humble	1729	363
— hypeuryum	1724 b	361
— intermédiaire	1745	367
— laineuse	1733	364
— —	1733 b-c	364
— lisse	1741 b	367
— maculée	1753 j	370

Taxon	Dessin	Pl.
Epervière mixte	1745	367
— naine	1727	362
— noble	1738	365
— noirâtre	1753 f	370
— orangée	1725	361
— petite-laitue	1726	362
— peu élevée	1729	363
— pilifère	1746	368
— —	1746 b	368
— piloselle	1724	361
— rigide	1741 b	367
— rupicole	1750	369
— très poilue	1738 b	366
— velue	1747	368
Ephèdre à deux épis	3269 b	700
— de Suisse	3269 b2	700
— des Monts Nébrodes	3269 a	700
Epi d'eau	2788	614
Epiaire à feuilles de sauge	2236	487
— à rameaux courts	2240 b	488
— annuelle	2234	487
— bétoine	2244	489
— de Byzance	2235 b	487
— de Godron	2242	489
— de Prada	2243	489
— des Alpes	2237	487
— des bois	2241	488
— des champs	2240	488
— des marais	2239	488
— droite	2233	486
— d'Allemagne	2235	487
— d'Héraclée	2238	488
— d'Italie	2236	487
— faux-basilic	2232	486
— glutineuse	3379	726
— hérissée	2232	486
— laineuse	2235 b	487
— maritime	2234 b	487
— officinale	2244	489
— queue-de-renard	2242	489
Epicéa	3258	697
— élevé	3258	697
Epilobe à feuilles de mouron	996	191
— à feuilles de romarin	988	188
— à feuilles d'alsine	995	191
— à feuilles étroites	987	188
— à feuilles obscures	994 b,d	190
— à petites fleurs	991	189
— à quatre angles	994	190
— à trois angles	993 b	190
— alpestre	993 b	190
— de Dodoens	988	188
— de Durieu	992 c	189
— de Fleischer	988 b	188
— de Lamy	994 2	190
— de Tournefort	994 c	190
— des collines	992 2	189
— des marais	989	189
— des montagnes	992	189
— en épi	987	188
— foncé	994 b,d	190
— hérissé	990	189
— lancéolé	992 b	189
— penché	996 2	191
— romarin	988	188
— rosé	993	190
— —	993 2	190
— tétragone	994	190
Epimédium des Alpes	101	23
Epinard	2357 a,b	513
— à épines	2357 b	513
— oseille	2401 d	527
— sans épines	2357 a	513
— sauvage	2366	515
Epine blanche	971	185
— —	971 b	185
— noire	900	168
Epine-de-rat	2668	596
Epine-vinette	100	23
Epipactis à larges feuilles	2718	605
— à petites feuilles	2718 c	605
— des marais	2719	605
Epipactis d'un rouge foncé	2718 b	605
— helléborine	2718	605
— rouge-noirâtre	2718 b	605
Epipogium de Gmelin	2724	606
— sans feuilles	2724	606
Epurge	2449	540
Erable à feuilles d'obier	566	108
— champêtre	563	108
— de Montpellier	567	108
— faux-platane	565	108
— plane	564	108
— platane	564	108
— sycomore	565	108
Eragrostide de Barrelier	3149 c	673
— de Ciliani	3149 a	673
— faux-paturin	3149 b	673
— poilue	3150	673
— vulgaire	3149 a	673
Eranthe d'hiver	73	16
Erianthe de Ravenne	3050	655
Erigéron à un seul capitule	1388 b	278
— âcre	1387	277
— anguleux	1387 2	277
— annuel	1389	278
— crépu	1386	277
— de Gaudin	1388 c2	278
— de Villars	1388 c	278
— des Alpes	1388	278
— des régions froides	1388 b2	278
— du Canada	1385	277
— d'Attique	1388 c	278
— glabre	1388 2	277
— négligé	1388 3	278
Erinacée anthyllide	607	117
— piquante	607	117
Erine des Alpes	2105	454
Eritriche nain	1997	425
Erodium à feuilles de ciguë	545	104
— acaule	545 b	104
— bec-de-cigogne	541	103
— botrys	544	104
— crépu	540 c	103
— de Chio	537	102
— —	537 b	103
— de Manescot	539	103
— de Rome	545 b	104
— des pierres	540	103
— du littoral	537 b	103
— fausse-mauve	536	102
— fétide	540	103
— glanduleux	540 b	103
— lacinié	542	103
— maritime	538	102
— musqué	543	104
Erophile du printemps	227 a-g	48
Erucastre à angles obtus	143	33
— de Pollich	144	33
— des rochers	142 b	32
— étalé	142	32
— humble	142 c	32
Erysimum à grandes fleurs	159 a	35
— des sources	159 c	35
— en baguette	158 a	35
— fausse-giroflée	157	35
— jaune-pâle	159 b	35
— odorant	158 b	35
Erythrée à feuilles de lin	1904 b	405
— à feuilles étroites	1904	404
— à grandes fleurs	1907 d	405
— à larges feuilles	1907 c	404
— diffuse	1907 b	404
— en épi	1905	404
— en tête	1907 e	405
— élégante	1906	404
— maritime	1903	404
— petite-centaurée	1907	404
Erythrone dent-de-chien	2638	588
Esparcette à dents égales	885	164
— à feuilles de vesce	888	165
— couchée	888 b	165
— crête-de-coq	886 b	164
— cultivée	888	165
Esparcette des montagnes	888 2	165
— des rochers	887	164
— tête-de-coq	886	164
Estragon	1443	291
Esule ronde	2484	548
Ethuse ciguë	1191	229
— petite-ciguë	1191	229
Etoile de Béthléhem	2595	579
Etoile-des-Alpes	1527	307
Eufragie à larges feuilles	2118	458
— visqueuse	2117	458
Eupatoire chanvrine	1371	274
Euphorbe à deux ombelles	2477	547
— à feuilles de renouée	2450	541
— à feuilles d'amandier	2459	542
— à feuilles étroites	2479	547
— à feuilles plates	2467	544
— à larges feuilles	2467	544
— à ombelles jaunes	2471 b	545
— à papilles	2468	545
— à tige anguleuse	2454 b	541
— anguleuse	2454 b	541
— arborescente	2460	543
— characias	2458	542
— de Canut	2457	542
— de Carniole	2464	543
— de Corse	3381	726
— de Duval	2468	545
— de Gérard	2465	544
— de Loiseleur	2465 2	544
— de la Sierra Mariola	2472	545
— de Nice	2476	546
— de Portland	2478 b	547
— de Provence	2482	547
— de Séguier	2465	544
— de Terracine	2482	547
— de Turin	2486	548
— de Vallini	2481	547
— dentée	2473	546
— des bois	2459	542
— des îles	3380	726
— des marais	2455	541
— des moissons	2488	548
— douce	2454	541
— d'Alep	2483	548
— d'Irlande	2456	542
— effilée	2474 b	546
— en faux	2485	548
— épineuse	2463	543
— épurge	2449	540
— ésule	2475 a,b	546
— exiguë	2487	548
— faux-cyprès	2474	546
— faux-pin	2478	547
— fluette	2487	548
— hirsute	2469	545
— paralias	2462	543
— péplis	2452	541
— péplus	2484	548
— —	2484 b	548
— petit-buis	2453	541
— petit-cyprès	2474	546
— petit-figuier	2451	541
— poilue	2470	545
— pubescente	2469	545
— raide	2467 b	544
— réveille-matin	2466	544
— sapinette	2461	543
— sillonnée	2489	548
— variable	2480	547
— velue	2470	545
— verruqueuse	2471	545
Euphraise à petites fleurs	2109 k	455
— à quatre angles	2109 e	455
— de Kerner	2109 l	455
— de Rostkov	2109	455
— de Salzbourg	2109 d	455
— des Alpes	2109 c	455
— des bois	2109 i	455
— des bruyères	2109 f	455
— des montagnes	2109 b	455
— grêle	2109 k	455

Taxon	*Dessin*	*Pl.*
Euphraise hérissée	2109 h	455
— naine	2109 j	455
— officinale	2109	455
— pectinée	2109 g	455
— raide	2109 f	455
— tachée	2109 m,n	455
Evax de Carpétanie	1543	309
— de Cavanilles	1543	309
— nain	1542	309
Exaculum nain	1909	405
Face-de-loup	1965	417
Falcaire commune	1226	238
— de Rivin	1226	238
Fallopia des buissons	2405	529
— liseron	2406	529
Farigoule	2181	471
Farsétie en bouclier	212	46
Fausse-bardane raboteuse	1998	426
— réfléchie	1999	426
Fausse-bruyère	1813	386
Fausse-camomille	1465	296
Fausse-fumeterre jaune	116	27
Fausse-germandrée	2080	450
Fausse-jacinthe à feuilles non marquées	2639	588
— d'Espagne	2639 b	588
— d'Italie	2592	578
Fausse-pâquerette	1397	280
Fausse-roquette à feuilles de cresson	143	33
— de France	144	33
Faux-alysson renflé	213	46
Faux-buis	337	69
Faux-châtaignier	569	109
Faux-ébénier	626	120
Faux-fromental à feuilles longues	3107	666
Faux-merisier	895	167
Faux-myrrhis noueux	1244	243
Faux-nardure de Salzmann	3243	694
Faux-orlaya nain	1124	209
Faux-persil	1191	229
Faux-safran	1611	331
Faux-sésame blanchâtre	331	69
— de Clusius	330	68
Fayard	2511	556
Fédia corne-d'abondance	1354	267
Fenasse	3106	666
—	3106 2	666
Fenouil	1149	216
— bâtard	1148	216
— commun	1149	216
— des Alpes	1175	224
— des chevaux	1177	224
— poivré	1149 b	216
Fer-à-cheval	878	163
Férula férulago	1164	221
Férulago des champs	1164	221
Férule à fleurs nodales	1163	220
— commune	1163	220
— glauque	1163 b	221
Fétuque à couleur d'améthyste	3193	681
— à feuilles de deux sortes	3184	680
— à feuilles de jonc	3189	680
— à feuilles ténues	3191 b	681
— à quatre fleurs	3187	680
— bigarrée	3186	680
— de Bordère	3192	681
— de Gautier	3186 b	680
— de Haller	3191 f2	681
— de Ligurie	3176	678
— de Micheli	3177	678
— de Scheuchzer	3181	679
— des Alpes	3191 g	681
— des bois	3179	678
— des broussailles	3189	680
— des moutons	3191	681
— des Pyrénées	3183 b	679
— des prés	3178 a	678
— dimorphe	3182	679
— dorée	3180	679
— du Valais	3191 e	681

Taxon	*Dessin*	*Pl.*
Fétuque en spadice	3180	679
— —	3180 2	679
— eskia	3188	680
— élevée	3178 a,b	678
— épaissie	3396	729
— faux-brome	3175	678
— faux-roseau	3178 b	678
— foin	3178 c	678
— genouillée	3174	678
— géante	3205	684
— interrompue	3178 c	678
— jaunâtre	3186 c	680
— jolie	3181	679
— naine	3187	680
— noirâtre	3183 2	679
— ovine	3191	681
— paniculée	3180	679
— poilue	3185	680
— queue-de-rat	3172	677
— rouge	3183	679
— soyeuse	3173	677
— très grande	3179	678
— variée	3186	680
— violacée	3190	681
Fève	149	807
Fèvier à trois pointes	891	166
Fibigie en bouclier	212	46
Ficaire à feuilles de caltha	70 b	15
— du printemps	70	15
— fausse-renoncule	70	15
Ficoïde à cristaux	1074 b	201
— à fleurs nodales	1074	201
— glaciale	1074 b	201
Figuier de Carie	2497	551
— d'Inde	1073	201
Filaginelle des marais	1528	307
Filipendule ulmaire	905	169
— vulgaire	904	169
Fimbristylis bifurqué	2892	630
— dichotome	2892	630
— en ombelle	2892	630
Fiorin	3069	659
Flambe	2682	599
— d'eau	2684	599
Flamme	2682	599
Fléchière	2562	571
Fléole de Bertoloni	3009 2	648
— des Alpes	3008 2	648
— des prés	3009	648
— des sables	3012	648
— fausse-fléole	3010	648
— hérissée	3011	648
— paniculée	3006	648
— rhétique	3008	648
— subulée	3007	648
Fleur-de-Saint-Jacques	1413	283
Flouve aristée	3001 b	647
— de Puel	3001 b	647
— odorante	3001	647
Flûteau	2560	570
Fougère aigle	3303	713
— aquatique	3270	701
— autruche	3302	713
— femelle	3298	711
— impériale	3303	713
— mâle	3285	707
— royale	3270	701
Fourrage-de-disette	474	90
Fourréa des Alpes	185	41
Fragon hypoglosse	2669	597
— piquant	2668	596
Fraisier comestible	946	176
— des bois	946	176
— des collines	946 c	177
— élevé	946 b	177
— musqué	946 b	177
— vert	946 c	177
Framboisier	947	177
Frankénie hérissée	346	70
— intermédiaire	346	70
— lisse	345	70
— pulvérulente	344	70

Taxon	*Dessin*	*Pl.*
Fraxinelle	583	112
Frêne à feuilles aiguës	1887	399
— à fruits aigus	1887	399
— commun	1886	398
— élevé	1886	398
— fleuri	1888	399
— orne	1888	399
Fritillaire à involucre	2577	575
— délicate	2578	575
— des Pyrénées	2579 b	575
— du Dauphiné	2579 c	575
— d'Orient	2578	575
— en forme de tube	2579 c	575
— pintade	2579	575
Froment	3224	688
Fromental bulbeux	3106 2	666
— élevé	3106	666
Fumana à feuilles de thym	309 b	64
— à pédoncules grêles	309	64
— à pédoncules lisses	309	64
— couché	308	64
— de Spach	308 b	64
— fausse-bruyère	308 b	64
— visqueux	309 b	64
— vulgaire	308	64
Fumeterre à fleurs serrées	122	28
— à petites fleurs	121 a	28
— de Bastard	124 b1	28
— de Loiseleur	124 b1,2	28
— de Vaillant	121 b	28
— des champs	124 c	28
— des murailles	124 b2	28
— en épi	120	27
— grimpante	124 a	28
— officinale	123	28
Fusain à larges feuilles	585 b	112
— d'Europe	585	112
Fustet coggygria	601	116
Gagée à pétales étroits	2599 b	580
— à spathe	2603	580
— de Bohême	2600	580
— de France	2600	580
— de Liottard	2602	580
— de la Sierra Nevada	2601	580
— de Soleirol	2601	580
— des champs	2605	580
— des prés	2599 b	580
— feuillée	2606	580
— fistuleuse	2602	580
— jaune	2599	580
— minime	2604	580
— naine	2604	580
Gaillet à feuilles d'asperge sauvage	1299 a	257
— à feuilles elliptiques	1288 b	255
— à feuilles inégales	1301 e	258
— à feuilles rondes	1288	255
— à gros fruits	1303	258
— à grosses graines	1302	258
— à racines chevelues	1303 b	258
— à trois cornes	1307	259
— allongé	1309 b	260
— aquatique	1310	260
— aristé	1297 b	257
— bâtard	1306 b	259
— blanc	1298 b	257
— boréal	1289	255
— cendré	1299 b	257
— cespiteux	1304 b	259
— commun	1298 a	257
— croisette	1285	254
— de Centron	1293 1	256
— de Jordan	1300	258
— de Lapeyrouse	1301 c	258
— de Marchand	1301 c	258
— de Paris	1312	260
— de Suisse	1302	258
— de Timeroy	1300	258
— débile	1309 c	260
— décevant	1312 2	260
— des forêts	1297	256
— des marais	1309	259

Taxon	Dessin	Pl.
Gaillet des montagnes	1301 d2	258
— des murs	1313	260
— des Pyrénées	1304	259
— des pierres	1303	258
— des rochers	1295	256
— des sables	1290	255
— divariqué	1312 b	260
— dressé	1298 b	257
— du Piémont	1287	254
— du printemps	1286	254
— d'Angleterre	1312	260
— élevé	1298 a	257
— fangeux	1310	260
— gazonnant	1304 b	259
— glauque	1320	261
— gratteron	1306	259
— lisse	1297 b	257
— luisant	1299 a,b	257
— maritime	1292	255
— minuscule	1314 b	260
— mollugine	1298 a	257
— —	1298 b,c	257
— nain	1301	258
— —	1301 d2	258
— —	1305	259
— négligé	1298 c	257
— oblique	1296	256
— odorant	1317	261
— papilleux	1301 b	258
— pourpre	1294	256
— rouge	1293 1,2	256
— rougeâtre	1293 2	256
— rude	1288 b	255
— sauvage	1301	258
— —	1301 b,c	258
— —	1301 d2	258
— —	1301 e	258
— sétacé	1311	260
— silvestre	1301	258
— —	1301 b,c	258
— —	1301 d2	258
— —	1301 e	258
— sucré	1308	259
— ténu	1305 b2	259
— très minime	1314 b	260
— très petit	1305	259
— verruqueux	1308	259
— verticillé	1314	260
— vrai	1291	255
Gainier siliquastre	889	165
Galactitès cotonneux	1548	310
— tomenteux	1548	310
Galanthe des neiges	2695	601
Galéga officinal	802	147
Galéopsis à feuilles étroites	2228 1,2	485
— à fleurs variées	2225	484
— bifide	2226 2	484
— de Reuter	2228 3	485
— des moissons	2227	485
— —	2227 2	485
— des Pyrénées	2231	486
— douteux	2227	485
— —	2227 2	485
— intermédiaire	2229	485
— ladanum	2228 1-3	485
— —	2229	485
— orné	2225	484
— —	2225 2	484
— pubescent	2230	486
— tétrahit	2226	484
Gants-de-Notre-Dame	82	18
Garance des teinturiers	1284 b	254
— voyageuse	1284 a	254
Garidelle nigelle	78	17
Gastridie rude	3077 b	660
— ventrue	3077	660
— —	3077 b	660
Gattelier agneau-chaste	2285	498
Gaudinie fragile	3242	694
Gaya simple	1172	223
Genépi	1429	288
— blanc	1430	288

Taxon	Dessin	Pl.
Genépi jaune	1430	288
— noir	1441	290
Genêt à balais	610	118
— à feuilles de lin	620	119
— à tiges ailées	622	119
— ailé	622	119
— blanchâtre	619	119
— cendré	624	120
— de Corse	3363	724
— de Montpellier	619	119
— de Villars	625 b	120
— des teinturiers	623	120
— du Dauphiné	622 b	119
— d'Allemagne	615	118
— d'Angleterre	617	119
— d'Espagne	609	117
— —	616	118
— faux-aspalath	614	118
— gracieux	625 b	120
— occidental	3364	724
— poilu	625	120
— radié	621	119
— rayonnant	621	119
— sagitté	622	119
— scorpion	618	119
— très épineux	613	118
— velu	625	120
Genévrier à gros fruits	3264 b	699
— commun	3263	698
— de Phénicie	3265	699
— des Alpes	3263 2	698
— oxycèdre	3264	699
— porte-encens	3267	699
— Sabine	3266	699
— thurifère	3267	699
Gentiane à calice renflé	1919	408
— à feuilles courtes	1922 2	408
— à feuilles d'asclépiade	1917	408
— à feuilles étroites	1918 b	408
— à feuilles obtuses	1928 c	409
— à tige courte	1918	408
— acaule	1918	408
— amère	1928	409
— —	1927 c2	409
— balte	1925 b	409
— champêtre	1925	409
— ciliée	1926	409
— croisette	1915	407
— de Bavière	1923	408
— de Burser	1913 b	406
— de Clusius	1918 c	408
— de Hongrie	1913 c	407
— de Koch	1918	408
— de Rostan	1923 b	408
— de Villars	1913 2	407
— délicate	1924	409
— des Alpes	1918 d	408
— des marais	1916	407
— des neiges	1920	408
— des Pyrénées	1921	408
— du Dauphiné	1922 b	408
— d'Allemagne	1928	409
— —	1928 b,d	409
— jaune	1912	406
— pneumonanthe	1916	407
— ponctuée	1913	406
— pourprée	1914	407
— printanière	1922	408
— —	1922 3	408
Géranium à feuilles d'aconit	528	101
— à feuilles rondes	518	99
— à long rhizome	525	100
— à tiges grêles	523	99
— argenté	534	102
— blanc	528	101
— cendré	534 b	102
— colombin	521	99
— de Bohême	530	101
— des bois	527	100
— —	527 2	100
— des marais	529	101
— des Pyrénées	532	102

Taxon	Dessin	Pl.
Géranium des prés	526	100
— des ruisseaux	528	101
— découpé	520	99
— disséqué	520	99
— divariqué	519	99
— d'Endresse	529 b	101
— fluet	523	99
— herbe-à-Robert	516	98
— livide	524	100
— luisant	517	98
— mou	522	99
— noueux	531	101
— pourpré	516 b	98
— rouge-sang	535	102
— sanguin	535	102
— tubéreux	533	102
Germandrée botryde	2270	494
— capitée	2274	495
— de Marseille	2268	494
— de Rouy	2275 2	495
— des montagnes	2273	495
— des Pyrénées	2277	495
— dorée	2275	495
— d'eau	2280	496
— faux-petit-pin	2269	494
— faux-scordium	2280 b	496
— jaune	2278	496
— ligneuse	2271	494
— lisse	2279	496
— marum	2272	495
— petit-chêne	2281	496
— polium	2276	495
— scordium	2280	496
— scorodoine	2267	494
Géropogon glabre	1674	348
Gesse à feuilles de lin	858	160
— à feuilles différentes	847	158
— à fines feuilles	852	159
— à graines sphériques	853	159
— à larges feuilles	848	158
— à petites fleurs	856	159
— à tiges renflées	858	160
— à vrilles	840	156
— anguleuse	851	159
— annuelle	842	156
— aphaca	836	156
— articulée	839	156
— blanchâtre	861	160
— chiche	843	157
— ciliée	855	159
— clymène	838	156
— —	839	156
— cultivée	843 b	157
— de la Vénétie	3368	724
— des forêts	846	157
— des marais	841	156
— des montagnes	859	160
— des prés	845	157
— des rochers	855	159
— du Maroc	849	158
— du printemps	857	159
— fausse-ochre	859	160
— faux-asphodèle	861 b	160
— filiforme	861	160
— hérissée	844	157
— maritime	835	155
— nissole	854	159
— noire	860	160
— ochre	837	156
— sans feuilles	836	156
— sans vrilles	854	159
— sauvage	846	157
— tubéreuse	850	158
— velue	844	157
Giroflée	155	35
— violier	155	35
Glaïeul commun	2694	601
— de Byzance	3388	727
— des marais	2694 b	601
— des moissons	2693	600
— d'Illyrie	2694 c	601
— d'Italie	2693	600

Taxon	*Dessin*	*Pl.*
Gland-de-terre	850	158
Glaucienne corniculée	112 b	25
— jaune	112	25
Glaucière en cornet	112 b	25
— jaune	112	25
Glaux maritime	1868	395
Glécome faux-lierre	2214	481
Globulaire à feuilles en cœur	2339	508
— à tige nue	2338	508
— alypum	2340	508
— ponctuée	2337	508
— rampante	2339 2	508
— vulgaire	2337	508
Glycérie à aspect de fétuque	3131 b	670
— à feuilles ténues	3131 c	670
— à rameaux écartés	3134	670
— aquatique	3130	669
— couchée	3133	670
— de Foucaud	3132 b	670
— enroulée	3131	670
— entassée	3134 b	670
— flottante	3129	669
— géante	3130	669
— maritime	3132	670
— plissée	3129 b	669
— striée	3130 b	669
Gnaphale à tête laineuse	1537 3	308
— blanc-jaunâtre	1536	308
— couché	1535	308
— de France	1529	307
— de Norvège	1526 b	307
— des bois	1526	307
— des Carpates	1533	308
— des champs	1539	308
— des marais	1528	307
— dioïque	1532	308
— d'Allemagne	1537	308
— en spatule	1538	308
— fangeux	1528	307
— jaunâtre	1536	308
— nain	1540	308
— négligé	1530	307
— ondulé	1531	307
— pied-de-lion	1527	307
Gnavelle à fruits nombreux	1041 b	197
— annuelle	1041	197
— vivace	1042	197
Gomphocarpe fruticuleux	1902	403
Goodyère rampante	2714	604
Gouet	2808	617
Goufféia fausse-sabline	454	87
Goutte-de-sang	26	7
Grammitis à feuilles minces	3277	703
Grand boucage	1214 b	235
— épeautre	3223	687
— mélinet	1953	414
— muflier	2048	442
— orpin	1046 b	198
— plantain	2290	499
— polycnème	2347 2	510
— roseau	3052	655
— sédum	1046 b	198
— sureau	1270	250
— tabac	2028	434
— taconnet	1378	275
Grand-Soleil	1479	298
Grande astrance	1255	246
— aunée	1503	303
— balsamite	1448	292
— brize	3151	674
— chélidoine	113	26
— —	113 2	26
— ciguë	1252	245
— douve	51	11
— éclaire	113	26
— —	113 2	26
— éragrostide	3149 a	673
— gentiane	1912	406
— marguerite	1455	293
— mauve	500	95
— —	500 b	95

Taxon	*Dessin*	*Pl.*
Grande orobanche	2160	466
— —	2160 b	466
— ortie	2501	553
— pervenche	1896 b	401
— toque	2258	492
— vrillée	2405	529
Grande-camomille	1452	293
Grassette à éperon court	1836 b	390
— à feuilles longues	1836 d	390
— à grandes fleurs	1836 c	390
— —	1836 c2	390
— blanche des Alpes	1835	390
— bleue des Alpes	1836 b	390
— des Alpes	1835	390
— du Portugal	1834	390
— vulgaire	1836	390
Gratiole officinale	2071	448
Grégoria de Vital	1851	392
Grémil à feuilles d'olivier	1974	420
— confondu	1972 3	419
— couché	1976	420
— de Gaston	1977	420
— de la Pouille	1973	419
— des champs	1972	419
— ligneux	1975	420
— officinal	1971	419
— pourpre-bleu	1978	420
— rouge-bleu	1978	420
Grenadier	986	188
Grenouillette	35 1-3	9
—	35 c2	9
Griottier	894 b	167
Groenlandia serrée	2790	615
Gros blé	3224 b	688
Groseillier à grappes	1077	201
— des Alpes	1078	201
— des rochers	1079	201
— épineux	1075	201
— noir	1076	201
— raisin-crépu	1075	201
— rouge	1077	201
Grosse jonquille	2707	603
Gueule-de-loup	2048	442
Gui	1266	250
—	1266 b	250
— blanc	1266	250
— d'Autriche	1266 b	250
Guimauve de Narbonne	512 b	97
— faux-chanvre	512	97
— —	512 b	97
— hérissée	513	98
— officinale	510	97
Gymnadénia moucheron	2752	610
— très odorant	2752 b	610
Gymnocarpium dryoptéris	3276	702
— herbe-à-Robert	3276 b	702
Gypsophile des murailles	394	79
— des vaches	393	79
— rampante	394 b	80
Hainardia cylindrique	3246	694
Halimium à feuilles d'halimus	296	61
— en ombelle	295	61
— faux-alysson	297	62
Hammarbya des marais	2727	606
Haricot commun	805	148
Hédipnoïs de Crète	1638 1-3	339
— polymorphe	1638 1-3	339
Hédysarum à bouquets	884	164
— des Alpes	883	164
— en tête	881	163
— faux-hédysarum	883	164
— humble	882	164
— obscur	883	164
— très épineux	881 2	163
Hélianthe annuel	1479	298
— tubéreux	1478	298
Hélianthème à feuilles de lavande	301	63
— à feuilles de ledum	298	62
— à feuilles de marum	304 c	63
— à feuilles de polium	302	63
— à feuilles de saule	299	62

Taxon	*Dessin*	*Pl.*
Hélianthème à feuilles d'halimus	296	61
— à gouttes	306	63
— à grandes fleurs	300 3	62
— à lunules	305	63
— blanchâtre	304 b	63
— de Syrie	301	63
— des Apennins	302	63
— des Pyrénées	300 2	62
— du Nil	298	62
— d'Italie	304	63
— d'Oeland	304	63
— en ombelle	295	61
— faux-alysson	297	62
— hérissé	303	63
— intermédiaire	299 b	62
— poilu	302 b	62
— sombre	300	62
— tubéraire	307	63
— vulgaire	300	62
— —	300 2,3	62
Hélictotriche de Parlatore	3110 b	667
— de Seyne	3108	666
— grêle	3109	666
— toujours verte	3110	666
Héliotrope couché	2012	429
— de Curaçao	2010	428
— d'Europe	2011	428
— d'hiver	1376	275
Hellébore fétide	75	16
— noir	74	16
— vert	76	16
Helléborine	2728	606
Helminthine fausse-vipérine	1660	344
Hélosciadie à fleurs nodales	1229	238
— inondée	1229 c	238
— intermédiaire	1228	238
— nodiflore	1229	238
— rampante	1229 b	238
Hémérocalle fauve	2647	590
— jaune	2648	590
Hépatique à trois lobes	24	7
— noble	24	7
Herbe dorée	3271	701
— empoisonnée	2021	432
— musquée	1268	250
Herbe-à-cent-goûts	1442	290
Herbe-à-cinq-côtes	2299	501
Herbe-à-éternuer	1493	301
Herbe-à-jaunir	329	68
Herbe-à-la-fièvre	1907	404
Herbe-à-la-ouate	1901	403
Herbe-à-la-Vierge	2708	603
Herbe-à-l'araignée	2652	591
Herbe-à-l'ophtalmie	2109	455
Herbe-à-mille-trous	549	105
Herbe-à-neuf-chemises	2636	587
Herbe-au-bitume	804	148
—	804 b	148
Herbe-au-coq	1448	292
Herbe-au-pauvre-homme	2071	448
Herbe-au-verre	2387	521
Herbe-aux-cerfs	1159	219
Herbe-aux-chantres	166	37
Herbe-aux-chats	2210	480
Herbe-aux-coitrons	1406	282
Herbe-aux-écus	1874	397
Herbe-aux-femmes-battues	2671	597
Herbe-aux-goutteux	1221	237
Herbe-aux-gueux	3	1
—	3 2	1
Herbe-aux-mites	2034	437
Herbe-aux-sorcières	1002	192
Herbe-aux-verrues	113	26
—	113 2	26
Herbe-de-la-manne	3129	669
Herbe-de-Saint-Christophe	96	22
Herbe-de-Saint-Innocent	2419	533
Herbe-de-Saint-Laurent	2173	468
Herbe-de-Saint-Roch	1512	304
Herbe-de-Sainte-Barbe	160 a,g	36
Herminium à un bulbe	2754	610

Taxon	*Dessin*	*Pl.*
Herminium clandestin	2754	610
Hermodactyle tubéreux	2692	600
Herniaire à larges feuilles	1039 b	197
— blanchâtre	1039	197
— cendrée	1038 c	197
— des Alpes	1039 c	197
— glabre	1038 a	197
— hérissée	1038 b	197
— vulgaire	1038 a-c	197
Hétéropogon tordu	3044	653
Hêtre	2511	556
— des bois	2511	556
Hiérochloé boréal	3000	647
— odorant	3000	647
Himantoglosse à odeur de bouc	2732	607
Hippocrépis à fruits isolés	877	163
— à toupet	878	163
— biflore	877	163
— cilié	879	163
— émérus	869	162
— glauque	878 b	163
Hippuris commun	1007	193
Hirschfeldie appliquée	137	32
— grisâtre	137	32
Holostée en ombelle	463	88
Homogyne des Alpes	1375	275
Honckénéja faux-pourpier	453	87
Honckénya faux-pourpier	453	87
Hordélyme d'Europe	3211	685
Horminelle des Pyrénées	2197	474
Hornungie des pierres	272	56
Hottonie des marais	1840	391
Houblon grimpant	2509	555
— lupulin	2509	555
Houque laineuse	3122	668
— molle	3121	668
Houx	113	587
— à aiguillons	587	113
— à feuilles épineuses	587	113
Hugueninie à feuilles de tanaisie	173	39
Hutchinsie à feuilles rondes	270	56
— couchée	272 b	56
— des Alpes	271	56
— des pierres	272	56
Hydrocharis des grenouilles	2768	612
— mors-de-grenouille	2768	612
Hydrocotyle vulgaire	1254	246
Hyménocarpe bouclé	661	127
Hyménolobe couché	272 b	56
Hyménophyllum de Tunbridge	3309	715
— de Wilson	3309 b	715
— unilatéral	3309 b	715
Hyoséris rayonnante	1640	339
— scabre	1639	339
Hyparrhénia hérissé	3043	653
— —	3043 b	653
Hypécoom à grandes fleurs	115 b	26
— couché	115	26
— imberbe	115 b	26
— pendant	114	26
Hysope aristé	2183 b	472
— officinal	2183	472
— poilu	2183 b	472
Ibéris à feuilles de lin	259	54
— —	261 c	55
— à feuilles minces	259	54
— amer	254	53
— charnu	256	54
— cilié	257	54
— de Bernard	257 b	54
— de Prost	261 a	55
— de Soyer	261 a-c	55
— de Viollet	261 b	55
— des rochers	253 b	53
— du Mont Aurouse	258	54
— en ombelle	260	54
— intermédiaire	261 c	55
— penné	255	54
— spathulé	256	54
— toujours vert	253	53
If	3268	700
— à baies	3268	700
Illécèbre verticillé	1037	197
Immortelle à feuilles étroites	1524	306
— à petites feuilles	1524 c	307
— des sables	1523	306
— d'Italie	1524	306
— fétide	1522	306
— retombante	1525 b	307
— stœchas	1525	307
— tardive	1524 b	306
Impatiente à petites fleurs	3360	723
— n'y-touchez-pas	571	109
Impérata cylindrique	3051	655
Impératoire	1161	220
— ostrutium	1161	220
Ingrain	3223 c	688
Inule à deux faces	1505	303
— à feuilles de saule	1521	306
— à feuilles de spirée	1520	306
— aunée	1503	303
— changeante	1505	303
— conyze	1504	303
— de Sicile	1507	304
— de Suisse	1519	306
— de Vaillant	1519	306
— des montagnes	1516	305
— des prairies humides	1514	305
— des rochers	1508	304
— dysentérique	1512	304
— d'Angleterre	1514	305
— fausse-aunée	1515	305
— faux-crithmum	1517	305
— fétide	1506	303
— hélénie	1503	303
— hérissée	1518	305
— odorante	1510	304
— pulicaire	1509	304
— tubéreuse	1511	304
— visqueuse	1513	305
Iris à feuilles de graminée	2686	599
— à feuilles larges	2691	600
— bâtard	2687	599
— de Florence	2679	598
— de Perrier	2689	600
— de Sibérie	2688	600
— des marais	2684	599
— d'Allemagne	2682	599
— d'Espagne	2690	600
— faux-acore	2684	599
— faux-xiphium	2691	600
— fétide	2685	599
— graminée	2686	599
— jaunâtre	2680 b	599
— —	2681	599
— jaune	2684	599
— maritime	2687	599
— nain	2680	599
— pâle	2683	599
— petit-iris	2680 b	599
— sans feuilles	2689	600
— xiphium	2690	600
Isnardie des marais	1001	192
Isoète à feuilles ténues	3336 a1,2	719
— à spores hérissées	3334	719
— de Bory	3335	719
— de Brochon	3333 b	719
— de Durieu	3331	719
— des lacs	3333	719
— épineux	3332	719
— sétacé	3337	720
— voilé	3336 b	720
Isopyre faux-pigamon	77	16
Ivraie à fleurs nombreuses	3240	693
— —	3241 b	693
— des champs de lin	3238 b	693
— écartée	3238 b	693
— enivrante	3238	693
— raide	3239	693
— vivace	3241	693
Jacinthe améthyste	2641	588
— chevelue	2645	589
— des bois	2639	588
— des jardiniers	2592	578
Jacinthe d'Orient	2640	588
Jarrosse	843	157
Jasione des montagnes	1766	374
— humble	1767 b	374
— lisse	1767	374
— maritime	1766 2	374
— ondulée	1767 b	374
— vivace	1767	374
Jasmin arbrisseau	1894	401
— officinal	1895	401
Jasonia glutineuse	1508	304
— tubéreuse	1511	304
Jonc à duvet	2868 a-c	626
— à feuilles de deux sortes	2836	621
— à feuilles tranchantes	2837	621
— à feuilles variées	2836	621
— à fleurs aiguës	2838 a	621
— à fleurs nombreuses	2839	621
— à fleurs obtuses	2835	621
— à fruit luisant	2838 d	621
— à mèche	2822 a,b	619
— à trois glumes	2827	620
— à une fleur	2825 2	619
— aggloméré	2822 a	619
— aigu	2830 b	620
— arctique	2821	619
— articulé	2838 a,c	621
— —	2838 d	621
— bulbeux	2833	620
— —	2833 2	620
— —	2840	622
— capité	2826	620
— châtaigne	2828	620
— commun	2822 a,b	619
— comprimé	2840	622
— couché	2833	620
— courbé	2823	619
— de Fontanes	2838 c	621
— de Gérard	2840 b	622
— de Jacquin	2819	619
— des Alpes	2832	620
— des bois	2838 a	621
— des crapauds	2842	622
— des grenouilles	2842 c	622
— des jardiniers	2823	619
— des marais	2841	622
— des tonneliers	2874	628
— du Styx	2829	620
— épars	2822 b	619
— filiforme	2820	619
— fleuri	2563	572
— glauque	2823	619
— grêle	2824	619
— hybride	2842 b	622
— maritime	2830	620
— marron	2828	620
— nain	2834	620
— noueux	2835	621
— rude	2831	620
— strié	2838 b	621
— subulé	2839	621
— trifide	2825	619
Jonquille	2704	602
Joubarbe à grandes fleurs	1068	200
— à toile d'araignée	1070	200
— aranéeuse	1070	200
— de Fauconnet	1070 b	200
— de Gaudin	1068	200
— des Alpes	1069 c2	200
— des montagnes	1069 b	200
— des toits	1069	200
— d'Allioni	1067	200
— d'Auvergne	1069 c	200
— hérissée	1067	200
Jujubier commun	588	113
Julienne des dames	146	33
— laciniée	146 b	33
Jurinée de Boccone	1617	333
— humble	1617	333
— peu élevée	1617	333
Jusquiame blanche	2025	433
— noire	2024	433

Taxon	*Dessin*	*Pl.*
Jussie à grandes fleurs	1004	192
Kernéra des rochers	241	50
Kernérie bipennée	1497	302
Ketmie des marais	514	98
— rose	514	98
Keulérie à crête	3125	668
— à feuilles courtes	3125 d	668
— à grandes fleurs	3125 2	668
— blanchâtre	3125 b	668
— brillante	3125 c	668
— du Mont Cenis	3125 d	668
— du Valais	3126	669
— —	3126 b	669
— fausse-phléole	3124	668
— glauque	3125 b	668
— grêle	3125 2	668
— hérissée	3127	669
— luisante	3125 c	668
— pyramidale	3125	668
— velue	3123	668
Kickxia à vrilles	2056	445
— bâtarde	2052	444
— changée	2054	444
— chevelue	2053 b	444
— élatine	2053	444
Knautie à feuilles de cardère	1362 c	271
— à feuilles entières	1361	270
— —	1361 2	270
— à longues feuilles	1362 d	271
— de Hongrie	1362 b	270
— de Timeroy	1362 3	271
— des champs	1362	270
— des chênaies	1362 b	270
— des forêts	1362 c	271
— d'Auvergne	1362 d	271
— hybride	1361	270
— pourpre	1362 e	271
Kochia à balais	2378	518
— couchée	2377	518
— des sables	2376	518
— hérissée	2375	518
Kundmannia de Sicile	1190	228
Laburnum des Alpes	626 b	120
— faux-anagyris	626	120
Lagure ovoïde	3079	660
Laiche à bec court	2949	638
— à deux couleurs	2930	635
— à deux épis	2926	635
— à deux étamines	2917	633
— à deux nervures	2969 b	642
— à épillets espacés	2919	633
— à épillets rapprochés	2915	633
— à épillets séparés	2920 c	634
— à épis courts	2972	642
— à épis d'orge	2955	639
— à épis noirs	2958	640
— à épis pendants	2971	642
— à fruits écailleux	2987 2	644
— à fruits lustrés	2981	643
— à fruits tomenteux	2951	638
— à fruits velus	2941	637
— à grand style	2900	631
— à longs rhizomes	2908	632
— à petite arête	2901	631
— à petites fleurs	2931 b	635
— à petits fruits	3395	729
— à pilules	2950	638
— à port de laiche aiguë	2957	640
— à trois nervures	2938	636
— aiguë	2939	636
— allongée	2923	634
— appauvrie	2963	641
— arrosée	2980	643
— blanche	2965	641
— brunâtre	2921 b	634
— capillaire	2976	643
— courbée	2929	635
— courte	2921	634
— de Bohême	2913	633
— de Buxbaum	2933	635
— de Davall	2897	630
— de Griolet	2952	638
Laiche de Haller	2943	637
— de Host	2988	644
— de Huet du Pavillon	2953 c	639
— de Lachenal	2924	634
— de la Loire	2911 b	632
— de Maire	2986	644
— de Norvège	2934	635
— de Reichenbach	2912 2	632
— déprimée	2942	637
— des Alpes méridionales	2972 b	642
— des bois	2964	641
— des bourbiers	2979	643
— des bruyères	2946	637
— —	2946 2	637
— des montagnes	2947	637
— des ombrages	2953 b	639
— des Pyrénées	2904	631
— des régions froides	2977	643
— des renards	2914	633
— des rives	2959	640
— des rochers	2903	631
— des sables	2911	632
— des tourbières	2925	634
— digitée	2948	638
— dioïque	2898	631
— distante	2969	642
— distique	2909	632
— divisée	2907	631
— —	2907 b	631
— du Mont Baldo	2927	635
— d'Hyères	2984	644
— élevée	2936	636
— en épi	2920	634
— engainante	2973 b	643
— étirée	2983	644
— fausse-brize	2912	632
— faux-œillet	2953	639
— faux-panic	2973	642
— faux-pied-d'oiseau	2948 c	638
— faux-souchet	2961	640
— ferme	2975 b	643
— ferrugineuse	2968	641
— fétide	2906	631
— finement dentée	2954 2	639
— frangée	2974	643
— fuligineuse	2932	635
— gazonnante	2936 b	636
— hérissée	2940	636
— hérisson	2918	633
— hispide	2945	637
— humble	2944	637
— jaune	2987	644
— lâche	2954	639
— —	2954 3	639
— lisse	2970	642
— maigre	2966	641
— maritime	2905	631
— mucronée	2935	636
— muriquée	2920 b	634
— noirâtre	2931	635
— noire	2937	636
— œdipostyle	2928	635
— ovale	2922	634
— pâle	2962	641
— paniculée	2916	633
— pauciflore	2902	631
— pied-d'oiseau	2948 b	638
— poilue	2967	641
— ponctuée	2982	644
— précoce	2910	632
— puce	2899	631
— rouge-noirâtre	2978	643
— tardive	2987 b	644
— terminée en bec	2956	639
— toujours verte	2975	643
— très noire	2931 c	635
— vésiculeuse	2960	640
Lait-d'âne	1689	353
Laiteron âpre	1690	353
— délicat	1688	353
— des champs	1686	352
— des marais	1687	353
Laiteron glaucescent	1690 b	353
— maraîcher	1689	353
— maritime	1691	354
— rude	1690	353
Laitue à feuilles de chêne	1682	351
— à feuilles de saule	1680	350
— à fleurs de chondrille	1679 b	350
— cultivée	1681 c	351
— de Chaix	1682	351
— délicate	1683 b	351
— des vignes	1679	349
— effilée	1679	349
— scariole	1681	350
— serriole	1681	350
— très rameuse	1679 c	350
— vireuse	1681 b	351
— vivace	1683	351
Lamarckia dorée	3170	677
Lamier à feuilles embrassantes	2220	482
— à longues fleurs	2221	483
— amplexicaule	2220	482
— blanc	2218	482
— flexueux	2216	481
— galéobdolon	2215	481
— hybride	2222	483
— lisse	2221	483
— pourpre	2217	481
— tacheté	2219	482
Lampourde à grands fruits	1761	372
— d'Italie	1761 b	373
— épineuse	1759	372
— glouteron	1760	372
— —	1761	372
— ordinaire	1760	372
— —	1761	372
Lampsane commune	1644	340
Landier	604	117
Langue-de-bœuf	1961	416
Langue-de-cerf	3299	712
Langue-de-chien	2004	427
Langue-de-femme	3152	674
Langue-de-moineau	2429	535
Langue-de-serpent	3310	715
Langue-d'agneau	2291	499
Langue-d'oiseau	459	88
Lapsane commune	1644	340
Laser à larges feuilles	1134	212
— à trois lobes	1140	214
— de France	1137	213
— de Gaudin	1138	213
— de Haller	1136	213
— de Nestler	1135	212
— de Prusse	1139	214
— marginé	1138	213
— panax	1136	213
— siler	1133	211
Lathrée clandestine	2170	467
— écailleuse	2169	467
Laurentie de Micheli	1765	373
Laurier des bois	2424	534
— noble	2434	536
— sauce	2434	536
Laurier-cerise du Portugal	896	167
Laurier-rose	1897	401
Lavande à feuilles étroites	2172	468
— à larges feuilles	2172 b	468
— spic	2172	468
— stéchas	2171	468
Lavatéra arborescente	505	96
— de Crète	506	96
— d'Hyères	507	96
— d'un trimestre	504	96
— maritime	508	97
— ponctuée	509	97
Léersia faux-riz	2990	645
Léflingie d'Espagne	1029	196
Legousie de Castille	1777 b	377
— en faux	1777	377
— hybride	1778	377
— miroir-de-Vénus	1776	376
— pentagonale	1776 b	376
Lenticule à plusieurs racines	2802	616

Taxon	Dessin	Pl.
Lenticule à trois lobes	2801	616
— bossue	2804	616
— mineure	2803	616
— sans racines	2805	616
Lentille comestible	832	155
— d'eau	2801	616
— —	2803	616
— —	2804	616
— noircissante	832 b	155
Léontodon à feuilles hastées	1656 c	343
— à long bec	1649	341
— blanchâtre	1656 d	343
— changeant	1656	342
— crépu	1653	342
— de Villars	1654	342
— des Alpes	1656 b	343
— des montagnes	1651	342
— des Pyrénées	1655	342
— du Danube	1656 c	343
— d'automne	1652	342
— faux-pissenlit	1650	342
— hérissé	1654	342
— hispide	1656	342
— tubéreux	1649 b	341
Lepture courbé	3247	694
— cylindrique	3246	694
— filiforme	3247 b	694
Leucanthème à feuilles de coronope	1455 f	294
— à feuilles de graminée	1457	294
— à fleurs toutes en tube	1455 h	294
— brûlé	1455 d	294
— de Montpellier	1454	293
— des Alpes	1456	294
— élevé	1455 c	294
— en corymbe	1453	293
— glaucescent	1455 g	294
— noirâtre	1455 e	294
— pâle	1455 b	294
— palmé	1454	293
— parthénium	1452	293
— pulvérulent	1456 b	294
— vulgaire	1455	293
Leucanthémopsis des Alpes	1456	294
— des Alpes	1456 b	294
Leuzée à cônes	1618	333
— à feuilles d'aunée	1586	323
— conifère	1618	333
— fausse-centaurée	1585	323
— rhapontique	1587	323
Lévistique officinale	1141	214
Leymus des sables	3219	687
Libanotis de De Candolle	1189 c	228
— des montagnes	1189	228
— faux-athamanthe	1189 b	228
Lierre grimpant	1263	249
— terrestre	2214	481
Ligulaire de Sibérie	1428	288
Ligustique brillante	1180	225
— de Corse	3372	725
— des Pyrénées	1180	225
— fausse-férule	1179	225
— fausse-mutelline	1172	223
— mutelline	1176	224
Lilas vulgaire	1889	399
Limnanthème faux-nénuphar	1932	410
Limodorum à feuilles avortées	2723	606
Limoniastrum monopétale	2335	508
Limonier	578	111
Limonium à deux nervures	2333 b	507
— à feuilles de pâquerette	2329	506
— à feuilles en oreille d'ours	2323 b	505
— à feuilles étroites	2322 b	505
— à feuilles ovales	2323	505
— confondu	2324	505
— cordé	2327	506
— cuspidé	2328	506
— —	2332	507
— de Dodart	2333	507
— de Duby	2329 b	506
— de Girard	2334	507
— de Tremols	2325	506
Limonium diffus	2319	504
— dur	2326	506
— fausse-vipérine	2317	504
— faux-férula	2318	504
— humble	2321	504
— nain	2330	506
— raide	2331	507
— sinué	2320	504
— vulgaire	2322	505
Limoselle aquatique	2104	453
Lin à deux formes	489 a,b	92
— à feuilles étroites	492 b	93
— à feuilles menues	489 a	92
— à feuilles ténues	489 a	92
— à fleurs sessiles	485	92
— à glandes	484	92
— à petits corymbes	486 b2	92
— à trois carpelles	486	92
— bisannuel	492 b	93
— de France	486	92
— de Léo	491 b	93
— de Narbonne	490	93
— des Alpes	491 a-c	93
— des collines	491 c	93
— en cloche	484	92
— fausse-salsola	489 b	92
— maritime	487	92
— purgatif	493	93
— raide	486 b	92
— sous-arbrisseau	489 b	92
— usuel	492	93
— visqueux	488	92
Linaigrette à feuilles étroites	2868 a	626
— à feuilles larges	2868 c	626
— à plusieurs épis	2868 a-c	626
— de Scheuchzer	2866	626
— des Alpes	2867	626
— engainante	2865	626
— engainée	2865	626
— grêle	2868 b	626
Linaire à feuilles de thym	2060	446
— à feuilles d'origan	2066	447
— à feuilles étroites	2059 b	445
— à feuilles par trois	2058	445
— à feuilles rougeâtres	2067	447
— à fruits renversés	2055	444
— à petites fleurs	2070 c	448
— à vrilles	2056	445
— bâtarde	2052	444
— couchée	2069	447
— —	2069 2	447
— cymbalaire	2051	443
— de Chalep	2064	446
— de Pellicier	2063	446
— de Sieber	2053 b	444
— des Alpes	2061	446
— —	2061 b	446
— des champs	2070	448
— des sables	2065	446
— d'Italie	2059 b	445
— effilée	2057	445
— élatine	2053	444
— grecque	2054	444
— mineure	2068	447
— rampante	2062	446
— simple	2070 b	448
— striée	2062	446
— velue	2066 2	447
— vulgaire	2059	445
Lindernie couchée	2072	448
— douteuse	2072 b	448
— fausse-gratiole	2072 b	448
— pyxidaire	2072	448
Linnée boréale	1283	253
Linosyris vulgaire	1382	276
Liondent à feuilles hastées	1656 c	343
— à long bec	1649	341
— blanchâtre	1656 d	343
— changeant	1656	342
— crépu	1653	342
— de Villars	1654	342
Liondent des Alpes	1656 b	343
— des montagnes	1651	342
— des Pyrénées	1655	342
— du Danube	1656 c	343
— d'automne	1652	342
— faux-pissenlit	1650	342
— hérissé	1654	342
— hispide	1656	342
— tubéreux	1649 b	341
Liparis de Lœsel	2726	606
Lippia blanchâtre	2284	497
— rampante	2284	497
Lis à bulbilles	2580	576
— blanc	2581	576
— de Pompone	2584	577
— des Alpes	2649	590
— des Pyrénées	2583	577
— des vallées	2662	595
— faux-safran	2580 b	576
— jaune	2648	590
— martagon	2582	576
— mathiole	2710	604
— orangé	2580	576
— —	2580 b	576
— turban	2584	577
Liseron à feuilles de bétoine	1935	411
— argenté	1934 b	411
— cotonneux	1935	411
— de Biscaye	1941	412
— de Sicile	1942	412
— des champs	1936	411
— des haies	1937	411
— épineux	2670	597
— —	2670 2	597
— fausse-guimauve	1934	411
— laineux	1940	412
— —	1940 2	412
— rayé	1939	412
— soldanelle	1938	412
— très élégant	1934 b	411
— tricolore	1943	413
Listéra en cœur	2720	606
— ovale	2721	606
Littorelle des étangs	2306	502
— uniflore	2306	502
Livèche	1141	214
Lobélie brûlante	1763	373
— de Dortmann	1764	373
Lobulaire maritime	221	47
Logfia à feuilles étroites	1529 2	307
— de France	1529	307
— —	1529 2	307
— des champs	1539	308
— naine	1540	308
— négligée	1530	307
Loïdie tardive	2585	577
Loiseleurie couchée	1824	388
Lomatogonium de Carinthie	1930	409
Lomélosie à feuilles de graminée	1365	272
— argentée	1368	273
— étoilée	1367	272
Lonas annuelle	1447	292
— inodore	1447	292
Lonicéra bleu	1278	252
— camérisier	1282	253
— chèvrefeuille	1277	252
— de Toscane	1276	252
— des Alpes	1280	253
— des bois	1275	252
— des haies	1282	253
— des jardins	1277	252
— des Pyrénées	1279	252
— d'Etrurie	1276	252
— entrelacé	1277 b	252
— noir	1281	253
— périclymène	1275	252
— xylostée	1282	253
Lophochloa à crête	3124	668
— pubescent	3123	668
Loroglosse à odeur de bouc	2732	607
Lotier à feuilles ténues	766 b	142

Taxon	*Dessin*	*Pl.*
Lotier à petites fleurs	763	141
— comestible	768	142
— commun	766	142
— corniculé	766	142
— de Coïmbre	765	141
— de Crète	760	141
— de Presl	766 c	142
— des Alpes	766 3	142
— des marais	767	142
— d'Allioni	761	141
— faux-cytise	761	141
— faux-ornithope	762	141
— faux-pied-d'oiseau	762	141
— glabre	766 b	142
— hérissé	764 b	141
— maritime	758	140
— pédonculé	767	142
— —	767 2	142
— subbiflore	764 b	141
— tétragonolobe	759	141
— très étroit	764	141
Ludwigie à grandes fleurs	1004	192
— des marais	1001	192
Lunaire annuelle	211	46
— bisannuelle	211	46
— vivace	210	45
Lunetière auriculée	252	53
— à feuilles de chicorée	251	53
— à feuilles de coronope	250 b	52
— à oreillettes	252	53
— d'Auvergne	250 d	52
— lisse	250	52
— —	250 c	52
Lupin à feuilles étroites	641	123
— à graines réticulées	3365	724
— à petites fleurs	640	123
— blanc	638	123
— —	640 b	123
— hérissé	640	123
— jaune	639	123
— termis	640 b	123
Luronium nageant	2557	570
Luzerne à écussons	666	128
— à fleurs unilatérales	665 b	128
— à fruits arrondis	674	129
— à fruits épineux	676	129
— à fruits lisses	673 b	129
— à fruits tuberculeux	675	129
— agglomérée	664 4	128
— arborescente	663	128
— ciliée	690 b	131
— cultivée	668	128
— de Braun	683 c	130
— de Gérard	679	129
— de Soleirol	670	129
— de Tenore	687	130
— des rivages	683	130
— —	683 b,c	130
— dressée	679	129
— du littoral	683	130
— —	683 b,c	130
— d'Arabie	689	131
— d'Italie	671	129
— en couronne	681	130
— en disque	688	130
— en faucille	664	128
— en faux	664	128
— en tonneau	669	129
— —	676	129
— en toupie	669	129
— entremêlée	690	131
— fausse-bardane	684 b	130
— faux-tribule	685	130
— hérissée	684	130
— hérisson	690	131
— hybride	696	132
— laciniée	682	130
— lupuline	665	128
— marine	677	129
— naine	680	130
— orbiculaire	667	128
— polymorphe	678	129

Taxon	*Dessin*	*Pl.*
Luzerne polymorphe	684	130
— —	684 b	130
— précoce	686	130
— rayonnante	662	127
— réticulée	678	129
— rugueuse	672	129
— sous-ligneuse	673	129
— striée	683 b	130
— tachée	689	131
— tronquée	685	130
Luzule à fleurs entassées	2851 b2	624
— à fleurs nombreuses	2851 b	624
— blanc-de-neige	2848	623
— blanchâtre	2848 b	623
— de Desvaux	2847 2	623
— de Forster	2843 b	622
— des bois	2846	623
— des bosquets	2848 b	623
— des champs	2851	624
— du Piémont	2848 c	623
— du printemps	2843	622
— élevée	2846	623
— en épi	2849	623
— en forme de pied	2850	623
— en spadice	2847	623
— fausse-luzule	2848 b	623
— jaunâtre	2844	622
— jaune	2845	623
— luzuline	2844	622
— marron	2847	623
— penchée	2850	623
— poilue	2843	622
Lychnis à gros fruits	386 c	78
— coronaire	383	77
— de Corse	380	77
— des Alpes	381	77
— des Pyrénées	385	77
— dioïque	386 a-c	78
— du jour	386 b	78
— du soir	386 a	78
— fleur-de-coucou	377	76
— fleur-de-Jupiter	378	76
— nielle	384	77
— rose-du-ciel	379	76
— viscaire	382	77
Lyciet commun	2014	429
— de Barbarie	2014	429
— de Chine	2015	429
— d'Afrique	2013	429
— d'Europe	2016	429
Lycope d'Europe	2179	470
Lycopode à rameaux annuels	3342	721
— aplati	3341 2	721
— des Alpes	3343	721
— en massue	3340	720
— inondé	3339	720
— petit-cyprès	3341 1	721
— sélagine	3338	720
Lycopsis des champs	1965	417
Lysimaque à fleurs en thyrse	1873	396
— des bois	1875	397
— éphémère	1870	395
— nummulaire	1874	397
— ponctuée	1872	396
— vulgaire	1871	396
Lythrum à feuilles de thym	1013 b	194
— à feuilles d'hysope	1013	194
— à fleurs géminées	1013 b2	194
— à trois bractées	1013 2	194
— de Graeffer	1012	194
— du Borysthène	1015	194
— —	1015 2	194
— faux-jonc	1012	194
— faux-thésium	1013 b2	194
— pourpier	1014	194
— salicaire	1011	193
Mâche	1346	266
Mâcre nageante	1006	193
Maïanthème à deux feuilles	2663	595
Maïs	2989	645
Malaquie aquatique	473	90
Malaxis à une feuille	3390	728

Taxon	*Dessin*	*Pl.*
Malaxis des marais	2727	606
Malcolmie à petites fleurs	148	33
— du littoral	149	34
— d'Afrique	147	33
— maritime	150	34
— très ramifiée	148	33
Malope fausse-mauve	497	94
Manchette-de-la-Vierge	1937	411
Mancienne	1273	251
Manne terrestre	3037	652
Mantisalca de Salamanque	1610	331
Marguerite	1455	293
Marjolaine sauvage	2180	470
— —	2180 2	470
Marmottier	899 b	168
Marronnier	569	109
— faux-châtaignier	569	109
Marrube vulgaire	2255	491
Marsault	2532	563
Marsette	3009	648
Marsilée à quatre feuilles	3316	715
— maigre	3317	715
— pubescente	3317	715
Massette à feuilles étroites	2813	618
— à feuilles larges	2812	618
— petite	2814	618
Matricaire camomille	1461	295
— inodore	1462	295
— maritime	1462 2	295
— perforée	1462	295
Matthiole à trois pointes	153	34
— blanchâtre	151	34
— du Valais	154 b	34
— fruticuleuse	154	34
— sinuée	152	34
— triste	154	34
Mauve à feuilles rondes	502	95
— à petites fleurs	503	95
— —	503 b	95
— à petits fruits	503 b	95
— alcée	498	94
— —	498 2	94
— commune	502	95
— de Crète	499	94
— de Nice	501	95
— de Tournefort	498 c	94
— musquée	498 b	94
— négligée	502	95
— sauvage	500	95
— —	500 b	95
— silvestre	500	95
— —	500 b	95
Méconopsis du Pays-de-Galles	110	25
Mélampyre à crêtes	2137	462
— des champs	2138	462
— des forêts	2136	461
— des Monts Vélébit	2139	462
— des prés	2135	461
Mélèze	3261	698
— d'Europe	3261	698
Mélia azédarach	570	109
Mélilot à grosse racine	700	132
— à petites fleurs	703	133
— blanc	705	133
— bleu	706	134
— de Messine	697	132
— de Naples	702	133
— d'Inde	703	133
— d'Italie	699	132
— élevé	700	132
— élégant	701	133
— infestant	698 b	132
— officinal	704	133
— sillonné	698	132
Mélinet à étamines dénudées	1953 c	414
— à petites fleurs	1954	415
— des Alpes	1953 b	414
— glabre	1953 b	414
— majeur	1953	414
— rude	1953	414
Mélique ciliée	3154 a	674
— —	3154 b,c	674

Taxon	Dessin	Pl.
Mélique de Bauhin	3155	674
— de Magnol	3154 b	674
— de Transylvanie	3154 c	674
— menue	3156	674
— —	3156 b	674
— penchée	3157	675
— plus grande	3156 b	674
— rameuse	3156	674
— uniflore	3157 b	675
Mélisse officinale	2196	474
Mélitte à feuilles de mélisse	2256	491
Menthe à feuilles rondes	2176	469
— à longues feuilles	2177	469
— aquatique	2175	469
— des cerfs	2178	470
— des champs	2174	468
— en épi	2177 b	469
— odorante	2176	469
— pouliot	2173	468
— rouge	2175	469
— silvestre	2177	469
— verte	2177 b	469
Menthe-de-Notre-Dame	1448	292
Ményanthe à trois folioles	1931	410
— trifolié	1931	410
Mercuriale ambiguë	2491 2	549
— annuelle	2491	549
— de Huet	2491 3	549
— tomenteuse	2492	550
— vivace	2490	549
Mérendéra faux-bulbocode	2565	572
Merisier	894	167
— à grappes	897	167
Méum faux-athamanthe	1175	224
— mutelline	1176	224
Mibora du printemps	3002	647
— nain	3002	647
Micocoulier austral	2498	551
Microlonque de Salamanque	1610	331
Micromérie grecque	2187	472
— julienne	2188	472
— petit-poivre	2186	472
— poivrée	2186	472
Micrope dressé	1541	309
— ver-à-soie	1541 b	309
Micropyre délicate	3245	694
Microstyle à une feuille	3390	728
Mignonette	1096 b	204
Mil	3032	651
Millefeuille aquatique	1840	391
Millepertuis à feuilles d'hysope	553	105
— à feuilles linéaires	554	106
— à odeur de bouc	560	107
— à quatre ailes	548 b	105
— à quatre angles	548	104
— androsème	561	107
— austral	555	106
— cilié	558	106
— coris	552	105
— couché	550	105
— —	550 b	105
— de Burser	556 b	106
— de Des Etangs	548 b2	105
— de Richer	556	106
— de Vérone	549 b	105
— des montagnes	557	106
— élégant	559	106
— élodès	562	107
— hérissé	546	104
— maculé	548	104
— nummulaire	551	105
— perfolié	558	106
— perforé	549	105
— quadrangulé	548 b	105
— tomenteux	547	104
— velu	546	104
— verticillé	552	105
Millet	3032	651
— des oiseaux	3029	651
— —	3029 b	651
— du printemps	3090	662
— étalé	3089	662
Millet rude	3090	662
Millet-à-balai	3049	654
Mimule musqué	2073	448
— tacheté	2074	448
Minette	665	128
Minuartie à deux fleurs	435	85
— à feuilles capillaires	424 b	84
— à feuilles de céraiste	440	85
— à feuilles de mélèze	424 a	84
— à fleurs en cymes	426 b	84
— changeante	427	84
— condensée	431 2	85
— de Funk	426 c	84
— de la Méditerranée	437 2	85
— de Rion	451	86
— de Villars	439	85
— des rochers	444	86
— du printemps	436	85
— faux-orpin	452	87
— hybride	437	85
— raide	434	85
— recourbée	431	85
— rouge	426	84
— sétacée	428	84
Miroir-de-Vénus	1776	376
Misopatès orontium	2047	442
Moehringie à feuilles d'orpin	429 b	84
— à trois nervures	447	86
— ciliée	430	84
— mousse	429	84
Moenchie dressée	472	90
Molène à feuilles épaisses	2031 2	435
— blattaire	2034	437
— bouillon-blanc	2031	435
— de Boerhaave	2037	438
— de Chaix	2036	438
— des montagnes	2031 2	435
— effilée	2034 b	437
— fausse-blattaire	2034 b	437
— faux-bouillon-blanc	2032 b	436
— faux-phlomis	2032	435
— —	2032 2	436
— faux-thapsus	2032 b	436
— floconneuse	2029	434
— lychnite	2030	435
— noire	2035	437
— pulvérulente	2029	434
— sinuée	2033	436
— thapsus	2031	435
Molinérie naine	3093	662
Molinérielle naine	3093	662
Molinie bleue	3165	676
— faux-roseau	3165 2	676
— très élevée	3165 2	676
Moloposperme du Péloponnèse	1247	244
— fausse-ciguë	1247	244
Monésès à une fleur	1828	389
Monnaie-du-pape	211	46
Monotrope sucepin	1833	389
Montie des fontaines	1026	196
— —	1026 b	196
— des ruisseaux	1026 b	196
Morelle ailée	2019 b	431
— douce-amère	2018	430
— jaune	2019 c	431
— noire	2019	431
— rouge	2019 b	431
— tubéreuse	2017	430
— velue	2019 c	431
Morène	2768	612
Moricandie des champs	145	33
Morisia à une fleur	3350	722
Mouron à feuilles épaisses	1879	397
— à petites fleurs	1881	397
— bleu	1880 b	397
— délicat	1882	397
— des champs	1880 a	397
— —	1880 b	397
— femelle	1880 b	397
— nain	1878	397
— rouge	1880 a	397
Mouron-des-oiseaux	455	87
Mouron-d'eau	2086	451
Moutarde blanche	127	29
— des champs	128	29
— giroflée	130	30
— noire	134	31
— pubescente	129	30
Mucizonie faux-orpin	1072	201
— faux-sédum	1072	201
Muflier à larges feuilles	2048 b	443
— asaret	2046	442
— de Sicile	2048 c	443
— des champs	2047	442
— des jardins	2048	442
— majeur	2048	442
— orontium	2047	442
— rubicond	2047	442
— tortueux	2048 d	443
— toujours vert	2049	443
Muguet	2662	595
— de mai	2662	595
Mulgédie de Plumier	1693	355
— des Alpes	1692	354
Murbeckielle pinnatifide	163	37
Mûrier blanc	2495	550
— noir	2496	551
Muscari à houppe	2645	589
— à toupet	2645	589
— botryoïde	2646 b	589
— de Lelièvre	2646 d	589
— en grappe	2646	589
— négligé	2646	589
— —	2646 c	589
— raisin	2646 b	589
Muscatelline	1268	250
Myagre perfolié	242	50
Mycélis des murs	1684	352
Myosotis à feuilles en languette	1988 b	424
— alpestre	1990 b	424
— de Sicile	1989 b	424
— délicat	1992	425
— des bois	1990	424
— des champs	1991	425
— des forêts	1990	424
— des grottes	1992	425
— des marais	1988	424
— des Pyrénées	1990 c	424
— du Roussillon	1996	425
— faux-scorpion	1988	424
— gazonnant	1988 b	424
— hérissé	1995	425
— intermédiaire	1991	425
— nain	1989	424
— raide	1993	425
— rameux	1995	425
— versicolore	1994	425
Myosure minime	30	8
Myrica galé	2556	569
Myricaire d'Allemagne	1019	195
Myriophylle à fleurs alternes	1005 b	192
— en épi	1005 c	193
— verticillé	1005	192
Myrrhis odorant	1245	243
Myrte commun	1020	195
Myrtille	1807	384
Naïade majeure	2794	615
— marine	2794	615
— mineure	2795	615
Narcisse à bouquets	2709	603
— à deux fleurs	2708 b	603
— à feuilles de jonc	2705	602
— à fleur radiée	2708 2	603
— à nombreuses fleurs	2709 e2	603
— ample	2702	602
— bicolore	2701 2	602
— blanc-crême	2708 b	603
— bulbocode	2700	602
— bulbocodium	2700	602
— calathin	2702	602
— de Requien	2705	602
— des poètes	2708	603
— doré	2709 b	603
— douteux	2709 d	603

Taxon	*Dessin*	*Pl.*
Narcisse d'Italie	2709 c	603
— faux-narcisse	2701	602
— incomparable	2706	602
— intermédiaire	2703	602
— jaune	2701	602
— odorant	2707	603
— papyracé	2709 e	603
— plus grand	2701 3	602
— plus petit	2701 4	602
— tazetta	2709	603
Nard raide	3249	694
Nardure de Lachenal	3245	694
— de Salzmann	3243	694
— délicat	3244	694
Narthécium ossifrage	2653	591
Navet	133 a	31
Néatostème de la Pouille	1973	419
Nectaroscordum de Sicile	2635	587
Néflier	970	185
— des rochers	985	188
— d'Allemagne	970	185
Nénuphar blanc	102	23
— d'un blanc pur	102 b	23
— jaune	103	23
— nain	103 b	23
Néotinée tachetée	2734	607
Néottie nid-d'oiseau	2722	606
Népéta à feuilles lancéolées	2211	480
— à larges feuilles	2209	480
— chataire	2210	480
— dénudé	2208	479
— glabre	2208	479
— petit-népéta	2211	480
— —	2211 b	480
Nérion laurier-rose	1897	401
Nerprun alaterne	593	114
— bourdaine	590	113
— des Alpes	591	114
— des rochers	596	115
— —	596 b	115
— faux-olivier	594	114
— fétide	596	115
— nain	592	114
— purgatif	595	114
Neslie apiculée	244	51
Nicotiane glauque	2026	433
— rustique	2027	433
— tabac	2028	434
Nid-d'oiseau	2722	606
Nielle des blés	384	77
— des champs	384	77
Nigelle cultivée	80	17
— de Damas	79	17
— de France	81 b	17
— des champs	81	17
— d'Espagne	81 b	17
Nigritelle à feuilles étroites	2755	610
— de Cornélia	2755 b	610
— noirâtre	2755	610
— rouge	2755 c	610
Nivéole de Nice	2697	601
— du printemps	2698	601
— d'été	2696	601
— d'hiver	2697	601
— élégante	2696 b	601
Noisetier	2520	559
Nonnée blanche	1966	418
— fausse-vipérine	1966	418
Nothochléna de Maranta	3273	701
— voilé	3272	701
Nothoscordum inodore	2631	585
Notobasis de Syrie	1555	313
Noyer royal	2510	556
Nymphéa blanc	102	23
— d'un blanc pur	102 b	23
Nymphoïdes	1932	410
Obione pédonculé	2355	513
— pourpier	2356	513
Odontitès de Jaubert	2112	457
— du printemps	2111	456
— jaune	2110	456
— lancéolé	2110 3	456

Taxon	*Dessin*	*Pl.*
Odontitès rouge	2111	456
— tardif	2111 2	456
— visqueux	2113	457
Oeil-de-vache	1465	296
Oeillet à delta	405	82
— à deux fleurs	410 c	82
— à lanières	396 a,b	80
— à longue tige	403 b	81
— à tige courte	409	82
— arméria	400	80
— atténué	404	82
— barbu	398	80
— bleuâtre	408	82
— de Balbis	401	81
— de Croatie	401	81
— de France	397	80
— de Grenoble	408	82
— de Montpellier	396 a	80
— de Requien	410 c	82
— de Séguier	407	82
— —	407 b	82
— de Sicile	403 d	81
— des bois	407 b	82
— des Chartreux	402	81
— des fleuristes	403 a	81
— des glaciers	412	82
— des Pyrénées	404	82
— des prés	377	76
— des rochers	403 c	81
— des terrains granitiques	410 b	82
— engainant	402 b	81
— fourchu	408 b	82
— gainé	402 b	81
— girofle	403 a	81
— —	403 b-d	81
— négligé	411	82
— œil-de-paon	411	82
— piquant	406	82
— prolifère	399	80
— rude	410	82
— sauvage	403 c	81
— superbe	396 b	80
— virginal	403 b	81
Oeillet-de-Dieu	378	76
Oenanthe à feuilles de peucédan	1195	230
— à feuilles de Silaüs	1194 b	229
— aquatique	1196	230
— de Lachenal	1194	229
— faux-boucage	1192	229
— fistuleuse	1197	230
— globuleuse	1198	230
— phellandre	1196	230
— safranée	1193	229
Oignon	2608	580
— bâtard	2616	583
— —	2616 2	583
Olivier de Bohême	2441	538
— d'Europe	1890	400
Omalothèque couchée	1535	308
— de Norvège	1526 b	307
— des bois	1526	307
Ombilic à fleurs pendantes	1071	201
— des rochers	1071	201
— faux-sédum	1072	201
Omblette	2484	548
Omphalodès à feuilles de lin	2008	428
— du littoral	2007	428
— du printemps	2006	428
Onagre à longues fleurs	998	191
— à petites fleurs	997 b	191
— bisannuelle	997	191
— —	997 c	191
— épineuse	997 b	191
— odorante	997 c	191
— raide	999	191
— rosée	1000	191
— striée	999	191
Ononis à crête	644	124
— à feuilles rondes	642	124
— à fleurs courtes	655 b	126
— buissonnant	643	124
— champêtre	645 b	124

Taxon	*Dessin*	*Pl.*
Ononis chétif	651 b	125
— de Columna	651	125
— des anciens	645 c	124
— du Mont Cenis	644	124
— d'Aragon	649	125
— épineux	645 b	124
— étendu	645 a1-3	124
— jaune	654	126
— ligneux	643	124
— nain	651	125
— —	651 b	125
— natrix	654	126
— panaché	653	126
— pubescent	650	125
— queue-de-renard	647	125
— rampant	645 a1-3	124
— —	645 b,c	124
— renversé	648	125
— sans épines	646	125
— strié	652	125
— très rameux	654 b	126
— visqueux	655	126
Onoporde à tige courte	1551	310
— acanthe	1552	311
— de Crimée	1553	312
— de Gautier	1552 c	311
— de Tauride	1553	312
— d'Illyrie	1552 b	311
— vert	1553	312
Onosma de Suisse	1970	419
— des sables	1969 2	419
— fastigié	1969	418
— fausse-vipérine	1969	418
Ophioglosse du Portugal	3310 b	715
— vulgaire	3310	715
Ophrys à grandes fleurs	2758	611
— abeille	2763	611
— araignée	2756	611
— bécasse	2764	611
— bombyx	2762	611
— bourdon	2759	611
— brun	2765	611
— de Bertoloni	2757	611
— frelon	2759	611
— jaune	2766	611
— miroir	2760	611
— mouche	2761	611
— noir	2756 b	611
— oiseau	2764	611
— porte-guêpes	2758	611
Oplismène à feuilles ondulées	3034	652
— des cultures	3033 b	652
— pied-de-coq	3033	652
Oponce vulgaire	1073	201
Opopanax de Chiron	1165	221
Oranger	577	111
Orcanette jaune	1967	418
— tinctoriale	1968	418
Orchis à corne courte	2745	609
— à deux feuilles	2737	608
— à fleurs lâches	2743	608
— à larges feuilles	2753 b	610
— à longue bractée	2747	609
— à longue corne	2746 c	609
— à sac	2735	607
— à trois dents	2741	608
— blanchâtre	2751	610
— bouffon	2746	609
— brûlé	2748	609
— de Provence	2744 b	609
— de Spitzel	2745	609
— de Traunsteiner	2753 d	610
— des marais	2743 b	608
— des montagnes	2738	608
— globuleux	2739	608
— guerrier	2733	607
— —	2733 b,c	607
— incarnat	2753 c	610
— intact	2734	607
— lacté	2741 b	608
— mâle	2749	609

Taxon	Dessin	Pl.
Orchis mignon	2748	609
— militaire	2733	607
— moucheron	2752	610
— pâle	2744	609
— papillon	2736	607
— peint	2746 b	609
— pourpre	2733 b	607
— punaise	2740	608
— pyramidal	2742	608
— singe	2733 c	607
— sureau	2753 e	610
— tacheté	2753	610
— très odorant	2752 b	610
— vanillé	2755	610
— vert	2750	610
Oreille-d'homme	2443	539
Oreille-d'ours	1844	391
Oréochloa distique	3022	650
— du Piémont	3022 b	650
— fausse-seslérie	3022 b	650
Orge à deux rangs	3216	686
— —	3216 b	686
— bulbeuse	3217	686
— chevelue	3218	686
— des lièvres	3214 2	686
— des rats	3214	686
— d'Europe	3211	685
— en éventail	3216 b	686
— faux-seigle	3213	685
— marin	3212	685
— maritime	3212	685
— vulgaire	3215	686
— —	3215 b	686
— zéocriton	3216 b	686
Origan vulgaire	2180	470
— —	2180 2	470
Orlaya à grandes fleurs	1123	209
— de Koch	1122	209
Orme	2500	552
— champêtre	2500	552
— des montagnes	2500 b	552
— glabre	2500 b	552
— lisse	2499	551
— pédonculé	2499	551
— rude	2500 b	552
Ormeau	2500	552
Ornithogale à feuilles ténues	2598 c	580
— de Narbonne	2596 b	579
— des collines	2598 c	580
— des Pyrénées	2596	579
— divergent	2598 b	580
— —	2598 b2	580
— d'Arabie	2597	579
— en ombelle	2598	579
— penché	2595	579
Ornithope comprimé	876	162
— cultivé	874	162
— délicat	875	162
— penné	873	162
— sans bractées	873	162
Orobanche à odeur d'œillet	2157	466
— améthyste	2166	467
— blanche	2156	465
— chevelue	2146	464
— crénelée	2155	465
— de la germandrée	2165	467
— de la picride	2163	467
— de la sauge	2161	466
— de la scabieuse	2158	466
— de l'armoise	2168	467
— de l'épine-vinette	2152	465
— de l'herbe-aux-cerfs	2150	464
— de Mutel	2143 b	463
— —	2144 b,c	463
— des bois	2152	465
— des sables	2142	463
— du gaillet	2157	466
— du genêt	2145	464
— du laser siler	2159	466
— du lierre	2148	464
— du sermontain	2159	466
— du thym	2156	465

Taxon	Dessin	Pl.
Orobanche du trèfle	2153	465
— —	2167	467
— d'Alsace	2150	464
— en cotte de mailles	2168	467
— fausse-lavande	2141	463
— fuligineuse	2164 b	467
— grêle	2151	465
— jaune	2149	464
— —	2162	467
— jaune clair	2162	467
— lisse	2142	463
— majeure	2160	466
— —	2160 b	466
— mineure	2153	465
— —	2167	467
— panachée	2154	465
— penchée	2147	464
— pourpre	2143	463
— pubescente	2164	467
— rameuse	2144	463
— rave	2145	464
— réticulée	2158	466
— rouge	2149	464
— sanglante	2151	465
— sanguine	2146	464
— spécieuse	2155	465
Orpin à feuilles courtes	1063 b	200
— à feuilles d'alsinée	1061	199
— à feuilles embrassantes	1057	199
— à feuilles épaisses	1063	200
— à pétales droits	1059	199
— —	1059 b	199
— à petites fleurs	1064 2	200
— à port d'orpin	1058	199
— à six angles	1056 b	199
— âcre	1056	199
— alpestre	1055	199
— anacampséros	1047	198
— annuel	1051	199
— blanc	1064	200
— bleu	3370	725
— de Forster	1060 b	199
— de Montereale	1062	200
— des montagnes	1060 d	200
— des rochers	1060	199
— —	1060 c	199
— du littoral	1051 b	199
— d'Angers	1054 c	199
— d'Angleterre	1066	200
— d'Espagne	1050	198
— étoilé	1049	198
— fabaria	1046 c	198
— gazonnant	1054 b	199
— grand	1046 b	198
— hérissé	1065	200
— noirâtre	1053	199
— pourpier	1048	198
— réfléchi	1060	199
— rougeâtre	1054	199
— téléphium	1046	198
— velu	1052	199
— —	1052 2	199
Orthilie unilatérale	1829	389
Ortie à membranes	2504	554
— à pilules	2502	553
— —	2502 2	553
— blanche	2218	482
— brûlante	2503	554
— dioïque	2501	553
— hérissée	2501 2	553
— jaune	2215	481
— morte	2239	488
— puante	2241	488
— rouge	2219	482
— royale	2226	484
— vert-noirâtre	3382	726
Oseille des brebis	2390	521
— des prés	2391	521
— ronde	2395	523
Osier blanc	2531	563
— brun	2527	562
— jaune	2526 2	562

Taxon	Dessin	Pl.
Osier rouge	2530	562
Osmonde royale	3270	701
Ostrya à feuilles de charme	2522	560
Osyris blanc	2439	537
Otanthus maritime	1476	298
Oxalis corniculée	573	110
— des fontaines	573 b	110
— droite	573 b	110
— penchée	574	110
— petite-oseille	572	110
— pied-de-chèvre	574	110
— raide	573 b	110
Oxyria à deux carpelles	2388	521
Oxytropis à trois fleurs	792	146
— de Gaudin	792	146
— de Haller	791	146
— de Jacquin	793	146
— de Laponie	793 b	146
— de Suisse	792	146
— des Alpes	790	145
— des champs	790	145
— des montagnes	793	146
— des Pyrénées	792 b	146
— fétide	789	145
— négligé	792 b	146
— poilu	794	146
— soyeux	791	146
Pain-de-coucou	572	110
Palimbie de Chabrey	1162	220
Paliure austral	589	113
— épine-du-Christ	589	113
Pallénis épineux	1500	302
Panais cultivé	1166	222
Pancratium d'Illyrie	3389	727
— maritime	2710	604
Panic capillaire	3031	651
— faux-millet	3032	651
— rampant	3030	651
Panicaut champêtre	1260	248
— de Bourgat	1259	247
— des Alpes	1257	247
— épine-blanche	1261	248
— maritime	1258	247
— vivipare	1256	247
Pâquerette annuelle	1398	280
— sauvage	1399 b	280
— vivace	1399	280
Paradisie faux-lis	2649	590
Parapholis courbé	3247	694
— rude	3247 b	694
Parelle	2401	526
Parentucelle à larges feuilles	2118	458
— visqueuse	2117	458
Pariétaire du Portugal	2505	554
— élevée	2506 a	554
— judaïque	2506 b	554
— officinale	2506 a	554
— —	2506 b	554
Paris à quatre feuilles	2657	593
Parisette	2657	593
Parnassie des marais	336	69
Paronyque à feuilles de renouée	1034	196
— à pointes	1032	196
— argentée	1035	196
— blanc-de-neige	1036	196
— capitée	1036	196
— du Kapela	1033	196
— échinulée	1032	196
— en cyme	1031	196
— en tête	1033	196
Pas-d'âne	1379	276
Paspale dilaté	3035	652
Paspalum dilaté	3035	652
— faux-paspalum	3036	652
Passerage à feuilles de graminée	277	58
— à feuilles dissemblables	274 b1,2	57
— à larges feuilles	276	58
— cultivée	273	57
— de Villars	274 c	57
— de Virginie	279	58
— des champs	274	57
— des décombres	278	58

Taxon	*Dessin*	*Pl.*
Passerage des prés	274 c	57
— drave	275	57
— hérissée	274 d	57
Passérine à large calice	2433	536
— annuelle	2429	535
— des teinturiers	2431	535
— dioïque	2432	536
— hérissée	2428	535
— tarton-raira	2427	535
— thymélée	2430	535
Pastel	248	52
— des Alpes	249	52
— des teinturiers	248	52
— d'Allioni	249	52
Pater-noster	570	109
Patience sauvage	2398	524
Patte-d'oie des murs	2363	514
— rouge	2365	515
Patte-d'ours	1168	222
Paturin à feuilles distiques	3143	672
— à feuilles étroites	3140 2	672
— à fleurs lâches	3147	673
— annuel	3145	673
— bleu	3141	672
— bulbeux	3142	672
— commun	3144	672
— comprimé	3138	671
— couché	3145 b	673
— de Chaix	3137	671
— de Silésie	3137	671
— des Alpes	3148	673
— des bois	3139	671
— —	3144 3	672
— des forêts	3139	671
— —	3144 3	672
— des marais	3146	673
— des prés	3140	672
— du Mont Cenis	3143	672
— élégant	3142 b	672
— glauque	3141	672
— hybride	3137 b	671
— lâche	3147	673
— nain	3147 b	673
— petit	3147 b	673
— très mignon	3142 b	672
Pavot argémone	107	24
— coquelicot	105	24
— des Alpes	109 1,2	25
— douteux	106	24
— —	106 2-4	24
— hybride	108	25
— occidental	109 1	25
— orangé	109 2	25
— pinnatifide	106 b	24
— porte-soie	104 b	24
— rhétique	109 2	25
— somnifère	104	24
Pêcher	893	166
Pédiculaire à feuilles d'asplénium	2129	460
— à long bec	2124	459
— à toupet	2133	461
— arquée	2122	459
— ascendante	2127	460
— chevelue	2133	461
— de Barrelier	2127	460
— de Jacquin	2125	459
— de Kerner	2124	459
— —	2124 2	459
— des bois	2121	459
— des marais	2120	459
— des Pyrénées	2123	459
— du Mont Cenis	2122 b	459
— d'Allioni	2132 2	461
— d'Oeder	2134 b	461
— fasciculée	2122	459
— feuillée	2134	461
— incarnate	2128	460
— mixte	2123 b	459
— rose	2132	460
— tronquée	2130	460
— tubéreuse	2126	459

Taxon	*Dessin*	*Pl.*
Pédiculaire verticillée	2131	460
Peigne-de-Vénus	1234	240
Peltaire alliacée	226	48
Pensée sauvage	323	67
Pentaglottis toujours vert	1962	417
Péplis dressé	1015	194
— pourpier	1014	194
Perce-feuille	1199	231
Perce-neige	2695	601
Persil cultivé	1231	239
— des moissons	1225	238
— sauvage	1236	240
Pervenche difforme	1896 c	401
— intermédiaire	1896 c	401
— majeure	1896 b	401
— mineure	1896	401
Pesse vulgaire	1007	193
Peste d'eau	2769	612
Pétasite à feuilles d'un blanc de neige	1377 b	275
— blanc	1377	275
— blanc-de-neige	1377 b	275
— hybride	1378	275
— odorant	1376	275
— paradoxal	1377 b	275
— vulgaire	1378	275
Petit chaenorhinum	2068	447
— éléocharis	2884	629
— épeautre	3223 c	688
— houx	2668	596
— mélinet	1954	415
— —	1954 2	415
— muguet	2663	595
— nénuphar	2768	612
— poivre	2285	498
— rhinanthe	2119 b	458
— sureau	1269	250
Petit-cytise couché	634	122
— —	634 b	122
— glabre	633 b	121
— hérissé	633	121
Petit-dragon vulgaire	2806	616-617
Petit-nénuphar	1932	410
Petite absinthe	1438	289
— astrance	1255 b	246
— bourrache	2006	428
— brize	3153	674
— ciguë	1191	229
— coronille	868	161
— douve	50	11
— éragrostide	3149 b	673
— flambe	2680	599
— linaire	2068	447
— massette	2814	618
— mauve	502	95
— montie	1026	196
— orobanche	2153	465
— —	2167	467
— pervenche	1896	401
— pimprenelle	963	183
— pirole	1831	389
— sanguisorbe	963	183
— scutellaire	2258 b	492
— soldanelle	1867 c	395
— toque	2258 b	492
— utriculaire	1839	390
Petite-centaurée à fleurs pointues	1907 c	404
— de Favarger	1904	404
— du littoral	1904 b	405
— en épi	1905	404
— en tête	1907 e	405
— élevée	1907 d	405
— élégante	1906	404
— fausse-scille	1907 b	404
— maritime	1903	404
— rouge	1907	404
— vert-jaunâtre	1904 c	404
Pétrocallis des Pyrénées	233	48
Pétrocoptis des Pyrénées	385	77
Pétrorhagie prolifère	399	80
— saxifrage	395	80

Taxon	*Dessin*	*Pl.*
Peucédan à feuilles de carvi	1162	220
— à feuilles découpées	1152	217
— cervaire	1159	219
— de France	1151	217
— de Paris	1151	217
— de Schott	1154	217
— de Vénétie	1156	218
— des marais	1153	217
— des montagnes	1158	219
— d'Alsace	1155	218
— d'Autriche	1160	219
— herbe-aux-cerfs	1159	219
— officinal	1150	217
— oréosélin	1158	219
— ostruthium	1161	220
— verticillé	1157	218
Peuplier à chapelet	2548 b	567
— blanc	2549	567
— blanchâtre	2549 b	567
— franc	2548	567
— noir	2548	567
— tremble	2550	567
Phaca austral	798	147
— de Gérard	798 b	147
— des Alpes	795	146
— des frimas	796	146
— faux-astragale	797	146
Phacélie à feuilles de tanaisie	1951	414
Phagnalon des rochers	1384	277
— rupestre	1384 b	277
— sordide	1383	277
Phalangium à feuilles plates	2650	590
— à fleurs de lis	2651	591
— rameux	2652	591
Phalaris à épi court	2998	646
— aquatique	2993	646
— bleuâtre	2992	646
— des Canaries	2997	646
— mineur	2995	646
— noueux	2993	646
— paradoxal	2994	646
— roseau	2999	647
— tronqué	2996	646
Phégoptéris dryoptéris	3276	702
— du calcaire	3276 b	702
— vulgaire	3275	702
Phélipée blanche	2143	463
— bleuâtre	2143 b	463
— de Mutel	2144 b	463
— des sables	2142	463
— d'Hyères	2144 c	463
— fausse-lavande	2141	463
— rameuse	2144	463
Phénope des murs	1684	352
Philadelphe en couronne	1016	194
Philaria à feuilles étroites	1891	400
— à larges feuilles	1891 b	400
— —	1892	400
— intermédiaire	1891 b	400
Phléole changée	3008 2	648
— de Boehmer	3010	648
— de Michel	3011	648
— des Alpes	3008	648
— des prés	3009	648
— des sables	3012	648
— grêle	3007	648
— noueuse	3009 2	648
— rude	3006	648
Phlomis herbe-au-vent	2248	490
— ligneux	2249	490
— lychnite	2247	490
Phragmitès austral	3055	656
— commun	3055	656
Phyllodoce bleue	1822	388
Physosperme à feuilles d'ancolie	1248	244
— de Cornouailles	1248	244
Phytolaque à dix étamines	2341	509
— américaine	2341	509
Picnomon acarna	1556	313
Picride à fleurs peu nombreuses	1658	343
— de Sprenger	1657	343
— de Villars	1659 b	344

Taxon	Dessin	Pl.
Picride des Pyrénées	1659 b	344
— fausse-épervière	1659	343
— fausse-vipérine	1660	344
— spinuleuse	1659 c	344
Picridie vulgaire	1694	355
Pied-de-chat des Carpates	1533	308
— dioïque	1532	308
Pied-de-coq	61	13
Pied-de-corbeau	2293	500
Pied-de-Griffon	75	16
Pied-de-lièvre	737	137
Pied-de-lit	2189	473
Pied-de-loup	2179	470
Pied-de-poule	62	13
Pied-de-veau	2808	617
Pied-d'alouette consoude	84	19
— de Requien	89	20
— de Verdun	86 3	19
— d'Ajax	85	19
— élevé	88	20
— fendu	87	19
— pubescent	84 b	19
— staphisaigre	90	20
Pied-d'oiseau	875	162
Pied-rouge	2420	533
Pigamon à feuilles d'ancolie	9	4
— à folioles linéaires	8	3
— —	8 b,c	3
— à grands fruits	10	4
— brillant	8 d	3
— de Morison	8 f	4
— des Alpes	5	2
— des coteaux	6	2
— des rochers	6 d	2
— du Mont Olympe	6 d	2
— élevé	8 f	4
— fétide	6 b	2
— jaune	7	3
— majeur	6 c	2
— méditerranéen	8 e	3
— mineur	6	2
— simple	8	3
— —	8 b,c	3
— tubéreux	11	4
Pilulaire à globules	3318	716
— menue	3318 b	716
Piment royal	2556	569
Piment-des-abeilles	2196	474
Pimprenelle officinale	964	183
— sanguisorbe	963	183
Pin à crochets	3254 a	696
— blanc	3252	695
— cembro	3251	695
— couché	3254 b,c	696
— de Corse	3255 1	696
— de Jérusalem	3252	695
— de l'Orégon	3398	729
— de montagne	3254 a	696
— de Provence	3257	697
— de Salzmann	3255 2	696
— de Weymouth	3250	695
— des Landes	3257	697
— du Lord	3250	695
— d'Alep	3252	695
— laricio	3255 1	696
— maritime	3257	697
— mésogéen	3257	697
— mugo	3254 b,c	696
— parasol	3256	696
— pignon	3256	696
— rouge	3253	695
— sylvestre	3253	695
Pinasse	3253	695
Piptathérum à fleurs nombreuses	3087	662
— bleuâtre	3085	661
— faux-millet	3087	662
— paradoxal	3086	662
— verdâtre	3088	662
Pirole à feuilles rondes	1830	389
— à une fleur	1828	389
— en ombelle	1827	389
Pirole intermédiaire	1831 b	389
— mineure	1831	389
— unilatérale	1829	389
— verdâtre	1832	389
Pissenlit	1678 a	348
—	1678 b-h	349
— à capuchon	1678 h	349
— à fruits rouges	1678 c	349
— de Bithynie	1678 d	349
— dent-de-lion	1678 a	348
— —	1678 b-h	349
— des Apennins	1678 g	349
— des marais	1678 f	349
— obové	1678 e	349
— officinal	1678 a	348
— semblable	1678 b	349
Pistachier lentisque	597	115
— térébinthe	598	115
— vrai	599	115
Pivoine coralline	97	22
— mâle	97	22
— officinale	98	22
— —	99	22
— voyageuse	99	22
Plagie à feuilles d'agératum	1451	293
— flosculeuse	1451	293
Plane	564	108
Plantain à feuilles épaisses	2302	501
— à une graine	2294	500
— argenté	2296	500
— blanchâtre	2295	500
— brunâtre	2296 b	500
— corne-de-cerf	2293	500
— cynops	2286	498
— de Bellardi	2292	499
— de Calabre	2291 2	499
— de Cornuti	2289	499
— des Alpes	2304	501
— des montagnes	2297	500
— des sables	2287	498
— d'Afrique	2288	498
— d'eau	2560	570
— en alène	2301	501
— en carène	2300	501
— holostée	2300	501
— —	2300 2	501
— intermédiaire	2290 b	499
— lancéolé	2299	501
— majeur	2290	499
— maritime	2305	502
— moyen	2291	499
— nain	2290 b	499
— noirâtre	2297	500
— pied-de-corbeau	2293	500
— pied-de-lièvre	2298	500
— psyllium	2288	498
— serpentant	2303	501
— sous-ligneux	2286	498
— toujours vert	2286	498
Plaqueminier lotier	1884	398
Platane d'Occident	2551 b	568
— d'Orient	2551 a	568
— vulgaire	2551 a,b	568
Platanthère à deux feuilles	2737	608
— à fleurs verdâtres	2738	608
— à fleurs blanches	2737	608
Platycapnos en épi	120	27
Pleurosperme d'Autriche	1246	243
Plombago d'Europe	2336	508
Plumet	3080	661
Podosperme en lanières	1670	346
Poil-de-chien	3191	681
Poireau	2612	581
— d'été	2609	581
Poirée	2358	513
Poirier	976	186
— commun	976	186
— faux-amandier	977	186
Pois commun	834 a-c	155
— cultivé	834 a	155
— des champs	834 b	155
— élevé	834 c	155
Pois maritime	835	155
Pois-chiche	833	155
Pois-de-serpent	836	156
Poisette	816	150
Poivre-de-muraille	1056	199
Polémoine bleue	1933	410
Polycarpon à feuilles par quatre	1028	196
— catalaunique	1028 b	196
— faux-péplis	1028 b	196
Polycnème des champs	2347	510
— grand	2347 2	510
Polygala à feuilles de serpolet	343 c	70
— à toupet	343 2	70
— alpestre	343 3	70
— amère	341	69
— commune	343	70
— de Montpellier	342	70
— de Nice	343 d	70
— de Provence	343 b	70
— de Vayreda	3357	723
— des Alpes	341 c	69
— des rochers	338	69
— des sols calcaires	340	69
— étalée	343 c	70
— grêle	339	69
— petit-buis	337	69
— rose	343 d	70
— vulgaire	343	70
Polygonate multiflore	2661	594
— odorant	2660	594
— verticillé	2659	594
— vulgaire	2660	594
Polypode de chêne	3274	702
— vulgaire	3274	702
Polypogon de Montpellier	3078	660
— maritime	3078 b	660
— presque muni d'une spathe	3078 c	660
— vert	3069 d	659
Polystic à aiguillons	3279 b	704
— à crêtes	3283	706
— à dents sétacées	3279	703
— analogue	3284 c	707
— de Braun	3279 c	704
— dilaté	3284 b	706
— en lance	3280	704
— fougère-mâle	3285	707
— oréoptéris	3281	705
— raide	3282	705
— spinuleux	3284	706
Pomme épineuse	2022	432
— —	2022 2	432
Pomme-de-terre	2017	430
Pommier	978	186
— acerbe	978 b	186
— commun	978	186
— sauvage	978 b	186
Populage des marais	71	15
Porcelle à un seul capitule	1645 b	340
— achyrophorus	1648	341
— des sables	1647	341
— enracinée	1646	341
— glabre	1647	341
— tachée	1645	340
Porreau	2612	581
Posidonie de l'océan	2799	616
Potamot à feuilles aiguës	2789	615
— à feuilles de plantain	2787	614
— à feuilles de renouée	2788 b	614
— à feuilles obtuses	2780	613
— allongé	2786	614
— aplati	2779	613
— capillaire	2791 b	615
— coloré	2787	614
— —	2787 b	614
— comprimé	2779	613
— crépu	2785	614
— de Fries	2778	613
— de Sicile	2787 b	614
— de Zizius	2777 c	613
— des Alpes	2783	614
— filiforme	2781	613
— flottant	2788 c	614

Taxon	*Dessin*	*Pl.*
Potamot fluet	2791	615
— graminée	2777 1,2	613
— luisant	2776	613
— marin	2781	613
— mucroné	2778	613
— nageant	2788	614
— noueux	2788 c	614
— pectiné	2782	613
— perfolié	2784	614
— roussâtre	2783	614
— roux	2778	613
— serré	2790	615
Potelée	2024	433
Potentille à grandes fleurs	941	176
— à pétales étroits	917	172
— à petites fleurs	916 b	172
— à sept folioles	940 b	175
— alpestre	940 c	175
— ansérine	928	173
— argentée	933	174
— ascendante	920	172
— blanc-de-neige	943	176
— blanche	922	172
— brillante	921	172
— caulescente	920	172
— cendrée	942	176
— —	942 b	176
— couchée	929	173
— —	931 b	174
— de Braune	944 b	176
— de Crantz	940 c	175
— de Pensylvanie	930	173
— de Tabernaemontanus	940	175
— de Valdieri	919	172
— des collines	933 b	174
— des marais	945	176
— des montagnes	921	172
— des neiges	918	172
— des Pyrénées	939	175
— des régions froides	944	176
— des rochers	915	172
— dorée	938	175
— douteuse	944 b	176
— dressée	931	174
— droite	935	174
— du Dauphiné	937 b	175
— d'Angleterre	931 b	174
— étalée	929	173
— fausse-alchémille	924	173
— faux-fraisier	916	172
— hérissée	936	175
— inclinée	934	174
— intermédiaire	937	175
— ligneuse	927	173
— luisante	923	173
— minime	944 b	176
— multifide	926	173
— opaque	940 b	175
— presque sans tige	942	176
— printanière	940	175
— rampante	932	174
— rougeâtre	940 b	175
— saxifrage	925	173
— stérile	916	172
— tormentille	931	174
Poule-grasse	1644	340
Pourpier potager	1025	196
Prêle à dents rudes	3328 b	718
— des bois	3322	716
— des bourbiers	3327	718
— des champs	3324	717
— des eaux	3327	718
— des forêts	3322	716
— des marais	3326	718
— des prés	3325	718
— d'hiver	3328	718
— élevée	3323	717
— géante	3323	717
— panachée	3330	719
— rameuse	3329	719
— —	3329 b	719
Prénanthès pourpré	1685	352

Taxon	*Dessin*	*Pl.*
Prénanthès pourpré	1685 2	352
Preslie des cerfs	2178	470
Primevère auricule	1844	391
— à feuilles entières	1850	392
— à grandes fleurs	1843	391
— à larges feuilles	1847 b	392
— à longues fleurs	1845 b	392
— de Colonna	1841 b	391
— de Haller	1845 b	392
— du Piémont	1847 e	392
— du printemps	1841	391
— du Val Daone	1847 c	392
— d'Allioni	1849	392
— d'Insbruck	1847 c	392
— élevée	1842	391
— farineuse	1845	392
— fétide	1847 d	392
— glutineuse	1848	392
— hérissée	1847	392
— marginée	1846	392
— officinale	1841	391
— sans tige	1843	391
— visqueuse	1847	392
— vulgaire	1843	391
Pritzélage des Alpes	271	56
Prunellier	900	168
Prunier	899	168
— à greffer	899 c	168
— arborescent	900 b	168
— cerisier	894 b	167
— de Briançon	899 b	168
— des oiseaux	894	167
— domestique	899	168
— du Portugal	896	167
— épineux	900	168
— mahaleb	895	167
— sauvage	899 c	168
Psamma des sables	3065	658
— —	3065 2	658
Pseudorchis blanchâtre	2751	610
Psilure courbé	3248	694
— faux-nard	3248	694
Psoralée bitumineuse	804	148
— plumeuse	804 b	148
Ptéris aigle	3303	713
— de Crète	3304	714
Ptérothèque de Nîmes	1696	356
Ptilostémon de Casabona	1623	334
Ptychotis à feuilles variées	1227	238
— saxifrage	1227	238
Puccinellie à feuilles ténues	3131 c	670
— à port de fétuque	3131 b	670
— des rochers	3133	670
— distante	3134	670
— enroulée	3131	670
— fasciculée	3134 b	670
— maritime	3132	670
— —	3132 b	670
Pulicaire de Sicile	1507	304
— dysentérique	1512	304
— odorante	1510	304
— vulgaire	1509	304
Pulmonaire à feuilles étroites	1986 b	423
— à longues feuilles	1986 c	423
— affine	1985 b	423
— des montagnes	1987	423
— officinale	1985	423
— sucrée	1986	423
Pulsatille à feuilles de céleri	23 c	7
— de Haller	22 b	6
— des Alpes	23	7
— —	23 b	7
— des montagnes	22 c	6
— des prés	22 d	6
— du printemps	21	6
— rouge	3347	722
— soufrée	23 c	7
— vulgaire	22	6
Punica grenadier	986	188
Queue-de-renard	2138	462
Queue-de-scorpion	864	161
Queue-de-souris	30	8

Taxon	*Dessin*	*Pl.*
Queue-d'écureuil	3171 b	677
Quintefeuille	932	174
Rache à fleurs serrées	1948	413
— à un style	1945	413
— blanche	1950 b	414
— du lin	1948	413
— du thym	1950	414
— —	1950 2	414
— —	1950 b	414
— d'Europe	1949	413
— grimpante	1947	413
— majeure	1949	413
— odorante	1946	413
Racine-de-corail	2725	606
Radiaire	1255	246
Radiole faux-lin	494	93
Radis	125	29
— cultivé	125	29
— landra	126 b	29
— ravenelle	126 a	29
Raifort	237	49
Raiponce à feuilles de bétoine	1775 b	376
— à feuilles de scorzonère	1773	375
— à fleurs peu nombreuses	1768	374
— de Balbis	1770	374
— de Charmeil	1769	374
— de Haller	1774	375
— du Piémont	1768	374
— en cœur	1770	374
— en épi	1775	376
— hémisphérique	1771	374
— humble	1771 b	374
— naine	1771 b	374
— noire	1775 c	376
— orbiculaire	1772	375
— —	1772 2	375
— ovoïde	1774	375
Raisin d'Amérique	2341	509
Raisin-de-mars	1077	201
Raisin-de-renard	2657	593
Raisin-d'ours commun	1811	385
— des Alpes	1810	385
Ramonda de Myconos	1952	414
— des Pyrénées	1952	414
Rampon	1346	266
Rapette couchée	2009	428
Rapistre de Linné	283 b	59
— rugueux	283	59
— vivace	284	59
Ratoncule	30	8
Ravenelle	126 a	29
Ray-grass	3241	693
— anglais	3241	693
— d'Italie	3240	693
— —	3241 b	693
Réglisse glabre	803	148
— sauvage	776	143
Reichardia fausse-picride	1694	355
Reine-des-bois	906	170
Reine-des-prés	905	169
Renoncule à feuilles à trois lobes	53 b	11
— à feuilles de graminée	52	11
— à feuilles de parnassie	44	10
— à feuilles de platane	39 b	9
— à feuilles de rue	43	10
— à feuilles d'aconit	39	9
— à feuilles d'ophioglosse	49	11
— à feuilles étroites	45 c	10
— à feuilles radiées	35 c2	9
— à feuilles semblables	33	8
— à fleurs latérales	48	11
— à grandes feuilles	54	11
— à lanières raides	35 c	9
— à pétales entièrement blancs	33 b	8
— —	37	9
— à petites fleurs	55	12
— à petites pointes	57	12
— à port de ficaire	70 b	15
— âcre	68	15
— —	68 3	15
— alpestre	42	10

Taxon	*Dessin*	*Pl.*
Renoncule amplexicaule	45 b	10
— aquatique	35 1-3	9
— —	35 c2	9
— bulbeuse	61	13
— cerfeuil	59	12
— crochue	66 b	14
— de Baudot	35 b	9
— de Canut	59 b	12
— de Drouet	35 c1	9
— de Gouan	66 c	14
— de Küpfer	45 2	10
— de Lenormand	33	8
— de Montpellier	60	13
— de Poméranie	67 2	14
— de Séguier	41	10
— des bois	63	13
— des champs	56	12
— des glaciers	40	10
— des marais	53	11
— —	59	12
— —	59 2	12
— des montagnes	66	14
— des Pyrénées	45	10
— divariquée	38	9
— du Gargano	59 b	12
— d'Alea	61 b	13
— en éventail	59	12
— en faux	31	8
— ficaire	70	15
— flammette	50	11
— flottante	34	8
— graminée	52	11
— hybride	46 2	11
— lâche	35 c	9
— —	35 c1,3	9
— laineuse	69	15
— langue	51	11
— lierre	32	8
— nodiflore	47	11
— peltée	35 1-3	9
— polyanthémophylle	64	14
— rampante	62	13
— rayonnante	35 c2	9
— sarde	53	11
— scélérate	58	12
— tête-d'or	67	14
— thora	46	11
— trilobée	53 b	11
— tripartite	36	9
— tubéreuse	63	13
— veloutée	65	14
— vénéneuse	46	11
Renouée à feuilles de patience	2418	532
— à feuilles de saule	2421 c	533
— amphibie	2417	532
— bistorte	2409	530
— de Bellardi	2411	530
— de Robert	2414 b	531
— de Rome	2414	531
— de Tartarie	2408	530
— denticulée	2421 c	533
— des Alpes	2416	532
— des buissons	2405	529
— des oiseaux	2413	531
— des sables	2415	531
— douce	2421	533
— effilée	2414	531
— élégante	2415	531
— fluette	2421 b	533
— liseron	2406	529
— maritime	2412	530
— persicaire	2420	533
— poivre-d'eau	2419	533
— sarrasin	2407	529
— vivipare	2410	530
Reprise	1046	198
Réséda blanc	327	68
— de Jacquin	326	68
— des teinturiers	329	68
— glauque	328	68
— jaunâtre	329	68
— jaune	324	67

Taxon	*Dessin*	*Pl.*
Réséda jaune	324 2	67
— raiponce	325	68
— —	325 b	68
— sous-arbrisseau	327	68
Reumérie hybride	111	25
Réveille-matin	2466	544
Rhagadiole étoilé	1641	339
— —	1641 2	339
Rhapontique à feuilles d'aunée	1586	323
— faux-artichaut	1585	323
— scarieuse	1587	323
Rhinanthe à feuilles étroites	2119 c	458
— à grandes fleurs	2119 a	458
— crête-de-coq	2119 a-c	458
Rhodiole rose	1045	198
Rhododendron ferrugineux	1825	388
— hérissé	1826	388
Rhubarbe des moines	2400	525
— des pauvres	7	3
— des paysans	2474	546
Rhynchospora blanc	2893	630
— brun	2894	630
— brun-rougeâtre	2894	630
Ridolfia des moissons	1147	216
Robinier faux-acacia	801	147
Rocambole	2615	582
Romarin officinal	2198	475
Romulée bulbocode	2677	598
— de Columna	2677 b	598
— ramifiée	2677 c	598
Ronce à deux faces	948 5	178
— à grandes feuilles	948 2	178
— affine	948 3	178
— arbrisseau	948 1	177
— —	948 2-7	178
— —	948 8,11	179
— blanchâtre	948 1	177
— bleuâtre	948 b	180
— de Lejeune	948 6	178
— des rochers	949	180
— du Mont Ida	947	177
— d'Ecosse	948 4	178
— framboisier	947	177
— frutescente	948 1	177
— —	948 2-7	178
— —	948 8,11	179
— glanduleuse	948 11	179
— râpe	948 8	179
— revêtue	948 7	178
Roquette cultivée	131	30
Roripe amphibie	236	49
— des Pyrénées	235	49
— faux-cresson	234	49
Rose-de-Noël	74	16
Roseau commun	3055	656
— des étangs	2812	618
Roseau-à-quenouille	3052	655
Rosier à feuilles de pimprenelle	956	181
— à feuilles rouges	958	182
— à fruits pendants	957	182
— à longs styles	954	181
— à nombreuses épines	956	181
— à styles soudés	954	181
— cannelle	959	182
— de France	955	181
— de mai	959	182
— de Pouzin	950 5	180
— de Provins	955	181
— de Serafini	3369	725
— des Alpes	957	182
— des buissons	950 6	180
— des champs	952	181
— des chiens	950	180
— —	950 2-6	180
— des montagnes	958 2	182
— glauque	958	182
— rampant	952	181
— rubigineux	951	181
— tomenteux	960	182
— toujours vert	953	181
— velu	961	182
— —	961 b	182

Taxon	*Dessin*	*Pl.*
Rossolis à feuilles longues	333	69
— à feuilles rondes	332	69
— d'Angleterre	333	69
— intermédiaire	334	69
Roubiéva multifide	2374	517
Rouvet	2439	537
— blanc	2439	537
Ruban d'eau	2815	618
Rubanier à feuilles étroites	2818	618
— affine	2818	618
— dressé	2815	618
— émergé	2816	618
— nain	2817	618
— rameux	2815	618
— simple	2816	618
Rubéole des champs	1326	262
Rudbeckie découpée	1499	302
— laciniée	1499	302
Rue à feuilles étroites	581	111
— à grandes bractées	581 b	111
— de Corse	3361	724
— des jardins	582	112
— des montagnes	580	111
— d'Alep	581 b	111
— fétide	582	112
Rue-de-chèvre	802	147
Ruine-de-Rome	2051	443
Rumex à écussons	2395	523
— à feuilles de gouet	2392	522
— à feuilles embrassantes	2392 b	522
— à feuilles obtuses	2398	524
— à longues feuilles	2401 f	525
— aggloméré	2404	528
— alpestre	2392	522
— aquatique	2401	526
— crépu	2402	527
— de Tanger	2394	523
— des Alpes	2400	525
— des bois	2403	528
— des marais	2397	524
— des neiges	2393	523
— des prés	2401 e	527
— des rochers	2404 b	529
— des vignes	2391 2	522
— domestique	2401 f	525
— élevé	2401 c	526
— élégant	2396	523
— géant	2401 b	526
— intermédiaire	2391 b	522
— maritime	2397 b	524
— oseille	2391	521
— parelle-aquatique	2401 b	526
— patience	2401 d	527
— patience-d'eau	2401 b	526
— petite-oseille	2390	521
— rose	2394	523
— sanguin	2403	528
— —	2403 2	528
— tête-de-bœuf	2399	525
— tubéreux	2389	521
Ruppia à pédoncule court	2796 b2	615
— marine	2796	615
— maritime	2796 b	615
— —	2796 b2	615
— rostrée	2796 b	615
— spiralée	2796	615
Sabline à deux fleurs	449	86
— à feuilles de céraiste	440	85
— à feuilles de mélèze	424 a,b	84
— à feuilles de serpolet	425	84
— —	446	86
— —	446 c	86
— à feuilles épaisses	429 b	84
— à feuilles étroites	437	85
— à fleurs par deux	435	85
— à grandes fleurs	432	85
— —	432 2	85
— à quatre rangs	448	86
— à trois fleurs	432 2	85
— à trois nervures	447	86
— agrégée	438	85
— biflore	449	86

Taxon	*Dessin*	*Pl.*
Sabline cendrée	442	86
— ciliée	445	86
— controversée	443 c	86
— de Gothie	445 b	86
— de Jacquin	426	84
— de la Loire	443 b	86
— de la Lozère	443 b	86
— de Marschlins	446 b	86
— de Provence	454	87
— de Salis-Marschlins	446 b	86
— de Villars	439	85
— des Baléares	3359	723
— des frères Bauhin	424 b	84
— des montagnes	441	85
— du printemps	436	85
— fausse-renouée	430	84
— gothique	445 b	86
— hérissée	443	86
— lancéolée	444	86
— modeste	433	85
— mousse	429	84
— mucronée	427	84
— pourprée	450	86
— raide	434	85
— recourbée	431	85
— sétacée	428	84
— striée	424 a	84
Sabot-de-Vénus	2711	604
Safran à fleurs blanches	2673	598
— à fleurs nues	2676	598
— changeant	2674	598
— cultivé	2675	598
— de Corse	3387	727
— de Naples	2673 2	598
— des fleuristes	2673	598
— du Gâtinais	2675	598
— printanier	2673	598
— —	2673 2	598
Sagesse-des-chirurgiens	164	37
Sagine couchée	414	83
— de Linné	418	83
— des Pyrénées	417	83
— fausse-sagine	418	83
— glabre	419	83
— maritime	415 b	83
— noueuse	420	83
— poilue	3358	723
— sans pétales	415	83
— —	415 2	83
— subulée	416	83
Sagittaire à feuilles en flèche	2562	571
Saigne-nez	1483	299
Sainfoin à bouquets	884	164
— à dents égales	885	164
— à feuilles de vesce	888	165
— couché	888 b	165
— crête-de-coq	886 b	164
— cultivé	888	165
— de Crète	885	164
— des Alpes	883	164
— des montagnes	888 2	165
— des rochers	887	164
— en tête	881	163
— humble	882	164
— tête-de-coq	886	164
— très épineux	881 2	163
Saint-bois	2426	535
Salade-de-chouette	2085	450
Salicorne à gros épis	2383	520
— à racines adventives	2382 b	519
— d'Europe	2381 1	519
— herbacée	2381 1	519
— ligneuse	2382	519
Salsepareille d'Allemagne	2911	632
Salsifis à feuilles de crocus	1673 b,c	347
— à feuilles de poireau	1673	347
— à feuilles de safran	1673 b,c	347
— austral	1673 d	347
— cultivé	1673	347
— des prés	1671	346
— douteux	1672	347
— —	1672 b	347

Taxon	*Dessin*	*Pl.*
Salsifis d'Orient	1671 b	347
— hybride	1674	348
— majeur	1672	347
Salsola kali	2386	520
— —	2386 2	520
— soda	2387	521
Salvinie nageante	3319	716
Samole de Valerand	1883	398
Sanguine	1265	249
Sanguisorbe officinale	964	183
Sanicle d'Europe	1262	248
Santoline à feuilles de romarin	1477 b	298
— écailleuse	1477 2	298
— pectinée	1477 c	298
— petit-cyprès	1477	298
— tomenteuse	1477 c	298
Sapin argenté	3259	697
— blanc	3259	697
— de Douglas	3398	729
— pectiné	3259	697
— rouge	3258	697
Saponaire à feuilles de pâquerette	388	78
— d'Orient	392	79
— faux-basilic	391	79
— gazonnante	389	79
— jaune	387	78
— officinale	390	79
Sarcocapnos à neuf folioles	119	27
Sarcocorne ligneuse	2382	519
— vivace	2382 b	519
Sarothamne à balais	610	118
— arborescent	611	118
— purgatif	612	118
Sarrasin commun	2407	529
— de Tartarie	2408	530
Sarrasine	2444	539
Sarriette à grandes fleurs	2192	473
— acinos	2190	473
— ascendante	2193 b	474
— calament	2194	474
— clinopode	2189	473
— commune	2184	472
— des Alpes	2191	473
— des jardins	2184	472
— des montagnes	2185	472
— grecque	2187	472
— julienne	2188	472
— marginée	2186	472
— népéta	2195	474
— officinale	2193	473
— vulgaire	2189	473
Sauge à feuilles de lavande	2199 2	475
— des bois	2267	494
— des Pyrénées	2199 2	475
— des prés	2206	478
— d'Ethiopie	2202	476
— fausse-horminelle	2207 b	479
— fausse-verveine	2207	478
— —	2207 2	479
— —	2207 b-d	479
— glutineuse	2205	477
— officinale	2199	475
— sauvage	2203	477
— sclarée	2201	476
— verte	2204	477
— verticillée	2200	475
Saule à cinq étamines	2524	561
— à dents courtes	2536	564
— à feuilles cotonneuses	2529	562
— à feuilles de phylica	2540	565
— à feuilles de serpolet	2545 b	566
— à feuilles émoussées	2545	566
— à grandes feuilles	2534	564
— à oreillettes	2532 b	563
— à réseau	2546	566
— à trois étamines	2527	562
— appendiculé	2534	564
— arbuste	2538	565
— bicolore	2540	565
— blanc	2526	561
— bleuâtre	2541	565

Taxon	*Dessin*	*Pl.*
Saule cendré	2533	564
— de Babylone	2523	560
— de Suisse	2544 b	566
— des chèvres	2532	563
— des Lapons	2544	566
— des Pyrénées	2542	566
— des vanniers	2531	563
— drapé	2529	562
— émoussé	2545	566
— faux-daphné	2528	562
— faux-myrte	2536	564
— fétide	2538	565
— fragile	2525	561
— glauque	2543	566
— hasté	2537	565
— herbacé	2547	566
— laurier	2524	561
— marsault	2532	563
— noircissant	2535	564
— pleureur	2523	560
— pourpre	2530	562
— rampant	2539	565
— vitellin	2526 2	562
Saussurée à deux couleurs	1620	333
— à grandes feuilles	1621 2	333
— de petite taille	1621 b	334
— des Alpes	1621	333
— diversement colorée	1620	333
Sauve-vie	3294	710
Saxifrage à cinq doigts	1114 b	206
— à deux fleurs	1081	202
— —	1081 b	202
— à divisions étroites	1109 b	205
— à feuilles de bugle	1111	206
— à feuilles d'épervière	1105	205
— à feuilles en coin	1096	204
— à feuilles en cuiller	1089 c	203
— à feuilles en languette	1089	203
— à feuilles épaisses	1089	203
— —	1089 b	203
— à feuilles opposées	1080	202
— à feuilles planes	1108	205
— à feuilles rondes	1101	204
— à fleurs nombreuses	1085	202
— à grands pétales	1081 b	202
— à longues feuilles	1088	202
— à nervures saillantes	1115	206
— —	1115 c	206
— à pédoncules nus	1091	203
— à trois doigts	1100	204
— aïzoon	1087	202
— androsace	1107	205
— aquatique	1110	205
— arétie	1092	203
— ascendante	1100 b	204
— benoîte	1095	203
— bleuâtre	1093 c	203
— bouc	1104	205
— bulbifère	1098	204
— cespiteuse	1112 a-c	206
— changée	1084	202
— controversée	1100 b	204
— corne-de-cerf	3371	725
— cotylédon	1086	202
— de Clusius	1094 b	203
— de Hariot	1115 g	206
— de Lamotte	1115 f	206
— de Prost	1109 b	205
— de Rudolphi	1080 b	202
— de Saint-Martin-Lantosque	1089 b	203
— de Séguier	1090	203
— de Sponhem	1112 b	206
— des Alpes	1094	203
— des Cévennes	1115 e	206
— des endroits ombreux	1096 b	204
— diapensie	1093	203
— dorée	1104	205
— du Groenland	1114	206
— du Piémont	1109 b2	205
— d'Irat	1114	206
— écrasée	1082	202
— embrouillée	1115 c	206

Taxon	*Dessin*	*Pl.*
Saxifrage en étoile	1094	203
— fausse-androsace	1107	205
— fausse-arétie	1092	203
— fausse-diapensie	1093	203
— fausse-mousse	1108	205
— —	1113	206
— faux-aïzoon	1103	205
— faux-bryum	1102 b	204
— faux-géranium	1109	205
— faux-hypne	1112 a	206
— faux-sédum	1106	205
— granulée	1097	204
— —	1097 2	204
— hérissée	1095 2	203
— intermédiaire	1083	202
— musquée	1106	205
— —	1113	206
— négligée	1111	206
— obscure	1114 b2	206
— œil-de-bouc	1104	205
— paniculée	1087	202
— penchée	1099	204
— pubescente	1114 b2	206
— —	1115 d	206
— redressée	1110	205
— rose	1112 c	206
— rude	1102	204
— safranée	1084	202
— sillonnée	1115 b	206
— trompeuse	1112 c	206
— tronquée	1082	202
— vaudoise	1093 b	203
— velue	1095 2	203
Scabieuse à feuilles de graminée	1365	272
— à fleurs blanches	1366	272
— à trois étamines	1369 c	273
— blanchâtre	1369 d	273
— colombaire	1369	273
— des Pyrénées	1369 2	273
— d'Ukraine	1368	273
— étoilée	1367	272
— gramontienne	1369 c	273
— luisante	1369 b	273
— maritime	1370	273
— odorante	1369 d	273
— succise	1363	271
Scandix à gros bec	1234 b	240
— austral	1235	240
— du Midi	1235	240
— d'Espagne	1234 b	240
— peigne-de-Vénus	1234	240
Sceau-de-Salomon	2660	594
— multiflore	2661	594
— verticillé	2659	594
Scheuchzérie des marais	2775	613
Schismus à marges	3135	670
— barbu	3135	670
Scille à deux feuilles	2588	578
— amène	2589	578
— du Pérou	3385	727
— du printemps	2593	578
— d'automne	2590	578
— d'Italie	2592	578
— élégante	2589	578
— fausse-jacinthe	2591	578
— lis-jacinthe	2594	578
— printanière	2593	578
Scirpe à peu de fleurs	2890	630
— à tiges nombreuses	2891	630
— à trois angles	2875	628
— à une seule écaille	2888 b	629
— amphibie	2887	629
— caréné	2874 c	628
— comprimé	2877	628
— couché	2879	628
— de Duval	2874 c	628
— de Hudson	2867	626
— de Micheli	2878	628
— de Roth	2872	627
— de Savi	2880 b	629
— de Tabernaemontanus	2874 b	628
— des Alpes	2882	629

Taxon	*Dessin*	*Pl.*
Scirpe des bois	2869	627
— des lacs	2874	628
— des marais	2888	629
— du littoral	2873	627
— en jonc	2870	627
— épingle	2885	629
— flottant	2881	629
— gazonnant	2883	629
— maritime	2871	627
— mucroné	2876	628
— nain	2882	629
— noir-pourpré	2886	629
— ovoïde	2889	630
— penché	2880 b	629
— petit	2884	629
— piquant	2872	627
— radicant	2869 b	627
— sétacé	2880	628
— triquètre	2875	628
Scléranthe à fruits nombreux	1041 b	197
— annuel	1041	197
— vivace	1042	197
Sclérochloa dure	3136	671
— ferme	3136	671
Scléropoa demi-paturin	3161 b	675
— fausse-ivraie	3159	675
— maritime	3160	675
— raide	3161	675
Scolopendre hémionitis	3300	712
— officinale	3299	712
Scolyme à grandes fleurs	1757	371
— d'Espagne	1758	372
— taché	1756	371
Scorpioïde de Matthiole	864	161
Scorpiure chenille	862	160
— muriqué	863	161
— —	863 b	161
— poilu	863	161
— sillonné	863 b	161
Scorzonère à arêtes	1669	346
— à feuilles de buplèvre	1665 b	345
— à petites fleurs	1668 b	346
— à tige courte	1666	345
— crépue	1667 b	345
— d'Autriche	1665	345
— d'Espagne	1667	345
— en lanières	1670	346
— hérissée	1663	345
— humble	1668	346
— peu élevée	1668	346
— pourprée	1664	345
Scrofulaire à oreillettes	2045	441
— ailée	2045 b	441
— alpestre	2041	439
— aquatique	2045	441
— de Hoppe	2042 b	440
— des chiens	2042	440
— des endroits ombreux	2045 b	441
— des Pyrénées	2039	439
— du Jura	2042 b	440
— du printemps	2038	438
— d'Ehrhart	2045 b	441
— luisante	2042 c	440
— noueuse	2044	441
— scorodoine	2040	439
— très rameuse	2042 d	440
— voyageuse	2043	441
Scutellaire à casque	2258	492
— à feuilles hastées	2257	492
— de Columna	2260	492
— des Alpes	2259	492
— mineure	2258 b	492
— toque	2258	492
Sécurigéra bigarrée	865	161
— coronille	880	163
— sécuridaca	880	163
Sédum à feuilles courtes	1063 b	200
— à feuilles d'alsinée	1061	199
— à feuilles embrassantes	1057	199
— à feuilles épaisses	1063	200
— à petites fleurs	1064 2	200
— à pétales droits	1059	199

Taxon	*Dessin*	*Pl.*
Sédum à pétales droits	1059 b	199
— à port de sédum	1058	199
— à six angles	1056 b	199
— âcre	1056	199
— alpestre	1055	199
— anacampséros	1047	198
— annuel	1051	199
— blanc	1064	200
— blanchâtre	1060 c	199
— bleu	3370	725
— de Bologne	1056 b	199
— de Forster	1060 b	199
— de Montereale	1062	200
— des montagnes	1060 d	200
— des rochers	1060	199
— —	1060 c	199
— du littoral	1051 b	199
— d'Angers	1054 c	199
— d'Angleterre	1066	200
— d'Espagne	1050	198
— en croix	1062	200
— élevé	1058	199
— élégant	1060 b	199
— étoilé	1049	198
— fabaria	1046 c	198
— gazonnant	1054 b	199
— grand	1046 b	198
— hérissé	1065	200
— noirâtre	1053	199
— pourpier	1048	198
— reprise	1046	198
— réfléchi	1060	199
— rhodiole	1045	198
— rougeâtre	1054	199
— téléphium	1046	198
— velu	1052	199
— —	1052 2	199
Seigle	3220	687
— céréale	3220	687
Sélaginelle de Suisse	3345	721
— denticulée	3346	721
— fausse-sélagine	3344	721
— spinuleuse	3344	721
Sélin à feuilles de carvi	1146	216
— des Pyrénées	1142	214
Sené	128	29
Senebière corne-de-cerf	280	58
— didyme	281	58
Séneçon à feuilles blanches	1416	284
— à feuilles de barbarée	1413 d	283
— à feuilles de leucanthème	1412	283
— à feuilles de roquette	1413 b	283
— à feuilles d'abrotanus	1409	282
— à feuilles d'adonis	1410	282
— à feuilles d'aurone	1409	282
— à feuilles en cœur	1417	284
— à feuilles en spatule	1427	287
— à feuilles entières	1427 c	287
— à feuilles épaisses	1412 b	283
— à grande aigrette	1427 b	287
— à un capitule	1414	284
— aggloméré	1424	286
— aquatique	1413 c	283
— blanchâtre	1416 b	284
— cacaliaster	1418	284
— cendré	1415	284
— champêtre	1427 c	287
— cinéraire	1415	284
— de Balbis	1425	286
— de Carniole	1416 c	284
— de France	1411	283
— de Fuchs	1419 a	285
— de Gérard	1423 b	286
— de Haller	1414	284
— de Lapeyrouse	1427 d	287
— de Rodez	1423 2	286
— de Tournefort	1422	286
— des bois	1407	282
— des cours d'eau	1419 c	285
— des marais	1421	285
— des marécages	1424	286
— des Pyrénées	1422	286

Taxon	*Dessin*	*Pl.*
Séneçon des rochers	1408	282
— des Sarrasins	1419 a-c	285
— des taillis	1419 b	285
— doria	1420	285
— doronic	1423	286
— faux-cacalia	1418	284
— hélénitis	1427	287
— jacobée	1413	283
— livide	1407 b	282
— orangé	1426	287
— visqueux	1406 b	282
— vulgaire	1406	282
Sénevé	128	29
Sérapias à longs pétales	2729	606
— à petites fleurs	2728 b	606
— en cœur	2730	606
— langue	2728	606
— négligé	2730 b	607
— occulte	2728 b	606
— soc	2729	606
Seringa	1016	194
Sériole de l'Etna	1648	341
Sermontain	1133	211
Serpentaire	2409	530
Serratule à feuilles de lycope	1616	333
— à feuilles variées	1616	333
— à gros capitules	1615 2	332
— à tige nue	1616 b	333
— des teinturiers	1615	332
Séséli à feuilles de carvi	1188 c	227
— annuel	1188 b	227
— coloré	1188 b	227
— des montagnes	1188	227
— —	1188 d	227
— élevé	1186	226
— faux-peucédan	1178	225
— libanotis	1189	228
— —	1189 b,c	228
— nain	1188 e	227
— tortueux	1187	227
Seslérie à tête ronde	3021	650
— argentée	3019	650
— blanchâtre	3020	650
— bleuâtre	3020	650
— bleue	3020	650
— distique	3022	650
Sétaire d'Allemagne	3029 b	651
— d'Italie	3029	651
— —	3029 b	651
— glauque	3027	651
— naine	3027	651
— verte	3028	651
— verticillée	3026	651
Shérardie des champs	1326	262
Sibbaldie couchée	914	171
Sibthorpie d'Europe	2103	453
Silaüm silaüs	1177	224
Silaüs des prés	1177	224
— verdâtre	1178	225
Silène acaule	369	75
— —	369 2,3	75
— arméria	366	75
— attrape-mouches	370	75
— à feuilles en cœur	363	74
— à feuilles étroites	348 2	71
— à feuilles larges	386 c	78
— à fleurs vertes	361	74
— à pétales courts	354	72
— à quatre dents	367	75
— à une fleur	348 c	71
— blanc	386 a	78
— campanule	376	76
— ciliée	352	72
— conique	349	71
— conoïde	349 b	71
— coronaire	383	77
— couchée	348 b	71
— de Bordère	352 b	72
— de Crète	371	75
— de France	350	72
— —	350 2	72
— de Nice	353	72

Taxon	*Dessin*	*Pl.*
Silène de nuit	364	74
— de Suède	381	77
— de Thore	348 d	71
— des Alpes	348 b	71
— des bois	358	73
— des ports	374	76
— des rochers	368	75
— dioïque	386 b	78
— du Valais	365	74
— d'Italie	359	73
— enflée	348	71
— faux-orpin	351	72
— faux-sédum	351	72
— fermée	373	76
— fleur-de-coucou	377	76
— fleur-de-Jupiter	378	76
— gai	380	77
— maritime	348 c	71
— miniature	367	75
— négligée	356	73
— nocturne	354	72
— otitès	372	75
— paradoxale	360	73
— penchée	357	73
— —	362	74
— réfléchie	356	73
— rose-du-ciel	379	76
— saxifrage	375	76
— soyeuse	355	72
— viscaire	382	77
— vulgaire	348	71
Siler à trois lobes	1140	214
Silybe de Marie	1550	310
Siméthis à feuilles plates	2650	590
Sison amome	1224	237
— aromatique	1224	237
— des moissons	1225	238
Sisymbre à cornes	167	37
— à feuilles runcinées	168	37
— chrysanthème	169 4	38
— couché	162	37
— de Columna	171	38
— de Hongrie	165	37
— de Villars	169 2	38
— d'Autriche	169	38
— d'Orient	171	38
— élevé	165	37
— hérissé	168	37
— irio	170	38
— officinal	166	37
— raide	172	39
— sagesse	164	37
Sisymbrelle rude	176	39
Sisyrinque à feuilles étroites	2678	598
— des Bermudes	2678	598
Sixalix maritime	1370	273
Smilax rude	2670	597
— —	2670 2	597
Smyrnium maceron	1250	245
— perfolié	1251	245
Soldanelle des Alpes	1867	395
— fluette	1867 c	395
— velue	1867 b	395
Soleirolia de Soleirol	3383	726
Solénopsis laurentie	1765	373
Solidage à gros rhizome	1380 3	276
— du Canada	1381 b	276
— géant	1381	276
— glabre	1381	276
— menu	1380 2	276
— tardif	1381	276
— verge-d'or	1380	276
Sorbier à larges feuilles	982	187
— alisier	981	187
— antidysentérique	980	187
— de Mougeot	981 b	187
— des oiseleurs	983	187
— domestique	984	188
— hybride	983 b	188
— petit-néflier	979	186
— torminal	980	187
Sorgho bicolore	3049	654

Taxon	*Dessin*	*Pl.*
Sorgho d'Alep	3048	654
— vulgaire	3049	654
Souchet à deux épis	2858	625
— bai	2855 b	624
— brun	2856	625
— brun-noirâtre	2856	625
— capité	2854	624
— comestible	2852	624
— —	2852 2	624
— de Micheli	2878	628
— de Monti	2859	625
— doré	2852	624
— en forme d'olive	2853	624
— éragrostide	2857	625
— faux-choin	2854	624
— globuleux	2861	625
— jaunâtre	2860	625
— jaune	2861	625
— long	2855	624
— —	2855 b	624
— odorant	2855	624
— —	2855 b	624
— robuste	2857	625
— rond	2853	624
— tardif	2859	625
Souci à fruits à trois ailes	1545 b	309
— des champs	1545	309
Soyérie des marais	1723	361
— des montagnes	1722	361
Spargote à cinq étamines	475	90
— de Morison	475 b	90
— des champs	474	90
Spartina à fleurs alternes	3042	653
— changeant	3041	653
— maritime	3040	653
— raide	3040	653
Spartium à tiges de jonc	609	117
Spéculaire de Castille	1777 b	377
— en faux	1777	377
— hybride	1778	377
— miroir	1776	376
— pentagonale	1776 b	376
Spergulaire à deux étamines	479	91
— de Nice	477 c	91
— des îles Açores	478	91
— des moissons	476	91
— intermédiaire	477 b1,2	91
— pourpre	479 b	91
— rouge	477	91
— saline	477 b1,2	91
Spergule à cinq étamines	475	90
— de Morison	475 b	90
— des champs	474	90
Sphénope de Gouan	3158	675
— divariqué	3158	675
Spiranthe d'automne	2713	604
— d'été	2712	604
— spiralée	2713	604
Spirée à feuilles de millepertuis	901	169
— à feuilles de saule	902	169
— aronce	906	170
— filipendule	904	169
— obovée	901	169
— tomenteuse	903	169
— ulmaire	905	169
Spirodèle à plusieurs racines	2802	616
Sporobole d'Inde	3076	660
— piquante	3075	660
— très tenace	3076	660
Staphylier penné	586	113
Statice à feuilles de globulaire	2332	507
— à feuilles de lychnis	2323 b	505
— à feuilles de pâquerette	2329	506
— à feuilles ovales	2323	505
— confondue	2324	505
— de Bahuslän	2321	504
— de Dodart	2333	507
— de Duby	2329 b	506
— de Girard	2334	507
— diffuse	2319	504
— dure	2326	506
— fausse-vipérine	2317	504

Taxon	Dessin	Pl.
Statice faux-férula	2318	504
— limonium	2322	505
— naine	2330	506
— occidentale	2333 b	507
— pubescente	2327	506
— raide	2331	507
— sinuée	2320	504
— tardive	2322 b	505
Stéhéline douteuse	1622	334
Stellaire à longues feuilles	458 b	88
— alsine	458	88
— aquatique	473	90
— de Cupani	455 b	87
— de Fries	458 b	88
— des bois	456	87
— des marais	457	87
— —	458	88
— faux-céraiste	461	88
— glauque	457	87
— graminée	460	88
— holostée	459	88
— intermédiaire	455	87
— négligée	455 3	87
— pâle	455 2	87
— visqueuse	462	88
Sténactis annuelle	1389	278
Sténotaphrum à deux rangs	3025	650
— d'Amérique	3025	650
Sternbergie jaune	2699	601
Stipe capillaire	3081	661
— chevelue	3081	661
— du Cap	3083	661
— d'Offner	3082	661
— faux-brome	3084	661
— faux-jonc	3082	661
— pennée	3080	661
— tortillée	3083	661
Stratiotès faux-aloès	2771	612
Streptope à feuilles embrassantes	2658	593
Struthioptéris d'Allemagne	3302	713
Subulaire aquatique	246	51
Succise des prés	1363	271
Succiselle infléchie	1364	272
Sucepin	1833	389
Suéda à soie	2385 b	520
— ligneuse	2384	520
— luisante	2385 b	520
— maritime	2385	520
— vraie	2384	520
Sumac des corroyeurs	602	116
— fustet	601	116
Sureau à grappes	1271	251
— noir	1270	250
— rameux	1271	251
— yèble	1269	250
Surelle	572	110
Surette	2391	521
Swertie vivace	1929	409
Sycomore	565	108
Sylvie	14	5
Tabouret à feuilles rondes	270	56
— à odeur d'ail	266	55
— à pétales courts	267 b	56
— alpestre	268 c	56
— bleuâtre	268 c	56
— des Alpes	268 b	56
— des Alpes pennines	268 b	56
— des champs	265	55
— des montagnes	268	56
— perfolié	267	56
— raide	267 b	56
Tamaris de France	1018	194
— —	1018 b	194
— des Canaries	1018	194
— d'Afrique	1017	194
— d'Angleterre	1018 b	194
Tamier commun	2671	597
Tanaisie annuelle	1449	292
— balsamite	1448	292
— en corymbe	1453	293
— parthénium	1452	293

Taxon	Dessin	Pl.
Tanaisie vulgaire	1450	292
Taquet	348	71
Teesdalie à feuilles de coronope	262 b	55
— à tige nue	262	55
— passerage	262 b	55
Téléphium d'Imperato	1030	196
Téniathérum tête-de-méduse	3218	686
Tête-de-dragon de Ruysch	2212	481
— d'Autriche	2213	481
Tête-de-moineau	1600	327
Tétragonolobe pourpre	759	141
— siliqueux	758	140
Thapsia velue	1132	211
Thé du Mexique	2360	514
— —	2360 b	514
— d'Europe	2078	449
Théligone chou-de-chien	2507	554
— cynocrambe	2507	554
Thélyptéris à sores marginaux	3281	705
— des marais	3286	708
— phégoptéris	3275	702
Thésium à feuilles de lin	2436	537
— à feuilles ténues	2435 2	536
— couché	2438	537
— de Bavière	2437	537
— des Alpes	2435	536
— —	2435 2	536
— des Pyrénées	2435 b	536
— des prés	2435 b	536
— divariqué	2438 b	537
— en bec	2435 c	536
— intermédiaire	2436	537
— rostré	2435 c	536
Thorelle à verticilles inondés	1228	238
Thrincie hérissée	1650	342
— hispide	1649	341
— tubéreuse	1649 b	341
Thym à nervures	2182 10	471
— à poils nombreux	2182 7	471
— de la dolomie	2182 5	471
— faux-pouliot	2182 2,3	471
— herba-barona	3378	726
— luisant	2182 9	471
— petit-chêne	2182 2	471
— serpolet	2182	471
— —	2182 8	471
— vulgaire	2181	471
Thymélée	2423	534
— à large calice	2433	536
— des neiges	2431 2	535
— des teinturiers	2431	535
— dioïque	2432	536
— hérissée	2428	535
— passérine	2429	535
— sanamunda	2430	535
— tartonraira	2427	535
Tillée mousse	1043	198
Tilleul à feuilles en cœur	496	94
— à grandes feuilles	495	94
— à larges feuilles	495	94
— à petites feuilles	496	94
— intermédiaire	496 b	94
— sauvage	496	94
— silvestre	496	94
— vulgaire	496 b	94
Tofieldie à calicule	2571	573
— boréale	2571 b	573
— des marais	2571 b	573
— très petite	2571 b	573
Tolpis à feuilles de statice	1742	367
Topinambour	1478	298
Toque bleue	2258	492
Tordyle d'Apulie	1171	223
— élevé	1170	223
Torilis à feuilles étroites	1126 b	210
— à feuilles variées	1129 b	210
— anthrisque	1128	210
— des champs	1129	210
— du Japon	1128	210
— infestant	1129	210
— noueux	1127	210
— pourpre	1129 b	210

Taxon	Dessin	Pl.
Tormentille commune	931	174
— couchée	931 b	174
— d'Angleterre	931 b	174
Tourette glabre	177	40
Tournesol	1479	298
Toute-bonne	2201	476
Tozzie des Alpes	2140	462
Trachélium bleu	1780	377
Traînasse	2413	531
Traunsteinera globuleuse	2739	608
Trèfle aggloméré	719	135
— alpestre	744	138
— anguleux	724 b	136
— à feuilles étroites	741	138
— à fleurs blanches	748	139
— à fleurs de thym	730	136
— à fruit étranglé	723	135
— à petites fleurs	711 a	134
— —	736	137
— à une fleur	728	136
— bai	707	134
— blanc	722	135
— brun	707	134
— brunâtre	707 b	134
— champêtre	710	134
— cotonneux	716	135
— couché	710	134
— de Boccone	732	136
— de Cherler	738	137
— de Clusius	715 b	135
— de Hongrie	745 2	138
— de Ligurie	739	137
— de Micheli	724	136
— de Palerme	749 b	139
— de Perreymond	721	135
— de Savi	728	136
— de Thalius	718	135
— des Alpes	717	135
— des champs	737	137
— des forêts	751	139
— des montagnes	752	139
— des prés	745	138
— —	745 3,4	138
— des rochers	730	136
— diffus	750 b	139
— doré	708	134
— douteux	711 b	134
— écailleux	749	139
— écumeux	712	134
— élégant	725	136
— étalé	709	134
— étoilé	734	137
— étouffé	731	136
— fausse-bardane	740	138
— fausse-phléole	737 b	137
— faux-pied-d'oiseau	694	131
— filiforme	711 a	134
— gazonnant	718	135
— grêle	737 2	137
— hérissé	750	139
— hybride	725 b	136
— incarnat	735	137
— intermédiaire	746	139
— jaunâtre	747	139
— maritime	749	139
— marron	707 b	134
— noircissant	726	136
— pâlissant	727	136
— penché	721	135
— petit	711 b	134
— pied-de-lièvre	751	139
— porte-fraise	714	135
— pourpre	742	138
— raboteux	749 b	139
— raide	720	135
— rampant	722	135
— renversé	715	135
— rougeâtre	743	138
— scabre	729	136
— souterrain	753	140
— strié	733	137
— tronqué	736	137

Taxon	*Dessin*	*Pl.*
Trèfle vésiculeux	713	134
Trèfle-d'eau	1931	410
Tremble	2550	567
Trépane barbue	1636	338
— effilée	1637	338
Tribule terrestre	575	110
Trichomanès élégant	3308	714
— radicant	3308	714
Trientalis d'Europe	1876	397
Trigonelle à nombreuses cornes	693	131
— bleue	706	134
— comestible	695	132
— cornue	695	132
— de Montpellier	692	131
— en glaive	691 b	131
— faux-ornithope	694	131
— fenugrec	691	131
— hybride	696	132
Trinie glauque	1230	239
— vulgaire	1230	239
Tripodion à quatre folioles	660	127
Trisète argenté	3116 b	667
— à feuilles distiques	3116	667
— de Barèges	3115 b	667
— de Cavanilles	3118	668
— de Loefling	3118	668
— des Alpes	3115 c	667
— doré	3120	668
— en épi	3117	668
— faux-agrostis	3115 b	667
— faux-panic	3119	668
— jaunâtre	3115	667
— négligé	3119	668
— pourpre	3115 2	667
Trixago de la Pouille	2116	457
Trochiscanthe à fleurs nodales	1182	225
— nodiflore	1182	225
Troène vulgaire	1893	400
Trolle d'Europe	72	16
Trompette-de-Méduse	2700	602
Troscart de Barrelier	2774	612
— des marais	2773	612
— maritime	2772	612
Tubéraire à gouttes	306	63
— ligneuse	307	63
Tue-chien	2019	431
Tulipe de Celse	2576	575
— de Clusius	2572	574
— de Didier	2574 b	574
— de France	2575 b	575
— de Gesner	2574 b	574
— des Alpes	2576 2	575
— d'Agen	2573	574
— méridionale	2576	575
— —	2576 2	575
— œil-du-soleil	2573	574
— précoce	2574	574
— sauvage	2575	574
— —	2575 b	575
Tunique saxifrage	395	80
Turgénie à larges feuilles	1125	209
Tussilage farfara	1379	276
— pas-d'âne	1379	276
Tyrimne à taches blanches	1549	310
Urginée fausse-scille	2587	578
— maritime	2587	578
Uropétale tardif	2586	577
Urosperme de Daléchamp	1661	344
— fausse-picride	1662	344
Utriculaire australe	1837 b	390
— de Bremi	1839 b	390
— intermédiaire	1838	390
— mineure	1839	390
— négligée	1837 b	390
— vulgaire	1837	390
Vaccaire d'Espagne	393	79
Vaillantie des murailles	1315	261
— hérissée	1316	261
Valériane à feuilles de globulaire	1336	265
— à feuilles de saule	1341	265
— à feuilles de sureau	1332 c	264
Valériane à feuilles divisées en trois	1339 b	265
— celte	1340	265
— couchée	1338	265
— des montagnes	1339	265
— des Pyrénées	1334	264
— des rochers	1342	265
— dioïque	1337	265
— nard-celtique	1340	265
— officinale	1332	264
— phu	1333	264
— rouge	1331	263
— saliunca	1341	265
— triséquée	1339 b	265
— tubéreuse	1335	265
— un peu hérissée	1332 b	264
Valérianelle à couronne	1344	266
— à disque	1344 b	266
— à fruits velus	1353	267
— à oreilles	1348	266
— à petits fruits	1351	267
— à petits poils	1351 2	267
— à piquants	1343	266
— à vessie	1345	266
— carénée	1349	266
— couronnée	1344	266
— de Morison	1350	267
— dentée	1350	267
— en carène	1349	266
— muriquée	1352	267
— naine	1347	266
— potagère	1346	266
— pubérulente	1351 2	267
— sillonnée	1348	266
— tronquée	1352	267
Vallisnérie en spirale	2770	612
Veilleuse	2566	572
—	2566 2	572
Vélar	166	37
— à feuilles d'épervière	158 a,b	35
— à fleurs de giroflée	158 b	35
— à grandes fleurs	159 a	35
— des sources	159 c	35
— d'Orient	156	35
— effilé	158 a	35
— en baguette	158 a	35
— fausse-giroflée	157	35
— jaune-pâle	159 b	35
— odorant	158 b	35
— violier	159 a-c	35
Vélaret	170	38
Vélézie raide	413	83
Velvote	2053	444
Venténata douteuse	3102	664
— fausse-avoine	3102	664
Vératre blanc	2570	573
— noir	2570 b	573
Vergerette à un seul capitule	1388 b	278
— âcre	1387	277
— anguleuse	1387 2	277
— annuelle	1389	278
— crépue	1386	277
— de Gaudin	1388 c2	278
— des Alpes	1388	278
— des régions froides	1388 b2	278
— du Canada	1385	277
— d'Attique	1388 c	278
— glabre	1388 2	277
— négligée	1388 3	278
Verne	2554	569
Véronique à écussons	2084	450
— à feuilles de calament acinos	2097	452
— à feuilles de lierre	2099	453
— à feuilles de serpolet	2090	452
— à feuilles de thym	2097	452
— à feuilles d'ortie	2081	450
— à longues feuilles	2076	449
— à tige nue	2083	450
— à trois feuilles	2096	452
— à trois lobes	2096	452
— agreste	2102	453
— aphylle	2083	450
Véronique beccabonga	2085	450
— buissonnante	2089 b	451
— couchée	2077 b	449
— cymbalaire	2100	453
— de Perse	2101	453
— de Pona	2091	452
— dentée	2077 c	449
— des Alpes	2092	452
— des champs	2094	452
— des montagnes	2082	450
— des rochers	2089 b	451
— didyme	2102 b	453
— du printemps	2093	452
— d'Allioni	2079	449
— en épi	2075	449
— fausse-pâquerette	2087	451
— faux-mouron	2086 b	451
— germandrée	2077	449
— ligneuse	2089	451
— lilacée	2087 b	451
— luisante	2102 b	453
— mouron	2086	451
— mouron-d'eau	2086	451
— nummulaire	2088	451
— officinale	2078	449
— opaque	2102 c	453
— petit-chêne	2080	450
— précoce	2098	452
— terne	2102 c	453
— voyageuse	2095	452
Verveine officinale	2283	497
Vesce à deux graines	829	154
— à feuilles de pois	819	151
— à fleurs isolées	826	153
— à fleurs lâches	831 b	154
— à folioles dentées en scie	806 2	148
— à folioles en cœur	816 2	150
— à folioles en coin	812 3	150
— à folioles étroites	816 b	150
— —	824 b	153
— à fruits de deux sortes	813	150
— à fruits entourants	813	150
— à quatre graines	831	154
— à une fleur	825 d	153
— argentée	820	151
— articulée	826	153
— cracca	824	152
— cultivée	816	150
— de Bithynie	814	150
— de Gérard	824 c	153
— de Hongrie	809	149
— de Narbonne	806	148
— de Poméranie	822	152
— des buissons	818	151
— des forêts	823	152
— des haies	808	149
— des Pyrénées	815	150
— du Bengale	825 c	153
— duveteuse	810 c	149
— élégante	827	154
— ervilia	830	154
— fausse-esparcette	821	151
— fausse-gesse	812	150
— —	812 2	150
— faux-cracca	825 b	153
— —	827	154
— faux-sainfoin	821	151
— fève	807	149
— grêle	831 b	154
— hérissée	828	154
— hybride	810 b	149
— jaune	810	149
— —	810 c	149
— lentille	832	155
— noirâtre	811	150
— noircissante	832 b	155
— noire	812 3	150
— —	816 2	150
— —	816 b	150
— onguiculée	825 a-c	153
— orobe	822 b	152
— pourpre-noirâtre	825 c	153

Taxon	*Dessin*	*Pl.*
Vesce pubescente	831 c	154
— velue	825 a	153
— voyageuse	817	151
Vésicaire renflée	213	46
Vigne d'Europe	568	109
— vinifère	568	109
Vigne-de-Judée	2018	430
Violette à deux fleurs	318	66
— à feuilles de nummulaire	322	67
— à feuilles de pêcher	315 e	66
— arborescente	314	65
— blanche	313 c	65
— cornue	319	66
— de Bubani	3355	723
— de Corse	3356	723
— de Jordan	315 d	65
— de la calamine	323 c2	67
— de Reichenbach	316	66
— de Schultz	315 f	66
— de Thomas	312 c	64
— des bois	316	66
— des chiens	315	65
— des collines	313 d	65
— des coteaux	313 d	65
— des marais	311	64
— des montagnes	315 b	65
— des Pyrénées	312 b	64
— des rocailles	316 b	66
— des sables	316 b	66
— du Mont Cenis	321	67
— élevée	315 h	66
— éperonnée	320	67
— étonnante	317	66
— hérissée	312	64
— jaune	323 c	67
— lactée	315 c	65
— naine	315 g	66
— odorante	313	65

Taxon	*Dessin*	*Pl.*
Violette pennée	310	64
— raide	315 b	65
— rude	323 b	67
— singulière	317	66
— suave	313 b	65
— subalpine	323 2	67
— tricolore	323	67
Violier	155	35
— à trois pointes	153	34
— du Valais	154 b	34
— fruticuleux	154	34
— grisâtre	151	34
— sinué	152	34
Viorne lantane	1273	251
— obier	1274	251
— tin	1272	251
Vipérine à long calice	1981	421
— à petites fleurs	1981	421
— à pustules	1984 3	422
— de Crète	1980	421
— —	1980 b	421
— des sables	1981 b	421
— d'Italie	1983	422
— faux-plantain	1979	420
— maritime	1982	421
— très rude	1983 b	422
— vulgaire	1984	422
— —	1984 2	422
Vitaliana à fleurs de primevère	1851	392
Vraie suéda	2384	520
Vrillée sauvage	2406	529
Vulnéraire	659	127
—	659 2-5	127
Vulpie ciliée	3172	677
— de Ligurie	3176	678
— de Sicile	3173	677
— fasciculée	3175	678
— faux-brome	3171 b	677

Taxon	*Dessin*	*Pl.*
Vulpie genouillée	3174	678
— queue-de-rat	3171	677
— unilatérale	3244	694
Vulpielle grêle	3396	729
Vulpin à vessies	3013	649
— agreste	3018	649
— bulbeux	3015	649
— de Gérard	3014	649
— de Rendle	3013	649
— des champs	3018	649
— des prés	3017	649
— fauve	3016 b	649
— faux-roseau	3017 b	649
— genouillé	3016	649
— uniforme	3016 b	649
Vulpine	3017	649
Wahlenbergie à feuilles de lierre	1804	384
Wendtia minime	1169	223
Willemétie fausse-apargie	1676	348
— faux-prénanthès	1677	348
Wolffia sans racines	2805	616
Woodsia des Alpes	3278	703
— du nord	3278	703
— d'Elbe	3278 b	703
Woodwardia enraciné	3399	729
Xatardie scabre	1185	226
Xéranthème annuel	1633	337
— cylindrique	1632	337
— fermé	1633 b	337
Yeuse	2517	558
Zacinthe verruqueuse	1695	355
Zannichellie des marais	2792 a-c	615
Zéa maïs	2989	645
Zostère de Nolte	2798	616
— marine	2797	616
— naine	2798	616

REGISTER DER DEUTSCHEN NAMEN

Taxon	*Zeichn.*	*Taf.*
Abbisskraut, Sumpf-	1364	272
Abbisskraut, Wiesen-	1363	271
Absinth	1431	288
Ackerbohne	807	149
Ackerdistel	1566	316
Ackerdistel	1566 3	316
Ackerkohl, Östlicher	156	35
Ackernelke	364	74
Ackernüsschen, Spitzfrüchtiges	244	51
Ackerröte	1326	262
Ackersalat, Gefurchter	1348	266
Ackersalat, Gekielter	1349	266
Ackersalat, Gezähnter	1350	267
Ackersalat, Haarfrüchtiger	1353	267
Ackersalat, Kleinfrüchtiger	1351	267
Ackersalat, Krönchen-	1344	266
Ackersalat, Wollköpfiger	1353	267
Adelgras	2304	501
Adlerfarn	3303	713
Adonis, Einjähriger	26	7
Adonis, Feuerroter	27	7
Adonis, Frühlings-	28	8
Adonis, Herbst-	26	7
Adonis, Sommer-	25	7
Adonis, Sommer-	25 2	7
Affodill, Weisser	2655	592
Affodill, Weisser	2655 2	592
Ahorn, Berg-	565	108
Ahorn, Feld-	563	108
Ahorn, Französischer	567	108
Ahorn, Schneeballblättriger	566	108
Ahorn, Spitz-	564	108
Ahorn, Wald-	565	108
Ahorn, Weiss-	565	108
Akazie, Falsche	801	147
Akelei, Alpen-	83	18
Akelei, Gewöhnliche	82	18
Akelei, Schwärzliche	82 b	18
Alant, Berg-	1516	305
Alant, Echter	1503	303
Alant, Rauher	1518	305
Alant, Schweizerischer	1519	306
Alant, Sparriger	1520	306
Alant, Starkriechender	1506	303
Alant, Südlicher	1505	303
Alant, Weiden-	1521	306
Alant, Wiesen-	1514	305
Aldrovande	335	69
Allermannsharnisch	2636	587
Alpenazalee	1824	388
Alpendistel	1257	247
Alpendost, Filziger	1372	274
Alpendost, Grauer	1373	274
Alpendost, Grüner	1374	274
Alpendost, Kahler	1374	274
Alpenglöckchen	1867	395
Alpenlattich, Gewöhnlicher	1375	275
Alpenlinse	795	146
Alpenmasslieb	1397	280
Alpennelke, Rote	381	77
Alpenrebe	4	1
Alpenrose, Behaarte	1826	388
Alpenrose, Rostblättrige	1825	388
Alpenrose, Rostrote	1825	388
Alpenscharte, Gewöhnliche	1621	333
Alpenscharte, Niedere	1621 b	334
Alpenscharte, Weissfilzige	1620	333
Alpenscharte, Zweifarbige	1620	333
Alpenveilchen, Europäisches	1864	394
Alpenveilchen, Gewöhnliches	1864	394
Alpenveilchen, Neapolitanisches	1865	394
Amarant, Aufsteigender	2345	510
Amarant, Ausgebreiteter	2343 b	509
Amarant, Bleichfarbiger	2345	510
Amarant, Niederliegender	2342	509
Amarant, Rauhhaariger	2343	509
Amarant, Schmalblättriger	2346	510
Amarant, Weisser	2344	510
Amarant, Wilder	2346	510
Amarant, Zurückgekrümmter	2343	509
Amberkraut	2272	495
Ambrosie	1762	373
Ampfer, Alpen-	2400	525
Ampfer, Berg-	2392	522
Ampfer, Blut-	2403 2	528
Ampfer, Blut-	2403	528
Ampfer, Garten-	2401 d	527
Ampfer, Kleiner Sauer-	2390	521
Ampfer, Knäuelblütiger	2404	528
Ampfer, Krauser	2402	527
Ampfer, Langblättriger	2401 f	525
Ampfer, Meer-	2397 b	524
Ampfer, Riesen-	2401 b	526
Ampfer, Schildblättriger	2395	523
Ampfer, Schnee-	2393	523
Ampfer, Schöner	2396	523
Ampfer, Strand-	2397 b	524
Ampfer, Stumpfblättriger	2398	524
Ampfer, Sumpf-	2397	524
Ampfer, Ufer-	2401 b	526
Ampfer, Wasser-	2401	526
Ampfer, Wiesen Sauer-	2391	521
Ampfer, Aronstabblättriger	2392	522
Andorn, Falscher	2224	483
Andorn, Gewöhnlicher	2255	491
Andromeda, Polei-	1812	385
Andromeda, Schmalblättrige	1812	385
Andryala, Ganzblättrige	1754	371
Anemone, Alpen-	23	7
Anemone, Alpen-	23 b	7
Anemone, Busch-	14	5
Anemone, Frühlings-	21	6
Anemone, Gelbe	16	5
Anemone, Hahnenfussähnliche	16	5
Anemone, Monte Baldo-	12	5
Anemone, Narzissenblütige	17	5
Anemone, Pelz-	21	6
Anemone, Schwefel-	23 c	7
Anemone, Wald-	13	5
Apfelbaum	978	186
Aprikosenbaum	898	167
Arnika, Berg-	1405	281
Aronstab, Gefleckter	2808	617
Aronstab, Gewöhnlicher	2808	617
Aronstab, Italienischer	2809	617
Artischocke	1554	312
Artischocke, Gemüse-	1554 b	313
Artischocke, Spanische	1554 b	313
Arve	3251	695
Aspe	2550	567
Aster, Alpen-	1393	279
Aster, Berg-	1394	279
Aster, Gold-	1382	276
Aster, Neubelgische	1390	278
Aster, Weidenblättrige	1396	279
Attich	1269	250
Augentrost, Alpen-	2109 c	455
Augentrost, Aufrechter	2109 f	455
Augentrost, Berg-	2109 b	455
Augentrost, Bunter-	2109 n	455
Augentrost, Busch-	2109 i	455
Augentrost, Gescheckter	2109 m	455
Augentrost, Gescheckter	2109 n	455
Augentrost, Gewöhnlicher	2109	455
Augentrost, Hain-	2109 i	455
Augentrost, Heide-	2109 f	455
Augentrost, Kamm-	2109 g	455
Augentrost, Kerners	2109 l	455
Augentrost, Kleinblütiger	2109 k	455
Augentrost, Kleiner	2109 j	455
Augentrost, Rostkovs	2109	455
Augentrost, Salzburger	2109 d	455
Augentrost, Zottiger	2109 h	455
Augentrost, Zwerg-	2109 j	455
Augenwurz, Behaarte	1181	225
Aurikel	1844	391
Ährenhafer	3242	694
Backenklee, Behaarter	757	140
Backenklee, Krautiger	755 a	140
Baldrian, Berg-	1339	265
Baldrian, Dreiblatt-	1339 b	265
Baldrian, Dreischnittiger	1339 b	265
Baldrian, Echter	1332	264
Baldrian, Felsen-	1342	265
Baldrian, Felsschutt-	1341	265
Baldrian, Gebräuchlicher	1332	264
Baldrian, Holunderblättriger	1332 c	164
Baldrian, Keltischer	1340	265
Baldrian, Knolliger	1335	265
Baldrian, Sumpf-	1337	265
Baldrian, Weidenblättriger	1341	265
Baldrian, Zweihäusiger	1337	265
Baldrian, Zwerg-	1338	265
Balsamkraut	1448	292
Bartgras, Gedrehtgranniges	3044	653
Bartgras, Gewöhnliches	3046	654
Bartschie, Alpen-	2114	457
Basenheide	1813	386
Bauernsenf, Bitterer	254	53
Bauernsenf, Doldiger	260	54
Bauernsenf, Felsen-	253 b	53
Bauernsenf, Fiederblättriger	255	54
Bauernsenf, Immergrüner	253	53
Bauernsenf, Mittlerer	261 c	55
Baumheide	1816	386
Baumtropfen	1221	237
Bärenklau, Berg-	1168 b	222
Bärenklau, Jura-	1168 d	223
Bärenklau, Wiesen-	1168	222
Bärenschote	776	143
Bärentraube, Alpen-	1810	385
Bärentraube, Immergrüne	1811	385
Bärenwurz, Athamas-	1175	224
Bärlapp, Alpen-	3343	721
Bärlapp, Berg-	3342	721
Bärlapp, Flacher	3341 2	721
Bärlapp, Keulenförmiger	3340	720
Bärlapp, Moor-	3339	720
Bärlapp, Tannen-	3338	720
Bärlapp, Überschwemmter	3339	720
Bärlapp, Wald-	3342	721
Bärlapp, Zypressen-	3341 1	721
Bärlauch	2618	583
Beifuss, Feld-	1444	291
Beifuss, Gewöhnlicher	1442	290
Beifuss, Kamillen-	1436	289
Beifuss, Nordischer	1439	290
Beifuss, Ostasiatischer	1442 b	290
Beifuss, Pontischer	1438	289
Beifuss, Schwarzer	1434	289
Beifuss, Verlotscher	1442 b	290
Beifuss, Walliser	1437	289
Beifuss, Weisser	1433	288
Beifuss, Weisser	1433 2	289
Beinwell	1956	415
Benediktenkraut	908	170
Benediktenkraut	1613	332
Berardia	1619	333
Berberitze	100	23
Bergfenchel, Echter	1188	227
Bergfenchel, Einjähriger	1188 b	227
Bergfenchel, Hirschheil-	1189	228
Bergfenchel, Kümmelblättriger	1188 c	227
Bergflachs, Alpen-	2435	536
Bergflachs, Alpen-	2435 2	536
Bergflachs, Bayrischer	2437	537
Bergflachs, Gewöhnlicher	2435	536
Bergflachs, Gewöhnlicher	2435 2	536
Bergflachs, Leinblättriger	2436	537
Bergflachs, Niederliegender	2438	537
Bergflachs, Pyrenäen-	2435 b	536

Taxon	Zeichn.	Taf.
Bergflachs, Schnabelfrüchtiger	2435 c	536
Bergflachs, Spreizender	2438 b	537
Bergminze, Aufsteigende	2193 b	474
Bergminze, Echte	2193	473
Bergminze, Grossblütige	2192	473
Bergminze, Katzenminzen-	2194	474
Bergminze, Minzen-	2195	474
Bergscharte, Alpen-	1586	323
Bergscharte, Alpen-	1587	323
Bergthymian, Aufsteigender	2193 b	474
Bergthymian, Echter	2193	473
Bergthymian, Katzenminzen-	2194	474
Bergthymian, Minzen-	2195	474
Bergveilchen, Gelbes	318	66
Bermudagras	3039	653
Bertram, Wilder	1493	301
Berufkraut, Alpen-	1388	278
Berufkraut, Attisches	1388 c	278
Berufkraut, Einjähriges	1389	278
Berufkraut, Einköpfiges	1388 b	278
Berufkraut, Feinstrahliges	1389	278
Berufkraut, Gaudins	1388 c 2	278
Berufkraut, Kahles	1388 2	278
Berufkraut, Kanadisches	1385	277
Berufkraut, Kantiges	1387 2	277
Berufkraut, Reichdrüsiges	1388 c	278
Berufkraut, Scharfes	1387	277
Berufkraut, Übersehenes	1388 3	278
Berufkraut, Vielgestaltiges	1388 2	278
Besenginster	610	118
Besenried	3165	676
Betonie, Alpen-	2243	489
Betonie, Blassgelbe	2242	489
Betonie, Echte	2244	489
Betonie, Fuchsschwanz-	2242	489
Betonie, Gebräuchliche	2244	489
Betonie, Rauhhaarige	2243	489
Bibernelle, Grosse	1214 b	235
Bibernelle, Kleine	1214	235
Bilsenkraut, Schwarzes	2024	433
Bingelkraut, Ausdauerndes	2490	549
Bingelkraut, Einjähriges	2491	549
Binse, Meer-	2871	627
Binse, Strand-	2871	627
Binse, Wald-	2869	627
Binse, Wurzelnde	2869 b	627
Binsenginster	609	117
Birke, Behaarte	2552 b	568
Birke, Hänge-	2552	568
Birke, Moor-	2552 b	568
Birke, Zwerg-	2552 c	568
Birkwurz, Feld-	1164	221
Birkwurz, Knotenblütige	1164	221
Birnbaum	976	186
Bisamhyazinthe, Gewöhnliche	2646	589
Bisamhyazinthe, Hellblaue	2646 b	589
Bisamhyazinthe, Kurztraubige	2646 b	589
Bisamhyazinthe, Schopfige	2645	589
Bisamhyazinthe, Traubige	2646	589
Bisamhyazinthe, Übersehene	2646	589
Bisamhyazinthe, Übersehene	2646 c	589
Bitterklee	1931	410
Bitterkraut, Habichtskrautartiges	1659	343
Bitterkraut, Natterkopfartiges	1660	344
Bitterling, Durchwachsener	1911	405
Bitterling, Gewöhnlicher	1911	405
Bitterling, Spätblühender	1911 b	405
Bittersüss	2018	430
Blacke	2400	525
Blasenfarn, Alpen-	3287 b	708
Blasenfarn, Berg-	3288	708
Blasenfarn, Gewöhnlicher	3287	708
Blasenschötchen, Schlauch-	213	46
Blasenstrauch, Baumartiger	800	147
Blasenstrauch, Gewöhnlicher	800	147
Blaugras	3020	650
Blaustern	2588	578
Blaustern	2656	593
Blausternbinse	2656	593
Blume, Linnes	1283	253
Blumenbinse, Sumpf-	2775	613
Blutauge, Sumpf-	945	176
Bluthirse	3037	652
Blutströpfchen, Einjähriges	26	7
Blutströpfchen, Herbst-	26	7
Blutströpfchen, Scharlachrotes	27	7
Blutströpfchen, Sommer-	25	7
Blutströpfchen, Sommer-	25 2	7
Blutwurz	931	174
Bocksbart, Grosser	1672	347
Bocksbart, Krokusblättriger	1673 b	347
Bocksbart, Östlicher	1671 b	347
Bocksbart, Safranblättriger	1673 b	347
Bocksbart, Wiesen-	1671	346
Bocksdorn, Chinesischer	2015	429
Bocksdorn, Gewöhnlicher	2014	429
Bockshornklee, Blauer	706	134
Bockshornklee, Französischer	692	131
Bockshornklee, Griechischer	691	131
Bodenkohlrabi	133 a	31
Bohne, Garten-	805	148
Bohnenkraut	2184	472
Bohnenkraut, Berg-	2185	472
Boretsch, Echter	1955	415
Borstendolde, Acker-	1129	210
Borstendolde, Gewöhnliche	1128	210
Borstendolde, Japanische	1128	210
Borstendolde, Kerbel-	1236	240
Borstendolde, Knäuelige	1127	210
Borstenhirse, Graugrüne	3027	651
Borstenhirse, Grüne	3028	651
Borstenhirse, Quirlige	3026	651
Borstgras, Steifes	3249	694
Brachsenkraut, See-	3333	719
Brachsenkraut, Stachelsporiges	3334	719
Braunwurz, Frühlings-	2038	438
Braunwurz, Geflügelte	2045 b	441
Braunwurz, Hunds-	2042	440
Braunwurz, Jurassische	2042 b	440
Braunwurz, Knotige	2044	441
Braunwurz, Wasser-	2045	441
Bränderli	2755	610
Breitkölbchen, Grünliches	2738	608
Breitkölbchen, Weisses	2737	608
Breitkölbchen, Zweiblättriges	2737	608
Breitsame	1123	209
Brenndolde, Silgenblättrige	1183	226
Brennessel, Grosse	2501	553
Brennessel, Kleine	2503	554
Brillenschötchen, Glattes	250	52
Brillenschötchen, Glattes	250 c	52
Brillenschötchen, Krähenfussblättriges	250 b	52
Brillenschötchen, Wegwartenblättriges	251	53
Brombeere, Bellardis	948 11	179
Brombeere, Blaue	948 b	180
Brombeere, Grossblättrige	948 2	178
Brombeere, Raspel-	948 8	179
Brombeere, Samtige	948 7	178
Brombeere, Schiefaufrechte	948 4	178
Brombeere, Schottische	948 4	178
Brombeere, Weissliche	948 1	177
Brombeere, Zweifarbige	948 5	178
Bruchkraut, Alpen-	1039 c	197
Bruchkraut, Behaartes	1038 b	197
Bruchkraut, Graues	1039	197
Bruchkraut, Kahles	1038 a	197
Brunelle, Gewöhnliche	2262	493
Brunelle, Grossblütige	2262 c	493
Brunelle, Weisse	2262 b	493
Brunnenkresse, Echte	174	39
Brustwurz, Pyrenäen-	1142	214
Brustwurz, Wald-	1143	215
Brustwurz, Wilde	1143	215
Buche	2511	556
Buchenfarn	3275	702
Buchs	2494	550
Buchweizen, Echter	2407	529
Buchweizen, Falscher	2408	530
Buchweizen, Gewöhnlicher	2407	529
Buchweizen, Tatarischer	2408	530
Bunge	1883	398
Büchsenkraut, Gewöhnliches	2072	448
Büffonie, Rispige	421	83
Bürzeldorn	575	110
Büschelblume, Rainfarnblättrige	1951	414
Caldesie, Studentenröschenblättrige	2559	570
Calepine	245	51
Christophskraut,Ähriges	96	22
Christrose	74	16
Christusauge, Bärtiges	1636	338
Christusdorn	589	113
Christusdorn, Falscher	891	166
Cypergras, Braunes	2856	625
Cypergras, Gelbliches	2860	625
Cypergras, Knolliges	2853	624
Cypergras, Langästiges	2855	624
Cypergras, Michelis	2878	628
Cypergras, Rundes	2853	624
Cypergras, Schwarzbraunes	2856	625
Cypergras, Spätblühendes	2859	625
Damasonie, Froschlöffel-	2561	571
Dattelpflaume, Italienische	1884	398
Dähle	3253	695
Dill, Echter	1148	216
Dingel, Abtreibender	2723	606
Dinkel	3223	687
Diptam	583	112
Distel, Kletten-	1580	322
Distel, Knäuelköpfige	1577 b	321
Distel, Krause	1578	321
Distel, Nickende	1581	322
Distel, Schmalköpfige	1577	321
Distel, Schwärzliche	1582	322
Distel, Schwärzliche	1582 b	322
Doppelsame, Mauer-	140	32
Doppelsame, Rukenähnlicher	138	32
Doppelsame, Rutenästiger	141	32
Doppelsame, Schmalblättriger	139	32
Dost	2180	470
Dost	2180 2	470
Dotterblume, Sumpf-	71	15
Douglasfichte	3398	729
Drachenkopf, Berg-	2212	481
Drachenkopf, Nordischer	2212	481
Drachenkopf, Österreichischer	2213	481
Drachenmaul	2197	474
Drachenwurz, Sumpf-	2811	617
Dreizack, Sumpf-	2773	612
Dreizahn, Liegender	3166	677
Drüsenginster	637 b	122
Drüsenglocke, Lilienblättrige	1779	377
Duftfarn	3307	714
Dünnschwanz	3246	694
Dürrwurz, Gewöhnliche	1504	303
Dürrwurz, Südliche	1505	303
Eberesche, Angepflanzte	984	188
Eberesche, Zwerg-	979	186
Eberwurz, Akanthusblättrige	1628	335
Eberwurz, Aufrechte	1626 b	335
Eberwurz, Einfache	1627 2	335
Eberwurz, Gewöhnliche	1626	334
Eberwurz, Stengellose	1627	335
Edelkamille	1467	296
Edelkastanie	2512	556
Edelraute, Echte	1430	288
Edelraute, Felsen-	1435	289
Edelraute, Gletscher-	1429	288
Edelraute, Schwarze	1441	290
Edeltanne	3259	697
Edelweiss	1527	307
Efeu	1263	249
Ehrenpreis, Acker-	2102	453
Ehrenpreis, Allionis	2079	449
Ehrenpreis, Alpen-	2092	452
Ehrenpreis, Amerikanischer	2095	452
Ehrenpreis, Ähriger	2075	449
Ehrenpreis, Bachbungen-	2085	450
Ehrenpreis, Berg-	2082	450
Ehrenpreis, Blattloser	2083	450

Taxon	*Zeichn.*	*Taf.*
Ehrenpreis, Breitblättriger	2081	450
Ehrenpreis, Dreiteiliger	2096	452
Ehrenpreis, Dunkler	2102 c	453
Ehrenpreis, Echter	2078	449
Ehrenpreis, Efeublättriger	2099	453
Ehrenpreis, Feld-	2094	452
Ehrenpreis, Felsen-	2089 b	451
Ehrenpreis, Fremder	2095	452
Ehrenpreis, Frühblühender	2098	452
Ehrenpreis, Frühlings-	2093	452
Ehrenpreis, Gamander-	2080	450
Ehrenpreis, Gamanderartiger	2077	449
Ehrenpreis, Gauchheil-	2086 b	451
Ehrenpreis, Gebräuchlicher	2078	449
Ehrenpreis, Glanzloser	2102 c	453
Ehrenpreis, Glänzender	2102 b	453
Ehrenpreis, Grosser	2077	449
Ehrenpreis, Halbstrauchiger	2089	451
Ehrenpreis, Kalaminthenblättriger	2097	452
Ehrenpreis, Langblättriger	2076	449
Ehrenpreis, Niederliegender	2077 b	449
Ehrenpreis, Österreichischer	2077 c	449
Ehrenpreis, Persischer	2101	453
Ehrenpreis, Quendelblättriger	2090	452
Ehrenpreis, Rosetten-	2087	451
Ehrenpreis, Schildfrüchtiger	2084	450
Ehrenpreis, Steinquendelblättriger	2097	452
Ehrenpreis, Wasser-	2086	451
Eibe	3268	700
Eibisch, Borsten-	513	98
Eibisch, Gebräuchlicher	510	97
Eibisch, Rauhhaariger	513	98
Eiche, Flaum-	2513 b	557
Eiche, Sommer-	2513 c	557
Eiche, Stechpalmenblättrige	2517	558
Eiche, Stein-	2517	558
Eiche, Stiel-	2513 c	557
Eiche, Trauben-	2513 a	557
Eiche, Winter-	2513 a	557
Eiche, Zerr-	2515	558
Eichenfarn	3276	702
Eicher	3223 c	688
Einbeere, Vierblättrige	2657	593
Einkorn	3223 c	688
Einorchis	2754	610
Eisenhut, Blassgelber	91	20
Eisenhut, Blauer	93	21
Eisenhut, Bunter	94	21
Eisenhut, Dichtblättriger	93	21
Eisenhut, Echter	93	21
Eisenhut, Fuchs-	92	20
Eisenhut, Gelber	92	20
Eisenhut, Gescheckter	94	21
Eisenhut, Giftiger	91	20
Eisenhut, Pyramiden-	93 b	21
Eisenhut, Rispiger	95	21
Eisenkraut, Echtes	2283	497
Elisma, Schwimmende	2557	570
Elsbeerbaum	980	187
Emmer	3223 b	688
Engelsüss	3274	702
Entenlinse	2805	616
Enzian, Alpen-	1918 d	408
Enzian, Aufgeblasener	1919	408
Enzian, Bayrischer	1923	408
Enzian, Bitterer	1927	409
Enzian, Bitterer	1928 c 2	409
Enzian, Clusius'	1918 c	408
Enzian, Deutscher	1928	409
Enzian, Deutscher	1928 b	409
Enzian, Deutscher	1928 d	409
Enzian, Feld-	1925	409
Enzian, Frühlings-	1922	408
Enzian, Frühlings-	1922 3	408
Enzian, Gefranster	1926	409
Enzian, Gelber	1912	406
Enzian, Kochs	1918	408
Enzian, Kreuz-	1915	407
Enzian, Kurzblättriger	1922 2	408
Enzian, Lungen-	1916	407
Enzian, Ostalpen-	1913 c	407
Enzian, Punktierter	1913	406
Enzian, Purpur-	1914	407
Enzian, Reichästiger	1928 c	409
Enzian, Rostans	1923 b	408
Enzian, Schmalblättriger	1918 b	408
Enzian, Schnee-	1920	408
Enzian, Schwalbenwurz-	1917	408
Enzian, Ungarischer	1913 c	407
Enzian, Zarter	1924	409
Eppich, Knotenblütiger	1229	238
Eppich, Kriechender	1229 b	238
Eppich, Überschwemmter	1229 c	238
Erbse, Garten-	834 a	155
Erbse, Garten-	834 b	155
Erbse, Wilde	834 c	155
Erdbeere, Grüne	946 c	177
Erdbeere, Hügel-	946 c	177
Erdbeere, Moschus-	946 b	177
Erdbeere, Wald-	946	176
Erdbeere, Zimt-	946 b	177
Erdbeerspinat, Ähriger	2373 b	517
Erdbeerspinat, Echter	2373	517
Erdbirne	1478	298
Erdkastanie	1219	236
Erdrauch, Dichtblütiger	122	28
Erdrauch, Echter	123	28
Erdrauch, Gebräuchlicher	123	28
Erdrauch, Kleinblütiger	121 a	28
Erdrauch, Klimmender	124 a	28
Erdrauch, Rankender	124 a	28
Erdrauch, Vaillants	121 b	28
Erika, Baum-	1816	386
Erika, Moor-	1814	386
Erika, Rote	1819	387
Erika, Wander-	1820	387
Erle, Alpen-	2553	569
Erle, Grau-	2555	569
Erle, Grün-	2553	569
Erle, Schwarz-	2554	569
Erle, Weiss-	2555	569
Esche, Blumen-	1888	399
Esche, Gewöhnliche	1886	398
Esche, Manna-	1888	399
Esche, Schmalblättrige	1887	399
Eselsdistel, Stachel-	1552	311
Esparsette, Berg-	888 2	165
Esparsette, Felsen-	887	164
Esparsette, Futter-	888	165
Esparsette, Saat-	888	165
Estragon	1443	291
Fadenhirse	3038	652
Fadenkraut, Acker-	1539	308
Fadenkraut, Deutsches	1537 2	308
Fadenkraut, Französisches	1529	307
Fadenkraut, Gelbfilziges	1537	308
Fadenkraut, Gewöhnliches	1537 2	308
Fadenkraut, Kleines	1540	308
Fadenkraut, Pyramiden-	1538	308
Fadenkraut, Spatelblättriges	1538	308
Faltenlilie, Späte	2585	577
Faltenohr, Steinbrech-	1227	238
Falzblume, Aufrechte	1541	309
Farnrauke	173	39
Faserschirm, Blaugrüner	1230	239
Faulbaum	590	113
Fäberwaid	248	52
Färberkamille	1470	297
Färberröte, Echte	1284 b	254
Färberröte, Fremde	1284 a	254
Federgras	3080	661
Federschwingel, Bewimperter	3172	677
Federschwingel, Mäuse-	3171	677
Federschwingel, Trespen-	3171 b	677
Feigenbaum, Echter	2497	551
Feigenkaktus, Flachblättriger	1073	201
Feinschwanz	3248	694
Felsenblümchen, Filziges	230	48
Felsenblümchen, Fladnizer	230 c	48
Felsenblümchen, Gletscher-	230 b	48
Felsenblümchen, Graues	229	48
Felsenblümchen, Hain-	231	48
Felsenblümchen, Hellgelbes	231	48
Felsenblümchen, Hoppes	232 b	48
Felsenblümchen, Immergrünes	232	48
Felsenblümchen, Kärntner	230 d	48
Felsenblümchen, Mauer-	228	48
Felsenblümchen, Zweifelhaftes	230 b	48
Felsenkirsche	895	167
Felsenmispel, Ovalblättrige	985	188
Felsennelke, Gewöhnliche	395	80
Felsennelke, Sprossende	399	80
Felsennelke, Steinbrech-	395	80
Felsenprimel, Gelbe	1844	391
Felsenprimel, Rote	1847	392
Fenchel, Gewöhnlicher	1149	216
Ferkelkraut, Einköpfiges	1645 b	340
Ferkelkraut, Geflecktes	1645	340
Ferkelkraut, Gewöhnliches	1646	341
Ferkelkraut, Kahles	1647	341
Ferkelkraut, Sand-	1647	341
Ferkelkraut, Wiesen-	1646	341
Fettblatt, Alpen-	1835	390
Fettblatt, Blaues Alpen-	1836 b	390
Fettblatt, Dünnsporniges	1836 b	390
Fettblatt, Gewöhnliches	1836	390
Fettblatt, Grossblütiges	1836 c	390
Fettblatt, Grossblütiges	1836 c 2	390
Fettblatt, Weisses Alpen-	1835	390
Fettkraut, Grosses	1046 b	198
Fettkraut, Purpurrotes	1046	198
Fettkraut, Rispiges	1048	198
Fettkraut, Rundblättriges	1047	198
Fettkraut, Saubohnen-	1046 c	198
Fettkraut, Wund-	1047	198
Feuerdorn	973	185
Fichte	3258	697
Fichtenspargel, Behaarte	1833	389
Fieberklee	1931	410
Fiederrauke	163	37
Fingerhut, Blassgelber	2107	454
Fingerhut, Gelber	2106	454
Fingerhut, Grossblütiger	2107	454
Fingerhut, Roter	2108	454
Fingerkraut, Aschgraues	942	176
Fingerkraut, Aufrechtes	931	174
Fingerkraut, Behaartes	936	175
Fingerkraut, Crantz'	940 c	175
Fingerkraut, Dauphiné-	937 b	175
Fingerkraut, Englisches	931 b	174
Fingerkraut, Erdbeer-	916	172
Fingerkraut, Felsen-	915	172
Fingerkraut, Frühlings-	940	175
Fingerkraut, Gänse-	928	173
Fingerkraut, Glänzendes	923	173
Fingerkraut, Gletscher-	944	176
Fingerkraut, Gold-	938	175
Fingerkraut, Graues	934	174
Fingerkraut, Grossblütiges	941	176
Fingerkraut, Hohes	935	174
Fingerkraut, Kaltes	944	176
Fingerkraut, Kleinblütiges	916 b	172
Fingerkraut, Kriechendes	932	174
Fingerkraut, Mittleres	937	175
Fingerkraut, Niederliegendes	929	173
Fingerkraut, Pennsylvanisches	930	173
Fingerkraut, Rötliches	940 b	175
Fingerkraut, Schlitzblättriges	926	173
Fingerkraut, Schmalkronblättriges	917	172
Fingerkraut, Schneeweisses	943	176
Fingerkraut, Siebenblättriges	940 b	175
Fingerkraut, Silber-	933	174
Fingerkraut, Stengel-	920	172
Fingerkraut, Strauch-	927	173
Fingerkraut, Sumpf-	945	176
Fingerkraut, Vielstengliges	920	172
Fingerkraut, Vielteiliges	926	173
Fingerkraut, Weisses	922	172
Fingerkraut, Zweifelhaftes	944 b	176
Fingerkraut, Zwerg-	944 b	176
Fioringras	3069	659
Fioringras	3069 2	659

Taxon	*Zeichn.*	*Taf.*
Flachs	492	93
Fleckenschierling	1252	245
Flieder, Gewöhnlicher	1889	399
Flockenblume, Alpen-	1605 b	330
Flockenblume, Ausgebreitete	1591	324
Flockenblume, Berg-	1607	330
Flockenblume, Einköpfige	1604	329
Flockenblume, Federige	1604 b	329
Flockenblume, Fussangel-	1593	325
Flockenblume, Gefleckte	1594	325
Flockenblume, Gewöhnliche	1600 b	327
Flockenblume, Gewöhnliche	1600	327
Flockenblume, Hügel-	1588	324
Flockenblume, Perückenähnliche	1604 d	329
Flockenblume, Rauhe	1592	324
Flockenblume, Rätische	1601	328
Flockenblume, Riesen-	1586	323
Flockenblume, Riesen-	1587	323
Flockenblume, Rispige	1596	326
Flockenblume, Scmalblättrige	1600 b	327
Flockenblume, Skabiosen-	1605	330
Flockenblume, Sonnenwend-	1590	324
Flockenblume, Sparrige	1591	324
Flockenblume, Trionfettis	1608	331
Flockenblume, Weisse	1600 b 2	327
Flockenblume, Wiesen-	1600	327
Flockenblume, Wiesen-	1600 b	327
Flohkraut, Gewöhnliches	1509	304
Flohkraut, Grosses	1512	304
Flohkraut, Kleines	1509	304
Fluhblümchen	1844	391
Fluhröschen	2423	534
Flutbinse	2881	629
Flügelginster	622	119
Flügellattich	1696	356
Föhre, Berg-	3254 a	696
Föhre, Gewöhnliche	3253	695
Föhre, Leg-	3254 b,c	696
Föhre, Schwarz-	3255 1	696
Föhre, Schwarz-	3255 2	696
Föhre, Wald-	3253	695
Föhre, Weymouth-	3250	695
Frasenbinse, Gegabelte	2892	630
Frasenbinse, Verzweigte	2892	630
Frauenhaarfarn	3305	714
Frauenmantel, Acker-	965	184
Frauenmantel, Alpen-	967	184
Frauenmantel, Alpen-	967 b	184
Frauenmantel, Bastard-	968 2	184
Frauenmantel, Fadenförmiger	968 b	184
Frauenmantel, Fünfblättriger	966	184
Frauenmantel, Gelbgrüner	968	184
Frauenmantel, Glänzender	969	184
Frauenmantel, Kahler	968 3	184
Frauenmantel, Pyrenäen-	968 c	184
Frauenmantel, Schneetälchen-	966	184
Frauenschuh	2711	604
Frauenspiegel, Bastard-	1778	377
Frauenspiegel, Venus-	1776	376
Friedlos, Hain-	1875	397
Fromental	3106	666
Froschbiss, Gewöhnlicher	2768	612
Froschkraut	2557	570
Froschlöffel, Gewöhnlicher	2560	570
Froschlöffel, Grasartiger	2560 3	571
Froschlöffel, Lanzettblättriger	2560 2	571
Froschlöffel, Stern-	2561	571
Froschlöffel, Wegerichblättriger	2560	570
Fuchsschwanz, Acker-	3018	649
Fuchsschwanz, Aufsteigender	2345	510
Fuchsschwanz, Ausgebreiteter	2343 b	509
Fuchsschwanz, Blasen-	3013	649
Fuchsschwanz, Bleichfarbiger	2345	510
Fuchsschwanz, Geknieter	3016	649
Fuchsschwanz, Gerards	3014	649
Fuchsschwanz, Kurzgranniger	3016 b	649
Fuchsschwanz, Mäuseschwanzähnlicher	3018	649

Taxon	*Zeichn.*	*Taf.*
Fuchsschwanz, Niederliegender	2342	509
Fuchsschwanz, Rauhhaariger	2343	509
Fuchsschwanz, Rotgelber	3016 b	649
Fuchsschwanz, Schmalblättriger	2346	510
Fuchsschwanz, Weisser	2344	510
Fuchsschwanz, Weitscheidiger	3013	649
Fuchsschwanz, Wiesen-	3017	649
Fuchsschwanz, Wilder	2346	510
Fuchsschwanz, Zurückgekrümmter	2343	509
Gamander, Berg-	2273	495
Gamander, Echter	2281	496
Gamander, Edel-	2281	496
Gamander, Knoblauch-	2280	496
Gamander, Lauch-	2280	496
Gamander, Marum-	2272	495
Gamander, Salbeiblättriger	2267	494
Gamander, Trauben-	2270	494
Gamander, Wald-	2267	494
Gartensalat	1681 c	351
Gauchheil, Acker-	1880 a	397
Gauchheil, Blauer	1880 b	397
Gauchheil, Kleiner	1878	397
Gauchheil, Zarter	1882	397
Gaukerblume, Bisam-	2073	448
Gaukerblume, Gefleckte	2074	448
Gaukerblume, Moschus-	2073	448
Gänseblümchen, Ausdauerndes	1399	280
Gänsedistel, Acker-	1686	352
Gänsedistel, Gewöhnliche	1689	353
Gänsedistel, Kohl-	1689	353
Gänsedistel, Rauhe	1690	353
Gänsedistel, Sumpf-	1687	353
Gänsedistel, Zarte	1688	353
Gänsefuss, Bastard-	2364	515
Gänsefuss, Blaugrüner	2372	517
Gänsefuss, Bock-	2369 b	516
Gänsefuss, Drüsiger	2361	514
Gänsefuss, Feigenblättriger	2369	516
Gänsefuss, Mauer-	2363	514
Gänsefuss, Roter	2365	515
Gänsefuss, Schneeballblättriger	2371	517
Gänsefuss, Stadt-	2368	516
Gänsefuss, Stinkender	2367	515
Gänsefuss, Übelriechender	2367	515
Gänsefuss, Vielsamiger	2362	514
Gänsefuss, Weisser	2370	516
Gänsekresse, Allionis	184 c	40
Gänsekresse, Alpen-	187	41
Gänsekresse, Armblütige	185	41
Gänsekresse, Aufrechte	188	41
Gänsekresse, Bach-	179	40
Gänsekresse, Bewimperte	183	40
Gänsekresse, Bläuliche	193	42
Gänsekresse, Felsen-	189	42
Gänsekresse, Hallers	192	42
Gänsekresse, Jacquins	179	40
Gänsekresse, Mauer-	180	40
Gänsekresse, Öhrchen	188	41
Gänsekresse, Pfeilblättrige	184 b	40
Gänsekresse, Quendelblättrige	183 b	40
Gänsekresse, Rauhe	181	40
Gänsekresse, Rauhhaarige	184	40
Gänsekresse, Sand-	191	42
Gänsekresse, Turm-	186	41
Gänsekresse, Zwerg-	182	40
Gedenkemein, Garten-	2006	428
Geissbart, Wald-	906	170
Geissblatt, Alpen-	1280	253
Geissblatt, Blaues	1278	252
Geissblatt, Echtes	1277	252
Geissblatt, Etruskisches	1276	252
Geissblatt, Garten-	1277	252
Geissblatt, Rotes	1282	253
Geissblatt, Schwarzes	1281	253
Geissblatt, Toskanisches	1276	252
Geissblatt, Wald-	1275	252

Taxon	*Zeichn.*	*Taf.*
Geissblatt, Windendes	1275	252
Geissfuss, Gicht-	1221	237
Geissklee, Behaarter	633	121
Geissklee, Blattstielloser	628	121
Geissklee, Kronwickenblütiger	631	121
Geissklee, Niederliegender	632	121
Geissklee, Niedriger	634	122
Geissklee, Niedriger	634 b	122
Geissklee, Schwarzwerdender	627	120
Geissklee, Strauchwicken-	631	121
Geissraute, Echte	802	147
Gelbdolde, Gespenst-	1250	245
Gelbling	914	171
Gelbstern, Acker-	2605	580
Gelbstern, Alpen-	2602	580
Gelbstern, Felsen-	2600	580
Gelbstern, Gewöhnlicher	2599	580
Gelbstern, Kleiner	2604	580
Gelbstern, Röhrigblättriger	2602	580
Gelbstern, Wald-	2599	580
Gelbstern, Wiesen-	2599 b	580
Gemskresse, Alpen-	271	56
Gemskresse, Felsen-	272	56
Gemswurz, Clusius'	1404	281
Gemswurz, Grossköpfige	1403	281
Gemswurz, Kriechende	1400	280
Gemswurz, Österreichische	1401	280
Germer, Schwarzer	2570 b	573
Germer, Weisser	2570	573
Gerste, Knotige	3213	685
Gerste, Mäuse-	3214	685
Gerste, Saat-	3215	686
Gerste, Saat-	3215 b	686
Gerste, Saat-	3216	686
Gerste, Sechszeilige	3215 b	686
Gerste, Vierzeilige	3215	686
Gerste, Zweizeilige	3216	686
Getreidemiere	476	91
Gewürzdolde	1224	237
Gilbweiderich, Gewöhnlicher	1871	396
Gilbweiderich, Punktierte	1872	396
Gilbweiderich, Strauss-	1873	396
Gilbweiderich, Wald-	1875	397
Ginster, Aschgrauer	624	120
Ginster, Behaarter	625	120
Ginster, Deutscher	615	118
Ginster, Englischer	617	119
Ginster, Färber-	623	120
Ginster, Flügel-	622	119
Ginster, Ruten-	621	119
Ginster, Skorpion-	618	119
Ginster, Spanischer	609	117
Ginsterwürger	2145	464
Gipskraut, Acker-	394	79
Gipskraut, Kriechendes	394 b	80
Gipskraut, Mauer-	394	79
Gladiole, Garten-	2694	601
Gladiole, Italienische	2693	600
Gladiole, Saat-	2693	600
Gladiole, Sumpf-	2694 b	601
Glanzkraut, Lœsels	2726	606
Glaskraut, Aufrechtes	2506 a	554
Glaskraut, Ästiges	2506 b	554
Glatthafer, Hoher	3106	666
Gleditschie	891	166
Gletscherlinse	796	146
Gliedkraut, Berg-	2251	490
Gliedkraut, Ysopblättriges	2254	491
Glockenblume, Acker-	1794	381
Glockenblume, Alpen-	1784	378
Glockenblume, Ausgeschnittene	1797 b	381
Glockenblume, Ausläufertreibende	1794	381
Glockenblume, Ährige	1787	379
Glockenblume, Bärtige	1782	378
Glockenblume, Bologneser	1792	380
Glockenblume, Borsten-	1788	379
Glockenblume, Breitblättrige	1793	380
Glockenblume, Büschel-	1789	379
Glockenblume, Grossblumige	1781	378
Glockenblume, Insubrische	1801	383

Taxon	*Zeichn.*	*Taf.*
Glockenblume, Kleine	1797	381
Glockenblume, Knäuelblütige	1789	379
Glockenblume, Lockerrispige	1802	383
Glockenblume, Löffelkrautblättrige	1797	381
Glockenblume, Mont Cenis-	1800	383
Glockenblume, Nessel-	1795	381
Glockenblume, Niedliche	1797	381
Glockenblume, Pfirsichblättrige	1803	383
Glockenblume, Rapunzel-	1790	380
Glockenblume, Rautenblättrige	1798 d	382
Glockenblume, Reiners	1801	383
Glockenblume, Rundblättrige	1798	382
Glockenblume, Scheuchzers	1796	381
Glockenblume, Strauss-	1786	379
Glockenblume, Wiesen-	1802	383
Glockenheide	1814	386
Gnadenkraut, Echtes	2071	448
Goldbart	3045	654
Golddistel	1626	334
Goldhafer	3115	667
Goldlack	155	35
Goldnessel, Echte	2215	481
Goldprimel	1851	392
Goldregen, Alpen-	626 b	120
Goldregen, Gewöhnlicher	626	120
Goldrute, Alpen-	1380 2	276
Goldrute, Echte	1380	276
Goldrute, Gewöhnliche	1380	276
Goldrute, Kanadische	1381 b	276
Goldrute, Späte	1381	276
Goldwurz, Spanische	1758	372
Goodyere, Kriechende	2714	604
Granatapfelbaum	986	188
Grannenhafer, Alpen-	3115 c	667
Grannenhafer, Ähriger	3117	668
Grannenhafer, Cavanilles'	3118	668
Grannenhafer, Silber-	3116 b	667
Grannenhafer, Zweizeiliger	3116	667
Grannenhirse, Welligblättrige	3034	652
Grannenreis, Sonderbarer	3086	662
Graslilie, Astlose	2651	591
Graslilie, Ästige	2652	591
Grasnelke, Alpen-	2309	502
Grasnelke, Purpur-	2310	502
Grasnelke, Wegerich-	2314	503
Graukohl	137	32
Graukresse, Echte	224	47
Griechisch-Heu	691	131
Gundelrebe	2214	481
Gurke	1021	195
Guter Heinrich	2366	515
Günsel, Berg-	2265 b	493
Günsel, Gelber	2263	493
Günsel, Genfer	2265	493
Günsel, Kriechender	2266	494
Günsel, Pyramiden-	2265 b	493
Haarbinse, Alpen-	2867	626
Haarbinse, Rasige	2883	629
Haarbinse, Zwerg-	2882	629
Haargerste	3211	685
Haargras, Europäisches	3211	685
Haarstrang, Berg-	1158	219
Haarstrang, Echter	1150	217
Haarstrang, Elsässer	1155	218
Haarstrang, Gebräuchlicher	1150	217
Haarstrang, Giftiger	1156	218
Haarstrang, Kümmel-	1162	220
Haarstrang, Österreichischer	1160	219
Haarstrang, Quirldoldiger	1157	218
Haarstrang, Riesen-	1157	218
Haarstrang, Schotts	1154	217
Haarstrang, Sumpf-	1153	217
Haarstrang, Venezianischer	1156	218
Habichtskraut, Alpen-	1730	363
Habichtskraut, Bauhins	1728 c 3	363
Habichtskraut, Bitterkraut-	1735	365
Habichtskraut, Blasses	1750	369
Habichtskraut, Blaugrünes	1743	367
Habichtskraut, Bläuliches	1753 c	369

Taxon	*Zeichn.*	*Taf.*
Habichtskraut, Bläulichgraues	1753 e	370
Habichtskraut, Doldenartiges	1728	362
Habichtskraut, Doldiges	1740	366
Habichtskraut, Drüsiges	1746	368
Habichtskraut, Drüsiges	1746 b	368
Habichtskraut, Florentiner	1728 c	362
Habichtskraut, Florentiner	1728 c 2	363
Habichtskraut, Frühes	1753 c	369
Habichtskraut, Gabeliges	1753 h	370
Habichtskraut, Gewöhnliches	1724	361
Habichtskraut, Gezähntes	1747 c	368
Habichtskraut, Glattes	1741 b	367
Habichtskraut, Gletscher-	1728 b	362
Habichtskraut, Grasnelkenblättriges	1742	367
Habichtskraut, Grauzottiges	1746	368
Habichtskraut, Grauzottiges	1746 b	368
Habichtskraut, Hasenlattichartiges	1736	365
Habichtskraut, Hasenlattichartiges	1736 b	365
Habichtskraut, Hoppes	1724 b	361
Habichtskraut, Jura-	1737	365
Habichtskraut, Lachenals	1753 k	370
Habichtskraut, Langhaariges	1724	361
Habichtskraut, Lawsons	1749	369
Habichtskraut, Lepeletiers	1724 2	361
Habichtskraut, Mauer-	1753	369
Habichtskraut, Mougeots	1751	368
Habichtskraut, Niedriges	1729	363
Habichtskraut, Orangerotes	1725	361
Habichtskraut, Öhrchen-	1726	362
Habichtskraut, Rasiges	1726 b	362
Habichtskraut, Savoyer	1741	366
Habichtskraut, Schmalblättriges	1728 b	362
Habichtskraut, Schwarzwurzelblättriges	1747 b	368
Habichtskraut, Stengelumfassendes	1731	364
Habichtskraut, Trugdoldiges	1728	362
Habichtskraut, Wald-	1753	369
Habichtskraut, Weissliches	1734	364
Habichtskraut, Wiesen-	1726 b	362
Habichtskraut, Wolliges	1733	364
Habichtskraut, Wolliges	1733 b	364
Habichtskraut, Wolliges	1733 c	364
Habichtskraut, Zottiges	1747	368
Hafer, Bart-	3104 b	665
Hafer, Berg-	3108	666
Hafer, Bunt-	3112	667
Hafer, Fahnen-	3105 b	665
Hafer, Flaum-	3111	667
Hafer, Flug-	3104	665
Hafer, Immergrüner	3110	666
Hafer, Nackt-	3105 c	665
Hafer, Parlatores	3110 b	667
Hafer, Rauh-	3105 d	665
Hafer, Rispen-	3105 b	665
Hafer, Rispen-	3105	665
Hafer, Saat-	3105	665
Hafer, Saat-	3105 b	665
Hafer, Taub-	3103	665
Hafer, Weichhaariger	3111	667
Hafer, Wiesen-	3114	667
Haferschmiele, Frühreife	3096	663
Haferschmiele, Nelken-	3097	663
Haferwurzel	1673	347
Haftdolde, Möhren-	1126	210
Hagebuche	2521	560
Hagrose, Alpen-	957	182
Hahnenfuss, Acker-	56	12
Hahnenfuss, Alpen-	42	10
Hahnenfuss, Bastard-	46 2	11
Hahnenfuss, Baudots	35 b	9
Hahnenfuss, Berg-	66	14
Hahnenfuss, Brennender	50	11
Hahnenfuss, Efeublättriger	32	8
Hahnenfuss, Eisenhutblättriger	39	9
Hahnenfuss, Feigenwurz-	70	15
Hahnenfuss, Flutender	34	8
Hahnenfuss, Gift-	58	12

Taxon	*Zeichn.*	*Taf.*
Hahnenfuss, Gletscher-	40	10
Hahnenfuss, Gold-	67	14
Hahnenfuss, Goldschopf-	67	14
Hahnenfuss, Grasblättriger	52	11
Hahnenfuss, Grosser Sumpf-	51	11
Hahnenfuss, Haken-	66 b	14
Hahnenfuss, Herzblättriger	44	10
Hahnenfuss, Kassubischer	67 2	14
Hahnenfuss, Kerbel-	59	12
Hahnenfuss, Kleinblütiger	55	12
Hahnenfuss, Kleiner Sumpf-	50	11
Hahnenfuss, Knolliger	61	13
Hahnenfuss, Kriechender	62	13
Hahnenfuss, Küpfers	45 2	10
Hahnenfuss, Natterzungen-	49	11
Hahnenfuss, Platanenblättriger	39 b	9
Hahnenfuss, Polyanthemusblättriger	64	14
Hahnenfuss, Pyrenäen-	45	10
Hahnenfuss, Sardinischer	53	11
Hahnenfuss, Scharfer	68	15
Hahnenfuss, Scharfer	68 3	15
Hahnenfuss, Schildblättriger	46	11
Hahnenfuss, Schlaffblättriger	35 c	9
Hahnenfuss, Schlaffblättriger	35 c 1	9
Hahnenfuss, Schlaffblättriger	35 c 3	9
Hahnenfuss, Seguiers	41	10
Hahnenfuss, Stachelfrüchtiger	57	12
Hahnenfuss, Steifblättriger	38	9
Hahnenfuss, Thora-	46	11
Hahnenfuss, Wald-	63	13
Hahnenfuss, Wasser-	35 1-3	9
Hahnenfuss, Wasser-	35 c 2	9
Hahnenfuss, Wolliger	69	15
Hahnenfuss, Zungenblättriger	51	11
Hahnenkamm	46 2	11
Hainbuche	2521	560
Hainlattich, Stinkender	1643	340
Hainsimse, Ährige	2849	623
Hainsimse, Behaarte	2843	622
Hainsimse, Braunblütige	2847	623
Hainsimse, Busch-	2848 b	623
Hainsimse, Desvaux'	2847 2	623
Hainsimse, Feld-	2851	624
Hainsimse, Forsters	2843 b	622
Hainsimse, Gelbe	2845	623
Hainsimse, Gelbliche	2844	622
Hainsimse, Gewöhnliche	2851	624
Hainsimse, Grosse	2846	623
Hainsimse, Nickende	2850	623
Hainsimse, Piemonteser	2848 c	623
Hainsimse, Schneeweisse	2848	623
Hainsimse, Vielblütige	2851 b	624
Hainsimse, Wald-	2846	623
Hainsimse, Weissliche	2848 b	623
Handwurz, Langspornige	2752	610
Handwurz, Mücken-	2752	610
Handwurz, Weissliche	2751	610
Handwurz, Wohlriechende	2752 b	610
Hanf	2508	555
Hanfwürger	2144	463
Harnstrauch, Weisser	2439	537
Hartgras	3136	671
Hartriegel, Roter	1265	249
Hasel	2520	559
Haselnuss	2520	559
Haselstrauch	2520	559
Haselwurz, Europäische	2443	539
Hasenlattich, Purpur-	1685	352
Hasenlattich, Purpur-	1685 2	352
Hasenohr, Binsen-	1207	232
Hasenohr, Felsen-	1204	232
Hasenohr, Gerards	1207 b	232
Hasenohr, Hahnenfuss-	1203	232
Hasenohr, Langblättriges	1201	231
Hasenohr, Monte Baldo-	1206	232
Hasenohr, Rundblättriges	1199	231
Hasenohr, Sichelblättriges	1208	233
Hasenohr, Sichelblättriges	1208 b	233
Hasenohr, Simsen-	1207	232
Hasenohr, Stern-	1200	231

Taxon	Zeichn.	Taf.
Hasenohr, Zartes	1205	232
Hauhechel, Dornige	645 b	124
Hauhechel, Gelbe	654	126
Hauhechel, Kleine	651	125
Hauhechel, Kriechende	645 a 1	124
Hauhechel, Kriechende	645 a 2	124
Hauhechel, Kriechende	645 a 3	124
Hauhechel, Mont Cenis-	644	124
Hauhechel, Rundblättrige	642	124
Hauhechel, Strauchige	643	124
Hauhechel, Zierliche	651	125
Hauswurz, Allionis	1067	200
Hauswurz, Alpen-	1069 c 2	200
Hauswurz, Berg-	1069 b	200
Hauswurz, Fauconnets	1070 b	200
Hauswurz, Gaudins	1068	200
Hauswurz, Gewöhnliche	1069	200
Hauswurz, Grossblütige	1068	200
Hauswurz, Spinnweb-	1070	200
Hautfarn	3309	715
Heckenkirsche, Alpen-	1280	253
Heckenkirsche, Blaue	1278	252
Heckenkirsche, Rote	1282	253
Heckenkirsche, Schwarze	1281	253
Hederich	126 a	29
Heidekraut	1813	386
Heidelbeere	1807	384
Heideröschen, Aufrechtes	308 b	64
Heideröschen, Erika-ähnliches	308 b	64
Heideröschen, Niederliegendes	308	64
Heilglöckchen, Matthiolis	1866	395
Heiligenkraut, Zypressen-	1477	298
Heilkraut	1262	248
Helmkraut, Alpen-	2259	492
Helmkraut, Kleines	2258 b	492
Helmkraut, Spiessblättriges	2257	492
Helmkraut, Sumpf-	2258	492
Herminie, Einknollige	2754	610
Herzblatt, Sumpf-	336	69
Herzheil	2223	483
Heusenkraut	1001	192
Hexenkraut, Alpen-	1003	192
Hexenkraut, Gewöhnliches	1002	192
Hexenkraut, Mittleres	1003 b	192
Hexenkraut, Pariser-	1002	192
Himbeere	947	177
Himmelsherold	1997	425
Himmelsleiter	1933	410
Hirschheil	1189	228
Hirschsprung, Ufer-	1040	197
Hirschwurz	1159	219
Hirschzunge	3299	712
Hirse, Echte	3032	651
Hirse, Haarförmige	3031	651
Hirse, Niederliegende	3038	652
Hirtentäschchen, Gewöhnliches	269	56
Hirtentäschchen, Rötliches	269 b	56
Hohldotter	242	50
Hohlsame, Grubiger	1130	210
Hohlsame, Strahlen-	1130 b	210
Hohlzahn, Acker-	2229	485
Hohlzahn, Ausgerandeter	2226 2	484
Hohlzahn, Bunter	2225	484
Hohlzahn, Gelblicher	2227	485
Hohlzahn, Gewöhnlicher	2226	484
Hohlzahn, Schmalblättriger	2228 1	485
Hohlzahn, Schmalblättriger	2228 2	485
Hohlzahn, Weichhaariger	2230	486
Hohlzunge, Grüne	2750	610
Holunder, Roter	1271	251
Holunder, Schwarzer	1270	250
Holunder, Trauben-	1271	251
Holunder, Zwerg-	1269	250
Honiggras, Weiches	3121	668
Honiggras, Wolliges	3122	668
Honigklee, Echter	704	133
Honigklee, Gebräuchlicher	704	133
Honigklee, Gefurchter	698	132
Honigklee, Hoher	700	132
Honigklee, Indischer	703	133
Honigklee, Kleinblütiger	703	133
Honigklee, Neapolitanischer	702	133
Honigklee, Weisser	705	133
Hopfen	2509	555
Hopfenbuche, Hagebuchenblättrige	2522	560
Hopfenklee	665	128
Hornblatt, Gewöhnliches	1010	193
Hornblatt, Glattes	1009	193
Hornblatt, Rauhes	1010	193
Hornblatt, Untergetauchtes	1009	193
Hornklee	766	142
Hornkraut, Acker-	467	89
Hornkraut, Alpen-	464	89
Hornkraut, Breitblättriges	464 b	89
Hornkraut, Dreigriffliges	461	88
Hornkraut, Einblütiges	464 d	89
Hornkraut, Filziges	465	89
Hornkraut, Gewöhnliches	466	89
Hornkraut, Klebriges	462	88
Hornkraut, Kleinblütiges	470	90
Hornkraut, Knäuelblütiges	469	89
Hornkraut, Langstieliges	464 b 2	89
Hornkraut, Niedriges	471 b	90
Hornkraut, Sand-	471 a	90
Hornkraut, Zweifelhaftes	462	88
Hornmohn, Gelber	112	25
Hornmohn, Roter	112 b	25
Hornstrauch, Gelber	1264	249
Hornstrauch, Roter	1265	249
Hufeisenklee	878	163
Huflattich	1379	276
Hundskamille, Acker-	1465	296
Hundskamille, Färber-	1470	297
Hundskamille, Riesen-	1471	297
Hundskamille, Stinkende	1464	296
Hundskamille, Triumfettis	1472	297
Hundslattich	1650	342
Hundspetersilie	1191	229
Hundszahn	2638	588
Hundszahngras, Fingerförmiges	3039	653
Hundszunge, Deutsche	2001	426
Hundszunge, Echte	2004	427
Hundszunge, Gebräuchliche	2004	427
Hundszunge, Kretische	2002	427
Hungerblümchen, Filziges	230	48
Hungerblümchen, Fladnizer	230 c	48
Hungerblümchen, Frühlings-	227 a-g	48
Hungerblümchen, Gletscher-	230 b	48
Hungerblümchen, Graues	229	48
Hungerblümchen, Hain-	231	48
Hungerblümchen, Hellgelbes	231	48
Hungerblümchen, Hoppes	232 b	48
Hungerblümchen, Immergrünes	232	48
Hungerblümchen, Kärntner	230 d	48
Hungerblümchen, Mauer-	228	48
Hungerblümchen, Zweifelhaftes	230 b	48
Hühnerdarm	455	87
Hühnerhirse	3033	652
Igelkolben, Ästiger	2815	618
Igelkolben, Einfacher	2816	618
Igelkolben, Kleiner	2817	618
Igelkolben, Schmalblättriger	2818	618
Igelkolben, Unverzweigter	2816	618
Igelkolben, Verzweigter	2815	618
Igelsame, Acker-	1998	426
Igelsame, Stechender	1998	426
Igelsame, Wald-	1999	426
Igelsame, Zurückgebogener	1999	426
Igelschlauch, Hahnenfussblättriger	2558	570
Immenblatt	2256	491
Immergrün, Grosses	1896 b	401
Immergrün, Kleines	1896	401
Immortelle, Gewöhnliche	1525	307
Immortelle, Italienische	1524	306
Ivapflanze	1490	300
Jakobskraut	1413	283
Jasione, Ausdauernde	1767	374
Jasione, Berg-	1766	374
Jasmin, Echter	1895	401
Jasmin, Falscher	1016	194
Jasmin, Strauchiger	1894	401
Jelängerjelieber	1277	252
Johannisbeere, Alpen-	1078	201
Johannisbeere, Felsen-	1079	201
Johannisbeere, Rote	1077	201
Johannisbeere, Schwarze	1076	201
Johanniskraut, Behaartes	546	104
Johanniskraut, Berg-	557	106
Johanniskraut, Blut-	561	107
Johanniskraut, Bocks-	560	107
Johanniskraut, Des Etangs'	548 b 2	105
Johanniskraut, Geflecktes	548	104
Johanniskraut, Gewöhnliches	549	105
Johanniskraut, Münz-	551	105
Johanniskraut, Nadelblättriges	552	105
Johanniskraut, Niederliegendes	550	105
Johanniskraut, Niederliegendes	550 b	105
Johanniskraut, Quirlblättriges	552	105
Johanniskraut, Richers	556	106
Johanniskraut, Rundblättriges	551	105
Johanniskraut, Scharfkantiges	548 b	105
Johanniskraut, Schönes	559	106
Johanniskraut, Veroneser	549 b	105
Johanniskraut, Vierflügeliges	548 b	105
Jonquille	2704	602
Judasbaum	889	165
Judenkirsche, Gewöhnliche	2020	431
Jupitersnelke	378	76
Kalaminthe, Alpen-	2191	473
Kalaminthe, Berg-	2185	472
Kalaminthe, Feld-	2190	473
Kalaminthe, Grossblütige	2192	473
Kalmus	2810	617
Kamille, Echte	1461	295
Kamille, Falsche	1452	293
Kamille, Geruchlose	1462	295
Kamille, Römische	1467	296
Kammfarn	3283	706
Kammgras, Gewöhnliches	3168	677
Kammgras, Stachliges	3169	677
Kammorchis	2742	608
Kammschmiele, Behaarte	3127	669
Kammschmiele, Gewöhnliche	3125	668
Kammschmiele, Glänzende	3125 c	668
Kammschmiele, Kurzblättrige	3125 d	668
Kammschmiele, Lieschgrasähnliche	3124	668
Kammschmiele, Mont Cenis-	3125 d	668
Kammschmiele, Pyramiden-	3125	668
Kammschmiele, Schillergras	3125	668
Kammschmiele, Walliser	3126	669
Kammschmiele, Walliser	3126 b	669
Kammschmiele, Zarte	3125 2	668
Kanariengras	2997	646
Kapernstrauch, Dorniger	286	60
Karde, Behaarte	1357	268
Karde, Schlitzblättrige	1355 2	268
Karde, Wilde	1355	268
Kardone	1554 b	313
Kartoffel	2017	430
Kastanie	2512	556
Katzenminze, Echte	2210	480
Katzenminze, Gewöhnliche	2210	480
Katzenminze, Grossblumige	2211	480
Katzenminze, Grossblumige	2211 b	480
Katzenminze, Kahle	2208	479
Katzenminze, Lanzettblättrige	2211	480
Katzenminze, Lanzettblättrige	2211 b	480
Katzenpfötchen, Gewöhnliches	1532	308
Katzenpfötchen, Karpaten-	1533	308
Katzenpfötchen, Zweihäusiges	1532	308
Katzenschwanz	2224	483
Kälberkropf, Gebirgs-	1243	242
Kälberkropf, Goldfrüchtiger	1242	242
Kälberkropf, Hecken-	1241	242
Kälberkropf, Villars'	1243 b	242
Kälberkropf, Zierlicher	1243 c	242

Taxon	*Zeichn.*	*Taf.*
Käslikraut	502	95
Kerbel, Berg-	1243	242
Kerbel, Garten-	1237	240
Kerbel, Gewöhnlicher	1236	240
Kerbel, Goldfrüchtiger	1242	242
Kerbel, Knolliger	1238	241
Kerbel, Schierlings-	1243	242
Kerbel, Taumel-	1241	242
Kerbel, Villars'	1243 b	242
Kerbel, Wiesen-	1239	241
Kerbel, Zierlicher	1243 c	242
Kerbelrübe	1238	241
Kermesbeere, Amerikanische	2341	509
Kichererbse	833	155
Klappertopf, Kahler	2119 a	458
Klappertopf, Kleiner	2119 b	458
Klappertopf, Schmalblättriger	2119 c	458
Klebkraut	1306	259
Klee, Abstehender	709	134
Klee, Acker-	737	137
Klee, Alpen-	717	135
Klee, Bastard-	725 b	136
Klee, Berg-	752	139
Klee, Bleicher	727	136
Klee, Bodenfrüchtiger	753	140
Klee, Braun-	707	134
Klee, Erdbeer-	714	135
Klee, Faden-	711 a	134
Klee, Feld-	710	134
Klee, Gelber Acker-	710	134
Klee, Gelber Wiesen-	711 b	134
Klee, Gelblicher	747	139
Klee, Gestreifter	733	137
Klee, Gold-	708	134
Klee, Hasen-	737	137
Klee, Hügel-	744	138
Klee, Inkarnat-	735	137
Klee, Kleinblütiger	711 a	134
Klee, Kleiner	711 b	134
Klee, Knäuel-	719	135
Klee, Kriechender	722	135
Klee, Mäuse-	737	137
Klee, Mittlerer	746	139
Klee, Moor-	707 b	134
Klee, Persischer	715	135
Klee, Purpur-	743	138
Klee, Rauher	729	136
Klee, Rot-	745	138
Klee, Roter Wiesen-	745	138
Klee, Schmalblättriger	741	138
Klee, Schnee-	745 3	138
Klee, Schwarzwerdender	726	136
Klee, Schweden-	725 b	136
Klee, Stein-	730	136
Klee, Südlicher Gold-	709	134
Klee, Thals	718	135
Klee, Umgewendeter	715	135
Klee, Weisser	722	135
Klee, Wiesen-	745	138
Klee, Zierlicher	725	136
Klee, Zweifelhafter	711 b	134
Kleefarn	3316	715
Kleeteufel	2167	467
Kleewürger	2167	467
Kleinling	1878	397
Klette, Filzige	1631 c	336
Klette, Gewöhnliche	1631 d	336
Klette, Grosse	1631 b	336
Klette, Hain-	1631 d	336
Klette, Kleine	1631 a	336
Klettendolde, Breitblättrige	1125	209
Klettengras, Traubenblütiges	3024	650
Knabenkraut, Affen-	2733 c	607
Knabenkraut, Angebranntes	2748	609
Knabenkraut, Blasses	2744	609
Knabenkraut, Braunrotes	2733 b	607
Knabenkraut, Breitblättriges	2753 b	610
Knabenkraut, Dreizähniges	2741	608
Knabenkraut, Fleischrotes	2753 c	610
Knabenkraut, Geflecktes	2753	610
Knabenkraut, Helm-	2733	607
Knabenkraut, Holunder-	2753 e	610

Taxon	*Zeichn.*	*Taf.*
Knabenkraut, Kleines	2746	609
Knabenkraut, Kugel-	2739	608
Knabenkraut, Lockerblütiges	2743	608
Knabenkraut, Männliches	2749	609
Knabenkraut, Provenzalisches	2744 b	609
Knabenkraut, Purpur-	2733 b	607
Knabenkraut, Schmetterlings-	2736	607
Knabenkraut, Schwärzlisches	2748	609
Knabenkraut, Spitzels	2745	609
Knabenkraut, Stattliches	2749	609
Knabenkraut, Sumpf-	2743 b	608
Knabenkraut, Traunsteiners	2753 d	610
Knabenkraut, Wanzen-	2740	608
Knäuel, Ausdauernder	1042	197
Knäuel, Einjähriger	1041	197
Knäuelgras	3163	676
Knäuelkerbel	1127	210
Knoblauch	2614	582
Knoblauchhederich	161	36
Knollenkümmel	1219	236
Knorpelblume, Quirliges	1037	197
Knorpelkraut, Acker-	2347	510
Knorpelkraut, Grosses	2347 2	510
Knorpellattich, Alpen-	1677	348
Knorpellattich, Binsen-	1675	348
Knorpellattich, Ruten-	1675	348
Knorpelmöhre, Grosse	1222	237
Knorpelsalat, Alpen-	1677	348
Knorpelsalat, Binsen-	1675	348
Knorpelsalat, Ruten-	1675	348
Knotenblume, Spätblühende	2696	601
Knotenfuss, Stengelumfassender	2658	593
Knöterich, Alpen-	2416	532
Knöterich, Ampferblättriger	2418	532
Knöterich, Bulbillentragender	2410	530
Knöterich, Hecken-	2405	529
Knöterich, Kleiner	2421 b	533
Knöterich, Knöllchen-	2410	530
Knöterich, Milder	2421	533
Knöterich, Pfirsichblättriger	2420	533
Knöterich, Schlangen-	2409	530
Knöterich, Sumpf-	2417	532
Knöterich, Vershiedenblättriger Vogel-	2413	531
Knöterich, Wasser-	2417	532
Knöterich, Wasserpfeffer-	2419	533
Knöterich, Wiesen-	2409	530
Knöterich, Winden-	2406	529
Kobresie, Zweiteilige	2896	630
Kohl, Aufwärtsgekrümmter	142	32
Kohl, Felsen-	142 b	32
Kohl, Felsen-	142 c	32
Kohl, Gemüse-	132	30
Kohldistel	1570	319
Kolbenhirse	3029	651
Kolbenhirse	3029 b	651
Kopfbinse, Rostrote	2862	626
Kopfbinse, Schwärzliche	2863	626
Kopfblume, Alpen-	1360	269
Kopfsalat	1681 c	351
Korallenwurz, Dreispaltige	2725	606
Koriander, Garten-	1131	211
Korn	3223	687
Kornblume	1609	331
Kornelkirsche	1264	249
Kornrade	384	77
Kostets	2180	470
Kostets	2180 2	470
Königsfarn	3270	701
Königskerze, Berg-	2031 2	435
Königskerze, Chaix'	2036	438
Königskerze, Dichtblütige	2032 b	436
Königskerze, Dickblättrige	2031 2	435
Königskerze, Filzige	2032	435
Königskerze, Filzige	2032 2	436
Königskerze, Flockige	2029	434
Königskerze, Kleinblütige	2031	435
Königskerze, Lampen-	2030	435
Königskerze, Ruten-	2034 b	437
Königskerze, Schaben-	2034	437
Königskerze, Schwarze	2035	437

Taxon	*Zeichn.*	*Taf.*
Königskerze, Wellblättrige	2033	436
Königskerze, Windblumenähnliche	2032	435
Königskerze, Windblumenähnliche	2032 2	436
Kragenblume, Nickende	1544	309
Krallenklee	875	162
Kranznelke	383	77
Kranzrade	383	77
Krapp, Färber-	1284 b	254
Krapp, Wilder	1284 a	254
Kratzdistel, Acker-	1566	316
Kratzdistel, Acker-	1566 3	316
Kratzdistel, Alant-	1568	317
Kratzdistel, Alpen-	1562	315
Kratzdistel, Bach-	1569 b	318
Kratzdistel, Berg-	1572	319
Kratzdistel, Französicshe	1565	316
Kratzdistel, Gewöhnliche	1557	313
Kratzdistel, Klebrige	1569	318
Kratzdistel, Knollige	1567	317
Kratzdistel, Lanzettblättrige	1557	313
Kratzdistel, Montpellier-	1565	316
Kratzdistel, Stachlige	1562	315
Kratzdistel, Stengellose	1573	319
Kratzdistel, Sumpf-	1561	315
Kratzdistel, Verschiedenblättrige	1568	317
Kratzdistel, Wiesen-	1570	319
Kratzdistel, Wollköpfige	1560	314
Krähenbeere, Schwarze	2448	540
Krähenfuss, Niederliegender	280	58
Krähenfuss, Zweiknotiger	281	58
Krätzkraut, Gewöhnliches	1369	273
Krätzkraut, Glänzendes	1369 b	273
Krätzkraut, Grasblättriges	1365	272
Krätzkraut, Graues	1369 d	273
Krätzkraut, Südliches	1369 c	273
Krätzkraut, Tauben-	1369	273
Kresse, Breitblättrige	276	58
Kresse, Feld-	274	57
Kresse, Garten-	273	57
Kresse, Grasblättrige	277	58
Kresse, Pfeil-	275	57
Kresse, Schutt-	278	58
Kresse, Virginische	279	58
Kreuzähre, Schmalblättrige	1329	263
Kreuzblatt, Schmalblättriges	1329	263
Kreuzblume, Alpen-	341 c	69
Kreuzblume, Berg-	343 3	70
Kreuzblume, Bittere	341	69
Kreuzblume, Buchsblättrige	337	69
Kreuzblume, Gewöhnliche	343	70
Kreuzblume, Kalk-	340	69
Kreuzblume, Quendelblättrige	343 c	70
Kreuzblume, Schopfige	343 2	70
Kreuzblume, Sumpf-	341	69
Kreuzblume, Zwerg-	339	69
Kreuzdorn, Alpen-	591	114
Kreuzdorn, Felsen-	596	115
Kreuzdorn, Felsen-	596 b	115
Kreuzdorn, Gewöhnlicher	595	114
Kreuzdorn, Immergrüner	593	114
Kreuzdorn, Purgier-	595	114
Kreuzdorn, Zwerg-	592	114
Kreuzkraut, Adonisblättriges	1410	282
Kreuzkraut, Alpen-	1417	284
Kreuzkraut, Busch-	1419 b	285
Kreuzkraut, Dost-	1418	284
Kreuzkraut, Eberreisblättriges	1409	282
Kreuzkraut, Einköpfiges	1414	284
Kreuzkraut, Felsen-	1408	282
Kreuzkraut, Fettblättriges	1420	285
Kreuzkraut, Französisches	1411	283
Kreuzkraut, Fuchs'	1419 a	285
Kreuzkraut, Ganzblättriges	1427 c	287
Kreuzkraut, Ganzrandiges	1427 c	287
Kreuzkraut, Gemswurz-	1423	286
Kreuzkraut, Gewöhnliches	1406	282
Kreuzkraut, Graues	1416 b	284
Kreuzkraut, Hain-	1419 b	185
Kreuzkraut, Hallers	1414	284

Taxon	*Zeichn.*	*Taf.*
Kreuzkraut, Jakobs-	1413	283
Kreuzkraut, Klebriges	1406 b	282
Kreuzkraut, Kopfiges	1426	287
Kreuzkraut, Krainer	1416 c	284
Kreuzkraut, Moor-	1424	286
Kreuzkraut, Orangerotes	1426	287
Kreuzkraut, Rukenblättriges	1413 b	283
Kreuzkraut, Spatelblättriges	1427	287
Kreuzkraut, Spreizendes	1413 d	283
Kreuzkraut, Sumpf-	1421	285
Kreuzkraut, Wald-	1407	282
Kreuzkraut, Wander-	1413 d	283
Kreuzkraut, Wasser-	1413 c	283
Kreuzlabkraut, Frühlings	1286	254
Kreuzlabkraut, Gewöhnliches	1285	254
Kreuzlabkraut, Piemonteser	1287	254
Krokus, Echter	2675	598
Krokus, Frühlings-	2673 2	598
Krokus, Gewürz-	2675	598
Krokus, Weissblütiger	2673	598
Kronlattich, Gestielter	1676	348
Kronwicke, Berg-	866	161
Kronwicke, Bunte	865	161
Kronwicke, Kleine	868	161
Kronwicke, Scheiden-	867	161
Kronwicke, Skorpions	864	161
Kronwicke, Strauchige	869	162
Krummhals, Acker-	1965	417
Kuckucksklee	572	110
Kuckucksnelke	377	76
Kugelblume, Gewöhnliche	2337	508
Kugelblume, Herzblättrige	2339	508
Kugelblume, Langstenglige	2337	508
Kugelblume, Nacktstenglige	2338	508
Kugelblume, Schaft-	2338	508
Kugeldistel	1546	309
Kugelginster	621	119
Kugelkopfbinse, Gewöhnliche	2870	627
Kugelschötchen, Felsen-	241	50
Kuhblume	1678 a	348
Kuhkraut, Gewöhnliches	393	79
Kuhnelke	393	79
Küchenschelle, Berg-	22 c	6
Küchenschelle, Gewöhnliche	22	6
Küchenschelle, Gewöhnliche	3347	722
Küchenschelle, Hallers	22 b	6
Kümmel, Echter	1218	236
Kümmel, Quirlblättriger	1217	236
Kümmel, Stern-	1217	236
Kümmel, Wiesen-	1218	236
Labkraut, Begranntes	1297 b	257
Labkraut, Blaugrünes	1320	261
Labkraut, Dreihörniges	1307	259
Labkraut, Echtes	1291	255
Labkraut, Falsches	1306 b	259
Labkraut, Felsen-	1295	256
Labkraut, Felsen-	1303	258
Labkraut, Frühlings	1286	254
Labkraut, Gelbes	1291	255
Labkraut, Gewöhnliches	1298 b	257
Labkraut, Graues	1299 b	257
Labkraut, Herzynisches	1295	256
Labkraut, Kleines	1305	259
Labkraut, Kletten-	1306	259
Labkraut, Kreuz-	1285	254
Labkraut, Moor-	1310	260
Labkraut, Niedriges	1301	258
Labkraut, Nordisches	1289	255
Labkraut, Pariser	1312	260
Labkraut, Piemonteser	1287	254
Labkraut, Purpur-	1294	256
Labkraut, Rauhes	1301	258
Labkraut, Rundblättriges	1288	255
Labkraut, Schiefes	1296	256
Labkraut, Schmales	1305 b 2	259
Labkraut, Schweizerisches	1302	258
Labkraut, Spargelblättriges	1299 a	257
Labkraut, Sumpf-	1309	259
Labkraut, Ungleichblättriges	1301 e	258
Labkraut, Verlängertes	1309 b	260
Labkraut, Wald-	1297	256
Labkraut, Warziges	1308	259
Labkraut, Weisses	1298 b	257
Labkraut, Wiesen-	1298 a	257
Labkraut, Wohlriechendes	1317	261
Lacksenf, Berg-	130 2	30
Lacksenf, Echter	130	30
Lacksenf, Richers	135	31
Laichkraut, Alpen-	2783	614
Laichkraut, Dichtblättriges	2790	615
Laichkraut, Durchwachsenblättriges	2784	614
Laichkraut, Fadenförmiges	2781	613
Laichkraut, Flutendes	2788 c	614
Laichkraut, Fries'	2778	613
Laichkraut, Gefärbtes	2787	614
Laichkraut, Glänzendes	2776	613
Laichkraut, Grasblättriges	2777 1	613
Laichkraut, Grasblättriges	2777 2	613
Laichkraut, Haarförmiges	2791 b	615
Laichkraut, Kamm-	2782	613
Laichkraut, Kleines	2791	615
Laichkraut, Knöterichblättriges	2788 b	614
Laichkraut, Krauses	2785	614
Laichkraut, Langblättriges	2786	614
Laichkraut, Plattstengliges	2779	613
Laichkraut, Schwimmendes	2788	614
Laichkraut, Spiegelndes	2776	613
Laichkraut, Spitzblättriges	2789	615
Laichkraut, Stumpfblättriges	2780	613
Laichkraut, Zusammengedrücktes	2779	613
Lanzenfarn	3280	704
Lappenfarn, Berg-	3281	705
Lappenfarn, Sumpf-	3286	708
Laserkraut, Berg-	1133	211
Laserkraut, Breitblättriges	1134	212
Laserkraut, Französisches	1137	213
Laserkraut, Gaudins	1138	213
Laserkraut, Hallers	1136	213
Laserkraut, Preussisches	1139	214
Laserkraut, Rosskümmelartiges	1133	211
Laternenpflanze	2020	431
Lattich	1681 c	351
Lattich, Ausdauernder	1683	351
Lattich, Blauer	1683	351
Lattich, Gift-	1681 b	351
Lattich, Kompass-	1681	350
Lattich, Ruten-	1679	349
Lattich, Weidenblättriger	1680	350
Lattich, Wilder	1681	350
Lattich, Zarter	1683 b	351
Lauch, Berg-	2634	586
Lauch, Gekielter	2625	584
Lauch, Gemüse-	2626	585
Lauch, Kantiger	2634 b	586
Lauch, Kugeliger	2613	582
Lauch, Kugelköpfiger	2617	583
Lauch, Narzissenblütiger	2633	586
Lauch, Niedlicher	2625 b	584
Lauch, Rispen-	2627	585
Lauch, Ross-	2626	585
Lauch, Schlangen-	2615	582
Lauch, Schöner	2625 b	584
Lauch, Schwarzer	2637	587
Lauch, Sommer-	2612	581
Lauch, Steifer	2611	581
Lauch, Vielzwiebliger	2637	587
Lauch, Weinberg-	2616	583
Lauch, Weinberg-	2616 2	583
Lauch, Wohlriechender	2630 b	585
Lavendel, Echter	2172	468
Lämmerlattich	1642	340
Lärche	3261	698
Läusekraut, Aufsteigendes	2127	460
Läusekraut, Blattreiches	2134	461
Läusekraut, Bogenblütiges	2122	459
Läusekraut, Buntes	2134 b	461
Läusekraut, Farnblättriges	2129	460
Läusekraut, Fleischrotes	2128	460
Läusekraut, Gedrehtes	2122	459
Läusekraut, Gestutztes	2130	460
Läusekraut, Hellrotes	2128	460
Läusekraut, Jacquins	2125	459
Läusekraut, Kerners	2124	459
Läusekraut, Kerners	2124 2	459
Läusekraut, Knolliges	2126	459
Läusekraut, Kopfiges	2125	459
Läusekraut, Mont Cenis-	2122 b	459
Läusekraut, Oeders	2134 b	461
Läusekraut, Quirlblättriges	2131	460
Läusekraut, Rosafarbenes	2132	460
Läusekraut, Schopfiges	2133	461
Läusekraut, Sumpf-	2120	459
Läusekraut, Trübrotes	2130	460
Läusekraut, Waldmoor-	2121	459
Leberbalsam	2105	454
Leberblümchen	24	7
Leimkraut, Alpen-	348 b	71
Leimkraut, Felsen-	368	75
Leimkraut, Französisches	350	72
Leimkraut, Französisches	350 2	72
Leimkraut, Gewöhnliches	348	71
Leimkraut, Italienisches	359	73
Leimkraut, Kegelfrüchtiges	349	71
Leimkraut, Nelken-	366	75
Leimkraut, Nickendes	357	73
Leimkraut, Nickendes	362	74
Leimkraut, Öhrchen-	372	75
Leimkraut, Steinbrech-	375	76
Leimkraut, Stengelloses	369	75
Leimkraut, Stengelloses	369 2,3	75
Leimkraut, Walliser	365	74
Lein, Alpen-	491 a	93
Lein, Feinblättriger	489 a	92
Lein, Französischer	486	92
Lein, Purgier-	493	93
Lein, Saat-	492	93
Lein, Schmalblättriger	492 b	93
Lein, Südfranzösischer	490	93
Leindotter, Kleinfrüchtiger	243 b	51
Leindotter, Saat-	243	51
Leinkraut, Acker-	2070	448
Leinkraut, Alpen-	2061	446
Leinkraut, Alpen-	2061 b	446
Leinkraut, Eiblättriges	2052	444
Leinkraut, Einfaches	2070 b	448
Leinkraut, Gestreiftes	2062	446
Leinkraut, Gewöhnliches	2059	445
Leinkraut, Italienisches	2059 b	445
Leinkraut, Kleines	2068	447
Leinkraut, Mauer-	2051	443
Leinkraut, Niederliegendes	2069	447
Leinkraut, Niederliegendes	2069 2	447
Leinkraut, Pelliciers	2063	446
Leinkraut, Pfeilblättriges	2053	444
Leinkraut, Schmalblättriges	2059 b	445
Leinkraut, Stein-	2061 b	446
Leinkraut, Unechtes	2052	444
Lenzblümchen, Frühlings-	227 a-g	48
Lerchensporn, Festknolliger	118 b	27
Lerchensporn, Gelber	116	27
Lerchensporn, Hohlknolliger	118 a	27
Lerchensporn, Mittlerer	118 c	27
Levkoje, Walliser	154 b	34
Lewat	133 a	31
Lichtblume	2564	572
Liebesgras, Behaartes	3150	673
Liebesgras, Grossähriges	3149 a	673
Liebesgras, Kleines	3149 b	673
Liebstock, Alpen-	1176	224
Liebstock, Asantblättriger	1179	225
Liebstock, Steckenkraut-	1179	225
Liebstöckel	1141	214
Lieschgras, Alpen-	3008	648
Lieschgras, Alpen-	3008 2	648
Lieschgras, Behaartes	3011	648
Lieschgras, Boehmers	3010	648
Lieschgras, Glanz-	3010	648
Lieschgras, Knotiges	3009 2	648
Lieschgras, Michelis	3011	648
Lieschgras, Rispiges	3006	648
Lieschgras, Sand-	3012	648
Lieschgras, Wiesen-	3009	648
Liguster, Gewöhnlicher	1893	400

Taxon	*Zeichn.*	*Taf.*
Lilie, Bulbillentragende	2580	576
Lilie, Bulbillentragende	2580 b	576
Lilie, Feuer-	2580 b	576
Lilie, Türkenbund-	2582	576-577
Liliensimse, Gewöhnliche	2571	573
Liliensimse, Kelch-	2571	573
Liliensimse, Kleine	2571 b	573
Linde, Sommer-	495	94
Linde, Winter-	496	94
Linse	832	155
Listere, Eiblättrige	2721	606
Listere, Grosse	2721	606
Listere, Herzblättrige	2720	606
Listere, Kleine	2720	606
Lochschlund, Gänseblümchenblättriger	2050	443
Lolch, Ausdauernder	3241	693
Lolch, Entferntähriger	3238 b	693
Lolch, Flachs-	3238 b	693
Lolch, Steifer	3239	693
Lolch, Taumel-	3238	693
Lolch, Vielblütiger	3240	693
Lolch, Vielblütiger	3241 b	693
Lorbeer	2434	536
Lotuspflaume	1884	398
Lotwurz, Sand-	1969 2	419
Lotwurz, Schweizerische	1970	419
Löffelkraut, Echtes	239	50
Löffelkraut, Pyrenäen-	239 2	50
Löwenmaul, Breitblättriges	2048 b	443
Löwenmaul, Feld-	2047	442
Löwenmaul, Grosses	2048	442
Löwenmaul, Haselwurz-	2046	442
Löwenschwanz, Echter	2223	483
Löwenzahn, Alpen-	1651	342
Löwenzahn, Berg-	1651	342
Löwenzahn, Echter	1678 a	348
Löwenzahn, Gewöhnlicher	1656	342
Löwenzahn, Grauer	1656 d	343
Löwenzahn, Herbst-	1652	342
Löwenzahn, Knolliger	1649 b	341
Löwenzahn, Krausblättriger	1653	342
Löwenzahn, Pyrenäer	1655	342
Löwenzahn, Schweizerischer	1655	342
Löwenzahn, Steifhaariger	1656	342
Ludwigie, Sumpf-	1001	192
Lungenkraut, Azurblaues	1986 b	423
Lungenkraut, Berg-	1987	423
Lungenkraut, Geflecktes	1985	423
Lungenkraut, Gewöhnliches	1985	423
Lungenkraut, Rauhes	1986	423
Lungenkraut, Schmalblättriges	1986 b	423
Lungenkraut, Weiches	1987	423
Lupine, Schmalblättrige	641	123
Lupine, Weisse	638	123
Lupine, Weisse	640 b	123
Luzerne	668	128
Luzerne, Gelbe	664	128
Lysimachie, Wald-	1875	397
Maiglöckchen	2662	595
Mais	2989	645
Majoran, Wilder	2180	470
Majoran, Wilder	2180 2	470
Malve, Bisam-	498 b	94
Malve, Kleine	502	95
Malve, Moschus-	498 b	94
Malve, Spitzblättrige	498	94
Malve, Spitzblättrige	498 2	94
Malve, Übersehene	502	95
Malve, Wilde	500	95
Malve, Wilde	500 b	95
Mandelbaum	892	166
Mangold	2358	513
Mannsblut	561	107
Mannsschild, Acker-	1861	393
Mannsschild, Alpen-	1854	393
Mannsschild, Bewimperter	1859 b	393
Mannsschild, Charpentiers	1855	393
Mannsschild, Fleischroter	1858	393
Mannsschild, Grosskelchiger	1861	393
Mannsschild, Milchweisser	1860	393
Mannsschild, Nordischer	1862	394
Mannsschild, Roter	1858	393
Mannsschild, Schweizerischer	1857	393
Mannsschild, Stumpfblättriger	1858 b	393
Mannsschild, Vandellis	1852	393
Mannsschild, Weichhaariger	1856	393
Mannsschild, Zottiger	1859	393
Mannsschild, Zwerg-	1859 b	393
Mannstreu, Alpen-	1257	247
Mannstreu, Feld-	1260	248
Margerite, Alpen-	1456	294
Margerite, Berg-	1455 d	294
Margerite, Dolden-	1453	293
Margerite, Gewöhnliche	1455	293
Margerite, Hallers	1455 e	294
Margerite, Krähenfussblättrige	1455 f	294
Margerite, Rindsauge-	1459	255
Margerite, Saat-	1460	295
Margerite, Schwarzrandige	1455 e	294
Margerite, Straussblütige	1453	293
Margerite, Wiesen-	1455	293
Marienbalsam	1448	292
Mariendistel	1550	310
Mariengras, Duftendes	3000	647
Mariengras, Wohlriechendes	3000	647
Massholder	563	108
Massliebchen	1399	280
Mastkraut, Alpen-	418	83
Mastkraut, Kahles	419	83
Mastkraut, Knotiges	420	83
Mastkraut, Kronblattloses	415	83
Mastkraut, Kronblattloses	415 2	83
Mastkraut, Niederliegendes	414	83
Mastkraut, Pfriemen-	416	83
Mastkraut, Südalpines	419	83
Matthioliprimel	1866	395
Mauerlattich	1684	352
Mauerpfeffer, Alpen-	1055	199
Mauerpfeffer, Behaarter	1052	199
Mauerpfeffer, Berg-	1060 d	200
Mauerpfeffer, Blassgelber	1059	199
Mauerpfeffer, Blassgelber	1059 b	199
Mauerpfeffer, Dickblättriger	1063	200
Mauerpfeffer, Dunkler	1053	199
Mauerpfeffer, Einjähriger	1051	199
Mauerpfeffer, Falscher	1056 b	199
Mauerpfeffer, Felsen-	1060	199
Mauerpfeffer, Forsters	1060 b	199
Mauerpfeffer, Grosser	1046 b	198
Mauerpfeffer, Kleinblütiger	1064 2	200
Mauerpfeffer, Milder	1056 b	199
Mauerpfeffer, Moor-	1052	199
Mauerpfeffer, Nizzaer	1058	199
Mauerpfeffer, Purpurroter	1046	198
Mauerpfeffer, Rauhhaariger	1065	200
Mauerpfeffer, Rispiger	1048	198
Mauerpfeffer, Rosenwurz-	1045	198
Mauerpfeffer, Rötlicher	1054	199
Mauerpfeffer, Rundblättriger	1047	198
Mauerpfeffer, Saubohnen-	1046 c	198
Mauerpfeffer, Scharfer	1056	199
Mauerpfeffer, Spanischer	1050	198
Mauerpfeffer, Weisser	1064	200
Mauerpfeffer, Wund-	1047	198
Mauerraute	3294	710
Maulbeerbaum, Schwarzer	2496	551
Maulbeerbaum, Weisser	2495	550
Maüseschwanz	30	8
Männertreu, Rotblütiges	2755 c	610
Männertreu, Schwarzblütiges	2755	610
Märzenglöckchen	2698	601
Mäusedorn, Stechender	2668	596
Meerrettich	237	49
Meerträubchen, Schweizerisches	3269 b 2	700
Meerträubchen, Zweiähriges	3269 b	700
Meerzwiebel, Herbst-	2590	578
Meerzwiebel, Schöne	2589	578
Meerzwiebel, Zweiblättrige	2588	578
Mehlbeerbaum	981	187
Mehlbeerbaum, Mougeots	981 b	187
Meister, Acker-	1325	262
Meister, Färber-	1323	262
Meister, Grannen-	1322 b	262
Meister, Hügel-	1322	262
Meister, Purpur-	1294	256
Meister, Turiner	1318	261
Meisterwurz	1161	220
Melde, Garten-	2349	511
Melde, Gewöhnliche	2350	511
Melde, Spiessblättrige	2351	512
Melisse, Zitronen-	2196	474
Merk, Breitblättriger	1212	234
Miere, Bastard-	437	85
Miere, Borsten-	428	84
Miere, Büschel-	426	84
Miere, Feinblättrige	424 b	84
Miere, Felsen-	444	86
Miere, Frühlings-	436	85
Miere, Geschnäbelte	427	84
Miere, Haarblättrige	424 b	84
Miere, Krummblättrige	431	85
Miere, Lärchenblättrige	424 a	84
Miere, Nadelblättrige	424 a	84
Miere, Steife	434	85
Miere, Villars'	439	85
Miere, Zarte	437	85
Miere, Zweiblütige	435	85
Miere, Zwerg-	452	87
Milchlattich, Alpen-	1692	354
Milchlattich, Plumiers	1693	355
Milchstern, Doldiger	2598	579
Milchstern, Nickender	2595	579
Milchstern, Pyrenäer	2596	579
Milchstern, Südfranzösischer	2596 b	579
Milzkraut, Gegenblättriges	1116	206
Milzkraut, Wechselblättriges	1117	206
Minze, Acker-	2174	468
Minze, Ährige	2177 b	469
Minze, Bach-	2175	469
Minze, Grüne	2177 b	469
Minze, Langblättrige	2177	469
Minze, Polei-	2173	468
Minze, Ross-	2177	469
Minze, Rundblättrige	2176	469
Minze, Wasser-	2175	469
Mispel	970	185
Mistel, Weisse	1266	250
Mohn, Bastard-	108	25
Mohn, Feuer-	105	24
Mohn, Garten-	104	24
Mohn, Gelber Alpen-	109 2	25
Mohn, Hügel-	106	24
Mohn, Hügel-	106 2-4	24
Mohn, Klatsch-	105	24
Mohn, Krummborstiger	108	25
Mohn, Saat-	106	24
Mohn, Saat-	106 2-4	24
Mohn, Sand-	107	24
Mohn, Schlaf-	104	24
Mohn, Westlicher Alpen-	109 1	25
Mohn, Zweifelhafter	106	24
Mohn, Zweifelhafter	106 2-4	24
Mohrenhirse, Aleppo-	3048	654
Mohrenhirse, Gewöhnliche	3049	654
Mohrrübe	1119-1121	207-209
Mondraute,Ästige	3313	715
Mondraute, Einfache	3312	715
Mondraute, Gewöhnliche	3311	715
Mondraute, Lanzettliche	3313 b	715
Mondraute, Verzweigte	3313	715
Mondraute, Vielspaltige	3314	715
Mondraute, Virginische	3315	715
Mondviole, Ausdauernde	210	45
Mondviole, Garten-	211	46
Mondviole, Wilde	210	45
Mondviole, Zweijährige	211	46
Moorbeere	1806	384
Moorbinse	2880	628
Moorenzian, Ausdauernder	1929	409
Moorglocke, Efeublättrige	1804	384
Moosauge	1828	389
Moosbeere, Vierkronblättrige	1808	384
Moosfarn, Dorniger	3344	721
Moosfarn, Schweizerischer	3345	721

Taxon	*Zeichn.*	*Taf.*
Moosfarn, Tannenähnlicher	3344	721
Moosglöckchen	1283	253
Moosorchis	2714	604
Möhre	1119-1121	207-209
Muschelblümchen, Wiesenrautenähnliches	77	16
Mutterkraut	1452	293
Muttern	1176	224
Mutterwurz, Alpen-	1176	224
Mutterwurz, Asantblättriger	1179	225
Mutterwurz, Steckenkraut-	1179	225
Mutterwurz, Zwerg-	1172	223
Myrte, Braut-	1020	195
Myrte, Gewöhnliche	1020	195
Nabelkraut, Felsen-	1071	201
Nabelmiere, Bewimperte	430	84
Nabelmiere, Dreinervige	447	86
Nabelmiere, Moos-	429	84
Nabelnuss, Frühlings-	2006	428
Nachtkerze, Gewöhnliche	997	191
Nachtkerze, Kleinblütige	997 b	191
Nachtkerze, Zweijährige	997	191
Nachtschatten, Geflügelter	2019 b	431
Nachtschatten, Gelber	2019 c	431
Nachtschatten, Schwarzer	2019	431
Nachtviole, Echte	146	33
Nacktdrüse, Mücken-	2752	610
Nacktdrüse, Wohlriechende	2752 b	610
Nacktfarn, Dünnblättriger	3277	703
Nacktried	2895	630
Nacktriedbinse, Mäuseschwanzähnliche	2895	630
Nadelbinse	2885	629
Nagelheil, Knöterichblättriges	1034	196
Nagelheil, Polygonblättriges	1034	196
Nagelkraut, Vierblättriges	1028	196
Narzisse, Gelbe	2701	602
Narzisse, Osterglockenartige	2704	602
Narzisse, Poeten-	2708	603
Narzisse, Sternblütige	2708 2	603
Narzisse, Unvergleichiche	2706	602
Narzisse, Weisse Berg-	2708 2	603
Narzisse, Weisse Garten-	2708	603
Narzisse, Zweiblütige	2708 b	603
Natterkopf, Gewöhnlicher	1984	422
Natterkopf, Gewöhnlicher	1984 2	422
Natterkopf, Italienischer	1983	422
Natterzunge, Gewöhnliche	3310	715
Nelke, Bart-	398	80
Nelke, Busch-	398	80
Nelke, Garten-	403 a	81
Nelke, Gletscher-	412	82
Nelke, Grenobler	408	82
Nelke, Heide-	405	82
Nelke, Karthäuser-	402	81
Nelke, Karthäuser-	402 b	81
Nelke, Pracht-	396 b	80
Nelke, Rauhe	400	80
Nelke, Seguiers	407	82
Nelke, Seguiers	407 b	82
Nelke, Stein-	403 c	81
Nelke, Übersehene	411	82
Nelke, Ysop-	396 a	80
Nelkenwurz, Bach-	909	170
Nelkenwurz, Berg-	911	171
Nelkenwurz, Gewöhnliche	908	170
Nelkenwurz, Kriechende	912	171
Nessel, Zweihäusige	2501	553
Nestwurz	2722	606
Niele	3	1
Niele	3 2	1
Nieswurz, Grüne	76	16
Nieswurz, Stinkende	75	16
Nissengras	3077	660
Nixenkraut, Grosses	2794	615
Nixenkraut, Kleines	2795	615
Nixenkraut, Meer-	2794	615
Nussbaum	2510	556
Nüsslisalat, Echter	1346	266
Nüsslisalat, Gefurchter	1348	266
Nüsslisalat, Gekielter	1349	266
Nüsslisalat, Gezähnter	1350	267

Taxon	*Zeichn.*	*Taf.*
Nüsslisalat, Haarfrüchtiger	1353	267
Nüsslisalat, Kleinfrüchtiger	1351	267
Nüsslisalat, Krönchen-	1344	266
Nüsslisalat, Wollköpfiger	1353	267
Ochsenauge, Gewöhnliches	1498	302
Ochsenauge, Grossblütiges	1498 2	302
Ochsenauge, Weidenblättriges	1498	302
Ochsenzunge, Echte	1963	417
Ochsenzunge, Gebräuchliche	1963	417
Ochsenzunge, Italienische	1961	416
Ochsenzunge, Welligblättrige	1960	416
Odermennig, Gewöhnlicher	962	183
Odermennig, Wohlriechender	962 2	183
Oelbaum	1890	400
Ohnsporn	2731	607
Olivenbaum	1890	400
Opuntie	1073	201
Orchis, Affen-	2733 c	607
Orchis, Angebrannte	2748	609
Orchis, Blasse	2744	609
Orchis, Braunrote	2733 b	607
Orchis, Breitblättrige	2753 b	610
Orchis, Dreizähnige	2741	608
Orchis, Fleischrote	2753 c	610
Orchis, Gefleckte	2753	610
Orchis, Helm-	2733	607
Orchis, Holunder-	2753 e	610
Orchis, Kleine	2746	609
Orchis, Kugel-	2739	608
Orchis, Lockerblütige	2743	608
Orchis, Männliche	2749	609
Orchis, Provenzalische	2744 b	609
Orchis, Purpur-	2733 b	607
Orchis, Schmetterlings-	2736	607
Orchis, Schwärzlische	2748	609
Orchis, Spitzels	2745	609
Orchis, Stattliche	2749	609
Orchis, Sumpf-	2743 b	608
Orchis, Traunsteiners	2753 d	610
Orchis, Wanzen-	2740	608
Osterglocke	2701	602
Osterluzei, Bleiche	2445	539
Osterluzei, Gewöhnliche	2444	539
Osterluzei, Knollige	2447	540
Osterluzei, Rundblättrige	2447	540
Pappel, Schwarz-	2548	567
Pappel, Silber-	2549	567
Pappel, Weiss-	2549	567
Pappel, Zitter-	2550	567
Parnassie, Sumpf-	336	69
Paronychie, Knöterichblättrige	1034	196
Paronychie, Polygonblättrige	1034	196
Pastinak, Gewöhnlicher	1166	222
Pechnelke, Alpen-	381	77
Pechnelke, Gewöhnliche	382	77
Pelzfarn	3273	701
Perlgras, Einblütiges	3157 b	675
Perlgras, Gewimpertes	3154 a	674
Perlgras, Nickendes	3157	675
Perlgras, Siebenbürgisches	3154 c	674
Perückenstrauch	601	116
Pestwurz, Alpen-	1377 b	275
Pestwurz, Gewöhnliche	1378	275
Pestwurz, Schneeweisse	1377 b	275
Pestwurz, Weisse	1377	275
Pestwurz, Wohlriechende	1376	275
Petersbart, Berg-	911	171
Petersbart, Kriechender	912	171
Petersilie, Garten-	1231	239
Pfaffenhütchen	585	112
Pfaffenröhrlein, Gewöhnliches	1678 a	348
Pfaffenröhrlein, Glattes	1678 b	349
Pfaffenröhrlein, Kapuzen-	1678 h	349
Pfaffenröhrlein, Sumpf-	1678 f	349
Pfahlrohr, Riesen-	3052	655
Pfeifengras, Blaues	3165	676
Pfeifengras, Strand-	3165 2	676
Pfeifenstrauch, Blasser	1016	194
Pfeilkraut, Gewöhnliches	2562	571
Pfeilkraut, Pfeilblättriges	2562	571
Pfennigkraut	1874	397
Pfingstrose, Echte	98	22

Taxon	*Zeichn.*	*Taf.*
Pfingstrose, Echte	99	22
Pfirsichbaum	893	166
Pflaumenbaum	899 c	168
Pfriemenkresse, Wasser-	246	51
Pfriemgras, Haar-	3081	661
Pillenfarn	3318	716
Pimpernuss, Fiederblättrige	586	113
Pippau, Abgebissener	1706	358
Pippau, Alpen-	1705	357
Pippau, Berg-	1722	361
Pippau, Borsten-	1698	356
Pippau, Dach-	1714	359
Pippau, Dünnästiger	1718	360
Pippau, Dünnästiger	1719	360
Pippau, Dürrwurzblättriger	1720	360
Pippau, Froelichs	1706 b	358
Pippau, Gold-	1708	358
Pippau, Grossköpfiger	1720	360
Pippau, Jacquins	1707	358
Pippau, Kleinköpfiger	1718	360
Pippau, Kleinköpfiger	1719	360
Pippau, Löwenzahnblättriger	1699	356
Pippau, Nizzaer	1721	360
Pippau, Nîmes-	1696	356
Pippau, Pyrenäer	1716	359
Pippau, Rätischer	1710	358
Pippau, Schabenkraut-	1716	359
Pippau, Schöner	1712	358
Pippau, Stinkender	1703	357
Pippau, Sumpf-	1723	361
Pippau, Trauben-	1706	358
Pippau, Triglav-	1711	358
Pippau, Weicher	1717	359
Pippau, Weisslicher	1702	357
Pippau, Wiesen-	1713	358
Pippau, Zweijähriger	1713	358
Pippau, Zwerg-	1709	358
Pistazie, Terpentin-	598	115
Platane, Amerikanische	2551 b	568
Platane, Asiatische	2551 a	568
Platane, Orient-	2551 a	568
Platterbse, Behaartfrüchtige	844	157
Platterbse, Berg-	858	160
Platterbse, Borstenblättrige	852	159
Platterbse, Breitblättrige	848	158
Platterbse, Dunkle	860	160
Platterbse, Fadenförmige	861	160
Platterbse, Frühlings-	857	159
Platterbse, Gelbe	859	160
Platterbse, Gras-	854	159
Platterbse, Grasblättrige	852	159
Platterbse, Kantige	851	159
Platterbse, Kicher-	843	157
Platterbse, Knollige	850	158
Platterbse, Kugelsamige	853	159
Platterbse, Ranken-	836	156
Platterbse, Rauhhaarige	844	157
Platterbse, Saat-	843 b	157
Platterbse, Schwarze	860	160
Platterbse, Sumpf-	841	156
Platterbse, Venetianische	3368	724
Platterbse, Verschiedenblättrige	847	158
Platterbse, Wald-	846	157
Platterbse, Wiesen-	845	157
Platterbse, Wilde	846	157
Polster-Miere, Bewimperte	451	86
Polsternelke, Kalk-	369	75
Polsternelke, Kalk-	369 2,3	75
Portulak, Kohl-	1025	196
Preiselbeere	1805	384
Primel, Behaarte	1847	392
Primel, Breitblättrige	1847 d	392
Primel, Frühlings	1841	391
Primel, Ganzblättrige	1850	392
Primel, Gewöhnliche	1842	391
Primel, Graufilzige	1841 b	391
Primel, Hallers	1845 b	392
Primel, Inntaler-	1847 c	392
Primel, Klebrige	1848	392
Primel, Mehl-	1845	392
Primel, Piemonteser	1847 e	392

Taxon	*Zeichn.*	*Taf.*
Primel, Stengellose	1843	391
Primel, Val Daone-	1847 c	392
Primel, Wald-	1842	391
Pulverholz	590	113
Quecke, Graugrüne	3229 c	690
Quecke, Hunds-	3230	691
Quecke, Kriechende	3229	690
Quecke, Mittlere	3229 c	690
Quecke, Strand-	3229 d	690
Quecke, Strand-	3229 d 2	690
Quellbinse, Zusammengedrückte	2877	628
Quellgras	3128	669
Quellkraut, Bach-	1026 b	196
Quellkraut, Brunnen-	1026 b	196
Quellkraut, Frühlings-	1026	196
Quellkraut, Kleines	1026	196
Quellried, Zusammengedrücktes	2877	628
Quendel, Alpen-	2182 7	471
Quendel, Arznei-	2182 2	471
Quendel, Arznei-	2182 3	471
Quendel, Echter	2181	471
Quendel, Feld-	2182	471
Quendel, Garten-	2181	471
Quendel, Wilder	2182	471
Quendel, Wilder	2182 2	471
Quendel, Wilder	2182 3	471
Quitte	975	186
Ragwurz, Bertolonis	2757	611
Ragwurz, Bienen-	2763	611
Ragwurz, Fliegen-	2761	611
Ragwurz, Hummel-	2759	611
Ragwurz, Spinnen-	2756	611
Ragwurz, Wespen-	2756	611
Rainfarn	1450	292
Rainkohl, Gewöhnlicher	1644	340
Rainweide, Gewöhnliche	1893	400
Rampe, Brunnenkrässeblättrige	143	33
Rampe, Französische	144	33
Raps	133 a	31
Rapsdotter, Ausdauernder	284	59
Rapsdotter, Runzliger	283	59
Rapunzel, Armblütige	1768	374
Rapunzel, Ährige	1775	376
Rapunzel, Betonikablättrige	1775 b	376
Rapunzel, Charmeils	1769	374
Rapunzel, Halbkugelige	1771	374
Rapunzel, Hallers	1774	375
Rapunzel, Niedrige	1771 b	374
Rapunzel, Piemontesische	1768	374
Rapunzel, Rundköpfige	1772	375
Rapunzel, Schwarze	1775 c	376
Rapunzel, Schwarzwurzelblättrige	1773	375
Rasenbinse	2883	629
Rasselblume, Blaue	1634	337
Rauhgras, Silber-	3058	656
Rauke, Fiederspaltige	163	37
Rauke, Hohe	165	37
Rauke, Niederliegende	162	37
Rauke, Österreichische	169	38
Rauke, Östliche	171	38
Rauke, Schlaffe	170	38
Rauke, Steife	172	39
Rauke, Ungarische	165	37
Rauke, Weg-	166	37
Rauschbeere	1806	384
Rauschbeere, Schwarze	2448	540
Raute	582	112
Raygras, Englisches	3241	693
Raygras, Französisches	3106	666
Raygras, Italienisches	3240	693
Raygras, Italienisches	3241 b	693
Rädchenblüte, Knotenblütige	1182	225
Rebe	568	109
Rebendolde, Haarstrang-	1195	230
Rebendolde, Lachenals	1194	229
Rebendolde, Röhrige	1197	230
Rebendolde, Safran-	1193	229
Rebendolde, Schmalblättrige	1195	230

Taxon	*Zeichn.*	*Taf.*
Rebendolde, Wasser-	1196	230
Reiherschnabel, Gewöhnlicher	545	104
Reiherschnabel, Langfrüchtiger	541	103
Reiherschnabel, Langschnäbliger	541	103
Reiherschnabel, Moschus-	543	104
Reiherschnabel, Schierlingblättriger	545	104
Reis, Wilder	2990	645
Reitgras, Buntes	3059	657
Reitgras, Gewöhnliches	3060	657
Reitgras, Graues	3064	657
Reitgras, Land-	3060	657
Reitgras, Lanzettliches	3064	657
Reitgras, Moor-	3062	657
Reitgras, Rohr-	3056	656
Reitgras, Schilfähnliches	3063	657
Reitgras, Übersehenes	3062	657
Reitgras, Wolliges	3061	657
Reseda, Färber-	329	68
Reseda, Gelbe	324	67
Reseda, Gelbe	324 2	67
Reseda, Rapunzel-	325	68
Reseda, Rapunzel-	325 b	68
Rettich	125	29
Rettich, Acker-	126 a	29
Rettich, Garten-	125	29
Riemenzunge, Bocks-	2732	607
Riesenschilf	3052	655
Rindsauge, Gewöhnliches	1498	302
Rindsauge, Grossblütiges	1498 2	302
Rindsauge, Weidenblättriges	1498	302
Ringelblume, Acker-	1545	309
Rippenfarn	3301	712
Rippensame, Österreichischer	1246	243
Rispenfarn, Königs-	3270	701
Rispengras, Alpen-	3148	673
Rispengras, Bastard-	3137 b	671
Rispengras, Blaugrünes	3141	672
Rispengras, Chaix'	3137	671
Rispengras, Einjähriges	3145	673
Rispengras, Gewöhnliches	3144	672
Rispengras, Hain-	3139	671
Rispengras, Kleines	3147 b	673
Rispengras, Knolliges	3142	672
Rispengras, Lager-	3145 b	673
Rispengras, Mont Cenis-	3143	672
Rispengras, Niedliches	3142 b	672
Rispengras, Niedriges	3145 b	673
Rispengras, Plattes	3138	671
Rispengras, Schlaffes	3147	673
Rispengras, Sumpf-	3146	673
Rispengras, Violettes	3185	680
Rispengras, Waldbewohnendes	3144 3	672
Rispengras, Wiesen-	3140	672
Rispenhirse, Echte	3032	651
Rispenhirse, Haarförmige	3031	651
Rittersporn, Ajax-	85	19
Rittersporn, Feld-	84	19
Rittersporn, Garten-	85	19
Rittersporn, Hoher	88	20
Robinie	801	147
Roggen, Saat-	3220	687
Rohrglanzgras	2999	647
Rohrkolben, Breitblättriger	2812	618
Rohrkolben, Kleiner	2814	618
Rohrkolben, Schmalblättriger	2813	618
Rollfarn	3306	714
Romeie	3148	673
Rose, Apfel-	961	182
Rose, Apfel-	961 b	182
Rose, Bereifte	958	182
Rose, Berg-	958 2	182
Rose, Eglantier-	951	181
Rose, Essig-	955	181
Rose, Feld-	952	181
Rose, Filzige	960	182
Rose, Französische	955	181
Rose, Hängende	957	182
Rose, Hunds-	950	180

Taxon	*Zeichn.*	*Taf.*
Rose, Hunds-	950 2,3	180
Rose, Hunds-	950 4	180
Rose, Hunds-	950 5	180
Rose, Hunds-	950 6	180
Rose, Reichstachlige	956	181
Rose, Rotblättrige	958	182
Rose, Säulengriffige	954	181
Rose, Südalpine	958 2	182
Rose, Verwachsengrifflige	954	181
Rose, Wein-	951	181
Rose, Zimt-	959	182
Rosenwurz	1045	198
Rosmarin	2198	475
Rosmarinheide	1812	385
Rossfenchel	1196	230
Rosskastanie	569	109
Rosskümmel	1177	224
Rotbuche	2511	556
Rottanne	3258	697
Ruchgras, Wohlriechendes	3001	647
Rudbeckie, Schlitzblättrige	1499	302
Rudolph	112 b	25
Ruhrkraut	1512	304
Ruhrkraut, Gelblichweisses	1536	308
Ruhrkraut, Niedriges	1535	308
Ruhrkraut, Norwegisches	1526 b	307
Ruhrkraut, Sumpf-	1528	307
Ruhrkraut, Wald-	1526	307
Ruhrkraut, Zwerg-	1535	308
Ruke, Saat-	131	30
Runkelrübe	2358	513
Ruprechtsfarn	3276 b	702
Ruprechtskraut	516	98
Rübe, Gelbe	1119-1121	207-209
Rühr-mich-nicht-an	571	109
Rüsterstaude, Knollige	904	169
Rüsterstaude, Moor-	905	169
Rüsterstaude, Sechskronblättrige	904	169
Rüsterstaude, Ulmenblättrige	905	169
Rüsterstaude, Wiesen-	905	169
Sadebaum	3266	699
Saflor, Wolliger	1611	331
Safran, Echter	2675	598
Safran, Frühlings-	2673 2	598
Safran, Gewürz-	2675	598
Safran, Weissblütiger	2673	598
Salbei, Echte	2199	475
Salbei, Eisenkraut-	2207	478
Salbei, Garten-	2199	475
Salbei, Klebrige	2205	477
Salbei, Mohren-	2202	476
Salbei, Muskateller-	2201	476
Salbei, Quirlblütige	2200	475
Salbei, Wiesen-	2206	478
Salomonssiegel, Echtes	2660	594
Salomonssiegel, Gewöhnliches	2660	594
Salomonssiegel, Quirlblättriges	2659	594
Salomonssiegel, Vielblütiges	2661	594
Salweide	2532	563
Salzgras	3134	670
Samolus, Gewöhnlicher	1883	398
Sanddorn, Gewöhnlicher	2440	538
Sandkraut, Bewimpertes	445	86
Sandkraut, Grossblütiges	432	85
Sandkraut, Grossblütiges	432 2	85
Sandkraut, Quendelblättriges	446	86
Sandkraut, Quendelblättriges	446 c	86
Sandkraut, Salis-Marschlins'	446 b	86
Sandkraut, Vielstengliges	445 b	86
Sandkraut, Zweiblütiges	449	86
Sandröschen, Geflecktes	306	63
Sanikel, Europäische	1262	248
Saturei, Berg-	2185	472
Saubohne	807	149
Sauerampfer, Aronstabblättriger	2392	522
Sauerampfer, Berg-	2392	522
Sauerampfer, Kleiner	2390	521
Sauerampfer, Wiesen-	2391	521

Taxon	Zeichn.	Taf.
Sauerdorn	100	23
Sauerkirsche	894 b	167
Sauerklee, Aufrechter	573 b	110
Sauerklee, Europäischer	573 b	110
Sauerklee, Gehörnter	573	110
Sauerklee, Gewöhnlicher	572	110
Sauerklee, Hornfrüchtiger	573	110
Saumfarn	3304	714
Saumnarbe, Kärtner	1930	409
Säuerling, Zweigriffliger	2388	521
Schabenkraut, Echtes	2034	437
Schabenkraut, Falsches	2034 b	437
Schabziegerkraut	706	134
Schachblume, Burnats	2579 c	576
Schachblume, Gewöhnliche	2579	575
Schachtelhalm, Acker-	3324	717
Schachtelhalm,Ästiger	3329	719
Schachtelhalm, Bunter-	3330	719
Schachtelhalm, Rauhzähniger	3328 b	718
Schachtelhalm, Riesen-	3323	717
Schachtelhalm, Schlamm-	3327	718
Schachtelhalm, Sumpf-	3326	718
Schachtelhalm, Überwinternder	3328	718
Schachtelhalm, Wald-	3322	716
Schachtelhalm, Wiesen-	3325	718
Schafgarbe, Bittere	1491	300
Schafgarbe, Borstenblättrige	1483 3	299
Schafgarbe, Clavennas	1491	300
Schafgarbe, Edle	1485	300
Schafgarbe, Filzige	1481	299
Schafgarbe, Gelbe	1481	299
Schafgarbe, Gewöhnliche	1483	299
Schafgarbe, Grossblättrige	1488	300
Schafgarbe, Moschus-	1490	300
Schafgarbe, Rainfarnblättrige	1484	299
Schafgarbe, Rainfarnblättrige	1484 2	299
Schafgarbe, Schwarze	1492	300
Schafgarbe, Sumpf-	1493	301
Schafgarbe, Westalpen-	1494	301
Schafgarbe, Zwerg-	1489	300
Schalotte	2607	580
Scharbockskraut	70	15
Scharfkraut, Niederliegendes	2009	428
Scharte, Färber-	1615	332
Scharte, Grossköpfige	1615 2	332
Scharte, Nacktstenglige	1616 b	333
Scharte, Vulpius-	1615 2	332
Schattenblume, Zweiblättrige	2663	595
Schaumkraut, Alpen-	197	43
Schaumkraut, Behaartes	195	43
Schaumkraut, Bitteres	201	44
Schaumkraut, Dreiblättriges	205	44
Schaumkraut, Haselwurzblättriges	204	44
Schaumkraut, Kleinblütiges	196	43
Schaumkraut, Knöllchentragendes	206	44
Schaumkraut, Matthiolis	202 2	44
Schaumkraut, Plumiers	203	44
Schaumkraut, Resedablättriges	198	43
Schaumkraut, Spring-	199	43
Schaumkraut, Sumpf-	202 3	44
Schaumkraut, Teich-	196	43
Schaumkraut, Vielstengliges	195	43
Schaumkraut, Wald-	195 b	43
Schaumkraut, Wiesen-	202	44
Schaumkraut, Zwiebeltragendes	206	44
Schaumkresse, Hallers	192	42
Schaumkresse, Sand-	191	42
Scheinmohn, Kambrischer	110	25
Schierling, Gefleckter	1252	245
Schildfarn, Borstiger	3279	703
Schildfarn, Brauns	3279 c	704
Schildfarn, Gelappter	3279 b	704
Schildfarn, Lanzen-	3280	704
Schildkraut, Gewöhnliches	225	48
Schildkraut, Gewöhnliches	225 b	48
Schildkresse, Echte	212	46
Schilf	3055	656

Taxon	Zeichn.	Taf.
Schlammkraut, Wasser-	2104	453
Schlangenwurz, Gewöhnliche	2806	616-617
Schlankschwanz	3248	694
Schlehdorn	900	168
Schlupfsame, Gewöhnlicher	1614	332
Schlüsselblume, Behaarte	1847	392
Schlüsselblume, Breitblättrige	1847 d	392
Schlüsselblume, Frühlings	1841	391
Schlüsselblume, Ganzblättrige	1850	392
Schlüsselblume, Gewöhnliche	1842	391
Schlüsselblume, Graufilzige	1841 b	391
Schlüsselblume, Hallers	1845 b	392
Schlüsselblume, Inntaler-	1847 c	392
Schlüsselblume, Klebrige	1848	392
Schlüsselblume, Mehl-	1845	392
Schlüsselblume, Piemonteser	1847 e	392
Schlüsselblume, Stengellose	1843	391
Schlüsselblume, Val Daone-	1847 c	392
Schlüsselblume, Wald-	1842	391
Schmerwurz, Gewöhnliche	2671	597
Schmiele, Biegsame	3100	664
Schmiele, Draht-	3100	664
Schmiele, Frühe	3096	663
Schmiele, Horstbildende	3101	664
Schmiele, Nelken-	3097	663
Schmiele, Rasen-	3101	664
Schmiele, Wald-	3100	664
Schmielenhafer, Zweifelhafter	3102	664
Schmuckblume, Korianderblättrige	43	10
Schnabelbinse, Braune	2894	630
Schnabelbinse, Rotbraune	2894	630
Schnabelbinse, Weisse	2893	630
Schneckenklee, Arabischer	689	131
Schneckenklee, Kleiner	680	130
Schneckenklee, Samt-	679	129
Schneckenklee, Scheiben-	667	128
Schneckenklee, Stachliger	684	130
Schneckenklee, Zwerg-	680	130
Schneeball, Gewöhnlicher	1274	251
Schneeball, Wolliger	1273	251
Schneeglöckchen	2695	601
Schneeheide	1819	387
Schneerose	74	16
Schneidebinse	2864	626
Schnittlauch	2628	585
Schotenklee, Alpen-	766 3	142
Schotenklee, Gehörnter	766	142
Schotenklee, Schmalblättriger	766 b	142
Schotenklee, Sumpf-	767	142
Schotenklee, Sumpf-	767 2	142
Schotenklee, Wiesen-	766	142
Schotenkresse, Thals	178	40
Schöllkraut	113	26
Schöllkraut	113 2	26
Schönmalve, Theophrasts	515	98
Schöterich, Acker-	157	35
Schöterich, Goldlackartiger	157	35
Schöterich, Rutenförmiger	158 a	35
Schöterich, Wohlriechender	158 b	35
Schöterich, Zwerg-	159 c	35
Schriftfarn	3271	701
Schuppenbinse	2896	630
Schuppenfarn	3307	714
Schuppenfarn, Marantas	3273	701
Schuppenkopf, Alpen-	1360	269
Schuppenmiere, Rote	477	91
Schuppenmiere, Saat-	476	91
Schuppenried	2896	630
Schuppenwurz	2169	467
Schwalbenwurz	1899	402
Schwanenblume	2563	572
Schwarzdorn	900	168
Schwarzkümmel, Acker-	81	17
Schwarzkümmel, Damaszener	79	17
Schwarznessel	2245	489
Schwarzwurzel, Garten-	1667	345
Schwarzwurzel, Kleine	1668	346
Schwarzwurzel, Niedrige	1668	346
Schwarzwurzel, Österreichische	1665	345
Schwarzwurzel, Rauhhaarige	1663	345

Taxon	Zeichn.	Taf.
Schwarzwurzel, Schlitzblättrige	1670	346
Schwarzwurzel, Spanische	1667	345
Schwertlilie, Blasse	2683	599
Schwertlilie, Deutsche	2682	599
Schwertlilie, Gelbe	2684	599
Schwertlilie, Grasblättrige	2686	599
Schwertlilie, Perriers	2689	600
Schwertlilie, Sibirische	2688	600
Schwertlilie, Stinkende	2685	599
Schwertlilie,Übelriechende	2685	599
Schwimmfarn	3319	716
Schwingel, Alpen-	3191 g	681
Schwingel, Amethystblauer	3193	681
Schwingel, Bunt-	3186	680
Schwingel, Fenas-	3178 c	678
Schwingel, Gelblischer	3186 c	680
Schwingel, Gold-	3180	679
Schwingel, Haarförmiger	3191 b	681
Schwingel, Hallers	3191 f 2	681
Schwingel, Hoher	3179	678
Schwingel, Lachenals	3245	694
Schwingel, Niedlicher	3181	679
Schwingel, Niedriger	3187	680
Schwingel, Riesen-	3205	684
Schwingel, Rispen-	3180	679
Schwingel, Rohr-	3178 b	678
Schwingel, Rot-	3183	679
Schwingel, Schaf-	3191	681
Schwingel, Schöner	3181	679
Schwingel, Verschiedenblättriger	3184	680
Schwingel, Violetter	3190	681
Schwingel, Wald-	3179	678
Schwingel, Walliser	3191 e	681
Schwingel, Wiesen-	3178 a	678
Seebinse, Amerikanische	2872	627
Seebinse, Borstenförmige	2880	628
Seebinse, Dreikantige	2875	628
Seebinse, Gekielte	2874 c	628
Seebinse, Gewöhnliche	2874	628
Seebinse, Spitz-	2876	628
Seebinse, Stachlige	2876	628
Seebinse, Tabernaemontanus'	2874 b	628
Seebinse, Zwerg-	2879	628
Seegras, Wald-	2912	632
Seerose, Gelbe	103	23
Seerose, Kleine	102 b	23
Seerose, Weisse	102	23
Seetanne	1007	193
Sefi	3266	699
Sefistrauch	3266	699
Segge, Abgerücktährige	2919	633
Segge, Alpen-Schlamm-	2980	643
Segge, Alpen-Vogelfuss-	2948 c	638
Segge, Armblütige	2963	641
Segge, Behaarte	2940	636
Segge, Behaartfrüchtige	2941	637
Segge, Berg-	2947	637
Segge, Binsenblättrige	2905	631
Segge, Blasen-	2960	640
Segge, Bleiche	2962	641
Segge, Böhmische	2913	633
Segge, Braune	2937	636
Segge, Bräunliche	2921 b	634
Segge, Buxbaums	2933	635
Segge, Cypergras-	2913	633
Segge, Cypergras-	2961	640
Segge, Davalls	2897	630
Segge, Draht-	2917	633
Segge, Dünnährige	2966	641
Segge, Entferntährige	2920 c	634
Segge, Entferntährige	2969	642
Segge, Fadenwurzelige	2908	632
Segge, Felsen-	2903	631
Segge, Filzfrüchtige	2951	638
Segge, Floh-	2899	631
Segge, Frühlings-	2953	639
Segge, Frühzeitige	2910	632
Segge, Fuchs-	2914	633
Segge, Gedrängtährige	2915	633
Segge, Gedrängtährige	2920	634

Taxon	*Zeichn.*	*Taf.*
Segge, Gefingerte	2948	638
Segge, Gefranste	2974	643
Segge, Gelbe	2987	644
Segge, Geteilte	2907	631
Segge, Gewimperte	2967	641
Segge, Glänzende	2981	643
Segge, Graue	2921	634
Segge, Grundstielige	2943	637
Segge, Haarfeine	2976	643
Segge, Haarstielige	2976	643
Segge, Hallers	2943	637
Segge, Hasenpfoten-	2922	634
Segge, Heide-	2946	637
Segge, Heide-	2946 2	637
Segge, Hirse-	2973	642
Segge, Hohe	2936	636
Segge, Horst-	2975	643
Segge, Horstbildende	2936 b	636
Segge, Hosts	2988	644
Segge, Hügel-	2949	638
Segge, Igelfrüchtige	2918	633
Segge, Immergrüne	2975	643
Segge, Kälteliebende	2977	643
Segge, Kleinblütige	2931 b	635
Segge, Kleinfrüchtige	2987 2	644
Segge, Kleinhakige	2901	631
Segge, Krumm-	2929	635
Segge, Kurzährige	2972	642
Segge, Kurzschnäblige	2949	638
Segge, Lachenals	2924	634
Segge, Langährige	2923	634
Segge, Langblättrige	2953 b	639
Segge, Langborstige	2926	635
Segge, Langgliedrige	2969	642
Segge, Lockerährige	2919	633
Segge, Magellan-	2980	643
Segge, Magere	2966	641
Segge, Monte Baldo-	2927	635
Segge, Nickende	2958	640
Segge, Niedrige	2944	637
Segge, Norwegische	2934	635
Segge, Oeders	2987 b	644
Segge, Pairas	2920 b	634
Segge, Pillentragende	2950	638
Segge, Polster-	2975 b	643
Segge, Punktierte	2982	644
Segge, Rankende	2908	632
Segge, Rasen-	2936 b	636
Segge, Rispen-	2916	633
Segge, Rost-	2968	641
Segge, Russfarbene	2932	635
Segge, Scharfkantige	2957	640
Segge, Schatten-	2953 b	639
Segge, Scheiden-	2973 b	643
Segge, Schlaffe	2954	639
Segge, Schlaffe	2954 3	639
Segge, Schlamm-	2979	643
Segge, Schlanke	2939	636
Segge, Schnabel-	2956	639
Segge, Schneetälchen-	2906	631
Segge, Schwarze	2931	635
Segge, Schwarzrote	2978	643
Segge, Simsenblättrige	2905	631
Segge, Sonderbare	2915	633
Segge, Spitzen-	2901	631
Segge, Stachelspitzige	2935	636
Segge, Stachlige	2920 b	634
Segge, Steife	2936	636
Segge, Stern-	2918	633
Segge, Stinkende	2906	631
Segge, Sumpf-	2957	640
Segge, Sumpfbewohnende	2925	634
Segge, Südalpine	2972 b	642
Segge, Torf-	2925	634
Segge, Ufer-	2959	640
Segge, Unterbrochenährige	2920 c	634
Segge, Überhängende	2971	642
Segge, Vogelfuss-	2948 b	638
Segge, Vogelfussähnliche	2948 c	638
Segge, Wald-	2964	641
Segge, Weisse	2965	641
Segge, Wenigblütige	2902	631
Segge, Zierliche	2939	636
Segge, Zittergras-	2912	632
Segge, Zweifarbige	2930	635
Segge, Zweihäusige	2898	631
Segge, Zweistaubblättrige	2917	633
Segge, Zweizeilige	2909	632
Segge, Zyperbinse	2961	640
Segge, Zyperbinsen-	2913	633
Seide, Europäische	1949	413
Seide, Flachs-	1948	413
Seide, Lein-	1948	413
Seide, Nessel-	1949	413
Seide, Quendel-	1950	414
Seide, Quendel-	1950 2	414
Seide, Thymian-	1950	414
Seide, Thymian-	1950 2	414
Seidelbast, Alpen-	2425	535
Seidelbast, Flaumiger	2423	534
Seidelbast, Gestreifter	2423 b	534
Seidelbast, Gewöhnlicher	2422	534
Seidelbast, Lorbeer-	2424	534
Seidenpflanze, Syrische	1901	403
Seifenkraut, Echtes	390	79
Seifenkraut, Gebräuchliches	390	79
Seifenkraut, Gelbes	387	78
Seifenkraut, Rotes	391	79
Sellerie	1232	239
Sellerie, Knotenblütiger	1229	238
Sellerie, Kriechender	1229 b	238
Sellerie, Überschwemmter	1229 c	238
Senf, Acker-	128	29
Senf, Schwarzer	134	31
Senf, Weisser	127	29
Sesel, Berg-	1188	227
Sesel, Hügel-	1188 b	227
Sesel, Kümmelblättriger	1188 c	227
Seslerie, Blaue	3020	650
Seslerie, Kugelköpfige	3021	650
Seslerie, Zweizeilige	3022	650
Sibbaldie, Niederliegende	914	171
Sicheldolde, Gewöhnliche	1226	238
Sichelklee	664	128
Siebenstern, Europäischer	1876	397
Siegwurz, Garten-	2694	601
Siegwurz, Italienische	2693	600
Siegwurz, Saat-	2693	600
Siegwurz, Sumpf-	2694 b	601
Sigmaskraut	498	94
Sigmaskraut	498 2	94
Sigmaswurz	498	94
Sigmaswurz	498 2	94
Silberdistel	1627	335
Silberginster	635	122
Silbergras, Graues	3094	663
Silberhülse, Zanonis	635	122
Silbermantel	967	184
Silbermantel	967 b	184
Silbermantel, Kalk-	967 c	184
Silberwurz, Achtkronblättrige	907	170
Silge, Kümmelblättrige	1146	216
Simse, Alpen-	2832	620
Simse, Arktische	2821	619
Simse, Blaugrüne	2823	619
Simse, Dreiblütige	2827	620
Simse, Dreispaltige	2825	619
Simse, Dreispelzige	2827	620
Simse, Einblütige	2825 2	619
Simse, Fadenförmige	2820	619
Simse, Flatterige	2822 b	619
Simse, Frosch-	2842 c	622
Simse, Gegliederte	2838 d	621
Simse, Gerards	2840 b	622
Simse, Glänzendfrüchtige	2838 d	621
Simse, Jacquins	2819	619
Simse, Kastanienbraune	2828	620
Simse, Knäuelblütige	2822 a	619
Simse, Knollen-	2833	620
Simse, Knollen-	2833 2	620
Simse, Knötchen-	2835	621
Simse, Kopf-	2826	620
Simse, Kröten-	2842	622
Simse, Lössacker-	2826	620
Simse, Moor-	2829	620
Simse, Plattstenglige	2840	622
Simse, Schlamm-	2841	622
Simse, Seegrüne	2823	619
Simse, Sparrige	2831	620
Simse, Spitzblütige	2838 a	621
Simse, Stumpfblütige	2835	621
Simse, Styx-	2829	620
Simse, Sumpf-	2841	622
Simse, Zarte	2824	619
Simse, Zusammengedrückte	2840	622
Simse, Zwerg-	2834	620
Simse, Zwiebel-	2833	620
Simse, Zwiebel-	2833 2	620
Singrün	1896	401
Skabiose, Gewöhnliche	1369	273
Skabiose, Glänzende	1369 b	273
Skabiose, Grasblättrige	1365	272
Skabiose, Graue	1369 d	273
Skabiose, Südliche	1369 c	273
Skabiose, Tauben-	1369	273
Skorpionskraut	864	161
Skorpionskraut	2011	428
Sockenblume, Alpen-	101	23
Soldanelle, Alpen-	1867	395
Soldanelle, Grosse	1867	395
Soldanelle, Kleine	1867 c	395
Sommerglöckchen	2696	601
Sommerwurz, Amethystblaue	2166	467
Sommerwurz, Ästige	2144	463
Sommerwurz, Beifuss-	2168	467
Sommerwurz, Berberitzen-	2152	465
Sommerwurz, Bitterkraut-	2163	467
Sommerwurz, Distel-	2158	466
Sommerwurz, Efeu-	2148	464
Sommerwurz, Elsässische	2150	464
Sommerwurz, Gamander-	2165	467
Sommerwurz, Gelbe	2149	464
Sommerwurz, Gewöhnliche	2157	466
Sommerwurz, Ginster	2145	464
Sommerwurz, Grosse	2160	466
Sommerwurz, Hain-	2152	465
Sommerwurz, Hellgelbe	2162	467
Sommerwurz, Kleine	2167	467
Sommerwurz, Labkraut-	2157	466
Sommerwurz, Laserkraut-	2159	466
Sommerwurz, Netz-	2158	466
Sommerwurz, Nickende	2147	464
Sommerwurz, Panzer-	2168	467
Sommerwurz, Purpur-	2143	463
Sommerwurz, Quendel-	2156	465
Sommerwurz, Salbei-	2161	466
Sommerwurz, Sand-	2142	463
Sommerwurz, Schlanke	2151	465
Sommerwurz, Violette	2143	463
Sommerwurz, Weisse	2156	465
Sonnenblume, Einjährige	1479	298
Sonnenblume, Gewöhnliche	1479	298
Sonnenblume, Knollen-	1478	298
Sonnengold, Gewöhnliches	1525	307
Sonnengold, Italienisches	1524	306
Sonnenhut, Schlitzblättriger	1499	302
Sonnenröschen, Apenninen-	302	63
Sonnenröschen, Gewöhnliches	300	62
Sonnenröschen, Gewöhnliches	300 2	62
Sonnenröschen, Gewöhnliches	300 3	62
Sonnenröschen, Graufilziges	304 b	63
Sonnenröschen, Italienisches	304	63
Sonnenröschen, Weidenblättriges	299	62
Sonnentau, Englischer	333	69
Sonnentau, Langblättriger	333	69
Sonnentau, Mittlerer	334	69
Sonnentau, Rundblättriger	332	69
Sonnenwende, Europäische	2011	428
Sophienkraut	164	37
Spargel, Garten-	2667	596
Spargel, Gemüse-	2667	596
Spargel, Zartblättriger	2666	596

Taxon	Zeichn.	Taf.
Spargelerbse	758	140
Spark, Acker-	474	90
Spark, Fünfmänniger	475	90
Spark, Fünfstaubblättriger	475	90
Spatzenzunge	2429	535
Speik, Echter	1340	265
Spelz	3223	687
Sperberbaum	984	188
Sperrkraut, Blaues	1933	410
Spierling	984	188
Spierstaude, Knollige	904	169
Spierstaude, Moor-	905	169
Spierstaude, Sechskronblättrige	904	169
Spierstaude, Ulmenblättrige	905	169
Spierstaude, Wiesen-	905	169
Spierstrauch, Weidenblättriger	902	169
Spinat	2357 a	513
Spinat	2357 b	513
Spinat, Englischer	2401 d	527
Spindelstrauch, Breitblättriger	585 b	112
Spindelstrauch, Europäischer	585	112
Spindelstrauch, Gewöhnlicher	585	112
Spitzgras	3145	673
Spitzkiel, Alpen-	790	145
Spitzkiel, Drüsiger	789	145
Spitzkiel, Feld-	790	145
Spitzkiel, Gaudins	792	146
Spitzkiel, Gletscher-	796	146
Spitzkiel, Hallers	791	146
Spitzkiel, Jacquins	793	146
Spitzkiel, Pyrenäen-	792 b	146
Spitzkiel, Schweizerischer	792	146
Spitzkiel, Südalpiner	792 b	146
Spitzkiel, Zottiger	794	146
Spitzklette, Dornige	1759	372
Spitzklette, Gewöhnliche	1760	372
Spitzklette, Gewöhnliche	1761	372
Spitzklette, Italienische	1761 b	372
Spitzklette, Kropf-	1760	372
Spitzklette, Kropf-	1761	372
Spitzklette, Östliche	1761	372
Spitzorchis	2742	608
Spornblume, Fussangel-	1330	263
Spornblume, Rote	1331	163
Spornblume, Schmalblättrige	1331 b	263
Spornlos	2731	607
Spörgel	474	90
Springkraut, Kleinblütiges	3360	723
Springkraut, Wald-	571	109
Spurre, Dolden-	463	88
Stachelbeere	1075	201
Stechapfel	2022	432
Stechapfel	2022 2	432
Stechginster, Europäischer	604	117
Stechginster, Zwerg-	606	117
Stechpalme	587	113
Steifgras	3161	675
Steifhalm	3164	676
Steinäschel, Felsen-	263	55
Steinäschel, Gewöhnliches	263	55
Steinbeere	949	180
Steinbrech, Arktischer Knöllchen-	1099	204
Steinbrech, Aufsteigender	1100 b	204
Steinbrech, Behaarter	1095 2	203
Steinbrech, Bewimperter	1103	205
Steinbrech, Blattloser	1091	203
Steinbrech, Bläulicher	1093 c	203
Steinbrech, Bock-	1104	205
Steinbrech, Diapensienartiger	1093	203
Steinbrech, Dickblatt-	1086	202
Steinbrech, Dreifingriger	1100	204
Steinbrech, Flachblättriger	1108	205
Steinbrech, Gefurchter	1115 b	206
Steinbrech, Gegenblättriger	1080	202
Steinbrech, Gestutzter	1082	202
Steinbrech, Goldblumiger	1104	205
Steinbrech, Grossblütiger	1081 b	202
Steinbrech, Immergrüner	1087	202
Steinbrech, Keilblättriger	1096	204

Taxon	Zeichn.	Taf.
Steinbrech, Knölchentragender	1097	204
Steinbrech, Mannsschild-	1107	205
Steinbrech, Mauerpfeffer-	1103	205
Steinbrech, Moos-	1112 a	206
Steinbrech, Moosartiger	1102 b	204
Steinbrech, Moschus-	1113	206
Steinbrech, Nickender	1099	204
Steinbrech, Piemonteser	1109 b 2	205
Steinbrech, Rauher	1102	204
Steinbrech, Rosen-	1112 c	206
Steinbrech, Rudolphis	1080 b	202
Steinbrech, Rundblättriger	1101	204
Steinbrech, Safrangelber	1084	202
Steinbrech, Schatten-	1096 b	204
Steinbrech, Schmalkronblättriger	1091	203
Steinbrech, Seguiers	1090	203
Steinbrech, Stern-	1094	203
Steinbrech, Strauss-	1086	202
Steinbrech, Trauben-	1087	202
Steinbrech, Veränderter	1084	202
Steinbrech, Waldenser	1093 b	203
Steinbrech, Zweiblütiger	1081	202
Steinbrech, Zweiblütiger	1081 b	202
Steinbrech, Zwiebeltragender	1098	204
Steinkraut, Acker-	215	46
Steinkraut, Alpen-	217	46
Steinkraut, Berg-	216	46
Steinkraut, Gewöhnliches	214	46
Steinkraut, Kelch-	214	46
Steinkresse	272	56
Steinkresse, Acker-	215	46
Steinkresse, Alpen-	217	46
Steinkresse, Berg-	216	46
Steinkresse, Gewöhnliche	214	46
Steinkresse, Kelch-	214	46
Steinlinde, Mittlere	1891 b	400
Steinmispel, Filzige	974 b	185
Steinmispel, Gewöhnliche	974	185
Steinquendel	2190	473
Steinquendel, Alpen-	2191	473
Steinröschen	2423 b	534
Steinsame, Acker-	1972	419
Steinsame, Blauer	1978	420
Steinsame, Echter	1971	419
Steinsame, Gebräuchlicher	1971	419
Steinschmückel, Pyrenäen-	233	48
Steinweichsel	895	167
Stendelwurz, Pflugschar-	2729	606
Stendelwurz, Zungen-	2728	606
Sternauge, Stachliges	1500	302
Sterndolde, Grosse	1255	246
Sterndolde, Kleine	1255 b	246
Sternlattich	1641	339
Sternmiere, Bleiche	455 2	87
Sternmiere, Grasblättrige	460	88
Sternmiere, Grossblumige	459	88
Sternmiere, Langblättrige	458 b	88
Sternmiere, Mittlere	455	87
Sternmiere, Moor-	458	88
Sternmiere, Sumpf-	457	87
Sternmiere, Übersehene	455 3	87
Sternmiere, Wald-	456	87
Sternmiere, Wasser-	473	90
Stiefmütterchen, Echtes	323	67
Stiefmütterchen, Gelbes	323 c	67
Stiefmütterchen, Horn-	319	66
Stiefmütterchen, Langsporniges	320	67
Stiefmütterchen, Mont-Cenis-	321	67
Stiefmütterchen, Voralpen-	323 2	67
Stielsamenkraut, Schlitzblättriges	1670	346
Stockkraut	1141	214
Storchschnabel, Blassblütiger	528	101
Storchschnabel, Blutroter	535	102
Storchschnabel, Böhmischer	530	101
Storchschnabel, Brauner	524	100
Storchschnabel, Gewöhnlicher	516	98
Storchschnabel, Glänzender	517	98

Taxon	Zeichn.	Taf.
Storchschnabel, Grosswurzliger	525	100
Storchschnabel, Kleiner	523	99
Storchschnabel, Knotiger	531	101
Storchschnabel, Purpur-	516 b	98
Storchschnabel, Pyrenäen-	532	102
Storchschnabel, Rundblättriger	518	99
Storchschnabel, Ruprechts	516	98
Storchschnabel, Schlitzblättriger	520	99
Storchschnabel, Silber-	534	102
Storchschnabel, Spreizender	519	99
Storchschnabel, Sumpf-	529	101
Storchschnabel, Tauben-	521	99
Storchschnabel, Wald-	527	100
Storchschnabel, Wald-	527 2	100
Storchschnabel, Weicher	522	99
Storchschnabel, Wiesen-	526	100
Strahlendolde, Flachfrüchtige	1122	209
Strahlendolde, Grossblütige	1123	209
Strahlensame	367	75
Strandkamille, Geruchlose	1462	295
Strandling, Einblütiger	2306	502
Strauchscharte, Zweifelhafte	1622	334
Strauchwicke	869	162
Straussfarn	3302	713
Straussgras, Alpen-	3074	660
Straussgras, Felsen-	3071	659
Straussgras, Gewöhnliches	3069 c	659
Straussgras, Hunds-	3070	659
Straussgras, Schleichers	3074 b	660
Straussgras, Sumpf-	3070	659
Straussgras, Zartes	3057	656
Streifenfarn, Billots	3297	711
Streifenfarn, Braunstieliger	3291	709
Streifenfarn, Drüsiger	3293	710
Streifenfarn, Esel-	3289 c	709
Streifenfarn, Französischer	3296 b	711
Streifenfarn, Gabeliger	3295	710
Streifenfarn, Grünstieliger	3292	709
Streifenfarn, Hallers	3296	711
Streifenfarn, Lanzettförmiger	3297	711
Streifenfarn, Nordischer	3295	710
Streifenfarn, Quell-	3296	711
Streifenfarn, Schwarzstieliger	3289	709
Striemensame	1247	244
Strobe	3250	695
Strohblume, Einjährige	1633	337
Strohblume, Felsenheide-	1633 b	337
Strohblume, Geschlossene	1633 b	337
Strohblume, Stinkende	1632	337
Sumpfabbiss	1364	272
Sumpfbinse, Armblütige	2890	630
Sumpfbinse, Eiförmige	2889	630
Sumpfbinse, Einspelz-	2888 b	629
Sumpfbinse, Gewöhnliche	2888	629
Sumpfbinse, Nadelförmige	2885	629
Sumpfbinse, Österreichische	2888 c	629
Sumpfbinse, Schwarzrote	2886	629
Sumpfbinse, Vielhalmige	2891	630
Sumpfgras, Fuchsschwanz-	3004	647
Sumpfkresse, Echte	234	49
Sumpfkresse, Pyrenäen-	235	49
Sumpfkresse, Wilde	175	39
Sumpfkresse, Wilde	175 3	39
Sumpfquendel, Münzblättriger	1015	194
Sumpfquendel, Pfennigkrautblättriger	1015	194
Sumpfquendel, Portulak-	1014	194
Sumpfried	2864	626
Sumpfwurz, Braunrote	2718 b	605
Sumpfwurz, Breitblättrige	2718	605
Sumpfwurz, Dunkelrote	2718 b	605
Sumpfwurz, Gewöhnliche	2719	605
Sumpfwurz, Kleinblättrige	2718 c	605
Sumpfwurz, Weisse	2719	605
Süssdolde, Wohlriechende	1245	243
Süssgras, Faltiges	3129 b	669
Süssgras, Flutendes	3129	669
Süssgras, Gestreiftes	3130 b	669
Süssgras, Grosses	3130	669

Taxon	*Zeichn.*	*Taf.*
Süssholz, Kahles	803	148
Süsskirsche	894	167
Süssklee	883	164
Tabak, Bauern-	2027	433
Tabak, Echter	2028	434
Tabak, Virginischer	2028	434
Taglilie, Gelbe	2648	590
Taglilie, Gelbrote	2647	590
Tamariske, Deutsche	1019	195
Tannenwedel	1007	193
Taubenkropf, Beerentragender	347	71
Taubnessel, Acker-	2217	481
Taubnessel, Bastard-	2222	483
Taubnessel, Gefleckte	2219	482
Taubnessel, Purpurrote	2217	481
Taubnessel, Schlitzblättrige	2222	483
Taubnessel, Stengelumfassende	2220	482
Taubnessel, Weisse	2218	482
Tausendblatt, Armblütiges	1005 b	192
Tausendblatt, Ähriges	1005 c	193
Tausendblatt, Quirlblättriges	1005	192
Tausendblatt, Wechselständigblütiges	1005 b	192
Tausendguldenkraut, Gewöhnliches	1907	404
Tausendguldenkraut, Kleines	1906	404
Tännel, Dreimänniger	481	91
Tännel, Dreistaubblättriger	481	91
Tännel, Quirliger	480	91
Tännel, Sechsmänniger	483 a	91
Tännel, Sechsstaubblättriger	483 a	91
Tännel, Wasserpfeffer-	482	91
Täschelkraut, Acker-	265	55
Täschelkraut, Berg-	268	56
Täschelkraut, Durchwachsenes	267	56
Täschelkraut, Lauch-	266	55
Täschelkraut, Penninisches	268 b	56
Täschelkraut, Rundblättriges	270	56
Täschelkraut, Stengelumfassendes	267	56
Täschelkraut, Voralpen-	267 b	56
Täschelkraut, Voralpen-	268 c	56
Tee, Mexikanischer	2360	514
Teichbinse, Amerikanische	2872	627
Teichbinse, Armblütige	2890	630
Teichbinse, Borstenförmige	2880	628
Teichbinse, Dreikantige	2875	628
Teichbinse, Eiförmige	2889	630
Teichbinse, Gekielte	2874 c	628
Teichbinse, Gewöhnliche	2874	628
Teichbinse, Schwarzrote	2886	629
Teichbinse, Spitz-	2876	628
Teichbinse, Stachlige	2876	628
Teichbinse, Tabernaemontanus'	2874 b	628
Teichbinse, Vielhalmige	2891	630
Teichbinse, Zwerg-	2879	628
Teichenzian, Radblättriger	1932	410
Teichfaden, Sumpf-	2792 a,b	615
Teichfaden, Sumpf-	2792 c	615
Teichkresse	236	49
Teichlinse, Vielwurzlige	2802	616
Teichrose, Grosse	103	23
Teichrose, Kleine	103 b	23
Telephie, Imperatos	1030	196
Terebinthe	598	115
Teufelsabbiss	1363	271
Thymian, Alpen-	2182 7	471
Thymian, Arznei-	2182 2	471
Thymian, Arznei-	2182 3	471
Thymian, Echter	2181	471
Thymian, Feld-	2182	471
Thymian, Garten-	2181	471
Thymian, Wilder	2182	471
Thymian, Wilder	2182 2	471
Thymian, Wilder	2182 3	471
Tierlibaum	1264	249
Timotheusgras	3009	648
Tisdälie, Nacktstenglige	262	55
Tollkirsche, Gewöhnliche	2021	432

Taxon	*Zeichn.*	*Taf.*
Topinambur	1478	298
Tormentill, Gewöhnlicher	931	174
Tormentill, Kriechender	931 b	174
Tozzie	2140	462
Tragant, Alpen-	797	146
Tragant, Blasen-	786	145
Tragant, Dänischer	788 b	145
Tragant, Dorniger	770	142
Tragant, Esparsetten-	788	145
Tragant, Französischer	771	143
Tragant, Fuchsschwanz-	777	144
Tragant, Immergrüner	770	142
Tragant, Kichererbsen-	778	144
Tragant, Nickender	795	146
Tragant, Niederliegender	773	143
Tragant, Stengelloser	773'	143
Tragant, Südlicher	798	147
Tragant, Süsser	776	143
Tragant, Tiroler	787	145
Traubenfarn, Ästiger	3313	715
Traubenfarn, Einfacher	3312	715
Traubenfarn, Lanzettlicher	3313 b	715
Traubenfarn, Verzweigter	3313	715
Traubenfarn, Vielspaltiger	3314	715
Traubenfarn, Virginischer	3315	715
Traubenhafer, Südfranzösischer	3167	677
Traubenkirsche	897	167
Trespe, Acker-	3207	684
Trespe, Aufrechte	3195	682
Trespe, Ästige	3196	682
Trespe, Dach-	3199	682
Trespe, Dickährige	3202 3	683
Trespe, Grannenlose	3197	682
Trespe, Japanische	3207 b	684
Trespe, Madrider	3198	682
Trespe, Mittelmeer-	3198	682
Trespe, Rauhe	3201	683
Trespe, Roggen-	3202	683
Trespe, Sparrige	3208	685
Trespe, Steife	3201	683
Trespe, Taube	3200	682
Trespe, Traubige	3206	684
Trespe, Verwechselte	3206 b	684
Trespe, Verzweigte	3196	682
Trespe, Wehrlose	3197	682
Trespe, Weiche	3204	684
Trichterlilie, Weisse	2649	590
Trollblume, Europäische	72	16
Tulpe, Gessners	2574 b	574
Tulpe, Südliche	2576	575
Tulpe, Südliche	2576 2	575
Tulpe, Weinberg-	2575	574
Tulpe, Wilde	2575	574
Turmkraut, Kahles	177	40
Tüpfelfarn, Gewöhnlicher	3274	702
Türkenbund	2582	576-577
Ulme, Berg-	2500 b	552
Ulme, Feld-	2500	552
Ulme, Flatter-	2499	551
Vallisnerie	2770	612
Veilchen, Berg-	315 b	65
Veilchen, Duftendes	313 b	65
Veilchen, Fiederblättriges	310	64
Veilchen, Heide-	315	65
Veilchen, Hohes	315 h	66
Veilchen, Hunds-	315	65
Veilchen, Hügel-	313 d	65
Veilchen, Moor-	315 e	66
Veilchen, Niedriges	315 g	66
Veilchen, Pyrenäen-	312 b	64
Veilchen, Rauhhaariges	312	64
Veilchen, Sand-	316 b	66
Veilchen, Sumpf-	311	64
Veilchen, Thomas	312 c	64
Veilchen, Wald-	316	66
Veilchen, Weisses	313 c	65
Veilchen, Wohlriechendes	313	65
Veilchen, Wunder-	317	66
Veilchen, Zweiblütiges	318	66
Venushaar	3305	714
Venuskamm	1234	240

Taxon	*Zeichn.*	*Taf.*
Venusnabel	1071	201
Venusspiegel, Gewöhnlicher	1776	376
Venusspiegel, Kleiner	1778	377
Vergissmeinnicht, Acker-	1991	425
Vergissmeinnicht, Alpen-	1990 b	424
Vergissmeinnicht, Aufrechtes	1993	425
Vergissmeinnicht, Falsches	2006	428
Vergissmeinnicht, Farbwechselndes	1994	425
Vergissmeinnicht, Grosses	2006	428
Vergissmeinnicht, Hügel-	1995	425
Vergissmeinnicht, Kleinblütiges	1993	425
Vergissmeinnicht, Kletten-	1998	426
Vergissmeinnicht, Rasenbildendes	1988 b	424
Vergissmeinnicht, Sumpf-	1988	424
Vergissmeinnicht, Verschiedenfarbiges	1994	425
Vergissmeinnicht, Verzweigtes	1995	425
Vergissmeinnicht, Wald-	1990	424
Viguier	110	25
Vogelbeerbaum	983	187
Vogelfuss, Kleiner	875	162
Vogelhirse	3029	651
Vogelhirse	3029 b	651
Vogelknöterich, Verschiedenblättriger	2413	531
Vogelkopf, Gewöhnlicher	2429	535
Vogelmiere	455	87
Vogelnestwurz	2722	606
Wacholder, Gewöhnlicher	3263	698
Wacholder, Zwerg-	3263 2	698
Wachsblume, Alpen-	1953 b	414
Wachsblume, Kahle	1953 b	414
Wachsblume, Kleine	1954	415
Wachsblume, Kleine	1954 2	415
Wachtelweizen, Acker-	2138	462
Wachtelweizen, Heide-	2135	461
Wachtelweizen, Kamm-	2137	462
Wachtelweizen, Velebit-	2139	462
Wachtelweizen, Wald-	2136	461
Wachtelweizen, Wiesen-	2135	461
Waid	248	52
Walch, Bauchiger	3228	689
Walch, Dreizölliger	3226	689
Walch, Eiförmiger	3225	689
Walch, Walzenförmiger	3227	689
Walch, Zylindrischer	3227	689
Waldfarn, Alpen-	3298 b	712
Waldfarn, Gewöhnlicher	3298	711
Waldfarn, Weiblicher	3298	711
Waldgerste	3211	685
Waldglöcklein	1832	389
Waldhirse, Ausgebreitete	3089	662
Waldmeister, Acker-	1325	262
Waldmeister, Echter	1317	261
Waldmeister, Färber-	1323	262
Waldmeister, Grannen-	1322 b	262
Waldmeister, Hügel-	1322	262
Waldmeister, Turiner	1318	261
Waldmelisse	2256	491
Waldnelke, Rote	386 b	78
Waldnelke, Weisse	386 a	78
Waldrebe, Alpen-	4	1
Waldrebe, Aufrechte	1	1
Waldrebe, Brennende	2	1
Waldrebe, Gewöhnliche	3	1
Waldrebe, Gewöhnliche	3 2	1
Waldvögelein, Langblättriges	2715	604
Waldvögelein, Rotes	2717	605
Waldvögelein, Weisses	2716	605
Wallwurz, Echte	1956	415
Wallwurz, Kleinblütige	1958	416
Wallwurz, Knollige	1958	416
Wallwurz, Knotige	1957	416
Walnussbaum	2510	556
Wanderheide	1820	387
Wasserdost, Gewöhnlicher	1371	274
Wasserfalle	335	69
Wasserfeder, Sumpf-	1840	391

Taxon	Zeichn.	Taf.
Wasserfenchel	1196	230
Wasserhahnenfuss, Baudots	35 b	9
Wasserhahnenfuss, Flutender	34	8
Wasserhahnenfuss, Grosser	35 1-3	9
Wasserhahnenfuss, Grosser	35 c 2	9
Wasserhahnenfuss, Haarblättriger	35 c	9
Wasserhahnenfuss, Haarblättriger	35 c 1	9
Wasserhahnenfuss, Haarblättriger	35 c 3	9
Wasserhahnenfuss, Starrer	38	9
Wasserkresse	236	49
Wasserlinse, Bucklige	2804	616
Wasserlinse, Dreifurchige	2801	616
Wasserlinse, Kleine	2803	616
Wassermiere	473	90
Wassernabel, Gewöhnlicher	1254	246
Wassernuss	1006	193
Wasserpest, Kanadische	2769	612
Wassersäge	2771	612
Wasserschere	2771	612
Wasserschierling, Giftiger	1233	240
Wasserschlauch, Bremis	1839 b	390
Wasserschlauch, Gewöhnlicher	1837	390
Wasserschlauch, Kleiner	1839	390
Wasserschlauch, Mittlerer	1838	390
Wasserschlauch, Südlicher	1837 b	390
Wasserschlauch, Übersehener	1837 b	390
Wasserschraube	2770	612
Wassersellerie, Aufrechter	1213	234
Wasserstern, Frühlings-	1008 b	193
Wasserstern, Gebogener	1008 c	193
Wasserstern, Gewöhnlicher	1008 a	193
Wasserstern, Hakiger	1008 c	193
Wasserstern, Sumpf-	1008 b	193
Wasserstern, Teich-	1008 a	193
Wegerich, Alpen-	2304	501
Wegerich, Berg-	2297	500
Wegerich, Bräunlicher	2296 b	500
Wegerich, Grosser	2290	499
Wegerich, Halbstrauchiger	2286	498
Wegerich, Indischer	2287	498
Wegerich, Krähenfuss-	2293	500
Wegerich, Mittlerer	2291	499
Wegerich, Sand-	2287	498
Wegerich, Schlangen-	2303	501
Wegerich, Silber-	2296	500
Wegerich, Spitz-	2299	501
Wegerich, Zwerg-	2290 b	499
Wegwarte, Gewöhnliche	1635	338
Weichkraut, Einblättriges	3390	728
Weichkraut, Sumpf-	2727	606
Weichorchis, Einblättrige	3390	728
Weichorchis, Sumpf-	2727	606
Weichselkirsche	894 b	167
Weide, Aschgraue	2533	564
Weide, Blaugrüne	2541	565
Weide, Bruch-	2525	561
Weide, Dreistaubblättrige	2527	562
Weide, Fünfstaubblättrige	2524	561
Weide, Gestutzte	2545	566
Weide, Grau-	2533	564
Weide, Grossblättrige	2534	564
Weide, Korb-	2531	563
Weide, Kraut-	2547	566
Weide, Kriechende	2539	565
Weide, Kurzzähnige	2536	564
Weide, Lavendel-	2529	562
Weide, Lorbeer-	2524	561
Weide, Mandel-	2527	562
Weide, Moor-	2539	565
Weide, Myrten-	2536	564
Weide, Nebenblättrige	2534	564
Weide, Netzblättrige	2546	566
Weide, Ohr-	2532 b	563
Weide, Purpur-	2530	562
Weide, Quendelblättrige	2545 b	566
Weide, Reif-	2528	562
Weide, Sal-	2532	563
Weide, Schwarzwerdende	2535	564

Taxon	Zeichn.	Taf.
Weide, Schweizerische	2544 b	566
Weide, Seidenhaarige	2543	566
Weide, Silber-	2526	561
Weide, Spiessblättrige	2537	565
Weide, Stinkende	2538	565
Weide, Stumpfblättrige	2545	566
Weide, Trauer-	2523	560
Weide, Weisse	2526	561
Weide, Zerbrechliche	2525	561
Weide, Zweifarbige	2540	565
Weide, Zwerg-	2547	566
Weidenröschen, Alpen-	996	191
Weidenröschen, Bach-	991	189
Weidenröschen, Behaartes	990	189
Weidenröschen, Berg-	992	189
Weidenröschen, Dodonaeus'	988	188
Weidenröschen, Dunkelgrünes	994 b	190
Weidenröschen, Dunkelgrünes	994 d	190
Weidenröschen, Durieus	992 c	189
Weidenröschen, Fleischers	988 b	188
Weidenröschen, Hügel-	992 2	189
Weidenröschen, Kies-	988 b	188
Weidenröschen, Kleinblütiges	991	189
Weidenröschen, Lamys	994 2	190
Weidenröschen, Lanzettblättriges	992 b	189
Weidenröschen, Mierenblättriges	995	191
Weidenröschen, Nickendes	996 2	191
Weidenröschen, Quirlblättriges	993 b	190
Weidenröschen, Rosablühendes	993	190
Weidenröschen, Rosablühendes	993 2	190
Weidenröschen, Rosarotes	993	190
Weidenröschen, Rosarotes	993 2	190
Weidenröschen, Rosmarin-	988	188
Weidenröschen, Schmalblättriges	987	188
Weidenröschen, Sumpf-	989	189
Weidenröschen, Vierkantiges	994	190
Weidenröschen, Voralpen-	993 b	190
Weidenröschen, Wald-	987	188
Weidenröschen, Zottiges	990	189
Weiderich, Blut-	1011	193
Weiderich, Gewöhnlicher	1011	193
Weiderich, Münzblättriger	1015	194
Weiderich, Pfennigkrautblättriger	1015	194
Weiderich, Portulak-	1014	194
Weiderich, Ysopblättriger	1013	194
Weinraute	582	112
Weissbuche	2521	560
Weissdorn, Eingriffliger	971 b	185
Weissdorn, Spitzdorniger	971	185
Weissdorn, Zweigriffliger	971	185
Weissmiere, Aufrechte	472	90
Weissmiere, Vierzählige	472	90
Weissorchis	2751	610
Weisstanne	3259	697
Weisswurz	1673	347
Weisswurz, Echte	2660	594
Weisswurz, Gewöhnliche	2660	594
Weisswurz, Quirlblättrige	2659	594
Weisswurz, Vielblütige	2661	594
Weizen, Englischer	3224 b	688
Weizen, Gewöhnlicher	3224	688
Weizen, Glas-	3224 c	688
Weizen, Hart-	3224 c	688
Weizen, Polnischer	3222	687
Weizen, Saat-	3224	688
Welschkorn	2989	645
Welschmohn	110	25
Wendelähre, Herbst-	2713	604
Wendelähre, Schraubige	2713	604
Wendelähre, Sommer-	2712	604
Wendelorchis, Herbst-	2713	604
Wendelorchis, Schraubige	2713	604
Wendelorchis, Sommer-	2712	604
Wermut	1431	288
Wermut, Kamillen-	1436	289

Taxon	Zeichn.	Taf.
Wermut, Kampfer-	1433	288
Wermut, Kampfer-	1433 2	289
Wermut, Pontischer	1438	289
Wermut, Walliser	1437	289
Wicke, Bastard-	810 b	149
Wicke, Bithynische	814	150
Wicke, Dünnblättrige	824 b	153
Wicke, Erbsen-	819	151
Wicke, Esparsetten-	821	151
Wicke, Fremde	817	151
Wicke, Futter-	816	150
Wicke, Gelbe	810	149
Wicke, Gerards	824 c	153
Wicke, Gezähnte	806 2	148
Wicke, Graue	824 c	153
Wicke, Hecken-	818	151
Wicke, Kassuben-	822	152
Wicke, Linsen-	830	154
Wicke, Maus-	806	148
Wicke, Platterbsen-	812	150
Wicke, Rankenlose	822 b	152
Wicke, Rauhhaarige	828	154
Wicke, Schmalblättrige	816 b	150
Wicke, Ungarische	809	149
Wicke, Viersamige	831	154
Wicke, Vogel-	824	152
Wicke, Wald-	823	152
Wicke, Zaun-	808	149
Wicke, Zottige	825 a	153
Widerbart, Blattloser	2724	606
Wiesenhafer, Berg-	3108	666
Wiesenhafer, Bunt-	3112	667
Wiesenhafer, Echter	3114	667
Wiesenhafer, Flaum-	3111	667
Wiesenhafer, Immergrüner	3110	666
Wiesenhafer, Parlatores	3110 b	667
Wiesenhafer, Weichhaariger	3111	667
Wiesenknopf, Echter	964	183
Wiesenknopf, Grosser	964	183
Wiesenknopf, Kleiner	963	183
Wiesenraute, Akeleiblättrige	9	4
Wiesenraute, Alpen-	5	2
Wiesenraute, Felsen-	6 d	2
Wiesenraute, Gelbe	7	3
Wiesenraute, Glänzende	8 d	3
Wiesenraute, Grosse	6 c	2
Wiesenraute, Hohe	8 f	4
Wiesenraute, Hügel-	6	2
Wiesenraute, Kleine	6	2
Wiesenraute, Schmalblättrige	8	3
Wiesenraute, Schmalblättrige	8 b,c	3
Wiesenraute, Stinkende	6 b	2
Wildhyazinthe	2639	588
Wildrose, Weisse	952	181
Wimperfarn, Alpen-	3278	703
Wimperfarn, Spreuschuppiger	3278	703
Wimperfarn, Südlicher	3278 b	703
Winde, Acker-	1936	411
Winde, Grosse	1937	411
Winde, Kantabrische	1941	412
Winde, Zaun-	1937	411
Windhalm, Alpen-	3074	660
Windhalm, Felsen-	3071	659
Windhalm, Gewöhnlicher	3067	658
Windhalm, Hunds-	3070	659
Windhalm, Kriechender	3069	659
Windhalm, Riesen-	3069 2	659
Windhalm, Schleichers	3074 b	660
Windhalm, Schmaler	3069 c	659
Windhalm, Sumpf-	3070	659
Windhalm, Unterbrochener	3067 b	658
Windhalm, Zarter	3057	656
Windröschen, Busch-	14	5
Windröschen, Gelbes	16	5
Windröschen, Hahnenfussähnliches	16	5
Windröschen, Monte Baldo-	12	5
Windröschen, Narzissenblütiges	17	5
Windröschen, Wald-	13	5
Wintergrün, Einblütiges	1828	389
Wintergrün, Einseitswendiges	1829	389

Taxon	*Zeichn.*	*Taf.*
Wintergrün, Grünblütiges	1832	389
Wintergrün, Kleines	1831	389
Wintergrün, Mittleres	1831 b	389
Wintergrün, Rundblättriges	1830	389
Winterkresse, Frühe	160 d	36
Winterkresse, Frühlings-	160 d	36
Winterkresse, Gewöhnliche	160 a	36
Winterkresse, Gewöhnliche	160 g	36
Winterkresse, Mittlere	160 f	36
Winterkresse, Steife	160 c	36
Winterlieb, Dolden-	1827	389
Winterling	73	16
Winterzwiebel	2608 b	581
Wirbeldost	2189	473
Witwenblume, Acker-	1362	270
Witwenblume, Purpur-	1362 e	271
Witwenblume, Ungarische	1362 b	270
Witwenblume, Wald-	1362 c	271
Wohlverleih	1405	281
Wolfsauge	1965	417
Wolfsbohne, Schmalblättrige	641	123
Wolfsbohne, Weisse	638	123
Wolfsbohne, Weisse	640 b	123
Wolfsfuss, Europäischer	2179	470
Wolfsmilch, Aufrechte	2467 b	544
Wolfsmilch, Breitblättrige	2467	544
Wolfsmilch, Garten-	2452	541
Wolfsmilch, Garten-	2484	548
Wolfsmilch, Gezähnte	2473	546
Wolfsmilch, Insubrische	2480	547
Wolfsmilch, Kantige	2454 b	541
Wolfsmilch, Kleine	2487	548
Wolfsmilch, Krainer	2464	543
Wolfsmilch, Kreuzblättrige	2449	540
Wolfsmilch, Loiseleurs	2465 2	544
Wolfsmilch, Mandelblättrige	2459	542
Wolfsmilch, Rutenförmige	2474 b	546
Wolfsmilch, Saat-	2488	548
Wolfsmilch, Scharfe	2475 a	546
Wolfsmilch, Scharfe	2475 b	546
Wolfsmilch, Seguiers	2465	544
Wolfsmilch, Sichelblättrige	2485	548
Wolfsmilch, Sonnenwend-	2466	544
Wolfsmilch, Spring-	2449	540
Wolfsmilch, Steife	2467 b	544
Wolfsmilch, Sumpf-	2455	541
Wolfsmilch, Süsse	2454	541
Wolfsmilch, Turiner	2486	548
Wolfsmilch, Veränderliche	2480	547
Wolfsmilch, Warzige	2471	545
Wolfsmilch, Zwerg-	2451	541
Wolfsmilch, Zypressen-	2474	546
Wollbinse, Breitblättrige	2868 c	626
Wollbinse, Scheiden-	2865	626
Wollbinse, Scheuchzers	2866	626
Wollbinse, Schlanke	2868 b	626
Wollbinse, Schmalblättrige	2868 a	626
Wollgras, Breitblättriges	2868 c	626
Wollgras, Scheiden-	2865	626
Wollgras, Scheuchzers	2866	626
Wollgras, Schlankes	2868 b	626
Wollgras, Schmalblättriges	2868 a	626

Taxon	*Zeichn.*	*Taf.*
Wollklette	684	130
Wollkraut, Berg-	2031 2	435
Wollkraut, Chaix'	2036	438
Wollkraut, Dichtblütiges	2032 b	436
Wollkraut, Dickblättriges	2031 2	435
Wollkraut, Filziges	2032	435
Wollkraut, Filziges	2032 2	436
Wollkraut, Flockiges	2029	434
Wollkraut, Kleinblütiges	2031	435
Wollkraut, Lampen-	2030	435
Wollkraut, Ruten-	2034 b	437
Wollkraut, Schaben-	2034	437
Wollkraut, Schwarzes	2035	437
Wollkraut, Wellblättrige	2033	436
Wollkraut, Windblumenähnliches	2032	435
Wollkraut, Windblumenähnliches	2032 2	436
Wucherblume, Alpen-	1456	294
Wucherblume, Berg-	1455 d	294
Wucherblume, Dolden-	1453	293
Wucherblume, Gewöhnliche	1455	293
Wucherblume, Hallers	1455 e	294
Wucherblume, Krähenfussblättrige	1455 f	294
Wucherblume, Rindsauge-	1459	255
Wucherblume, Saat-	1460	295
Wucherblume, Schwarzrandige	1455 e	294
Wucherblume, Straussblütige	1453	293
Wucherblume, Wiesen-	1455	293
Wundklee, Berg-	658	126
Wundklee, Echter	659	127
Wundklee, Echter	659 2-5	127
Wundklee, Gewöhnlicher	659	127
Wundklee, Gewöhnlicher	659 2-5	127
Wurmfarn, Berg-	3281	705
Wurmfarn, Breiter	3284 b	706
Wurmfarn, Echter	3285	707
Wurmfarn, Gewöhnlicher	3285	707
Wurmfarn, Kammförmiger	3283	706
Wurmfarn, Stachliger	3284	706
Wurmfarn, Straffer	3282	705
Wurmfarn, Sumpf-	3286	708
Wurmfarn, Villars'	3282	705
Wurmlattich	1660	344
Wurmsalat	1660	344
Ysop	2183	472
Zackenschötchen, Acker-	247	51
Zackenschötchen, Acker-	247 2	51
Zahnlilie, Hunds-	2638	588
Zahntrost, Drüsiger	2113	457
Zahntrost, Früher	2111	456
Zahntrost, Gelber	2110	456
Zahntrost, Klebriger	2113	457
Zahntrost, Lanzettlischer	2110 3	456
Zahntrost, Roter	2111	456
Zahntrost, Spätblühender	2111 2	456
Zahnwurz, Fiederblättrige	207	45
Zahnwurz, Fingerblättrige	209	45
Zahnwurz, Kitaibels	208	45
Zahnwurz, Knöllchentragende	206	44

Taxon	*Zeichn.*	*Taf.*
Zahnwurz, Zwiebeltragende	206	44
Zapfenkopf	1618	333
Zaunrübe, Weisse	1023	195
Zaunrübe, Zweihäusige	1022	195
Zeitlose, Alpen-	2568	573
Zeitlose, Herbst-	2566	572
Zeitlose, Herbst-	2566 2	572
Zichorie	1635	338
Ziest, Acker-	2240	488
Ziest, Alpen-	2237	487
Ziest, Aufrechter	2233	486
Ziest, Deutscher	2235	487
Ziest, Einjähriger	2234	487
Ziest, Sumpf-	2239	488
Ziest, Wald-	2241	488
Ziest, Wolliger	2235 b	487
Zilande	2422	534
Zimbelkraut	2051	443
Zimmetrösli	1016	194
Zindelkraut, Fadenförmiges	1908	405
Zindelkraut, Kleines	1909	405
Zirbelkiefer	3251	695
Zirmet, Grosser	1170	223
Zistrose, Salbeiblättrige	294	61
Zittergras, Mittleres	3152	674
Zürgelbaum, Südlicher	2498	551
Zweiblatt, Eiblättriges	2721	606
Zweiblatt, Grosses	2721	606
Zweiblatt, Herzblättriges	2720	606
Zweiblatt, Kleines	2720	606
Zweizahn, Breiblatt-	1495	301
Zweizahn, Dreiteiliger	1495	301
Zweizahn, Fiederblättriger	1497	302
Zweizahn, Nickender	1496	302
Zweizahn, Strahlender	1495 b	301
Zwenke, Gefiederte	3237	692
Zwenke, Wald-	3236	692
Zwergflachs	494	93
Zwergginster, Behaarter	633	121
Zwergginster, Niedriger	634	122
Zwergginster, Niedriger	634 b	122
Zwerggras, Kleines	3002	647
Zwergmispel	979	186
Zwergorchis, Alpen-	2767	611
Zwergrauke	162	37
Zwetschgenbaum	899	168
Zwiebel	2608	580
Zwiebelorchis	2726	606
Zyklame, Europäische	1864	394
Zyklame, Gewöhnliche	1864	394
Zyklame, Neapolitanische	1865	394
Zyperbinse, Braune	2856	625
Zyperbinse, Gelbliche	2860	625
Zyperbinse, Knollige	2853	624
Zyperbinse, Langästige	2855	624
Zyperbinse, Michelis	2878	628
Zyperbinse, Runde	2853	624
Zyperbinse, Schwarzbraune	2856	625
Zyperbinse, Spätblühende	2859	625
Zypresse	3262	698

Imprimé en France par Mame Imprimeurs, à Tours
Dépôt légal : Avril 1997 - N° d'édition : 1365-03 - N° d'imprimeur : 39666